中国社会科学院创新工程学术出版资助项目

An Additional Legislative Data Corpus of the Qing Dynasty's New Criminal Law

《大清新刑律》立法资料补编汇要

高汉成 ◎ 编著

中国社会科学出版社

图书在版编目(CIP)数据

《大清新刑律》立法资料补编汇要／高汉成编著．—北京：中国社会科学出版社，2016.12
ISBN 978-7-5161-9702-8

Ⅰ.①大… Ⅱ.①高… Ⅲ.①清律-立法-史料 Ⅳ.①D929.49

中国版本图书馆CIP数据核字(2016)第317468号

出 版 人	赵剑英
责任编辑	任　明
特约编辑	乔继堂
责任校对	石春梅
责任印制	李寡寡
出　　版	中国社会科学出版社
社　　址	北京鼓楼西大街甲158号
邮　　编	100720
网　　址	http://www.csspw.cn
发 行 部	010-84083685
门 市 部	010-84029450
经　　销	新华书店及其他书店
印刷装订	北京君升印刷有限公司
版　　次	2016年12月第1版
印　　次	2016年12月第1次印刷
开　　本	710×1000　1/16
印　　张	48
字　　数	785千字
定　　价	125.00元

凡购买中国社会科学出版社图书，如有质量问题请与本社营销中心联系调换
电话：010-84083683
版权所有　侵权必究

礼法之争与中国刑法近代化（代序）

高汉成

1902—1911 年，是清王朝在"新政"、"立宪"旗帜下变法修律的十年。晚清法律改革之所以在中国法律史上居于重要地位，是因为它处在中国法律文化的转型期，也就是说，从隋唐到明清，在东亚大陆上存续了一千多年、具有鲜明东方民族特色的传统中华法系，在短短十年晚清法律改革中就被瓦解了。一百多年前，中国法律走上了以学习西方为目标的所谓"近代化"道路。许多人认为，这个过程至今还没有结束①。因此，认真探讨、总结在晚清时期，中国法律是如何迈出近代化第一步的，它产生了哪些影响和后果，对于我们今天的法制建设是很有好处的。中国法治之路走到今天，回顾历史，缅怀先贤，讲述他们的丰功伟绩和筚路蓝缕之功是应该的。同样，汲取历史的教训，客观地指出前人的历史局限性和所犯的历史错误也不是"数典忘祖"的事。从某种意义上讲，吸取"教训"比总结"经验"要深刻得多。

中国法律近代化的第一部主要法典是《大清刑律》②，1907—1911 年围绕着《大清刑律》的制定，曾爆发过一场激烈的"礼法之争"。按照时下的一般说法，所谓"礼法之争"，是指保守的"礼教派"和革新的"法理派"围绕修律的基本精神和具体制度进行的争论。维护传统礼教精神，

---

① 一般认为，"近代化"和"现代化"是同一个概念，都是 modernization。参见罗荣渠《现代化新论：世界与中国的现代化进程》（增订本），商务印书馆 2009 年版。

② 该律钦定于宣统二年十二月二十五日（1911 年 1 月 25 日），当时的正式名称为《大清刑律》，因为有上谕的裁可，故称《钦定大清刑律》。时人及后人为了把此律与《大清律例》相区别，又称此律为《大清新刑律》。

主张法律应与礼教结合的称为礼教派,以张之洞、劳乃宣为代表;主张近代法制精神,法律应与传统的礼教相分离的称为法理派,以沈家本为代表。一百年后,结合大清新刑律的立法过程,重新梳理和反思这场争论,仍然有着强烈的现实意义。

　　应该说,晚清十年的法律改革,其涉及范围之广、力度之大,在中国法律史上是前所未有的。就立法内容而言,一个包括宪法、行政法、刑法、民法、诉讼法、法院编制法在内的全新法律体系已经初步建立。就立法过程而言,其他法律的制定相对都比较顺利,唯独刑法典的制定一波三折,1907年的刑法典草案不仅引起了广泛的争议,而且引发了绵延数年之久的"礼法之争"。这的确是一个值得仔细"咀嚼"的历史现象。但有一点,认为反对刑律草案就是顽固、保守的说法恐怕是站不住脚的,因为同步进行的其他法律的制定也基本是移植和照搬西方的法律,就没有引起这么大的风波。而且张之洞就说过,凡是传统法律所无或者基础薄弱的法律,如商法、民法、交涉律,不妨尽用洋律。即使就刑法而言,决定对《大清律例》修订本身就是引进西方法律的过程,这一点一般意见是清楚的,"于名教纲常、礼义廉耻之重,仍以中律为主。其余中律未完备者,参用洋律。惟交涉事件等项,罪名不妨纯用洋律,庶风土人情各得其宜矣"①。这表明,以张之洞为代表的礼教派并不顽固,他们懂得取西方之长补中国之短的道理。但对传统法律中极为成熟和发达的刑法典,他们则当仁不让,对基本是移植和照搬西方法律的刑律草案进行了激烈的批评。这一方面展示了他们对中国传统刑法文化的自信,希望借此能有和西方法律文化平等对话的机会;另一方面他们也担心,如果连这"最拿手"的东西都没有和西方平等对话的资格和机会,那中国传统法律文化还有何存在的价值?斟酌、融合中西岂不成了一句空话?即使今天看来,这的确也是个问题,正如苏亦工所言:"按照常理,清朝官方和沈氏个人如均以中西融合为宗旨,则制定刑律时,传统法律资源中可供汲取者正多,又何必舍近求远,假手洋人呢?"②越来越多的迹象和材料似乎在证明,刑律草案对于中国传统刑法典中有价值的规定,并没有能够很好地予以消化吸收

---

① 《都察院奏折》,载宪政编查馆编《刑律草案签注》,1910年油印本,现藏国家图书馆。本文所引用签注奏折,凡未注明出处的,均出于此。

② 苏亦工:《明清律典与条例》,中国政法大学出版社2000年版,第344页。

而留存于新刑法典之中,而是"把孩子连同洗澡水一并泼掉了"。草案盲目追求所谓法理上的正确,因而出现了一些完全不顾及本国国情、纯属"食洋不化"的规定。

一 立法目的

关于制定新刑律的动机和原因,领事裁判权问题被置于突出的地位。修订法律馆在1907年上奏刑律草案时,认为《大清律例》应予修订的原因有三,"曰慭于时局,曰鉴于国际,曰惩于教案",其中第一点就是领事裁判权问题,其他两点也都与外交有关。可见,追求以收回领事裁判权为核心的国际平等,至少在表面上的确是草案的一个主要立法目的。① 对于如何修律才能收回领事裁判权,学部签注②和安徽签注以日本为例,指出了军事因素的作用更甚于法律因素。"收回治外法权,其效力有在法律中者,其实力有在法律外者。日本改律在明治二十三年,直至明治二十七年以后,各国始允其请,是其明证"③;"考领事裁判权,西人初行于土耳其,继行于我国,又继行于日本。惟日本已与各国改约撤退,实由军事

---

① 关于晚清法律改革的动因,目前学术界普遍认为与收回领事裁判权有直接关联。而笔者的看法是:1902年中英商约谈判时,张之洞主导制定了《马凯条约》第十二款关于英国有条件放弃治外法权的承诺,其目的在于推进国内向西方学习的进程;1907年后张之洞又否定了"修律以收回领事裁判权"说,其目的是为了反对沈家本过于"西化"的法律改革模式,以维护"中体西用"的法律改革思路。这一过程表明,领事裁判权问题始终只是晚清主持改革者推进法律变革的手段。事实上,晚清法律改革作为清末新政的一部分,也是服从和服务于新政这一整体政治局势的,它本身并没有自己额外的起因和目的。而礼法之争中,就修律与收回领事裁判权关系问题的辩论表明,法理派清醒地认识到单纯修律本身并不能收回领事裁判权,但在礼教文化占主流地位而法理派本身又不敢正面否定礼教文化的情况下,只好拿"危机论"(即领事裁判权问题)作为推进中国法律近代化的手段。这本身表明以沈家本为首的法理派是认同和接受了西方法律文化精神和原则的,他们希望用西方法律的精神来改造中国传统法律文化。因此,清末修律中收回领事裁判权问题不过是手段,法律的近代化才是目的。手段和目的的不协调,是导致晚清刑事法律改革出现诸多问题的主要原因。对此问题,如阅者有兴趣,可参看笔者的两篇文章《晚清法律改革动因再探——以张之洞与领事裁判权问题的关系为视角》(《清史研究》2004年第4期);《晚清刑事法律改革中的危机论——以沈家本眼中的领事裁判权问题为中心》(《政法论坛》2005年第5期)。

② 大清刑律草案签注是指修订法律馆上奏大清刑律草案后,按照立法程序,朝廷下宪政编查馆交各中央部院堂官、地方各省督抚、将军都统签注意见。从1908年到1910年,京内外各衙门陆续上奏对大清刑律草案的意见,这些意见被称为"签注"。

③ 《学部奏折》。

进步，非仅恃法律修明已也"①。所以领事裁判权的收回，主要依靠的是国家力量的强大而非法律与西方国家的齐同。"外人所以深诋中国法律必须改订者，约有数事：一刑讯无辜、一非刑惨酷、一拘传过多、一问官武断、一监羁凌虐、一拖累破家，果能将此数端积弊严禁而国势实力日见强盛，然后属地主义之说可以施行，外人自不能干我裁判之权。并非必须将中国旧律精义弃置不顾，全袭外国格式文法，即可立睹收回治外法权之效也"②。基于上述观点，许多签注指出在法律上维持本国的风俗礼教与收回领事裁判权问题并不矛盾，草案应当处理好内政和外交的关系。

即使仅就法律而论，许多签注也对草案的相关规定是否有利于收回领事裁判权提出了质疑。如草案总则第2条："凡本律不问何人于在中国内犯罪者适用之"；第8条："第2条、第3条及第5条至前条之规定，如国际上有特别条约、法规或惯例，仍从条约法规或惯例办理。"草案第2条规定贯彻了刑法的属地主义原则，但面临着如何处理各国以条约获得的领事裁判权这一事实问题，草案在立法理由部分认为本条对外国人的适用范围为："第一，无国籍之外国人；第二，无特别条约之外国人；第三，条约改正后之外国人"③，同时草案第八条对属地主义作了限制，实际在国内法上承认了领事裁判权的存在。即使用今天的眼光来看，草案此两条规定确实有欠斟酌，有在国内法上自丧其国家主权和尊严的嫌疑和危险。似乎这个问题在草案编拟之初就有人提了出来，但草案编纂者不以为然，这导致了第二条实际上仍然是具文，而且在国内法上予以承认。对于不平等条约，草案居然认为神圣，"第一项虽不问何人，然国际公法之原则，至尊为神圣不可侵犯，则刑律不能一律适用，自不待言。又国际公法之原则，有治外法权之人，不能适用本律，如第六条所定者是"。河南签注认为，新刑律的目的就是为了收回领事裁判权，如果在新刑律中明白承认领事裁判权的存在，那修律何益？领事裁判权是西方以强权用国际条约的形式取得的，是一个事实存在，但不能在国内法上予以承认。最后这个意见并没有被采纳。

立法目的上的偏差，导致了草案分则第三章关于国交之罪的规定。尽

---

① 《安徽奏折》。
② 《学部奏折》。
③ 《大清法规大全》，政学社印行，台湾考正出版社1972年影印本，第1942页。

管众多签注提出异议，如外国君主不能等同于本国君主、外国代表不能等同于尊亲属、侮辱外国旗章定罪应以外国代表所揭者为限、滥用红十字记号作为商标不应入刑律、中国臣民聚众以暴力潜窃外国领域不应入律定罪、外国开战须不在中国境内者方可布告中立等，但修正案全未采纳并予以批驳①。相反，本章由原案 13 条扩充为修正案的 19 条，其规定之详尽、罗列之明晰、对外国及外国人权益保护之周密，令人叹为观止。这一方面虽充分暴露了草案半殖民地法律的特色，但另一方面实与编纂者的立场和见识分不开。许多条款，签注认为既然国外都没有规定，如滥用红十字记号作为商标、中国臣民聚众以暴力潜窃外国领域，自不应入律。案语②却认为"关于国交之罪名，系属最近发达之理，不能纯以中外成例为言"。战火烧到了中国国土之上，中国竟然可以宣布局外中立，如有违反即应定罪量刑，这哪里是中国自己的法律，俨然是在为侵略者张目。该章许多规定，毫无道理，编纂者却动辄以外交为名予以辩解，以外交上的损失和危害来说明罪名的必要性，恰恰犯了其自己所批评的"牵事实于法律之中"③的错误。第三章的规定是刑律草案最大的败笔（丧失了民族气节和民族尊严）。

二 立法宗旨

草案的立法宗旨涉及如何处理中国现行刑律和西方刑法理论原则的关系，一般而言，不论是最高统治者确定的"将一切现行律例，按照交涉情形，参酌各国法律，悉心考订，妥为拟议。务期中外通行，有裨治理"④，修订法律大臣自称的"折衷各国大同之良规，兼采近世最新之学

---

① "陆军部签注谓本条国旗、国章应以国家代表所揭者为限，并须外国请求然后论罪。查各国风俗，对国旗及国章均拘特别之敬意，即系私人所揭之旗章，苟加以侮辱行为，往往起其国民之愤牵动外交，故本条不加以制限……本条规定乃为预防牵动外交而设，彼此各有取义，无庸强同也"。"两江签注谓本条似应列诸商律，罚金之数亦须重厘订。查本条之罪，系属有碍国交，其性质与商业行为不同，不得移入商律"。"陆军部签注谓此条为中外刑律所不载，又各国刑律纯以属地主义为准，中国法律不能实施于外国之领土。查关于国交之罪名，系属最近发达之理，不能纯以中外成例为言"。"两江签注谓外国开战须不在中国境内者方可布告中立。查局外中立之布告，但须战争之事中国全未加入即可发表，不必论其战场之在内在外也。"——以上相应见《修正刑律案语》（修订法律馆 1910 年印刷，现藏国家图书馆）第 117、118、119、121 条。
② 1910 年修订法律馆在修正刑律草案时发表的主要针对签注的反馈意见。
③ 《修正刑律案语》第 15 条。
④ 《德宗景皇帝实录》，中华书局 1987 年版，第 577 页。

说，而仍不戾乎我国历世相沿之礼教民情"①，还是签注所讲的"修改本国之法，则贵乎汰其恶者而留其良；采取外国之法，尤贵节其长而去其短。必求无偏无倚、知变知通"，"处新旧递嬗之交，定中外大同之法，其可得与民变革者，故不妨取彼之长，补我之短"②，都不出"会通中西"的宗旨和原则。但为什么在这一问题上，草案还是招致了强烈的批评呢？

这原因就在于"会通中西"的宗旨和原则实在太大了，完全可能出现偏于西方和偏于中方这两端的局面。沈家本自己就曾经承认过1907年的刑律草案，"专以折冲樽俎，模范列强为宗旨"③。而赞成草案者，则主张"不在枝叶上之讨论，而在根本上之解决"，"刑法之沿革，先由报复时代进于峻刑时代，由峻刑时代进于博爱时代。我国数千年来相承之刑律，其为峻刑时代，固无可讳，而外人则且持博爱主义，驯进于科学主义，其不能忍让吾国以峻刑相残也，非惟人事为之，亦天道使然也。故为我国今日计，既不能自狃于峻刑主义，则不能不采取博爱主义"④。山东签注认为中国法律处于峻刑时代，与西方的博爱时代相比，中国法律落后了，应该向西方学习。承认中国法律落后于西方一个多时代，与那些认为中国旧律本极精详，只是因社会的变化而不得不有所修改的观念，的确不同。前者已经不把两者置于同等文明的层次上来理解，而后者竭力把两者置于同等地位来看待。这是双方争执的焦点和关键问题之所在。许多签注奏折首先着眼于此，也是感觉草案在这方面出现了比较大的问题。

如草案第二十七章关于堕胎之罪的规定，这一章的内容在旧律中除了因奸有孕而堕胎致身死者有规定外⑤，其他是没有的，所以草案的立法说明是"堕胎之行为，戾人道、害秩序、损公益，本案故仿欧美、日本各国通例，拟以适当之罚则"，可见其基本出于西方法律。但西方法律禁止堕胎主要基于基督教伦理，况且法律应否禁止堕胎，在西方还是一个争论

---

① 光绪三十三年十一月二十六日修订法律大臣、法部右侍郎沈家本《为刑律分则草案告成缮具清单折》，见《钦定大清律例》（宪政编查馆1912年印刷，现藏中国社会科学院法学研究所）卷前奏折。

② 《安徽巡抚奏折》《江西巡抚奏折》。

③ 光绪三十四年正月二十九日修订法律大臣沈家本等《奏请编定现行刑律以立推行新律基础折》，见《清末筹备立宪档案史料》第852页。

④ 《山东巡抚奏折》。

⑤ 其规定的着眼点也非禁止堕胎而是惩处奸夫，见《大清律例》"威逼人致死条"，载田涛、郑秦点校《大清律例》，法律出版社1999年版，第440页。

不休的问题，因此堕胎本身并非有多大的社会危害性。对于当时的中国而言，由于医学的不发达而缺乏避孕的意识和措施，一个已婚妇女怀孕频繁致一生可生育十几个孩子，这不仅给个人的家庭生活造成了困难，而且人口的激增带来了巨大的社会问题。实际上，草案禁止堕胎而不提溺婴，并非如山西签注所云疏漏，只能理解为溺婴已经属于杀人罪的范畴了，故不在关于堕胎之罪章中出现。在视溺婴为杀人之罪的情况下，草案全面禁止堕胎，在当时的情况下既不现实，对个人、家庭和国家社会也不利。相比于40年前的中国政府，顶着西方国家对"强制堕胎"指责的压力而实行计划生育之国策①，草案第二十七章关于堕胎之罪完全是一个"食洋不化"的典型。

另外，草案第306、307条规定了决斗罪，立法理由谓："决斗者，仅止两人，彼此签押并汇集多人临场以为佐证"，"与械斗微异"。可知草案规定的决斗罪专指欧洲式的决斗，很多签注对于草案不规定中国盛行的械斗之罪而专言欧洲盛行的决斗之罪表示不解。一百年过去了，草案所规定的决斗行为从来就没有在中国生根发芽，相反，械斗、打群架倒是屡见不鲜。不规定中国盛行的械斗之罪而专言欧洲盛行的决斗之罪，是草案"食洋不化"的又一例证。而第345条将僧道列为"因其职业得知他人秘密无故而漏露"的犯罪主体，显然脱胎于西方基督教中基督徒习惯于向神父或牧师作"忏悔"而来，两广认为"漏露他人秘密之事，不必定为僧道等类之人。此系从理想中悬拟而立"。但两广的意见并没有被采纳。

除了"折衷各国大同之良规"之外，草案的另一个宗旨就是"兼采近世最新之学说"。从草案立法说明看，所谓"兼采近世最新之学说"，就是要把那些在西方法律中还没有规定，但在学术界已经得到讨论并出现主流观点的学术思想也规定在中国的刑律之中。按照这一宗旨，草案作出了如下规定。

总则第11条、第49条关于刑事责任年龄的规定②。草案"理由"部分认为，确定个人开始承担刑事责任的年龄有两个标准："辨别说"依据一般人形成辨别是非能力的年龄确定；"感化说"依据一般人还可以教育

---

① 当然，40年后的今天，形势已经发生了重大变化，计划生育的国策应该何去何从，那是另一个可以讨论的问题。

② 第十一条：凡未满十六岁之行为不为罪但因其情节得命以感化教育。第四十九条：凡十六岁以上、二十岁未满之犯罪者，得减本刑一等。

感化的年龄确定。草案认为"感化说"是最先进的，当时西方各国主要采纳"辨别说"已经落伍了，"此说至近年已为陈腐……以是非善恶之知与不知而定责任年龄，不可谓非各国法制之失当也。……故本案舍辨别心之旧说而以能受感化之年龄为主，用十六岁以下无责任之主义，诚世界中最进步之说也"①。近一百年后，草案所舍弃的"辨别说"仍然是中国刑法确定刑事责任年龄的主要原则，就世界范围看，"感化说"也没有成为主流。

分则第三章关于国交之罪。此章第 13 条的规定也是各国刑法典所无的内容，但草案认为"近年往来日就便利，列国交际日繁，本章所揭皆损害国家睦谊而影响及全国之利害者，特兹设为一章，是最新之立法例也"②。其中对第 111 条的规定③，"理由"部分指出，"滥用红十字之记章以为商标，亦足生列国之异议而有害国交之虞者，本案故特为加入，将来各国刑典上必须有之规定也"④。宪政编查馆核定此章时认为，"国交之罪，凡对外国君主、大统领有犯，用相互担保主义，与侵犯皇帝之罪从同，此泰西最近学说，各国刑法尚无成例，中国未便独异"⑤。虽然各国法律并没有相应规定，但考虑到当时晚清的特定时期，把有可能引起外交纠纷的行为，如杀伤外国领导人、外交使节等定为犯罪予以处罚，也未尝不可。但那依据的仍然是中国自己的情况，并非此乃什么先进的立法主义。至于将滥用红十字作为商标等行为也定为犯罪，认为它也会有害国交，那就有点"杞人忧天"了。近一百年后，中国刑法典中仍然没有半句关于妨害国交之罪的规定，世界各国刑法典中也不见此内容。

自清末开始的中国近代化，其主要命题就是向西方学习，这是由世界历史发展的形势所决定的。因此，晚清刑事法律改革，移植西方的刑法制度是必由之路。问题只在于斟酌中国的国情背景，移植的多或少以及是否得当。如果说从这一角度出发，尽管我们认为刑律草案在斟酌中西文化方面有欠适宜，但"折衷各国大同之良规"作为草案的一个立法宗旨还是

---

① 《大清法规大全》第 1949 页。
② 《大清法规大全》第 1992 页。
③ 第一百一十一条：凡滥用红十字记号作为商标者处三百元以下罚金。
④ 《大清法规大全》第 1993 页。
⑤ 宣统二年十月初四日宪政编查馆大臣、庆亲王奕劻等《为核订新刑律告竣敬谨分别缮具清单请旨交议折》。

应该予以肯定的话，那"兼采近世最新之学说"作为一个立法宗旨就值得怀疑了。以晚清中国与西方世界在政治制度、经济水平、教育文化程度方面的巨大差异，移植西方"行之以久"的法律制度已感不甚适应、吃力得很，如果再把那些在西方也还没有形成制度，仅仅限于学术界讨论的学说观点也规定到中国刑法典中，那中国刑法的法律"文本"，岂不是与中国犯罪状况的"实际"差得更远？如果再认为首创了世界最先进的立法主义，相信各国立法会"跟进"，那简直就是"呓语"了。

三 价值取向

就刑法目的而言，自中国法律儒家化完成以后，法律和道德就紧密地联系在一起，礼法合一、明刑弼教既是传统法律的主要特色，也是传统法律基本的价值取向。1907年的刑律草案则试图切断法律和道德之间的联系，确立起刑法感化主义的价值观。

关于感化主义，沈家本在上呈刑律草案的奏折"一曰惩治教育"部分针对幼年犯罪的刑罚原则指出，"犯罪之有无责任，俱以年龄为衡。……夫刑罚为最后之制裁，丁年以内乃教育指主体，非刑罚之主体。……设立惩治场，凡幼年犯罪改用惩治处分，拘置场中，视情节之重轻定年限之长短，以冀渐收感化之效，明刑弼教盖不外是矣"[①]。第11条立法"理由"中又说，"夫刑者乃出于不得已而为最后之制裁也。幼者可教而不可罚，以教育涵养其德性而化其恶习，使为善良之民，此明刑弼教之义也"[②]。对于成人犯罪，草案认为感化教育也是可以适用的，如总则第十三章关于假出狱的规定，草案认为"假出狱者，乃既经入狱之人，其在执行之中尚有悛改之状，故予以暂行出狱之法，以奖励其改悔也。盖人人于狱，古时原欲以痛苦惩戒其人，近年惟以使人迁善为宗旨，故执行刑法之时，倘有人有改过迁善之实，即不妨暂令出狱"[③]。因此，可以看出，草案的刑法目的，主要不是为了惩罚犯罪，而是为了教育感化犯罪分子以使其不再犯罪。

既然刑法不以惩罚犯罪为目的，其相关规定就体现出轻刑的倾向和原则。如总则第二章不论罪、第八章宥恕减轻、第九章自首减轻、第十章酌

[①] 光绪三十三年八月二十六日修订法律大臣、法部右侍郎沈家本《为刑律草案告成分期缮具清单恭呈御览并敬陈修订大旨折》。

[②] 《大清法规大全》第1949页。

[③] 《大清法规大全》第1975页。

量减轻、第十二章犹豫行刑、第十三章假出狱以及分则各罪名大幅度减轻量刑的规定，无不体现了感化主义的立法目的。这一立法目的和轻刑原则，遭到了大量签注的批评。应该说，签注的上述意见值得认真考虑。在草案出台之前，《大清律例》中的类似凌迟、枭首的酷刑已经基本消除。在此基础上，草案又大大减轻了各罪的刑罚。然后在总则中又设置了一系列减轻处罚的规定。不懂法律竟然可以成为减刑的法定情节，十八九岁的成年人犯罪仍然可以邀减，草案的宽刑的确有点漫无边际，没有原则。在签注的强烈要求下，修正案的刑事责任年龄从十六岁降到十五岁，第四十九条宥恕减轻的规定被删除。但修正案否认草案在感化主义和原则方面有错误，因而感化主义的立法目的和轻刑的原则，直到《大清刑律》颁布都没有根本改变。这显然不符合当时的国情，对打击犯罪明显不利。

草案试图明确法律和道德界限的努力，在分则第二十三章关于奸非及重婚之罪中体现得最明显。草案关于本章的立法说明指出，"奸非之罪，自元以后渐次加重。窃思奸非虽能引起社会国家之害，然径以社会国家之故，科以重刑，与刑法之理论未协。例如现时并无制限泥饮及惰眠之法，原以是等之行为，非刑罚所能为力也，奸非之性质亦然。惟礼教与舆论足以防闲之，即无刑法之制裁，此等非行亦未必因是增加。此本案删旧律奸非各条，而仅留单纯之奸非罪也"[①]。此章立法说明引起了众多签注的强烈异议，认为和奸罪不能仅及有夫之妇，应该包括处女孀妇、亲属相奸应该单独定罪、鸡奸行为不能归入猥亵行为之中。撇开事关人伦名节、礼教风化不谈，今天看来，有些奸非行为（如婚前性行为）现在之所以不定为罪或处刑很轻，主要是因为对其行为性质的认识发生了变化，在道德上不再认为是很严重违背社会伦理的行为。这得益于人权保护的思想和隐私权观念的确立。但在当时完全不具备这个条件，所以立法说明只好避重就轻，言不及义，含混不清。和奸有夫之妇有罪，和奸无夫妇女及亲属相奸却不定为罪，今天看来，仍然是道德观念的问题。即把前者看成一个性质很严重的问题，把后者看成相对要轻的问题，而今天已经都不视为犯罪了，因为今天已经不把两者视为多么严重的道德问题而非用刑法来杜绝不可。这说明，法律和道德之间是有密切联系的，在当时还把无夫奸视为严重的道德问题的时候，刑法上应该予以定罪量刑。一些与道德关系密切的

---

① 《大清法规大全》第 2050 页。

法律，只有在主流道德观念发生变化以后，法律规定才能相应地发生变化。在当时三纲五常还是主流道德观念的情况下，草案的编纂者还不敢直接质疑纲常观念的情况下，只好敬而远之，采取隔离法律和道德关系的方法来处理，认为法律是法律，道德是道德，两者是两回事。这是没有说服力的，在法理上也是不正确的。而就观念的转变而言，在各种社会和人生观念中，伦理道德观念应该是一种基础观念，其中涉及两性关系的伦理观念又是最隐蔽、最难改变的，它只能随着社会大环境逐渐演变而不能通过法律的形式骤然改变。在法律上贸然强行改变这一伦理观念，只会导致社会舆论的巨大不适。行为者个人虽然不会受到法律制裁，但社会环境和舆论的巨大压力也足以形成心理和精神的巨大压力和创伤，甚至会出现精神失常或自尽的局面。因此，在五四新文化运动发起思想革命（其中就包括两性伦理道德观念）之前，在法律上试图改变伦理观念并不具备思想基础。

四 定罪与量刑理论

刑法上的犯罪分类是刑事立法的一个重要问题。不同种类的犯罪具有各自不同的特点和不同程度的社会危害性，因此刑事立法一般都对犯罪进行分类，以便建立刑法的分则体系，并根据其社会危害性程度，在实体法和程序法上作出相应的规定，以提高与各种犯罪做斗争的效率。在刑法上有两种最主要的犯罪分类方法：一种是根据犯罪的性质，即犯罪侵害的所谓法益进行分类，把犯罪分为侵害国家利益的犯罪、侵犯社会利益的犯罪和侵害个人利益的犯罪三类并把这三类犯罪做更细致的划分，从而构成刑法分则体系排列的基础，这是最基本的分类方法；另一种是根据犯罪的严重程度进行的分类，区分犯罪严重程度的主要标志是其法定刑，因而也可以视为是按照"刑罚"来进行分类。立法者根据犯罪的严重程度进行分类，是为了贯彻罪行相当原则，采取区别对待的斗争策略，以实现刑罚的目的。《大清律例》基本上属于第二种分类方法[1]，而大清刑律草案分则基本上是按照第一种分类方法规定罪名和量刑的。这种分类方法上的改变，直接导致了对同一犯罪行为量刑上的变化，因而引起了签注的异议。

---

[1] 如"十恶"罪名就是把最严重的犯罪行为包括在了一起，其犯罪性质囊括了侵犯国家、社会和个人利益三个方面。《大清律例》总类第40—46卷更是按照从笞一十到凌迟处死的三十九等刑罚对各类犯罪行为进行了归类。

下面以草案对传统法典中的诬告反坐制度和以赃定罪规定的改变为例来加以说明。

诬告反坐是中国传统律典中很悠久的一项重要制度，其出现最早可追溯到秦代。它指的是对故意捏造事实控告他人，致使无罪者被判刑或罪轻的被判重刑的，原则上应按其虚告的罪名加以惩处。自《唐律·斗讼律·诬告反坐》将这一原则细化为具体的制度后，包括《大清律例》在内的历朝法律都沿用此制。刑律草案在第十二章关于伪证及诬告之罪的立法说明中指出，"伪证及诬告之罪，其性质分为两种，一则认为直接对于原告被告之罪，法典之用此主义者，有民事、刑事之别，其关于刑事一端，更分为曲庇被告、陷害被告两意，又复陷害已成者，就其被告所受刑罚之轻重以为犯人刑罚之等差；一则认为直接对于公署讯问违背陈述真实义务之罪，法典之用此主义者，于凡对公署为伪证、为诬告，俱处以同一之刑。但其处分之轻重，一任审判官按其情节而定"①。诬告反坐制度就源于第一种对伪证诬告罪性质的认识，草案认为，第一种对伪证诬告罪性质的认识是错误的。审判及行政处分出自国家机关，非依据证人证言直接做出。司法官和行政官既有甄择证人证言的义务和权利，那因为伪证或诬告所导致的错误的审判及行政处分的责任，自不能全由伪证者或诬告者承担。因此草案采用第二种主义，仅仅视伪证及诬告之罪违背了公民对国家机关真实陈述的义务，此类犯罪只有情节上的差异而无性质上的区别，因而处以大致相同的处罚。草案对此类犯罪性质认识上的重大变化，直接导致了在量刑上的重大改变。两江签注首先对这种改变可能会导致司法官任意出入人罪表示了担心，旧律于本罪"立法极为明允。今本条均未声叙，止定以处二等至四等有期徒刑，固知二等至四等，其中层级甚多。或可按其所告之轻重分别处之，然条文简混，已否不免启判断高下之弊"②；而对因诬告所导致的死罪或死亡的严重情况，两江、闽浙、安徽等签注认为草案所规定的二等以下有期徒刑显然就过轻了，"若诬告叛逆人命盗贼等项，业已论决，如将诬告之本人亦竟照此拟断，实觉情重法轻。自应将诬告人分别情节轻重、已决未决，明定治罪专条，以昭明允"③；安徽签注

---

① 《大清法规大全》第 2014—2015 页。
② 《两江签注清单》第 179 条。
③ 《闽浙签注清单》第 179 条。

则认为草案的主义是好的，但与中国的民情习惯不合，"原案理由指第一种为有三误，言论非不深切著明。第参看各国刑法，准以人民程度，似乎第二种尚不如第一种施行之为合宜。何以言之？盖证人者为诉讼时所不可缺。中国罪凭供定，外国罪凭证定，今中国既废刑讯，亦不能不借助于证人以补裁判官耳目之所不及。虽判断之权仍操自上，原非证人所能直接而自定之。但情伪万端，以有限之司法执关审理无限之司法事务，欲其纤毫无误，势必不能。况中国民情，习于刁诈，往往假公事以泄私愤，或串通证人搭作讹诈或凭虚构造陷害善良，弊端百出防不胜防，稍不留神，便坠其术中而不觉。若如本条所定，悬此同一之刑……彼素惯刁讼者，将谓诬人之死罪亦不过受此感化主义之自由刑，逾数年即可释出而益逞其夸张之术……似不如采取第一种之主义，定为曲庇被告、陷害被告，即以所诬罪之轻重为差等，如被诬人死罪已决者即反坐以死，未决者处以无期徒刑或一等有期徒刑，庶于中国民情习惯较为适宜，而于各国及日本刑罚亦不相刺缪"①。

正如安徽签注所指出的那样，就理论认识而言，草案的主张显然比诬告反坐理念要先进。但这显然要以完备的警察制度、严格的诉讼程序和相对较高的民众素质为前提，才有可能把伪证诬告的危害后果置于可控范围之内。如果警察的刑事侦查能力低下，诉讼上的质证程序不严格，对伪证者和诬告者再量刑过轻，的确对于遏制此类犯罪不利。就伪证诬告罪的后果而言，由于西方国家对死刑适用有着严格的限制，此类犯罪一般不会造成不可逆的后果，中国刑法则大量存在死刑条款，如果所证和所诬之事属于死罪，就极易造成不可挽回的后果。因此诬告反坐理念着力于从源头上控制此类犯罪及其后果，对此类犯罪予以严厉打击，实际起到了预防犯罪和保护被害人的作用，在传统社会条件下是有特定价值的。但刑律草案修正案反驳了安徽签注和两江签注的意见，仍然坚持按犯罪性质定罪量刑的理念，最后颁布的《大清刑律》依旧。

对于经济类犯罪，中国传统律典基本上是按照犯罪所得来定罪量刑的。如唐律中受财枉法赃规定，赃值绢一尺杖一百，每一匹加一等，十五匹处绞刑，六赃中的其他犯罪，如受财不枉法、受所监临财务、强盗、窃盗、坐赃，也完全按照赃值处断。六赃的分类法和以赃值多少而论刑的原

---

① 《安徽签注清单》第十二章关于伪证及诬告之罪。

则被后世历朝所延续①。草案改变了这一标准并在第三十二章关于窃盗及强盗之罪的立法说明中对传统标准提出了批评,"本章之罪,专以不法移取他人所有之财物为自己或第三者之所有为要端。现行律例与贼盗罪及此外对于财产罪之类俱以赃之价额而分罪之轻重,殊与现今法理未惬。夫以赃物之价额而论,富人之万金与贫人之一钱轻重相匹。又自犯人之心术而论,有夺富人万金而罪在可恕,有夺贫人一钱而罪不胜诛者,是不能为定刑之准无容疑也"②。对此,两广签注给予了带有情绪性的回应,"人之财物,毋论贫富皆非他人所当取也。贫者故不应夺,其富者岂可攘夺耶?治盗者但问其为盗之罪,断不能问其所盗之为贫为富。倘此法若行,则天下富民皆将为盗贼觊觎而无以自保,似非朝廷弭盗安民之意"。签注认为窃盗罪应计赃论罪,"至窃盗计赃论罪,因其潜行窃取,有畏人心,无强暴之行,不得不论赃数之多寡为罪名之等差也。自唐以来莫不皆然,今不论赃数而概处三等以下有期徒刑,亦未免漫无区别"③。不仅如此,第六章关于渎职之罪中的受贿罪、行贿罪均应按照"赃数多寡、情事重轻"处罚,因公科敛、入己之罪者也应按其赃数多寡而定罪予以严惩④。

　　以赃定罪是中国传统法律的一大特色,尽管其有偏重赃值而忽视实际危害程度的一面,历史上也有人提出过批评意见。但相比着眼于犯罪性质,以赃额定罪量刑标准更加具体明晰、更容易操作,其合理进步的一面是主要的。就现代刑法理论而言,对于经济类犯罪,犯罪所得额的大小毕竟在很大程度上反映了犯罪者的主观恶性程度和对社会的危害程度,是衡量犯罪重轻的一个很主要指标。这一点在1997年中华人民共和国刑法中有非常明显的体现,如第三章破坏社会主义市场经济秩序罪、第五章侵犯财产罪、第八章贪污贿赂罪,"数额较大"、"数额巨大"、"数额特别巨大"就直接成为区别量刑的标准。就侵犯财产罪而言,1997年刑法中的抢劫罪(即草案之强盗罪)因性质严重,不论财物的多寡而定罪。而盗窃罪的成立要件之一就是"盗窃公私财物,数额较大"。因此,1997年刑

---

① 明清律加重对强盗罪的处罚,规定凡强盗获得财物的,不分首从皆处斩刑,故以赃论罪失去意义而被排除在六赃之外。《大清律例·六赃图》所指六赃是:监守盗、常人盗、坐赃、枉法赃、不枉法赃、窃盗。
② 《大清法规大全》第2074—2075页。
③ 《两广签注清单》第32章,第349条。
④ 《两广签注清单》第139—142条。

法中的相关规定是与《大清律例》暗合的，而与刑律草案差得很远。就刑法编纂上而言，按照犯罪性质进行分类毕竟只能构成刑法典分则章节的基础，对章节内容的具体化还要按照犯罪的严重程度进行分类，而且现代刑事诉讼越来越强调按犯罪严重程度进行分类的意义，如美国、英国、法国、德国等国不仅在实体法将犯罪分为重罪、轻罪、违警罪，而且在诉讼程序法和法院管辖权限上作出明确的区分。由此可见，在刑法上罪分几等，其法律意义是非常重要的，而犯罪所得额作为衡量犯罪严重程度的一个主要指标，理应有它的作用和价值。刑律草案缺乏对以赃定罪理论的创造性利用，又没有能够完整把握近代刑法理论，从而出现了偏差。

五 立法条件

所谓草案的立法条件包含两层意思：法条本身成就的条件和刑法施行的条件。

法条本身成就的条件，指的是刑法的规定需要相关法律及制度的支持和配套。如草案分则第十九章关于伪造度量衡之罪[1]，湖南签注认为"须俟农工商部奏定画一度量权衡章程，十年旧章全废之后方能实行"[2]。山西签注认为此章罪名应该缓行，"中国关于此等事情，皆听民间自为之，其间大小轻重，各省不能一律，相沿既久视为习惯。……本章所拟私造各条罪行，应俟度量衡颁有定制后再议实行"[3]。又如第296条规定了非法行医罪[4]，闽浙签注认为何谓非法行医，应有具体规定，"然究应如何始能许可及何项公署许可始准行医，并未载明，应请明白宣示方遵办"[5]。两广签注则认为非法行医罪在中国一时难成立，"外国医生向须由官发给凭照，中国向无此项政令，凡业医者悉听自行其术。今欲概令有官许可方能行医，恐一时尚难办到"[6]。两江签注则提出了政府建立行医许可制度的具体建议并指出只有首先建立政府行医许可制度，"则此条规定凡未受公署之许可以医为常业者处五百元以下罚金尚属可行。若不求其本，虚悬

---

[1] 第245条：凡以行使或贩卖之宗旨而制作违背定规之度量衡或变更真正度量衡之定规者，处四等以下有期徒刑并处五百元以下罚金；知情而贩卖不平之度量衡者亦同。
[2] 《湖南签注清单》第十九章。
[3] 《山西签注清单》第十九章。
[4] 第296条：凡未受公署之许可以医为常业者处五百元以下罚金。
[5] 《闽浙签注清单》第296条。
[6] 《两广签注清单》第296条。

此未受公署许可处罚之文，恐仍无益"①。

但修正案对这些意见均未采纳，相反认为这些签注均犯了"牵事实入法律之中"的错误，言外之意，法律规定是不考虑事实问题的，只要在法律理论上正确和必需，就应该予以规定，至于需要其他法律和制度的支持和配套，那不是编纂刑法时应该考虑的问题。而在清末各种法律和制度都亟待完善的情况下，不考虑法条本身成就的条件，只能使法律的规定或者成一纸空文，或者对现存社会秩序起到了纷扰的消极作用，甚至很可能会成为"吏胥藉端需索"的工具。

刑法施行的条件，指的是刑法作为法律体系的一部分，需要法律以外的其他国家制度的配套，如教育制度、警察制度、监狱制度、法官制度等。而在这些方面，草案都缺乏实施的条件。下面以法官制度中的法官素质和水平为例加以说明。

大清刑律草案有着较为严密的逻辑体系，其罪名的高度概括、抽象的定罪量刑的刑法理论以及授予法官的自由裁量权，都需要法官具备良好的近代法律理论的素养和司法水平，否则草案的先进性便无从体现。而从签注来看，西方刑法理论对习惯于直观外推思维的中国裁判官的确是一个挑战。

草案第十一章加减刑的规定，立法说明中指出对于因减刑而免于刑事处罚的人，被害人可以提起私诉。两广签注认为不妥，"释文谓被害之人可以提起私诉，似属未当。既已减免，不应再准控诉也"②。刑事责任已免，但民事责任不免，今天已经成为常识，但当时许多人并不懂这一点。这一则说明当时的司法者对西方刑法理论还很陌生，二则说明草案本身的立法有缺陷。当时草案应该在总则中予以明确规定，而不是仅在立法说明时指出。类似的问题江西签注第 175 条湮没证据之罪，第 178 条、179 条关于伪证及诬告之罪也提了出来，但它与两广签注意见相反，认为应该增加因本罪而被伤害之人的保护。中国传统法律体系是"诸法合体、民刑不分"，这是与传统社会法律关系的相对简单相适应的，就某一案件而言，关于刑事制裁和民事赔偿都规定在一部法典中了。近代法律体系则是"民刑有分、诸法分离"的，其严密性和先进性的实现是以诸法协调、相

---

① 《两江签注清单》第 296 条。
② 《两广签注清单》第 61 条。

互配合为前提的。刑律草案删去了刑事案件中关于民事赔偿部分，固然符合了近代法典编纂的潮流。但在当时民法典还没有颁布出台的情况下，的确存在着类似于伪证案件和诬告案件中刑事案件的被害人无法按照国家法律的规定得到赔偿的问题。这说明，在一个法律变革的时代，新旧的衔接尤其重要。

草案分则第十章关于监禁者脱逃罪第167条的规定，让诸多签注感到疑惑。两广签注认为脱逃者原罪和本脱逃之罪如何处罚不明；湖广、两江签注倒是看明白了，但他们还是认为草案应该规定得更明白些。按照现在法理，对于类似监禁人脱逃后的处罚，自然是把原罪和脱逃罪按数罪并罚原则处理。但在当时，由于理论未备，草案又无明文规定，许多签注提出疑问，因为第167条"凡既决、未决之囚人脱逃者，处四等以下有期徒刑或拘留"，本身很容易让人理解为此处罚即为对脱逃者的总的处罚。这个问题在今天专业人士看来很可笑。但我清楚地记得，在我刚接触刑法但还没有能够系统掌握之前，此类问题常常困扰我。因为法律本身没有明文规定，只能依据你掌握的刑法理论来理解。所以如果仅有草案法条，理由、注意再不加以解释的话，这些基本没有西方刑法理论熏陶的地方司法官，还真是看不明白。所以一方面应该看到草案此条立法本身并无问题，但草案制定者毕竟不能期望全国的裁判官都有草案制定者一样的近代法学理论水平，应该充分考虑到当时裁判官近代法学理论水平普遍较低的状况，对草案内容作适当的处理和调整。另一方面江西签注提出现在看来很幼稚的问题，说明刑律草案出台之时，西方近代刑法学理论在国内并不深入人心，如果再考虑到此意见实际上是由专管刑事审判的臬司（大致相当于现在的省高院）所拟，那我们真的有理由担心，如此"落后"水平的裁判官与如此"先进"的立法内容形成如此鲜明的对比和矛盾，"徒法不足以自行"，法律实现的前景能好了吗？

正是因为众多签注看到了草案的"先进"与实施条件的"落后"形成了强烈的反差，纷纷指出新律骤然推行的条件并不具备。山西签注指出了教育普及、监狱改良、警察完备对推行新刑律的重要性。既然新律应该缓行，直隶、闽浙、浙江签注主张尽快编订现行刑律作为推行新律的预备和基础。光绪三十四年正月二十九日沈家本上奏，请求编订现行刑律以立推行新律基础，随后刑律草案修正案加"附则"5条，宪政编查馆核定时又改为《暂行章程》五条，签注的上述意见部分得以实现。

签注的上述意见之所以被采纳，是因为当时缺乏实施新刑律的条件和配套措施是一个不争的事实。这一点，法律修正馆诸公和赞成新刑律者是承认的，沈家本在奏请编订现行刑律折中就认为，"上年进呈刑律，专以折冲樽俎、模范列强为宗旨。惟是刑罚与教育互为盈脯，如教育未能普及、骤行轻典，似难收弼教之功，且审判之人才，警察之规程，监狱之制度，在在与刑法相维系，虽经渐次培养设立，究未悉臻完善"[①]。而实际上，在一部新的法律出台时，新旧法律的衔接、相应配套法律的建设是需要周密考虑的，如1907年日本新刑法颁布的时候，仅有264条的刑法典后面专门有一个竟达67条的《刑法施行法》来配套，就说明了这个问题。所以大多数的签注，承认立法意图很好，即大都承认西方法律的先进性，但同时又认为缘于中国的民俗风情，应该缓行，或者予以完善。这再次说明，在中国法律转型的初期，仅仅看到和重视西方立法精神和原则的先进性是不够的，还需要根据中国具体的国情予以选择；仅仅引入西方的立法精神和原则是不够的，需要针对中国的具体国情，完善相应的配套措施，这样才能真正实现法律的进步和递嬗。

　　但新刑律草案的编纂者和赞成者们，太渴望得到西方列强认同了，虽然明知新刑律并不具备实施的条件，但为了"世界大同"、"法律齐一"而坚持一个全新的刑律草案。多少年后，时任大理院民事推事的郑天锡在谈到判例的价值时指出，"盖在外人之眼光，我国之法典，或不无少含有政治的意味，因为我国急欲收回领事裁判权，难免于法典多所粉饰；惟判例则不然。判例乃法官自由适用法律或条理之结果，且亦足以窥之法院之程度；故大理院判例于我国法学中，为研究价值之一部分也"[②]。这表明，《大清刑律》不仅没有改善《大清律例》中律、例不相统一的弊端，相反在正文之外列《暂行章程》，破坏了法典在体例和内容上的统一，与近代统一刑法典的要求是矛盾的，也造成了刑法思想和适用的混乱。这一影响和后果，直到民国仍然存在，郑天锡所说判例的价值，恰恰是以法典本身的缺陷为代价的。

六　结论

　　自近代以来，西方文化与中国传统文化的紧张（tension）问题就一直

[①]《清末筹备立宪档案史料》第852页。

[②]《大理院判例研究·绪言》，载《法律评论》第三十六期，转引自张生《中国近代民法法典化研究》第122页，中国政法大学出版社2004年版。

是导致中外冲突和国内重大事变的一大根源，问题的解决之道也一直让"历史的创造者"煞费苦心。从学习西方"船坚炮利"的"师夷长技以制夷"到洋务运动的"求强求富"，从追求大变、全变的"百日维新"到稍后的清末新政，解决之道大致不出"中体西用"的范畴，尽管西用的概念（西用、西器、西学）从兵器、军工、经济等物质的层面一直延伸到到官制、法律、宪政等制度层面，"中体"的概念（中体、儒道、中学）则从"文物制度"一直缩小为纲常之道。这说明，在五四新文化运动发动"思想革命"彻底反传统之前，在物质、制度、精神三个层面上，中国"历史的创造者"试图通过不断重新解释和划定"中体"、"西用"的范围和界限来解决它们之间的紧张。趋势是西用的内涵和外延不断扩大而中体的内涵和外延不断缩小，最后退守到精神领地以安身立命。因此，就清末修律时的情形而言，一方面经过八国联军战争后的惩处祸首、清政府决定新政和预备立宪，拒绝向西方学习的顽固派势力已经基本扫荡已尽，中国向西方的学习已经进入了涵盖政治制度在内的全面阶段，向西方学习、进行改革已经成了解决中国问题的主要思路和方法，所谓"欲救中国残局，唯有变西法一策"；另一方面"中体西用"仍然是国人面对中西文化交融所采取的基本价值判断和解决方略。视向西方学习只具有方法论的意义，而不具有独立的终极价值。纲常之道作为中国文化最核心的内容，仍然被主流思想所信奉，还没有人敢于公开质疑儒家的义理文化。既要向西方学习以变革中国，又要维护和不悖于中国的伦理道德。所以在表面上，"折衷各国大同之良规……而仍不戾乎我国历世相沿之礼教民情"是大家的普遍追求。问题在于，如何折中才能适当？所以个人认为，评价清末修律和礼法之争的得失，主要不在于评价他们的立法原则和法律精神，主要应该看他们在斟酌中西时的分寸和方法。

综上所述，大清刑律草案以西方近代法律理论、法律原则和法律制度为基础，试图在宗法伦理观念、法律与道德的关系、量刑原则三方面对《大清律例》进行重大变革，从而与当时社会的主流价值观念直接冲突，引发了绵延的礼法之争。本应是思想界讨论的问题，却出现在了立法实务领域，这既表明了中国近代社会变革之剧烈，同时也表明了没有法律思想启蒙为先导的立法的冒进。"一个成功的法律体系，既要具有推动制度、经济、文化进步和发展的导向性作用，更应与具体的国情、民情相适应，具有付诸实践的现实基础"。因此，价值观的转换，不能通过法律变革来实现,"体现在法律体系中的价值观念,始终应与占社会主导地位的主流意识形态相一致",在辛亥革命政治上推翻封建王朝、五四新文化运动思想上"打倒孔家店"之前,刑律草案期望通过修律来否定居于统治地位的儒家主流价值观,"显然属于法律演变步伐上的过量超前"[①]。这既与中国自身的状况相脱节,也不符合法律自身的演进规律,是一次有着严重缺陷的立法实践。

[①] 朱勇:《理性的目标与不理智的过程——论〈大清刑律〉的社会适应性》,载《中国法律的艰辛历程》,黑龙江人民出版社2002年版,第333—340页。

目　录

第一部分　劳乃宣与《新刑律修正案汇录》 …………………… (1)
　　概述与论说 ………………………………………………………… (1)
　　《新刑律修正案汇录》序 ………………………………………… (8)
　　《新刑律修正案汇录》目录 ……………………………………… (12)
　　一　谕旨 …………………………………………………………… (13)
　　二　修正刑律草案说帖 …………………………………………… (15)
　　三　沈大臣酌拟办法说帖 ………………………………………… (30)
　　四　声明管见说帖 ………………………………………………… (33)
　　五　陈阁学读劳提学及沈大臣论刑律草案平议 ………………… (36)
　　六　陈阁学新刑律无夫奸罪说 …………………………………… (39)
　　七　德国法科进士赫善心氏与蒋员外楷问答 …………………… (43)
　　八　德儒赫氏中国新刑律论 ……………………………………… (45)
　　九　林氏辨明国家主义与家族主义不容两立说 ………………… (52)
　　十　江氏刑律争论平议 …………………………………………… (56)
　　十一　杨氏陈请变通新刑律以维风化呈文 ……………………… (60)
　　十二　杨氏新刑律奸非罪拟请修改说 …………………………… (63)
　　十三　倡议修正新刑律案说帖 …………………………………… (66)
　　跋 …………………………………………………………………… (74)
　　附：《新刑律修正案汇录》书后 ………………………………… (76)

第二部分　吉同钧与《乐素堂文集》 ……………………………… (81)
　　概述与论说 ………………………………………………………… (81)
　　《乐素堂文集》"选"目录 ………………………………………… (89)
　　一　《律学馆第三集课艺》序 …………………………………… (90)

二　《律学馆第四集课艺》序 …………………………………… (91)
　　三　《律学馆第五集课艺》序 …………………………………… (92)
　　四　刑制论 ………………………………………………………… (94)
　　五　论新刑律之颠末流弊并始终维持旧律之意 ………………… (96)
　　六　论新旧律名称宗旨之不同并申言旧律为中国治乱之枢机 …… (99)
　　七　论旧律与新刑律草案、中律与外律可并行不悖 …………… (101)

第三部分　刘锦藻与《清朝续文献通考》 ……………………… (104)
　　概述与论说 ……………………………………………………… (104)
　　《清朝续文献通考》"臣谨案"选 ……………………………… (111)

第四部分　立法参与人日记和回忆录 …………………………… (117)
　　概述与论说 ……………………………………………………… (117)
　　一　《汪荣宝日记》选 ………………………………………… (128)
　　二　《许宝蘅日记》选 ………………………………………… (142)
　　三　《董康法学文集》选 ……………………………………… (145)
　　四　《新刑律颁布之经过》 …………………………………… (159)

第五部分　《申报》与《大清新刑律》 ………………………… (165)
　　概述与论说 ……………………………………………………… (166)
　　《申报》晚清刑法改革报道目录 ……………………………… (172)
　　一　中西会订普通刑律议 ……………………………………… (174)
　　二　增改现行律例议 …………………………………………… (176)
　　三　中国亟宜收回治外法权论 ………………………………… (179)
　　四　中国亟宜考订交涉刑律论 ………………………………… (181)
　　五　闽督议覆刑事、民事诉讼法折 …………………………… (183)
　　六　论李参议请改订刑律 ……………………………………… (186)
　　七　中国收回治外法权之先声 ………………………………… (188)
　　八　京师近事 …………………………………………………… (189)
　　九　沈侍郎修订刑律之为难 …………………………………… (190)
　　十　摄政王命法部从速修订现行律例 ………………………… (191)
　　十一　签注刑律草案意见之异同 ……………………………… (192)
　　十二　专电·电一 ……………………………………………… (194)

十三　升允负气陈请开缺之原奏 …………………………………（195）
十四　新甘督与旧甘督 ……………………………………………（196）
十五　浙抚张曾敫议覆刑事民事诉讼法折 ………………………（200）
十六　摄政王改订新刑律之宗旨 …………………………………（202）
十七　补录开缺甘督升允痛诋新政折 ……………………………（203）
十八　领事裁判权问题 ……………………………………………（207）
十九　论政府议撤领事裁判权 ……………………………………（209）
二十　外人注目新刑律问题 ………………………………………（211）
二十一　新旧刑律之大激战 ………………………………………（212）
二十二　续纪新旧刑律之大激战 …………………………………（213）
二十三　编制局校订《新刑律》意见书 …………………………（214）
二十四　董科员答劳议员论新刑律 ………………………………（217）
二十五　资政院拾闻种种 …………………………………………（221）
二十六　劳乃宣何苦如此 …………………………………………（222）
二十七　讨论新刑律案详情 ………………………………………（223）
二十八　政府对于新刑律之心理 …………………………………（225）
二十九　高凌霄不容于川同乡 ……………………………………（226）
三十　编制局劳提学《新刑律》说贴驳议 ………………………（227）
三十一　专电·电二 ………………………………………………（230）
三十二　论刑律不宜增入和奸罪之罚则 …………………………（231）
三十三　资政院争论新刑律之怪剧 ………………………………（234）
三十四　专电·电三 ………………………………………………（237）
三十五　专电·电四 ………………………………………………（238）
三十六　辩刘廷琛反对新刑律 ……………………………………（239）
三十七　刘廷琛维持礼教之片奏 …………………………………（241）
三十八　礼学馆破坏新刑律 ………………………………………（243）

第六部分　《中华民国暂行新刑律补笺》 ……………………（244）
　概述与论说 …………………………………………………………（244）
　一　法部修正新刑律呈袁大总统文 ………………………………（252）
　二　凡例 ……………………………………………………………（254）
　三　中华民国暂行新刑律目录 ……………………………………（255）
　四　第一编　总则 …………………………………………………（257）

五　第二编　分则 …………………………………… (334)

第七部分　附录 ……………………………………………… (512)
　《大清新刑律与中国近代法律继受》学术研讨会论文集目录 …… (512)
　悟已往之不谏，知来者之可追（序） …………………… (513)
　一　理性的目标与不理智的过程
　　　——论《大清刑律》的社会适应性 ………………… (519)
　二　沈家本与中国律典传统的终结 …………………… (538)
　三　清末修刑律与世界相关国家刑事立法的比较 ……… (567)
　四　必使国民直接于国家：家族主义和国家主义之争 … (578)
　五　"礼教派"的忧虑并非多余
　　　——由劳乃宣的争辩到董康的检讨 ………………… (588)
　六　《大清刑律》的编纂：国家立法工程的力量和弱点 … (611)
　七　倾听"保守者"的声音 ………………………………… (616)
　八　冈田朝太郎与晚清废除比附援引
　　　——兼论法律进化论在近代中国的影响 …………… (626)
　九　比附与类推之辨
　　　——从"比引律条"出发 ……………………………… (649)
　十　修律的节奏及其调适
　　　——《钦定大清刑律》立法中的几个关键节点 ……… (665)
　十一　"申韩坠绪"
　　　　——对清末西方"法学"知识传播的一个观察 …… (681)
　十二　宪政编查馆与刑律修订 …………………………… (695)
　十三　光绪三十二年章董氏《刑律草案》（稿本）所附签注之
　　　　研究 …………………………………………………… (698)
　十四　论签注在《大清刑律》制定过程中的影响和作用 … (716)
　十五　《大清新刑律》相关主题研究论著概览 …………… (734)

《〈大清新刑律〉立法资料汇编》目录 ……………………… (737)

参考文献 ……………………………………………………… (741)

后记 …………………………………………………………… (742)

第一部分

劳乃宣与《新刑律修正案汇录》

毕生心迹泯将迎，历遍崎岖视若平。
自问非夷亦非惠，孤怀留待后人评。
　　　　　　——劳乃宣《韧叟自订年谱》

概述与论说

劳乃宣（1843.11.14—1921.7.21）[1]，字季瑄，号玉初，又号矩斋、韧叟，浙江省嘉兴府桐乡县人。1865年中举，1871年中进士。1879—1900年他先后任直隶临榆、南皮、蠡县、吴桥、青苑等县知县，政绩多次被评为"卓异"。义和团运动兴起后请假南归，入两江总督府，其间并短暂担任杭州求是学院监院、浙江大学堂监督等职。1908年以四品京堂候补任宪政编查馆参议，1910年钦选资政院"硕学通儒"议员，外放江宁提学使。1911年11月，任京师大学堂总监督，兼署学部副大臣。民国后以前清遗老身份拒不出仕，晚年定居于青岛从事文化事业。一生著有《变法论》、《古筹算考释》、《合声简字》、《各国约章纂要》、《义和拳教门源流考》、《（续）共和正解》、《君主民主平议》等著作，在政治、法

---

[1] "生于道光二十三年九月二十三日，卒于辛酉年六月十七日，享年七十有九"——参见《诰授光禄大夫劳公墓志铭》。

律、教育和音韵学领域均有建树，尤其在中国近代文字改革史上有"南劳北王"的地位，现有《桐乡劳先生（乃宣）遗稿》存世（含文五卷、诗三卷及劳氏生前编订的《拳案三种》、《新刑律修正案汇录》，共十二卷）。

作为继张之洞之后的"礼法之争"中反对派的领军人物，在中国近代法律史上，劳乃宣有着浓墨重彩的一笔。

1910年2月2日，修订法律馆和法部上呈《修正刑律草案》（即大清刑律草案第二案）并下宪政编查馆复核，此时张之洞已经于1909年10月去世，二十天后协办大学士、军机大臣、前法部尚书戴鸿慈也作古，在法部尚书廷杰不能对自己领衔上奏的修正案做出批评的情况下，反对派的历史使命，自然就落到了宪政编查馆参议、资政院议员劳乃宣的头上。

在修正刑律草案在宪政编查馆核议期间，劳乃宣就在馆中散布《修正刑律草案说帖》，就修律与收回领事裁判权、法律与道德的关系，做了系统的论述，认为"收回领事裁判权之说，道德、法律不当浑而为一之说，乃说者恃以抵制纲常名教之说之坚垒也"，修正案不应当保留正文和附则在立法价值观上的矛盾和差异，应当把附则的内容，如干名犯义，犯罪存留养亲，亲属相奸、相盗和相殴，和奸，子孙违犯教令等，移入正文之中。针对劳乃宣的说帖，沈家本代表修订法律馆做了批驳性的反馈，此即《沈大臣酌拟办法说帖》，劳乃宣关于移入正文的意见没有一条被接受[①]，随之劳乃宣撰写《声明管见说帖》，除和奸罪及子孙违犯教令坚持己见外，大部分同意了沈家本的意见，但强调判决例应当与大清刑律同时编纂颁行。沈劳之间的一来一往，引来应和者无数，如内阁学士、礼学馆编纂大臣、宪政编查一等谘议官陈宝琛对两人最后的争执点（和奸及子孙违犯教令二条）发表了看法，在《陈阁学读劳提学及沈大臣论刑律草案平议》中，他一方面从总体上赞成在新刑律中保留和奸罪和子孙违犯教令的犯罪处罚规定，同时对劳乃宣所拟的草案作了改进和补充，随后又针对无夫奸罪这一争议的焦点，作《陈阁学新刑律无夫奸罪说》，"无夫奸之规定，在中国有之无赫赫之功，无之则滋烈烈之害者，从来之国情民

[①] 劳乃宣自言《修正刑律草案说帖》被"见采一二，未克全从"，当指沈家本在说帖中同意把干名犯义、亲属相奸、故杀子孙、杀有服卑幼、妻殴夫、夫殴妻等在编纂判决例时酌情考虑处理而言。

俗使之然也",在批判了"强制法无惯习"、"法律非道德"的观点之时,同时认为对无夫奸入罪应有限制而非滥用。

沈劳之间围绕大清新刑律修正草案的争论,范围不仅仅局限在国内上层人士之间,当时在国内的外国人士,也加入了进来。冈田朝太郎作为新刑律草案的起草者,撰文捍卫草案,自是当然。而远在青岛担任德华特别高等专门学堂教习的德人赫善心,除以与学部员外郎、中方派驻德华学堂总稽查蒋楷(字则先)问答录的方式表达对晚清修律的看法外,还亲自撰写了在晚清法律史上极为有名的《中国新刑律论》之万字长文,其中赫氏表达了如下看法:1. 用西方的法律精神和规则,阐明劳乃宣和陈宝琛在"和奸无夫妇女与子孙违犯教令"入罪问题上观点的合理性;2. 表达对《大清律例》和礼教的肯定态度,提醒中国与日本在向西方学习方面的差异,"万不可自弃其文明之礼教以迁就外人";3. 高度重视本民族的道德文化,万不可因为收回领事裁判权事而屈从,"订刑律须从自己国民之道德上小心构造,万不可注意于他事。如外国人之治外法权等事,万不可引以为权衡"。在"中国以日为师,日本模范德国"这样的法律进化路径之下,"老师的老师"的意见无疑具有很强的权威性和说服力,这也使新刑律立法的反对派如获至宝,广为散播以壮声势,迄今也未见沈派人士作出正面回应与交锋。

1910年修订刑律草案经宪政编查馆复核后交当年召开的资政院第一次会议审议,12月2日杨度代表政府在资政院作关于新刑律的立法说明,明确指出新刑律正文的立法主旨是国家主义,附则性的《暂行章程》五条则本家族主义,所以不仅《暂行章程》的内容不能移入正文,而且与正文精神相冲突的《暂行章程》之应否存在都值得资政院议员考虑。杨度的讲话,立刻在资政院议场引起了轩然大波,其随后将演讲内容补充修改后以"论国家主义与家族主义之区别"为名在《帝国日报》上发表,迅速把这个话题推向了社会。议员江谦作《江氏刑律争论平议》,认为"因伦理之问题而致疑于新刑律,与因政治之作用而遂欲破坏伦理上孝子慈父之家族主义,其为失均也",对欧洲社会史有研究的林芝屏在《林氏辨明国家主义与家族主义不容两立说》中指出,爱家就不能爱国之说不仅违背古圣,在西学中也讲不通,"居今日而提倡非家族主义,而人民未必即因此而有国家思想,而旧有之社会基础先坏,盖今日中国之族制不足障碍国家主义,而我国民所以乏国家思想,其故在政治而不在族制。……

论者乃以之归咎于族制，不顾我国之经济能力、政教现象，而欲灭弃数千年之社会基础，其果遂，足以救亡乎？"江苏省金匮县拔贡杨钟钰则上呈资政院《杨氏陈请变通新刑律以维风化呈文》、《杨氏新刑律奸非罪拟请修改说》，要求对无夫奸行为定罪并删去对尊亲属殴辱毁伤和奸非章的罚金刑。针对杨钟钰的上呈，资政院陈情股进行了审查并出具了审查报告，在1910年12月24日资政院会议时，围绕着呈文要不要交法典股审查、有没有效力，议员之间产生了很大的分歧，差点导致议场无法开议。应该说，杨度从宪政的高度看待大清新刑律，使得晚清刑法典论争从法理与礼教的问题之争转向国家与家族的主义之争。在时代的语境中，"个人"通过"国民"这一概念而被国家所吸纳，国家主义乃是看不见独立人格的国民主义。杨度以进化论的观点，将家族视为国家之敌，但对破坏家族是否就能培养出合格的新国民，缺乏充分的论证。他的国家主义之说加剧了新、旧两派的裂痕，使得共识难以达成。除了无夫奸和子孙违犯教令两条外，本来大部分已经和沈家本达成共识的劳乃宣，重新制撰《倡议修正新刑律案说帖》，要求全面修改刑律草案对亲属、夫妻之间和无夫奸犯罪行为的量刑和处罚，署名赞成议案者105名，该议案所提议的问题构成了1911年1月6日后资政院议场讨论新刑律的焦点问题并最终导致了票决，但随后宪政编查馆在上奏《大清新刑律》议决结果时，以"惟至本月十一日资政院闭会后，仅将议决总则会奏，其分则乃未及议决"，而以"本年为颁布新刑律之期。按此项清单，乃德宗景皇帝钦定之案，缮黄刊布，分限程功，最足握宪政进行之枢轴"为由，通过钦定的方式把宪政编查馆审核的分则和《暂行章程》先行颁布，1911年1月25日定稿的《钦定大清刑律》完全没有体现资政院对新刑律分则的议决情况。按照上谕，明年资政院开会时，仍然可以对新刑律提议修正，劳乃宣为了"来年开会，正赖同志者众，方足收得道多助之益"，即将新刑律修正案交宪政编查馆核议以来的争论文章和资政院提案汇编成册，乃成《新刑律修正案汇录》。同时，由于修订法律馆诸员"私辑彼党学说，编为《刑律平议》，诱惑四方"①，劳乃宣此举也有阴为抵抗的意思。该书刊发布后，在当时引起很大反响，当然，批评的声音也不少，如1911年《法政杂志》第三

---

① 胡思敬：《奏将新律持平覆议这》，参见高汉成主编《大清新刑律立法资料汇编》，社会科学文献出版社2013年版，第791页。

期刊出孟森的《〈新刑律修正案汇录〉书后》，甚至有报章刊出漫画，上有老翁挑一重担，前"礼"后"教"，徘徊而行，名曰"劳而无功"，劳氏不以为怒，反自号曰"韧叟"，表现了越战越勇的精神风貌和乐观主义的人生态度。

在晚清法律改革史研究中，无论是劳乃宣的法律思想还是其编辑的《新刑律修正案汇录》所提供的第一手历史资料，正引起越来越多的重视和关注。但无论是1911年印刷的《新刑律修正案汇录》，还是十多年后由桐乡卢学溥捐资刊刻的《桐乡劳先生（乃宣）遗稿》中的版本，目前已经很难看到原本。目前可用的版本，是20世纪60年代台湾文海出版社《近代中国史料丛刊》第36辑的影印本。

纵观劳乃宣的一生，与长他三岁的沈家本（1840—1913）相比，人生经历和社会履历，有相似有歧异。两人年龄相仿，均是浙江人士，一生均与清末民初的中国历史高度重合，经历了起伏跌宕的过程。1865年同榜中举（沈第62名，劳第63名）后，劳乃宣经二次礼部试，即在28岁轻松中进士，算得上是少年得意。而沈家本，则会试屡屡不售，迟至43岁才中礼部试，自认"余性钝拙，少功举子业，进步极迟……此数十年中，为八比所苦，不遑他学"[①]。沈家本从24岁起，就在中央刑部为吏三十年，1893年53岁时才外放直隶天津府知府，1897年调保定府知府，1901年庚子巨变后为刑部右侍郎而名列朝班。可以说，沈家本长期在中央工作，在专业性最强的刑部工作，有着很高的律学素养和丰富的审判经验，但部门单一，地方基层工作经验不足，没有机会接触和了解中国社会最基层的状况。劳乃宣则当过（中小学）教谕和（大学）校长、编过通志、做过总督幕僚、任过知县、研究过学问（语言学），人生履历相当丰富，尤其连任二十余年五县知县，亲自升堂断案，不假手吏役，公正执法，属清官循吏之列，对中国基层社会有着相当的了解。其推动的汉字简化和拼音运动，不仅推动了中国语言学的发展，更是社会教育和改造的一部分。因此，从人品、知识背景和社会经验来看，作为优秀人才，在晚清法律大变革的时代，无论是沈家本，还是劳乃宣，都是有参与资格和能力的。"礼教派"与"法理派"、"沈派"与"劳党"、"西洋"与"东洋"、"激进"与"保守"……所有这

[①] 李贵连编著：《沈家本年谱长编》，山东人民出版社2009年版，第40页。

些语词,也许并不能真正的展示他们的分歧和原因所在。修律能不能收回领事裁判权、修律到底应不应该以收回领事裁判权为目标、法律与道德是什么关系,"乱世用重典"还是"民不畏死,何以以死惧之",中国贪官污吏盛行,原因何在,治本之策何为,中国积贫积弱的原因是家累和家族主义吗?……对这些问题的不同回答和考量,显示了刑法改革在价值观层面的巨大分歧。没有大差不离的价值标准,注定了"礼法之争"不可能弥合分歧而只会使分歧愈来愈深,进而互相揣测对方"居心叵测"而进行语言上的人身攻击,这是历史的遗憾!

在中国艰难抗日的1940年,蔡枢衡在昆明利用躲空袭的间隙,写下了对三十多年来的中国近代法律变迁进行批判性总结的《中国法律之批判》[①],其中谈到沈派和反沈派在观念上的利弊得失,其对反沈派的总结,就是以劳乃宣和其《新刑律修正案汇录》为基础的。但实际上,在整个民国时期,蔡枢衡所说的反沈派的合理性,并没有为时代所倾听,劳乃宣也就成了中国法律史上的"失踪者",到了最后,不仅一般社会舆论,连劳乃宣都自嘲为"腐儒",被彻底地扫进"历史的垃圾堆"。历史无法假想,如果没有"武昌革命之变"[②],积二十余年优秀基层社会管理经验,以京师大学堂兼学部副大臣的新身份,也许能为这个国家和社会做出更大的贡献,而不是以"民国乃敌国也"的"前清遗老"身份终世。正如台湾著名历史学家王汎森所说,"受过旧文化熏陶的读书人在面对时代变局时,有种种异于新派人物的回应方式,包括与现代截然迥异的价值观和看法……尽管我们无须同意其政治认同,可是的确值得重新检视他们的行动与动机,以丰富我们对近代中国思想文化脉络的了解"[③]。这也许又是另一种意义上的历史遗憾!

但显然,"礼法之争"作为中国近代法律史上罕有的一次具有思想史意义的论战,给当时的政界和社会一般舆论,都流下了深刻印象。1911年"皇族内阁"被解散后,袁世凯组阁时即邀请沈家本担任了司法大臣,

---

① 蔡枢衡:《中国法律之批判》,山西人民出版社2014年版。
② 沈云龙主编,桐乡卢氏校刻(1927年):《桐乡劳先生(乃宣)遗稿》,文海出版社印行(未标出版年月),第54页。
③ 林志宏:《民国乃敌国也:政治文化转型下的清遗民》,中华书局2014年版,后封页书评。

民国第一任司法总长人选,沈家本也是众望所归[①]。而1917年复辟之诏中,劳乃宣被简授法部尚书,亦可以视为旧派势力对他的法学成就的肯定和倚重。

"礼法之争",这是持有传统中国刑法文化的所谓"保守人士"发出的最后"呐喊",从此以后他们就消失于茫茫历史的烟尘之中,而"维新大潮"一浪高过一浪。等浪潮退去,国家机器和英雄人物"裸泳"之时,我们才似乎听到了历史深处发出的"早知今日何必当初"的冷笑。"清亡,非亡于真保守,而亡于假维新",民国初年发出的这声叹息,值得我们认真琢磨。是的,历史从来不会重演,但历史常有"惊人相似的一幕"。对这段历史的回顾,绝不是发"思古"之"幽情",而是希望不重蹈历史的覆辙。

[①] 据沈家本日记,1912年5—6月,陆徵祥、段祺瑞先后代表袁世凯前来劝驾出任司法总长,沈家本以年老病辞。——参见李贵连编著《沈家本年谱长编》,山东人民出版社2009年版,第303页。

《新刑律修正案汇录》序

　　法律何自生乎？生于政体；政体何自生乎？生于礼教；礼教何自生乎？生于风俗；风俗何自生乎？生于生计。宇内人民生计，其大类有三：曰农桑、曰猎牧、曰工商。农桑之国，田有定地，居有定所，死徙不出其乡。一家之人，男耕女织，主伯亚旅，同操一业而听命于父兄，故父兄为家督而家法以立。是家法者，农桑之国风俗之大本也。其礼教政体皆自家法而生，君之于臣如父之于子，其分严而其情亲，一切法律皆以维持家法为重，家家之家治而一国之国治矣。所谓"人人亲其亲、长其长而天下平"是也。猎牧之国，结队野处，逐水草而徙居，非以兵法部勒不能胥匡以生，故人人服从于兵法之下。是兵法者，猎牧之国风俗之大本也。其礼教政体皆自兵法而生，君之于臣如将帅之于士卒，其分严而情不甚亲，一切法律皆与兵法相表里。所谓"约束径易行，君臣简可久"，皆用兵之道也。工商之国，人不家食，群居于市，非有市政不能相安，故人人服从于商法之下。是商法者，工商之国风俗之大本也。其礼教政体皆自商法而生，君之于臣如肆主之于佣侩，其情亲而分不甚严。君主之国如一家之商业，民主之国如合资之公司，一切法律皆与商法相表里。凡所为尚平等、重契约，权利义务相为报酬，皆商家性质也。记曰：中国戎夷五方之民，皆有性也，不可推移。又曰：广谷大川，异制民生，其间者异俗，修其教不易其俗，齐其政不易其宜。是故风俗者，法律之母也，立法而不因其俗，其凿枘也必矣。

　　中国，农桑之国也，故政治从家法；朔方，猎牧之国也，故政治从兵法；欧美，工商之国也，故政治从商法。若以中国家法政治治朔方，以朔方兵法政治治欧美，不待智者而知其不可行也。今欲以欧美之商法政治治中国，抑独可行之无弊乎？汉唐之臣服朔方也，从其猎牧兵法之旧，不以中国家法政治治之。元魏、辽、金、元之入主中国也，自以猎牧兵法之旧治其种人，而以中国家法政治治华夏之民，凡以因其俗焉。尔我朝龙兴东土，兼耕猎以立国，故八旗之制兼家法、兵法而有之。定鼎之后，以兵法御朔漠而以家法治中国，正圣人之善于因也。法律之不能与风俗相违，非数千年来实地试验确有成绩，不容以空言理想、凭虚臆断者哉。

今中国诚贫弱矣，说者乃归咎于家法政治之不善，谓一国之民，但知有家，不知有国。欲破坏伊古以来家法政治，而以欧美尚平等、重权利之道易之，未始不出于救时之苦心也，然而误矣！夫中国之民，但知有家，不知有国，果由于家法政治而然哉？试思春秋之世，正家法政治极盛之时也，而列国之民无不知爱其国者。晋侯之获于秦也，卫侯之将背晋也，皆朝国人而问之，国人莫不忘身以殉其上。弦高之犒师也，越民之事吴也，国人莫不毁家以卫其国。家法政治之下，民何尝不爱其国哉？

然则今日民之不知爱国也，何故？则秦以来专制政体之所造成也。秦并天下，焚诗书以愚其民，销锋镝以弱其民，一国政权悉操诸官吏之手，而人民不得预闻。田野小氓任耰锄，供租税之外不复知有国家之事。其爱情之所施，一家之外，无所用也。则其但知有家，不知有国也，不亦宜乎？今乃谓民之不爱国，由于专爱家，必先禁其爱家，乃能令其爱国，亦不揣其本之论矣！且欧美之民，何尝不爱其家哉？近人之论有云"东亚之民以一家为单位，故与国为间接而爱国之情疏；西欧之民以个人为单位，故与国为直接而爱国之情切"，则亦不然。彼以西人子壮则出分为个人独立之证，而忘其尚有夫妇同居，不得目之为个人也。今使有一夫一妇而生二子，则四人为一家，中西所同也。而二子者各娶妇，在中国则子妇皆从父母，以六人为一家；西国则子妇分居而为三家矣！二子者又生四孙，四孙又各娶妇，在中国则十四人仍为一家，而西国则分为七家矣！盖中国之家以父子为范围，西国之家以夫妇为范围。西国之所谓一家，犹中国之所谓一房，而其为有家则一也。

今西人诚人人知爱国矣，而其爱国之所由来，则由于深明家国一体之理，知非保国无以保家，其爱国也，正其所以爱家也，乃推广爱家之心以爱国，非破除爱家之心以爱国也。而其所以人人深明家国一体之理，则由于立宪政体。人人得预闻国事，是以人人与国家休戚相关，而爱国之心自有不能已者。今中国已预备立宪矣，地方自治之规、国民代表之制，次第发生矣。假以岁月，加以提撕，家国一体之理渐明于天下，天下之人皆知保国正所以保家，则推其爱家之心，而爱国之心将有油然而生，不期然而然者。是上之人惟恐民之不爱家也，今乃谓必破坏家族主义乃能成就国民主义，不亦慎乎？且夫三代以上之法，正家族主义、国民主义并重者也。

封建世禄固为家族主义矣，井田、学校非国民主义乎？寓兵于农非今日宇内所最崇拜、最推重，人人皆兵之军国民主义乎？是今之所谓新法，其法理之原，固我国之所固有也。修其废坠，进以变通，不待外求而道在是矣，何必震于他人之赫赫，而皇皇焉弃其所学而学之哉！

至于一家之范围，此限于父子，彼限于夫妇，则沿乎风俗、本乎生计，有未可强同者，然人子爱亲之心，则根于天性，中外所同。西国以孝亲著称之人，亦所恒有：有依恋其亲而终身不娶妻者，有寻亲于万里之外者。近且有家制复兴论，极端主张家族制度之学说出焉，亦可见人心之同然，不以方隅习俗限矣。人方欲复兴家族制度，我乃欲举我国固有之家族制度而破坏之，亦可谓不善变矣。然则居今日而谈变法，将何适之从哉？曰：本乎我国固有之家族主义，修而明之，扩而充之，以期渐进于国民主义，事半功倍，莫逾乎是。

先朝立宪明诏所谓"兼采列邦之良规，无违中国之礼教"。今上修律谕旨所谓"凡我旧律义关伦常诸条，不可率行变革，庶以维天理民彝于不敝"，胥是道也。新刑律之编，肇始于壬寅四月之旨，丁未八月、十一月，总则、分则草案告成，由宪政编查馆分咨京外讨论参考，陆续签复。戊申五月，复奉旨交法律大臣会同法部修改删并，己酉十二月，修正草案告成，复由法律大臣会同法部奏呈，奉旨交宪政编查馆核复。乃宣从事馆中，得而读之，见其于主张国民主义之中寓有维持家族主义之意，尚非专主破坏者，惟四百余条中有数条于父子之伦、长幼之序、男女之别颇有所妨，未能允当于人心，乃于馆中具说帖修正，见采一二，未克全从。庚戌十月，宪政编查馆核订告竣，奏交资政院归入议案议决，乃宣忝为议员，又本愚见所及，倡议提出修正案，赞成之员一百（零）五人，会议之际否决一条，可决一条，余者未暇议及而已闭会，照章应留待来年开会再议。彼时之效果何如，今尚未可知也。前者政府特派员杨君于议场说明主旨时，以破除家族主义、成就国民主义立言，甚至谓家之孝子慈父即非国之忠臣。闻者颇议其非，因而疑及新刑律亦以破坏家族为宗旨，实则新刑律中保存家法之处甚多，特尚未能尽善耳，不致如杨君所言之甚也。劳乃宣之具说帖于宪馆也，沈大臣有酌拟办法之作，劳乃宣复就管见以声明之，于是陈阁学有平议有说，赫教习有问答有论，杨君之言出而林氏、江氏相继有作，金匮杨氏复以陈请呈文进，并作请修改说以申之。诸家之论，义蕴闳深，中西兼采，精到之处，各擅其长，皆足以阐我所欲言、补我所未至，为刑律之诤友，礼教之功臣。吾友张君彦云曾与劳乃宣先后付印，以广流传，藉资鼓吹修正案，赞成之众，未始非得其力。今以闭会期迫全案未获一律成立，来年开会，正赖同志者众，方足收得道多助之益。爰以历次鄙说及诸家之言汇录付印以公诸世，庶几好礼之儒、明法之士传播而发明之，俾公是公非大白于天下，则我国数千年礼教纲常之幸也。编辑既竟，举法律、政体、礼教、风俗、生计，本末、同异、相因相倚之理，弁诸其首而述其缘起如此，惟海内君子有以教之。

宣统二年岁次庚戌季冬之月桐乡劳乃宣序。

《新刑律修正案汇录》目录[①]

一　谕旨
二　修正刑律草案说帖
三　沈大臣酌拟办法说帖
四　声明管见说帖
五　陈阁学读劳提学及沈大臣论刑律草案平议
六　陈阁学新刑律无夫奸罪说
七　德国法科进士赫善心氏与蒋员外楷问答
八　德儒赫氏中国新刑律论
九　林氏辨明国家主义与家族主义不容两立说
十　江氏刑律争论平议
十一　杨氏陈请变通新刑律以维风化呈文
十二　杨氏新刑律奸非罪拟请修改说
十三　倡议修正新刑律案说帖

[①] 原无编号，今加。

一　谕旨

光绪二十八年四月初六日奉上谕：现在通商交涉，事益繁多，著派沈家本、伍廷芳将一切现行律例，按照交涉情形，参酌各国法律，悉心考订，妥为拟议，务期中外通行。钦此。

光绪三十三年八月二十六日修订法律大臣沈家本奏刑律草案分期缮单呈览一折，奉旨：宪政编查馆知道，单并发。钦此。

光绪三十三年九月初五日奉上谕：宪政编查馆奏请派修订法律大臣一折，著派沈家本、俞廉三、英瑞充修订法律大臣，参考各国成法，体察中国礼教民情，会通参酌，妥慎修订，奏明办理。钦此。

光绪三十三年十一月二十六日修订法律大臣沈家本奏刑律分则草案告成缮单呈览一折，奉旨：宪政编查馆知道，单并发。钦此。

光绪三十四年五月初七日奉谕旨：学部奏请将中国旧律与新律草案详慎互校，斟酌修改删并以维伦纪而保治安一折，著修订法律大臣会同法部，按照所陈各节，再行详慎修改删并，奏明办理。钦此。

宣统元年正月二十七日奉上谕：前据修订法律大臣奏呈刑律草案，当经宪政编查馆分咨内外各衙门，讨论参考，以期至当。嗣据学部及直隶、两广、安徽各督抚先后奏，请将中国旧律与新律详慎互校，再行妥订，以维伦纪而保治安。复经谕令修订法律大臣会同法部详慎斟酌，修改删并，奏明办理。上年所颁立宪筹备事宜，新刑律限本年核定，来年颁布，事关宪政，不容稍事缓图，著修订法律大臣会同法部迅遵前旨，修改删并，克日进呈，以期不误核定颁布之限。惟是刑法之源，本乎礼教，中外各国礼教不同，故刑法亦因之而异。中国素重纲常，故于干犯名义之条，立法特为严重，良以三纲五品（常），阐自唐虞，圣帝明王兢兢保守，实为数千年相传之国粹，立国之大本。今寰海大通，国际每多交涉，固不宜墨守故常，致失通变宜民之意，但只可采彼所长，益我所短。凡我旧律义关伦常诸条，不可率行变革，庶以维天理民彝于不敝。该大臣等务本此意以为修改宗旨，是为至要。至该大臣前奏，请编订现行刑律，已由宪政编查馆核议，著一并从速编订，请旨颁行，以示朝廷变通法律、循序渐进之至意。钦此。

宣统元年十二月二十三日奉谕旨：修订法律大臣会同法部具奏修正刑律草案告成缮单呈览一折，著宪政编查馆查核覆奏。钦此。

宣统二年十月初四日奉谕旨：宪政编查馆奏核订新刑律告竣缮单呈览一折，著依议。钦此。

谨按：光绪二十八年四月，派沈大臣等将现行律例参酌各国法律考订拟议，是为新刑律编辑之始。三十年四月开馆，三十三年八月总则草案告成，十一月分则草案告成，宪政编查馆奏明，由馆分咨在京各部堂官、在外各省督抚，讨论参考，分别签注，咨复到馆，汇择核定，请旨颁行。嗣经各部各省陆续签复，三十四年五月学部以新定刑律草案多与中国礼教有妨，分条声明，奏请饬下修律大臣将中国旧律与新律草案详慎互校，斟酌修改删并，以维伦纪而保治安，乃奉会同法部再行详慎修改删并，奏明办理之旨。宣统元年正月，又特降明谕申明，凡我旧律义关伦常诸条，不可率行变革，务本此意以为修改宗旨。是年十二月，法律大臣会同法部奏进修正草案，奉旨交宪政编查馆查核覆奏。二年十月，宪政编查馆考订完竣，缮单奏呈请勅下资政院归入议案，于议决后奏请钦定颁布施行。交院之后，先付法典股审查，继付议场会议，议决二百余条，而已届闭会未竟全功，留待明年开会再议。此新刑律历次修订之梗概也，兹恭录历年钦奉谕旨于简端，并述其大略如此。

二　修正刑律草案说帖

　　宣统元年十二月二十三日，军机大臣钦奉谕旨，"修订法律大臣会同法部具奏修正刑律草案告成缮单呈览一折，著宪政编查馆查核覆奏。钦此"。溯查宣统元年正月二十七日奉上谕，"前据修订法律大臣奏呈刑律草案，当经宪政编查馆分咨内外各衙门，讨论参考，以期至当。嗣据学部及直隶、两广、安徽各督抚先后奏，请将中国旧律与新律详慎互校，再行妥订，以维伦纪而保治安。复经谕令修订法律大臣会同法部详慎斟酌，修改删并，奏明办理。上年所颁立宪筹备事宜，新刑律限本年核定，来年颁布，事关宪政，不容稍事缓图，著修订法律大臣会同法部迅遵前旨，修改删并，克日进呈，以期不误核定颁布之限。惟是刑法之源，本乎礼教，中外各国礼教不同，故刑法亦因之而异。中国素重纲常，故于干犯名义之条，立法特为严重，良以三纲五品（常），阐自唐虞，圣帝明王兢兢保守，实为数千年相传之国粹，立国之大本。今寰海大通，国际每多交涉，固不宜墨守故常，致失通变宜民之意，但只可采彼所长，益我所短。凡我旧律义关伦常诸条，不可率行变革，庶以维天理民彝于不敝。该大臣等务本此意以为修改宗旨，是为至要。等因，钦此"。是则修正刑律自应遵此宗旨办理。

　　今查法律大臣会同法部奏进修正刑律草案，于义关伦常诸条并未按照旧律修入正文，但于附则第二条声称，"中国宗教遵孔，向以纲常礼教为重，况奉上谕再三告诫，自应恪为遵守，如大清律中十恶、亲属容隐、干名犯义、存留养亲以及亲属相奸、相盗、相殴并发塚、犯奸各条，均有关于伦纪礼教，未便蔑弃。如中国人有犯以上各罪，应仍照旧律办法另辑单行法，以昭惩创"等语。窃维修订新刑律，本为筹备立宪、统一法权之计，凡中国人及在中国居住之外国人皆应服从同一法律，是此法律本当以治中国人为主，特外国人亦在其内，不能异视耳，非专为外国人设也。今乃按照旧律另辑中国人单行法，是视此新刑律专为外国人设矣，本末倒置，莫此为甚。谓宜将旧律中义关伦常诸条逐一修入新刑律正文之内，方为不悖上谕修改宗旨，足以维伦纪而保治安。

顾草案按语内谓，"修订刑律所以为收回领事裁判权地步，刑律中有一二条为外国人所不遵奉，即无收回裁判权之实，故所修刑律专以摹仿外国为事"，窃谓此论实不尽然。

泰西各国，凡外国人居其国中者无不服从其国法律，而各国法律互有异同，有一事而甲国法律有罪、乙国法律无罪者，乙国之人居于甲国有犯即应治罪，不能因其本国法律无罪而不遵也。甲国法律罪轻、乙国法律罪重者，甲国之人居于乙国有犯即应治以重罪，不能因其本国法律罪轻而不遵也。今将各国法律罪名不同之处摘叙如左（下）：

一、死刑。

法国律斩首，德国律斩首，日本律绞首，和（荷）兰律、瑞士律无死刑。

一、弑逆。

法国律，杀父母者为弑逆，处死刑，凡因弑亲受死刑者，单衣跣足首蒙黑绢带赴刑场，裁判所使吏对众读罪案，将犯人牵上斩台，罪案读毕即令行刑；德国律，故杀尊属者处十年以上惩役或无期惩役；俄国律，谋杀父母者无限公权全夺，罚作无限苦工，到工后永远不准改拨教养局习艺，遇赦不赦。实系老疾无力操作，始免苦工，仍禁锢；日本律，杀自己或配偶者之直系尊属者，处死刑或无期惩役；和（荷）兰律，凡以故意而绝人生命者以故杀论，处十五年以下之禁锢，弑逆无专条；瑞士律，依犯意杀人者科以十年至十五年惩役，弑逆无专条。

一、忤逆。

俄国律，凡人于行动间欺辱父母及直系亲属尊长，被控到官讯明后，将犯人有限公权全夺，发往西伯利亚，与平民一律安插，抑或交教养局习艺一年以上、一年半以下；又，凡不遵父母训诲、游手好闲或不安本分者，经父母呈送，无庸质讯即将子女监禁在狱二月以上、四月以下，如父母代子女求请减少期限或宽免者，听。他国律，皆无忤逆父母治罪之条。

一、犯奸。

俄国律，凡未婚嫁之男女私相居处者，如系基督教民，交本管教堂忏悔，奸生子女断令奸夫抚养，奸妇衣食亦著奸夫供给。又，凡奸占无夫妇女，经本人或其父母、师保控诉者，有限公权全夺，发往西伯利亚与平民一律安插，抑或交教养局习艺二年半以上、三年以下；奸占已成，出于妇女情愿，经妇女或奸占人之父母、师保抚孤控诉者，奸占人监禁在狱四月以上、八月以下，被奸占之妇女监禁教士修道院，其期限与奸占人同。如系异教人民，毋庸监禁修道院，改为交其父母或师保领回，自行严管。此项已行监禁在狱及监禁修道院，限期如有父母、师保抚孤之求请，准其宽免。他国律无无夫妇女犯奸治罪之条。

德国律，凡因奸而离婚时，其有罪之配偶及其同罪者，处六月以下之禁锢。凡血族之间尊长与卑幼相奸者，尊长处五年以下之惩役，卑幼处二年以下之惩役。姻族之间尊卑与长幼并兄弟姊妹相奸者，处二年以下之禁锢。他国法律皆无亲属相奸加重之条。

右（上）将各国法律不同之处，略举数条以见其概，使日本国人居于法国、德国而犯死刑，即应遵其国之法斩首，不能因本国无斩首之法而不遵也。和（荷）兰国、瑞士国人居于法国、德国、日本国而犯死刑，即应遵其国之法处死，不能因本国无死刑而不遵也。德国、俄国、和（荷）兰国、瑞士国人居于法国而犯杀父母之罪，即应遵所居国弑逆之律处斩，不能因本国之律轻而免其死。法国人居于德、俄等国而犯杀父母之罪，即应遵所居国之律科以惩役、苦工、禁锢等罪，不能因本国之律重而增其刑。俄国有忤逆父母之罪，而他国无之，俄国人居于他国而子女不孝，即无可呈送，不能因本国有忤逆之罪而强所居国以相从。俄国有无夫妇女犯奸之罪，而他国无之，他国人居于俄国而犯无夫妇女相奸之罪，即应遵俄国之律治罪，不能因本国无无夫妇女奸罪而邀免。德国有亲属相奸加重之条，而他国无之，德国人居于他国而犯亲属相奸，只能按所居国之律以凡奸论罪，不能援本国之律以加重。他国人居于德国而犯亲属相奸，即应按德国律科以重罪，不能援本国律而从轻。是则外国人遵奉所居国法律，不必与其本国法律相同，确有明证也。

今我中国修订刑律，乃谓为收回领事裁判权地步，必尽舍其固有之礼教风俗，而一一摹仿外国，然后能行。不知各国法律彼此互异，合乎甲即悖乎乙，从乎丙即违乎丁，无论如何，迁就断不能纤悉相符。即以现在所修刑律草案而论，其中不同乎各国法律者多矣，试略举之。

第八十二条，凡称尊亲族者为左（下）列各等：
一，祖父母，高、曾同。
二，父母。

妻于夫之尊亲族，与夫同。
三，外祖父母。

（按：尊亲族之"族"字后文均作"属"，此处当系"属"字之讹，下亲族之"族"同）

法国律有适法之父母、不适法之父母或养父母及其他尊属之亲等名称，皆同罪；日本律于自己或配偶者之直系尊属皆同罪，是夫于妻之尊亲属，与妻同也。

称亲族者为尊亲族及下列各等：
一，夫妻。
二，本宗服图期功以下者。
三，妻为夫族服图大功以下者。
四，出嫁女为本宗服图大功以下者。
五，外姻服图小功以下者。
六，妻亲服图缌麻以下者。

五服之制惟中国有之，各国法律皆无期、功、缌麻等名称。

第三百十一条，凡杀尊亲属者处死刑。

法国、日本律杀尊亲属有死刑。德、俄、和（荷）兰、瑞士等国律杀尊亲属皆无死刑。

第三百十六条，凡对尊亲属加暴行未至伤害者，处三等至五等有期徒刑，或五百元以下、五十元以上罚金。

俄国律欺辱父母及直系亲属者，发西伯利亚安插，或交教养局习艺；德国律加暴行于人身体，对于尊长时处一月以上禁锢；法国律于害人致病者对于其父母及尊属有加重之条，未致病者无明文；日本律加暴行者未至伤人时，无尊属加重之条；和（荷）兰律苛遇之罪对于母、适法之父，刑法加重三分之一；瑞士律危害之罪无尊属加重之条。

第二百八十九条，凡和奸有夫之妇，处三等至五等有期徒刑。

俄国律有无夫妇女犯奸之罪；其余各国法律皆只有有夫妇女犯奸之罪，其无夫妇女无犯奸治罪之条；法国律本夫于家内蓄妾者，其妻犯奸不得控诉；德国有亲属相奸加重之条。

凡此诸条，现订刑律与各国法律罪名之轻重、有无，在在互有出入。若外国人在中国犯罪，必中国律内罪名与其本国律内罪名毫发无异，然后能遵，则同乎此国者彼国必有违言，同乎彼国者此国必相反对，是必穷之道也。即如我律内妻于夫之尊亲属与夫同是，子妇与翁姑有犯，与子犯父母同罪也；而女婿与妻父母有犯，则不能与女犯父母同罪。然日本法律则于自己或配偶者之直系尊属同一科罪，无所分别。设有日本人在中国居住，女婿与妻父母有犯，在彼律当与犯父母同罪，而中国律则不然，将何以处之？又使外国人在中国居住，其本宗外姻亲属相犯，在我刑律当以服图为断，而各国法律皆无服制之说，将何以处之？又使外国人在中国犯杀尊亲属之罪，依我法律当处死刑，法国、日本国固必无辞，德、俄、和（荷）兰、瑞士等国若执彼本国法律无死刑之说而不遵，将何处之？又使在中国居住之俄国无夫妇女被德法等国之男子诱奸，或被中国之男子诱奸，在我现订新刑律则视为无罪，若俄国以彼本国法律有罪相诘，将何以处之？又使法国人居于中国，其妻与他国或中国男子通奸，其夫家中则有妾在，我现订新刑律则当科奸夫、奸妇以三等至五等有期徒刑，若其妻执法国本夫蓄妾不得控诉之律为词，其夫则执中国无此律为词，将何以处之？又使德国人居于中国而犯亲属相奸，在我现订新刑律与凡奸之律无别，若德国执彼本国法律应加重治罪以相诘，将何以处之？

总之，一国之律必与各国之律处处相同，然后乃能令在国内居住之外国人遵奉，万万无此理，亦万万无此事。以此为收回领事裁判权之策，是终古无收回之望也。考光绪二十七年《英国商约》第十二款云："中国深愿整顿中国律例，以期与各西国律例改同一律，英国允愿尽力协助，以成此举。一俟查悉中国律例情形及其审断办法及一切相关事宜皆臻妥善，英国即允弃其治外法权。"《日本商约》第十一款"各西国"作"东西各国"，"英国"作"日本国"，余皆相同。

窃谓所谓"整顿本国律例以期与东西各国改同一律"者，但期大体相同，如罢除笞杖、停止刑讯、裁判独立、监狱改良之类，非必罪名条款一一相同也。罪名条款，东西各国之律本自各不相同，而谓一国之律可偏与各国条款一一相同，为理所必无之事，是"改同一律"一语，不作此解明矣。所谓"审断办法及一切相关事宜"，即指民刑诉讼等律及民律、商律与法院编制法等而言，曰"查悉皆臻妥善即允弃其治外法权"，所谓"妥善"，即以上所述各节非条款一一相同之谓也，是但得各国视为妥善，即有收回领事裁判权之望矣。故今日修订刑律欲为收回领事裁判权地步，但当力求妥善，不必悉求相同，此确凿有凭、毫无疑义者也。今修订刑律，必尽舍其固有之礼教风俗而一一摹仿外国者，其所持之说以"收回领事裁判权"一语为唯一无二之主张，故果于冒天下之不韪而毅然为之，以前说证之，其说不攻自破矣。

收回领事裁判权之说既破，则于上谕内"凡我旧律义关伦常诸条，不可率行变革"之宗旨，无所窒碍矣。且夫国之有刑所以弼教，一国之民有不遵礼教者，以刑齐之，然后民不敢越，所谓"礼防未然，刑禁已然"，两者相辅而行，不可缺一者也。故各省签驳草案，每以维持风化立论。而按语乃指为浑道德法律为一，其论无夫奸也，有云国家立法期于令行禁止，有法而不能行，转使民玩法而肆无忌惮，和奸之事几于禁之无可禁，诛之不胜诛，即刑章具在，亦只为具文，必教育普及、家庭严正、舆论之力盛、廉耻之心生，然后淫靡之风可以少（稍）衰。又云防遏此等丑行，尤不在法律而在教化，即列为专条亦毫无实际，其立论在离法律与道德教化而二之，视法律为全无关于道德教化之事。惟其视法律为全无关于道德教化之事，故一味摹仿外国而于旧律义关伦常诸条弃之如遗。外国之律有数国尊卑长幼皆平等者，有数国卑幼犯尊长有加重之条者，至尊长之于卑幼，则全与凡同，毫无分别矣。今草案内卑幼犯尊长列有加重之条，非重伦常也，摹外国也。若尊长之于卑幼则无只字异于凡人，是虽祖父而杀子孙亦将处以死刑，祖父而致子孙轻微伤害亦将处以三等至五等有期徒刑矣。以中国人心风俗衡之，窃恐未能允当也。今使有人于此，其在室未婚之女与人通奸，而父杀其女，以旧律论当以奸夫抵命而其父无罪。若按今刑律草案论之，则奸夫无罪，其父当以杀人处死刑。设使果有此事，吾恐将万众哗然，激为暴动也。非特不能维伦纪，且将无以保治安，又焉用此法律为乎？夫法律与道德教化诚非一事，然实相为表里，必谓"法律与道德教化毫不相关"实谬妄之论也。其言曰"和奸之事几于禁之无可禁，诛之不胜诛，即刑章具在亦只为具文"，又曰"防遏此种丑行尤不在法律而在教化",推其意,盖谓法律具在而犯者依然,是乃道德之教化未至,非法律所能禁。法律即为无用之具文,不如去之。然则有杀人之律而仍有犯杀者,乃仁之教化未至也,将并杀人之律而去之乎?有盗贼之律而仍有犯盗者,乃义之教化未至也,将并盗贼之律而去之乎?鸦片烟之罪,赌博之罪,亦与奸罪同一教化未至,何以不去乎?无夫和奸之罪,因禁之无可禁、诛之不胜诛,遂以专待于教化为词而去之矣,有夫和奸之罪同一禁之无可禁、诛之不胜诛也,何以不纯任教化而仍科以罪乎?以子之矛陷子之盾,法律与道德教化无关之说不攻自破矣。

此说既破,则上谕内"凡我旧律义关伦常诸条,不可率行变革"之宗旨,必当恪遵矣。收回领事裁判权之说,道德、法律不当浑而为一之说,乃说者恃以抵制纲常名教之说之坚垒也。今既摧陷廓清,无复余蕴矣。则旧律有关伦纪礼教各条,万无另辑中国人单行法之理,必应逐一修入刑律正文无疑矣。今将旧律有关伦纪礼教各条原文辑录如左(下):

十恶

一曰谋反,二曰谋大逆,三曰谋叛,四曰恶逆,五曰不道,六曰大不敬,七曰不孝,八曰不睦,九曰不义,十曰内乱。

亲属相为容隐

凡同居,若大功以上亲及外祖父母、外孙、妻之父母、女婿,若孙之妇、夫之兄弟及兄弟妻有罪,相为容隐,雇工人为家长容隐者,皆勿论。

若漏露其事及通报消息、致令罪人隐匿、逃避者,亦不坐。

其小功以下相容隐及漏露其事者,减凡人三等,无服之亲减一等;若犯谋叛以上者、不用此律。

干名犯义

凡子孙告祖父母、父母,妻妾告夫及告夫之祖父母、父母者,徒三年,但诬告者绞。若告期亲尊长、外祖父母,虽得实处十等罚;大功处九等罚;小功处八等罚;缌麻处七等罚。其被告期亲、大功尊长及外祖父母,若妻之父母,并同自首免罪。小功、缌麻尊长得减本罪三等。若诬告罪重者,各加所诬罪三等。

其告谋反、大逆、谋叛、窝藏奸细及嫡母、继母、慈母、所生母杀其父,若所养父母杀其所生父母,及被期亲以下尊长侵夺财产或殴伤其身,应自理诉者并听告,不在干名犯义之限。

若告卑幼得实,期亲、大功及女婿,亦同自首免罪。小功、缌麻亦得减本罪三等。诬告者，期亲减所诬罪三等，大功减二等，小功、缌麻减一等。若诬告妻及妻诬告妾，亦减所诬罪三等。

若雇工人告家长及家长缌麻以上之亲者，各减子孙卑幼罪一等，诬告者不减；其祖父母、父母、外祖父母诬告子孙、外孙、子孙之妇妾，若雇工人者各勿论。

若女婿与妻父母有义绝之状，许相告言者，各依凡人论。

犯罪存留养亲

凡犯死罪，非常赦所不原，而祖父母、父母老疾应侍，家无以次成丁者，开具所犯罪名奏闻，俟取旨后照律收赎，徒流者亦照所犯收赎，存留养亲。

亲属相奸

凡奸同宗无服之亲及无服亲之妻，各处十等罚；奸缌麻以上亲及缌麻以上亲之妻，若妻前夫之女、同母异父姊妹者，各徒三年，强者绞。若奸从祖母姑、从祖伯叔母姑、从父姊妹、母之姊妹及兄弟妻、兄弟子妻者，各绞，强者绞。

若奸父祖妾、伯叔母、姑、姊妹、子孙之妇、兄弟之女者，各绞，妾各减一等，强者绞。

亲属相盗

凡各居亲属相盗财物者，期亲减凡人五等，大功减四等，小功减三等，缌麻减二等，无服之亲减一等。若行强盗者，尊长犯卑幼亦各依上减罪，卑幼犯尊长以凡人论。若有杀伤，各依杀伤尊长、卑幼本律，从重论。

若同居卑幼将引他人盗己家财物者，卑幼依私擅用财物论，加二等，罪止工作十个月。他人减凡盗罪一等。若有杀伤者，自依杀伤尊长卑幼本律科罪，他人纵不知情，亦依强盗论。若他人杀伤人者，卑幼纵不知情，亦依杀伤尊长卑幼本律从重论。

亲属相殴

凡同姓亲属相殴，虽五服已尽而尊卑名分犹存者，尊长减凡斗一等，卑幼加一等，至死者并以凡人论。凡卑幼殴本宗及外姻缌麻兄姊，处十等罚，小功兄姊徒一年，大功兄姊徒一年半，尊属又各加一等。折伤以上，各递加凡斗伤一等，笃疾者绞，死者亦绞。若尊长殴卑幼，非折伤勿论，至折伤以上，缌麻减凡人一等，小功减二等，大功减三等，至死者绞。其殴杀同堂弟妹、堂侄及侄孙者，流三千里，故杀者绞。

凡弟妹殴兄姊者，徒二年半，伤者徒三年，折伤者流三千里，刃伤及折肢，若瞎一目者，绞，死者皆绞。若侄殴伯叔父母、姑及外孙殴外祖父母，各加一等，其过失杀伤者，各减本杀伤罪二等，故杀者皆斩。其兄姊殴杀弟妹及伯叔、姑殴杀侄并侄孙，若外祖父母殴杀外孙者，徒三年，故杀者流二千里。

凡子孙殴祖父母、父母及妻妾殴夫之祖父母、父母者，皆绞；杀者，皆斩；过失杀者，流三千里；伤者，徒三年。

其子孙违犯教令而祖父母、父母非理殴杀者，处十等罚；故杀者，徒一年。嫡、继、慈、养母，杀者，各加一等；致令绝嗣者，绞；若非理殴子孙之妇及乞养异姓子孙，致令废疾者，处八等罚；至死者，各徒三年；故杀者，流二千里。妾，各减二等。其子孙殴骂祖父母、父母及妻妾殴骂夫之祖父母、父母，而殴杀之，若违犯教令而依法决罚，邂逅致死及过失杀者，各勿论。

凡妻妾殴夫之期亲以下、缌麻以上尊长，与夫殴同罪；至死者，绞。若妻殴伤卑属，与夫殴同；至死者，绞。若殴杀夫之兄弟子，流三千里；故杀者，绞。妾犯者，各从凡斗法。若尊长殴卑幼之妇，减凡人一等；妾又减一等。若兄姊殴弟之妻，及妻殴夫之弟妹，及夫弟之妻者，各减凡人一等；若殴妾者又各减一等。其殴姊妹之夫、妻之兄弟及妻殴夫之姊妹夫者，以凡斗论；若妾犯者，各加一等。若妾殴夫之妾子，减凡人二等；殴妻之子，以凡人论。若妻之子殴伤父妾，加凡人一等；妾子殴伤父妾，又加二等；至死，各依凡人论。

凡妻殴夫者，处十等罚；夫愿离者，听；至折伤以上，各加凡斗伤三等；至笃疾者，绞；死者，绞；故杀者，斩。若妾殴夫及正妻者，又各加一等；加者，加入于死。其夫殴妻，非折伤勿论；至折伤以上，减凡人二等；先行审问夫妇，如愿离者，断罪离异；不愿离异者，验罪收赎；至死者，绞。殴伤妾者至折伤以上，减殴伤妻二等；至死者，徒三年。妻殴伤妾，与夫殴妻罪同。过失杀者各勿论。

发塚

凡发掘他人坟塚，见棺椁者，流三千里；已开棺椁见尸者，绞。发而未至棺椁者，徒三年。若塚先穿陷及未殡埋而盗尸柩者，徒二年半；开棺椁见尸者，亦绞。其盗取器物、砖石者计赃，准凡盗论。

若卑幼发尊长坟塚者，同凡人论；开棺椁见尸者，绞。若弃尸卖坟者，罪亦如之。买地人、牙保知情者，各处八等罚，追价入官，地归同宗亲属；不知者不坐。若尊长发卑幼坟塚，开棺椁见尸者，缌麻徒三年，小功以上各递减一等；发子孙坟塚开棺椁见尸者，处八等罚。其有故而依礼迁葬者，俱不坐。

若残毁他人死尸及弃尸水中者，各流三千里。若毁弃缌麻以上尊长死尸者，绞。弃而不失及髡发若伤者，各减一等。缌麻以上卑幼，各依凡人递减一等；毁弃子孙死尸者，处八等罚。其子孙毁弃祖父母、父母及雇工人毁弃家长死尸者，绞。

若穿地得死尸，不即掩埋者，处八等罚。若于他人坟墓熏狐狸因而烧棺椁者，徒二年；烧尸者，徒三年；若缌麻以上尊长，各递加一等；卑幼各依凡人递减一等。若子孙于祖父母、父母及雇工人于家长坟墓熏狐狸者，处十等罚；烧棺椁者，徒三年；烧尸者，绞。

平治他人坟墓为田园者，处十等罚。于有主坟内盗葬者，处八等罚，勒限移葬。

犯奸

凡和奸者，处八等罚；有夫者，处九等罚；刁奸者，处十等罚。强奸者，绞；未成者，流三千里。

子孙违犯教令

凡子孙违犯祖父母、父母教令及奉养有缺者，处十等罚。

凡呈告触犯之案，除子孙实犯殴詈罪、干重辟及仅止违犯教令者，各依律例分别办理外。其有祖父母、父母呈首子孙恳求发遣，及屡次触犯者，即将被呈之子孙发极边足四千里安置。如将子孙之妇一并呈送者，即与其夫一并发遣。

右（上）十恶、亲属容隐、干名犯义、存留养亲、亲属相奸相盗相殴、发塚、犯奸各条，即附则第二条所拟另辑单行法者。又子孙违犯教令之条均有关于伦纪礼教，为中国人所不可蔑弃者，应修入刑律正文之内。但新刑律条文之体主于简括，每条兼举数刑以求适合之审判，故附则第一条拟于实行之前酌照旧律，略分详细等差，另辑判决例以资援引而免歧误。兹欲将旧律诸条修入正文之内，若照旧律词义过于繁重详密，与全编体裁不合，应本旧律之义用新律之体，每条兼举数刑以期简括，其中详细等差一并归入另辑判决例内，期与旧律相合，今酌拟如左

（下）：

一，十恶。

十恶之名本诸唐律，历代相沿列于名例，以律例中每有关涉十恶之文，故本条虽无罪名亦资引用。今新刑律内已无十恶诸名，则此条无关引用，似可不列。

一，亲属相为容隐。

草案第十一章藏匿罪人及湮灭证据之罪，其第一百八十三条云"犯罪人或脱逃者之亲族，为犯罪或脱逃者利益计而犯本章之罪者，免除其刑"，即与亲属容隐之律相同，无庸另辑。

一，干名犯义。

干名犯义之律与亲属容隐之条相为表里，证父攘羊有乖大义，父子相隐本乎性真，天理人情之至也。前条已具而此条未备，殊为阙典，今拟其文曰：

告尊亲属者，得实处四等有期徒刑；尊亲属同自首，免罪；诬告者处死刑、无期徒刑。

亲属相告者得实，被告同自首，免罪；卑幼处拘役；诬告者，卑幼处一等至三等有期徒刑，尊长处拘役。

一，犯罪存留养亲。

旧律犯罪而有祖父母、父母老疾应侍者，苟非常赦所不原，死罪以下皆许留养，所以教孝也。新刑律有宥恕减轻、酌量减轻、缓刑、暂释诸条，用意至为仁厚，而无存留养亲之条，实属漏义。今拟其文曰："犯罪人祖父母、父母老疾应侍，家无次丁者，死刑以下皆得存留养亲。"

一，亲属相奸。

亲属相奸，古称"内乱"、"禽兽行"，在中国习俗为大犯礼教之事，故旧律定罪极重；在德国法律亦有加重之条。若我刑律不特立专条，非所以维伦纪而防渎乱也。今拟其文曰："奸父祖妾、伯叔母、姑、姊妹、子孙之妇、兄弟之女者，处死刑、无期徒刑。其余亲属相奸者，处一等至三等有期徒刑。"

一，亲属相盗。

旧律亲属相盗，罪比凡人为轻，以亲属有同财之义而宽之也。草案第三十二章第三百六十六条及第三百七十六条为窃盗之罪，其第三百八十条云"于本支亲属、配偶者，同居亲属之间犯第三百六十六条及三百七十六条之罪者，免除其刑。于其余亲属之间，犯前项所揭各条之罪者，须待告诉始论其罪。非亲属而与亲属共犯者，不得依前二项之例论"，即与亲属相盗旧律大致相同，可无庸另辑。

一，亲属相殴。

旧律亲属相殴，卑幼殴尊长则加等，尊长殴卑幼则减等，所以重伦常、正名分，维持乎世道人心者，至为深远。今草案于伤害尊亲属之身体及对尊亲属加暴行者，均有加重于凡人专条，特于旁支尊长尚无加重明文，而尊长之于卑幼则无论直系旁支皆无减轻之典，是虽祖父而殴伤子孙亦将与凡人同论也，揆诸中国礼教殊为未协，今为补拟数条以弭其阙。其文曰："凡伤害期功以下有服尊长之身体者，依下列分别处断。

一，因而致死笃疾者，死刑或无期徒刑及一等有期徒刑；

二，因而致废笃疾者，无期徒刑或一等至二等有期徒刑；

三，因而致轻微伤害者，二等至四等有期徒刑。

凡对期功以下有服尊长加暴行未至伤害者，处四等至五等有期徒刑及拘役。

凡故杀子孙，处五等有期徒刑；若违犯教令依法决罚，邂逅致死者，不为罪。

凡杀期功以下有服卑幼者，处死刑、无期徒刑或一等至四等有期徒刑。

凡伤害期功以下有服卑幼身体者，依左（下）列分别处断。

一，因而致死笃疾者，无期徒刑或五等以上有期徒刑；

二，因而致废疾者，二等至五等有期徒刑；

三，因而致轻微伤害者，不为罪。"

旧律妻殴夫者加等，夫殴妻者减等，与尊长卑幼同科，本乎夫为妻纲之义也，然夫妻有敌体之礼，与尊长卑幼略有不同。西国夫妻皆平等，日本本与中国同，今已改为平等。今草案无夫妻相犯专条，是亦视为平等也，但于中国礼俗尚不甚协。传曰"妻"者，齐也；又曰"妇人"，伏于人也，是于平等之中又有服从之义。考旧律，妻之子殴父妾者加等，妾殴妻之子者以凡人论，此尊于彼而彼不卑于此，与夫尊于妻而妻不卑于夫情形最为相近，可以比拟规定。今拟条文曰：

"凡妻伤害夫之身体及加暴行未至伤害者，与卑幼对尊长同；致死者，处死刑。夫伤害妻者，照凡人处断。"

一，发塚。

草案第二百五十八条"凡损坏、遗弃、盗取死体者，处二等至四等有期徒刑；若损坏、遗弃、盗取遗骨、遗发、其余棺内所藏之物者，处三等至五等有期徒刑"、第二百五十九条"凡损坏、遗弃、盗取尊亲属之死体者，处无期徒刑或二等以上有期徒刑；若损坏、遗弃、盗取尊亲属之遗骨、遗发、其余棺内所藏之物者，处一等至三等有期徒刑"、第二百六十条"凡发掘坟墓者，处四等以下有期徒刑、拘役或三百元以下罚金"、第二百六十一条"凡发掘尊亲属之坟墓者，处二等至四等有期徒刑"、第二百六十二条"凡发掘坟墓而损坏、遗弃、盗取死体者，处一等至三等有期徒刑；若发掘坟墓而损坏、遗弃、盗取遗骨、遗发、其余棺内所藏之物者，处二等至四等有期徒刑"、第二百六十三条"凡发掘坟墓而损坏、遗弃、盗取尊亲属之死体者，处死刑、无期徒刑或一等有期徒刑；若发掘坟墓而损坏、遗弃、盗取尊亲属之遗骨、遗发、其余棺内所藏之物者，处无期徒刑或二等以上有期徒刑"，业已规定甚详，虽较旧律稍轻，亦足以示惩戒，可无庸另辑。

一，犯奸。

旧律和奸杖八十，有夫者杖九十，有夫本重于无夫。今草案专列有夫奸罪，其无夫犯奸者不为罪，则失之太过矣。中国风俗，视奸情之事于处女、孀妇尤重，若竟不以为罪，殊不当于人心。惟有仍按旧律分别无夫、有夫为两等，最为平允。但旧律止科杖罪，新律原草案加至四等以下有期徒刑已为较重，迨各省签驳，又于修正草案加至三等有期徒刑，则未免太重矣。今拟有夫者仍定为四等以下有期徒刑，而无夫者定为五等有期徒刑，以昭平允。拟其文曰"凡和奸，处五等有期徒刑；有夫者，处四等以下有期徒刑"。

一，子孙违犯教令。

旧律子孙违犯教令者，杖；屡次触犯呈请发遣者，发遣；祖父母、父母呈请释回者，亦有释放成案。子孙治罪之权全在祖父母、父母，实为教孝之盛轨。草案未列此条，殊非孝治天下之道。考俄国之律与中国相仿，可见为人心之所同然。今补其文曰："凡子孙违犯祖父母、父母教令及奉养有缺者，处拘役；屡次触犯者，处一等有期徒刑。皆祖父母、父母亲告乃坐。如祖父母、父母代为求请减少期限或宽免者，听。"

以上所拟诸条，皆本旧律之义，用新律之体，每条兼举数刑以备审判时酌夺。其关乎尊长卑幼应加应减者，自期功以至缌麻等差甚多，皆用赅括之词列为"自某等至某等"，其中等差应依据旧律逐加，分别于另辑判决例内详之。记曰："中国戎夷五方之民皆有性也，不可推移。"又曰："广谷大川异制，民生其间者异俗，修其教不易其俗，齐其政不易其宜。"是故王者之治天下也，礼乐刑政莫不因其民俗以为制，故民之从之也，如水之就下，沛然莫能御之。若咈其所素尚，强以所不习，则将扞格而不能相入，骇怪而不肯相从，欲民心之服也，难矣。今外国之俗重平等，而中国之俗重伦常，周孔之教深入人心者已数千年，所谓久则难变也，骤以外国平等之道施之，其凿枘也，必矣。

夫修订新刑律，为立宪之豫备也。立宪以顺民心为主，则刑律之修可不以合乎中国人情风俗为先务哉？中国之人号数万万，外国居于中国之人不过数千。以迁就数千人而失数万万人之心，非计之得者也。况数万万之人心既失，则天下土崩瓦解，将不复能保治安，虽欲迁就此数千人亦不可得也。而顺乎数万万人之心，此数千人亦未必不服，何也？今所增诸条，固皆以义关伦常为主，与外国平等之法不同，然卑幼犯尊长应加重者，原草案中已略具，所新增者多系尊长犯卑幼减轻之条。轻典本非难从之事，其无夫奸罪、子孙忤逆罪又皆俄国法律所有，亲属相奸罪为德国法律所有，以俄国、德国例之亦不能不从，是则于收回领事裁判权必无所碍可知矣。今之专摹外国，不以伦常为重者，特狃于一时之偏见，未睹他日之害耳，此等法律使果实行，则名教之大防一溃而不可复收，恐陵夷胥渐，人心世道日即于偷诡，患气既深悔之晚矣。今幸尚未实行，犹可及止，不可不亟图补救，以免一旦之悔也。记有之立权，度量、考文章、改正朔、易服色、殊徽号、异器械、别衣服，此其所得与民变革者也。其不可得变革者则有矣，亲亲也，尊尊也，长长也，男女有别，此其不可得与民变革者也。自古帝王创制，显庸文质损益，代各不同，而其不可得而变革者，则兢兢保守而不敢放失，上谕所谓数千年相传之国粹，立国之大本是也。我皇上变法维新，创千古未有之局，而于不可变革之端则谆谆诰诫，不容稍事愆忘，为臣子者可不仰体圣怀善为将顺，上以成君父之美德，下以谋亿兆之安全乎？管蠡所及，不敢附和，据臆直陈，伏候采择。

此在宪政编查馆所上说帖，友人索观者多，爰付蜡印，以质诸明法君子，庶其有以教之。

庚戌孟秋劳乃宣识。（此初次印行时识语，仍之以存其故，下同）

三　沈大臣酌拟办法说帖

劳提学《新刑律草案说帖》拟增各条，今酌拟办法如左（下）：
干名犯义
此告诉之事，应于编纂判决录时于诬告罪中详叙办法，不必另立专条。
犯罪存留养亲
古无罪人留养之法，北魏太和中始著之令格。《金史·世宗纪》："大定十三年，尚书省奏邓州民范三，殴杀人当死，而亲老无侍，上曰：'在丑不争谓之孝，孝然后能养。斯人以一朝之忿忘其身，而有事亲之心乎？可论如法，其亲官与养济'"是此法之未尽合理，前人有议之者矣。又嘉庆六年，上谕论承祀留养两条有云："凶恶之徒，稔知律有明条，自恃身系单丁，有犯不死，竟至逞凶肆恶，是承祀留养，非以施仁，实以长奸，转似诱人犯法"等语，是我朝祖训亦尝申言其弊，此所当敬谨寻绎者也。此法不编入草案似尚无悖于礼教。
亲属相奸
新草案和奸有夫之妇处三等至五等有期徒刑，较原案又加一等者，原包亲属相奸在内，但未明言耳。此等行同禽兽，固大乖礼教，然究为个人之过恶，未害及于社会，旧律重至立决，未免过严。究之，此等事何处无之，而从无人举发，法太重也。闻有因他事牵连而发觉者，办案者亦多曲为声叙，由立决改监候。使非见为过重，何若是之？不惮烦哉！大抵法太重则势难行，定律转同虚设；法稍轻则人可受，遇事尚可示惩。如有此等案件，处以三等有期徒刑，与旧法之流罪约略相等，似亦不为过宽，应于判决录详定等差，毋庸另立专条。
亲属相盗、亲属相殴
此两条并在酌量减轻之列，应于判决录内详定等差，毋庸另立专条。其关乎殴尊亲属者，修正草案内已定有明文矣。
故杀子孙
《公羊传·僖五年》："晋侯杀其世子申生。曷为直称晋侯以'杀'？

杀世子母弟，直称君者，甚之也。"何休注："甚之者，甚恶杀亲亲也。"又《疏》引《春秋》说："僖五年，晋侯杀其世子申生。襄二十六年，宋公杀其世子痤。残虐枉杀其子，是为父之道缺也。"此可见故杀子孙实悖春秋之义。《康诰》称："于父不能字厥子，乃疾厥子"，在刑兹无赦之列。古圣于此等之人，未尝稍恕之。《唐律》："子孙违犯教令而祖父母、父母殴杀者，徒一年半。以刃杀者，徒二年。故杀者，各加一等（二年、二年半）；即嫡、继、慈、养杀者，又加一等。"《明律》改一年半者为满杖，改二年及二年半者为一年，既失之太轻；其嫡、继、慈、养之致夫绝嗣者，复加至绞候，又失之过重。此本当损益者也。今试以新草案而论，"凡杀人者，处死刑、无期徒刑或一等有期徒刑"（此专指谋、故言）。如系故杀子孙，可处以一等有期徒刑，再以酌量减轻条"犯罪之事实情轻，减二等"之法减之，可减为三等有期徒刑，而三等之中又可处以最轻之三年未满，则与唐律之轻重亦差相等矣。此亦可以明定于判决录内，毋庸另立专条。

杀有服卑幼

宋李縕言："风俗之薄，无甚于骨肉相残。"是同宗自相杀伤，即尊长于卑幼，亦非风俗之善者。若必明定于律文之中，亦徒见其风俗之不良耳。且谋故杀卑幼，旧律之应拟死罪者，于新草案同凡人论，尚无甚出入；其殴死及殴伤者，照新草案虽与凡人同论，而按之旧法亦无大出入。此等但当于判决录规定等差，不必多立专条。

妻殴夫、夫殴妻

《唐律》："殴伤妻，减凡人二等；死者，以凡人论。以刃及故杀者，亦同凡人论斩。妻殴夫，徒一年；伤重者，加凡人三等；死者，斩。"故杀亦止于斩也，与凡人罪名相去不远。《明律》："殴妻非折伤，勿论；折伤以上，减凡人二等；死者，绞；故杀，亦绞。殴夫，满杖；折伤以上，加凡斗三等；笃疾，绞决；死者，斩；故杀者，凌迟处死。"夫则改轻，妻则改重，遂大相径庭矣。夫妻者，齐也，有敌体之义，乃罪名之轻重悬绝如此，实非妻齐之本旨。今酌拟办法：凡罪之至死者无论矣，其殴伤及殴死者，即照伤害人身体条，夫从轻比，妻从重比，与凡人稍示区别，似不至大乖乎礼教。亦于判决录内详细规定，不必另立专条。

发塚

修正草案已有此条，在第二十章，与此条所拟大略相等，不必再补。

犯奸

无夫之妇女犯奸，欧洲法律并无治罪之文，俄律污人名节门有十四岁以上尚未及岁之女为师保人等及仆役诱奸一条，违禁嫁娶门有奸占无夫妇女一条。前条指师保人等言，后条指奸占言，非通常之和奸罪名也。近日学说家多主张不编入律内，此最为外人著眼之处，如必欲增入此层，恐此律必多指摘也。此事有关风化，当于教育上别筹办法，不必编入刑律之中。孔子曰："齐之以刑"，又曰："齐之以礼"，自是两事。齐礼中有许多设施，非空颁文告遂能收效也。后世教育之不讲，而惟刑是务，岂圣人之意哉？

子孙违犯教令

违犯教令出乎家庭，此全是教育上事，应别设感化院之类，以宏教育之方。此无关于刑民事件，不必规定于刑律中也。

四 声明管见说帖

修正刑律草案说帖拟增各条沈大臣所拟办法，谨就管见所及声明如左（下）：

干名犯义

干名犯义与亲属相为容隐相为表里，为中国旧律精义，阙（缺）一不可。容隐之条，刑律草案已具，今于此条叙于判决录中，俾与刑律相辅而行，亦无不可。但二者当同时颁行，方免偏重。又，草案附则第一条云："拟于实行之前，酌照旧律，略分详细等差，另辑判决例，以资援引，而免歧误。"此所谓判决录，想即彼所谓判决例，而"录"字与"例"字名称不同，"例"字为法律名词，"录"字则为泛常书录之称，不类法律，谓宜仍称为"例"，不称为"录"。应请由法律馆迅将判决例辑成，奏交到馆，由馆与修正刑律一并查核覆奏，请旨同时颁行，以昭慎重而免歧视。

犯罪存留养亲

存留养亲，古今固皆曾论其流弊，然亦实有其情可悯者，草案本有恕宥减轻、酌量减轻之条，自可援彼条酌办，不必专列。但判决例中似可于恕宥减轻、酌量减轻条下将犯人祖父母、父母老疾应侍一端，叙入以待临时酌行，庶较周密。

亲属相奸

新草案和奸之罪，既包亲属相奸在内，三等有期徒刑亦不为过宽，自可不必另立专条，但判决例中应按服制详细定明，以昭儆戒。

亲属相盗

草案已具无庸另辑。

亲属相殴

故杀子孙、杀有服卑幼、妻殴夫、夫殴妻诸条，论俱平允，即请于判决例中详细规定，惟卑幼犯旁尊当于凡人等差中专从重比，尚未议及，应一并于判决例中定之。

发塚

修正草案第二十章已具，虽罪名稍轻，亦足以示惩儆，不必再补。说帖原稿疏漏，后已更正。

犯奸

天下刑律，无不本于礼教，事之合乎礼教者，彼此自相安无事；其不合礼教者，必生争端。一生争端，必妨治安，故以刑治之，以泯争端，即以保治安。谓法律与礼义两不相涉，教育与用刑全不相关，皆瞽言也。外国礼俗，夫妇终身相处，子女年长即应自主，不归父母管束，故夫妇之关系重于父子。有夫之妇与人通奸，其夫必不能容，必生争端。既生争端，即妨治安，故国家定以为罪。若未婚之女与人私通，他人绝不讪笑其父母，其父母亦不引为耻辱。舅姑之于寡妇，更属不能过问，故无夫妇女与人通奸不致有生争端，即不致有妨治安，其国家之不定为罪，宜也。中国则不然，在室之女犯奸为家门之辱，贻笑于人，其父母视为大耻，其忿怒尤甚于夫之于妻。寡妇犯奸，其舅姑亲属之耻与怒，亦等于父母之于女，断无不生争端、不妨治安之理，若不明定罪名，民心必不能服，地方必不能安。今使有处女、寡妇与人通奸，为其父母、舅姑所捉获，事发到官，官判以无罪而两释之，吾恐其父母、舅姑之羞忿无以自容，强者将剚刃，弱者将自裁，合境之民亦将哗然不服矣，果能无害于治安乎？凡有害于治安之事，即应治以刑法之事，故中国法律无夫妇女犯奸一端，万不可不编入也。

总之，出礼入刑，中外一理。无夫妇女犯奸，在外国礼教不以为非，故不必治罪；而在中国礼教则为大犯不韪之事，故不能不治罪。此理至明，无待巧辩。今谓此最为外人著眼之处，如必欲增入此层，恐此律必多指摘，不知此亦最为中国人著眼之处，如不增入此层，此律必为中国人所指摘——畏外国人指摘，独不畏中国人指摘乎？况外国无此律无害治安，中国无此律有害治安乎！因避外人指摘致损本国治安，窃恐得不偿失也。且中国自定法律，何以畏外国人指摘乎？所以畏其指摘者，恐不能收回裁判权耳。要知裁判权之能收回与否，尚有种种方面，非止律一端，更非止刑律中无夫奸罪一端也。如种种方面皆足收回，断不能因此一端而生阻；种种方面皆不足收回，亦不能因此一端而收效，何必先自弃其礼教以媚之，而反先自扰其治安哉！夫收回裁判权之机，括其首要，莫重乎审判之文明，而律文之同否，实在其次。即如近今奉天审判厅办理得宜，已有外国人愿来控诉，愿遵断惩罚，而是时中国旧律固未尝只字变更也，非其明证乎？此条如不欲显然指出，则但将草案中有夫之妇四字删去，定其文曰："凡和奸，处三等至五等有期徒刑。"而于第二百九十三条"待其本夫之告诉，始论其罪"句改为"待其尊亲属及本夫之告诉，始论其罪"，或亦变通而不失其正之道也。

子孙违犯教令

《周官》八刑，一曰"不孝之刑"，俄国刑法亦有呈送忤逆之条。谓违犯教令，全是教育之事，无关刑民事件，殆不其然。感化院之类，天下千余州县，一时何能遍设，若子孙触忤祖父母、父母，官府无惩治之法，祖若父无呈送之所，实为大拂民情之事。且律中即有此条，于收回裁判权绝无干碍，何也？呈送出于其祖其父，若外国人不以子孙违犯为罪，尽可不来呈送，此条存于律中，于彼固毫无妨损也。此条甚有关系，仍应照增，万不可删。

修正刑律草案说帖呈递后，法律馆沈大臣见之酌拟办法录示，因复具说帖声明所见，兹一并付印，俾与前篇相续，以质大雅。

庚戌七月下浣劳乃宣识。

五　陈阁学读劳提学及沈大臣论刑律草案平议

　　劳提学及沈大臣两说帖，其最后争点在和奸及子孙违犯教令二条，兹谨就管见所及，开陈如左（下）：
　　一，犯奸一条，当以劳提学所论为允。此不特与中国礼教有关系而已，以今日中国情形言之，此条有万不可不加入者。盖欧洲所以不能罪无夫奸者，彼别自有故。一则欧洲社会本系个人制度，事事以自由独立为重，与吾国之采家族制者不同；一则欧洲男女婚姻年龄较中国为迟，所以不设此条者，彼固有所不得已，何者？立一法而势不能行，不如不立之为愈。若吾国则自昔妇女以贞洁为主，有犯者世以为诟病，是惯习本与欧洲不同。夫法律不能与惯习相反者，立法上之原则也，此所以欧洲不能行而独能行于吾国也。
　　抑又闻之，世界法律各有系统，绝不相袭，英国法系与罗马法系几于无一相似，故世人常以英国为最守旧之人种，不闻以英为非文明国也。中国之刑法，在世界上本为独立一种法系，其所长即在注重伦常礼教，与他国法律异趣。改良刑律，止可择吾国旧法之不合于理者去之而已，不当一一求合于外国法律而没吾国固有之文明。法之不合于理者，虽数千年相沿之旧律，如诬告子孙、外孙、工人及擅杀子孙，或不论罪，或从轻减，悖理逆情而犹自托于伦常，改之可也。法之合乎理者，虽外国无可援之例，不妨自吾国创之，如无夫奸之类是也。况贞洁之俗，良俗也，既为良俗，当保守之不暇，而忍弃之耶？
　　比自欧化输入，女学遍设，放诞者往往藉口文明，隐抉藩篱，醇朴之风，盖略尽矣。今纵不能挽回，奈何复从而奖励之也？法律即不能代教育，亦当辅教育之力不所及，此法一除，恐不十年而女德之堕落如水就下。是女界藩篱之溃，自此次之草案始。后世读史，追论当时之立法，必有任其咎者，《春秋》书"作邱甲"、"用田赋"，恶乎其始也，窃愿立法者之无为祸始也。
　　但劳提学所拟之条文，则有未尽善者。原文云："待其尊亲属及本夫之告诉，始论其罪"，夫所谓"及"者，谓尊亲属与本夫俱可告诉也。尊亲属之范围定于草案八十二条，并外祖父母亦包含在内。果尔，则虽有夫之妇其父母固得告诉，即外祖父母亦得告诉也？又如寡妇犯奸，本系夫家之事，而女家之父母乃出首告奸，有是理乎？未嫁之女犯奸，其父母尚无言，而外祖父母乃从而告发之，有是理乎？其与国中惯习亦相反矣！不特此也，草案第二百八十二条二项有"本夫事前纵容、事后得利而私行和解者，虽告诉，不为审理"云云，所以防藉告奸以索诈，立法之意至为深远，今加入无夫奸而无专条以防之，亦恐不无流弊。如父母纵容己女行奸、翁姑纵容寡媳行奸，然后藉告诉以索诈，亦事所常有，法律固不能不先事预防也。窃谓：有夫之妇，止许本夫亲告；本夫出外未归，止许夫之直系尊属控告；无夫者，如系未嫁之女，止许其直系尊属亲告；寡妇之奸，止许其夫之直系尊属亲告。女家父母尚不可许，况外祖父母乎？拟就二百七十八条条文改正如左（下）：

凡和奸，处四等以下有期徒刑。其相奸者，亦同。

又草案第二百八十二条二项拟改如左：

第二百七十八条之罪，未婚者，待其直系尊属之告诉；已婚者，待其本夫之告诉；夫死或出外，待其夫之直系尊属告诉，始论其罪。若直系尊属、本夫、夫之直系尊属事前纵容或事后得利而私行和解者，虽告诉不为审理。

一，子孙违犯教令一条，原为教孝而设，旧律自不容全行删去，但劳提学所拟条文，亦有可议者数端，举之如左（下）：

（一）原文"奉养有缺"一语，已见于新律第三百三十九条："凡遗弃尊亲属者，处无期徒刑或二等以上有期徒刑。"律文不为不重，处以拘役，反为宽纵。至但云"祖父母、父母"，设有"曾祖父母"，岂不罣漏？似不如直系尊属之包括。

（二）原文"如祖父母、父母代为求请减少期限或宽免者，听"云云，原以旧律有呈请释回之例，然与新刑律原理相反。盖刑事与民事异者，民事凡原告已与被告和解即可将原案取回，欧洲谓之不干涉主义；至刑事则一经呈送便系提起诉讼，必经裁判官判断之后始能了结，不许私人任意取回，谓之干涉主义。既设此律，自应不许呈请宽免，则其告诉必较慎重，亦不至因些少违犯或受人谗构，遽有伤恩之举，似两得之。

（三）尊属教令范围颇广，盖凡人性质不齐，难保其必出于正当。旧律注云"可从而故违"，亦即防此，拟加入"正当"二字以示制限。至如何谓之正当，属于裁判官之认定。

（四）原文"屡次触犯，处一等有期徒刑"，似又过重，拟改为四等至五等有期徒刑。因新律第三百十六条殴打父母未伤之罪，不过处三等至五等有期徒刑，若止于触忤，其刑自不宜在殴打之上，拟改正条文如左（下）：

凡子孙违反直系尊属正当之教令者，处拘役；因而触忤者，处四等至五等有期徒刑。但必得直系尊属之亲告，始论其罪。

以上二条，就实际言之，无夫之奸、子孙违犯，大都顾全体面，其控告公庭者百无一二，但不能因是而谓此法可除。盖论中国今日情形，存此二条似亦无甚裨益，然果猝行删除，则举国人民误会立法深意，必谓朝廷改袭西制，妇女不必贞洁，子孙无取顺从，驯至家庭之爱日漓，婚姻之道滋苦，其害受于风俗人心，他日吞噬脐，悔将无及。事有似小而实大、似迂而实切者，此类是也。刍荛之言，伏惟采择。

宪政编查一等谘议官陈宝琛谨议

新刑律之议，沈大臣与乃宣所论各有异同，陈弢庵阁学作平议上诸馆，其果能折衷悉当否乎？未敢知也，爰复付印以质当世。

庚戌八月劳乃宣识

六　陈阁学新刑律无夫奸罪说

新刑律草案于无夫奸罪之宜规定与否，或主礼教，或张法理，互相非难，未有定说。窃谓法律之范围，固不能与礼教同论，而法律之适用，不能不以事实为衡斟酌，夫国情民俗而因革损益于其间，有时舍理论而就事实，亦立法之公例也。则试就此罪规定之有无，而论其事实之利害如左（下）。

主无夫奸罪不必规定之说者，谓此事非法律所能为力，不关规定之有无。然而按之今日之中国，则殊不尔。中国于无夫奸之为罪，深入人心，虽非纯藉法律之力，而究因律有明文，乡曲细民益知此事之不可犯，是于道德之外多一法律以为后盾，未始非无形之补助也。夫使中国旧律所本无，则人情相与淡忘，诚亦无所关系，以数千年固有之律法一旦革除之，谨饬之士不知律意所在，或且疑为诲淫，无知之氓，莫明法理之原，遂直视为弛禁，甚谓国家崇尚新法，贞洁不重，佻达无伤，一歧百误，堤决流倒，有非首议之人所能预料者。盖社会之情形，率原于历史之沿袭，不籍其历史以为引导，遽以新理想行之，必与其社会不相符。与社会不相符之法律，无益有害，故无夫奸之规定，在中国有之无赫赫之功，无之则滋烈烈之害者，从来之国情民俗使之然也。

顾或谓奸罪之有无，在乎礼教及舆论，去刑律之规定而责实礼教养成舆论，使人怀耻而不怀刑，其收效有在于刑律外者。观于法律，无罚浮浪之科条，而在乎强制劳动；亦无禁高利贷之效果，而在乎经营经济，其理均也。独是礼教舆论与刑律相为更迭之际，不能不视其速率之迟速以为权衡。夫以中国数千年圣经贤传之渐渍，犹有逾礼越畔、阳奉而阴违者，礼教舆论之为功缓而难见如此，当此礼教舆论之力未有加于前时，而先自抉其藩篱，荡逾佹越之风岂可复遏！窃恐当法律甫革之时，遂无余地以事礼教之修明、舆论之成立，而一瞬之间一落千丈，于法律则明纵之，而欲以礼教舆论逆挽之，不亦难乎！彼浮浪之害，中材所知，重利之为，无贷不达，固可无事严防，徐图他策。又其强制劳动补助经济之法，强行扼要，功到效随，奸罪既人情易纵教化又远，效难期以彼例，此情事殊矣。或谓中国旧律有规定之文，而此事无地蔑有，则反为比例，岂必因而增加？不知罪名著之于律，即有形格势禁之益，无论何等之奸，不畏人言而畏捉获，即其明证。假于律无文，则虽直系尊亲亦属无权监察，强者公然无忌，弱者苟且阴行，将何以待之？

本律于贩卖猥亵之书画或物品者加以制裁，亦曰能引起奸罪害风俗耳，此之予人以犯奸之机会较之何如？凡害个人利益、社会治安者，刑法所禁，奸有夫之妇以其损害本夫也而罚之，至无夫妇女本人与其亲属，不各有名誉之关系乎？不以此为损害，则必先破名节之见而后可，名节不足重，而后损名节为无伤。则试问亿万人之心理，其果以名节为无关荣辱重轻乎？况夫门风家法，亲族谊有攸关，中国方行家族制度，害一人名誉即害及一家。即谓中国异日终须脱去家族制度，然亦非三数年内之所能。而新刑律之实行则在宣统五年，而谓奸无夫妇女者家族不能过问，试问能利便乎？此犹就个人利益言也，至于因奸而犯他罪，妒争、诱拐甚而斗杀，其害社会治安，无夫奸与有夫奸等。而无夫奸律无正条，则犯者尤易因而致犯他罪者较有夫奸必多。与其以他罪罚之，何如以罚奸罪防之，犹合于"刑期无刑"之义也。不然则社会之纷扰淆乱，实害丛生，是去一罪名而生种种罪名之事实也，岂立法政策所宜出此。

或谓"按之法理，法律不罚此等非行，与不罚泥饮惰眠等"，不知泥饮惰眠自适己事，与犯罪无密切之关系，然而学堂规则犯此未有不加以制裁者，则以其有妨秩序也。国家设法律与学堂定规则，用意有以异乎？或又谓"法律不能罚人之为非行，犹之不能罚人之不为善举。慈善事业美事也，而不为者法律不能强；犯奸恶行也，而法律不能禁"，不知慈善事业人所乐为，无待法律之策其后；奸僻之事，众所易犯，不能无赖法律之遏其流。况中国旧峻其防，骤事弛张，横决尤甚。则以无夫奸罪与法律不相响应者，理论虽高，按之事实有罅漏矣。

今议者之意，若以法律革新宁同勿异，此条若仍吾国之旧，新律必贻外人之讥，抑闻西人有言"泰西各国法律多同，良由于宗教之无大异"，其立法家尝谓"今耶教之精神与旧来之习惯而为一，则法律与国教正属息息相关"，非谓抆本塞源，一切为舍己从人之计。其论泰西所以于无夫奸无规定之故，半因于婚姻年龄制限太过，又其婚姻皆属自由，如必网密秋荼，势将人多得罪。乃彼方且权时适变而为宜民通俗之谋，吾乃胶柱鼓弦以蹈削足适屦之病，使其所关非钜，则亦从众何伤。顾方今新律犹未颁行时，流言论之间已有礼教不为我设之概，则以此等新说持之有力故也。若于礼教有关之地概从改革，定为宪章，以国力行之，则亦何所不至，当局者似不能不为慎微虑远之思也。

以上皆就无规定之弊害言之。若其主张法理以相胜者，知必更有二说。

一曰"强制法无惯习"。谓言中国无夫奸之宜规定者，以法律可本惯习也。抑知由惯习而为法律者，皆属于任意法（民法），无属于强制法（刑法）者。夫自来定惯习之标准，或以由于人民之确信及永续行之者，或以由于主权者与裁判官之认定，未闻其区别强制法与任意法也。吾国人民于无夫奸之为非法，确信而惯行之已非一日矣，旧律定之，地方长官咸据以成谳，亦既为主权者与裁判官所认定矣。备此条件而更合于公秩良俗，即可以为规定新刑律之根源。论者泥于刑法中无有惯习者，从惯习之文遂谓惯习为任意法（民法）之所独，不知民法揭从惯习为法文，刑法则采取惯习为法意。民法以一地方之惯习为惯习，故以明文揭之以杜争，而刑法则以一国之惯习为惯习，定为律文，之后凡受治此法律者，无不悉受制裁，固不必以明文著矣。且强制法之或原于惯习，固信而有征也。英兰有娶妻之姊妹为乱伦之律（此律于一九零七年始经议会决议删除），而法国则凡本夫于家内蓄妾者，其妻犯奸，不许告诉，此非二国之特别惯习乎？而何以皆规定之刑法中也？果谓强制法只有法理而无惯习，则宜各国刑法之规定必属同一，何以又自为差互乎？若谓此非关于惯习之不同而由于法理根据之差异，则吾国无夫奸之律，刑法史上固有确不可易之根据在，岂能摧陷而扫除之也？

一曰"法律非道德"。以谓无夫奸之规定，道德家言也。道德事项不规定于法律之中，诚以道德领域与法律范围有若鸿沟之不相逾越。特是道德领域之大小与法律范围之大小，果以何者为衡？夫制定法律，必斟酌国民程度以为损益。以西国之民教育之普及，职业之发达，又有公园及种种娱乐场之疏荡其心志，而逾越道德非礼苟合之事犹有所闻，若以教育未普及、职业未发达、种种娱悦心志之艺术营造之未设备，而遽以此事让之道德之领域，则以不侵道德范围之法律，适以破道德之范围。法律即不任过，立法者之胶柱，独不职其咎乎？故法律与道德区域之大小，实不可不准诸时地事物之蕃变。国民程度未至也，不得不缩小道德之领域以扩充法律之范围，或者日后吾国文明发达、德育日进，有无事此条规定之希望，而今尚非其时也。

此外，若更进他说，则谓情欲自由非可强抑。果充其说，则似有夫奸之规定亦可无庸，而各国初未敢尽弛其闲者，可知情欲自由不可无限制矣。他若刑法有幼年奸之规定，民法有婚姻年龄之制限，何尝不以法律干涉情欲乎？固知外国所以无无夫奸之规定者，尽出于彼族之习惯而非有确不可易之情理存也。惟是无夫奸之规定，固不可无，然亦不可无种种之制限：

（一）必待亲告始论其罪；

（二）亲告人，在未嫁之女限于其直系尊亲族，在寡妇则限于其夫之直系尊亲族；

（三）直系尊亲族纵容者，后虽告诉不为理；

（四）相奸者必同罪；

（五）犯后而直系尊亲族许为婚姻者，不论其罪。

盖：（一）以保全家门名誉；（二）及（三）以杜挟嫌告讦与借端索诈之弊；（四）与旧律之和奸男女同罪，合于新学理之"必要的共同正犯"，双方处罚亦不背；（五）既为婚姻，则奸罪可不论，而直系尊亲族固可不行告诉也。他如无夫奸与中国礼教之关系及规定，于刑律中为能收回裁判权与否之关系，劳提学说帖中言之綦详，兹不复赘。

新刑律之争论，陈弢庵阁学既作平议上诸馆，而论者于无夫奸罪一端尚多异辞，阁学复作此说以裁之。法律本乎公理，非可参以私意。今付印以质诸公论，其是非当共见也。

庚戌仲冬劳乃宣识

七　德国法科进士赫善心氏与蒋员外楷问答

问:"泰西同等国有彼此两国因法律不同而争论者否?"

赫曰:"数百年前有之,近来各国法律相差只一二等,从无不承认者。"

问:"此国所视为甚重者,彼国不以为然,则何如?"

赫曰:"法律以民情为根柢,西教同出于耶稣,西律同出于罗马,故无悬绝之事。"

问:"前所送交之新刑律草案与现行律案语及核订各书,曾一译究否?"

赫曰:"大清律有英法各译本,现行律是就原本改订,所订各条甚当。新刑律草案是日本律,非大清律也,请问今之修正刑律以大清律为本乎,抑以新刑律草案为本乎?"

(蒋曰)①:"以新刑律草案为本。"

赫曰:"将来收效必难。"

问曰:"日本何以收效?"

赫曰:"日本无法律,向用中国律,继抄法国律,近则直抄德国律。以其中无所主,故外来得而据之。若中国律自为系统,与罗马律之系统并峙,一旦尽弃所有,强百姓以必行,则窒碍甚多,决不如日本收效之捷。"

问:"大清律有好处否?"

赫曰:"(一)千八百十年时(距今百年),有法学大家谓人曰'汝等笑大清律,不知中有极精处,将来泰西尚有当改而从之者'云云。中国此时宜就大清律改订与泰西不甚相违,泰西近年改律亦有与中律相近者,将来必有合龙之日,若全改甚非所宜。"

问:"通奸无夫妇女,泰西不以为罪,何也?"

---

① "蒋答"二字,原本无,今编者加。

赫曰:"在泰西不得不然。因婚嫁太晚,又系婚嫁自由,故不得以之为罪。中国由父母主政,过二十岁者甚少,其有违悖礼法,自不能与泰西同论。"

问:"以此订律,能不为泰西所诟病否?"

赫曰:"订律自无不可,但删去'有夫'字样,笼统订罪则不宜。盖奸有夫之妇(其妇与其夫皆不得为人),得罪两方面。奸无夫之女则只得罪一方面(其女是自愿也),似应较轻一等。若行强,则自有本律。"

问:"子孙未能自主时有违犯教令者,何以处之?"

赫曰:"小过由家庭管教,大过由其祖、其父送裁判所,由裁判所送感化院(感化院须由裁判送入,不能自送也)。"

问:"近人谓西律源于社会,中律源于礼教,然否?"

赫曰:"悖于礼教,未有不碍于社会者;碍于社会,未有不悖于礼教者。总之,齐之以刑不如齐之以礼,孔子之言可行于万国也。"

(蒋曰)①:"所谈各节请录出,并举西国法学大家之说以证。"

赫谓即当录学说呈上,并附以所见云云。

---

① "蒋曰"二字,原本无,今编者加。

八　德儒赫氏中国新刑律论

《书》曰："刑，期于无刑，民协于中"，至哉言乎，可为地球上各国之典型矣！推而行之，无余事矣。余到中国日浅，于中国立法一事不敢妄生末议。惟余见今日中国自置其本国古先哲王之良法美意于弗顾，而专求之于外国，窃为惜之。夫学与时新，法随世易，余非谓外国之不可求也，要在以本国为主，必于本国有益而后舍己以从人。以本国国民之道德为主，必与本国国民之道德不悖而后可趋时而应变。如劳提学之说帖、陈阁学之平议，俱极精当，余虽多览法学家书，所见亦不能越乎其上。而仍不能默然者，盖欲见此心此理无间于中西也，其问题为和奸无夫妇女与子孙违犯教令之有无罪名。

按劳提学所拟如下：一，凡和奸，处五等有期徒刑；有夫者，处四等以下有期徒刑。待其尊亲属及本夫之告诉，始论其罪。二，凡子孙违祖父母、父母教令及奉养有缺者，处拘役；屡次触犯者，处一等有期徒刑。皆祖父母、父母亲告乃坐，如祖父母、父母代为求请减少期限或宽免者，听。

按陈阁学所拟如下：一，凡和奸，处四等以下有期徒刑；其相奸者，亦同。如未婚者，待其直系尊属之告诉；已婚者，待其本夫之告诉；夫死或出外，待其夫之直系尊属告诉，始论其罪。若直系尊属、本夫、夫之直系尊属事前纵容或事后得利而私行和解者，虽告诉不为审理。二，凡子孙违反直系尊属正当之教令者，处拘役；因而触忤者，处四等至五等有期徒刑，但必得直系尊属之亲告始论其罪。

以上犯奸一端，与《大清律例》第三百六十六条符合；子孙违犯教令一端，与《大清律例》第三百三十八条符合。

夫律中各端之应取与否，决此问题者其本有四：一，欲以此端保护某项利益，确有此项利益之知识；二，此项利益可贵之处为中国承认；三，在中国保护此项利益刑罚果能致用；四，律文一一明晰妥当。四者皆备，则此论不得不取矣。至于外人或有指摘，治外权能否收回，于定律有何干涉？如必在此等过节处注意，则立法之事必致受多损害。此余之所以不得不证明者也。

设如某国有一圣君贤相，该国之民曾问其邻国之民"我君我相或不为尔辈所指摘乎？"又如某国有至善之法律，因他国之嘲笑遂忍而弃之乎？立法非一极重要之事，但徒以饰外观者乎？盖古人必非此意，其曰"刑期于无刑"者，非期于夸能，亦非期于媚外。孔子云"不患莫己知"，可为立法者之格言也。"刑期于无刑"一言专为本国而设，抑为邻国而设乎？为取悦于外人起见，即当引自己国民于非道乎？设如某国立法专为仿效他国，以致内地之罪案日多一日，试问他国人民亦愿居于是邦否？盖他国人民亦必非此意也。且余历观各国书史，从未见必须先抛却自己国民而可以立法者。

若论治外法权一事，须知地球上并无一国只因本国之刑律以治所有在其境内所犯之罪，而无特别办法也。如他国之君及各国外交人员，无论何时均用其所属之国之刑律，且不过千年以前在欧洲各国，无论何人均用其所属之国之法律。按治外法权，其问题须分而为二：一，用何国刑律以判案？二，何国审判厅有此审判之权？第一问题乃法律之内容，亦刑法之事，第二问题乃诉讼法之问题也。盖无论何国，亦常有在本国审判厅须用他国法律之时者，按《德意志刑律》第四条二节亦是此意。且民事案件用他国法律办理方合者，该审判厅即须用之。至于所有在德国境内所犯之刑事无关乎国际公法者，德国审判厅自必按照德国办理，而何以在中国、土尔其等处，其情形又有不同者，是关于国之强弱乎，抑关于事之公允乎？大矣哉！此问题也。

欲剖决之，须先问凡人违犯刑律即应治之以罪，何以谓之公允？即知是必人以为该犯所作之事实可以不作而作者，方得谓之公允，然而"以为"二字有何凭据。盖一国之民识刑律者，百人中难得其一，且其所识亦未必可靠。尝观一事之或禁或不禁，往往法学名家尚有意见不同而争论者，况中国文字尤难学习，国民之不识字者尤多，岂能人人读刑律而知刑律哉！法学一门亦非易事，往往惟天资明敏者始有所得，若求在野之农夫亦须通晓法律，得毋骇人听闻乎！盖惟有一独不二之策，大凡订律须按照自己国民之道德性质，如与自己国民之道德性质相悖而欲其遵守者，则其律不但不得谓之公允，亦且不能存留矣。"刑期于无刑"一语，非此之谓也。设有一律，犯之者永见其源源不绝，则裁判官专为判案一事，亦日不暇给矣。是以凡订一律用以施之于举国之民，即未尝见过、未曾通晓亦欲其有效者，是非以国民道德为根本不可，故立法者曰："吾国良民之知法，本诸天性矣。"

若谓欧洲各国刑律彼此互有不同之处，凡在某一国之人不问其所属何国，概当遵守其所在之国之法律，不亦奇乎？而非奇也，盖人于其本国之刑律及其邻国之刑律，所知者均不过有限，如两国之律均以道德为根本者，则凡同有此道德之国之民亦必能遵守也。至于罕遇之不同之处，律中不能为外人而注意也，明矣。昔欧洲各国道德互相显悬殊，须用本国法律之时，现已渺无形影。今日各国法律，彼此虽互有不同之处，然但能按照普通之道德行事，则无论行至何国，谅亦不致易犯该国刑律也。惟土尔其国尚有不同，是以今日所有基督教国人民在该国之情形与在中国大致相仿佛。若论中国，则《大清律例》所载尚多此种禁令，在西人按其本国之道德并不知其为犯法者，倘以之中外同施，则西人自必多受亏损。盖中西人民同用以《大清律例》，则西人之违犯刑律莫明其故，而中国人之违犯刑律，按照本国道德尽可不犯也。是以今日在中国之泰西人民，尚须用所属之国之法律耳。

然而中西道德悬殊之处尚不甚大，且《大清律例》向为法学名家推为地球上法律之巨擘。昔英人司韬顿君曾将此律翻译英文，于西历一千八百十一年印刷成书，并谓其中有许多规则他国亟应仿效者。余虽于此所得不深，然已有确证，缘近今最新之瑞士（西一千九百零八年）、奥大利亚（西一千九百零九年）、德意志（西一千九百零九年）诸国刑律草案，其主意亦见于大清律各条也。惟《大清律例》只须特加发达，以便中国得一极新而合乎时宜之律耳。余意以为中国修订法律须以《大清律例》为本，他国之律不过用以参考而已。倘中国修订法律，不以《大清律例》为本，则真可为不知自爱者也！盖中国纵将《大清律例》废弛，不久必有势不得不再行启用之一日，此余证诸日尔曼而以为前车可鉴也。昔日尔曼于十六世纪之初，其法律不足以酬偿当世之需用，该政府因而不将其本国固有之法律修饰完善，但取罗马国之民法以行之。厥后国民与裁判官扞格日甚、怨詈丛生，以致三四百年之后，不得已复将其本国之旧法为主、以罗马法助之而修改焉。倘中国修订法律，以本国固有之法为本而取他国之法为助，则中国必得一最新而适用之法律。中国人之遵守固共信无疑，即在中国之外国人之遵守亦相差不远，缘中外道德大抵相同也。若必重在施之外国人亦能行者，则不妨于律中添入一条，其略曰："本律某条某条施之与外国人，须按其十年以上最后之住址之情形或其生长之国之情形，谅能自知其所作之事实系属犯禁者"云云。

至于目下之领事裁判，本诸国际公法，其收回一节乃国际公法上之事，修订律例不过为其事之预备而已，其尤要者在诉讼法范围之内，即如劳提学所谓"收回裁判之机，括其首要，重乎审判之文明"是也。

总而言之，凡订刑律须从自己国民之道德上小心构造，万不可注意于他事。如外国人之治外法权等事，万不可引以为权衡。大凡决一问题，只能问何以谓之善，如施之于我国之民善，则可谓之善矣！

由此观之，中国修订法律一事，惟熟习自己国民之道德及其旧律之中国人方能胜其任。倘此国国民之知识可为彼国之用者，只可以外国人为问津之助或为协议之资，此余读劳提学之说帖、陈阁学之平议，敢略陈其管见也。

按二公所论犯奸及子孙违犯教令两节，虽各别，然均以保持中国家庭之思想，其理乃家庭由血族而成立，个人乃家庭之肢体，首重能致用于其家也。盖论血族之规范，则凡地球上文明之国亦皆分别承认，而其中有极不相同之处者：一为独立主意，凡人年逾弱冠，所有自己责成概须自任；一为群居主意，一家之人其生活须用力合作。此项群居主意不独中国有之，昔日之罗马、日耳曼诸邦为尤甚。盖凡以细小农业为国民经济之邦，其居处既有一定之地，所有人工、物料取之于家亦能敷用，故其家规亟须严整，而家人同操一业，则出入相友、守望相助、疾病相扶持，遂由此而益加亲睦焉。若夫以进步工艺为国民经济之国，一家之人必不敷一业之用，故家人散而之四方，个人须自任责成。家庭不过教养之需耳，目下中国国民经济之性质极重保守。一坚固之家庭规范，其美善之处，余不欲言，谓群居为美则伤及当世，谓独立为美则詈及先人。然以中国而论，则中国现讲之家庭道德已足为本国当世之用也，若先弃之而后他习之，恐必有青黄不接之祸矣！如中国既承认家庭道德为立国所必需之事，须分两途而共承认之：一，子孙须顺从其直系尊属之教令。此所以保持家法也；一，子孙应有之责成须易为直系尊属所有，此所以保护妇女之贞洁，又所以保持将来家庭之基础也。至于保护此项利益，国家之刑罚能否致用，则须视中国经济生活及道德上明定此项法之责成与否耳。顺从之责成，无论如何亦可用法律以保持之，如《德意志帝国军营刑律》第九十二至第九十五条，与夫《官吏惩戒法》所载各端是也，此非朋友之道不能用刑法以维持者可比也。

按照修律大臣之意，子孙违犯教令出乎家庭，此全是教育上事，应别设感化院之类以宏教育之方，此无关于刑、民事件，不必规定于刑律之中。窃谓不然，查感化院之类，在欧洲不过专为不顺从其亲之幼年子弟而设，若夫成年人之辈而欲其谨守顺从之责成，则非明定刑罚不足以资保护也。观于欧洲各国，法律专为军营及官吏之用者，可知矣。

妇女之贞洁一端，亦可用刑律以保护，且欧洲各国用刑罚以保护此端，亦甚深远者。欧洲各国法律繁多，难以尽举，余试举一书，其名曰《德国及他国刑法比较篇》凡十五册，第四册中分则即详载对于风俗之上罪中罪各条矣。按照欧洲各国法律，虽不能凡遇婚姻外之男女交合即科之以罪，然其法必不仅专治有夫之奸，如强奸、乘弱奸、师保人等诱奸、助奸营利、亲属相奸、违悖天然之交媾，及凡一切有伤风化之淫行、淫词，无不分别轻重治罪。即妓女一项虽不能尽除，然亦极力用法以拒之。若在欧洲之瑞典、芬兰，北美洲之费蒙特、蒙坦纳、北卡罗里纳、马舒些次等国，虽寻常之私通，均仍一律论罪。此外如男女非婚姻而常年私相居处者，在欧洲各国每多为警律所禁也。欧洲各国订立刑律之进步于非婚姻之男女交合一端，其禁令固觉稍宽，然亦不过为经济之情形所限，缘彼处之婚嫁未能如中国之早故也。惟其禁令之或宽或严，中国似不能注意，果尔则欧洲各国亦须注意于中国之订律矣。试观按照中国法律准有纳妾之权，在欧洲各国除土尔其而外，此节又为法律所严禁，欧洲各国何不注意于此节而准其国纳妾乎？是以劳提学、陈阁学所论犯奸一端，尽可用刑罚以齐之，且他国于此端每多有齐之以刑罚者。

至于律文一节，按照西国法学主意，凡遇律中之问题，须先将于此问题相关之条件悉心研究，然后始能剖解而评判之。惜余于《修正刑律草案》一书未获捧读，故余于所论之问题不过仅识其皮毛，倘有误会之处，幸乞阅者诸公垂谅焉！

若论犯奸一端，鄙意以陈阁学所论较为妥善。缘其惩处既定有一律之范围，凡遇此等案件，裁判官自可按其情节之轻重分别惩治，而又律文明简，是以可贵也。至于告诉之权，自当责成最关切之人亦属要事，俾一案之内不致为诸多意见所淆，而易于究办也。惟凡违犯此端者，须俟有告诉方论其罪一节，似未尽妥协，如师保人等诱奸、助奸营利等类当不在此例，想草案另有专条亦未可知。如谓直系尊属、本夫、夫之直系尊属事前纵容或事后得利而私和解等情，事关助奸营利，不必问其有无告诉，一经查出当罪其直系尊属或本夫或本夫之直系尊属。至于此项犯奸之男女应否不论其罪，则其直系尊属或本夫或夫之直系尊属既因此而论罪，似又未便尽行宽免也。保护妇女贞洁一节，所最要者系专为保护良家妇女，如节操已败坏者，自不能用刑罚以保护之。是以妓女之流，当不在此列，故在律中须详细声明此项条规，专指处女及贞妇人而言方为妥善。

至于子孙违犯教令一端，按陈阁学所论亦大致不差。其中惟有一疑义，设若祖父母之教令与父母之教令迥然相反者，则是当顺从祖父母之教令乎？抑顺从父母之教令乎？鄙意以为，人但须顺其父母或一家内最近之亲长之教令，如一家之内有祖父母、父母同堂者，则凡祖父母之教令，父母有顺从而将其教令转致之责成亦足矣。盖重叠施教令之权，恐易生紊乱也。陈阁学以按照《大清律例》所谓正当之教令为限制，用意甚善，而按照《大清律例》再加以限制，凡故意违犯者始论其罪，似觉尤当。至于正当之谓，则须对裁判陈明情节以听其认准可也。凡教令之违悖法律以及道德者，自不得谓之正当，此可以作引证也，尤有要者，教令一节不但须合乎法律道德，尤须声明"凡人之对于他人有权者，亦须对于其人承认其公允之责成，万不得尽享其利益"。窃谓此节中国亟须改良，须明定条律，谓凡祖父母、父母之对于子孙，不得专用其权以图利己，用权不过犹之奉国家之命以协助普通之利益而已。大抵父母中不必示以保护其子孙之责成固多，而不得不示以此项责成者亦不乏，因家庭之事以致自戕其生命者，不知凡几，诚可悲矣！国家将来之期望不在父母而在子孙，此久为各国所承认而中国亦无不承认者。盖其以教育为重，乃明证也。子孙既属可贵，国家岂可忘其保护之策而竟委之父母而不顾乎举国中之父母贤者、半不贤者亦半也。欧洲各国法律之保护子孙者，难以尽举其意，不外凡祖父母、父母之对于子孙有权之处，不过以行其责成之处耳。子孙之性命、身体、脑力在在须视一国之利益，此项利益一经受害则将不保矣，故此利益不得不极力设法保护，后世人每易视其子孙如物而用之，甚可虑也！凡父母之教令专为自己利益起见，而不顾及其子孙之前程者，不得谓之正当。是以律中须详细声明，凡所谓不正当者非但违悖法律道德之教令，即专为自己利益起见而与子孙身体、脑力有害者，亦在其列也。

至于触忤父母一节，似于普通触忤一条声明加重办法较于附在此条为妥。盖顺从与触忤乃两不相关之事，即顺从者亦或有触忤之时也，告诉之权自应委诸发此教令之人。

按陈阁学所驳祖父母、父母有代为求请减少期限或宽免之权，鄙意以为未尽妥协。按刑法主意，虽一经呈讼便是国家之责成，私人不得而干预，然此处准直系尊属之亲告，则刑法之主意已失矣。故此项之情节有可通融者，莫如于处罚之轻重亦稍假以权衡，但不准其率请宽免可也。以普通而论，国家之设立刑法，凡事实与国家有关系而须禁止者，方处之以刑，私人不得而干预。惟是细微之事、论罪极轻者，亦可准私人于科刑之轻重有求请之权，此不过为利益之度量如家庭、名誉等事亦须保护也。凡告诉视利益之度量者，亦可准其于科刑之轻重有求请之权也。

鄙见亦极浅矣，所幸者得此机缘，将一极重要之事证之于吾私人之科学耳。

按劳提学、陈阁学二公所论，余均大致协赞。其最中肯者，系中国万不可自弃其文明之礼教以迁就外国人也。而余所赞仰不置者，仍"刑期于无刑"一语也。劳提学、蒋侍御二公惠我机缘，实深感谢，谨陈管见，所有固陋之处，统祈垂谅是幸。

顷岁以来，救时之士争言法律必当变革以蕲至于寰海大同，时论韪之翕然而莫之异也。顾自刑律草案初次脱稿，各省签注纠驳者，什常得四五焉，于是朝廷有详慎修改之命。去年十二月修正草案既告成，诏令宪政编查馆查核覆奏，于是劳玉初学使复有异同诤论之条，陈伯潜阁学从而持平议于其后。蒋则先员外亦夙精刑名家言者也，以学使暨阁学之言质之于德国法科进士赫善心氏，赫又著论以折衷其说，谊甚备矣。今宪政编查馆覆奏请交资政院议决，以为施行之准则，窃愿方闻懿识之君子，毋狃于成见，毋眩于殊俗，毋挠于一切涂附之议论，取赫氏是篇参稽而翔复之，庶乎涣然冰释。已则先自青岛携译稿来京师亟示玉初学使先已付印二百本，余既从则先许获睹此论，遂取原稿录副以授手民，学使不以余为好事，乃益出金共蒇斯役，俾广流布云。

宣统二年十月张祖廉序于都门寓斋

九　林氏辨明国家主义与家族主义不容两立说

　　近日资政院讨论新刑律议案，政府委员某君说明新刑律主旨牵涉国家主义与家族主义，谓各国礼教法律皆以国家主义为精神，我国则但知有家族主义而不知有国家主义，实为积弱之根本原因，又谓国家与家族主义断无两存之理。其意盖以中国之所以弱，由于人民无国家思想；人民所以无国家思想，由于人人但知有家族，不知有国家。欲强国家，必先改旧有之族制，故断为国家主义与家族主义不能两立。夫国家主义之宜提倡是也，而国家主义与家族制度是否不容两立，实为本问题最要之点，兹略就鄙见所及略陈如下。

　　凡一民族之团结，必有其所以团结之社会基础，而当其团结力渐涣之际，欲破坏旧社会之基础易而成立新社会之基础难。以我国今日之人心，一言遗弃家族减轻负累，谁不乐为？某君勿忧中国家族制度之不亡也，试问既亡之后果何补于中国？夫欲使一国之中无复有家族之一级，而以个人直接于国家，则必个人之经济能力足以自立。若我国今日而遽言破坏家族制度，则多数之老弱惟有转死沟壑之一途。旧有社会存立之基础既已破坏，而新社会所以存立之基础又未确立，此新旧递嬗之间，正国家存亡所系，必使过渡时代于制度之兴废有互相维系之道，而后可以收万全之效。

　　今日家族主义与国家主义不两立，盖谓非先改革族制则无以养成国民，斯言也，殆未知我国今日之家族制度与欧洲古代家族制度之不同。欧洲族制渊源罗马，家主之权尊无与比，家族绝对服从于家主权力之下，一族之中只有家主权而无所谓亲权与夫权。家人对于家主不能主张其财产权、自由权、生命权，质而言之，即一族之中只家主有人格而家众无人格也，惟其家主权无制限，故渐变为个人主义，盖亦压力反动之结果。若夫我国今日之家族，则既无民法上规定之家主权，所谓家族团体仅在亲族范围之内，非特一家之生命权、自由权不属于家主，即旧律子孙无私蓄之文亦属有名而无实，个人私有财产得以自由处置，普通习惯上并未设有限制。今日我国只有亲权而无所谓家主权（将来定民法，或反不免有家主权之明文），故只可谓之亲族制度而不可谓之家族制度。家族制度者，远系亲属可为家主而有祖父所不能有之权力；亲族者，以血统及爱情之关系而定尊卑之统属，成一家之组织。前者罗马及古代中国、印度等处，皆行之其为制，实与国家主义不相容，而后者则虽今日之西国犹未悉废也（泰西各国无家族有亲族说，详《内外论丛》第四卷第一号，《法学志林》第八卷第三号，日本冈村博士论文），而独谓我国今日之族制不能与国家主义并存，讵非诬哉？论者必谓家族主义与国家主义无两存之理，甚谓国家之贪官污吏即家族之慈父孝子，斯言固不足辩。凡我国所谓"资于事父以事君"、"以孝事君则忠"之旧训，想皆某君所不屑道，今即证诸西儒学说及立法例，亦未见族制与国家主义之必不能两存也。

法国社会学、经济学大家路布列氏之《家制复兴论》，极端主张家族制度，其言曰："欲成坚实社会，必自家制始。社会者，非孤立独存之个人所能成立者也。社会腐败之根源，皆由近世个人主义为之也。"路氏，法国人也，法国固国家主义之国，而其制度则极端排斥族制，而取个人主义者也。法国民法，子婚则去其亲而独成一家，亲死而家亡，子死则其所成之家又亡，故法国全国无数十年不散之家，可谓无家人而皆国民矣。而路氏痛心疾首于本国之腐败，乃曰其根源皆由于个人主义也，非扩张族制则不能为根本上之改良——何其言与某君适相反耶？

次举西国扩张族制之立法例，即1907年之瑞士《新民法》是也。其起草者夫伯尔博士力倡家族制度之宜维持，所定《新民法》第二节"家权"、第三节"家产"，实取欧洲久经废弃之家权从而恢复之，俾与亲权对立，实为20世纪立法史上之一新例，为法学界所注目，论者谓是盖个人主义之反动而成族制维持主义。他如美国之《家产法》、法国之《新家产法案》，皆注重于维持家族制度。彼盖已渐见族制衰颓之弊，而思所以挽救之道，我则但言族制之害而不知其利，天下事每误于得半之说为可叹也。

古代家族制度之弊，在于侵害自由而剥夺个人之经济能力。今个人主义之弊，则社会基础不固，财产权移转之无定，经济上利益之冲突，故路氏家制复兴论主持"任意分产之制"，瑞士《新民法》规定"家财团家产共有制度"，皆着眼于经济的方面，讲求维持族制之策，则"非家族主义"不合于经济政策，其不可行一也。

欧洲之个人制度，实源于耶稣教，其教尊崇惟一之真神，而先祖祭祀之礼绝；尊崇女权，男婚则从其妻，而父子分居之俗成。且耶稣道德所谓婚姻者，非为过去也，而为将来也；非为祖宗而为孙子也。父母对其子有抚育之责任，而子之于亲无服役之义务，耶稣教旨皆与古代族制不相合，故耶教行而家制破。今我国宗教与欧洲殊，孔教精神首重忠孝，国家一视，使今日孔教尚未能遽废也。则"非家族主义"显悖本国宗教，其不可行二也。

罗马家族制度至共和政治之末期而自归消灭，盖共和政治不容有专制之家主权存立于其间。至于欧美各国之历史，则皆共和国体之历史，其立国之实质皆为共和政治，无论为君主国体、民主国体，此特其形式之分耳，其内容则皆主权在民之国体也（日本穗积博士说）。故法国法学大家哈托披氏谓"立宪国君主即世袭大统领，而民主国大统领即有期之君主"也。日本国体与欧美殊，故家族制度终未能破，民法上于亲权外复有户主权及家督相续之制，彼非不知此制不合于各国法律而卒不能改者，则沿革上之政治习惯不能悉与欧美同也。且日本之武士道即本于家族名誉之观念，是其家族主义即为国家主义之基础，未见其不能两立。今我国尚在预备立宪时代，遂欲破坏家族制度，未见其可。是"非家族主义"，实不适于中国之政治现象，其不可行者三也。

我国特色在人口蕃殖甲于世界，然律诸近年德国、日本人口增加之速率，约七十年可加一倍，则我国今日犹称四万余万，其增加已为极迟。凡一国之盛衰可于其国民之蕃殖力验之，德日为新兴之国，其人口增加最速，列强政治以法国为最下，其人口殆有日减之势，彼国人士引为深忧。而论者谓法国所以致此之故，一由于物质的文明太发达，一由于家族制度不立，国民无嗣续之期望。我国今日经济之困难，百倍于法国，若一旦破坏族制，则人口之减退必不能免，则"非家族主义"足以减少国民之蕃殖力，其不可行者四也。

总之，居今日而提倡非家族主义，而人民未必即因此而有国家思想，而旧有之社会基础先坏，盖今日中国之族制不足障碍国家主义，而我国民所以乏国家思想，其故在政治而不在族制。专制政治之下，其人民必无公共心、无国家观念，此其理，稍治政治学者类能言之。论者乃以之归咎于族制，不顾我国之经济能力、政教现象，而欲灭弃数千年之社会基础，其果遂，足以救亡乎？此诚非下愚所能知也。

是篇为林君芝屏所著，皆演绎中西学理，精深醇正。怵于近日士夫好持溃决藩篱、划除根本之见，故发为斯说，且曰经籍所传、儒先所训，其关于篇中宏旨而概弗征引者，以某君不屑道，遂无多谈也。寻玩数四，敬跋卷尾。

庚戌十一月张祖廉识

十　江氏刑律争论平议

刑者，礼之弼也。礼之推诸百王而准验诸万国而同者，其大经凡三，曰"亲亲"也、"尊尊"也、"贤贤"也，三者常并行不悖于天地之间。惟其当王之时代，则各有偏胜，其偏胜之递，更亦必有次序。所谓次序，则进化之说也。

昔者当中国封建之世，盖亲亲时代，其列藩为公、侯、伯、子、男，焉者皆其伯、叔、甥、舅，否则其前代之伯、叔、甥、舅而遗存焉者也，其制本于太古之酋长部落。而其弊也，常使一国之权力偏于少数之家族，虽以孔孟之圣贤间生，其世曾不得立锥之地以达其所欲为。周自春秋以后所谓千八百国者，而百二十国焉，而七国焉，至秦崛兴而统于一，是为亲亲时代与尊尊时代揖让之期。

尊尊时代即专制之时代也。其制统于一尊，而其递降以为尊者，自宰相大臣以至郡县守令，则皆一尊所命令之人。亲可也而不必皆亲，贤可也而不必皆贤，举国之人徒以其尊而伏焉。其制本于秦，其利能使天下豪杰知能之士，自奋以求结于上，而其弊也，则以积压之太重，所谓豪杰知能之士，亦仅能赏其爵禄、名誉之欲以去，虽以最惬当之心期最文明之学说，亦以有所顾忌而不敢言。而不肖者则窃假所尊之命令，以贼其群。其群日弱而外寇乘之，而所谓外寇者，又适当其蜕于封建专制之第三期之最文明之贤贤时代，相遇而败，亦固其宜当斯时。而罢专制之威，采进化之义，尚贤贤之制，明诏立宪，与国更新，非诚应天顺时、制礼定律之大圣人者之为乎！

故曰，亲亲、尊尊、贤贤皆礼也，礼之大经也。而时代有偏胜焉，进化有次序焉，圣者不可遁也。

夫国之大经既有此亲亲、尊尊、贤贤三者偏胜之时代，则其地方之制之应时而生、相辅以行者，亦有此三者之别异乎？曰：有之则宗子时代、族长乡绅时代与今后城镇乡自治会之董事时代是也。

宗子之制，根柢滋生于封建之世，其制小宗听命令于大宗，大宗无后则以小宗之后后之，虽以天子之尊不变其系，小宗之贤不违其令，盖纯为亲亲时代之主义，而其世食采地则一封建之雏形也。宗法之存，徒以有采地，封建废而采地亡，而宗法以之不举，盖宗法与封建相为终始，其生命呼吸通也。后之经生犹欲复宗法于封建废息二千年之后，此诚不审世变、不察事实之言也。

入专制之世，而有所谓族长乡绅焉。凡一乡之同姓族居者，则有族长；或更有乡绅其异姓杂居者，则但有乡绅。族长者，已非宗子之旧，族长与族人亦非以大宗小宗而分。特其一族之中辈尊而年高者，族之人听命焉。乡绅者，以爵位显，又不必其辈尊而年高者。族长与乡绅虽名称、性质有不同，而其为乡之长、执乡之政则一，其从事于乡务，又必有一县之尊、一郡之尊者之函牍照会以为之符，而乡之人从而尊焉，不必其亲亲也，不必其贤贤也，盖纯为尊尊时代之主义，而亦为一种专制之雏形，而其适用于专制之时代者已二千年。于兹，其贤者犹足以为一乡之范，而其不肖者把持一乡之命令，鱼肉一乡之财产，乡之人苦焉而莫可如何。

明诏立宪，首颁地方自治之制，各省于是有城镇乡自治会、董事之称。董事之职授之于票举，票举之权公之于乡民，准之于舆论，虽其亲也，不得私焉，虽其尊也，不得比焉，而必于贤者举之当选，而不职则更举焉，而必于贤者代之，盖自是而进于贤贤之时代矣。夫立宪国之地方制，其必如是焉者，何也？彼其亲如皇族而不必揽权于内阁，尊如内阁大臣尚须受上下议院之弹劾而退职，而不得久据乎高位，地方自治之制固犹此贤贤之义，而即其政府国会之雏形也。夫已进于贤贤之时代，则夫专制主义之退让而族长乡绅之制之受代，无可疑者。

由上所言，则知以亲亲偏胜之时代而有封建，以封建而有宗法，是之谓地方制之宗法时代；以尊尊偏胜之时代而有专制，以专制而有族长乡绅，是之谓地方制之族法时代；以贤贤偏胜之时代而有立宪，以立宪而有自治会、选举之董事，是之谓地方制之自治制时代。宗法废而族法代之，族法废而地方自治制代之，此即所谓亲亲、尊尊、贤贤三者偏胜递更之次序，而进化必历之阶梯也。虽然，地方制之族法与孝子慈父之家族主义则又不同，何也？地方制之族法为政治的，孝子慈父之家族主义为伦理的也。宗法未废时代之所谓孝，孝于其父，不谓孝于大宗之宗子也；族法盛行时代之所谓孝，孝于其父，不谓孝于其族长也。则知前者属之政治，而后者属之伦理。我国之所谓礼，本括有政治、伦理之两性质，而后之言礼者，往往并政治伦理为一谈，此其所为贻误也。

夫政治者，知识的；而伦理者，感情的也。政治者可以为伦理之制裁，而伦理者可以弥政治所生之缺憾者也。昔者桃应孟子之问答，具见之矣：夫杀人者，处之法，舜定之，皋陶守之。瞽瞍杀人，皋陶执之，而舜窃负之而逃。皋陶之执，为政治的；舜之窃负而逃，为伦理的也。皋陶之执，为知识的；舜之窃负而逃，为感情的也。使皋陶徇情，则害政治；使舜执法，则害伦理。故政治与伦理分途而利用之，则两美；并为一谈，则俱伤者也。

且我中国伦理学所谓"孝子慈父之家族主义"，有广义、狭义二种：善事父母为孝，善事兄长为悌，此谓狭义之家族主义；事君不忠，非孝也，战阵无勇，非孝也，尧舜之道，孝悌而已矣，此谓广义之家族主义。广义之家族主义，谓之国家主义可也，谓之国家的家族主义可也。今欲提倡国家主义，正宜利用旧有之广义家族主义以为之宿根。何则？利用旧有者成功易，创造新有者成功难，破坏旧有以创造新有者成功尤难！况所破坏之旧有，即为所欲创造之新有，则破坏创造已为多事，而横生阻力，扰乱人心，此西报某访员所谓"恐利未生而害先见"者，不可不察也。

论者以吾国贪官污吏渔国之财以肥家，在国为贪官污吏，而在家为孝子慈父，遂以此为家族主义不破、国家主义不成之铁证，不知此特吾国官吏之家族耳。若夫农工商之家族，则终岁勤动，于仰事父母、俯畜妻子之外，又须分担国家每年三万万金之岁入，以视贪官污吏之食俸数万私饱数十万，而曾不纳一文之所得税，其于国家孰负孰不负？于国家主义，孰得而孰失也？夫官吏者，国民之一部；而贪官污吏，又官吏之一部，则不得以此为吾国家族主义概括之恶果可知也。且论者之所称孝子慈父，以吾国伦理所谓"事君不忠非孝"之义论之，则正为不孝之子，在子为不孝，在父即为不慈，则论者所称，其非吾国孝子慈父之家族主义正当之解释，又可知也。

惟以吾国伦理与政治两方之历史观之，则伦理之发达速，而政治之发达迟，政治不足以为伦理之制裁，则伦理适足以为不才之护符，而为贤者之重累。不才有护符，则倚赖者多而经济受其影响；贤者之累重，则方寸易乱而国事受其影响。今正欲跂望于新刑法、民法、商法之出现，以释我伦理上之累，而招我全国人民幸福之魂。而于一方又当保存伦理上狭义之家族主义，以弥政治所生之缺憾，提倡广义之家族主义，以为国家主义之先驱。如是，而后吾国完全发达可期也。

然则综上所言而为具体的论断，以判争者两方之说曰：因伦理之问题而致疑于新刑律，与因政治之作用而遂欲破坏伦理上孝子慈父之家族主义，其为失均也。

此议员江易园君谦之作，亦因政府特派员杨君国家主义与家族主义不容两立之说而发，上下古今，深明大略，与林氏之说如骖之靳，并录之，皆振聩发聋之良药也。

劳乃宣识

十一　杨氏陈请变通新刑律以维风化呈文

具呈江苏金匮县拔贡生杨钟钰，谨呈为陈请变通新刑律以维风化事。
窃维明刑所以弼教，未有法律与礼教背驰而可以立国者。至罚锾以科轻罪，如背伦纪、蠹风俗亦准罚金，则纨绔子弟、钜商豪贾将为所欲为。恭读光绪三十三年十一月二十日上谕，"各国从无以破坏纲纪、干犯名义为立宪者，况中国从来敦崇礼教，名分谨严，采列邦之良规仍宜存本国之礼教等因，钦此"，仰见先朝慎重礼教至意。又恭读宣统元年二月初三日上谕，"刑法之源，本乎礼教，中外各国礼教不同，故刑法亦因之而异。中国素重纲常，故于干犯名义之条，立法特为严重，良以三纲五常阐自唐虞，圣帝明王兢兢保守，实为数千年相传之国粹，立国之大本。今寰海大通，国际每多交涉，固不宜墨守故常，致失通变宜民之意，但只可采彼所长益我所短，凡我旧律义关伦常诸条不可率行变革等因，钦此"，仰见我皇上于改良刑律之中兢兢以维持名教为重，此尧舜三王之用心也，修律诸臣自应禀遵明诏以为修改宗旨，以副朝廷"刑期无刑"至意。惟兹事体大，讨论不厌其详，刑律之轻重关系全国风俗人心，谨遵院章第二十五条抒陈末议以备采择：

一，无夫奸宜定罪名也。中国教化，最先《易》称"有夫妇，然后有父子"，《记》称"男女有别，不可与民变革"。夫外内无别，则夫妇之伦斁而五伦皆废，故圣王重之。礼，男女不同席、不共食，非行媒不相知名，非授币不交不亲，不以无夫之女而决其藩篱也。妇人之义，从一而终，卫共姜纪姬，皆矢死靡慝，焜燿简编，不以无夫之妇而轻其节操也。我朝旌表节烈，而再醮之妇不得膺封诰之荣，诚以节妇与忠臣孝子并峙为三纲，故重之。如此重贞洁，则刑以防淫自不可废。今新律无夫奸无罪，是等闺女、孀妇于娼妓也，风声一播，浪子棍徒调戏勾引顾忌毫无，是教猱升木也。中国礼教深入人心，风俗习惯与泰西迥殊，女丧贞、妇失节，则州乡讪笑、戚党包羞，女之父兄、妇之翁、若子，更以为非常耻辱。西人视名誉为第二之生命，败人名誉者，罪无赦。我国和奸为败人名誉之尤，恶得无罪？脱使无罪，则佻达少年一唱百和，势必岁增无数命案；或妇女惧玷门风、自经沟渎；或引诱曲从，事觉而羞忿自尽；或女之父兄、妇之翁、若子告官无效，挺刃寻仇，杀机一开，接踵效尤不复可遏，易称小惩大诫，书称辟以止辟，宽狂且之轻罪而启无穷之杀机，智者不为也。以五千年秉礼之邦而使采兰赠芍相习成风，同于桑间濮上，仁者亦不为也。夫荡弃礼教以冀外人就我范围，非惟得不偿失，且将贻笑全球。查德国《刑法》第四条云："外人未入籍者犯法，如外国律轻于内国律，则从轻处断。"我如采用此条，则礼教、法权两无妨碍，而无夫奸之宜定罪更无疑义矣。

一，得罪尊亲属不宜罚金也。

《经》云："五刑之属三千，而罪莫大于不孝。"《大清现行律》于得罪祖父母、父母各条，立法森严，乃《新律》第三百十一条、三百十九条、三百五十五条于尊亲属或加强暴，或加毁辱，或过失杀伤，皆有罚金，悖伦伤教莫此为甚。礼，子妇无私货、无私蓄，我朝孝治天下，父有财产传之于子，或亲老家贫则勤力节用以养父母，以报顾复教养罔极之恩。其父子异居、奉养有缺者，以不孝论。是祖父子孙财产共之，罚子孙与罚祖父何异？有人于此家赀钜万、子孙罗列，则其祖若父虽日被殴辱毁伤，皆可以罚金了之，成何政体？如令父子分产，则穰锄德色，子壮出分，乃亡秦秕政，岂可为训！此罚金之宜去者一也。

一，奸非各条，不宜罚金也。

现行律奸幼女幼童，充发烟瘴；私买或媒合良家妇女为娼，拟徒。今《新律》第二百七十七条、二百七十八条、二百八十二条或诱迫幼男女为猥亵行为，或诱良家妇女卖奸，皆有罚金，何以儆淫凶而维风化？查德、法、日本、瑞士、荷兰各国，刑法于猥亵、诱奸诸条，皆科以惩役、禁锢，并无罚金，此罚金之宜去者又一也。

以上三则关系全国风俗人心，实非浅鲜，为此陈请钧院核议施行，谨呈。

拟订：

第二百八十三条，凡和奸有夫之妇者，处四等以下有期徒刑；和奸无夫妇女者，处五等有期徒刑或拘役。其相奸者亦同。

谨拟删去罚金各条列左：

第三百十一条，对尊亲属加强暴；第三百十九条一二三款，因过失致尊亲属死伤；第三百五十五条一二款，对尊亲属加胁迫、侮辱、毁谤。

以上三条请删去罚金，以为蔑伦干纪者戒。

第二百七十七条第一款，对十二岁以下男女为猥亵行为，第二款强迫为猥亵行为；第二百七十八条对十二岁以上男女强迫为猥亵行为；第二百八十二条诱良家妇女卖奸营利。

以上三条请删去罚金，以为败坏风俗者戒。

十二　杨氏新刑律奸非罪拟请修改说

中国今日政治、学术事事皆不如人，其尚有一事为各国所不及者，则妇女之名节是已。顾亭林有言："东汉节义之风，光武明章数百年培养之，而不足曹操一人败坏之而有余。"窃惟新刑律奸非罪一章，其所规定，实足败坏数千年名节之大防，而使贞洁廉耻之风扫地以尽。

钧院代表舆论为立法机关，窃愿为中国维此名节，而无使异日有亭林其人者太息痛恨于宣统二年之资政院也。然今日舆论皆谓不可，而外间不敢轻议修改者，则有说焉曰反对新刑律为无法律知识，然生窃考各国立法之意，实不如是。即以新刑律草案而论，亦颇自相矛盾。陈请书中以限于篇幅，未能详尽，谨申其说，惟垂察焉。

各国刑法于奸非之罪皆以"妨害风俗"标题，既以妨害风俗为立法之准绳，则其国风俗以为无碍者自可不加处罚，此各国刑法所以不尽有无夫奸之罪名也。中国风俗则不然，社会习惯以奸与盗并称，处女孀妇有指为犯奸者，至羞忿自戕而不悔。设论者以此种风俗为中国之污点也，则生不敢复言。若犹以为善良风俗也，则苟有败坏此风俗者，其必受国家刑罚之制裁可无疑矣。

《新刑律》第十四条有云："凡不背善良风俗习惯之行为，不为罪。"细译条文，凡行为而有背善良风俗习惯者，其必成罪，皎然甚明。又第三百五十四条："凡指摘事实公然侮辱人者，不问其事实有无，处五等有期徒刑、拘役或一百元以下罚金。"指摘事实不过侮辱之一端耳，和奸无夫妇女使其父子兄弟含垢蒙耻、受人指摘，而国家视此为无损名誉之事，曾不稍加保护，是侮辱一人则罪之，侮辱一家则贷之。侮辱一人虽无事实亦必处罚，侮辱一家虽事迹确凿而不为审理，立法之意显相抵触，且适与第十四条相反，此法理之不可通者也。

揣立法者之意不过曰："此儿女私事，无害于社会，听其自由而已。"虽然个人者，国家之积也，若一国之民淫佚放恣、逾闲荡检，其流弊必至风纪日坏、人格日卑，而国家积弱亦将日甚。更进而言之，则犯堕胎溺婴之罪者必日多，而密卖淫者亦必日众。近者法国以人口减少而强迫婚姻，日本以女学生堕落而注重风纪，究其原因，皆由淫使然。则讲刑事政策者，其必思所以预防者矣。

且《草案》犯有夫奸之意，岂不曰侵损夫权，败坏夫之名誉乎？信如是也，可谓之保护夫权，亦可谓之家庭专制，何则有夫之妇与有妇之夫其地位等耳，奸有夫之妇则损害其夫，然则有妇之夫而有外遇独不损害其妇乎？夫则保护之，妇则摒弃之，法律平等之旨固如是乎？

若明知为有害风俗而以定于刑法，恐启骚扰诬陷之弊。则窃有说于此：旧律犯奸之案，惟本夫及父母、伯叔、兄弟、有服亲属，方许捉奸。今可参仿其意，凡无夫奸只许亲属告发，若犹以为限制过宽，则不妨以尊亲属为限，其无尊亲属者不论。何人不得告发？盖国家既定罪名，则虽无人告发而法律上仍视为犯罪行为，只以无亲告之人故不加刑罚而已。如是规定，于法理事实均无窒碍而所保全甚大，亦补救之一法也。

难者曰："法律之有告诉权者，为其系被害人也。和奸无夫妇女，其尊亲属未尝被害，安得有告诉权乎？"曰："和奸之事，损坏名誉则害及一家，荡检踰闲则害及社会，其理甚明，安得谓尊亲属独非被害者？且出入闺闱乃无故入人住居，家长之于一家，有维持保护之责，岂有佻达之徒公然出入而不许其告诉者？其所以不便公告者，以事涉暧昧故也。故立法之意，一方面当以维持社会之故而禁遏之，一方面又当以防扰害社会之弊而限制之，衷诸理论必当如是。"若曰此妇女一己之事，与尊亲属何涉，则试问未成年之女子应受亲权之监督否？又试问已成年之女子与人结婚，应待父母之命或父母之许可否？若法律有此规定，而不待父母之命、不得父母之许可，是害亲权也。亲权被害，则当有告诉权，无足怪也。

是故无夫奸之为罪，于法理无不合处。其稍有疑问者，则纳妾宿娼应否以和奸论而已。生以为，婚姻制度当视民法之规定如何，若中国民法禁止纳妾，则诚为犯罪；若既不禁止亦不允许，而采放任主义，则家长于妾既非夫妇，凡财产之制、监护之权、同居扶养之义务势不能概与凡人同论。民法上法律与事实之相抵触，殆无底止，又不仅刑法而已。且即为极端之论，以纳妾为和奸，亦无不可，何也？刑法既定为亲告罪，则祖父母、父母之于子孙，必无因纳妾而亲告之事，既不亲告，即不成罪，此理论之可通者也。至娼妓，则一种营业，国家既许其营业而保护之，则宿娼之事，一买卖行为耳，若以宿娼与和奸并论，是等良家妇女于娼门也，非法律家所当言也。

此外，有必应删除者，则本章各条之罚金刑是已。《草案》之言曰："凡犯罪之事，有科以自由刑而收效者，有科以财产刑而收效者。"第以管见论之，奸非之罪必非罚金所能收效，若明明可以罚金了事，则势豪纨绔公然调戏妇女，污蔑闺门，只须出数十百金便可毫无忌惮，且男女猥亵之行而国家收其财产、许以纳赎，是酌盗泉而荫恶木也。前年改旧律笞杖易罚金，而修律大臣奏定犯奸之案改折工作，不准抵罚，斟酌变通，实为尽善。且各国立法亦无科奸非罪以罚金者，此亟宜删除者也。

右金匮杨君上资政院陈请呈文一件，又说一首。余与杨君素昧平生，忽枉书录示，受而读之，见其持论通达，深切著明，足征公理所在，人有同心，呈请之件已由陈请股审查，是否可采，应听公议。以原稿先付排印，以谂知言君子。

庚戌仲冬劳乃宣识

十三　倡议修正新刑律案说帖

具修正案议员劳乃宣等，谨提出为倡议修正新刑律案事。查《资政院议事细则》第二十三条第一项，"会议之时，议员对于议案提起修正之倡议，非有三十人以上之赞成，不得作为议题"。复查《议事细则》第六十七条，"议员提起修正案之倡议，应具案提出于议长"。等因，兹谨提出"新刑律修正条文案"一件，遵照《议事细则》会同署名，应请议长作为议题。会议须至倡议者，计呈修正案一本。

倡议议员：劳乃宣

赞成议员：睿亲王、庄亲王、顺承郡王、瀛贝勒、润贝勒、霱公、全公、寿公、铠公、盛将军、庆将军、色郡王（昭乌达盟）、希公爵、黄公爵、志公爵、荣公爵（銎）、延侯爵、曾侯爵、存侯爵、李子爵、刘男爵、定秀、世珣、荣普、成善、宜纯、奎濂、锡嘏、荣凯、毓善、刘道仁、文哲珲、崇芳、李经畲、庆蕃、陈善同、魏联奎、俨忠、文溥、吴敬修、柯邵忞、荣厚、曹元忠、吴纬炳、吴士鉴、陈宝琛、喻长霖、沈林一、陶葆廉、孙以芾、李士钰、周延弼、王佐良、宋振声、李湛阳、罗乃馨、王鸿图、王玉泉、徐穆如、桂山、达杭阿、许鼎霖、夏寅官、马士杰、江谦、闵荷生、文龢、郑际平、杨廷纶、张选青、李慕韩、胡柏年、陈国瓒、郑潢、谈钺、陶峻、汤鲁潘、唐石桢、陈命官、王昱祥、郑熙嘏、蒋鸿斌、王绍勋、彭运斌、陶毓瑞、李华炳、王用霖、刘志詹、周镛、吴怀清、卢润瀛、王曜南、杨锡田、罗其光、高凌霄、张政、刘纬、郭策勋、万慎、刘曜恒、黄毓棠、黄晋蒲、张之霖、顾士高、范彭龄。

《新刑律修正案》

《新律》原文：

第三百〇五条，"凡杀人者，处死刑、无期徒刑或一等有期徒刑"。

第三百〇六条，"凡杀尊亲属者，处死刑"。

第三百〇七条，"凡伤害人者，依下列分别处断：一，因而致死、笃疾者，无期徒刑或二等以上有期徒刑；二，因而致废疾者，一等至三等有期徒刑；三，因而致轻微伤害者，三等至五等有期徒刑"。

第三百〇八条，"凡伤害尊亲属者，依下列分别处断：一，因而致死、笃疾者，死刑或无期徒刑；二，因而致废疾者，死刑、无期徒刑或一等有期徒刑；三，因而致轻微伤害者，一等至三等有期徒刑"。

按：《新律》于杀尊亲属、伤尊亲，均较凡杀伤为重，所以重伦纪也。然尊亲属杀伤子孙，并无别设专条，是亦用凡人律矣。《现行刑律》："子孙违犯教令而祖父母、父母非理殴杀者，处十等罚；故杀者，徒一年；嫡、继、慈、养母杀者，各加一等；致令绝嗣者，绞。若非理殴子孙妇及乞养异姓子孙，致令废疾者，处八等罚；笃疾，加一等，并令归宗；子孙之妇追还嫁妆，仍给养赡银一十两，乞养子孙拨付合得财产养赡；至死者，各徒三年；故杀者，流二千里，妾各减二等。其子孙殴骂祖父母、父母，及妻妾殴骂夫之祖父母、父母，而殴杀之，若违犯教令而依法决罚邂逅致死，及过失杀者，各勿论。"是祖父母、父母故杀子孙，乃科徒一年之罪，殴伤虽至笃疾，亦无罪。嫡、继、慈、养母杀子孙，乃有加重之条。殴子孙妇、乞养子致废疾，乃有科罪之文。子、孙杀伤祖、父当加重，祖、父杀伤子、孙亦当减轻，乃至当不易之理。今与凡人同科，是祖、父杀子、孙亦处死刑、无期徒刑或一等有期徒刑，致子孙轻微伤害亦处三等至五等有期徒刑也。揆之中国礼教、风俗、人情，实不允协。

修订法律沈大臣云："唐律，子孙违犯教令而祖父母、父母殴杀者，徒一年半。以刃杀者，徒二年。故杀者，各加一等（二年、二年半）。即嫡、继、慈、养杀者，加一等。明律改一年半者为满杖，改二年及二年半者为一年，既失之太轻，其嫡、继、慈、养之致夫绝嗣者复加至绞，又失之过重，此本当损益者也。今试以新草案而论，凡杀人者处死刑、无期徒刑或一等有期徒刑，如系故杀子孙，可处以一等有期徒刑，再以酌量减轻条'犯罪之事实情轻，减二等'之法减之，可减为三等有期徒刑，而三等之中，又可处以最轻之三年未满，则与唐律之轻重亦差相等矣。此可以明定于判决录内，毋庸另立专条。"是沈大臣亦谓祖父母、父母杀子孙不可与凡人同科，当科以徒罪也，但谓现行律徒一年太轻，当按唐律科以徒二年、徒二年半耳。然必先引凡人律处以一等有期徒刑，再援酌量减轻条减为三等有期徒刑，而复于三等中处以最轻三年未满。（按：三等有期徒刑最轻为三年以上，原作三年未满，误）辗转迂回，故为曲折，且出于法官之宥恕，非出于律令之本然，不足以示名分纲常之重。即拟按照唐律处以徒二年、徒二年半之罪，即应明定科条处以四等有期徒刑，与杀尊亲属条相为对待，以明父子之伦、尊亲之义，何必深没其文于正律而别定于判决录乎？今增纂条文如左：

增纂"凡故杀子孙者，处四等以下有期徒刑。若违犯教令，依法决罚邂逅致死者，不为罪"。

此依新刑律体裁，兼举数刑以待审判时裁酌，其嫡、继、慈、养母等种种等差，均于判决例内详之。

又按旧律，亲属相殴，卑幼殴尊长则加等，尊长殴卑幼则减等，所以重伦常、正名分，维持乎世道人心者至为深远。今新刑律于杀伤尊亲属有加重于凡人之专条，特于旁支尊长尚无加重明文，而尊长之于卑幼则直系、旁支皆无减轻之典，殊未允当。兹增纂数条如左：

增纂"凡杀期功以下有服尊长者，处死刑、无期徒刑。凡伤害期功以下有服尊长者，依下列分别处断：一，因而致死、笃疾者，死刑、无期徒刑或一等有期徒刑；二，因而致废疾者，无期徒刑或一等至二等有期徒刑；三，因而致轻微伤害者，二等至四等有期徒刑。凡杀期功以下有服卑幼者，处死刑、无期徒刑或一等至三等有期徒刑。凡伤害期功以下有服卑幼者，依下列分别处断：一，因而致死、废疾者，无期徒刑或一等以下有期徒刑；二，因而致废疾者，二等以下有期徒刑；三，因而致轻微伤害者，不为罪"。

旧律卑幼杀伤尊长，服重者罪重，服轻者罪轻，重者全斩，轻者至徒。尊长杀伤卑幼，服重者罪轻，服轻者罪重，重者至绞，轻者至勿论。今依新律体裁，每条兼举数刑以待审判时裁酌，其按照服制分别详细等差，于判决例内详之。

又按旧律，妻殴夫者加等，夫殴妻者减等，与尊长卑幼同科，本乎夫为妻纲之义也。然夫妻有敌体之礼，与尊长、卑幼略有不同。西国夫妻皆平等，日本与中国同，今亦改为平等。今新律无夫妻相犯专条，是亦视为平等，适用凡人律也，但于中国礼俗尚不甚协。《传》曰"妻者，齐也"，又曰"妇人，伏于人也"。是于平等之中，又有服从之义。旧律妻之子殴父妾者加等，妾殴妻之子以凡人论。此尊于彼，而彼不卑于此，与夫尊于妻而妻不卑于夫情形最为相近，可以比拟规定，今增纂如左：

增纂"凡妻伤害夫及加强暴未至伤害者,与卑幼对尊长同,至死者处死刑。夫伤害妻者,照凡人科断"。

《新律》原文:

第三百十一条,"凡对尊亲属加强暴未至伤害者,处三等至五等有期徒刑,或五百元以下、五十元以上罚金"。

按:现行刑律,子孙骂祖父母、父母及殴祖父母、父母而未伤者,皆应拟绞。新律加强暴未至伤害者,处三等至五等有期徒刑,已较旧律轻至数等,而又许易以罚金,是不孝之罪有财亦可赎也。悖理乱常,莫此为甚! 今使有父子相殴者,父殴其子成伤,子殴其父未成伤,父当依伤害人因而致轻微伤害律,子当依此律,皆三等至五等有期徒刑,父子之罪已相等夷矣! 然父之罪无罚锾之文,子之罪则可易以罚金,是父虽有万金不能赎罪,必实服徒役,子有五百元即可逍遥法外也。说者谓旧刑律不足以存中国,必用新刑律乃可救亡,试问此等刑律果足以救亡乎? 抑适以速亡乎? 现行刑律凡关系十恶、犯奸等项,应处罚金罪者改拟工作,以义关伦常礼教,非罚金所能蔽辜也。应加重一等,将罚金删去,修改如左:

修改"凡对尊亲属加强暴未至伤害者,处二等至四等有期徒刑"。

又按旧律,卑幼殴有服尊长未伤者,重至徒三年,轻至十等罚,新律无罪亦未合。今增纂如左:

增纂"凡对期功以下尊长加强暴未至伤害者,处四等以下有期徒刑、拘役"。其按照服制分别详细等差,于判决例内详之。

《新律》原文:

第三百十九条,"凡因过失致尊亲属死伤者,依下列分别处断:一,因而致死、笃疾者,三等至五等有期徒刑或一千元以下、一百元以上罚金;二,因而致废疾者,四等以下有期徒刑、拘役或五百元以下罚金;三,因而致轻微伤害者,五等有期徒刑、拘役或二百元以下罚金"。

按:中国礼教,子孙不得有私财,子孙之财即祖父之财也。子孙过失杀伤祖父母、父母而以财赎,是被杀伤者自以财代行凶者赎罪也,有是理乎? 法律馆按语谓:"习俗以为吾国卑幼不能私擅用财,此论墨守旧律,若立宪而后，首重人权，虽属卑幼亦应享有私权之能力。"此说之合理与否姑不深论，试问中国数千年来相传子孙不得有私财之旧俗，一时能改变否？新刑律实行在宣统五年，其时天下人民必尚墨守旧俗，有可断言者。若于斯时而行斯律，非被杀伤者自以财代行凶者赎罪而何？官府勒取被杀伤者之财，令代行凶者赎罪，此等刑律，人心能服乎？否乎？必应将罚金删去，修改如左：

修改"凡因过失致尊亲属死伤者，依下列分别处断：一，因而致死、笃疾者，三等至五等有期徒刑。二，因而致废疾者，四等以下有期徒刑、拘役。三，因而致轻微伤害者，五等有期徒刑、拘役。"

增纂"凡直系尊亲属正当之教令而故违犯者，处拘役"。

旧律子孙违犯祖父母、父母教令及奉养有缺者，杖一百，现行律改为十等罚。又有"呈首子孙恳求发遣及屡次触忤，即将被呈之子孙发极边足四千里安置"之例，所以教孝也。沈大臣谓此全是教育上事，应别设感化院之类以宏教育之方，此无关于刑民事件，不必规定于刑律中。宪政编查馆奏折内则云："旧律所谓违犯教令，本与十恶之不孝有别，故罪止十等罚。历来呈控违犯之案，大抵因游荡荒废不务正业而起，现行之《违警律》于游荡不事正业本有明条足资引用，如有殴詈父母或奉养有缺情形，则新刑律原案之暴行、胁迫、遗弃尊亲属，此次拟增之侮辱尊亲属各条，皆可援引，无虞疏漏"各等语。查暴行、胁迫、遗弃、侮辱等条既以特别规定，则呈首发遣之条可以不设，但《违警律》之游荡不事正业，非专指不遵亲命而言，违犯教令亦不止游荡一端，非彼律所能赅括。至感化院之类，天下千余州县，断非一时所能遍设，若子孙违犯祖父母、父母，官府无惩治之法，祖若父无呈送之所，实为大拂民情之事，故此条万不可少。但"教令"二字范围较广，故旧律有"可从而故违"之注，今加"正当"二字以示限制，至如何谓之正当，属于审判官之认定。

《新律》原文：

第十五条，"凡对于现在不正之侵害，出于防卫自己或他人权利之行为，不为罪"。

《暂行章程》原文：

第五条，"凡对尊亲属有犯，不得适用正当防卫之例"。

右二条前条即所谓正当防卫也，如夜无故入人家登时杀者勿论，及擅杀、奸盗、凶徒等类皆是。而对于尊亲属有犯，则伦纪攸关，不可概论，故次条云不得适用正当防卫之例，至为精当。但列入《暂行章程》，案语谓推行新旧之间最为适用，则不可解。伦纪无新旧之可言，岂守旧时代当论伦纪，新旧过渡时代亦尚可论伦纪，迨至纯乎维新时代即断不可论伦纪乎？断宜列入正文之内，不可作为《暂行章程》，今移改如左：

移改"凡对尊亲属有犯，不得适用正当防卫之例"。移在第二章正当防卫之次。

《新律》原文：

第二百八十三条，"凡和奸有夫之妇者，处四等以下有期徒刑或拘役，其相奸者同"。

第二百八十八条第二项，"第二百八十三条之罪，待其本夫告诉乃论，若本夫事前纵容或事后得利而私行和解者，虽告诉，不为审理"。

此条礼部签注云："中国素重家族主义，妇女适人以后，舅姑有管束之权。此云待其本夫之告诉始论之，是夫以外皆不得告诉也，设其夫出游在外，而其妇与人通奸，为舅姑者以限于法而不得告诉，不将甘心忍辱，明知之而无可如何乎？此近乎纵奸，殊不足以重伦常而维礼教。"其论甚正，应增"其夫外出，待其夫之直系尊亲属告诉"一层，以期周备。修改如左：

修改"第二百八十三条之罪，待其本夫告诉，如其夫外出，待其夫之直系尊亲属告诉，始论其罪。若本夫及其夫之尊亲属事前纵容或事后得利，私行和解者，虽告诉不为审理"。

《暂行章程》原文：

第四条，"凡犯第二百八十三条之罪为无夫妇女者，处五等有期徒刑、拘役或一百元以下罚金。其相奸者同。前项之犯罪，须待直系尊亲属之告诉，乃论其罪。若尊亲属事前纵容或事后得利，私行和解者，虽告诉不为审理"。

初次草案无无夫和奸之条，在京各部院、在外各督抚无不力争，而法律馆坚持不变，修正草案仍无此条。宪政编查馆于《暂行章程》中增此一条，以为调停之法，其案语云："各国新定刑律，均无无夫奸处罚之明文,诚以防闲此种行为,在教育不在刑罚也。但中国现在教育尚未普及,拟暂照旧律酌定罚例。"推其意,盖谓各国所以无此条者,以各国教育均已普及,所有无夫妇女人人贞洁性成,万无犯奸之事,故不必以刑罚防禁。中国教育尚未普及,无夫妇女不免尚有淫行,不得不暂以刑罚防禁之,待他日教育普及,人人贞洁,即将此例作废也。然究竟今日外国无夫妇女贞洁乎?中国无夫妇女贞洁乎?凡稍知中外各国风俗者类能言之,姑不深论。试问:外国教育既已普及,何以无夫妇女人人贞洁,不待刑罚防禁,而有夫妇女仍不免淫行,尚须刑罚防禁?中国今日教育尚未普及,故无夫、有夫妇女皆有淫行,皆须刑罚防禁,迨他日教育普及之后,何以只能教育无夫妇女使之贞洁,可将刑罚废除,而不能教育有夫妇女使之贞洁,仍不免于淫行,尚须刑罚防禁?且也在室之女以受教育而成贞洁之德性,及其适人而有夫,其贞洁之德性忽然失去,迨至夫死复成无夫之人,而其贞洁之德性又失而复还。此等理想,真令人百思而不得其解。

又有夫和奸无罚金,今于无夫和奸加"或一百元以下罚金"之文,是有夫奸不能以财赎,无夫奸能以财赎也。出百元之财即可通奸一次,是与宿娼之夜合资无异也。雄于财者,可肆行渔色,无忌惮矣!况奸妇与奸夫同罪,亦须罚金,中国在室之女断无私财,可知是其父母告诉之后反须代其女出资赎罪也,揆诸人情,允乎?否乎?应将此条移入正文,并照现行刑律犯罪不准处罚金之例,将罚金删去。移改如左:

移改"凡和奸无夫妇女者,处五等有期徒刑或拘役,其相奸者同。前项之犯罪,须待直系尊亲属之告诉乃论。若尊亲属事前纵容或事后得利,私行和解者,虽告诉不为审理"。移在第二十三章和奸有夫妇女条后。

修复附则:

第一条,"本律因犯罪之情节轻重不同,故每条仿照各国兼举数刑,以求适合之审判,但实行之前,仍酌照旧律略分详细等差,另辑判决例以资援引而免歧误"。

增纂"本律内有关服制诸条,应按服制轻重分别等差,皆于另辑判决例内详之"。

按:法律馆《修正刑律草案》复有《附则》五条,宪政编查馆删改为《暂行章程》五条。查法律馆原案第一条所称"酌照旧律略分详细等差，另辑判决例以资援引"等语，实为审判要需，必不可少，宪政馆原奏亦经声明，应由该大臣按照原奏辑为判决例，奏交核订，是亦视为要件，但必须辑作条文，方与正律同一效力。今照原案修复，仍称《附则》，列于《暂行章程》之前。

又查律内关系服制诸条，亦皆兼举数刑以求适合之审判，不可不按服制轻重分别等差，于另辑判决例内详之，故又增纂一项于次。

"暂行章程"移入正文两条，改为三条。

此件修正案计修改两条，又一项移改，两条修复，一条增纂。八条又一项于十一月十一日提出，十二月初六日会议移改对尊亲属有犯不得适用正当防卫之例，一条用起立法表决，赞成者少数未通过。初八日会议移改和奸、无夫妇女罪一条，用记名投票法表决，计可决者寿公、盛将军、庆将军、昭乌达盟色郡王、锡林郭勒盟色郡王、多郡王、索郡王、希公爵、黄公爵、志公爵、荣公爵、延侯爵、存侯爵、刘男爵、定秀、荣普、宜纯、奎濂、锡嘏、荣凯、毓善、崇芳、李经畲、顾栋臣、陈善同、魏联奎、俨忠、柯邵忞、曹元忠、吴纬炳、劳乃宣、陈宝琛、陶葆廉、孙以芾、李士钰、王佐良、宋振声、李湛阳、罗乃馨、王鸿图、陈瀛洲、王玉泉、徐穆如、齐树楷、于邦华、吴德镇、陈树楷、许鼎霖、夏寅官、马士杰、方还、邹国玮、汪龙光、康咏、谈钺、王昱祥、郑熙嘏、蒋鸿斌、王绍勋、彭运斌、李时灿、陶毓瑞、刘懋赏、李素、刘志詹、吴怀清、梁守典、王曜南、杨锡田、罗其光、高凌霄、张政、万慎、黄毓棠、黄晋蒲、张之霖、范彭龄等七十七人投白票，否决者陈懋鼎、刘泽熙、胡骏、王璟芳、胡礽泰、汪荣宝、陆宗舆、章宗元、沈家本、吴廷燮、书铭、庆山、籍忠寅、孟昭常、雷奋、潘鸿鼎、江辛、柳汝士、宁继恭、刘景烈、黄象熙、文龢、陈敬第、余镜清、郑际平、王廷扬、邵羲、王佐、陶保霖、陈国瓒、黎尚雯、陈命官、彭占元、尹祚章、李文熙、刘纬、刘曜垣、周廷劢、刘述尧、冯汝梅、吴赐龄、顾视高等四十二人投蓝票，赞成者多数通过。初九日以人数不足未议，初十日以他项议案太多未议，此案遂闭会矣，计此修正案否决者一条，可决者一条，其余未决诸条应俟明年开会再议，附记于此，以观其后。

宣统二年十二月望劳乃宣识

跋

《新刑律修正案汇录》编既成，正付印间，资政院以总则议决、分则未及议决，先以总则奏请裁夺，宪政编查馆则以分则并暂行章程原案应否颁布奏请。

十二月二十五日奉上谕，"资政院议决新刑律总则会同军机大臣具奏缮单呈览请旨裁夺一折：新刑律总则第十一条之十五岁著改为十二岁，第五十条"或满八十岁人"之上著加入"或未满十六岁人"字样，余依议。又据宪政编查馆奏新刑律分则并暂行章程资政院未及议决应否遵限颁布缮单呈览请旨办理一折：新刑律颁布年限定自先朝筹备宪政清单，现在开设议院之期已经缩短，新刑律尤为宪政重要之端，是以续行修正清单亦定为本年。颁布事关筹备年限，实属不可缓行，著将新刑律总则、分则暨暂行章程先为颁布，以备实行，俟明年资政院开会，仍可提议修正，具奏请旨，用符协赞之义。并著修订法律大臣按照新刑律迅即编辑判决例及施行细则，以为将来实行之预备，余照所议办理。钦此。"

是则明年开会应再提议修正，是编当为其张本矣。夫刑律为人民所托命，是以讨论不厌求详，已奉明诏颁布，尚许提议修正，足征朝廷慎重法典之至意。鄙人于宪政编查馆、资政院一再争论，非好辩也，不得已也，乃诸家报章辄以反对新刑律相讥，嘲讽诋諆不一而足。无稽之言本不足为轻重，第恐闻者不察，或以见疑则于刑律前途不无障碍，是不可以不辨。报章之言首曰"劳氏反对新刑律"，夫"反对"云者，全体相反之辞也，必条条异议，然后乃可谓之反对。今鄙人于四百余条之中，移复修改者五六条，增纂者八九条耳。是不同意者百分之三四，同意者百分之九十余也。目为反对，然乎？否乎？又曰主张用旧律之酷刑，是盖以为旧律皆从重、新律皆从轻也，不知新律固有轻于旧者，而重于旧者亦复有之。如现行刑律殴人成伤者，处三等罚，罚银一两五钱；无力完缴者，按银一两折工作四日，应折工作六日。新刑律伤害人因而致轻微伤害者，三等至五等有期徒刑。五等徒刑断自两月以上，极轻应于监狱服劳役六十日，则新律比旧律加重十倍也。又现行刑律偶然会聚开场窝赌者，徒一年；经旬累日者，初犯徒三年，再犯流三千里。新刑律凡聚众开设赌场以图利者，处三等至五等有期徒刑，并科五百元以下罚金。现行刑律军民相奸者，奸夫、奸妇各处十等罚。新刑律凡和奸有夫之妇者，处四等以下有期徒刑或拘役，其相奸者亦同。亦皆新律重于旧律。编中如此类者，尚复不少，乃谓新律皆轻于旧，实未睹原书耳，食之谈耳。况鄙人所争祖父母、父母杀子孙不可与凡人同科，尊长杀伤卑幼依服制减等，皆拟改从轻比，尤与用重刑之说相反，则谓鄙人主张酷刑，更属诬妄之论矣。

又指目赞成鄙人修正案之人为"劳党"，且以表决无夫奸罪时赞成者投白票、反对者投蓝票，复有"白票党"、"蓝票党"之称。夫"党"之一言，古以为病，而今则不以为非，果使同志多人声应气求，结成政党，而鄙人为之魁，则"劳党"之目正，鄙人之荣幸，而惜乎其未也。前者修正案提议时，署名赞成者一百余人，无夫奸罪表决时，投票赞成者七十余人，既非鄙人有所要求，亦非众人有所朋比，要皆出于天然心理之同，不谋而合，谓之为党，讵曰非诬。今夫议院之制取决多数，众好众恶尚待平察，未必群议之同即属不刊之典，亦在持论者内信诸心而已。果其内返此心足以自信，则赞成者众，是为得道多助，固足以自豪，而反对者多正见，曲高和寡亦足以自慰。我固不必曲徇乎人，亦不必冀人之必同乎我也。是编之辑，聊以自表其心之同然焉。尔知我罪我，听诸公论可已。

庚戌除夕劳乃宣自识

附:《新刑律修正案汇录》书后[①]

(《法政杂志》第一年第三期,宣统三年四月二十五日,作者孟森)

上年资政院初开,乃有新刑律之争。其争也,各有见地,各有不得已之衷。右新律者以进化为根据,而主修正者则以耳目所及之是非为是非。夫进化之旨,深邃不易言,而耳目所及之是非,则触处皆可援证。不辨因果之相循环,不计正反之相对待,集同我者之说以自张,则有劳提学《新刑律修正案汇录》之传本,其意欲家喻而户晓,以增壅阏进化之力。夫劳君亦何仇于国民之进化,而必壅阏之,正缘所见以此为至当,不得已而好辩,愿进天下而共喻之,盖劳君者君子人也。信劳君之为君子,则意有所不安,又何敢默而不言,遂无由以所见就正于长者乎?辄缀所知,冀相往复。

劳君于坚执之最后点,在"和奸"及"子孙违犯教会"二条,而所謷謷于宪政馆特派员杨君之言者,则以家族主义与国家主义之识别,以故除争论条文之外,又牵引诸家赞美家族主义之学说,以成一编。夫劳君所争之条文,固皆从家族主义而来,不申明家庭主义之不适于进化,无以探两家争执之原,则论点宜集中于此矣。

今先置一界说于此,凡论列是非者,以求明是非之本为主。是非未定以前,各有语疵笔累,为一时耸人观听之为,与夫曲说以冀调停之虑,皆不必以词害意,而先持之以为柄。如杨君演稿之激越,则所谓耸人观听者也。宪政馆覆核,有教育普及等推宕之语,所谓曲说调停者也,颇为劳君所持。要其本意有在,不必腾口舌于枝叶,特浑揭于此,后不复论。

今试问家族果吾国之古义乎?劳君所集江君易园之论,大致已明。古之亲属,屈于宗法之下,支子不祭,压于宗子,至不敢匿其所生。宗子虽卑幼,支子虽尊长,无敢不受家督之指挥。礼绝期功,盖不仅有国者为

---

① 为今编著者所加,文见孟森著、孙家红编《孟森政论文集刊》,中华书局 2008 年版,第 701—706 页。

然。今之持家庭主义者，于心能尽安乎？然在当时，必以为天经地义如是，苟掉弃大宗之收养，各厚其亲，各私其子，何尝不以干名犯义病之。其末流犹有宋之濮议，以欧阳永叔为诟病，明之大礼，以张璁、桂萼为罪恶。宗法欠废，惟有世及之爵者犹保持之，今世禄之家犹然，谓必犁然当于人心，恐非今日所敢断言。而劳君之言曰：春秋之世，正家法政治极盛之时也。而晋卫郑越之已事，可列举为民知爱国之证。夫弦高以私人卫其国，此怀才负奇者之所为，不足以为全国国民爱国与否之标准。晋卫越之民，则诚如劳君所言，然劳君谓春秋为家法极盛，初不谓为家族制度极盛，无亦知春秋时本无谓家族制度，而特以"家法"二字，与宗法相映射乎？古惟以宗法行之，而一国为一大宗，宗法亦即国法。其所以与宗及国同利害者，以无家族制度，为之离披而莫能振也，则古为家族制度未兴之时代。劳君之推本于三代，以归美于家族制度者，非也。

又试问子壮出分，纆纚德色，所谓破坏家族制度，其流弊所极，固必至此。而较之家族制度之流弊，果较轻于此乎？家族制度既成，闻人言非家族制度之弊，则以为儇焉不可终日，而岂无人言家族制度之弊，如所谓为儿孙作马牛也。所谓爱而勿劳，禽犊之爱也，此皆倚赖之积习，举世之所恒言，视国家主义之国民，任有限之顾復教育之义务者大异。夫子以父为马牛，父以子为禽犊，较之纆纚德色之不合于理道也，孰甚孰微？且贾生之言，亦但举贫苦小民锱铢必较者耳，稍有力者，未必至此。至马牛禽犊之通病，乃举富贵贫贱而一之。囿于耳目之前者，闻非家族制度之不免流于凉薄，则津津而道。闻家族制度之更且大悖人道，乃视为当然。此岂足与探制度之原者哉？亲属之相爱，本不尽由于人为。无家族制度而独立之中，不强其用爱而爱弥挚，有家族制度而群居之日，必责其用爱而爱弥漓，伦常之变，故子壮出分者必少于数世同居之家。古以百忍为美德，人有百年，家有百古，无时无人，不在相忍之中，此又岂人道所宜尔。又况非家族之弊，不过分限太清，于公经济为无损。家族之弊，生产者一二，而坐食者什百，家族固而国家元气耗矣。甚者以同居之久，聚族之繁，力不足以自赡，乃以义门邀奖，仰给于官，社会之蠹，莫此为甚。此杨君所谓家之孝子慈父，即非国之忠臣，所指当在于是。家族主义与国家主义为不相容，立说自有本原，不可以辞害意也。若劳君以移孝作忠等门面语为改击之资料，则又未知忠之分际，有裨益于国之忠，有侧媚于君之忠，臣罪当诛，天王圣明，此后一义也；生之者众，食之者寡，其庶几前一义乎？家族者，生寡食众，反于大学治国平天下之原理。就一家言，子累其父于目前，父累其子于身后；就一国言，国累其民以昏惰，民累其国以耗亡者也。古人欲推广孝之分际以教忠，莅官战阵，一纳于孝之中，意可知矣。今劳君欲缩小忠之分际以误孝，倚赖蠹家，贫弱蠹国，而自谓有可作之忠，固非杨君之本旨矣。

家族制度与国家主义之孰为可以救亡，吾知之，吾不能尽言也。劳君是其所是，非其所非，牢不可破，则亦非言语文字所能夺。虽然，爱而知恶，憎而知美，天下虽鲜，或不可以不勉。勉乎此则又何待词费劳君之学之识，固足以烛天下之至赜矣。

以家族主义之捍格，乃生激争之两端。新刑律以法律改良社会，按之古义，殊未大悖。贞节之说，大倡于宋儒。五伦言夫妇有别，别之于既定夫妇之名后耳。夫妇之关系断绝，以舅姑而强与子妇之事，古或不然。为夫者不以三世出妻为病，为妻者不以下堂求去为嫌，傳言出妇嫁于同里，必为佳妇，古之觇妇德者如此。昌黎、荆公，皆大儒也，而皆醮其子妇，当时岂有今世体面之见者存耶？夫妇人淫行，诚为恶德，然淫者之耻何缘而偏为门户之辱，此则风俗为之。女未及岁，自在亲权之下，成年以后，予以自由。以自由之人之所为，他人即无由代为耻辱之理，此非家族主义之国之所同也。家族主义，无故多一可以蒙耻之缘，既累生计，又累面目，吾民囿于此风俗而莫能自拔，立法者思有以大拯之。名教也者，以名为教，名如是而教亦不得不然。将变其名目，不能不课其实。今之所谓礼教，使周孔见之，果如其心之所欲出乎？改良刑律，未必与收还法权有关，断不能与振刷社会无关。使吾国民于生计，于面目，俯仰皆累，跼天蹐地，负担各国之民所可驰之负担于国家之负担，成弩末矣；耻辱各国之民所不应得之耻辱，于国家之耻辱成膜外矣。慈父孝子之难为忠臣者，又如此。

劳君见解之歧出，其本原在无进化之思想，当读其序而知之。（劳君序文，见本期亲志编纂类）其言曰：生计有三，曰农桑，曰猎牧，曰工商。而引记所谓中国夷蛮戎狄，五方之民，皆有性也，不可推移。又引记所谓广谷大川异制，民生其间者异。凡此立论，则猎牧终不可进于农桑，农桑终不可进于工商，是无异谓僿野终不可进于文明，贫弱终不可进于富强也。吴越古为蛮夷，前人之开拓文化为有罪，满洲近改行省，今日之变更旧制为非宜，此一误也。又曰法律生于政体，政体生于礼教，礼教生于风俗，风俗生于生计。然则待生计自变，然后由风俗而礼教而政体，乃及法律，则生计为定之于天，居第一位而非人所能增损，提倡实业之说既不合矣。且法律由层累酝酿之自然而来，即亦何用有才智之人议法、定法，而庸愚之人乃反守法乎？重视法律者之意，则何不可曰：法律生政体，政体生礼教，礼教生风俗，风俗生生计。即以新刑律而论，由开放家族主义之法律生趋重国家主义之政体，国家主义之政体生独立自由之礼教，独立自由之礼教生勇往进取之风俗，勇往进取之风俗生分歧发达之生计。吾以为今日学识如劳君，且不免贵耳目而贱思想也如此，亿万蚩蚩，不有法律以矫正之，数千年之艰于进化，其成效可睹矣。先进之国，社会与法律，可以接近，则亦何必造作于生人希望之外。法学家谓幼稚之社会，多用拟制之法，正谓此也。劳君集德人赫氏之言论，以折崇尚西学者之心。微论迻译之文，不无万一之出入。且吾方行拟制之法，以图社会之跃进。夫岂与社会法律两相接近之国，商榷立法之宗旨者耶？故以猎牧、农桑、工商为一成不变之生计，其原理与进化相反。以生计转辗而生法律，与扶翼进化之责任，亦不相得。若劳君者流，将为天民之先觉者，乃居万民之后，而为之把持其末流之弊，则又岂徒待文王而后兴也。

劳君谓西人亦有家，惟能推广爱家之心以爱国，非破除爱家之心以爱国，斯言殊与破除家族之旨不相中。破除家族，本非破家。家族之制，亲属以名义相累，有材力者为百口之所噆。其不材者耗亲属之资力，协亲属以名分，惧亲属以连带之耻辱。国民有材力者少而不材者较多，谓此其人真有固结不解之爱情，乃人类之真道德，虽受累而犹足偿其孤行之志，吾何病焉？夫欲得此真道德，谓必在家族制度已破之后，乃始信其无所为而为此。今之家族，劳君试思之，纵有极不相爱之实，而犹责以不敢不居相爱之名，则以不爱而貌为爱，推之于国，苟如是，足以亡矣。西人之有家，乃实系可爱之家，用爱止乎此，尽处家之天职，而不至废爱国之天职。其社会如是，其法律亦如是。至有所谓家制复兴论者，则私人之述作，何所不可？吾向者之政俗，发挥独见之理，往往可以得罪于名教。西人不尔，则偶提倡一家制复兴，岂遂当引为惟一无二之知己，从此相与把臂入林乎？井田封建，设吾国今日学者偶主张之，流传于外国，外国遂以为中国将复三代之旧，明者或笑其未必然矣。

且夫"礼教"二字，最坚执者可以不问其所自生。但名之曰礼教，即桎梏人之手足，禁锢人亦耳目，戕贼人之心思言论以就之。外国之于宗教,中国之于名教,挟此以行之者,其例亦至多矣。劳君独不以礼教为降于天,根于地,而曰生于风俗,则何尝与世之坚执者同科,所不与立法者同意。衹此改良进步之责任,愿以身任之,而为主动,与以凡民任之,而自为被动耳。今之中国,似未宜过自谦让,纵不能不待文王而兴,亦何必尽待凡民而后兴耶?齿德学问,劳君实可以居改革风俗之地望。果如劳君所言,礼教生乎风俗,则吾望劳君于礼教之母,措意改革。若吾之所云,政体生礼教,则亦请以法律维持政体。要而言之,礼教乃后起之物,则吾与劳君所公认也。道之大原出于天,乃以后起之礼教为梗于其间,何许子之不惮烦耶?此一礼教,彼亦一礼教,宗法之礼教,已为家族所不容。后之视今,犹今之视昔,惟留意于进化,则自得之。以赏劳君,幸垂教焉。

第二部分

吉同钧与《乐素堂文集》

宦途最重是文衡，法学从兹放光明。
他年桃李遍天下，尽是老夫培植成。

刑名道德相济成，法学原从经学生。
洛闽经义萧曹笔，莫向申韩去问程。

——《闱中示诸生二首》
(1910年吉同钧任全国首次法官考试襄校官时作)

概述与论说

吉同钧（1854—1934），字石笙（生），晚号顽石山人，陕西韩城人。1882年中举，1890年中进士并分刑部任主事，历充奉天、四川各司正主稿、秋审处坐办、律例馆提调和提牢厅总管等职。1903年随大学士裕德去沈阳办理蒙古亲王被旗下逼死案件，以宽宥处置，有《东行日记》行世。1906年起兼任京师法律学堂、法政学堂、法部律学馆、大理院讲习所四处教习，并兼修订法律馆总纂，1907年补法部员外并转郎中，1908年京察一等，三品顶戴，记名道府。1911年因京师法政学堂办学有功，赏二品衔。其在晚清刑事立法中所做的工作，一是1910年《大清现行刑律》颁布,为头名总纂官,二是代表法部参与《刑律草案》修正工作,为草案第二稿"附则"五条的拟稿人。其一生著述不坠,有《大清律例讲义》、《现行律讲义》、《秋审条款讲义》、《审判要略》、《乐素堂文集》、《乐素堂诗存》等存世,其中尤以《大清律例讲义》而风行天下,为清代律学的重要人物。民国后,吉同钧弃官归隐,晚年给韩城中学捐花园1所。

在晚清十年修律过程中,吉同钧是深度参与的人物,其思想也引起学术界越来越多的重视。

原因很简单,在"礼法之争"保守派阵营中,不管是张之洞,还是劳乃宣,毕竟不是法律界人士,面对着沈家本以深厚的律学功底和长期的刑案实践而带领一班留日生而杀了"律学"和《大清律例》的"回马枪"之后,保守派感觉"有理"却"说不出",回击确有"力不从心"之感。而吉同钧位居西曹二十余年,1906—1909年是京师各大法律学堂"大清律"一门的主讲人,法学专业水准获得法部尚书戴鸿慈和廷杰、修律大臣沈家本、大理院正卿定成的一致肯定。其肯站在保守派立场上"发言",自然壮了保守派的"底气"。同样,对于今天礼法之争研究者来说,看看这些一百年前具有专业水准的保守派的文章,看看吉氏对保存《大清律》这一"国粹"而"苦口婆心"、"苦心孤诣",其"扼腕叹息"之情"跃然纸上",不禁让我联想到了20世纪五十年代梁思成拼命保存北京古都的故事。由此,我们是不是会对百年前的那场争论有不一样的感觉,是不是会对保守派有了新的同情和理解?

1906年9月清政府决定"预备立宪"后,关于晚清修律的立法宗旨、机构和立法程序及目标的分歧越来越大。据吉同钧回忆,"时沈公①组织大理院新官制,与法部争执权限,法部诸被压抑,因求熟于法律、可与沈公抵抗者专办与大理院交涉事件",为此"翰林起家,不谙刑法"的法部尚书戴鸿慈才把吉同钧专门从光禄寺闲差位置上调回,"委以京畿科主稿,专核大理院稿件,据法斥驳数十起,均经遵驳更正"②。吉同钧的仕途,也由此有了好的转机。同理,在评价"礼法之争"两派观点的得失时,无论是在律学的根底,还是刑部的审判实践上,吉同钧作为都可与沈

---

① 即沈家本。
② 吉同钧著,闫晓君整理:《乐素堂文集》,法律出版社2014年版,第116页。

家本相对峙的保守派人士,其思想和观点,才更加值得时人和后人重视。其根本的贡献就在于,在中国法律近代化之初,他是真正有意愿、有能力、有实践去"沟通中西"、"中西融合"的"法律大家"。

按说,最有资格去做这项工作的,当然还是沈家本。不用去全看《沈家本全集》①,只需要去翻翻《历代刑法考》② 这一"中华现代学术名著",我们就佩服沈家本在刑部三十年所取得的律学成就。1902 年张之洞等推荐沈家本与精于"西法"的伍廷芳同为修订法律大臣,倚重的也是他的"中法"背景。但就是这样一位精于传统法律、一生著述绝少见新学思想的"饱学之士",在晚清修律的短短几年时间里,却亲手摧毁了中华法系。1907 年沈家本上奏的大清新刑律草案,律条的"沿革"部分占了相当大篇幅,但仔细揣摩条文内容,与"沿革"完全无关,或者说,把"沿革"全部删除,一点都不会影响对草案条文的理解。传统法律精神完全成了"装饰",正如 1908 年初沈家本上奏《拟请编定现行刑律以立推行新律基础折》所承认的,新刑律"专以折冲樽俎、模范列强为宗旨"③,俨然是一个"全盘西化"的产物。沈家本作为修律大臣,实际上并没有起到沟通中西的作用。

自 1901 年清廷在西安发布变法上谕,宣称要"严禁新旧之名,混融中外之迹"④,算是在最高层面就"新法"、"西法"问题作了表态。这种"搁置争议、共同开发"式的表态,充其量只是一个"权变",远远谈不上对西方文明已经有了多么深刻的认识。甚至变法诏下,慈禧太后仍心存疑虑,不愿督抚在覆奏中言"西法",这引起了张之洞等的强烈不满,"若不言西法,仍是旧日整顿故套空文,有何益处?……欲救中国残局,惟有变西法一策",《江楚会奏变法三折》作为 1901—1902 年晚清新政的纲领性文件,其核心思想就是"整顿中法以行西法"⑤。其中"采用西法

---

① 徐世虹主编:《沈家本全集》(全八册),中国政法大学出版社 2010 年版。

② 沈家本:《历代刑法考》(收入中华现代学术名著丛书,上、下册),商务印书馆 2011 年版。

③ 怀效锋主编:《清末法制变革史料》(下卷),中国政法大学出版社 2010 年版,第 255 页。

④ 中国人民大学清史研究所编:《清史编年》(第十二卷),中国人民大学出版社 2000 年版,第 239 页。

⑤ 同上书,第 265 页。

十一条"第六条"定矿律、路律、商律、交涉刑律,建议聘请外国著名律师,帮助中国编纂上述法律"①。晚清刑事法律变革最初的指导思想,是参用西方刑法来编纂一部通行于沿海开放口岸和地区的《交涉刑律》,至于广大的内陆地区,还是要适用《大清律例》。而对《大清律例》的修改,直到1902年任命沈家本、伍廷芳为修订法律大臣之时,也没有一个明确的宗旨。1903年吉同钧《上刑部长官减轻刑法书》,指出"《大清律例》,本较历代增多,近年更加繁琐。尤可议者,莫如强盗一项。强盗之犯,唐律非赃至十疋及伤人,罪不至死。今则不论赃数多少,不问曾否伤人。如一人劫千金,伤其事主,固当拟以骈诛,若十人只劫一金,并未伤人,乃亦不分首从,均拟斩决。是因一金而杀十人,岂不苛哉!""律设大法,一王之制固不敢遽议改变,亦在司法者善为调剂而已"。用古今、中西对比的方式,表达了"现今中国之法网密矣,刑罚重矣"的观点。这本是儒家普通的恤刑观念,亦是1905年沈家本所奏《删除律例内重法折》的先声,却被其好友以"现时公理湮没,直道难行,言之过切,不惟于事无补,且恐反以招祸"而劝阻,上书后"果干尚书葛公之怒……以致沈于下僚者数年"②。这说明,服膺"中体西用"论者,在晚清新政和法律改革之初,曾经"傲立潮头",作"改革的促进派"。后来的礼法之争,不能单纯看作激进与保守之争,而是"革命与改良"的主义之争。吉同钧的目标,还是要中西融合。

根据现有记载,对于1903年吉同钧《上刑部长官减轻刑法书》,沈家本是赞同其中意见的③,所以修订法律馆开馆以后,吉同钧的修律热情也很高,"(1904年)四月一日开馆,五月份吉就陈上'上修律大臣酌除重法说贴',八月上'请减轻刑法说贴',次年又上'谨减轻窃盗死罪说贴',这些说贴对修订法律大臣拟定修律宗旨,确定修律内容作用很大"④。但对于向西方学习,吉同钧和张之洞一样,始终保持着不忘

---

① 中国人民大学清史研究所编:《清史编年》(第十二卷),中国人民大学出版社2000年版,第255页。
② 吉同钧著,闫晓君整理:《乐素堂文集》,法律出版社2014年版,第115—116页。
③ 所谓"侍郎沈公面加许可",参见《乐素堂文集》,法律出版社2014年版,第116页。
④ 陈煜:《清末新政中的修订法律馆——中国法律近代化的一段往事》,中国政法大学出版社2009年版,第214—215页。

"本我"的意识和自尊,反对过于轻率的变革有着浓郁中国特色的一些法律制度,尤其是与风俗民情密切相关的服制制度、秋审制度。"吉同钧力倡保存旧律的最根本原因,也是其体认最深刻之处,即《大清律例》并不仅是一个王朝一个时代的东西,而是我中华民族历朝历代法律经验的总结,是祖宗先哲法律智慧的结晶,乃至为中华传统法律文化的精华"①,"大清之律,非大清所创造也,乃中华数千年之国粹,经历代圣君贤相,参合理法以辑为成书,与经籍之道相为表里,俗儒不知,指为申韩之学,则谬矣"。②

所以1906年以后,吉同钧与沈家本在修律方面的分歧开始出现,冈天朝太郎主稿所拟的1907年《大清新刑律草案》,更是遭到了吉同钧的强烈反对,"草案甫成,交修律大臣讨论,当时馆员十余人列座公议,鄙人首以不适实用面相争论,并上书斥驳,无如口众我寡,势力不敌,随后刷印散布,外而各省督抚,内而六部九卿,群相攻击,举国哗然"③。但此后,看不到吉同钧有更进一步的反对举动,陈煜将之归于沈家本体恤下属的结果,"在沈的《寄簃文存》中,就收有与吉的说贴,字里行间隐有英雄相惜之意,固不全是私人感情,但沈之体恤,对吉当有很大影响"④。我不能肯定此处说贴指的是沈家本为吉同钧的《大清律例讲义》做的"序文"⑤,但宣统元年六月的这篇"序文"表明在"礼法之争"正酣的时候,两人还保持着友谊和敬慕。这种友谊和敬慕可能确实影响了吉同钧在礼法之争现场的表现,他把自己实际上更偏向"礼教派"的内心作了掩饰,在一篇《论大清律与新刑律并行不悖》的呈堂代奏说贴中,呈现的是"不偏不倚"的立场,其"持平"之论得到了刘锦藻的肯定,"新刑律草案出后,一时众论哗然,内外交攻而新旧驳辨各持意见。笔墨之争,几欲戈矛相向。此篇平情断论,苦心调停,议论确有见地,初非骑墙之说

---

① 陈煜:《清末新政中的修订法律馆——中国法律近代化的一段往事》,中国政法大学出版社2009年版,第221页。
② 吉同钧:《刑法为治国之一端若偏重刑法反致乱国议》,参见《乐素堂文集》卷七。
③ 吉同钧:《论新刑律之颠末流弊并始终维持旧律之意》,参见《乐素堂文集》卷七。
④ 陈煜:《清末新政中的修订法律馆——中国法律近代化的一段往事》,中国政法大学出版社2009年版,第186页。
⑤ 沈家本:《寄簃文存》,商务印书馆2011年版,第201—203页。

可比，故录诸篇后以示折中之意"①。

吉同钧"会通中西"的思想，主要体现在：一，整体历史观和统一历史逻辑，力求"深探其原而能通其流"、"揣其本而齐其末"。其对1910年颁布的《大清现行刑律》和1911年颁布的《大清新刑律》定位是，"《新刑律》者，《现行律》之支流，《现行律》又《大清律》之支流，而《大清律》又《唐律》之支流也……譬之《书》，《唐律》则二《典》三《谟》，《大清律》则《周诰》、《殷盘》，而《新刑律》则《鲁誓》、《秦誓》也。又譬之《诗》，《唐律》则《商颂》、《周颂》，《大清律》则《大雅》、《小雅》，而《新刑律》则十五国之《风》也"②。二，何者可变，何者不可变，如何把握"变与不变之间"？"制刑之道，有因地、因人、因时三义，而因时制宜，尤为刑法中一大机关"。"随时变易者，法也；历久不变者，法之理也……新律虽将推行，然可行者仍旧律中平允之条，其中畸异不通之处，仍不能行也"③，"变法令下，仿泰西之皮毛，舍本来之面目，初改《大清律》为《现行律》，继又改《现行律》为《新刑律》，表面看似新奇，内容实归腐败"。④ "《大清律》者，乃历代相传之法典，斟酌乎天理人情，以治中华礼教之民，犹外国之有习惯法、普通法也。《刑律草案》者，乃预备外人收回治外法权、办理华洋交涉之案，犹外国之有特别法及成文法也……治内地可用《大清律》，而租界华洋杂处之地则宜《草案》；治国人可用《大清律》，而对旅居中国之外人则宜《草案》。且现时可遵用《大清律》，而数十年后宪法完备之时，则可参用《草案》"⑤。三，比较法思想。宣统二年全国第一次法官考试，吉同钧以襄校官身份参与了拟题和阅卷，《法官考试拟作》一书即是他为考试科目之一的《大清律例》所做的"拟题批答"⑥ 其所拟的二十个题

---

① 吉文和编者评论均参见刘锦藻编《清朝续文献通考》，浙江古籍出版社1988年，第9938—9939页。《清朝续文献通考》还收入了吉氏另两篇《秋审条款详解》和《论中外徒刑重轻异同说》，显示了编者对吉氏的重视。

② 《律学馆第四集课艺》序，见吉同钧撰《乐素堂文集》，中华印书局1932年版，卷五。

③ 《律学馆第三集课艺》序，见同上。

④ 《律学馆第五集课艺》序，见同上。

⑤ "论旧律与新刑律草案、中律与外律可并行不悖"，见吉同钧撰《乐素堂文集》，中华印书局1932年版，卷七。

⑥ 该书宣统二年七月版，现藏日本大木文库，内容参见李启成《晚清各级审判厅研究》，北京大学出版社2004年版，第106—108页。

目中，涉及中西刑法思想与制度比较的题目有：1. 众证明白即同狱成，与各国用证意同，并非据供词说；2. 律自颁降日为始，若犯在已前者，并以新律拟断，注云：例应轻者照新例遵行，则新严者自应仍照旧例。中西律有无异同说；3. 徒刑之义，肇自成周，秦汉以还名称各异，隋初始用今名，要皆有责令工作之意。近代各国自由刑，或有定役，或无定役，与现制收所习艺有无异同论；4. 中律老幼犯罪均准收赎，各国刑法矜幼而不矜老论；5. 名例，共犯罪以造意一人为首，随从者减一等。各国刑法，数共犯多主皆为正犯，各科其刑，中西宽严不同论；6. 名例，断罪无正条，援引他律比附加减定拟。各国则不得为罪，其得失若何；7. 数罪俱发之处分，有采并科之主义者，有采吸收主义者，有采限制加重主义者，试评其得失。在这七道题目中，吉同钧的"答案"都是旁征博引，历数中外古今关于此思想制度的源流和关键点，观点和结论清晰明白，具有很高的学术专业水准，非一般司法考试刻板僵化的标准可比。如"名例，断罪无正条，援引他律比附加减定拟。各国则不得为罪，其得失若何"一题，"答案"先考察欧洲各国之法，认为"此项法律，欧洲各国并不一致，不但中东歧异也"，我国变法，多采用日本，故有不治其罪的规定，但在诉讼法和刑法草案编纂过程中，签注意见多有不同，"彼此争论，各执一是，是以至今不能解决也"。吉氏然后对中国比附制度进行了历史考察，认为旧律之所以有此规定，主要还是"事变无穷，律条有尽，既不能逐一事而设一法，即不妨立一法以统众罪"，"就此事实言之，此条未可骤去也"。但就道理而言，"此律究系法外治罪，与减轻宗旨不合……而宪法十七条，亦有臣民非按法律所定不加逮捕处罚之文。今仍守旧比附定罪，非特本国刑法不能划一，亦恐有碍收回治外法权"。对此矛盾，吉氏的解决办法是，"现行刑法仍留此条，以备当前引用，而又删除比附律条一门，以为沟通新律地步。虽不拘守旧说，亦未遽用新法"。这正如李启成所说，"分析吉氏答案，既让考生明了外国相关的规定及其来龙去脉，又引导考生熟悉国情；既让考生知其然，又让考生知其所以然。吉氏综论中西、会同理论与经验，一方面有利于拓宽考生的知识面，又一方面又可以借此提高考生的分析能力"，这显然对这些未来的法官，如何从知识储备上保证用好刚刚赋予他们手中的自由裁量权，是非常有益的。

在那个时代，吉同钧"详考历代刑章，博览外国律书"①，竭力希望在中国传统刑法文化的枝干上，能够嫁接西方法律文化的"枝子"，"老树发新枝"，使中华法系重新焕发活力。吉同钧的努力，在晚清法律改革"狂飙"的时代，已经没有多少人能真正听懂、愿懂。民国以后由《大清新刑律》"改头换面"而来的《中华民国暂行新刑律》，"已行之三年，咸称不便，群相訾议。当道亦有所闻，渐知不适于用，于是复有修正之举。上年（指1914年）有现任肃政使麦君秩严者屡来敝寓传述司法梁总长之意，称欲修复旧律，恳请鄙人妥拟凡例。鄙人本不预闻国事，特以事关民生安危，未忍坐视，因拟大纲十二条交付。首在崇名分、复礼教、惩贪赃、严奸盗，并规复旧律之十恶、秋审、比附、发遣、笞杖及确定新律之刑期游移等项，阅日所颁新令即有严惩官吏犯赃、严办强盗、酌改徒刑发遣、规复笞刑等条，是鄙人前所陈者，已实行多半。由是大加修改，添入侵犯大总统、干犯旁系尊亲、无夫和奸治罪等条，名曰《新修草案》"②，《新修草案》最终没有通过，吉氏的刑法思想从此淹没在近代史的星空中。

但不管怎么说，吉同钧确实是中国比较法学和法学教育的鼻祖，而且是技术派。这样一个人，由于辛亥巨变，从此不能为国家社会所用，"不但视为一己毕生之遗憾，亦即天下后世民生之隐忧"③。今将《乐素堂文集》部分相关文章辑出，以示纪念。对于我们，也是重新审视中国刑事法近代化肇端的另一个参考。

---

① 吉同钧著，闫晓君整理：《乐素堂文集》，法律出版社2014年版，第115页。
② 同上书，第118页。
③ 同上书，第133页。

《乐素堂文集》"选"目录

一　《律学馆第三集课艺》序
二　《律学馆第四集课艺》序
三　《律学馆第五集课艺》序
四　刑制论
五　论新刑律之颠末流弊并始终维持旧律之意
六　论新旧律名称宗旨之不同并申言旧律为中国治乱之枢机
七　论旧律与新刑律草案、中律与外律可并行不悖

一 《律学馆第三集课艺》序

　　宣统建元，宪政颁布，庶政维新，而与宪法最关切者，尤莫如法律一项。斯时新律未行，旧律将易，凡有志研究法学者，群茫然莫知所措。将仍习旧律乎？恐删改在即，精力掷诸虚牝之中。将改习新律乎？恐程度不足，临时转多窒碍之处。宗旨未定，斯趋向不专，遂相率请示于余，求所以致力之方。余曰：是何足虑。

　　夫随时变易者，法也；历久不变者，法之理也。旧律虽将芟薙，然其所芟者，不过繁冗之枝叶，至不磨之精蕴，仍不能芟也。新律虽将推行，然可行者仍旧律中平允之条，其中歧异不通之处，仍不能行也。各惟研究法律之精理，择其可行者肄业焉，而奚必以新旧之见横于胸中哉？且夫新旧过渡之际，正聚讼纷起之时。侈言新法，而守旧者诟为丧心病狂；执言旧法，而维新者鄙其顽固不化。修律大臣沈公适当其冲，因酌时势之宜，平新旧之争，而有新订《现行刑律》之举，奏派吉同钧充总纂官，编次虽仍旧律，而去其陈腐繁重、有碍新政各项，以为他日实行宪政基础，将来一经颁布，在司审判者固可据为准绳，即讲律学者亦可奉为圭臬。

　　本年讲堂指授及考课命题，即本此意以为方针，诸学友亦能默体是旨，所拟判牍皆能独出机杼，不拘恒蹊，较之初、二集，更进一层。他日司法独立，诸君子驰誉云司，则此集实为先路之导，故记之。

二 《律学馆第四集课艺》序

宣统庚戌之四月为《现行刑律》颁行之期，一时任司法者喜脱旧日繁重之习而共乐法网之宽。越数月，更有缩短国会之诏，而《新刑法》又议提前颁布，于是研究法学之士复喜谈新律之简要，而以现行之律为不适用，群思有以废之。盖厌故喜新，人情大抵如是，原无足怪，独惜其未达法学之原理也。

夫《新刑律》者，《现行律》之支流，《现行律》又《大清律》之支流，而《大清律》又《唐律》之支流也。凡学问之道，未有不深探其原而能通其流者，譬之《书》，《唐律》则二《典》三《谟》，《大清律》则《周诰》、《殷盘》，而《新刑律》则《鲁誓》、《秦誓》也。又譬之《诗》，《唐律》则《商颂》、《周颂》，《大清律》则《大雅》、《小雅》，而《新刑律》则十五国之《风》也。夫不读《典》、《谟》、《训》、《诰》，而遽言《誓》、《命》，不读《雅》、《颂》，而遽谈《国风》，是犹不揣其本而齐其末，安识制作之精心哉！

今之讲法学者舍《唐律》、《大清律》而遽谈《新律》，何以异是？盖新订之律，表面仅四百余条，初阅似觉简洁，而不知一条之中实蕴含数条或数十条，将来判决例成，仍当取《现行律》之一千余条而一一分寄于各条之内，不过体裁名词稍有不同耳。今岁律学命题，一本《现行律》，功令所垂，不得不从时尚，要其法学之理，则新旧原无二致，会日之讲求《现律》，即为异日发明《新律》之根柢也。

第四集课艺告成，各抒心得，虽文笔之繁简不同，而均能发明律义，可为办案法式。况本年秋季举行法官考试，冬季举行推检考试，明年复有文官考试之举，使非讲求有素，安能取办临时？则是编者，不惟觇学员读律之功，亦可为异日应试之准。昔金坛王氏选时文八集，四曰《参变》，兹集标新领异，有美必收，承坠之茫茫，作《新律》之先异，即谓律学之参变也可。

三 《律学馆第五集课艺》序

律学馆之设，于今五年矣。本年秋间，武昌变起，京师官民出京逃避者十室九空，各学堂亦均云散风流，停止上课。惟我律学馆仍有多数学员日来听讲，盖患难忧危之际，犹闻慷慨讲诵之声，非但向学之志穷且益坚，抑且箴仕危邦，临难不去，气节之镇定，更有足多者，他日为忠臣、为义士，皆可于此决之。

每岁课卷，年终必裒成一集，今届五集，刷印成帙，同人又嘱余作序。余忝拥皋比，五阅寒暑，与诸学友相居最久，相知亦甚深。现值祸乱迭起，更觉情谊益亲，故不惮剀切言之，以为我同人勖。夫《大清律》者，非自大清起也，损益乎汉唐宋明之成法，荟萃乎六经四子之精义，根极于天理民彝，深合乎土俗民情，所谓循之则治，离之则乱者也。

自上年变法令下，仿泰西之皮毛，舍本来之面目，初改《大清律》为《现行律》，继又改《现行律》为《新刑律》，表面看似新奇，内容实归腐败。兹就显然可见者言之。自缘坐之法废，而叛逆之徒不惮牺牲一身以逞不轨之谋，故湖南、广东相继焚烧衙署，而大员被刺之事不一而足矣；自笞杖改为罚金，而富豪强梗之徒益复无所畏忌，故近来抗官拒差、诱拐奸占之案愈办愈多矣；自奴仆之制废，而名分荡然，欺凌家主之风不可遏止矣；自开设娼寮并起意为娼者不治罪，而风俗颓败、廉治道丧矣；自儒师与凡人同论，学堂中视师长如路人，桀骜嚣张之气酿成世变矣；自流徒免其实发，而无数匪徒丛集辇毂之下，一旦有事，揭竿为乱者不在草泽而在萧墙矣；自各省设审判厅而以未经历练之法官审判命盗大案，既无刑幕佐理，又不经上司覆审，不知冤死几多良民矣。

今日祸乱之根，虽由于政府昏浊，贿赂公行，不尽关乎法律。然刑罚轻纵，审判偏谬，亦酿乱之一端也。余向充法律馆编纂，亦尝慨慕外国轻刑之刑，思革重典，乃行之未及二年而已流弊滋出，乃知"不愆不忘，率由旧章"，圣言真如蓍蔡，而子产之火烈民畏，诸葛之法行知恩，洵治乱之药石，而非姑息养奸者所能喻也。今者祸患方兴，结果尚不可知，如外人狡焉,思启坐收渔人之利,则我中国一切典章将归沦胥,此集亦必为覆瓿之用。若犹是,炎黄之神胄也,无论君主、民主,治中华之人须用中华之法,将来穷则思返旧律,仍有复兴之日,安知兹集不为后事之师资乎?

时宣统三年冬月上浣也

四　刑制论

　　制刑之道，有因地、因人、因时三义，而因时制宜，尤为刑法中一大机关。我朝未入关以前刑制止有斩决、鞭责两项，自世祖定鼎燕京，统一寰区，命儒臣详定刑法，一沿前明旧律，略加条例，历圣祖、世宗、高宗三朝，久道化成，几于刑措不用，雍雍乎三代之休风焉。故刑法迭次减轻，一革国初严重之例，如强盗分别斩、遣，反逆子孙改斩为遣之类，其间因革损益，折衷至当，前人已详举无遗，兹不复赘。自仁宗御极后，承平日久，法令纵驰，地大物众，孽牙其间，于是川楚教匪突起，蔓延十余年，傥扰四五省。继以宣宗末年，洋兵侵入中华，粤匪肇乱，历文宗、穆宗二十年来，兵革不息，奸宄逢起，不得不用严法以示惩创。故刑法复由轻入重，如强盗复改归皆斩，旧律严惩抢夺、发冢、捉人勒赎、贩卖人口入洋等项之类。迨及德宗，内忧虽息，外患迭起，刑法愈趋严重，章程繁密，较前加倍，然大经大法完全无缺，仍不失为金科玉律。

　　至光绪三十年后，朝命变法，一时新学当道，效外国三权鼎足、司法独立之制，特设《法院编置法》。内则三法司裁去都察院，改刑部为法部，改大理寺为大理院；外则改按察使为提法司。内外均设审判厅，分高等、地方、初级三等，各审判厅又设检察厅，大理院外设总检察厅。所有诉讼，外则归审判官审理，州县不得干预；内则归审判厅大理院审理，法部不得干涉，此改革刑官之大概也。

　　其刑法则聘用日本博士冈田，举历代旧律、大清条例一概废除，全依日本法修讨，名曰《新刑法》，不惟文义名词尽仿外洋，并举历代之服制、名分、礼教一扫而空。草案一出，举国哗然，内则九卿科道，外则各省督抚，群相诟病，纷纷参奏，流（清）廷迫于公论，虑其窒碍难行，复饬法律大臣伍廷芳、沈家本别修《现行律》，以备新旧过渡时代之用，此改革刑法之大概也。

　　查《现行律》，删去律文数十条，例文数百条，从前之缘坐、凌迟、枭示、戮尸、枷号、刺字、鞭责、铁杆、石墩、笞杖诸法尽行删除，又改死罪为流徒者数十项，以致法轻易犯，匪徒鸱张，良民被害。虽不能以无弊，然利弊参半，先王之遗制犹有存焉。若《新刑律》则三纲沦、九法斁，其弊不可言矣。

总之，康熙以后，乾隆以前，为刑法由重减轻时代。嘉庆以后、光绪以前，为刑法由轻加重时代。至光绪三十年以后，刑法由重减轻而入于黑暗时代。《易》曰：穷则变，变则通。若变而入黑暗，安望其能久乎？此尧舜以来，数千年未有之奇变，较诸商鞅、王安石之误国殃民，又有甚焉！此贾太傅所为第一可痛哭者也。

五　论新刑律之颠末流弊并始终维持旧律之意

西国大法家有言：无论何国政令，须合于本国国情，若舍己芸人，效颦学步，必贻削足就屦之讥，其为不适，自不待言云云。当道前日训诫留学诸生，即引此以为圭臬，可见斯言为中外不磨之论，昭昭然矣。

吾中国刑律萌芽于李悝、萧何，经两汉六朝因革损益，至唐而集大成，条文精密，刑罚平恕，为律书中极纯粹之本，即日本从前刑法亦奉此书为模范。元明以来，渐趋严厉，加入一切酷法如凌迟、枭示之类，前清沿用明律，又加条例，历朝迭次增添，至同治初年，多至两千余条，文繁刑重，识者病之。先师薛云阶有志删修而卒未逮其时，适值日本变法改律，一仿德法二国轻简之法而大变旧章，比之中律，文简而刑又轻，故外人之游吾国者，睹中国之刑法严厉，而群相诟病，不受约束。

庚子而后，开馆修订，钦派法部侍郎沈家本、外务部侍郎伍廷芳两先生为修律大臣，鄙人承乏提调，与江西饶君昌麟同任其事，酌量删除严刑，并减繁文，一仿唐律之平恕，参用外国之新法，举旧日凌迟、枭示、戮尸尽为废除，一切身体之刑如枷号、笞杖等刑分别改用外国监禁工作、罚金，从前斩绞流徒军遣，俱酌量轻减裁并，而流徒多不实发，半改为本地作工，共删除律文二十余条，例文四百余条，于宣统二年书成，名曰《现行刑律》。外虽参用洋法，内容保存国粹，一时新学之士，不察内容，徒以外面之名词形式不类外国，群指为不合文明，于是又有《新刑律》之编。延用东人起草，举中国数千年之礼教、服制、名分划除殆尽，其表面之文法、名词、条类尽用外式。草案甫成，交修律大臣讨论，当时馆员十余人列座公议，鄙人首以不适实用面相争论，并上书斥驳，无如口众我寡，势力不敌，随后刷印散布，外而各省督抚，内而六部九卿，群相攻击，举国哗然。时有大学堂监督刘廷琛参奏交馆修正，仅改正数条，并举旧日服图列诸篇首，以为掩饰，其实内容与服图全不吻合也。又有劳学使乃宣极力痛驳，复交法部会议，尚书廷杰亦极反对，即派鄙人总司修改之事。鄙人调和其间，以为逐条改正，不惟势有不能，亦且时有不给，因另拟《章程》五条附于律后，藉为抵制弥缝之计，从此定局奏准，定于宣统六年宪政成立之时颁行。

不料辛亥骤逢国变，遂即颁行，并将《章程》五条删除，现已行之三年，咸称不便，群相訾议。当道亦有所闻，渐知不适于用，于是复有修正之举。上年有现任肃政使麦君秩严者屡来敝寓传述司法梁总长之意，称欲修复旧律，恳请鄙人妥拟凡例。鄙人本不预闻国事，特以事关民生安危，未忍坐视，因拟大纲十二条交付。首在崇名分、复礼教、惩贪赃、严奸盗，并规复旧律之十恶、秋审、比附、发遣、笞杖及确定新律之刑期游移等项，阅日所颁新令即有严惩官吏犯赃、严办强盗、酌改徒刑发遣、规复笞刑等条，是鄙人前所陈者，已实行多半。由是大加修改，添入侵犯大总统、干犯旁系尊亲、无夫和奸治罪等条，名曰《新修草案》。可见新律之不适实用，旧律之不可尽废，人有同心、不谋而合也。现经法制局将《新修草案》差人送来敝寓，求再详核。当即查阅一过，大端虽多纠正，而其中过轻之刑、疏漏之事及事实窒得、轻重参差、文义难解之处仍复不少，只以为时无多，仅将大有窒碍者略为签驳数十项，此外轻罪不妨暂为照行，容缓再议。

总之，刑法无论今古，不分中外，总以不背习惯、推行尽利为要。现处中外交通、潮流共趋轻刑之时，固不能据守旧日严法，致与各国大相歧异，然止当损过就中，与外国不甚触背，以求适本国之用。若舍己效人，未必外人受我范围，而本国先生障碍，是以保护人民之具，反使人民受其实祸，岂不谬哉！即以各国而论，欧西诸邦各自为法，无论刑期之轻重不同，即刑之制度或用斩，或用绞，或不用死刑，而俄多外遣法，法德均在本地惩役，虽同处一州，尚不尽同。而我国新律一概效颦他人，且矫枉过正，仅有较各国更轻者，数典忘祖，被人讪笞，无怪上年青岛德国赫教习亦有驳我律之书也。而吾国一味趋新之辈，方且与人争辩，有谓新律为宪政之预备、以为司法独立基础者，有谓宪政重视人民权利自由、新律为保护人民权利自由之良法者，又有谓收回各国治外法权非新律不能奏效者，种种抗议，牢不可破，几视新刑律为强国之利器。而今究竟何如，业已试行三年，司法独立之机关尚未稳固而已仆矣，人民权利被匪党抢掠者遍于各省，而干犯名义、攘利争权之风日甚一日，皆保护自由之效果也。至于治外法权，不但外人未肯收回，而干涉要求较前愈甚。由后思前，可为痛心，现在迷途知返，欲回狂澜于既倒，犹复回护前非，不知是何居心。

鄙人早已谢绝仕途，今蒙垂询，不觉感触旧愤，复发狂言，祈恕僭妄，幸甚！

乙卯三月交法制局转呈当道，外附签注细目一百条，后闻政府交议院公议，以多数反对未能通过，从此旧律永沉海底矣。

六　论新旧律名称宗旨之不同并申言旧律为中国治乱之枢机

旧律凡与己平辈者，无论胞兄、堂兄、从堂兄、再从堂兄，俱称尊长。凡长自己两辈或一辈，如伯叔祖及伯叔诸父，无论胞伯叔祖、堂叔伯，俱称尊属。尊属较尊长名分更重，此旧律之名称也。新律大不相同，新律惟父母、祖父母、曾祖父母以上俱称尊亲属，妇人于翁姑、祖翁姑亦称尊亲。其余旁支非直系之亲，无论胞叔伯、堂叔伯、胞伯祖、胞叔祖以下俱称亲属，不得称尊亲属。如犯杀伤诸罪，惟尊亲属加重一二等，其余凡称亲属者，无论期服、功服伯叔兄，俱无加重明文。只可于"凡人杀伤"本条，或重或轻中从其重者论之。再，直系尊亲属虽略为加重，而直系卑属中虽亲如子孙，并无减轻之法。以外国宗教不同之故，外国崇信天主教，以人之生命皆上帝所降生，虽父母亦无主持之权。我中华礼教之邦，凡民不率礼教者则设刑律以治其罪，故《虞书》曰："明于五刑，以弼五教，期于予治"云云，可见不能明刑以弼教，即乱之所由生也。

近年之国势不可谓不乱矣。论者或推源于帝制之专擅，或归咎于军阀之强横，或以为实业之不振，或以为艺学之不昌，或又以社会无组织、人民少训练，必抛弃武力统一而由地方自治，乃可拨乱而反正。纷纷论说，各有见地，而不知礼教刑法之紊乱，乃致乱之根本也。根本既拔，虽扶质立干，垂条披华，皆末务耳。学校废读六经而礼教驰也，礼教驰而上下不辨，亲疏不定，是非不明，嫌疑不别矣。法庭尽废旧律而伦常紊矣，伦常紊而小加大，少陵长，淫破义，卑逾尊矣。

盖礼教、刑法均以名分为重，名分判为两途：一义合，一天合。以义合者，君臣无论矣，其次则师生、官民、夫妇，下及婢妾雇主等项，亦皆有名分等级可指。师有儒师、僧道百工之师，儒师名分最重，僧道次之，百工又次之。官品分大小，而大小中又有正印、佐贰、本管、非本管之分。非本管者，品虽大而则情轻；属本管者，品虽小而情则重。民有部民、非部民之分。非部民者又有吏卒、兵勇、皂隶等名色。夫妻如天地位，虽对待究竟有尊卑之分。夫犯妻情轻，妻犯夫情重。妻之外又有妾有婢。妾犯夫较犯妻稍重，婢犯妾较犯妻稍轻。雇工与家长亦有尊卑名分。以上凡在名分之内，以卑犯尊均较凡人加重，以尊犯卑则较凡人减轻。此皆以义合者也。以天合者，祖父母、父母而下，本宗则定为五服，外戚又有母族、妻族之服，由亲以及疏，重本而轻外。而亲疏中又各有尊卑，尊卑中又分别轻重，下之犯上，以次由重而轻；上之犯下，以次由轻而重。即五服已尽，而凡属同宗者犯上，则较凡加重一等，犯下则较凡减轻一等。此皆以天合者也。

其中差等，条分缕析，若网在纲，一丝不乱。此皆本之易象、天地造化自然之阶级，如天下有山，山有高卑重叠；地上有川，川有分支别派。圣人效法天地以治世，故制为曲礼三千以教之，教之不从，又制为五刑三千以惩之。顺此道则治，反此道则乱，而新律一概置之，三千条约为三百余条，名为简括，实则精粹尽亡，徒为问官大开方便之门而已噫！

七　论旧律与新刑律草案、中律与外律可并行不悖

　　窃惟刑法之用，因地而异，因人而异，兼之因时而异。时未至而强变与时既至不变，其失均也。

　　何谓因地而异也？夫治蜀用严，治吴用宽，见于史册，彰彰可考。试以现今而论，《大清律例》通行二十行省，然以治外藩蒙古，则格格不入，而必另设《理藩院则例》者，地不同也。如《大清律》严惩奸匪以端礼俗，而《蒙古例》和奸不科罪，且因黄教盛行，生齿稀少，反有导之使奸之法，如各旗之麻哈拉庙是也。大清例用笞杖徒流，而蒙古例易以鞭责，折罚三九畜牲，且有对神发誓之律为中律所未经见，然此犹论边外也。即以内地言之，犹是强盗而京城加枭，犹是窃盗而直隶加枷、两广加带铁杆，犹是斗殴而沿江滨海加重拟军，犹是秋审斗杀而颖属、汝属加严，地有不同，刑即各异。孟子所谓"易地皆然者"，此也。

　　何谓因人而异也？《礼记》称"五方之民各有性也，不可转移"，《周礼》称"山林之民宅而方，川泽之民黑而津"，皆其明证。试仍以《大清律》论之，旗、蒙、回、汉、苗、猺、蛮、獞，种类不一，刑法各殊。民人用笞杖者，旗蒙以鞭代之；民人用徒流者，旗蒙以枷号折之。至于苗、猺、蛮、獞，轻则折枷，重则迁徙，均无实流实徒之法。非但此也，同一犯罪，民人用笞杖者，职官代以罚俸降级；民人用流徒者，职官发往军台新疆；民人死罪分实缓者，职官一概入实，而书吏革兵有加等之例，差役有不准留养之例，僧尼道冠有纳赎还俗之例，老幼妇女有收赎之例，宗室省折罚钱粮圈禁之例，种种刑法，因人而异，《中庸》所谓"以人治人者"，此也。

　　若夫因时之说更为修订刑法一大原因，尝览古今雄略之主，莫如汉、明二祖。汉高祖约法三章、节目阔疏者，继始皇虐庚之后也；明祖《大诰》一书法令森严者，承顺帝宽纵之余也。他如汉宣继文帝仁柔之后而刑用猛，宋祖承五代残酷之余而政尚宽，皆时为之也。即如我朝顺治初

年，为反侧未靖之时，利用明之严刑。康雍而后，为天下太平之时，随即政尚宽典，如叛逆缘坐之决斩改为阉割发遣，强盗之不分首从皆斩改为法无可贷、情有可原，其大端也。咸同以来，发逆起事，其时盗贼充斥，故复改宽为严，强盗仍用明律抢夺，窃盗持枪加枭，捉人发塚重案均照强盗决斩，一切重法相因而起。迄至庚子而后，其时和局已定，新政迭兴，故删除缘坐、凌迟、枭示各项酷刑，以迄于今，不但枷号、笞杖、刺字废除，即徒流军遣诸刑与旧律办法均不相同。更可异者，昔年闭关之时，违禁下海、传习天主诸教者均处死罪，现在出洋视为坦途，习教听其自便，非但不以为罪，并且视为固然。是知时之所趋，虽圣人不得不受其转移，时哉时哉，孔子所以再三兴叹也。明乎以上三端，乃可决定《大清律》与《新刑律草案》之从违。

夫《大清律》者，乃历代相传之法典，斟酌乎天理人情，以治中华礼教之民，犹外国之有习惯法、普通法也。《刑律草案》者，乃预备外国人收回治外法权、办理华洋交涉之案，犹外国之有特别法及成文法也。医家之用药也，寒热燥湿，因人而施。华洋交涉案件而绳以《大清律》，使强就我服制礼教之范围之中，是犹以参附治实热之证，必益其疾。若审理内地人民而骤用草案之法，强奸强盗不处死罪，弑父弑母等诸凡人，是犹以硝黄治虚寒之人，反速其毙。再者，《刑律草案》与宪法相为附丽者也，《大清律例》与经传相为附丽者也。宪法成立之后，官民知识均换新理，国家制度顿改旧规，逆计彼时经传且为陈迹，遑论旧律。故必以草案继之，非此则宪法不能完备。若尚在立宪甫萌之时，搢绅心胸犹有旧书余味，草茅传诵尚知儒术为高，则我《大清律》者仍在，当可谓时之列。即骤施以《刑律草案》之法，鲜不群相非笑矣。

当此新旧交讧之际，旧学以《刑律草案》为败俗、为灭伦，新学又以《大清律》为严酷、为迂腐，虽持理不为无理，而其拘于一偏则一也。苟用当其可，二书皆不可废。盖治内地可用《大清律》，而租界华洋杂处之地则宜《刑律草案》；治国人可用《大清律》，而对旅居中国之外人则宜《刑律草案》。且现时可遵用《大清律》，而数十年后宪法完备之时，则可参用《刑律草案》。然其用《刑律草案》也，立法之权归诸议院，须经上下议院公同认可，否则仍无效力，此其所以为宪法也。夫《易》卦之《噬嗑》、《丰》、《旅》均言刑法，而其中仍寓变动不居之妙，如《丰》之"折狱致刑"则曰："与时消息"；《旅》之"明慎用刑"则曰：

"时之义大。"经训昭然显示准绳，故曰：知乎此义，乃可决定旧律与新律草案、中律与外律并行不悖也。

  审时度势，虽变而不离宗，是有功世道之文，旧学新学一齐俯首。
前法部尚书、升任大学士戴文诚公鸿慈评

  萃荟古今法典，熟悉中外习俗。宿儒逊其开通，时髦无此根柢。煌煌大文可名世，亦可传世。
前吏部侍郎、修律大臣于公式枚评

  石翁为愚同司老友，榜下分刑部，三年未入署供职，在家埋头读律，手抄《大清律》全部，皆能成诵。旁搜律例根源数千卷，并远绍汉唐元明诸律，参考互证，必求融会贯通而后已。学成入署，即越级派充正主稿，从此名重一时，部中疑难案件及秋审实缓皆待君审定，虽职属候补主政而事权则驾实缺员郎之上。惟性情耿直，遇事抗言驳辩，虽长官前亦不稍阿附，尝作说帖，历指堂官定案用人之失。某堂官阅之不喜，诸事掣肘，沉滞郎署数年。然公道未泯，某正堂被裁后，即蒙继任保列京察一等记名道府，又保记名参议。时愚由大理院长派充考试法官总裁，君任襄校官，试题均有拟作。愚逐篇详加评注，又于阅卷之暇，彼此和诗一韵，叠至十余首，足征气味之相投。国变后，君闭门谢客，惟与愚时通款洽，当时愚任东陵马兰总兵，兼八旗都统，时人颇有责言。然愚行其心之所安，不为稍动，惟君知愚衷曲，适值贱辰，为愚作寿文，历述出仕苦心，至以柳惠比拟。嗟乎！愚与君异苔同岑，非君莫能知愚，亦非愚莫能知君也。君精于律学，近年变法，新学几欲尽铲旧律，君先之以苦口，继之以笔墨，几经争论，卒不可得，不但视为一己毕生之遗憾，亦即天下后世民生之隐忧。此篇乃委曲从权，欲以保存国粹。当时示愚，愚慨然曰：三纲沦，九法斁，乃天运使然，非人力所能补救。君所著述，名论不刊，将来有王者起，必可见诸实行。若当天未欲平治天下之时，只可藏之名山，以待后世之学者而已。

前法部大臣愚弟定成书后

第三部分

刘锦藻与《清朝续文献通考》

当此新旧交讧之际,各持所见,虽圣明在上亦觉无所适从,卒从政府及修律大臣编纂定议,俟宪政成立再行颁布。窃谓此事当时难定是非,必俟数十年后行之已久有无效力,方见何者所言为得、何者所言为失,故备录于册以观后效。

——刘锦藻《清朝续文献通考》卷248卷

概述与论说

刘锦藻(1862—1934)[①],字澄如,原名安江,室号橙墅、坚匏盦、坚匏别墅,浙江吴兴(今湖州市)南浔镇人。其父刘镛,经营湖丝出口生意,至清同治初年时已富甲一方,成为南浔一带的首富。刘锦藻自幼聪敏好学,十三岁中秀才有"神童"之称,光绪十四年(1888)中举人,光绪二十年(1894)进京赶考,与南通张謇同榜甲午科进士及第并一起参加殿试,张謇中了状元,俩人成为挚友。历任户部主事、郎中。后子承父业、弃官从商,经营淮盐,设扬州盐场,为淮盐的大盐商。他和张謇合

[①] 出生时间另有1854年和1863年说,去世时间另有1929年说。

作在通州设垦牧公司。在上海设大达轮船公司和码头，还经营房地产等。扬州设有经租账房，杭州、莫干山均有别墅。并广开当铺，在南浔投资浔震电灯公司，开设刘振茂绸缎局。他在南浔创建义仓，俗称积谷仓，贮备稻谷，救济贫民。光绪二十七年（1901），刘锦藻向清廷出资助赈陕西灾难，依例授候补四品京堂。在兴学方面，倡议浔溪书院，推荐汤寿潜来南浔主讲新课，出任浔溪书院山长（相当于院长），崇尚新学。光绪三十一年（1905）七月，为抵制英美商向清政府以铁路借款为诱饵，企图掠夺苏杭甬铁路与浙赣铁路之权，汤寿潜与刘锦藻召集浙江绅商在上海集议，拒绝英美借款，决定在浙江自造铁路，创办浙江铁路公司。举汤寿潜与刘锦藻为正、副总经理，庞莱臣、周庆云、蒋汝藻、张钧衡等当选为董事。以刘锦藻等为首的南浔财团，成了浙江铁路公司的支柱，积极参与保路运动。光绪三十三年（1907），为抵制外国银行侵占金融市场和开发地方经济，刘锦藻与汤寿潜倡议浙江铁路公司集资100万元，在杭州创办浙江兴业银行，为浙江第一家商业银行。刘锦藻还参与倡议在杭州举办高等工业学堂，设建筑和机械两科，培养工业技术人才。其著述有《清朝续文献通考》（400卷）、《南浔备志》3卷、《坚匏庵诗文钞》4卷、《杂著》2卷、《律赋》1卷、《楹联》1卷等。刘锦藻于1934年病逝上海寓所，终年73岁。

　　清乾隆十二年（1747），武英殿刊印《三通》，并设立"续文献通考馆"（后改名"三通馆"），命张廷玉等为总裁，齐召南等为纂修，陆续编成《续文献通考》250卷、《续通典》150卷、《续通志》640卷、《清朝通典》100卷、《清朝通志》126卷、《清朝文献通考》300卷。以上六部书皆仿效"三通"体例而成，分别称作"续三通"和"清三通"，与"前三通"合称"九通"。"续三通"上接"前三通"，叙事至明末，材料多取自宋、元、明史。"清三通"上接"续三通"，叙事止于乾隆五十年（1785）。刘锦藻又编成《清朝续文献通考》400卷（原称《皇朝续文献通考》），上接《清朝文献通考》，叙事止于清宣统三年（1911），分30门136类，记述清后期126年间各种典章制度的递嬗剧变，材料之丰富，价值之高，仅次于"前三通"。该书与"九通"合称"十通"，记载了从上古至清末的典章制度。1935—1937年，上海商务印书馆把清光绪中浙江书局刊本《九通》与《清朝续文献通考》合编成《十通》，影印出版，并附《十通索引》。

《清朝续文献通考》是刘锦藻撰成的一部典志体史学著作。清光绪中，刘锦藻以其丰富的藏书、雄厚的财力、过人的毅力，私人撰成《皇朝续文献通考》一书。刘锦藻编纂《清朝续文献通考》的工作，事实上分成了两段：先是在1908年前后完成《续皇朝文献通考》（截至到光绪三十年，320卷本），1910年由沈家本"具疏上呈"，赏内阁侍读学士衔。民国以后，"深念以乙巳至辛亥尚阙七年未能卒业，恝然难安，因更事补辑"①，其中新增八十卷，在体例上也增加了外交（分交际、界务、传教、条约诸类）、邮传（分总类、船政、路政、电政、邮政诸类）、实业（分总务、农务、工务、商务诸类）、宪政4考，比较完整地反映了清末政治、经济体制变革的情况，1921年秋天定稿400卷本，即今天我们看到的《清朝续文献通考》。《清朝续文献通考》的编撰，可谓是集大成之作，有着多方面的史料价值，特别是新增的"四考"更是本书内容上和体例上所具有的创造性的主要体现。《清朝续文献通考》的编纂过程以及其自身包含的多方面史料，值得进一步深入研究。

　　在很长的时间里，《清朝续文献通考》是清代中后期法律史研究的重要文献资料。就《大清新刑律》立法而言，有下列相关文献被收录：1907年新刑律草案（含沿革、理由和注意等立法说明），1907年修订法律大臣沈家本等刑律草案告成先后缮单上呈两折，1910年修订法律大臣沈家本等奏编定现行刑律草案告竣折，1910年法部和修订法律馆等奏修订刑律草案告成折以及宪政编查馆核定新刑律告竣请旨交议折，1908—1909年学部、两广、安徽、直隶、浙江、江苏、湖广、江西、山西、陕西、山东、东三省、都察院、河南等14份表达对新刑律草案总体看法的签注原奏，1910年刑律草案交资政院审议前在青岛德华大学任教的德人赫善心发表的《中国新刑律论》和法部郎中吉同钧《论大清律与新刑律并行不悖》说贴，1910年冬天资政院审议后御史胡思敬上《奏将新律持平覆议折》、大学堂总监督刘廷琛上《奏新律关系重要请申明宗旨以定国是而定纲常折》（是对草案起草者和宪政编查馆审核者提出的"弹劾"奏章）。这些文献，一定程度上反映了围绕《大清新刑律》立法所展开的"礼法之争"的激烈程度。在2005年笔者系统研究和使用宪政编查馆所

────────
① 刘锦藻撰：《清朝续文献通考》（四），浙江古籍出版社1988年版，书末"自叙"。

编《刑律草案签注》之前，这些文献和《清末筹备立宪档案史料》①、《大清法规大全》②一起，构成了研究大清新刑律和礼法之争的基本史料来源。

笔者还在政法大学攻读博士学位、研读《清朝续文献通考》第242—248卷相关文献之时，笔者就对刘锦藻在字里行间所发表的评论所吸引。这些评论，以"臣谨案"起头，类似今天的"编者按"，长不过千字，短则百余字，却往往偏僻入里，让人回味再三。有了这些"画龙点睛式"的评论，使阅者对文献史料又有了新的认识。有人相信"千年的史料会说话"，笔者则认为，史料本身并不会说话，使史料发挥作用的只能是史学家的学识水平，史学家的学识水平越高，越具有创造性，所揭示的历史意义就越深刻。让史料说话，让史料说出史学家自己想说的话，这考验着史学家的水平。在这方面，《清朝续文献通考》是成功的。

比如，对于法理派与礼教派的力量对比及斗争结果的描述就是这样。请看一段20世纪90年代的描述："这场修订法律的斗争，礼教派能够取得胜利，也是必然的事，因为当时的礼教派，包括了从最高统治者——皇帝、太后，到军机大臣、法部和礼部尚书、学部大臣、宪政编查馆大臣、资政院总裁、内阁学士、大学堂总监督、总督巡抚、将军都统；从亲王、郡王、公爵、侯爵、贝勒，到地方举人、绅士等，此辈操纵了国家的军政财文大权，有经济上最有力量的地主、买办阶级的支持。而法治派主要是修订法律馆成员，法律馆是一个无实权的法律起草机构，既无审查议决的权，又无颁布的权。力量对比极为悬殊，所以法治派的失败也是不可避免的。"③类似的说法在21世纪初年法史类教材和专著中仍然多有④。按照这样的思路，1911年沈家本辞去修订法律大臣的职务被理解为礼教派

---

① 故宫博物院明清档案部编：《清末筹备立宪档案史料》（上、下两册），中华书局1979年版。

② 《大清法规大全》，政学社印行，出版时间不明。

③ 潘念之主编：《中国近代法律思想史》（上册），上海社会科学出版社1992年版，第228页。

④ 如2002年复旦大学出版社出版的叶孝信主编的《中国法制史》第349页就提道："清末修律中的礼法之争表现了保守势力的强大，清政府的顽固，而法理派的妥协说明革新力量还比较弱小。"2001年山西人民出版社出版的《中国法律思想通史》（四）第139页讲："在礼法之争中，法理派从西方资产阶级革命时代的武器库中学来了进化论、天赋人权等思想武器……也如同法理派本身一样软弱无力，失败的结局是无法避免的。"

"弹劾"的结果,是法理派的重大失败的表现,而《钦定大清刑律》后附《暂行章程》五条,更是被视为礼教派的胜利,因而使得《大清新刑律》带有浓厚的落后色彩。

但令人不解的是,既然法理派如此势单力薄,既然清政府如此顽固守旧,那怎么清末一部又一部"具有资本主义性质的法典法规"纷纷出台。① 穷以修订法律大臣、刑部和法部侍郎、资政院副总裁,大理院正卿的身份,沈家本在清末并不算地位特别高的官员。他怎么就能够在封建王朝的专制舞台上演了一出撼动并"第一次打破了延续两千年的封建专制主义的法律体系",使"中国传统的封建法系解体","与大陆法系接轨,建立起'六法'的体系"的好戏?② 阅读《清朝续文献通考》的这些相关材料以及刘锦藻的"臣谨案",你才明白,历史的本来面目根本不是这样,不仅当时的礼教派没有一丝胜利的喜悦,就是清亡后十年,刘锦藻还为当年礼教派的处境愤愤不平。谈到1907年草案,"聘用日本博士冈田,举历代旧律、大清条例一概废除,全依日本法修订,名曰《新刑法》。不惟文义名词尽仿外洋,并举历代之服制、名分、礼教一扫而空,草案一出举国哗然";谈到修订法律馆和宪政编查馆的奏折中均认为当时是升平世故应惩治教育思想以减轻刑罚为宗旨,"呜呼!世道衰微,辩言乱政,而原奏准春秋三世之说,谓今已去剧乱而为升平,断不能仍用重刑云云,自欺乎!抑欺天乎!";对于《修正刑律草案》增加"附则五条",刘锦藻认为"朝廷鉴于公议难逃,复命法部会同修律大臣再加修订。时法部尚书廷杰力持正议,惟迫于权臣压力,并因修律大臣回护牵制,未能逐条修改,因另辑章程五条附于篇末,以为补救之计";对于御史胡思敬和京师大学堂监督刘廷琛的"弹劾"奏折,刘锦藻认为,"危言悚论,不垂涕泣而道之。胡御史二折留中未发,刘监督一折仍交该馆再加修正。该馆臣仍悍然不顾,原案并未改动一字,惟迫于清议,仅将旧律服制图数则载诸篇末以为欺饰之计,其实条文内容与服制并两不相涉也。从此定议,准于宣统六年宪法成立时实行。呜呼!胡、刘二折当时虽无效力,然其沥胆披肝,言人所不敢言、所不能言,其视后日之危亡变乱,直如燃犀烛照不爽

---

① 晚清修律的成果可参见张晋藩《中国法律的传统与近代转型》,法律出版社1997年版,第448—464页。

② 《中国法律的传统与近代转型》第439、448、449页。

毫发"。这哪里是礼教派的"嚣张"？只不过是礼教派的"哀鸣"而已。

正如美国人马士在 1918 年所指出的，1901 年《辛丑条约》签订后，"在惩罚之下，中国沦为这样卑微的一个被奴役的国家，以致帝国倘欲图存，根本改革的必要，已是不待明眼人而可见的事"①。晚清法律改革之初，体制内各阶层是有共识和底线的，那就是立足于"中体西用"的"大修大补"。但随着 1906 年预备立宪的确定，改革的步伐越来越快，各项制度建设越来越倾向于"重起炉灶"式的"全盘西化"，"宣统庚戌（1910）之四月为《现行刑律》颁行之期，一时任司法者喜脱旧日繁重之习而共乐法网之宽。越数月，更有缩短国会之诏，而《新刑法》又议提前颁布，于是研究法学之士复喜谈新律之简要，而以现行之律为不适用，群思有以废之"②。以修改《大清律例》为开端的刑法改革脱离了正常轨道，这是许多人褒 1910 年《大清现行刑律》而贬《大清新刑律》的"直观"原因。"就像近人早已觉察：清廷在最后 10 年的新政与立宪运动里，曾经努力想要尝试转化和应付争执恶局，其作为和结果已是相当深具'革命性'"③。这种"革命性"的变革造成了认同和归属感的缺失，如果不愿"随波逐流"，那就只有"迷茫、不满和愤懑"。应该说，这种情绪是普遍的，不唯胡思敬、刘廷琛、刘锦藻有，前面提及的劳乃宣和吉同钧的作品里，也都表现出了这种情绪，一种在论战中输得"不服气"和直指对方"居心叵测"的心理。这种心理，因为民初政局的动荡、军阀的混战以及社会秩序的失范，越发得到了确认。生活在民国时代已十年，名刺仍然是"赐进士出身、头品顶戴、前内阁侍读学士、臣刘锦藻"，借用现在的话说，一个"商人中最有文化、文人中最有钱"的"角色"，怎么就是不愿意好好地做"国民"，而乐于做"臣民"呢？个中滋味，颇堪玩味。

最后也许值得一提的是，正是同为湖州老乡的沈家本 1910 年专折向清廷推荐《清朝续文献通考》（320 卷）④，刘锦藻始获"内阁侍读学士"的头衔，想来两人生前的私交，应该不错。但在 1921 年 400 卷本之中，

---

① 马士：《中华帝国对外关系史》（第 3 卷），上海古籍出版社 2000 年版，第 474 页。
② 吉同钧：《律学馆第四集课艺》序，《乐素堂文集》卷五。
③ 林志宏：《民国乃敌国也：政治文化转型下的清遗民》，中华书局 2014 年版，第 333 页。
④ 宣统二年二月二十八日《京员恭纂书籍有裨掌故敬将原书进呈折》，载徐世虹主编《沈家本全集》（第二卷），中国政法大学出版社 2010 年版，第 496—497 页。

刘锦藻还是严厉批评了沈家本所主持的晚清修律事业,可谓"公义高于私交"。另外,《清朝续文献通考》(400卷)的编辑工作,得到了劳乃宣的大力支持,《韧叟自定年谱》最后一年最后一行字是"庚申七十八岁……是岁,修订《皇朝续文献通考》,过半未竟",受惠于《清朝续文献通考》,不要忘记了这位为之"拼命工作"的"韧叟"。

《清朝续文献通考》"臣谨案"选

一 卷二百四十二"刑考一·刑制"

赐进士出身头品顶戴前内阁侍读学士臣刘锦藻恭纂

刑考一 刑制

臣谨案[①]：制刑之道，有因地、因人、因时三义，而因时制宜，尤为刑法中一大关键。我朝未入关以前，刑制止斩决、鞭责两项。自世祖定鼎燕京，统一寰区，命儒臣详定刑法。一沿前明旧律，略加条例，历圣祖、世宗、高宗三朝，久道化成，几于刑措不用，雍雍乎三代之休风焉。故刑法迭次减轻，一革国初严重之例，如强盗分别斩、遣，反逆子孙改斩为遣之类。其间因革损益、折衷至当，前考已详举无遗，兹不复赘。自仁宗御极后，承平日久，法令纵驰，地大物众，孽牙其间，于是川、楚教匪突起，蔓延十余年，傲扰四五省。继以宣宗末年，夷氛方炽，粤匪肇乱。历文宗、穆宗二十年来，兵革不息，奸宄蜂起，不得不用严法以示惩创。故刑法复由轻入重，如强盗复改归皆斩，旧律严惩抢夺、发塚、捉人勒赎、买人口入洋等项之类。迨及德宗，内忧虽息，外患迭起，刑法愈趋严重，章程繁密较前加倍，然大经大法完全无缺，仍不失为金科玉律。

至光绪三十年后，朝命变法，一时新学当道，效外国三权鼎足、司法独立之制，特设法院编置法，内则三法司裁去都察院，改刑部为法部，改大理寺为大理院；外则改按察使为提法司。内外均设审判厅，分高等、地方、初级三等，各审判厅外又设检察厅，大理院外设总检察厅。所有诉讼，外则均归审判官审理，州县不得干预；内则归审判厅、大理院审理，法部不能干涉。此改革刑官之大概也。

其刑法则聘用日本博士冈田，举历代旧律、大清条例一概废除，全依日本法修订，名曰《新刑法》。不惟文义名词尽仿外洋，并举历代之服制、名分、礼教一扫而空，草案一出举国哗然，内则九卿科道、外则各省

---

① 即刘锦藻编者按语，下同。

督抚群相诟病，纷纷奏参。朝廷迫于公论，虑其窒碍难行，复饬法律大臣另修《现行律》，以备新旧过渡时代之用。此改革刑法之大概也。

查《现行律》删去律文数十条、例文数百条，从前之缘坐、凌迟、枭示、戮尸、枷号、刺字、鞭责、铁杆、石墩、笞杖诸法尽行删除，又改死罪为流徒者数十项，以致法轻易犯，利弊参半。然先王之遗制犹有存焉，若新刑律则三纲沦、九法灭，其弊不可胜言矣。谨依前考作刑制八卷，其余徒流详谳赎刑赦宥，以次编入。

……

二　卷二百四十五"刑考四·刑制"

……

    又修订法律大臣沈家本奏为刑律草案告成仰祈圣鉴事……
    又法部尚书廷杰等奏修正刑律草案告成缮具清单略云……
    又宪政编查馆大臣、和硕庆亲王奕劻等奏为核定新刑律告竣请旨交议……

臣谨案：以上三篇，惟法部廷杰一折抱定上谕，另立章程五条以维持旧律礼教，自属平允。至奕劻、沈家本二奏，信外国轻刑之典，绌中国汉唐以后法制，反远引唐虞三代之盛与四书六经之言，以为抵制文饰之计。试思三代之民皞皞今之民何如乎？三代之世使民无讼，刑措不用，今之世奚若乎？后世事事不及往古，独于刑法一节，反欲抗希唐虞三代，岂为通论？夫刑名与道德，至后世本已截然两事，乃援濂洛关闽学案以驳斥萧曹刑法，尤为强词夺理，迹其种种谬说，直是为虎作伥，非但数典忘祖而已。至于比引条律之法，本诸经义，周书《吕刑》曰"上下比罪"，《礼记·王制》曰"必察大小之狱，比以成之"，经训昭然若揭。乃谓创自汉书高帝诏狱，汉以前曾无明证，该大臣既称根本经训，乃并此显然易见之语而懵然罔知。即此一端，其荒经蔑古已可想见，而犹谓根本经训，其谁欺乎？

呜呼！世道衰微，辩言乱政，而原奏准春秋三世之说，谓今已去剧乱而为升平，断不能仍用重刑云云，自欺乎！抑欺天乎！故备三奏于新刑律简端，以俟后之知言君子鉴焉。

刑律草案　　第一编　总则……①

臣谨案：总②则即旧律名例之变名，其中可议处甚多，业经内外臣工暨资政院议员各抒所见，极力驳辩，兹不复赘。惟第十章酌量减轻一项，流弊更多，诸奏尚未见及。查旧律，凡死罪须由督抚专折具奏，奉旨交三法司分议覆奏，方准定案。至秋审时，又须由督抚奏请交刑部详核，刑部核定实缓，又奏请钦派大学士、九卿公同详审覆奏。至行刑时，又须经御史三次覆奏，方始处决。可见人命关系至重，虽皇上亦不能专主。现立酌量减轻一条，审判官即可操生杀之权由死罪减为徒罪，此端一开，太阿倒持，其弊可胜言哉。

三　卷二百四十六"刑考五·刑制"

光绪三十三年修订法律大臣沈家本等奏进呈刑律分则草案折……③

臣谨案：此编全系剽窃日本成法，并未将中国民情、风俗、法令源流通筹熟计，酌量变通。诚如湖督张之洞所奏，袭西俗财产之制，坏中国名教之防，启男女平等之争，悖圣贤修齐之教，纲沦法敝，隐患实深者是也。详加披阅，其中不合之处大端有三：一曰名分颠倒；二曰服制紊乱；三曰礼教陵夷。其中窒碍各情，业经内外臣工详细驳斥，兹不复赘，朝廷鉴于公议难逃，复命法部会同修律大臣再加修订。时法部尚书廷杰力持正议，惟迫于权臣压力，并因修律大臣回护牵制，未能逐条修改，因另辑章程五条附于篇末，以为补救之计。兹将修改原案语择要节录于后，以备参考，其中是非，识者当能辨之。

四　卷二百四十七"刑考六·刑制"
……

又学部覆奏新刑律草案有方礼教略称

---

① 此处省略者为1907年上奏的刑律草案总则全文。
② 原文为"分"。
③ 此处省略者为1907年奏折和所附的刑律草案分则全文。

臣谨案：此折虽稍有拘泥处，然词严义正，大纲懔然，与前张之洞一折同为千古不磨之文。当时宪政编查馆、法律馆诸臣虽阴相抵拒，置若罔闻，而仍不敢显肆驳斥，可见正道自在人心。天不变道亦不变，未可以一时道之不行，而疑斯文之不当也。

  德儒赫善心氏中国新刑律论……
  又两广总督张人骏覆奏新刑律草案法略称……
  又安徽巡抚冯煦覆奏新刑律草案法略称……
  署直隶总督杨士骧覆奏刑律总分则草案略称……

五　卷二百四十八"刑考七·刑制"

  ……
  宣统元年谕……
  又御史胡思敬奏将新律持平覆议略称……
  臣更有请者……
  又大学堂总监督刘廷琛奏新律关系重要请申明宗旨以定国是而定纲常……

臣谨案：新律草案经内外大僚逐层驳斥，奉旨交修律大臣修改。该馆大臣固执己见，回护前非，不惟置众折于不顾，并视上谕如弁髦。虽经法部另订章程五条以为补救之计，然其中背驰礼教处仍所不免，是以复有此三奏。危言悚论，不垂涕泣而道之。胡御史二折留中未发，刘监督一折仍交该馆再加修正。该馆臣仍悍然不顾，原案并未改动一字，惟迫于清议，仅将旧律服制图数则载诸篇末以为欺饰之计，其实条文内容与服制并两不相涉也。从此定议，准于宣统六年宪法成立时实行。呜呼！胡、刘二折当时虽无效力，然其沥胆披肝，言人所不敢言、所不能言，其视后日之危亡变乱，直如燃犀烛照不爽毫发。卓识至论，洵一代有数文章也。

  法部郎中吉同钧论大清律与新刑律并行不悖说贴呈堂代奏据称……

臣谨案：新刑律草案出后，一时众论哗然，内外交攻而新旧驳辨各持意见。笔墨之争，几欲戈矛相向。此篇平情断论，苦心调停，议论确有见地，初非骑墙之说可比，故录诸篇后以示折中之意。

又浙江巡抚增韫奏参考刑律草案略称……
又江苏巡抚陈启泰奏新订刑律草案约有三失……
又湖广总督陈夔龙奏新订刑律草案……
又江西巡抚冯汝骙奏参考刑律草案……
又山西巡抚宝棻奏参考刑律草案照章签注……
又陕西巡抚恩寿奏参考刑律草案分条签注略称……
又山东巡抚袁树勋奏刑律实行宜分期筹备略称……
又东三省总督徐世昌、署吉林巡抚陈昭常、署黑龙江巡抚周树模奏参考刑律草案签注各条略称……

臣谨案：以上十二篇，除山东及东三省外，其余十余省所奏，虽详略不同，要皆以维持礼教纲纪、保存国粹为惟一宗旨，不愿舍己从人，致失中华数千年习惯之法自取败亡。惟东抚袁树勋、奉督徐世昌等极力赞成新律，以为非此不能使外人收回领事裁判权。当此新旧交讧之际，各持所见，虽圣明在上亦觉无所适从，卒从政府及修律大臣编纂定议，俟宪政成立再行颁布。窃谓此事当时难定是非，必俟数十年后行之已久有无效力，方见何者所言为得、何者所言为失，故备录于册以观后效。

又修订法律大臣、法部右侍郎臣沈家本等奏编定《现行刑律》告竣据称……

臣谨案：以上三篇，系因新律尚难实行，旧律多不适用，另修订此编以备新旧过渡时代之用，名曰现行律。举旧例之不合时用及繁重之处，删繁就简、减重从轻，一本唐律之平恕，参用外国之新法。共删除律文二十余条，例文四百余条，酌古今而得中、合中外为一炉，洵善本也。然其中有可议者亦有数项，查旧律缘坐之法所以惩乱臣贼子，用意深远，自汉迄明相沿不废，现律删除此法遂致匪党肆行无忌，不惜牺牲一身以乱天下，致有安徽、湖南、广东杀官焚署之事。使不废缘坐之法，该匪顾惜亲属或畏忌而中止，或亲属恐被株连先事告发，亦可遏乱未萌，何至酿成巨患，势如燎原，此其一也；又卑高以陈而贵贱斯位，乃天地不易之理，故《易》曰"君子以辨上下定民志"，旧律设良贱相犯之条，凡婢妾奴雇干犯家长及家长殴婢妾奴雇，均有加重减轻之条，《现行律》一概删除，不分贵贱尊卑均同凡论。故近年夺嫡欺主之案，层见迭出，渐至目无君长、犯上作乱，皆由律无治罪之条所致。此又其一也；若夫民生于三事之如一，《礼》云"师道立则善人多"，故旧律有干犯业师照干犯胞伯治罪之条，国朝尊崇儒道，律外又设专例，凡儒师弟子相犯比照期亲定罪。僧道百工师徒相犯，比照大功定罪。重师尊儒越唐明而上之，《现行律》废除此例，凡僧道徒相犯尚有加重减轻之法，而儒师弟子反从凡论。流弊所及，既不尊师渐至不尊君亲，此又破坏世道人心之一节也。至于笞杖之刑所以惩警梗顽，虽唐虞盛世不废鞭扑，历代刑制不一，要皆以杖为常刑。现刑律废除笞杖，尽改罚金，凡雄于资财之徒可以任意凌虐贫穷，助凶恶而长刁风，其流弊实非浅鲜。以上数端，皆《现行律》可议之处，虽较之《新刑律》尚为利多害少，然刑罚关系世道之盛衰、人心之治乱，《现行律》大端平允而小有瑕疵，犹生种种弊端。况新律尽废纲常礼教，将来实行，更不知伊于胡底矣！此中华数千年未有之奇变，非止一代一朝之因革损益而已也。

……

　　又都察院奏刑律草案未尽完善请下法律大臣覆加核订以防流弊……

　　又河南巡抚吴重憙奏签注刑律总分则草案略称……

第四部分

立法参与人日记和回忆录

平心而论，日本所得西洋之科学，以之转授于中国，实绰有余裕。中国人不能直接得之于西洋，乃转乞之于邻国，自可舍短取长，不必求全责备。

——章宗祥《东京之三年》

概述与论说

按照1907年确定的晚清修律办法，法典草案由修订法律馆起草，上呈后发交中央各部院、地方各督抚签注意见，宪政编查馆核议完毕后，饬交资政院审议通过，由皇帝钦定颁布。但在晚清编纂的诸多法典中，能够完整走完这一流程的，唯有《大清新刑律》，流程完整、参与部门和人物众多，也是引起最大争议的原因之一。一个明显的例子是，在1907年新刑律草案规定罪刑法定原则引起轩然大波之前，民政部已经通过单行法①在警察处置治安案件时确立了这一原则，但由于该单行法立法程序简单，所以该条在当时没有引起任何反响。

---

① 1907年9月25日由民政部起草，经宪政编查馆核定，1908年5月9日颁行的《大清违警律》第二条，"凡本律所未载者，不可比附援引"。

在当时众多参与《大清新刑律》立法的人士中间，留下了不少日记和回忆性文章，为我们深化新刑律研究提供了人证资料，有着重要的价值。现在所能看到的、比较重要的，有《汪荣宝日记》、《许宝蘅日记》、董康和章宗祥的回忆性文章等数种。

汪荣宝（1878—1933），字衮父，号太玄，江苏吴县（今苏州）人。出身读书世家，其父汪凤瀛兄弟四人，皆以才学之士步入仕途，在晚清政界有"一家四知府"之时誉。作为家中长子，汪荣宝自幼颖慧，9岁即读遍四书五经。15岁入县学，后以优等保送江阴南菁书院。1897年举拔贡生，第二年应朝考，以七品小京官身份进入兵部任职。1900年入南洋公学堂。后赴日本留学，入早稻田大学和庆应义塾，主攻历史兼及政法。其间，汪荣宝曾与曹汝霖、陆宗舆、章宗祥一起，积极参与爱国活动，在留学生中号称"四大金刚"。日俄战争时，更曾加入革命党人在东京组织的国民义勇军。回国后，仍在兵部任职。受聘兼任京师译学馆（北京大学前身）教员，讲授近代史，并撰写"清史讲义"。此时清政府推行新政改革，各部争相罗致留学生，汪荣宝由兵部改授巡警部主事。1906年，清政府改革官职，巡警部改民政部，汪荣宝升补参事。后因随民政部尚书徐世昌前往东三省考察有功，升任民政部右参议并迁左参议、左丞，并兼职于修订法律馆和宪政编查馆，1910年为钦选资政院议员。他负责审查新刑律案，全力支持用资产阶级立法原理编纂新律。1911年4月，奉派为协纂宪法大臣。民国后先后担任驻比利时公使和驻瑞士公使，并在1922年6月后长时间担任驻日本公使，长期从事外交工作。1933年6月病逝，年55岁。著有《清史讲义》、《法言义疏》、《法言疏证》、《思玄堂诗集》、《新尔雅》等。

《汪荣宝日记》由汪荣宝亲笔手书，原稿存于北京大学图书馆，记载了从宣统元年正月初一到宣统三年十二月三十日的个人活动，其中包括参与各种法律制定和审议的过程，以及个人在参与过程中与其他人的交流过程，甚至包括各种密谋和内幕。由于日记开始于1909年，我们虽看不到本人参加新刑律草案制定的情况，但修订法律馆作《修正刑律草案》、宪政编查馆审核和资政院审议的经过，还是在日记中多有记录。如1909年11月30日记载"到修订法律馆，绶经属分任《刑律草案》修正事，余担任分则第一章至第二十章"①，在后面一个半月的时间里，日记不时出现草拟修正案语的进展情况，直到1910年1月11日日记记载"天微雪。早起，冷水浴（始加盐）。到修订法律馆，将刑律草案按语交绶金"②，1910年2月1日记载"午刻到修订法律馆，得睹《刑律草案》会奏稿，法部允于明日具奏，惟于草案内加附则五条，大旨谓关于伦纪各条，悉依旧律办理"③。寥寥数语，不仅交代了当时的天气，还说明留学日本回国后的汪荣宝还保持着日本时的冷水浴习惯，以及为修正刑律草案所做的工作，尤其是后者，是在官方文件里所无法看到的，对于我们研究《修正刑律草案》很有价值。1910年2月2日法部和修正法律馆会奏《修正刑律案》并交宪政编查馆核议，两个月后，汪荣宝的日记里出现在宪政编查馆校核修正草案的信息，4月22日"到宪政馆，校阅修订法律大臣奏《新刑律草案》印本。饭后到部办事，三时半散归"④，5月2日"到宪政编查馆，与许叔伊商榷共任修正《新刑律案》文句"⑤，9月12日到10月8日日记密集出现了修改、覆改刑律案的具体内容和修改意见，这对于研究从1910年初的《修正案》到宪政编查馆的核定案的变化，提供了有价值的材料。对于礼法之争，1910年7月29日、8月6日、8月10日、9月27日分别记载，"十时顷到部办事。午刻衙散，邸约逵臣及余到福全馆饭。饭罢，天雨，余往宪政馆，劳玉初出示所撰《新刑律驳论》，均关涉礼教者，措辞甚厉"，"饭后三时顷到宪政编查馆，向老提出说贴三件，痛陈空谈礼教之祸，与玉老为极端之反对，议论精警可喜"，"二时顷到宪政编查馆，世相、吴侍郎在座，论新订《刑律草案》，劳玉初竭力反对，舌战良久，不得要领而散"，"宪政馆同人对于《刑律草案》，分新旧两派，各持一说，争议不已"⑥，这些记载，印证了1909—1910年新刑律草案在修正阶段和宪政编查馆核议阶段的激烈争执，以致汪荣宝"连日为馆事焦头烂额，寝食不安，将冷水浴及写日记两事一概停止，本日乃

---

① 韩策、崔学森整理《汪荣宝日记》，中华书局2014年版，第82页。绶经即董康。
② 同上书，第96页。
③ 同上书，第103页。
④ 同上书，第139页。
⑤ 同上书，第142页。
⑥ 同上书，第175、177、178、197页。

始。事毕，心神为之一快。写十九日至本日日记"①。由于分歧过大，法理派中有人担心在资政院不能顺利通过，开始提议不经议院审议而强行交朝廷钦定，对此汪荣宝予以反对，1910年7月22日"往宪政馆，吴侍郎、世相先后到，论撰拟《文官考试章程》、《任用章程》、《官俸章程》事。又论本年颁布《新刑律》，余谓当由馆奏交资政院协赞，刘仲鲁、达穉甫等竭力反对，伯屏援《院章》抗论《刑律》系属新定法典，应行交议，争论久之，不得要领"②，9月27日"主张新说者均欲赶紧定稿出奏，不交资政院议决。余虽赞成新案，而以资政院有议决之权，若不交议，即为违法。今当第一次开院，即开政府规避院议之端，殊于立宪精神不合，持论颇与仲和诸君异同。晳子、伯平述仲和意，以资政院议员中有法律知识者尚鲜，交议恐致破坏，劝余深思熟虑。余坚持初议，与二君反覆辩论，二君亦无以难，允再设法运动交议之事。六时顷散"③。这就透露了一个历史信息，一些最早掌握了西方近代法学精神和原则的新派人士，到了关键时候，也是"为了目的，不择手段"的，完全忘记了西方近代程序正义的法律内核。到了1910年，法理派人士的人数在修正法律馆、宪政编查馆、资政院法典股都占据压倒性优势，而且还有强行闯关的准备，志在必得。这种状况的发生，确实与1909年10月张之洞的逝世有很大关系，据1909年12月9日《汪荣宝日记》记录，在宪政编查馆"吴向之方核改《现行刑律草案》，因痛陈旧律之万不可用，谓若欲以此保存礼教，则唐宋元明何以亡国。余戏言，公论诚新奇可喜，若使文襄有知，必将与公为难。刘仲老因言，八月以前，似不闻公有此论。向之甚窘"④。1908—1909年，为了扭转1907年刑律草案的不利局面，礼教派曾经采取了很多措施，比如争取让法部参与修订草案，甚至学部、礼部也可以染指，1909年新皇帝登基后马上发布的《凡旧律义关伦常诸条不可率

---

① 韩策、崔学森整理：《汪荣宝日记》，中华书局2014年版，第103—104页。
② 韩策、崔学森整理：《汪荣宝日记》，中华书局2014年版，第174页。吴侍郎即吴郁生、世相即世续，刘仲鲁即刘若曾、达穉甫即达寿（时认宪政馆提调）、伯屏即金邦平（早稻田大学毕业，时任资政院秘书长）。
③ 韩策、崔学森整理：《汪荣宝日记》，中华书局2014年版，第192页。仲和即章宗祥、晳子即杨度、伯平即胡礽泰（时任民政部郎中、宪政编查馆编制局副科员）。
④ 吴向之即吴廷燮，时任宪政编查馆编制局局长；文襄即张之洞，于1909年10月4日去世；刘仲老即刘若曾，时任大理院少卿、宪政编查馆提调。

行变革》上谕也表明礼教派的形势正在好转。其中的部分原因，就在于张之洞在政界的权威和在学界的威望，使得很多主张新学人士有所忌惮，但文襄一死，蛰伏于法律馆、宪政馆和资政院法典股的法理派人士，马上展开了反攻并取得了决定性胜利。

许宝蘅（1875—1961），字季湘、公诚，号巢云、觉庵、夬庐，晚号耋斋，别署咏簃仙馆、寿闇堂，浙江仁和（今杭州）人。仁和许氏为浙江世家，自清乾隆后科第蝉联，颇得盛誉①。1902年由附生应庚子辛丑恩正并科本省乡试，中第七十八名举人，时年二十八岁。次年以举人报捐内阁中书，1906年到内阁后，历任学部学制调查局行走、署巡警部外城巡警总厅六品警官、学部主事。1907年考取军机章京，1909年调充宪政编查馆科员，兼大清银行差事。1911年派充内阁承宣厅行走，在总务厅办事。1912年后，历任大总统府秘书、国务院秘书、铨叙局局长、临时稽勋局局长、内务部次长、国务院参议、国务院法制局局长。1927年兼任故宫博物院图书馆副馆长，主编《掌故丛编》。1932年5月赴长春，侍从溥仪，任"执政府"秘书，后又改任掌礼处大礼官兼秘书官。1934年伪满改为帝制，任宫内府总务处处长。1945年8月日本投降前，回北京就养于长子许容儒。中华人民共和国成立后，1956年10月被聘为中央文史研究馆馆员。许宝蘅博通文史，熟知文献掌故，勤于著述，著有《西汉侯国考》、《东汉郡守考》、《说文形系》、《清代篆人考》、《巢云簃日记》等。

许宝蘅自幼就保持写日记的习惯，坚持数十年而不缀。现存的日记，最早起于1892年，其中1906—1932年涉及晚清民国部分非常完整。由于日记主人一直在中枢机构任职，接近权力中心，对晚清新政和民国初年的政争多有参与或了解，其间多有涉及法律改革的记载和评论，史料价值较高。如1908年学部签注打响了批判新刑律草案的第一枪，当时的影响就很大，关于这个奏折的出台背景和过程，董康在《中国修订法律之经过》谈大清新刑律草案"内乱罪无纯一死刑"中有所涉及，"时张文襄兼任学部大臣，其签注奏稿，语涉弹劾，且指为勾结革党。副大臣宗室宝熙，例须连署，阅之大惊，谓文襄曰：'公与沈某有仇隙耶？此折朝上，沈某暨馆员夕诏狱矣！'文襄曰：'绝无此意，沈某学问道德，素所钦佩，且属

---

① 许宝蘅著、许恪儒整理：《许宝蘅日记》，中华书局2014年版，前言第1页。

葭莩戚也.'宝曰:'然则此稿宜论立法之当否,不宜对于起草者加以指摘.'遂由宝改定入奏,则此点获安全过去者,宝之力也"①,由于没有别的人物和材料再涉及此事,董康的这一说法就成为法律史研究中的"标准说法",但这是孤证,且是回忆性质的文章中出现的文字,其可靠性需要得到验证。恰好许宝蘅光绪三十四年戊申五月初七日（1908年6月5日）的日记中对此有所记载,"今日学部奏驳修律大臣所定修律草案一折。此事初发难于陈仁先,于南皮枢相前极论之,南皮遂嘱属稿。大旨谓新律于中国礼教大相反背,于君臣、父子、夫妇、男女、长幼之礼皆行减弃,且改律之意注重收回治外法权,而收回与否视乎国之实力,非改律足以箝其口,拟请另派大臣会同修律大臣将旧律之繁而不切者删改,即将新律之增出者并入,南皮颇以为然。严范孙、宝瑞臣两侍郎向来依附新学,崇拜日本,以此草案出于日本游学生之手,不愿加驳。而此稿所驳诸条又关乎君臣父子大伦,又不敢以为非,初有不愿会衔之意。廿六日会议于学部公所,南皮席间言,诸君若不列衔,我当单衔具奏,严、宝不敢立异,蒙古相国亦与南皮同意。于是严、宝乃输情于项城,欲为阻挠,后经蒙古将原稿略为修改,严、宝遂勉强附名。今日奏上,两宫览后发下,庆邸遂命拟交旨片,仍着修律大臣再详细修改,后南皮请令会同法部"②。这段记载,不仅证实了董康的回忆,而且对过程的描述更为详尽,涉及的人数更为扩大,一句"诸君若不列衔,我当单衔具奏",就将张之洞的威严描写得淋漓尽致。由于许宝蘅身处中枢,且日记是在学部奏折上奏当天所写,可信度是毋庸置疑的。又如1909年2月17日的《凡旧律义关伦常诸条不可率行变革谕》,是新王朝登基后针对新刑律立法所颁的第一个指示,这个上谕到底在多大程度上反映了朝廷的真实意思表示,是一个很重要,也很有趣的话题,在这方面,《载沣日记》完全是个流水账,利用价值不大,而许宝蘅在日记中则谈到了1909年初开始安排给摄政王"进讲"问题,从进讲时间、任务和题目,看摄政王关注、吸收了哪些法律思想和观点,对于分析朝廷在后期新刑律问题上的表态和作为的思想根源,很有启发和价值。另外,日记的记载反映,对于宪政编查馆在晚清修

---

① 何勤华、魏琼编:《董康法学文集》,中国政法大学出版社2005年版,第463页。
② 陈仁先即陈曾寿（1878—1949,时任学部郎中）,南皮即张之洞,严范孙即严修（1860—1929,时任学部侍郎）,宝瑞臣即宝熙（1871—1942,时任学部侍郎）,蒙古相国即荣庆（时任学部尚书）,项城即袁世凯,庆邸即庆亲王奕劻。

律中决定性地位,当时已经有人表达了不满,在资政院会议前夕的政府特派员会议上,刘朴生即表示,"凡有法典事件何以皆交宪政馆核,宪政馆所定章程法律,未必皆不可违背,如神圣不可侵犯,何国有此制度?①"如汪荣宝等许多宪政编查馆馆员,同时又兼职修订法律馆,甚至资政院。这样一部法律里的某些条款,拟稿者、审核者、审议者,完全有可能是一个人,立法质量堪忧。

董康(1867—1947),原名寿金(亦作"绶金"),字授经(亦作"绶经"),号涌芬室主人,江苏武进(今常州)人。1889年考中举人,1898年高中进士,入刑部工作,历任刑部主事、郎中、提牢厅主事,总办秋审兼陕西司主稿。1902年修订法律馆成立后,先后任修订法律馆校理、编修、总纂、提调等职,为修律大臣沈家本的得力助手,后任宪政编查馆编制局科员。自1905年起,曾多次东渡,调查日本司法改革及监狱制度、裁判所制度等,聘请日本法律家来华讲学、帮助清政府修律等。1906年9月大理院成立后,曾充大理院推丞,1908年清政府颁布的、中国历史上第一部宪法性文件——《钦定宪法大纲》,正是董康代笔之作。1911年辛亥革命爆发,董康再次东渡日本留学,专攻法律。1914年董康出任北京大理院院长,1918出任民国政府修订法律馆总裁,1921年出任司法总长。南京国民政府时期充任上海法科大学校长、东吴大学法学院教授,并开设律师事务所,同时对清代法制史进行研究,完成了《中国法制史讲演录》、《秋审制度》、《前清法制概要》等著作。七七事变以后,董康出任伪"华北临时政府"的"司法委员会委员长"、"最高法院院长"。抗战胜利后被捕,1947年病逝于北京狱中。董康是我国近代著名的政治家、法政学家和藏书家、刻书家。著有《曲海总目提要》、《书舶庸谭》、《诵芬室丛书》等著述。

1906年董康以刑部候补员外郎的身份,受命赴日本考察裁判监狱制度,先后访问了当时日本著名的法学家小河滋次郎、松冈正义、青浦子爵、斋藤十一郎博士等,并对刑事案件中有关起诉、逮捕、审讯、监狱、死刑执行等内容进行了专门考察。回国后撰写了《调查日本裁判监狱报告书》、《监狱访问录》等重要资料,对日本司法审判和监狱管理制度作了十分详尽的介绍,同时对中国建立审判和监狱制度作了深刻的理论分

---

① 许宝蘅著、许恪儒整理:《许宝蘅日记》,中华书局2014年版,第311页。

析，为近代中国司法审判和监狱制度改革奠定了知识基础。在清末修律中，董康在起草《大清刑律草案》时就极力主张废除封建的严刑峻法，同时对如何确立近代刑罚体系进行了艰苦的论证及推动工作。他在参与修律工作时，首先将废除凌迟、刺字、连坐等写进《改革刑制奏稿》。在"礼法之争"中，作为法理派的代表人物之一，董康坚定地站在沈家本一边，主张刑法与礼教分离，成为沈家本推行西化法制最得力之人，也是排斥礼教最激烈之人。

在董康的法学著述中，涉及晚清刑法改革的有《前清法制概要》、《中国修订法律之经过》、《新旧刑律比较概论》、《刑法宜注重礼教之刍议》等。《前清法制概要》是在1923年东吴大学法律学院毕业典礼上的演讲词，包括沿革大略、民法采用习惯、刑制、修订法律馆、未来之预测五部分，当年刊登于（东吴大学）《法学季刊》第2卷第2期；《中国修订法律之经过》是在日本东京帝国大学所做的的演讲；《新旧刑律比较概论》是在上海法科大学授课的讲义，刊载于1927年《法学季刊》第3卷第5期；《刑法宜注重礼教之刍议》暂未查到原始出处，现载于《董康文集》第626—637页。

章宗祥（1879—1962），字仲和，浙江吴兴（今湖州）人。1898年作为南洋公学（上海交大的前身）的第一批公费生留学日本，与杨绛的父亲杨荫杭同行，就读东京帝国大学法学科。1903年（光绪二十九年）毕业回国，在北京京师大学堂任教，清廷赐进士出身。先后在清政府任修订法律馆纂修官、工商部候补主事、民政部财例局提调、宪政编查馆编制局副局长、内阁法制院副使等职。1909年（宣统元年）任北京内城巡警厅丞，曾参与审理谋刺摄政王载沣未遂案。1911年武昌起义爆发后随唐绍仪到上海，参加南北和谈。1912年后任袁世凯总统府秘书、法制局局长、大理院院长等职。1914年任司法总长，教育、农商总长。1916年6月任驻日本公使从事外交工作，在1919年五四运动"火烧赵家楼"事件中被打成重伤，后北京政府下令将其免职。1920年后任中日合办的中华汇业银行总经理、北京通京银行总经理。1928年后长居青岛。抗日战争期间，曾任伪华北政务委员会咨询委员、电力公司董事长。1945年日本投降后，他迁居上海，中华人民共和国成立后入上海文史馆工作，撰写了不少回忆录，《新刑律颁布之经过》即写作于这一时期。1962年10月1日在上海病逝，享年83岁。

章宗祥早年留学日本东京帝国大学，对日本情有独钟，主张中国只要向日本学习就足够了，没必要远渡重洋去美国、欧洲取经。光绪三十一年（1905年）由章宗祥和董康联合纂拟的《刑律草案》①，在时间上早于由冈田朝太郎主持完成的新刑律草案第一案，应属于中国近代法史上第一部由国人自己主持起草的刑法草案。此草案开始采用了现代刑法的体例，模仿日本，率先引入了罪刑法定主义，以及惩治教育的立法宗旨，堪称中国近代刑法典的开篇之作。该草案没来得及正式上呈，就被冈田氏刑律草案所代替。但章宗祥1962年回忆了当初编纂草案时的难忘经历："（法律）馆为銮舆卫旧址，房屋已陈腐失修，雨日地面出水，潮气逼人，两人对坐，余口译，董笔述。"

1911年，胡思敬在他那篇有名的"弹劾"奏章里，点了五个人的名字，其中就有汪荣宝和董康。其实章宗祥在修律中的作用，也完全不在他们两个之下，甚至于正是影响本属旧派人士的董康走上了新学之路的人。"清末新旧思想嬗换最明显之事，为改订新刑律问题。自起草至提议，几经讨论，易稿数次，费时近十年，余始终参与其事"，"旧派诸人在刑部执务已数十年，于应用大清律例，可称巨擘，而思想陈旧，对于新律原理大都茫然"，"余自留学归国，即在仕学进士两馆专授刑法，故对于新律问题，尤有趣味，无日不望学理见诸实际。旧派中有新思想者，惟董绶经一人。董自开馆后，热心进行，与余讨论研究最切，除会议日外，董与余每日辄在馆编译草案，虽盛夏不事休息"②。现在一般认为沈家本是晚清刑法改革的领军人物，但实际上，他只是中国旧律的"主任医生"，真正看病的"主治医生"和"医生助理"，是冈田朝太郎和汪荣宝、章宗祥等一班日本留学生们。他们长于刑法理论却短于司法经验，但都"雄心勃勃"，"大刀阔斧"之下，中国旧律就"一命呜呼"了。

中国旧刑律，若从唐律算起，已逾千年高龄，又恰遇加速发展的近代社会，身体状况确实难以应付，险情频出。1902年启动修律，就是"治病"，改善体质。沈家本熟悉"病情"且"中医"功底深厚，伍廷芳掌握

---

① 该草案以稿本形式存于中国社会科学院法学研究所图书馆，仅有总则，未发现分则，上有沈家本和吉同钧的签注。2010年前后孙家红撰文予以系统介绍与研究，具体内容可参见黄源盛纂辑《晚清民国刑法史料辑注》（1905—2010）以及本书附录2013年会议论文集。

② 章宗祥：《新刑律颁布之经过》，载《文史资料存稿选编》（第1册），中央文史出版社2006年版。

西方先进"医疗技术","中西医"结合,这样的修律大臣配备和治疗思路,显然是慎重和正确的。1910 年颁布的《大清现行刑律》就是贯彻这一治疗方案的一个较好的例子,而 1911 年颁布的《大清新刑律》则偏离了这一指导思想。

这里涉及一个问题,即中国旧律的命运。《大清律例》到底还有没有修改的价值,改革的底线是"大修大改"还是"重起炉灶",至少在修律之初,甚至在修律整个过程中,表面上大家的认识和看法并没有多大的区别,都是要"切实平允,中外通行"①,"折衷各国大同之良规,兼采近世最新之学说,而仍不戾乎我国历世相沿之礼教民情"②。那种认为中国旧律的灭亡是不可避免,因而"重起炉灶"是应该的说法,只是一种事后的、"穿越"历史说法,并不是历史的真实。

进入民国以后,晚清修律中的旧派人物在政治和社会生活中迅速被"边缘化",但他们对礼法之争中自己的立场和观点的认知,确实越来越明确和坚定了。相反,新派人物成了中国法律舞台的主角,喝完自己在晚清修律中所酿的"苦口良药"后,他们才意识到当初的"激进"是多么地不合时宜,因而慢慢从原来的立场和观点上"倒退",董康就是一个明显的例子。在《新旧刑律比较概论》中,他反思了法理派"激进"的立场,"刑法原案即《新刑法》,当时大致甄采欧洲大陆派德、意等最新法案,而参以唐以来旧贯,原冀观察时势,徐图颁布。改革时处处以急进为宗旨,不问诉讼一切制度准备若何,即行颁布。奉行之后,颇感困难,欲速之讥,诚所难免"③。在 1923 年东吴大学法学院毕业典礼的演讲中,亦表达了后悔当年的"全盘西化"的心情,"改革司法,基于修订法律,前清开馆迄今,鄙人无役不从。民国三年备员,法曹垂及十年,适用新制之后,案牍留滞,什伯曩昔,始悟当年误采大陆制之非。盖手续愈密,进行愈钝,良以法律与习惯背驰也。往岁漫游英美,实地观察,益征此说之非诬,欲图改轸,时难再失。年来厌倦政治,无此宏愿,负将来改良之责任者,其惟诸公乎?"为此,他还专门撰文,强调法律和社会、法律和习

---

① 1902 年 3 月 11 日《决定修订律例谕》,参见高汉成《大清新刑律立法资料汇编》,社会科学文献出版社 2013 年版,第 3 页。

② 1907 年 12 月 30 日《修订法律馆为刑律分则草案告成缮具清单折》,参见高汉成《大清新刑律立法资料汇编》,社会科学文献出版社 2013 年版,第 23 页。

③ 何勤华、魏琼编:《董康法学文集》,中国政法大学出版社 2005 年版,第 483 页。

惯、法律与相适应的问题,"自欧风东渐,关于刑法之编纂,谓法律论与礼教论不宜混合。鄙人在前清从事修订,亦坚执此旨。革易后服务法曹者十年,退居海上,服务社会又若干年。觉有一种行为,旧时所谓纵欲败度者,今于法律不受制裁,因之青年之放任、奸宄之鸱张,几有狂澜莫挽之势。始信吾东方以礼教立国,决不容无端废弃",最后他的结论是"明刑弼教,在今日尤宜严格励行"[①],完全回到了当年礼教派的立场上去了。

这样的历史,能不让人嘘唏短叹?

[①] 《刑法宜注重礼教之刍议》,载何勤华、魏琼编《董康法学文集》,中国政法大学出版社2005年版,第626—737页。

一 《汪荣宝日记》选

宣统元年己酉（1909年）

1. 十月十八日甲午（11月30日星期日）

早起，冷水浴。

到修订法律馆，绶经属分任《刑律草案》修正事，余担任分则第一章至第二十章。

饭后到宪政馆。三时顷到民部。旋往谒林侍郎，谈一时许而归。叙斋贝子邀往晚饭，坐有仲和、润田及程绍棠，长谈至十二时顷而散。

寿州相国以昨日辰刻辞世，本日奉上谕，赠太傅，谥文正。

2. 十月二十七日癸卯（12月9日星期四）

早起，拜徐菊人尚书，未会。

到宪政馆，将李柳溪所编《行政纲要》表式交还，讨论厘定官制问题。吴向之方核改《现行【刑】律草案》，因痛陈旧律之万不可用，谓若欲以此保存礼教，则唐宋元明何以亡国。余戏言，公论诚新奇可喜，若使文襄有知，必将与公为难。刘仲老因言，八月以前，似不闻公有此论。向之甚窘。

三时顷到部，旋诣肃府，邸令明日午后约柳溪阁学同来一谈。四时半回寓。闰生电约晚饭，伯平在坐，共谈至九时顷而散。

3. 十一月初二日戊申（12月14日星期二）

早起，十一时赴法律馆，将《刑律草案》分则第一章按语交书记清写。旋往烂面胡同贺张邵希续室……

4. 十一月初四日庚戌（12月16日星期四）

早起，续纂《刑律草案》按语，尽分则第二章。饭后，以黄次如嫁妹、张邵希续室之喜，往两家贺……

5. 十一月初八日甲寅（12月20日星期一）

早起，冷水浴。续纂《刑律草案》分则第三章按语，未竟。饭后到部。……

6. 十一月初九日乙卯（12 月 21 日星期二）

早起，王侃叔赴比，以今日发，往送之西车场，候良久乃至，匆匆话别。到法律馆，续纂《刑律草案》按语，尽分则第三章，付书记清写。饭后到部办事，五时顷散归。……

7. 十一月十六日壬戌（12 月 28 日星期二）

早起，冷水浴。饶聘卿来谈。续纂《刑律草案》分则按语，尽第五章。饭后，以同年全玉如员外兴嫁妹往贺……

8. 十一月十九日乙丑（12 月 31 日星期五）

大风。早起，十时顷到修订法律馆，续纂《刑律草案》分则按语，至午后三时尽第六章。以钱幹臣赘婿往贺，顺道拜客两家……

9. 十一月廿三日己巳（1910 年 1 月 4 日星期二）

早起，冷水浴。到法律馆，续纂《刑律草案》分则按语，尽第七章。以吴彭秋昆仲招饮福全馆往赴……

10. 十一月廿六日壬申（1910 年 1 月 7 日星期五）

早起，曹巽轩来谈。到修订法律馆，续纂《刑律草案》分别第八章按语，未竟。饭后到部，定明日值日具奏各折片稿……

11. 十一月二十九日己亥（1910 年 1 月 10 日星期一）

早起，冷水浴。

到宪政编查馆。本日学部具奏译学馆乙级毕业学生照章请奖折，四弟考列中等，照章得奖给举人出身，并以七品小京官分部学习，得旨俞允。与刘仲鲁讨论府厅州县自治章程，颇有所争持，然仲老所主张者，固不为无理，余寻悟，改容谢之。

二时半到部，肃邸将于明日赴崇陵行宫值班，当以十六日回京，特将年内本部应办事件，属丞、参条记照办。

三时半到资政院，总裁有信不到，同人将次散尽，随诣仲老家一谈。归途访仲和，不值而回。草《刑律》分则按语，自第八章至第十章，至十二时顷始毕。

收信：大兄。

12. 十二月初一日丙子（1910 年 1 月 11 日星期二）

天微雪。早起，冷水浴（始加盐）。

到修订法律馆，将刑律草案按语交绶金。

本日午刻，苏府同乡京官为凤石相国悬匾三邑馆，设宴致贺。余以十一时半自法律馆往会，宾主已集。席散后，往崇文门外拜客两处。旋到部，五时顷散归。润田约石桥别业饭，辞未赴。

13. 十二月二十二日丁酉（1910年2月1日星期二）

午刻到修订法律馆，得睹《刑律草案》会奏稿，法部允于明日具奏，惟于草案内加附则五条，大旨谓关于伦纪各条，悉依旧律办理。

14. 十二月二十三日戊戌（1910年2月2日星期三）

连日为馆事焦头烂额，寝食不安，将冷水浴及写日记两事一概停止，本日乃始。事毕，心神为之一快。写十九日至本日日记。

宣统二年庚戌（1910年）

1. 三月十三日丁巳（4月22日星期五）

早起，冷水浴。昨夜大雨，庭除积润，群花含媚。

卢心渊来谈。写前、昨两日日记。到宪政馆，校阅修订法律大臣奏《新刑律草案》印本。饭后到部办事，三时半散归。

六时半曹润田来谈，叙述斋贝子意，邀往晚饭，余以先有志雨民（贤）约辞。旋往志氏半亩园，九时顷散归。

2. 六月十六日戊子（7月22日星期五）

早起，冷水浴。

十一时顷诣肃王府，值王酣睡，侍者不敢通报，候两小时，于子昂、冯玉泉、乐□□三君以奉派赴东三省迎涛贝勒，诣邸请示。有顷，邸延余入谈，旋延于、冯、乐三君面谈数语，先退，余留谈，至二时顷而散。到福全馆进餐一顿。

旋往宪政馆，吴侍郎、世相先后到，论撰拟《文官考试章程》、《任用章程》、《官俸章程》事。又论本年颁布《新刑律》，余谓当由馆奏交资政院协赞，刘仲鲁、达犀甫等竭力反对，伯屏援《院章》抗论《刑律》系属新定法典，应行交议，争论久之，不得要领。六时半两枢散。余诣月华贝勒一谈，至九时顷回寓。

3. 六月二十三日乙未（7月29日星期五）

早起，冷水浴。

十时顷到部办事。午刻衙散，邸约逵臣及余到福全馆饭。饭罢，天雨，余往宪政馆，劳玉初出示所撰《新刑律驳论》，均关涉礼教者，措辞甚厉。四时顷散。诣蔚老处一谈，遇陆彤士、吴季荃于坐上。六时顷回寓。

4. 七月初二日癸卯（8月6日星期六）

早起，冷水浴。

与寰父同诣学部访君九，不值。又访伯初兄弟，亦不值。因共往修订法律馆。旋伯初亦到，谈片刻。十一时顷，再往学部，君九仍未到，因回寓。

饭后三时顷到宪政编查馆，向老提出说贴三件，痛陈空谈礼教之祸，与玉老为极端之反对，议论精警可喜。

六时顷，与伯屏同诣伦贝子，商定资政院经费预算单，润田后至先散，余与伯屏留饭剧谈，至十一时半而散。

5. 七月初六日丁未（8月10日星期三）

早起，冷水浴。致陈松平一缄。秀英患子宫病，与同往下濑医院诊视一次。回寓饭。

二时顷到宪政编查馆，世相、吴侍郎在座，论新订《刑律草案》，劳玉初竭力反对，舌战良久，不得要领而散。

子函约寓斋晚饭。

6. 八月初九日庚辰（9月12日星期一）

早起，冷水浴。

许叔伊来谈，以所签《新刑律案》见示，因共商榷。吕寿生、胡伯平来谈，留伯平晚饭。

六弟应第三场考试完毕，回寓，微患发热。

7. 八月初十日辛巳（9月13日星期二）

早起，冷水浴。

修改《新刑律案·分则》，删除两条。

君度约午饭，辞未往。闰生来夜谈，与象棋两局。

8. 八月十一日壬午（9月14日星期三）

早起，冷水浴。本日六妹伉俪回镇，作一书上父大人，托其带呈。

修改新刑律案分则，朱墨校订，伏案竟日。

傍晚，伯平、宝侍郎、叔伊陆续来谈。留叔伊晚饭，讨论刑律，至十一时顷而去。

9. 八月十二日癸未（9月15日星期四）

早起，冷水浴。

修订《刑律案·总则》。饭后，耿伯齐来谈。晚间，董恂士来谈。恂士襄校留学考试，甫出闱，述此次汉文试卷，多有误解题义，甚至以

"作通"二字连读者。法律政治卷佳者甚多，而主试者评点力从刻核，恐落第者不少云。留恂士晚饭，与象棋一局。

10. 八月十三日甲申（9月16日星期五）

早起，冷水浴。写初五日至本日日记。

饭后，叔伊来谈，覆改《刑律案·分则》，尽半日之力，删十条，增一条。

仲和来谈，留二君晚饭。叔伊先散，与仲和象棋一局。

11. 八月十四日乙酉（9月17日星期六）

早起，冷水浴。

覆改《刑律案·分则》。叙斋贝子来谈。学部考试揭晓，据报，六弟列最优等第九名。

饭后，董绶经来谈，论新刑律事。前与叔伊议，于诬告罪内增对于尊亲属有犯之特别规定，而于私擅逮捕监禁罪内删除尊亲属专条二（一，普通私擅逮捕监禁尊亲属；一，吏员滥用职权逮捕监禁尊亲属）。绶经谓，本律所定对尊亲属有犯各条，均系直接损害之罪，诬告须审判后乃能定之，非直接损害尊亲属可比，而私擅逮捕监禁，所以防虐待尊亲属之行为，增彼删此，与本律主义不合，惟吏员有犯可不另设专条耳。余思其言成理，因即从之。

12. 八月十五日丙戌（9月18日星期四）

早起，冷水浴。

覆校《刑律案·分则》毕事，乃修改《总则》。冈田原案于国交罪一章，规定颇详，多为各国刑律所未有。兹以馆中议论之结果，颇加删削，余亦初无异见。及修改总则，知原案于国交罪一章皆用相互主义，凡外国人对中国犯罪，有应与中国臣民处同一之罚者，则中国臣民若对外国有犯，亦以同一之处罚报之。今删除对外犯罪处罚之规定，而于侵犯皇室及内乱外患罪各章，仍留外国人有犯适用本律处断之规定，则尊己卑人，似欠允洽。灯下就编制局说贴签注数条，声明此义。

天雨，夜霁见月。

13. 八月十六日丁亥（9月19日星期一）

早起，冷水浴。

修改《刑律案·总则》，午刻，许叔伊自宪政馆以书来索，预备本日呈枢堂阅定，因将修正本付之，并覆一书。

14. 八月二十四日乙未（9月27日星期二）

早起，冷水浴。

董恂士来谈，述清伊病喘增剧，医者谓肺病已成，殆不可治，清伊自愿赴日本治疗，恂士意欲为之筹画川资，俾得成行，余立于家用内提五十金赠之。陈君哲侯（福民）、路壬甫学部来谈。十时顷，往访闰生，阅其新筑住宅，中有高楼，凭眺片刻。顷工事尚未竣，须九月杪方可落成云。在润生处午饭。饭后回寓。

五时顷，杨皙子、胡伯平同来。宪政馆同人对于《刑律草案》，分新、旧两派，各持一说，争议不已。主张新说者均欲赶紧定稿出奏，不交资政院议决。余虽赞成新案，而以资政院有议决之权，若不交议，即为违法。今当第一次开院，即开政府规避院议之端，殊于立宪精神不合，持论颇与仲和诸君异同。皙子、伯平述仲和意，以资政院议员中有法律知识者尚鲜，交议恐致破坏，劝余深思熟虑。余坚持初议，与二君反覆辩论，二君亦无以难，允再设法运动交议之事。六时顷散。

15. 八月二十五日丙申（9月28日星期三）

早起，冷水浴。

本日资政院议员开会讨论《议事细则》、《分股办事细则》疑义，昨由伯平通知，约余往赴，余以假期届满允之。九时顷，月华贝勒来谈，述近来政界情形甚悉，至十一时顷而去。陶拙存来访，适贝勒在座，辞未见。饭后，到资政院（象坊桥法律学堂），股长、理事诸君集第一股室，各将细则条文疑义提出讨论，并邀金伯屏翰长列席质问，由顾枚良学部择要笔录，拟于二十七日报告各议员公决。事毕已近六时，余与伯平到辟材胡同访伯初，晚饭后回寓。

通信：得八弟书，知四妹于十三日患热病，甚重，至十九日未退。

16. 八月二十六日丁酉（9月29日星期四）

早六时起，入内请安，在本部直庐小憩，适本部值日奏事，左、右两侍郎及肃邸先后至，候至八时顷，早事下，未蒙召见，即退出。访王月庄、宝瑞臣、伦贝子，均未见。

旋到宪政馆，覆校《刑律草案》一过。饭后，月华贝勒、那相到馆，批阅文牍，并决议将《刑律草案》提出于资政院，四时顷散。余旋回寓。伯平、夔盦（喀喇沁王之别号）、庸生先后来访，因共推各股员候补者，拟定一单，留三君晚饭，谈至十时顷而散。

17. 九月初六日丙午（10月8日星期六）

早起，冷水浴。

秦佩鹤来谈，为宪政馆删改奏进《刑律草案》折稿（吴向之原草）。写初一日以后日记。旋到宪政馆，敬悉本日资政院奏核办广西禁烟展限一案，奉上谕：着该抚仍照上年公布办法妥速办理，并饬谘议局迅赴召集，照常议事。称颂圣明不置。午后二时顷，徐、那二相来馆，明年豫算，决定由政务处交议。

18. 九月二十日庚申（10月22日星期六）

早起，冷水浴。

十一时顷到修订法律馆。饭后到院，一时二十馀分开会，报告文件毕，因特任股员指定（分股细则十五条）、选定（同细则十三条）问题，润贝勒、雷季兴各登台发言，辩论良久，旋由余报告地方学务章程修正要旨，胡伯平报告《著作权律》修正要旨，孟庸生报告审查理藩部实业、刑律议案要旨。旋讨论国会问题，经三数人演说之后，即付表决，满场一致，无不起立，拍手喝采，声震屋瓦。余以得意之极，大呼大清国万岁！今上皇帝陛下万岁！大清国立宪政体万岁！众和之，楼上旁听之内外国人亦各和之。自开议以来，此为第一次有声有色之举矣。

旋由议长指定伯潜、竹垣、九香、季兴、庸生及余为具奏案起草员。散会后，与伯潜、竹垣诸公商略折稿大意，抵暮而回，与家人手谈。

19. 十一月初七日丁未大雪（12月8日星期四）

早起，冷水浴。

到法典股员会，审查《刑律草案》，迄一百十七条。晚刻，伯屏招饮六国饭店。

20. 十一月初八日戊申（12月9日星期五）

早起，冷水浴。

草《刑律·分则》第四章修正案竟日。杨补塘来谈，留午饭。

21. 十一月初九日乙酉（12月10日星期六）

早起，冷水浴。

到法典股员会，将昨草《刑律·分则》第四章修正案报告本股股员，各无异议。

22. 十一月初十日庚戌（12月11日星期日）

早起，冷水浴。

到仲和处，谈《刑律》审查情形。旋到法典股员会，持续审查，迄二百三十三条。

晚刻，子涵招饮其寓斋。

23. 十一月十一日辛亥（12月12日星期一）

早起，冷水浴。到法典股员会，审查《刑律草案》，迄三百二十五条，又删除第五十七条修正增入之第三项。

24. 十一月十二日壬子（12月13日星期二）

早起，冷水浴。

到法典股员会，审查《刑律草案》，迄三百三十二条。本日有大会，余以审查《刑律》故缺席。

25. 十一月十三日癸丑（12月14日星期三）

早起，冷水浴。

到股员会，审查《刑律草案》，决议删除第三百十一条之罚金，全部完毕。

26. 十一月十五日乙卯（12月16日星期五）

早起，冷水浴。

校改《刑律案》修正条文。午刻到院，开正式股员会，政府特派员到者八九人，均列席讨论。余起述刑律修正大要，均无异议。至二百八十八条，余倡议欲将该条第三项删除，其理由如下：亲属相奸，刑律既认为罪恶而处以重罚，则必以此为有害社会秩序之事，而决不仅以为一家之丑行，今若以告诉权限于尊亲属或本夫，则似以尊亲属等为犯罪之客体，殊于立法初意不相贯彻，且使无尊亲属者而犯此罪，则国家遂无处罚之途，与不设此罪何异。特派员交相辩难，余详细申论至一时许，卒以本股同人多不主删去，遂否决，余甚愤恚，欲行辞法典股副股员长之职，众虑决裂，遂散会。

余往法律馆一谈，又到仲和家晚饭。饭后，伯平亦来，反覆申论此事，二公均悟，约将来于大会再行提议。九时顷散归。

27. 十一月十六日丙辰（12月17日星期六）

早起，冷水浴。

持续校改《刑律案》修正条文。

午刻赴院，以请旨宣布杨庆昶恭缴景庙手诏及昭雪戊戌冤狱具奏案，又请赦国事犯具奏案，开特任股员会。余起述景庙手诏发见之来历及手诏之内容，与此时宣布之必要，请众赞成具奏，多数可决。旋论国事犯之区别，余主张以不背立宪政体宗旨者，为在应赦之列，其馀姑俟诸将来。陈议员树楷、易议员宗夔均主不分党派，笼统乞恩，免招反动。寻议决具奏，股员长庄亲王指定牟议员琳、陈议员宝琛、胡议员柏年诸君起草，遂散会。余又以请旨剪发易服具奏案有应行修正之处，与易议员宗夔、长议员福商酌，修正数语，定稿而散。

访冈田博士，谈刑律事良久，抵暮而回。

28. 十一月十七日丁巳（12月18日星期日）

早起，冷水浴。

检阅《刑律草案》及《日本新刑法》。陈君佐清来谈。午刻食面一碗。赴财政学堂，二时顷开会，到者不过四五十人，润贝勒报告开会宗旨，余报告法典股员会审查刑律之经过及其结果，演说至两点钟之久。闵议员荷生起而辩难，语殊无理，余不欲多辩，即退回本席。沈议员林一登台，逐条陈述意见，殊琐碎，无关宏恉，时楼上旁听席中发声嗤之。高议员凌霄对楼上大声呼叱，众寂然，沈君刺刺不休，余略与辩驳，高君又起与余辩难，余一一剖答。沈君下台后，劳议员乃宣又登台发言，时已昏暮，遂散。忽闻议场门外喧嚷声，急出视之，则高君方与旁听者某君等口角，同人劝解不听，逐致互殴，经众拉开，章君伯初呼巡警至，一并带区。

余晤绶金，闻本日奉硃谕，以资政院奏劾枢臣，严词责其不应干预，又因枢臣辞职，慰留，相与骇怪。旋往肃府剧谈，留晚饭，至十一时顷而散。

29. 十一月二十日庚申（12月21日星期三）

早起，冷水浴。

十时顷到宪政馆，同人尚未到齐，因续草《刑律修正报告》，至十二时顷，会议弼德院官制，余以资政院有会先散。午后二时顷，开法典股员会，将《刑律修正报告书》逐修（条）朗读，经众公决。本日院议弹劾奏稿，表决时人数不足，书记官来股员会邀人往赴，因与乐亭主人、刘伯刚同入议场。余以未知弹章内容，表决时未起立，而赞成者适少一人，遂否决。籍议员忠寅提议修正要旨，再付表决，余仍未起立，而赞成者已得多数。旋讨论他问题，余仍退出，到股员室，改正总则第三条至第五条列举条文，一律告竣。计先后提出各件：一，总则修正案；二，分则第四章修正案；三，总则追改条项；四，分则第四章追改字句；五，分则修正修（条）项字句；六，总则续改条项；七，总则第三条至第五条列举条文；八，暂行章程删除说贴。由余送至秘书厅。归途访叙斋贝子，入谈片刻，回寓。

30. 十一月二十四日甲子（12月25日星期日）

早起，冷水浴。

午刻诣叙斋贝子，谈半时许。以股员会赴院，先议运送章程案，农、邮两部各提出修正条件，讨论之后，酌加修正，多数赞成。次议政府提出商律案，众议委托孟君昭常审查具案，送股员会覆核，遂中止议事。

余复提出刑律案续行修正各条：（一）原案二四条第三项删除；（二）原案三八条第二项改为三九条；（三）原案四五条删改字句；（四）原案七六条修改字句；（五）修正案八八条删除。经众可决，遂由余草定修正案，连同运送章程议决案送付秘书厅。旋散会。

31. 十一月二十五日乙丑（12月26日星期一）

早起，冷水浴。

到宪政馆，续议《弼德院官制草案》。饭后，与润生同赴资政院，时已开议，正讨论弹劾问题，盖以昨日有旨，令宪政馆迅拟内阁官制，故议长咨询本院，此案应否上奏也。讨论一时之久，议分两派，一主取消，一主修正再奏。余倡议请付表决，和者甚众，遂以取消此案先付表决，得多数之赞成，遂作废。……

32. 十二月初六日丙子小寒（1911年1月6日星期五）

早起，冷水浴。

本日资政院议事日表为新刑律案，续初读，股员长报告。余在家检阅参考书籍，预备演说。午刻到院，二时许开会，报告文件迄，余起述股员会审查情形及修正条项，至一小时之久，随议决付再读，逐条讨论，第八条删特别二字，第十五条、第十六条小有异议，仍照股员会修正案通过。时已六时顷，遂展会（详情不悉记）。

33. 十二月初七日丁丑（1911年1月7日星期六）

早起，冷水浴。

午刻到院，二时许开会，再读《刑律》。自十七条至一百八十五条，无甚异议。一百八十六条，籍议员忠寅议改营造物为建筑物，多数可决，高议员又倡议增入多众乘坐之汽车、船舰一款。第一百八十八条，邵议员羲又嫌所有物范围太广，讨论再三，议决再付审查。至二百零四条，无异议。时已近十时，宣告展会（详情不悉记）。

余往冈田博士家，商榷顷间议决问题，至十二时顷而回。

34. 十二月初八日戊寅（1911年1月8日星期日）

早起，冷水浴。

十时顷到法律馆。旋到资政院，开法典股员会，审查《商律·公司编》。午后二时许开大会，议长伦贝子消假出席。报告文件迄，续议《刑律草案》，余起述一百八十六条及一百八十八条再行审查之结果，得通过。至第二十一章，股员会删去一条（原第二六七条），众反对，决议复活。随至第二八八条，异论纷起，卒投票表决，赞成无夫奸有罪者得七十七票，反对者仅四十二票，又表决赞成列入暂行章程者起立，起立者少数，反证表决，赞成列入正条者起立，起立者多数。于是新党全体失败，有愤怒退场者，闰生起言，此之谓程度不足，余附和之，众大怒，一哄而散。余惘惘而归。

35. 十二月初九日己卯（1911年1月9日星期一）

早起，冷水浴。

得闰生书，云昨日散会后，赞成新律诸君皆愤愤，约定今日不到会，嘱余毋往。即诣闰生，商论办法，旋同往宪政馆。饭后，院中屡有电话来馆，述议长命，促往，诡词却之。寻与伯初、闰生同出名作一启，招集昨日投蓝票诸君，于明日午前九时至十二时在财政学堂会议善后之策，倩顾巨六带交秘书厅分送，旋各散。回寓，与家人手谈。

36. 十二月初十日庚辰（1911年1月10日星期二）

早起，冷水浴。

林君（汝耀）来谈，林君为亡友静安明经之子，近自英国学成而归，供职邮部。十一时顷，与同车到石桥别业，访陶惺存（保霖）、余民进（镜清），均不值。即往财政学堂，同人陆续来会，余起述开会宗旨，旋讨论本日到会后之举动，议决如下：（一）变更议事日表，破坏《刑律·分则》之再读；（二）将《刑律·总则》付三读。午后一时顷到院，旋开会，本日议事日表凡十七件，《刑律》居首，伯初倡议将第二至第十七顺次议毕，再议《刑律》，得多数之赞成。就中《国库章程》由余报告，陈树楷、于邦华颇有所争论，余大反对之。七时顷休息，余因润田招饮，与小宋、季兴、仲和同往。八时半回院，时已开会，余起报告《结社集会律》修正要旨，旋付再读、三读，多数可决。日表各件一律议毕，籍议员忠寅请以刑律总则付三读，反对党哄然退场，留者仅七十馀人，余请省略三读，即付表决，不起立者仅三四人，遂通过。时已十时许，遂散会。

仍至润田家续饮，十二时许回。

37. 十二月十一日辛巳（1911年1月11日星期三）

早起，冷水浴。

本日资政院举行闭会式，余于十一时顷到院。十二时集议场行礼，军机大臣朗贝勒登台宣读闭会上谕，议长前跪受恭捧，退置黄案上，序立致敬，各退。同人合摄一影，以为纪念。沈副议长自议场退出时，举足触地毯裂口，致倾跌伤鼻，血流甚多，未预摄影。议长备香槟酒及饼饵之属，分饷各议员于分股室，亲诣酬酢，互祝健康，感情甚洽。许九香倡议于明日午后二时，假石桥别业公饷议长、副议长及秘书长、秘书官，以答本日议长盛意，众赞成，议定而散。领公费三百元。

回寓，与家人手谈。六时顷，以金伯平招饮石桥别业往赴，遇仲和，云：馆议将以刑律原案颁布，不复与资政院会奏。余闻之愕然，殊为宪政前途危惧。十时顷回。

38. 十二月十二日壬午（1911年1月12日星期四）

早起。

十一时半往宪政馆，遇达侍郎，告以关于颁布刑律意见，请力为维持。旋往吴菊农家吊粤生先生之丧。

随往财政学堂，蓝票同人约本日午后一时集此，商榷刑律善后事宜也。余到较早，闻其无人，乃步往资政院秘书厅，遇刘纯生、罗峙云。饭后，与纯生同车往财政学堂，同人渐集，余报告政府对于刑律问题，因清单定本年颁布，而资政院未能议决，将颁布原案。若然，则于本院之协赞立法权，生非常之危险，亟宜筹维持之法。众起讨论，寻议决办法如下：（一）要求会奏总则，不成则；（二）请变通颁布年限，又不成则；（三）请开临时会，又不成则惟有辞职。

二时半往石桥别业，议长尚未到，得达侍郎书，云枢堂将于本日三时以后到馆，商酌颁布刑律问题，属余与闰生、向之速来一谈。因密示闰生，立即驰往，则枢堂在会议政务处，并不到馆，而召提调往谈。余等因与晳子计议办法：（一）会奏总则，惟将其中不同意之点特别声明，请旨裁夺；（二）由宪政馆草奏分则，请与总则同时颁布，但声明明年交资政院追认。晳子怂恿闰生及余诣政务处面陈，即同往，枢堂谢不见，仍退回馆中，候提调还，乃以顷间所拟办法商之，宝侍郎颇有异同，卒不得要领而散。

李缉菴招饮醉琼林，往赴，十时许散归。

39. 十二月二十三日癸巳（1911 年 1 月 23 日星期一）

早七时起，以得赏入内谢恩。雨雪霎立良久，始随班诣长春宫，行礼毕。误出隆宗门，觅归途不得，彷徨久之，始绕道而东，到宪政馆。

馆议对于《新刑律》决定会奏《总则》，单奏《分则》，将于明日同时呈递，《分则》由绶金就股员会修正案及原案斟酌取舍，昨已定稿。余索阅，复采用股员会修正案数条，绶金亦首肯，议遂定。

午后三时到部，因防疫事约四时与外、邮两部会议。董祥周、朱师海以奏稿见示，余因其未合会奏口气，另行属草。邮部梁燕生、李又山，外部周子廙、施植之先后来会，示以奏稿，各无异议，旋散。

余回宪政馆，与叔伊、绶金校读《新刑律》折单，复修改若干处。

九时顷回寓，以防疫事拟堂谕两道（一分配医务，一检查捕获之鼠）。肃邸送来日使函一件，以保定现有鼠疫，请部中保卫旅保日人，因拟电与天津巡警道及保定守各一件。

40. 十二月二十七日丁酉（1911 年 1 月 27 日星期五）

早起。

傅君（汝勤）、王君（若宜）来谈，傅君以厅丞命赴保定调查丶卜传染情形，昨夕回京，故来报告一切也。

未刻到宪政馆，礼部具奏，以为法律与礼教相为表里，修订法律大臣宜与礼学馆相接洽，嗣后《民律》草成，须与礼部会奏。本馆又拟奏饬劳玉初赴任，请竢明年核覆《民律》时，饬该员来京参预。不禁为法典前途惧。四时顷回寓，李一琴来谈。

宣统三年辛亥（1911 年）

1. 正月二十二日辛酉雨水（2 月 20 日星期一）

未明即起，往西车场，送元和相国南行。旋回寓，略休息。

到宪政馆，伯平出所抄胡肃堂侍御论官制疏见示，攻击宪馆不遗馀力，疏中指名纠参者，李柳溪居首，荫午楼为殿，中间牵涉项城及张文达，目余与吴向之、章仲和为丙午馀孽，又谓杨晳子实行革命于政治之中，末称新刑律成而民乱于下，新官制成而官乱于上，其馀诞妄乖谬之语不可悉记。五时顷散。谐肃邸，长谈至八时顷而回。

2. 二月初四日癸酉（3 月 4 日星期六）

早起，冷水浴。

到修订法律馆，会议民律案，旋校勘刑律黄册，尽分则第九章。饭后到部，议设一法案调查会，预备本年提出于资政院之议案。以留学毕业分部各员充编纂之任，即以试验其学识，甄择擢用，属尚之、介伯拟一说帖。五时许回寓，子函请食鸡牛料理。

3. 二月初九日戊寅（3月9日星期四）

早起，冷水浴。

到修订法律馆，续校大清刑律黄册，迄第二十三章。

饭后到部办事。衙散，往新开路吊荣月帆夫人之丧，旋即回寓。赵竹垣在资政院工程处，邀往一谈，与竹垣散步场内，抵暮而返。

4. 二月十四日癸未（3月14日星期二）

早起，冷水浴。

到修订法律馆，续校刑律黄册，全部告竣。

十二时许，谐伯平家午饭。饭后，与同往朗贝勒邸，贺其嫁女之喜。旋即回寓。润田来谈，述叙斋贝子邀往，有事面商，因与同车往，以编纂宪法问题有所谘询，谈至八时顷而回。晚饭后，补写初六日以后日记。

5. 二月二十三日壬辰（3月23日星期四）

早起，冷水浴。到修订法律馆，校刊本刑律写底。

饭后，诣刘仲鲁致贺，不值。到部办事。四时顷诣徐相，未见。旋诣肃邸，遇李木斋及乐亭主人于座，长谈二小时。旋诣那相，未见。访柳溪，亦不值，遂回。

6. 二月二十四日癸巳（3月24日星期五）

早起，冷水浴。

午前到宪政馆，见刘幼云攻击新刑律疏。

本日有旨，以林赞虞调署学部右侍，而以李季高（经迈）署民部右侍。与逵臣同到部办事，早散。三时顷回寓。

通信：董㤺士电。赵渭舫。

7. 二月二十五日甲午（3月25日星期六）

早起，冷水浴。

本日新派法律大臣刘仲鲁少卿到任，余衣冠赴馆谒见，草进呈刑律黄册折稿付绥金。

饭后，出宣武门拜客数家，均不值。遂到裕源银号访刘荫之，闲谈至三时半，与荫之同车到东馆，赴子健约，候良久而主人始至，流连至一时许而回。

二 《许宝蘅日记》选

1. 光绪三十四年戊申五月初七日（1908年6月5日）

入直，十时三刻散。……

今日学部奏驳修律大臣所定修律《刑律草案》一折。此事初发难于陈仁先，于南皮枢相前极论之，南皮遂嘱属稿。大旨谓新律于中国礼教大相反背，于君臣、父子、夫妇、男女、长幼之礼皆行减弃，且改律之意注重收回治外法权，而收回与否视乎国之实力，非改律足以箝其口，拟请另派大臣会同修律大臣将旧律之繁而不切者删改，即将新律之增出者并入，南皮颇以为然。严范孙、宝瑞臣两侍郎向来依附新学，崇拜日本，以此草案出于日本游学生之手，不愿加驳。而此稿所驳诸条又关乎君臣父子大伦，又不敢以为非，初有不愿会衔之意。廿六日会议于学部公所，南皮席间言，诸君若不列衔，我当单衔具奏，严、宝不敢立异，蒙古相国亦与南皮同意。于是严、宝乃输情于项城，欲为阻挠，后经蒙古将原稿略为修改，严、宝遂勉强附名。今日奏上，两宫览后发下，庆邸遂命拟交旨片，仍着修律大臣再详细修改，后南皮请令会同法部。

按旧日刑律以名律居首，实与中国伦常礼教互为经纬，若改从外国刑律，非先改亲族法不可，不然，终不能符合。前日曾与张文伯、朱劼臣两同年论及此事，余谓君臣父子之名非从苟起，刑律既著此名，自有别于凡人，不然，则"杀人者死"一语，足以赅刑律二百馀条，何必条分缕析为哉？至于旧律诚有过重及现今禁令不合者，只须重加修订，繁而减之，重者轻之，无著者删之，未备者增之，便可完备足用，劼臣不以为然。

2. 宣统元年己酉二月十六日日（1909年3月7日）

入直。

查前年进讲懿旨，开单凡十一人：熙彦、乔树枏、刘廷琛、吴士鉴、周自齐、王式通、劳乃宣、赵炳麟、郭立山、陈曾寿、谭学衡，以备拣派于摄政王前进讲之员。

十一时散。……

3. 宣统元年己酉二月十七日（1909年3月8日）

入直。

各省年终密考人员奉旨各别开缺、候简、送引，此系明发；奉天、吉林两处知府二员交总督察看，此系廷寄。向来此项人员，多于三月四月间发表，今年办理较早。

进讲人员仍荣中堂、陆尚书、张总宪、唐、宝两侍郎、朱宗丞师，添派熙侍郎、乔左丞、刘监督、吴侍讲、周参议、劳京堂、赵侍御、谭副使八人轮班选拟讲义，由孙太保、张太保核定进呈。

代张相拟谢恩折。一时散出。……

4. 宣统二年庚戌八月初五日（1910年9月8日）

七时起，八时到官报局，特派员会议。

先由杨皙子宣布应预备各部行政宗旨演说及关于法典之议案，先咨交宪政馆复核，再行奏交咨（资）政院。曾叀如询问："所备各议案如已过十五及九月初一，可否再交宪政馆复核及资政院议决？"杨皙子答以"可交"。刘朴生询问："凡有法典事件何以皆交宪政馆核，宪政馆所定章程法律，未必皆不可违背，如神圣不可侵犯，何国有此制度？"由章仲和答："他国不可知，如日本制度凡有关于法制章程事件，无不先交内阁法制局复核，宪政馆虽不能以完全内阁法制论，而复核之权乃系从前奏定，不自今日特派员会始，不能因此而扩张，亦不能因此而缩减。至于宪政馆所定法律章程皆为现行法令，经钦定颁行，所以各部法令必须由馆复核者，免有彼此冲突之处，致被议员诘问，无可辩答，无所谓神圣不可侵犯也。"继由唐秀丰询："简章内有主管衙门及有关系衙门，如何区分？"由杨皙子答："如提议军事经费则陆海军为主管衙门，度支部为关系衙门，如陆海军有预算案而度支部为之增减，则度支部为主管衙门，陆海军为有关系之类。"又由冯令之询："如照筹备清单内司法一项，在司法一方面言自以遵照清单进行，而经费无出，则若之何？"杨皙子答："财政变动无常，决不为九年之预算，且财政案应由度支部主办，宪政馆无与闻之权。"又由邵明叔询："行政方针如何指定，必须先有总要宗旨，而后各衙门有所依据，且照筹备清单而论，能否依年进行？"杨皙子答："此事应由各部长官会议，非委员所能专主，至于筹备清单之能否进行，乃宪政问题，非仅行政问题。"又由农工商部宣言本部所备议案已交宪政馆，民政部宣言本部议案正在赶办，本月十五以前可交出。

5. 宣统三年辛亥六月二十五日（1911年7月20日）

三时半起，晚饭入直。到东华门下车，步行至西苑的内直房中，与阁丞、厅长、刘吉甫、宋捷三、赵元臣、张式侨、曾式如、秦显庭、彭翰斋相见，进谒庆邸、那相、徐相。

忆前入直时，光绪戊申春间及九月后皆在西苑，至十月二十一、二十二日连遭大丧，即日移入大内，后遂不复至此。是日九钟时，余恭缮太皇太后懿旨一道，世、张、鹿、袁四公环立案前，尚剩十数字未就，忽内监传召王大臣速入见，心惊手颤，几不卒书，缮就，王大臣捧以入宫，俄顷传慈驭上仙矣。至今追思，犹为惕惕。当时六堂，今仅庆邸一人，张文襄、鹿文瑞相继逝世，世相调任，袁宫保放归，诸公于余皆有知遇之雅。又不胜室迩人遐之感。十一时散直，厅长嘱余暂在二班相助，因江隽侯病未入直也。到法制院办宪政馆报销，五时归。

6. 宣统三年辛亥十一月十四日（1912年1月2日）

五时半起，早饭后到公署，拟稿数件。总理入对，太后谕："我现在已退让到极步，唐绍仪并不能办事。"总理对："唐已有电来辞代表。"太后谕："可令其回京，有事由你直接办。"又谕："现在宫中搜罗得黄金八万两，你可领去用，时势危急若此，你不能只挤对我，奕劻等平时所得的钱也不少，应该拿出来用。"总理对："奕劻出银十五万。"太后谕："十五万何济事，你不必顾忌，仅可向他们要。"奏对一钟馀方出。十二时后事毕，散。

7. 宣统三年辛亥十二月廿七日（1912年2月14日）

八时到公署，见项城，询余解此事否。又谓："我五十三岁，弄到如此下场，岂不伤心。"余谓："此事若不如此办法，两宫之危险，大局之糜烂，皆不可思议，不过此后诸事，非实力整顿、扫除一切不可，否则共和徒虚名耳。"项城又谓："外人亦助彼党，昨日宣布后，借款便交。"余谓："外人决不能不赞成共和，以其为最美之国体，不赞成则跌其自己之价值也。"

三 《董康法学文集》选

目录
1. 前清法制概要
2. 中国修订法律之经过
3. 新旧刑律比较概论
4. 刑法宜注重礼教之刍议

1. 前清法制概要

……

四，修订法律馆

光绪二十七年和约告成，两宫回跸，政府知收回领事裁判权之必要。直隶总督袁世凯、两江总督刘坤一、湖广总督张之洞，会保刑部左侍郎沈家本、出使美国大臣伍廷芳，修订法律。乃奏设修订法律馆，调取研究中西法学人员，并延聘日本法学博士、东京帝国大学教授冈田朝太郎，法学士、东京控诉院部长松冈义正为调查员，从事编订。一面奏请革除凌迟、斩、枭、缘坐、刺字、笞、杖等刑，一面奏设法律学堂，以为施行新律之准备。三十三年，依法部右侍郎张仁黼之建议，归部自办，计自开馆至此，共成法律案五种。

（一）民刑诉讼律　取英美陪审制，各督抚多议其窒碍，遂寝。

（二）法院编制法　已颁行。

（三）违警罪条例　已颁行。

（四）国籍法　已颁行。

（五）刑法　上编总则十七章，下编分则三十六章，凡三百八十七条，与旧律不同之点如下：

（一）变通责任年龄。

（二）采共犯主义。

（三）除对元首及直系尊亲属犯罪外，废除阶级一律平等。

（四）廓张刑之上下限。

（五）犹豫执行。

（六）假释。

（七）时效。

其余科刑轻重，及分类体裁虽异，其原则从同。

是年宪政编查馆颁布筹备宪法年限，经王大臣奏请将修订法律馆离部独立，复命法部左侍郎沈家本、大理院正卿英瑞（旋即病故）、前山西巡抚俞廉三，充修订法律大臣，添聘日本法学博士志田钾太郎、小河滋次郎等，充调查员。

宣统初年，沈大臣兼资政院副总裁，时刑法草案已奏进交各省督抚签注，学部大臣张之洞，以刑法内乱罪，不处惟一死刑，指为袒庇革党，欲与大狱，为侍郎宝熙所阻。复以奸非罪章无和奸无夫妇女治罪明文，指为败坏礼教，于是希风旨者从而附和，几于一唱百和，沈大臣卒以是免本兼各职，回侍郎本任。代之者为学部侍郎宝熙、于式枚，大理院少卿刘若曾，至逊位时止停办。自三十三年至改革共成法律案如下。

（一）现行刑律　已详前。刑制为罚金十等、徒五等、流二等、遣二等，凡一千六十六条，《督捕则例》删附各本章之内。经宪政编查馆核查馆核定奏请颁行，是律宗旨，新陈参半，亦遭递时所必需也。

（二）修正刑法　各省督抚签改后，重加修正，会同法部奏进，宣统三年提交资政院。以礼教之争，议至奸非章流会，自后不复成会，暂以谕旨颁行。民国时修正关于国体各条公布，至今援用。迨修订法律馆三度成立，重加修正，关于杀伤及强盗，稍复旧规，提交议会，尚在审查中。

（三）民事诉讼法。

（四）刑事诉讼法。

（五）民法。

以上三种俱作条例援用，民国十年将民刑诉讼法修正公布。

（六）破产法。

（七）强制执行法。

（八）商法。

以上三种俱在修正中。

（九）监狱法，改革时移交法部，今失所在。

五，未来之预测

改革司法，基于修订法律，前清开馆迄今，鄙人无役不从。民国3年备员，法曹垂及十年，适用新制之后，案牍留滞，什伯曩昔，始悟当年误采大陆制之非。盖手续愈密，进行愈钝，良以法律与习惯背驰也。往岁漫游英美，实地观察，益征此说之非诬，欲图改轫，时难再失。年来厌倦政治，无此宏愿，负将来改良之责任者，其惟诸公乎？聊贡区区，用备采择。

……

2. 中国修订法律之经过

……

（丙）刑律

先草总则，适有法律馆归并法部之命，恐代者将草案废弃，奏请展缓一月交代。俾将总则缮呈，奉旨依议，未及期满，本馆复兴，沈大臣擢康为提调，沿续前案，复及一年，始合并进呈。交内外各衙门签注奏闻，时张文襄当国，误信谗言，谓草案不合国情，而法部大臣廷杰，虽系刑部司员出身，昧于经术，亦为反对者之傀儡，因之本草案被人攻击最烈者，为下列二点：

（子）内乱罪无纯一死刑

时张文襄兼任学部大臣，其签注奏稿，语涉弹劾，且指为勾结革党。副大臣宗室宝熙，例须连署，阅之大惊，谓文襄曰："公与沈某有仇隙耶？此折朝上，沈某暨馆员夕诏狱矣！"文襄曰："绝无此意，沈某学问道德，素所钦佩，且属葭莩戚也。"宝曰："然则此稿宜论立法之当否，不宜对于起草者加以指摘。"遂由宝改定入奏，则此点获安全过去者，宝之力也。

（丑）未定无夫奸罪

新旧之争，关于此点，较前尤烈，所谓甚嚣尘上也。反对之领袖，为劳乃宣，被选为资政院议员。康因兼职宪政编查馆科员，政府遣派出席被咨询。无夫奸应否科罪，在个人意见，无所可否。惟负修订责任，不能不有所主张。资政院本借法律学堂作议场，与法律馆比邻，以政府员资格，时邀至法律股辩论，几于舌敝（敝）辰（唇）焦。幸股长汪荣宝为编查法律二馆同僚，曲予维护，勉强提出大会，届时逐条讨论，已逾办公时晷。

至奸非罪章，先由政府员汪有龄，本馆总纂，剀切陈述本章之应趋向大同之宗旨，最后投票表决。以赞成者投蓝票，反对者投白票，议员多为文襄所招致，因之旧派从而操纵，结果白票居多数。政府员复有声明，议场闹散，秩序大乱。适值武昌起义，警信叠至，资政院自此辍议，故刑律仅至是章而止，以后系用命令颁行也。

以上交议情形，乃因一事连类书之，而提交议会之困难，亦有必须补述者。先是编查馆颁发立宪年限，预定宣统二年十二月进呈刑律，自各部院省签注草案，依次呈进。奉论修订法律馆会同法部修改，顾法部对于此事，只知持反对态度，于律之内容概不过问。本馆屡次催询，亦置不覆，遂汇齐各省签注，逐条修正后，缮具定本，并会衔奏稿，送部运署。稿之前半，详述对于签注从违之理由，而于稿之后半，留空纸十余行，为法部自抒意见之地步。

复以钦限攸关，不能负迟误之重咎，欲单衔具奏，法部至是于空行内声明数语，勉强会奏。别附七条于后，如卑幼对直系尊亲属不能适用正当防卫，保留无夫奸，保留强盗斩决等皆是，其余不尽记忆矣。

……

3. 新旧刑律比较概论

……

旧法废止，新法颁行，则旧法似无研究之必要，而抑知不然。凡事之进步的约分过去、现在、将来为三时期，现在乃过去所蜕化，又所以孳孕将来者也。试以文学譬之，古人撰述传世，号称专家若干人，焉知今人不能优胜于古人？又焉知将来无优胜于今人者？然不就三时期以为考镜，无从定其优劣，即无以策其进步与否也。

揆之刑法，亦同斯旨。刑法原案即《新刑法》，当时大致甄采欧洲大陆派德、意等最新法案，而参以唐以来旧贯，原冀观察时势，徐图颁布。改革时处处以急进为宗旨，不问诉讼一切制度准备若何，即行颁布。奉行之后，颇感困难，欲速之讥，诚所难免。依今日情形，则研究旧法亦所必要，试举三点如左：

（一）道齐之方夙，重德礼。嘉言垂训逾二千年，曩时颇以礼教论、法律论为二事。迨今叠遇战争，社会未至溃决者，道礼二字互相教诏，得以维持于万一也。旧法向主明刑弼教，现虽失其效力，不妨参酌其精神。

（二）各国法制不能抛弃习惯。但习惯有善、恶两种，善者宜永远维持之，恶者宜逐渐改革之。新法抛弃斯点，不无遗憾，旧法注重各省习惯，故专例颇多，能得其中消息，裨益听断，良匪浅鲜。

（三）新法科刑范围过宽，非经验丰富判断难期适中。民国初年，法院用人采除旧布新之策，尸其位者绝少师承，于量刑问题多所倒置。例如，杀人罪乃刑事诉讼中习见之事，有在旧法时代必处死刑，而科以法定轻刑者（有谋杀亲夫案，以所嫁非偶为理由，处一等有期徒刑者）；有在旧法时代非真正死刑可以量减而处以死刑者（有某国人卖吗啡致某妇堕胎身死，其夫愤而杀某国人，科其夫以死刑。亦有理直伤轻，在杀伤之间，核办秋审必处缓决，而科以死刑者）。同一事实，甲厅与乙厅科拟不同，甚至甲庭与乙庭科拟不同，又甚至法官本人，甲案与乙案科拟不同。
……

4. 刑法宜注重礼教之刍议

自欧风东渐，关于刑法之编纂，谓法律论与礼教论不宜混合。鄙人在前清从事修订，亦坚执此旨。革易后服务法曹者十年，退居海上，服务社会又若干年。觉有一种行为，旧时所谓纵欲败度者，今于法律不受制裁，因之青年之放任、奸宄之鸱张，几有狂澜莫挽之势。始信吾东方以礼教立国，决不容无端废弃，致令削足就屦，叠承谆谆垂询，姑就下列二端，与诸公作法律案之商榷焉。

（一）从群经及诸子之探索

《论语·义疏·为政篇》：子曰："道之以政，齐之以刑，民免而无耻；道之以德，齐之以礼，有耻且格。"【注】孔安国曰："政谓法教也。"马融曰："齐，整之以刑罚也。"疏，郭象云："政者，立常制以正民者也；刑者，兴法辟以割制物者也。制有常，则可矫；法辟兴，则可避。可避则违情而苟免，可矫则去性而从制，从制外正而心内未服。人怀苟免，则无耻于物，其于化不亦薄乎？德者，得其性者也；礼者，体其情也。情有所耻，而性有所本。得其性则本至，体其情则知耻，知耻则无刑而自齐，本至则无制而自正，是以道之以德，齐之以礼，有耻且格。"

按此章为刑与礼区别之大原则，揆诸今日之立法例，或亦相符。皇疏郭象之解释，至为恳切。平心而论，政得其平，刑得其当，亦霸术之精神。然图亿兆咸乎，垂之久远，非德与礼，难达王道之功用。情与性之定义，情属诸外，性属诸内，例如子侍父母中途同盗，子是否惧祸逃逸，此情也。而子顾念恩义，始终不去，则性也。一云"免"，一云"格"，可于强制及自然之间寻味也。

《春秋左传注疏·昭二十九年》：晋赵鞅荀寅铸刑鼎，仲尼曰："晋其亡乎，失其度矣！贵贱不愆，所谓度也，今弃是度也。而为刑鼎，民在鼎矣！何以尊贵？贵何业之守。贵贱无序，何以为国？"酌节。

按：此孔子讥赵鞅等铸刑鼎，民豫知罪之轻重，有所趋避。晋叔向讥郑之铸刑书，其旨亦同。

《孔丛子·刑论篇》：孔子适卫，卫将军文子问曰："吾闻鲁公父氏不能听狱信乎？"孔子答曰："不知其不能也。"夫公父氏之听狱，有罪者惧，无罪者耻，文子曰："有罪者惧，是听之察，刑之当也。无罪者耻何乎？"孔子曰："齐之以礼，则民耻矣；刑以止刑，则民惧矣。"文子曰："今齐之以刑，刑犹弗胜，何礼之齐？"孔子曰："以礼齐民，譬之于御则辔也；以刑齐民，譬之于御则鞭也。执辔于此，而动于彼，御之良也，无辔而用策，则马失道矣。"文子曰："以御言之，下手执辔，右手运策，不亦速乎！若徒辔无策，马何惧哉？"孔子曰："吾闻古之善御者，执辔如组，两骖如舞，非策之助也。是以先王盛于礼而薄于刑，故民从命，今也废礼而尚刑，故民弥暴。"

按：《大戴礼·盛德篇》"古者以法为衔勒"云云，意亦相同。又《荀子·宥坐篇》孔子为司寇不诛父子讼一事，阐明不教而诛之非。《韩诗外传》三、《说苑·政理篇》，均载之，皆与《为政篇》相发明，可参看。

《大戴礼·盛德篇》：凡"人民疾、六畜疫、五谷灾"者，生于天，天道不顺，生于明堂不饰。故有天灾，则饰明堂也。凡"民之为奸邪、窃盗、历法、妄行"者，生于不足，不足生于无度量也。无度量，则小者偷惰，大者侈靡，而不知足。故有度量则民足，民足则无为奸邪、窃盗、历法、妄行者。故有奸邪、窃盗、历法、妄行之狱，则饰度量也。凡不孝生于不仁爱也，不仁爱生于丧祭之礼不明。丧祭之礼，所以教仁爱也。致爱故能致丧祭。

春秋祭祀之不绝，致思慕之心也。夫祭祀致馈养之道也，死且思慕馈养，况于生而存乎？故曰丧祭之礼明，则民孝矣。故有不孝之狱，则饰丧祭之礼也。凡弑上生于义不明。义者所以等贵贱明尊卑，贵贱有序，民尊上敬长矣。民尊上敬长，而弑者寡有之也。朝聘之礼，所以明义也，故有弑狱，则饰朝聘之礼也。凡斗辨生于相侵陵也，相侵陵生于长幼无序，而教以敬让也，故有斗辨之狱，则饰乡饮酒之礼也。

凡淫乱生于男女无别、夫妇无义、昏礼享聘者，所以别男女、明夫妇之义也。故有淫乱之狱，则饰昏礼享聘也。故曰刑罚之所从生有源，不务塞其源，而务刑杀之，是为民设陷以贼之也。

按：《大戴礼记》，汉信都太傅梁戴德延君撰，其中多记先生旧制。此条备举各礼，即所以杜犯罪之源，不啻表明成周社会状态，知当时法制之分类也。又《荀子·礼论篇》，备详制礼之源，兼可参考，以上诸说主礼之重于刑也。

《管子·牧民篇四维》：国有四维，一维绝则倾，二维绝则危，三维绝则覆，四维绝则灭。倾可正也，危可安也，覆可起也，灭不可复错也。何谓四维？一曰"礼"，二曰"义"，三曰"廉"，四曰"耻"。

又《正第篇》：制断五刑，各当其名，罪人不怨，善人不惊，曰"刑"；正之服之，胜之饰之，必严其令，而民则之，曰"政"；如四时之不贰，如星辰之不变，如宵如昼，如阴如阳，如日月之明，曰"法"；爱之生之，养之成之，利民不德，天下视之，曰"德"；无德无怨，无好无恶，万物崇一，阴阳同度，曰"道"。利以弊之，政以命之，法以遏之，德以养之，道以明之。

按：管仲为春秋时之法家，向主法法之说者。然此二则，于刑与法之外，并重礼矣。

《荀子·正论篇》：世俗之为说者曰：治古无肉刑，而有象刑。墨黥、慅婴当为澡婴，谓澡濯其布为缨、共艾毕共未详。艾，苍白色。毕与韠同绂也。菲对履，菲草履也，时当为糸封，传写误耳，糸封枲也。《慎子》作糸封言罪人或菲或枲为屦，故曰菲糸封。杀赭衣而不纯，治古如是。

是不然，以为治邪，则人固莫触罪，非独不用肉刑，亦不用象刑矣。以为人或触罪矣，而直轻其刑，然则是杀人者不死，伤人者不刑也。罪至重而刑至轻，庸人不知恶矣，乱莫大焉！凡刑人之本，禁暴恶恶，且徵其未也，杀人者不死，而伤者不刑，是谓惠暴，而宽贼也。非恶恶也，故象刑殆非生于治古，并起于乱今也。

又：杀人者死，伤人者刑，是百王之所同也，未有知其由所来者也。刑称罪则治，不称罪则乱。治则刑重，乱则刑轻。李奇注《汉书》曰：此所以治乃刑重，所以乱乃刑轻也。犯治之罪固重，犯乱之罪固轻也，《书》曰"刑罚世轻世重"，此之谓也。

按：荀子之学，本列儒家，而《正论篇》所论，专王于刑，其解《吕刑》世轻世重，复与周官三典背驰。《史记》谓"荀卿嫉浊世之政，亡国乱君相属"云云，是诚有激之言。时至战国，可以觇礼教之陵夷矣。周秦诸子，涉于刑与礼之详最多，而以上之所举各条，至为扼要，录之可知刑与礼消长之机，亦世运治乱兴亡之龟鉴也。

（二）法律上因革之探索

中国自有史以来，关于听断之事，执明刑弼教主义，是语出《尚书·大禹谟》"明于五刑，以弼五教"，注疏于五教，并未明示种类。盖尔时去上古未远。土阶茅茨，草昧肇创，正在议事以制不为刑辟之时期，一切条教，未及豫定。虽有五刑事之名，而何罪当以何刑，初无画一之科，以四凶之恶，而流放窜殛，无一死刑，可以想见听断之简略。

中更夏商，人事日繁，暨乎成周，礼制大备，地官大司徒，始定以五礼，防万民之伪而教之中，郑司农注云"五礼，谓吉、嘉、宾、军、凶"。窃以为此属于国家之典礼，范围过广，按《周书》武成重民五教，孔传释为"五常"。又《白虎通·社稷篇》总论礼乐，亦主为五常，复于礼之功效，以防淫溢节侈靡解之，则常指为伦常，易言之即五伦。是较先郑之说，范围为狭而切矣。

文王始作违教之罚，于《周书·康诰》，见父子兄弟四事，末云：刑兹无赦。而《周礼·秋官·掌戮》"杀其亲者焚之，注缌麻以内"。又《白虎通·诛伐篇》，论父煞子云："父煞其子当诛何？以为天地之性，人为贵。人皆天所生也，托父母之气而生耳。王者以养长而教之，故父不得专也。"列观三说，则对礼教有犯，涉及亲属者，俱应处以死刑。虽以子属于卑幼，班氏复申述必诛之理由，平等主义，达于极点。顾自唐律以后，于尊卑之间，区别轻重之等差，立法例之变更，在于何时，无从证明，其于刑法重视礼教则一也。

"明刑弼教"一语，诚如上述，于虞舜之时，取广义言，于成周之时。依武成及班氏说，取狭义言，本亦刑法与时消息之至理。惟文王违教之罚，《康诰》所引寥寥，是否于父子兄弟二伦之外，兼及其他？又周五刑之属，据《周礼·司刑》及《吕刑》，俱谓二千五百，繁于《唐律》五倍，是否于违教之罚，有无变通，均属疑问。而《周礼·地官·司徒》，复有听断不服教之权，不服教，即经之上文十二教，郑氏注仅指为贪冒，则违教之罚，当亦轻重咸赅矣。

法律与礼教论，究以何标准为区别？愚以为有二点在：第一，犯罪行为为各国所共同者。第二，犯罪行为为本国所独有者。若礼教论，当然属于第二点。吾东方诸国，大率同种同文，上溯建国政治之精神，自有不容放弃者在，故贵国改正刑法之要纲之第一款"对于各罪刑之轻重，维持本邦淳风美俗为目的。关于忠孝其他之道义，就其犯罪，特注意其规定"。即敝国历届刑法案，虽趋重于新之一途，亦不忍甘冒不韪，予以放弃。惟起草者富于知新，昧于温故，此则不能为之讳也。兹据唐律为标准，除礼之属于议请等章制度及昔有事例为今所无外，以关于伦常风纪为限，比较今昔，以贡一得焉。

（甲）伦常之部《名例篇》"十恶"条，不孝、不义、内乱，皆属此部之内，细别仍为二类。

（子）父子

（A）告祖父母父母绞（《唐律》二三）

此条推父为子天，有隐无犯，一有告言，即属忘情弃礼，故于缘坐等设例外，馀以不告为原则。按《荀子·宥坐篇》，记孔子为鲁司寇，不诛父子讼一事，寻绎与康子之问答，以子讼父。春秋时应处死刑，公羊文十六年何休引汉律，无尊上非圣人不孝者，斩首枭之。乡先哲刘逢禄公羊释例，谓为秦法。则唐律之拟绞刑，亦有所本，惟孔子于应科死刑者，执不教而诛，谓杀无辜。仅拘三月而舍之，非裁量之权广，即临时制辟之本旨也。今处天赋人权之时代，行使亲权，不能过滥，自难仍拘此制，若能于诬告加重其刑，中国刑法一八一之一款是亦折中之道也。

（B）子孙不得别籍（《唐律》一二）

周时盛行宗法，故不许别籍异财，维盘家之制度，使之不散者以此。迨商君变法，富民有子则分居，贫民有子则出赘，从此宗法遂坏。应劭《风俗通》曰："凡兄弟同居，上也，通有无，次也，让其下耳。"足徵汉承秦之敝，已不能收敬宗之效，间有纠合宗族五世同居者，国家且以义门旌之，则世风颓下可知矣。本条所谓别籍异财，两不相须，或籍别财同，或户同财异，俱应科以徒刑，三年。虽居父母丧，且有犹豫之期限。若别籍出之于尊长，尊长科罪，二年。子孙不坐，律不云异财，则令其异财者，当然无罪，此项立法例，亦仅于可能之范围内，略予维持耳。吾国今已颁继承之法，然只及财产一项，而别籍与否，不予制限。宗法观念，较唐益薄，为维持东方家庭之团体计，固有规复唐律之必要也。

（C）子孙违犯教令

"十恶"条之不孝，子注"有供养有缺"，而此项事例，实附隶于"子孙违犯教令"条内，徒二年。疏议云：礼云：'七十贰膳，八十常珍之类，家道堪供，而故有阙者。'仍视子孙之资力，以为定衡至为平允。各国立法例，于民法负扶养之义务，于刑法有遗弃之责任，尚属彼此相通。惟本条之违犯教令，则成一研究问题，方今各国法案，日趋平等。亲权虽定于民法，易一方面观，不无束缚之憾，甚至于能力刑中，加以剥夺者，以故青年子弟，甫经通学，即脱家庭之羁绊，溃男女之防闲，因之坠入迷途，习为奸轨，比比皆是。

窃谓社会之良善，悉视个人之人格如何，孔子主张克己复礼，荀子主张性恶，其说虽异，其旨从同。若人不于童蒙时期，加以德育，令自动而悟良知良能之学，恐百不获一矣。故欲社会良善，须先提高人格，是亦必然之途径。亟宜于民法行使亲权之规定内，列举家庭条教数款。在尊长一方，可防滥用，在子弟一方，可沐陶成，如不率教，于刑法施以保安处分，诚一举而两得也。

又"不孝子"目，有居父母夫丧身自嫁娶等项，皆属警察监督之范围内，凡斯琐屑事例，刑法不宜及之，从略。

（丑）夫妇

唐律于夫妇之间，较明、清等律为平等，而十恶条之不义子目，仅有闻夫丧匿不举哀等项，此与子闻父母丧匿不举丧之情节同，且亦无关引用，从略。惟吾国迩来妻擅去其夫，沪上视为习惯，为防浸染，姑就唐律本条略，抒管见焉。

（D）义绝离之（《唐律》一四）

夫妇居三纲之一，故称齐体。《礼·郊特牲》云："一与之齐，终身不改。"《白虎通·嫁娶篇》论嫁娶诸名义云："夫妇者何谓也？夫者扶也，扶以人道者也。妇者服也，服于家事，事人者也。匹配者何谓？相与为偶也。"顾在法律，因夫妇以义而合，殊于天性之亲，故唐律有因条件而出者，则妻"无七出"条。是有义绝及和离者，即本条，是立法宗旨，与今世民法婚姻章，大致相同。而妇不忍轻去其夫者，为全终身之名节也。自人民国，渐有离婚之诉，然缙绅之家，尚不多见。比因励行男女平权，离婚之诉，几于无日无之，虽法院予以驳斥，而下堂之念既坚，必用其他恫吓方法，务达其目的而后已。

今沪上离婚之案，归责于夫之一方，固亦有之，要以归责于妇之一方为盛，推原其故，皆因妇女意志薄弱，易受荧惑。自颁行平权之政纲，推翻旌门之旧例，妇女遂视苟合为自由，等藁砧如传舍，加以业辩护者，于中操纵，以致破家荡产，血族睽离，不可胜数。当其走极端之时，一意孤行，初不虑其色衰爱驰，金尽途穷，何以遣送垂画之居诸。然则为拯救女性之陷溺，似可师本条之法意，于妨害家庭罪章，加以薄罚，其以离婚诱惑之者，直不妨分别情形，处以和略论也。

近项吾国夫妇间之紊乱，诚如上述。然平权为裁度庶类之公的准则，两间所不可须臾离者，东方夫妇之制度。处此大同之趋向下，亦一研究问题。忆及十年前游英伦，赴辩护士会公安，某君言英之风习，妻属于夫之财产，以故防范綦严，是服从主义。凡富于保守性民族之所共同也，吾国初次民法草案，笃守旧，妻在在受其夫之监督，远不逮未成年人法律上所享之权利能力。今则严格独立，被反动之影响，至生此现象，为维护永远平和之家庭，允宜从新旧之制度，充分以调剂之。

在"子孙违犯教令"条，子注谓可从而违，从字舍有义方之意，则监督之权，亦应以法律为根据。假如以一弱女子，所适非天，日于暴戾恣睢之下，责令受其监督，立法之原理，当不如此偏枯，即以财产而言，果为夫之特约或赠与者，夫固有监督之权，若为赠嫁奁资，所有权别有所属，毋庸其夫越俎代谋。总之妇女之立场，归礼教上为维持家制，应负三从之义务。从法律上，凡一应权利能力，应准诸未成年人，予以相当之保障也。附志于此，以供参考。

（寅）内乱

此"十恶"条之内乱，关于奸罪赎及伦常者，与今世因政治犯罪，改题为内乱者不同。（A）奸从祖姑（《唐律》二六）。十恶条之内乱，小功以上亲，指血族关系之较近者，以今服制图准之。本条之入十恶者，为从祖姑、从父姊妹两项，流二千里。

（B）奸父祖妾（同上）

本条除伯叔母、子孙之妇，父祖所幸婢外，均以内乱论。且科绞刑，以血族关系尤重也。奸父祖妾，下有子注，谓曾经有父祖子者，若无子，依上文妾减一等，仍属十恶之范围内。

《公羊昭三十一年传疏》：外内乱鸟兽行则灭之。内乱，谓姑姊妹之徒；外乱，谓父子聚麀，即奸父祖妾。是律言内乱者，简约之词也。汉律亦名禽兽行，死罪。又唐制妾之上有媵，亚于妻，而有官品。若奸父祖媵，应以妾论。内乱之案，近世颇罕，因涉及伦常，故并及之。

（乙）风纪之部

"风纪"二字，为风化纲纪之简称。《唐律》于是项事例未设专门，大致散见于下之各章。

（子）户婚

（A）同姓为婚（《唐律》一四，以下所对照者为中国刑法）

凡应以奸论者四：（一）缌麻以上同姓为婚者。（二）外姻服属尊卑共为婚姻者。（三）同母异父姊妹。（四）妻前夫之女。今刑法惟第二四五条有四等内之宗亲相和奸处刑一条，馀均无文。即以该条而论，总则文例，无以论之规定，设以婚姻之仪式行之，是否构成本条之罪，一疑问也。

（B）监临娶所监临女　（同上）

枉法娶人妻妾及女，以奸论，加二等。即下昭一四年，邢侯与雍子争鄐田，雍子纳女于叔鱼，晋叔向论为鲋也鬻狱也，春秋应死刑。今法为第一三〇条之一款其他不正利益。

（C）嫁娶违律　（同上）

此婚姻以奸论者，由祖父母父母主婚，应坐主婚人也。至死减一等。

（丑）杂律（仅举二条，余从略）

（A）奸徒一年半（《唐律》二六）

《尚书·大传》云：男女不以义交者，其刑宫。《周礼·司刑》注："宫者丈夫则割其势，女子闭于宫中，若今宦男女也。"《太平御览·刑法部》引《尚书·刑德放》："宫者女子淫乱，执置宫中，不得出也。割者，丈夫淫，割其势也。"《吕刑》伪孔传："宫淫刑也，次死之刑。"《大戴·千乘篇》："子女专曰妖。"妖亦指淫乱之事。

又《史记·文帝纪十三年》注:"常昭曰:崔浩《汉律》序云:'文帝除肉刑,而宫不易。'张斐注云:'以淫乱人族类,故不易之也。'"古人之重视此项事例,可以概见,并不问夫之有无。晋《刑法志》引《晋律》"淫寡女三岁刑",《唐律》因之,遂分别有夫、无夫,无夫徒一年半,已减轻数等。《明律》于"犯奸"特设一篇,而无夫杖八十,有夫杖九十,更失定律本意。然明清之间,室女犯淫绝少,岂区区此杖八十之薄刑,如告朔饩羊城,使之常萦于心目耶,诚亦本于礼教从各方面防范之者,奏其效力也。

古人犯宫为次死之刑,已如上述。然周时于此项事例,仍系秘密讯问,初审并不属之于士。《周礼·地官》媒氏云:"凡男女之阴讼,听之于胜国之社。其附于刑者,归之于士。注阴讼,中冓之事以触法者。胜国,亡国也。亡国之社,奄其上而栈其下,使无所通,就之以听阴讼之情,明不当宣露其罪,不在赦宥者,直归于士而刑之,大司徒不复以听,士司寇之属。"是亦含有刑之适用之意,欲保全其名节,从礼教以感化之,乃得归于士,非必归于士,犹孔子不诛父子讼也。

严格防闲男女,不惟东方古代为然,今欧洲亦有笃守勿替者。尝在英国实地调查,初不见有男女同校之事,而堪勃里治大学之大讲演堂,每值讲演之期,女子环于二楼之三面,男子列坐广庭,不令接触。又普通人家,如母稍有不轨则之名誉。幼小子女,即强迫入于感化院,以故该国以养成模范人格为第一义,岂我东方风以礼教相号名者,反瞠乎其后耶?

自唐宋以来,律令格式,相须为用,而令之与格,性质与古之五禁相似,所谓禁于未然者也。刑法编纂,虽不能一事一例,不妨于他种法律,寓推行礼教之旨趣,以管见所及:(一)青年子女,令行亲权者从严监护。(二)凡学校公园其他公众场所,及营旅馆业之主人,各加以必要之责任。青年时代,令其守身如圭璧,斯终身无坠落之虞矣。

难者曰,方今文明,不啻科学治世,在在宜维持独立精神,国能独立,斯存于国际,人能独立,斯存于社会。礼教之说,倡自儒家,而儒以孔子为钜子,孔子克己复礼,其说与荀子性恶相近。对于一已,虽生砥砺之功,对于群众,初无强制之力,鉴于世界之潮流,难守此迂远之故辙。曰不然,王制之四诛,作淫声异服奇技奇器以疑众杀。郑注奇技奇器,若公输般请以机定窆。技指人器,器指机窆,而孔子圣之时者,并不极端非之。大学条目之初步,为物格致知。

物格，即物理学，致知，谓极其智力，实为科学之权兴。顾虑滥用科学，失之偏重，故其下即承以意诚心正身修，以养成个人之人格，然后令接触于社会，故以齐家继之。家者，受社会教育之托付，分析之各个小团体也。家能齐，斯社会能昭其秩序矣。至是以之膺地方之责任，则国以治，以之揽中央之政权，则天下以平。循序而进，自无不揣其本而齐其末之嫌。是孔子早已鉴及科学之致用，特列为条目，以告诫及门弟子也。吾东方自黄帝御世以来，昌明礼制，无论何国，俱奉为立国大纲，所以绵远至今，获与欧洲民族对峙。

若不以礼教为之范围，大之则国与国争，扩充列国七雄，前后五代之战祸，生灵被其涂炭，反召他笔之侵侮。小人则人与人争，彼行邪说，冈辨是非，重演泽水猛兽之实祸。四民生业，为其根本动摇，虽有善者，亦复无如之何，以东方今日之情形，为谋社会之安宁，宜维持家之制度，而家之制度，舍礼教无第二法门。

由是言之，明刑弼教，在今日尤宜严格励行，所望各界诸君子，就大学条目，分别先后，权衡其轻重也。

四 《新刑律颁布之经过》

章宗祥

　　清末新旧思想嬗换最明显之事，为改订新刑律问题。自起草至提议，几经讨论，易稿数次，费时近十年，余始终参与其事。光绪年，派修订法律大臣二人，一为沈子敦，一为伍秩庸。时沈任刑部侍郎，伍任外务部侍郎，新旧派合用，盖有采用新制加入旧例之意，未主完全更张也。刑部本有修律馆，此次乃独立设一机关，定名为"修订法律馆"，以三年为期，期满以刑律尚未竣工，他种法典亦待编订，更将机关扩充，聘置专任人员。伍致仕回南，由沈一人主持，旋添派俞廙轩为大臣，其后刘仲鲁、宝瑞臣亦加入，于是修律大臣有四人。民国后编纂法典事务另设委员会，其会长由司法总长兼任。余长司法时，即行此制。后数年又改为独立机关，另置总裁。新刑律早经实行，更谋修改，其注重之事务，则为民律、商律及诉讼律各种法典。斯时修律，所用学理及成例，务求其最新。与新刑律初议改时尚有旧派之阻力者，其情形大不同矣。

　　修订法律馆最初成立时，大臣之下置提调、总纂、协修等职。是时新派尚无甚势力，提调数人皆刑部旧法律家，为王内卿、罗石帆、曾鉴及饶某，总纂为董绶经，余任纂修，吉石生、许机楼、王书衡、陆闰生、曹润田、李方诸人分任纂修协修。馆费不甚充足，任事各员都为兼差，以是进行颇迟缓。及三年期满添请经费，乃添置专任人员，分任编订民商诉讼各法典草案，陈任先、高子徕、江翊云及余兄伯初等，皆当时专任纂修也。余担任警厅职，改任总纂，未能若初开馆时执笔之勤矣。

　　旧派诸人在刑部执务已数十年，于应用大清律例，可称巨擘，而思想陈旧，对于新律原理大都茫然。伍固为新派，惟刑律非真专门，因自担编订公司律事，而以刑律事归沈总揽。沈深于旧律，在刑部当家十余年（清例尚书侍郎为堂官，以资升进，各部转补无定则，部事悉由书吏办稿，司官核定之。所谓堂官者，画黑稿者居多。惟刑部及户部，一关系人民生命，一关系国家财产，侍郎中必派一由部出身熟悉部务者主持一切，俗称当家侍郎。后所置新部若外交部、商部，不用书吏，由司官自身主稿，与旧部情形即大不同），居官清俭，好学不倦，关于汉唐律考证极精，而于新律尤能融会贯通。馆中每星期会议两次，旧派对于新派意见有所争执，得沈一言往往即解决。盖旧派熟于例案，不甚知律意，沈推言立法之微，示古人用意相符，闻者自释然。与旧派办论，以新理晓之，不如以古义析之为有效也。

沈既以改律为己任，于各国法律极欲虚心研究。时京师风气尚未大开，馆初开办，未敢即用外国顾问。余乃创设中外法制调查局，以严谷孙藏博士①为局中顾问，由馆酌助经费，间接委以调查及起草各事。严谷亦乐尽义务，胡伯平、杨景苏诸人，其时皆在局任事。新刑律总则草案最初由严谷起草，后馆务扩张，聘请冈田朝太郎博士来华，乃由冈田重新整理，拟成新刑律全部草案。是时法律学堂亦开办，聘请日本博士多人为教习，一面使兼任馆中起草事务，正式任为调查员，如松冈义正及志田钾太郎诸博士，均先后来就任。中国法界之新机，即于此时播种树根。盖沈从新派之计划，于编订条文外，已从事他日实行之准备矣。

沈于改律事甚信任余之意见，有所条陈无不从纳。余自留学归国，即在仕学进士两馆专授刑法，故对于新律问题，尤有趣味，无日不望学理见诸实际。旧派中有新思想者，惟董绶经一人。董自开馆后，热心进行，与余讨论研究最切，除会议日外，董与余每日辄在馆编译草案，虽盛夏不事休息。馆为銮舆卫旧址，房屋已陈腐失修，雨日地面出水，潮气逼人，两人对坐，余口译，董笔述，至今犹能忆及当时情状。嗣象坊桥新馆告成，始迁往。法界同人以旧址为法学会，他日法典全部告成，当不忘此所为发源地也。

新律与旧律原则上最冲突之点为"律无明文不为罪"之问题。专制时代，主权者本可任意以命令作为法律，有特种之罪发生，律所未载者，可临时由部奏准定罪或以明令特市，其后遂成定例。律文至简，例乃与律同有效力。犯罪之情状千变万化，即用例亦不足以尽之，于是行比附援引之制，即不必正式命令，问狱者但以律例中相似之条，酌量比拟，便可定罪。所谓吏胥上下其手，皆由此发生，与新律之原则盖绝对不能相容。当提议废去比附援引问题时，旧派全体反对，新派亦绝对不能相让，辨驳疏

---

① 即岩古孙藏。

通，颇费时日。嗣以新律总则内有裁判官对于处刑有审择伸缩之余地，如同一盗案，可酌量情形，选定犯刑无期徒刑或有期徒刑。至有期徒刑之年限，亦有长短伸缩之自由，罚金多寡亦然。众经此说明，沈以毅力主持，始得通过。议者犹以裁判官过于自由漫无标准为病，沈谓可将例案编成，作为裁判官内部之参考，众乃无言。此议既决，大清律例之根本取消已不成问题，新派之胜即基于此。

次为废除凌迟极刑、先斩后奏及刑讯问题。以上诸节为保护人权上万不能容之事，而沿用数千年，除刑讯问题尚有争执外，旧派亦早有不忍之心，然无有敢创议者。某日会议，余等提议：现在既议改订新律，旧时沿用残酷之制必须先行革除，为人民造福。伍大赞成，谓"外人屡讥中国为野蛮，即指凌迟及刑讯而言。我辈既担此改律重任，大宜进言先废，于他日收回治外法权，必得好结果"。沈乃命即日草拟奏稿，旧派于凌迟及即决两端无异议。盖凌迟之惨，大非人道。旧时对于"大逆"尚有用"鱼鳞剐"者，即以铁网罩人身体，以刀割其自网突出之肉片，若去鱼鳞，故有是名。清末已废之。此时所谓凌迟，即俗称"杀六刀"，先去手足，后破腹，最后斩首。受者未死时之痛苦，真有不忍睹者。并先斩后奏，大都各省行之，中央为维持地方治安起见，以此权委之督抚。其后督抚滥用此权，动辄自由即决，枉杀之案，时有所闻，故刑部司直诸人极思借此纠正之也。及刑讯问题，议论又蜂起。旧法定案，必以犯人口供为凭即证据确实，亦须犯人自认，方为信谳。犯人不供，遂不得不用刑迫，三木之下，惨无人道，如天枰架夹棍等类，一经使用，骨断筋折，往往终身成为废人。至酷吏贪役滥创非刑，更伤天理。而旧派辄谓刑讯一废，犯人狡不认罪或任意翻供，其果必致悬案难结。余等以重证不重供驳之，反对者终以不便为言。沈谓众曰："古来名吏问案，大都搜集要证，洞悉案中隐微，问时旁敲侧击，往往使犯人于不知不觉之中自认其罪，不能抵赖。今之以刑逼供，本非良吏所应出此。须知今日会议，我等一言，可以保全人民血肉不少，愿诸君熟审之。"众闻沈慈祥剀切之言，遂无再起反对者，乃定议奏上，即发明令准行。外界对于此举大表同情，新刑律问题，亦渐为一般注意矣。

刑讯既停止，遂议并废笞杖体刑，一律改用监禁或罚金。此问题旧派无甚异议，新派中有主张留笞刑者，谓下级人民教育程度太低，不用体刑不足以儆其将来。且罚金因贫不能缴者。若折改监禁，监狱亦虑拥挤，于司法经费极有关系，所论亦非无理由。东西各国对于殖民地人民，往往施用此制。嗣讨论结果，以体刑究非人道主义，遂决议废除。又法堂上原告皆跪，甚于文明制度不合，亦议改为立正陈述。凡此诸端，皆随议随奏，先期施行，法律馆遂成为议行新政机关之一。刑部法律家之旧势力，无形中盖大受动摇矣。

及宣统二年，新刑律草案脱稿，资政院适成立，当由法律馆会同宪政编查馆奏交资政院会议，余为政府说明委员。议员对于此案显分新、旧两派。旧派代表为劳玉初，劳壮年久任州县，有能名，与江苏议员许久香反对最力。劳等知议员新派占多数。辩论取决不能得胜，乃用消极抵制之法，每遇此案列入议程，辄动议先议他案。一般议员亦以"新律烦重，非顷刻所能议决"，往往赞成之。资政院会期为三个月，将届期满，此案竟未付议。时沈兼任资政院副总裁，深惜此机会，不想搁置经年，乃与余等熟商，说总裁溥伦，请将会期奏展十日。奏中并声明新律因会期短促，未及议竣，是以请展以竟全功等语。余等以为展会期中必可专议此案矣，不意反对议员仍利用政治上之问题，日提紧急动议，或质问，或弹劾，扰多日，新律条文竟未讨论，而展期之终日已至。是日新律仍列入议程，为第一议题，而反对议员又提他案。余乃以政府委员资格发言，谓此次延长会期，以新律尚为议竣为理由，若今日不能议决，资政院何以示信于人？各国议会开会中因讨论议案，延至深夜者不乏其例。政府意见，深望今日延长开会时间，使新律得以通过云云。新派议员群起和之，遂定议本日开会夜以继日，自午后2时起开议，先议总则。新派议员人数过于旧派，创议初读会无异议者，不事讨论，并省去二读会及三读会，乃逐条宣读。其间稍有文字上之疑议，经解释后，即行通过。旧派对于总则本亦不甚了解，于是消极手段，概不起立或举手。而新派人数已足亦听之。旧派初意，即总则通过分则尚有数百条，断无一日中可以议了之理。及7时余，总则完毕，旧派提议休息用膳，议长允之。议长每日由伦自行出席，间亦由沈代理。是日伦中途有事，乃沈代行议长职务，当宣言夜9时续行开会。是晚余等咸聚餐于松树胡同曹润田家，汪衮甫、胡伯平、雷继兴、杨翼之等新议员，各先后到；金伯屏为秘书长，亦来与议。余等商定今晚必须将新律分则完全通过，而逐条宣读，稍生议论。即虑耽误，因议免读条文整个议决之法，投票取决时，由议长命守卫严闭议场，以防旧派议员走脱而导致人数不敷。此种办法，各国议会党派屡行之。余等杜撰，亦竟符合。及9时开会，新派提议省略宣读条文，旧派大反对，争议多时，议长乃宣布投票取决。分青票白票，白为赞成票，青为反对票，旧派知人数不能敌，欲以消极抵制，纷纷图退出议场，而议场门已奉议长命锁闭，守卫不允开启，只得回席投票。蒙古西藏等处系政府选派，新派得此议席者多人，蒙古王公等本无甚意见，由新派约为同派，因是白票遂得多数。新律分则于两小时内完全通过，诚修律史中之趣闻也。散会已逾11时，旧派有悻悻色，新刑律却自此成立矣。

新律既通过，乃由馆拟订施行细则。展转年余，革命已起，民国成立，以大清律例万不适用，遂将资政院通过原案颁布施行，其与国体抵触各条，以命令宣布，作为当然无效。余是时适自议和事竣归京，任总统府秘书，参预其事，颇自幸当年谋画之有效。沈则以国体改革，暂任为法部首领，然以病未出视事也。沈于上年新律在院深夜通过后翌日，到院参预闭会仪式，下议台时，偶不慎，失足坠地伤鼻，出血甚多，回寓静养，究因年老受伤，自此多病。余赴德将启程，沈尚未出病房，因进内室辞行，见一榻一几，其起居之俭素，无异书生。书桌上著稿堆积，令人生敬。沈虽在病中，犹时时念及新律之将来如何施行，关于各国执行死刑方法尤注意，嘱余详细考察。中国执行死刑，采用新法，在监狱密行绞毙，废去公开斩决枭首示众，皆沈主持之力。民国施行新律，而惩治盗匪，恢复斩首枭示之制，诿诸军法至今未停，旧派辄以为非此不足以警顽民。今乃知以法律提高人民程度之说，甚不易行于中国。提高法律，而不能提高行法者之程度，所谓人道主义，特空谈而已。余犹忆初至北京，偶于夜间过顺治门外菜市口，在骡车中瞥见血首累累，模糊不可辨，以为菜市中之市肉者，或未将猪首取进耳。岂知即日间斩决之犯，特肆诸市以示众者耶。至死刑执行公开，尤足启人残忍之心。北方强悍多盗，被捕就刑者辄于囚车内高歌自傲，谓"今日就死，明日转生，二十年后仍不失为一好汉"，闻者辄和之。由此以观，公开处刑之不足以警众明矣。

司法独立之议，清末亦认为筹备宪政之一端，京师及各省审判厅制度，已渐次成立。自新刑律颁布，法界更增生气而一般旧社会最不洽意者有二端，一为强盗不即处死，内地居民颇虑盗风日长，不能安居；一为不承认娶妾制度，已有妾之家庭，时时发生纠葛。第一问题，各省地方官及绅士，极主张治乱国用重典之议；第二问题则自北京当局自身起，所谓上流阶级之旧派，无不异口同声，主张保护旧习。盖中国之旧派，几无人不娶妾，而妾所生子之有势力者，亦不乏其人。自新律施行，遂引为切肤之痛，时余已由大理院转长司法，一日袁项城使杨杏城谓余曰："娶妾诚非文明制度，然中国素重嗣续主义，无后之人，似宜许其例外纳妾，使得嗣子。"余对于嗣续问题，素主自然主义，有子者不能憎其过多，无子者亦不必强之使有。然亦不欲以个人之意见，蔑视中国数千年以来传子习惯，杨主凡年至四十未生子者，准其纳妾。余亦以为过渡时代，不妨设此例外，但尚未有具体的成案也。旧派此时暗中进行反对甚力，沈铭昌、沈金鉴诸人，皆旧时干吏，以熟于旧律名。董继余任大理院，沈等遂拟具新刑律暂行条例数则及惩治盗匪法，以总统命令颁布。传闻董鉴于趣势，亦密质其议，各省督军省长联名全体反对司法新制，亦正在此时，余尽力维持，始得保留新制未受动摇。然因暂行条例之限制，新刑律之精神，十余年来，盖未能安全发展矣。

(1962年)

第五部分

《申报》与《大清新刑律》

　　奴才于去岁九月间偶感风寒，初不过鼻塞头眩，咳嗽吐痰而已，迨至十月猝闻两宫升遐，虽在百姓巷哭犹且气尽声嘶，矧奴才受知最深，受恩最重，其哀恸迫切固有出于不自禁而不自知者。嗣是以来常忽若有所失，目熟视而无睹、耳倾听而不闻、口鼻尤不辨香臭，粗粝肉糜啖之而已。又常中夜起立绕室彷徨，喃喃自语。虽亦服驱邪定中之剂，安神降气之方，然医者第能察有象之寒温，而难喻无形之痛楚，药石徒进毫末无功。窃念奴才忝领兼圻虚抛四载，新政待举旧病未瘳，念责任之匪轻，非病躯所能理，惟有仰恳天恩，俯准开缺。

　　——1909年6月陕甘总督升允《奏奴才积患心疾医治未痊愈恳请开缺折》

　　刑律者，国家与人民修省之木铎也。近时修订法律大臣所拟民刑诉讼法及刑律总分草案，大致改重从轻，即俗吏与刑幕所称"救生不救死"之说，原不值识者一噱，业经先后分别签注咨覆在案。独其自谓欲收回治外法权，则尤不得不辩。中西种族不同，故刑法轻重互异。欧美各国交涉视其足之所履，归其地方审判，我诚有以自强，外人之在中国者，不难就我范围。否则，刑法虽轻，彼终不能视为平等而徒破坏历代执行列圣鉴定之律例。为作奸犯科之辈，曲示恺悌，甚非谓也。又罚锾一事，虽见《尚书》而不可行于今日，盖民财穷尽反轻责而重罚，官吏贪酷复因缘而为奸，益使富者得藉以横行，贫者终莫由自赎，所谓廷尉天下之平，固如是乎？而况奸宄接迹、盗贼充斥，既昧刑乱用重之义，终启水懦民玩之虞，奴才所谓宜详加斟酌者此其四。

——1909 年 7 月开缺陕甘总督《奏敬抒管见仰祈圣鉴事》

概述与论说

《申报》1872 年 4 月 30 日在上海创刊，1949 年 5 月 27 日停刊，前后总计经营了 77 年，有上海版、汉口版、香港版存世，共出版 27000 余期。《申报》的出版，完整记录了晚清、北洋政府、国民政府三个时代，时间跨度之长，影响之广，同时期其他报纸难以企及。在中国新闻史和社会史研究上都占有重要地位，确实是研究中国近现代史的"百科全书"和庞大的资料库。

晚清刑事法律的修改，贯穿十年法律改革的全过程，因而在《申报》中，留下了大量涉及新刑律立法的文字报道。这些报道，不仅能够有助于我们还原新刑律的立法过程，还能透过这些看似"一鳞半爪"的零星记录，体悟晚清刑法改革的来龙去脉与整体面貌。从报道的字里行间所展示的报刊舆论对新刑律立法所持的立场和观点，能让我们领会报纸杂志营造的社会舆论在新刑律立法中的影响和作用，进而思考舆论媒体与国家立法互动中的经验和教训。

《申报》的创办人是同治初年来华经商的英国人安纳斯托·美查（E.

Major），在外国人办的报刊中，《申报》是第一家由中国人主持笔政，创刊头版就刊载"论说"，打破了报纸不发表论文的惯例。其以中国一般读者为对象，"以肩荷社会先驱和推进时代的责任，使社会进入合理的常轨；并民族臻于兴盛与繁荣"为己任，迅速成长为上海地区的第一大报。在晚清法律改革时期，《申报》就通过自己的信息渠道获得独家新闻，刊发的这些消息，多不是来自官方的通报。而且报道、言论相当自由，无论是朝廷的谕旨、大臣的奏折，还是紫禁城的动态、党派的分歧、官员的沉浮和恩怨，都会以北京专电在京师近事栏目里刊出，而且常常配发各种表明修改法律立场的各种"社论"和论说。持续的报道，并未受到清政府的干涉，为《申报》提供消息的人亦安然无事，一直不断地发来最新的消息，《申报》在报道中还经常标明"据内廷人云"、"据内监云"等，以显示消息之可靠。有报史云："光绪末叶数年，出报既不报知官厅，其言论之自由，可谓有闻必录。对于政治之得失，内外大员之善恶，皆可尽情指责；人民之冤抑隐疾，更可尽情登载。"这真是中国近代史上新闻最开放的一段时期，为我们今天探寻历史的真相提供了极好的材料。

　　这种言论自由的存在，与清政府丧失对外国人的法权管辖密切相关。20 世纪初即来中国从事新闻出版工作的美国人卡尔·克劳（Carl Crow）就认为外国人在中国所享有的治外法权促进了中国的出版自由，他以自己曾是天津一家中文报纸董事会主席却完全不介入报社内部事务的亲身经历证明，"每当某个中国官员扬言给这家报纸真正的（中国人）老板们找麻烦时，我是董事会主席的事实的确能使他们挥舞美国国旗"，"中国的报章杂志获得强劲有力和相当健康的发展，这个事实应归功于外国国旗通过一些诡计提供的保护，诸如我曾是当事人的那种诡计。没有这种保护，就不会有满清时期的那些报纸，因为对满清官员来说，印刷机是造反者的有力工具"，"一种奇怪的反常现象是，中国主权由于强加的治外法权权利而受损，但在出版自由具有最大价值和最为重要的那个社会和政治的发展时期，这种主权受损却是使出版自由变得可能的唯一东西"[①]。

　　这样反常和吊诡的事情，在中国近代法律史上同样存在。自 1843 年起，通过双边条约，外国政府就开始在中国享有管理本国人的"治外法权"，由于这个权利的存在同时限制了在华外国人到中国内地游历、经

---

① 卡尔·克劳：《洋鬼子在中国》，夏伯铭译，复旦大学出版社 2011 年版，第 108 页。

商、传教的权利，因此治外法权对中国主权的损害，很长时间里并没有引起中国政府和中国人的重视。《申报》1886 年第一次出现"治外法权"一词，是报道"朝鲜与俄国和约之附约密约"①，与中国没有直接关系。第二次出现"治外法权"字样是在 1895 年以后，主要是《马关条约》签订以后，中国向日本派出外交使节，要求对等享有"领事裁判权"而被日方拒绝，中国对此表示不满的报道。一份 1872 年创刊的日报，1886 年才第一次提及"治外法权"，而且讨论的还是他国（韩国和日本）的"治外法权"问题，中国的问题 1902 年之前基本没有讨论。这说明，在很长的时间里，社会舆论和媒体并不关心这个问题。

中外条约中正式出现"治外法权"概念是在 1902 年 9 月 5 日《中英续议通商行船条约》第十二条，英国用一定条件下允弃治外法权的形式表达了对中国已经启动的法律改革的支持。随后讨论收回治外法权和法律改革关系的文章在《申报》上大量出现，《申报》也报道了数省乡试将收回治外法权和法律改革关系问题作为考试题目，这样在中国就迅速形成了"修律以收回领事裁判权"命题和理念。在这一理念的号召之下，中国修律取得了巨大进展的同时，收回领事裁判权问题却毫无进展和举措。制定在通商口岸实施的交涉刑律和建立口岸衙门，以作为中国收回领事裁判权的第一步，很早就提出来了，但从来没有被上层统治阶层所认真考虑，以至于《申报》1905 年 1 月 27 日《中国亟宜考订交涉刑律论》也表示质疑、惋惜并提出了方案。到了 1906 年修订法律馆上奏《刑事民事诉讼法草案》之时，草案的具体条款，完全没有贯彻其所声称的"修律以取消领事裁判权"的意图，反而把"治外法权"国内法化。由此，当年在中英谈判中主导首倡"治外法权条款"的张之洞，也开始反对僵化理解这一条款，在新刑律立法中没有机会行使酌核权的礼学馆，对外表达了自己立足本国实际进行修律的立场和观点，"本馆对于酌核之意旨，不外以本国习惯礼教为根本，有不足者则采取他国。至若治外法权能否收回，本馆不能过问，本馆只知所酌核之法律是中国法律，法律所管束之人民是中国人民，总以整顿中国风化为务，不必急急求合于外人也"。对此，《申报》

---

① 1886 年 6 月 6 日（光绪十二年五月初五日）《申报》，"谓今后朝鲜国款待俄国当格外从优，凡法律刑名未能悉臻妥洽之前，所有俄国人民之住韩者，不能照治外法权绳之俄人"，这里所用"治外法权"表达的意思是"本国管辖外国人的权力"，恰好和黄遵宪在《日本国志》中所使用的"治外法权"意思相反。

认为"袭刘廷琛之唾余耳,可羞"①。

从整体立场看,《申报》无疑是关心和支持法律馆新刑律立法的。对于批评新刑律的个人和观点,《申报》多有报道和反批评。1908年4月4日,暑邮传部右丞、右参议李稷勋上奏《新纂刑律草案流弊滋大应详加厘订折》,认为"新纂刑律分则草案,轻重失宜,流弊滋大,拟恳详加厘订,以维政体而弭乱端"②,就笔者所见,李稷勋的奏折比张之洞的学部奏折还早两个多月,是1907年刑律草案出台后,第一个明确对草案说"不"的人。对此,1908年4月27日《申报》刊出笔名为"嫉俗"的评论文章,逐一对李稷勋的观点"新刑律草案过于宽纵的问题""逆伦之律只用斩决为轻"进行了批驳,表达了"野蛮国以严刑治,文明国以教育治""教育者治本之事,刑律者治末之事也""注意刑律改良者更注意教育普及,庶几可脱野蛮之范围而造于文明之域"等观点③。宣统元年正月二十七日《凡旧律义关伦常诸条不可率行变革谕》下达后,《申报》即发表《沈侍郎修订刑律之为难》的报道,披露了其中的一些细节,包括明降谕旨前一天摄政王召见法律大臣的情形,指出明旨"闻系张相所请,因此律须会同法部核办,并有会同学部修订之事","沈侍郎与人语及此事,万分为难,而俞廉三向于此事从未研究,当日召见时俞竟不置一词,殊乏两全之法,是以沈侍郎有请调驻美钦使伍廷芳回京同办之意"④。1909年3月17日《申报》则报道,"自刑律草案被各省督抚逐条注驳后,摄政王颇滋不豫。日昨特召法部各堂面谕从速修订现行法律,以免歧异,并谕增添交涉律,以资遵循"⑤,1909年7月23日又报道,"摄政王甚不以沈家本所订新律为然,昨日召见法部堂官时谆语葛尚书等,会议新刑律,第一应注重礼教,切勿多采外律以致徒法难行,必为京外各署纷纷奏驳,徒耽误时日而已"⑥。资政院开会审议新刑律草案前夕,《申报》发表外电报道,"中国资政院提议新刑律问题,英国各大报均得有北京专员之电告,一时哄动,全欧社会均集视线于此问题,其国中舆论皆谓中国刑法

---

① 《礼学馆破坏新刑律》,《申报》1911年4月7日。
② 故宫博物院明清档案部:《清末筹备立宪档案史料》,中华书局1979年版,第854页。
③ 《论李参议请改订刑律》,1908年4月27日《申报》。
④ 《沈侍郎修订刑律之为难》,1909年2月28日《申报》。
⑤ 《摄政王命法部从速修订现行律例》,1909年3月17日《申报》。
⑥ 《摄政王改订新刑律之宗旨》,1909年7月23日《申报》。

向守残酷主义,今新刑律纯以崭新之学说编定而成,可知其所注重者在于撤退各国在中国之领事裁判权,领事裁判权本系为对待野蛮国主义,今中国果能改良法律,吾英人亦不惜以全力协助之,并闻各国政府已纷纷电致各该公使,询问新刑律之内容,若何及能否通过",借"外人注目新刑律问题",表达"各国将以刑律之能否通过,决将来放弃与否之从违"①的观点,无疑给政府施加了不少压力。资政院开议后,《申报》又发表多篇文章和报道,批评守旧派,声援新学派②。第一届资政院会议闭幕后,京师大学堂总监督刘廷琛上《奏新刑律不合礼教条文请严饬删尽折》,"痛诋新律败坏三纲",对此《申报》有连续报道,对事件的动态和走向多有评论,"闻此封奏之所由上,枢臣因沈家本修订法律专主从新,故保刘若曾代之。复嗾令刘奏请申明新律宗旨,饬礼学、律学两馆,依据旧律以维名教(见某报)。故折中有礼教尽灭新律可行,不灭则万难施行。皇上本无废灭礼教之意,馆臣陷皇上以废灭礼教之名,后世史书记载中国礼教废灭自皇上始等语,附片有法律原为治民而设,乃馆臣废弃《大清律例》,专为寓华外人计,并痛诋杨度谓忠义之衰由于孝悌不明之故,若王无废三纲意,请先废文士,如欲整顿请严行谕饬将新律中关碍礼教各条尽行删去云云。呜呼!新刑律自劳乃宣与资政院极端一度之抨击后,而复有刘廷琛助其波而扬其澜。如此聚讼,纵历几多之日月,终难确定编纂而颁布之一日矣。刘廷琛虽胸无主张,其支离怪诞不过出于枢臣之授意而来,而其为梗于前途,增新刑律实行之阻力,则其影响甚大也,是不可以不辨"③。《申报》对《大清新刑律》立法过程的及时跟踪报道,留下了不少有价值的法律史文献资料,其中就笔者的阅读范围,下列材料为在《申报》所仅见:编制局校订《新刑律》意见书(1910 年 12 月 19 日《申报》)、董科员答劳议员论新刑律(1910 年 12 月 19 日《申报》)、编制局劳提学《新刑律》说贴驳议(1911 年 1 月 4 日《申报》)、日本冈田博士的《论刑律不宜增入和奸罪之罚则》(1911 年 1 月 11 日《申报》),对补充新刑律研究中的一些盲点有较大价值。

---

① 《外人注目新刑律问题》,1910 年 12 月 12 日《申报》。
② 参见《新旧刑律之大激战》(1910 年 12 月 15 日《申报》)、《续纪新旧刑律之大激战》(1910 年 12 月 17 日《申报》)、《劳乃宣何苦如此》(1910 年 12 月 24 日《申报》)、《高凌霄不容于川同乡》(1911 年 1 月 1 日《申报》)。
③ 《辩刘廷琛反对新刑律》,1911 年 3 月 29 日《申报》。

《申报》是一家由外国人所办、以中国人为读者群的报纸，在晚清刑法改革的时候，极力宣扬"修律以收回领事裁判权"，一家在领事裁判权庇护下的报纸，却鼓吹中国激进的法律改革以废除这种权利。你说，其中真实的意图，到底是看不惯治外法权呢？还是看不惯中国法律呢？

　　行笔至此，突然想起了"五四"学潮时蔡元培先生辞去校长职务时所写的第一句话，"杀君马者道旁儿"！

《申报》晚清刑法改革报道目录

一　中西会订普通刑律议（1897/3/8）

二　增改现行律例议（1902/10/2、1902/10/3）

三　中国亟宜收回治外法权论（1902/12/18）

四　中国亟宜考订交涉刑律论（1905/1/27）

五　闽督议覆刑事、民事诉讼法折（1907/6/26）

六　论李参议请改订刑律（1908/4/27）

七　中国收回治外法权之先声（1908/9/5）

八　京师近事：外务部梁尚书注意收回领事裁判权事；政府加派法部会订厘正刑法事（1909/1/28）

九　沈侍郎修订刑律之为难（1909/2/28）

十　京师近事：摄政王命法部从速修订现行律例（1909/3/17）

十一　签注刑律草案意见之异同（1909/5/13）

十二　专电"电一·北京"升允条（1909/6/25）

十三　升允负气陈请开缺之原奏（1909/6/30）

十四　新甘督与旧甘督（1909/7/2、1909/7/4）

十五　浙抚张曾敭议覆刑事民事诉讼法折（1907/7/5）

十六　摄政王改订新刑律之宗旨（1909/7/23）

十七　补录开缺甘督升允痛诋新政折（1909/7/31、1909/8/1）

十八　领事裁判权问题（1910/4/14）

十九　论政府议撤领事裁判权（1910/7/24）

二十　外人注目新刑律问题（1910/12/12）

二十一　新旧刑律之大激战（1910/12/15）

二十二　续纪新旧刑律之大激战（1910/12/17）

二十三　编制局校订《新刑律》意见书（1910/12/19）

二十四　董科员答劳议员论新刑律（1910/12/12、1910/12/13、1910/12/19）

二十五　资政院拾闻种种（1910/12/24）

二十六　劳乃宣何苦如此（1910/12/24）

二十七　讨论新刑律案详情（1910/12/26）

二十八　政府对于新刑律之心理（1911/1/1）

二十九　高凌霄不容于川同乡（1911/1/1）

三十　编制局劳提学《新刑律》说贴驳议（1911/1/3、1911/1/4）

三十一　专电·电二（1911/1/4）

三十二　论刑律不宜增入和奸罪之罚则（日本冈田博士）（1911/1/11）

三十三　资政院争论新刑律之怪剧（1911/1/14）

三十四　刘廷琛奏请饬法律礼学两馆以大清律为本会订新刑律（1911/3/24）

三十五　刘廷琛反对新刑律折（1911/3/25）

三十六　辩刘廷琛反对新刑律（1911/3/29）

三十七　刘廷琛维持礼教之片奏（1911/4/4）

三十八　礼学馆破坏新刑律（1911/4/7）

一　中西会订普通刑律议

（1897 年 3 月 8 日）

　　万国交涉公法，凡本国人之在通商各国犯事者，由所寓之国理刑官按照其国刑律治罪。独西人与中国通商则不然，尝阅英国《天津和约》第十六款，略谓英国民人有犯事者，皆由英国惩办，中国人欺凌、扰害英民，皆由中国地方官自行惩办。《法国和约》第三十八款，略谓凡有大法国人与中国人争闹事件，或遇有争斗，中或一二人及多人不等，被火器及别器殴伤致毙者，系中国人，由中国官严拿审明，照中国例治罪。系大法国人，由领事官设法拘拿，迅速讯明，照大法国例治罪。此外，曰美、曰俄、曰瑞、曰布、曰丹、曰和、曰日、曰比、曰义、曰奥、曰秘，虽约中词句详略互异，而意义大略从同。

　　盖以中西刑律各殊，中重于西，故西人决不肯舍轻就重也。特是华人而犯扰害西人之案，华官曰无赦，其轻者则为徒为流，必使遵照律文无敢轻纵，西人而犯扰害华人之案，西官曰本国律例惟禁锢而已，放逐而已，罚作苦工而已，甚且终身不使出狱而已。间有持白刃或火器杀人者必审至罪当情真，毫无遁饰，始定为缳首，决不致有身首异处之极刑。在明于事机者谓，和约既有明文，官吏万不能从中执拗，而小民无识乃不免群起怨咨矣。且西人既已谳成，必解回本国治罪，通商五十余载内，惟同治三年美国人麦介利在上海洋泾浜杀毙船主定以缳首，即在沪上行刑，并移请苏松太道委陈宝渠太守前往监视。同治八年英国人卓尔哲枪毙工匠王阿然，治以绞罪，并照请中国官员带同尸亲赴英领事府提犯验明，在围墙外处绞。此外则一经解往本国后，仅以一纸照会告明行刑日期，绝未闻有众目昭彰亲见其按律惩办者。而华人既犯命案，则行刑之日西官或命驾来观。天津之案最巨已外，此如同治五年南汇县客民张湴金因赌刃毙法巡捕巴陇，同治十年崇阳变勇抢劫茶庄及迩年长江一带暨闽省匪人焚毁教堂，戕杀男女教士诸案，一经讯实，无不明正典刑，执法如山，不稍宽假。

　　今者，日本已改订和约申明治外法权，凡外人之作客日东者，一切皆由日官办理。彼蕞尔国一朝得志，且能执公法以绳西人，何中国独疲茶自安，不思有所变易耶？说者谓日本刑律近已逐渐改而从轻，按之泰西不相上下，故西人咸愿受厘境内授以治权，若中国则大小理刑衙门无不恪遵《钦定大清律例》办案，轻重各别，彼岂乐就我范围？则草莽小臣愿陈一法焉。

当各国和约期满时，皇上宜诏下议约大臣商订一普通之刑律，务使折中至当，轻重得宜。西人犯案者照此律治之，华人犯案者亦照此律治之，若非西人扰害华人或华人扰害西人，则与此律无关，凡属本国人民仍恪遵《大清律例》治罪，彼西人岂有甚恶华人之意？遇有交涉事件，安见其必强我治以重典，而不乐改就新章乎？或曰此律若行，则刑法必宽华人之桀骜不驯者，必多扰害西人之事，余则以为不然，不观之日本乎？回溯维新之前，日本官刑有更重于中国者，而赭衣载道，罪犯累累，今已改用轻刑而犯法者年少一年，刀锯桁杨几不复观，但使在上者能礼齐德道，小民自革面洗心，诚何必预防其扰害西人，而必以重法使其詟服哉，矧刑既减轻，或可冀有操治外法权之一日。目前惟刑之过重，是以西人不肯视为平等，致我国派驻外洋之领事不能管理华人，而彼国驻华之领事及刑司则有管理本国人民之责，坐令西人之轻薄者，将中国与波斯、土耳其诸国等量齐观，岂非可耻之甚者欤？于是乎作中西会订普通刑律议。

二 增改现行律例议

（1902年10月2日、10月3日）

　　有天地而后有生民，有生民而后有种族，有种族而后有强弱，有强弱而后有争夺。大之国家干戈之争，小之生民饮食、男女、利害、交际之争，争之不已，则必相杀、相灭。以日寻于无己，圣人忧之，乃为之焦心役虑，以平其争夺之气，政以齐之，礼以节之，乐以和之，刑以防之。刑者，所以济礼之穷也，然三古之世，其民寡，其事少，其智短，故其刑简。唐虞之世，惟皋陶所执之五刑，无所谓法律之专书也。至周世，而司寇之职府史小吏之属其职详矣，穆王作吕刑，五刑之属乃三千，于是法律有专书。至秦政暴虐，专以任法刻削，以残黔首。汉初除之，约法三章，而经生引经义断狱，颇得三古遗意焉。自汉以降，民事益紧，律不足以尽之，于是依类相附、比例定谳，乃不任律而任例，律学浸失其序，例日繁密，刑官又鲜学，而舞文弄法之吏乃得枉法贪利，鲜衣食长子孙以窟宅其中，以迄于今。上而朝廷，下而郡县，一任诸吏，其害极矣。昔人谓"本朝天下与胥吏共之"，又谓"今之天下乃利例吏治天下"，痛哉斯言也！

　　况乎中西交涉以刑律，故《天津条约》乃许外国人自治其民，滥用治外法权，由是租界之内几成异国。西人杀人则生，华人杀人则死，怨毒所积，屡酿大祸，虽其端多起于教案，未始非现行律例有以致之也。今年二月初一日，上谕乃有增改律例明文，曰"因时制宜"，曰"参酌适中"，诚得为治之道矣。夷考中西律例，我有当增者三，当改者三，曷言增，曰商律，曰路矿律，曰报律。曷言改，曰减轻，曰听断，曰清狱。

　　周官保商之法至周且详，春秋之时国家犹与商民同休戚，后世失其制，辟征日密，只有病商之政，而无保商之律，西人以商立国，其视商民至重，大要有四端：一，设商务专官，有商政大臣，有领事；二，讲商学；三，减轻内地税；四，保其资本。故其商于千万里之外者，其智胜其力，群其利溥。我则反之，官兴隔税出口，重进口，轻其智，小其力，薄其利，削物冦货裂膏竭血，实几无以自立于商战之天下，此商律之不可不增也。

矿为地之大利，周官设仆人治之，后世以利不敌害，只有封禁之律，而无开采之律，西人乃得要挟而擅其利。至于铁路，我本无之，其开行有时，其毁坏有害，有筑路，有资其养路，有费。此皆宜定律令使天下画一，此路矿之律不可不增也。

报馆之设起于士大夫之清议，与其畏清议而立法以钳制之，孰若许其清议而立法以限制之为得也，泰西有国报、有民报、有学报、有商报，报有律。国报则政府之事皆可记，惟机密则否，又承政府意旨以施其外交变换之策，民报则民所欲言之者记之，学报则多各学之新理，商报则详物产之衰旺，消流之所宜，以备咨考。我则政自为政，民自为民，而忧时之士乃大声疾呼，创报馆以开民智，畏国家罪之乃群萃于通商之地，日肆其议论，既不能禁之，毋宁导之，使上下相通而无庸蔽，有益国政，无伤国体，此报律之不可不增也。

中国之刑，死罪三：为斩、为绞，重则凌迟；生罪则军、徒、流、杖、监禁。西国生罪亦有徒、流、监禁，而死罪则仅有缳首之刑，或以洋枪击毙，权其所犯以为定。德国律以军器杀人仅科以军罪，日本改用西律，起意杀人者重惩役九年，其于中律皆为故杀，为斩监侯。他国刑律之轻若此，中国刑律之重若彼，彼安肯俯首以就我之重刑，而不以治外法权恣行于中国乎！呜呼！我民何辜，同犯一罪，西人生而我民死，揆之公理于心，何安！或曰，中国以重罪治其民，而杀人者不少止，苟杀人可以不死，不且日从事于相杀乎？曰用法者当知法外意，汉文除肉刑而民不加淫，刘宽用蒲鞭而讼益少，曷尝以法轻为病哉！且日本以改律故未闻民之日相杀，而反得令各国收回治外法权，此其尤大彰明较著者也，是曰减轻，此其宜改者一也。

听断之宜改有三端：曰除刑讯，设陪审官，用律师。西国听讼，有问官，有陪审官，有律师，各有权限，莫能相越。问官有定谳之权，陪审有稽察之权，律师有辩驳之权，官有律师，两造亦各有律师，皆剖析至当而后狱成，所谓疑狱与众共之也。中国狱官之权无限，又明法者鲜，其用刑讯尤为惨酷，而桀黠之徒遂得交通吏胥捏词唆讼，以阴持官之短长，故讼棍遍天下，西国有律师而狱事平允，民受其益。中国有讼棍而民破家亡产，接踵相继，何也？西国化私为公，中国则以公害私也，且其律师率卒业于学堂，而中国讼棍乃齐民之无行者也，是曰听断。此宜改者二也。

西国监狱整洁，氍被木枕、用物具备，每日按时作工，劳其筋骨，活其血脉，以工之值为修狱费，法至良、意至美也。中国则矮屋漆室，尘垢臭秽，视之如犬豕而又桁杨累累，惨无人理，罪人至此，亦惟憨不畏死耳，无他途也，其为秕政亦可知矣。或曰以漆室待罪囚，犹虞不足，若骤易以整洁，民不且乐于罹罪乎？曰民之生非本恶也，彼罹罪者大半迫于饥寒，以致为盗为贼，岂果皆不率教哉，惟西国寓教于刑，教以工艺养其廉耻，俾免罪可以为生民，何苦不入生而必入死乎，是曰清狱此宜改者三也。

虽然犹有重要者在，则国家设立法律专科是也。盖法所以治民，当与民共之，使其权公操诸民人，法律之学有国际法，有民法。国际法即公法也，民法即律法也，使学法律者明习公法，则子凭而得效用于外部；明习民法，则子凭而得为律师。如是则上多明法之大臣，中多明法之良有司，而下多明法之律师，微特胥吏、讼棍之害可以息，而中西律例轻重既大略相同，则外人之以治外法权恣行于中国者，至此亦当敛手息喙，帖然自允收回矣。凡此皆荦荦大者著于篇，若其变通尽善，条理至繁，则有司存。

三 中国亟宜收回治外法权论

（1902 年 12 月 18 日）

中国与泰西各国通商互市之初，当事者咸未悉外邦法制，以致互立盟约允将华人归华官管辖，西人归西官治理。于是西人之旅居中国者，遂不受治于其地之有司，遇有中西交涉事宜，往往华人犯法中国惩之，惟重西人犯法则西官必多方袒护，即至情真罪当亦必送回本国处治，究竟若何办法，华人不之见也。五六十年来，此等案情不一而足，坐使西人蔑视华人之心日炽，华人愤怒西人之意日深，积而久之，冤抑必发，欲求彼此安谧，永无意外之虞，其可得乎？

夫中西刑律不同，中国之法重，西国之法轻，西人之不能强绳以中法，犹华人之不能遽治以西法。然必谓华人有罪宜受中国重法，西人有罪应受本国轻法。揆诸情理已欠公平，况并此轻法而亦不见其如何处治，其将何以服华人之心。按之公法，无论何国，凡人民寄居其地，则其地有司得而治之，以示彼国固有自主之权，他人不敢侵夺也，必若此则本国之人或与外人启衅，是非曲直，一经讯明，本国之人不致受屈，异国之人亦不能倖逃，用能平民气、安民心，不至有忿激决裂，一发不可收拾之势。中国则不然，地方官既无听讼之才，一遇中外龃龉，每不惜自抑其民以快外人之意，同此情罪在华人则必惩之，不稍假借，而在西人则不敢顾而问焉。华人不咎官之畏葸无能，而以为西人欺我太甚，群思一泄公忿，而教堂遂受其殃，近年教祸之兴虽峻法严刑不能禁遏，而岂知其原皆由办案不平所致乎！彼国明理之士亦有见于此，当力戒教士不得袒庇教民，盖欲息民争必先泯民怨，探原扼要，道固宜然。

顾西人蔑视华人由来已久，而自庚子拳乱以后，尤有令人难堪者，犹忆前年美界百老汇路，恒丰皮箱店学徒周阿福送箱至元芳路浦滨所泊"蓝色烟囱"之某轮船上，被某西人击堕浦江殒命，控官查究后，以无可指实置不复议，犹得曰船已启行，追寻颇非易易耳。乃是年秋，某国兵士闯入西华德路德昌成鞋店，蓦地将店伙应春元刃毙，似可切实查拿矣，而兵弁托词诿卸，地方官遂亦不肯实力争持，含糊塞责，于是西人之胆愈大、焰愈张。至今日，遂有美国某兵船水手戕害浦东和丰船厂小工贾阿荣，及日本云龙轧花厂火夫王东生无端毙命之事，正在讯核，未及谳成。而徐家汇迤南所驻德国管中甲、乙二兵又开枪击毙善钟马车行马夫徐阿四，凡此各案虽不知西官能否严惩，而要之西人草菅人命之心固益显而易见，更无论某国兵船上某某等三水手乘醉入小东门，戳伤胡广生、徐金华、范交元、朱隆兴、朱桂生等人，西官借口于未能指出肇事人姓名，不为查办，华官亦皆听其或惩或否，束手而付之无可如何。噫！此其中岂有他哉，实由中国无治外法权故耳。

夫日本国势初不甚强，凡各国人之寄迹彼都者，亦归各国自治，自前年更订刑律将权设法收回，日官乃得自行其是。现在各处狱中拘禁外人罚做苦工者，共计四十七名，其中华人三十名，韩人、英人、美人、俄人各四名，法人、德人、意人各一名，居然法令森严，虽在外人无能逃避。若以中国较之，各国人之受一廛而居者，其数较多于日本，交涉之案亦较多于日本。当此中英商约已定，英人允助中国收回治外法权之际，可不参酌中西刑律，以示治华人如此，治西人亦如此，俾华官得持情法之平，而华民不致有向隅之憾乎！今伍秩庸星使奉命考求中西刑律已数月于兹矣，欲挽自治之权，端在于此急起直追，时哉不可失，群公衮衮，盍于此事亦加之意乎！

四　中国亟宜考订交涉刑律论

（1905年1月27日）

中西交涉之案，亟宜考订一定之刑律，本馆尝一再著为论说，冀动当轴之听，以免日后纷争。无如衮衮诸公每视为不甚切要之图，以致迁延至今，迄无成议。不知此事一日不定，此后交涉之案即一日不平。

其寻常钱债及用人定货一切细故，一经西人控案，华官必力为伸理务偿其愿，不顾华人之受亏。姑无论矣，所最难堪者，人命重案，华人犯之则必缉获抵偿，或更加以抚恤，西人犯之则西官必多方袒护，巧为诿卸，从未肯按律以惩。试观前去两年中，凡华人之被西人无端戕害者，若美界百老汇路恒丰皮箱店学徒周阿福之毙于"蓝烟囱"轮船上，某西人西华德路德昌成鞋店伙镇江人应春元之毙于法兵，渡船户王阿有之毙于德国庖丁别脱，雉妓孟金凤之毙于义（意）大利国人沙勒，木工学徒沈福生之毙于葡萄牙国人苏若。其已被脱逃者则诿称无从缉拿，业经擒获者则托词毫无佐证，即情真罪当无可饰词者，亦必藉口解回本国惩治，使华人莫得而见之。

惟本年九月初五日，水巡捕门司踢毙米船水手晏金宝一案，由兼理刑事之美总领事古衲君与陪审官兜门杜来讯明，虽以华官不允剖验无从知其致命之由然，亦按照美国新修律例第五千三百四十一条，在政府该管所及之处定为杀人之罪，律载凡不按律法及故意打戳、伤损、击射他人致死并无仇者，均作为杀人之罪论断，令将门司监禁十八个月并作苦工，似乎尚属公允。盖门司有巡河之责，当时见晏金宝所泊之船有碍往来河道，故勒令移开，嗣以晏误会其意，既行又止遂拳殴足踢，实则并无致死之意，惟用力过重致酿此祸。若按照华律亦系误杀，无论抵之条。至仅监禁十八个月并作苦工者，乃西律本轻之故。

今者，阿思哥舰俄兵亚其夫因恶车夫向索车资，突攫取木工钟三羊之斧猛砍，不意车夫已见机闪避，而甬人周生友适至是处，遂罹其殃竟至陨命，是虽无杀周生友之意而实有杀车夫之心，被杀者虽不同，而其为杀人则一。既系兵士，应以军法从事，俄管带诚能严明犯律。肇祸之后，立处以缳首之刑，或用枪击毙，甬人尚有何辞？乃辗转羁迟不允华官会审，虽迭经道宪袁海观观察与甬绅沈仲礼观察诸公据理力争，概置不顾，贸然在俄领事署自开公堂，判以监禁四年并作苦工，寄禁法界工部局狱中，以致甬人心既不服，官绅情亦难堪，聚议纷纭，相持不下。论者莫不恶俄人之无理，不知此案即经华官会审，惩儆之道亦不过如斯，乃以蔑视华官坐使群情汹汹，怨愤难释，俄人此举亦复何所取义？然使中西交涉之案已有一定办法，亦何至如此为难哉！

夫华律从重，西律从轻，当烟台订约之初，华官未悉此中参错情形，遽允中西人犯法各归本国惩办，于是华人犯罪受中国重刑，西人犯罪受本国轻刑，中国治外法权遂因之而失。曩年无锡薛叔耘侍郎尝慨乎，言之谓宜及时议定审案章程，总税务司赫鹭宾宫保亦谓，中西讼案宜定一通行之讯法、通行之罪名，力劝中国订定条约，在通商口岸设立理案衙门，由各省大吏遴选干员及外国律师各一人主其事，专理中西讼事，不知当事者是何意见，迄未允行。迨拳乱既平，吕镜宇尚书，盛杏荪宫保与英使马凯君在沪商订新约，亦尝见及于此，惜乎道谋筑室卒于无成，致令今日俄兵杀人办理如此棘手，日复一日后事更将若何？窃以为，此事宜由外务部于未出事前，与驻京各使臣实力筹商，将各种案情与各种律法分条厘定，然后由中国派驻各国使臣转商各国政府，一律允洽，颁发通商各埠，俾为办案准绳。凡中西交涉之案，不论华人、西人，咸按照新订之律判断，庶西官不敢任情偏袒，华人亦不至屈抑难伸矣，急起直追，时哉不可失，讲外交者盍然熟思而审处之。

五 闽督议覆刑事、民事诉讼法折

（1907年6月26日）

  头品顶戴、尚书衔、闽浙总督、奴才松寿跪具奏，为刑事、民事诉讼各法，遵旨覆陈，恭折仰祈圣鉴事。窃查光绪三十二年闰四月初十日，承准军机大臣字寄光绪三十二年四月初二日奉上谕，"饬议法律大臣沈家本等奏请试办刑事、民事诉讼各法拟请先行试办一折。法律关系重要，该大臣所纂各条，究竟于现在民情风俗能否通行？著该督抚等体察情形，悉心研究其中有无扞格之处，即行缕晰条分，据实具奏，原折单均着发给阅看，将此各谕令知之，钦此"。当经前兼署督臣崇善转行福建臬司，会同福建藩司、粮道、盐道钦遵议覆去后，兹据该司道等将新编刑事、民事诉讼各法反复讨论，参酌闽省近情，拟议会详。详称，全编分为五章凡二百六十，条理井然，为国家收治法外权，用意极为周密，自可逐一推行。惟其中尚有数条，参以闽省风俗民情，似宜变通缓议者。

  如审讯条件不用杖责、掌责及他项刑具或语言威吓一节。原以小民无知犯法，当存哀矜折狱之义。上年奉准通行凡笞杖改为罚金，已分饬各属照办，然僻小州县风气未开，每遇断罚之案，有情愿身受笞辱不愿呈缴罚金者，狡黠之徒反诋牧令贪贿，信口污蔑，办理已多棘手。闽省民情强悍，下游一带械斗频仍，强盗会匪不时出没，一经获案明知身犯重罪，不肯吐认实供，若非稍加刑责，该犯必任意狡展，决狱永无定期。查前奉矜恤狱囚折内，原有除犯罪应死证据已确而不肯供认者，准其刑讯明文，今再察情形，凡提讯重罪人犯，似不可尽废刑章，此其应请变通者一也。

  又如殷实之人指控道路之人犯罪，巡捕不持拘票即将被指之人捕送公堂审讯一节。查中国情形与外洋不同，闽省下游往往有大乡欺小乡，强房凌小房之事，此法一出恐益肆其欺凌。一经指控即行捕逮，公堂迨至讯出实情原得释放，而被指控之人已不堪其扰累矣，此其应请变通者二也。

又如公堂设立陪审员一节，查此项人员原为助公堂秉公行法，使判断一无屈抑起见，何等郑重，故非公正不阿不能充当陪审。乃于未审之前必令当堂矢誓以表清白之心，既审未决之际，其饮食起居须派人监察，甚令就署内居住，务使片刻不离，似此层层钤束，节节防闲，其廉隅自饬者平时本不愿出入公门，今因陪审而反受纠察，断不肯出而应选，或刁生劣监滥竽从事将借公济私、恐颠倒是非，于决狱不无关系。查法律大臣原奏，如地方僻小，尚无合格之人准其暂缓等语，闽省现在实无堪作陪审之员，此其应请缓议者三也。

又凡职官命妇均可由公堂知会到堂供证，但公堂须另置座位一节。职官作证无论，已查中国男女有别，《礼》曰，男不言内女不言外，女轨甚为严谨，良家妇女露面公堂乡里每引以为辱，且命妇身膺章服体统攸关，如令为人作证，杂座公堂恐于中国礼教有碍，似宜仍循旧例，遇有切己之事遣抱具呈，不得轻入公堂，此其应请变通者四也。

又如刑事、民事用律师，俱准在各公堂为人辩案一节。查此项律师须在法律学堂考取入格给有文凭，呈由高等公堂核验并须自行立誓，及有人立誓具保方准在公堂办案。闽省士子留心法律者甚少，其或明知条例又皆平日干预词讼者人格较低，现在法政学堂粗有规模，其肄业者程度均不及格。原奏如学堂骤难造就，即遴选各该省刑幕之合格者拨入学堂，专精斯业，查闽省刑幕半属衰龄，势难再令就学，惟有随时察看后起可造之资拨入学堂，以备将来律师之选，此律师之应请缓议者五也。

又如公堂用书记官及书记专司缮写事宜，俱考选士人补授，不准以从前之书吏承充拘票、传票，应遣差弁或巡捕亲齐往往报及有病移入医院调理各节。以书役积习太深，急应择善改良，用意甚美，医院所以慎重生命尤应赶紧举办，但必筹有钜资方易措手，闽省库款已罗掘一空，即现设巡察法政各学堂，其竭蹶情形已可概见。此外，如罪犯习艺所亦因款无所出尚难一律告成，医院本近日之要务，须俟极力筹画，次第兴筑，恐一时不能通行，此医院之应请缓议者六也。

伏读上谕，其中有无扞格之处，即行缕晰条分，据实具奏，仰见宵旰求治之苦心，无微弗照，凡属臣工何敢不共矢公忠以济时变，但事关政要，不能不妥慎审度，以期事无贻误。闽省财力近虽奇窘，其于诸新政已分别认真核办，一面严饬各属振刷精神，务期政不烦苛，民无困累，其有待办事宜，惟有随时体察风俗民情，相机办理等情。详请奏覆前来，奴才覆查该司道等所议各节，尚属实在情形，可否仰恳天恩饬下法律大臣酌核分别变通、缓办之处，出自圣裁。除咨法部、大理院外，谨恭折覆陈伏乞皇太后、皇上圣鉴。谨奏

奉朱批：法部议奏，钦此。（宫）

六　论李参议请改订刑律

（1908 年 4 月 27 日）

嫉俗

野蛮国以严刑治，文明国以教育治，此在稍知各国之历史与古今之情势者，皆能道其本末者也。何也？野蛮国之人民未尝深受教育，往往趋利而忘害，而上焉者复不为之谋乐利、图生存，于是剽猾枭黠之徒，皆思侥幸于一试夺人之有、益己之无，虽在至亲极爱之人亦以有所恋而不能顾，而明劫暗掠之事遂致纷纷叠起。斯时雄长一群者别无善法以持其后，则思定为严酷之刑律，以稍儆其未来。不知好生恶死之心，本生民所同具，苟其稍有求生之路，必无乐于就死之人，若平时不加以教养，临事方施以极刑，则蠢蠢愚民天性已漓，生不知其何乐，死不知其何悲，论其效果不过杀戮一人，则社会之上仅少此为恶之一人耳。此外侥幸而漏网接踵而继起者，且不知凡几，正无补于风俗之浇漓也，所谓不揣其本而齐其末者，此类是也。若夫文明之国，知人民甘为蹈刑犯法之事，必有其所由来，于是以教育普及为最要之方法，使人民皆浸渍于道德之范围，教育愈普及则蹈刑犯法之事愈减少，故其刑律重者剥夺其自由，使无公民权，轻者或加以禁锢，使得罚锾自赎，初不必用种种残酷之手段而监狱未尝有人满之患者，知其本也。今吾国以旧时刑律宽严之间与各国种种不同，往往为欧美之人所借口，故有改订刑律之事，以为收回治外法权之张本，而李参议犹断断以宽纵为言，是固何为者耶。

夫刑律有刑律之意义，其轻者或稍加以罚，或稍示之辱以使之自反，此犹古人蒲鞭之意也，其重而不可赦者，置之死地以儆将来，此亦未始非刑期无刑之意也，若既置之死则斩也，绞也，凌迟也，其死等耳。今修律大臣去凌迟传首之刑，而用斩、绞二种，已不免改头换面之讥，乃李御史犹以逆伦之律只用斩决为轻，然则造律之意岂以死法之难易判情罪之轻重乎？若云示戒后人，则天下固有畏死而不敢犯法者，岂有以凌迟之死为可畏而即不敢犯法，以斩决之死为不足畏而即以身试法者乎？我闻西国之用死刑，或以电气或以枪毙，务使不受痛苦，一瞑即逝，盖其罪当死，则使之死可耳，若必使之求生不能求死不得，是乃野蛮作用而已，此次改订刑律之事，不且多此一举乎。

虽然我为斯言，非谓悖逆之徒在律宜赦也，须知刑律之设不过救情义之穷，若不求诸教育之本以变化其气质，而惟求诸刑法之末以残酷相补救，则乱臣贼子恐未必能绝迹于天壤也。试思父子兄弟之情爱，原本于天性，使其人道德丧失，只以畏惧刑法之故不敢妄为，则其心迹已不可问矣。然其人固未有犯法之事，虽有凌迟之律初无所用，则末俗颓风尚有挽救之日乎？故我谓，教育者治本之事，刑律者治末之事也。不然我国旧律向用凌迟，悖伦之案何岁蔑有？而地方官于此等案件又必以疯人详报，以脱一身之处分及族党邻保之拖累，则虽定严酷之律不且等于虚设乎，窃愿注意刑律改良者更注意教育普及，庶几可脱野蛮之范围而造于文明之域已。

七　中国收回治外法权之先声

（1908年9月5日）

　　字林报北京访函云，外部各员目下正在草订非立约国人民及外国教士领取护照章程，大约三五日内即可订定，届时将以此项章程照会驻京各国公使遵办。外务部近并电告各省督抚，嗣后遇有非立约国之民人如土耳其、暹罗等国之案件，均须按照华律办理，虽有治外法权之他国保护（如土国向归法国保护，今改德国保护等类）亦不得准其享受治外法权之权利，盖中国不能以该民等居他国保护之下而遂舍弃权利也。查土耳其侨居中国之人民寥寥无几，今因转归德国保护一事，引起中政府保全主权之要举，殊非始料所及云。

八 京师近事

（1909 年 1 月 28 日）

1. 闻外务部梁尚书于收回领事裁判权一事甚为注意，拟派员会同政务处研究办法，以便与各国开议。

2. 沈子敦侍郎等会订民商各法及厘正刑法，事关紧要，现闻政府有加派法部会订之议。

九　沈侍郎修订刑律之为难

（1909年2月28日）

　　前日沈家本等召见时，曾奉摄政王面谕"刑律与宪政最有关系，务须速行修订，以便如限颁布，惟不可多采外律致坏中国数千年来之礼教"，又谕此事总宜体察人民程度，酌量得中方有裨益云云。翌日又降明旨，闻系张相所请，因此律须会同法部核办，并有会同学部修订之事。故请特降明旨重申言之，惟闻沈侍郎以外省大都畏难，藉词新律不善，任意指驳，为因循粉饰之计，窥其大意若欲伊照旧制者，然何以收回治外法权及裁判权，此时讵可不亟亟注意。故沈侍郎与人语及此事，万分为难，而俞廉三向于此事从未研究，当日召见时俞竟不置一词，殊乏两全之法，是以沈侍郎有请调驻美钦使伍廷芳回京同办之意云。

十 摄政王命法部从速修订现行律例

（1909年3月17日）

自刑律草案被各省督抚逐条注驳后，摄政王颇滋不豫。日昨特召法部各堂面谕从速修订现行法律，以免歧异，并谕增添交涉律，以资遵循。法部尚书奉谕后，即派该部员外郎吉同钧为修订律例起草员，闻尚有连培型、萧熙亦已派为修律人员。

十一　签注刑律草案意见之异同

（1909年5月13日）

东三省

　　东督徐制军暨吉江两抚陈、周二中丞奏云，详译总则草案之宗旨，大抵以生命为重，以平均为义。以宥过为本旨，故过失皆得减刑；以人格为最尊，故良贱无所区别。约举数端，皆与立宪政体适相吻合，非若近今刑名家之"密布法纲而待人以不肖"也，臣细核各条，或遵守成规或择取新说，虽条文互有出入而纲要实主平均。谨就各条有未完备及应酌改并申明其理者签注呈览，或冀有所补助。

　　乃或者谓人民程度尚低不能适用，遂不免阳奉阴违，互相观望，但奉省自开办各级审判厅，除命盗重案外概不用刑讯，开庭可以观审，判词付之公布，民间称便而结案犹较内地为多。是知旧日问刑之官无法理之思想，非民之无良，殆官吏之不足与言法学也。查修订法律大臣原奏修订大旨一折，业经声明强盗、抢夺、发塚之类，别辑暂行章程以存其旧，谋反、大逆及谋杀祖父母、父母等条俱属罪大恶极，仍用斩刑，别辑专例通行，盖亦深知现在之风俗民情与草案微有不合。但立法宜垂久远，岂能狃目前之习以薄待将来，故以新律著为常经，以专章暂资遵守，施行以渐，既无躐等之嫌，公理所存，安用一偏之议，此臣以签注为补助而深愿赞成者也。

　　抑臣更有请者，世界大同、文明兢化，均以法律之大同觇权利之得失，向以我国律例与欧美异宜，故各国之有领事裁判权载在约章，遂为放弃主权之缺陷。今以立宪之预备改定法律，果能变通成规、集取新法，使各国商民之在我领土者均以诉讼为便，则宣布实行，或有变改旧约与各国跻于同等之一日。若或调停、迁就，繁简互异，新旧杂糅，非但乖政体，一经宣布恐非立宪之良规，亦为外人所腾笑，此又国际之关系而不能意为轻重者也。仰恳饬下宪政编查馆会同修订法律大臣暨法部迅将各项暂行章程编定颁行，以济目前之用，一面即据新刑律草案编定新律，宣布天下，上以副朝廷明慎用刑之意，下以慰臣民殷然望治之心，实于立宪前途大有裨益。

陕西

陕抚恩中丞奏云，此项新订草案，经修订法律大臣采取各国成法斟酌纂订，用意至为精博，惟兹事体大，推原溯本不厌求详。如君民共和、父子自由、夫妇平权，在列邦视为故常，在中国则论以悖谬，甚至危犯乘舆、大逆不道及伤害尊亲之罪亦从轻减，虽比平人稍有区别而相去无几，于名教所关尤非浅鲜。又如无夫妇女不科和奸、年及二十不为拐诱强奸、强盗之重犯止于徒刑、聚众为暴之恶人减至四等，未免有失防闲。如谓法尚从同、无取独异，不妨声明此项现行法律暂为惩戒一时末俗浇风而设，俟将来人民程度增高再行一体改从新律。此次改订宪章原冀收书一法权之效，权轻重之准，剂情法之平，似不能不详加慎重于议法之初也。

抑奴才更有进者，旧律于罪刑等级一字必严，不可移易，然尚有疑难之案久而不决者，若于各种罪名概用浑括笼罩之词，而每一罪下刑必数等，在能者用之审情入罪固为甚便，然使卤莽者因而误断，偏私者借以济奸，及至失出失入反得援律以自饰，则疑狱多而结案难矣。至名词文义多用东文，意义近于拘执，似不若改用习惯文词较为明显。凡此各节，皆奴才愚见所及，用敢缕陈，以效壤土涓流之助，应请敕下宪政编查馆及修律大臣再为汇核厘订，务期折衷至当，于中国风俗、礼教两不相违，是亦通变宜民之道也。

十二 专电·电一

（北京）（1909年6月25日）

升允奏陈立宪流弊甚力。又奏，因患心疾，常若有失，目熟视无睹、耳倾听不闻、口鼻不辨香臭，粗粝肉糜哜之而已。虽服驱邪剂降气方，能察有象病、难喻无形痛，新政待兴，旧病难瘳，请开缺蓄艾再图报。称朱批另有旨。

按：升允此奏牢骚殊甚，即昨日上谕所谓迹近负气也，"负气"二字昨报误作"要求"，合函更正。

十三　升允负气陈请开缺之原奏

（北京）（1909年6月30日）

　　前甘督升允奏奴才积患心疾，医治未痊愈，恳请开缺折。云，奴才于去岁九月间偶感风寒，初不过鼻塞头眩，咳嗽吐痰而已，迨至十月猝闻两宫升遐，虽在百姓巷哭犹且气尽声嘶，矧奴才受知最深，受恩最重，其哀恸迫切固有出于不自禁而不自知者。嗣是以来常忽忽若有所失，目熟视而无睹、耳倾听而不闻、口鼻尤不辨香臭，粗粝肉糜啖之而已。又常中夜起立绕室彷徨，喃喃自语。虽亦服驱邪定中之剂，安神降气之方，然医者第能察有象之寒温，而难喻无形之痛楚，药石徒进毫末无功。窃念奴才忝领兼圻虚抛四载，新政待举旧病未瘳，念责任之匪轻，非病躯所能理，惟有仰恳天恩，俯准开缺，庶几仰叨福庇，冀可就痊，此日采薪愿归田而养疾，他年蓄艾终报国以酬恩。

　　五月初六日奉朱批另有旨。按：折文已略见前报专电，升允奏陈宪政种种弊窦毋轻率从事折，摄政王览奏后大怒，欲予重惩，经某枢臣力求改为开缺，原折掷还，故此折并不发表，而仅以请开缺折发抄云。

十四　新甘督与旧甘督

（1909 年 7 月 2 日、7 月 4 日）

升允已矣，长庚何如

升允去长庚署，升允何以去？以其反对立宪也。升允不第反对立宪，若办理学务，若办理禁烟，若办理荒政，无一事不反对。故督陕甘数年而风气之闭塞如故，民智之不开如故，今乃去升允而以长庚署理矣。长庚镇抚伊犁，亦未闻有卓卓之功，表表之行，特以莅任数年，未丁敌国外患之出发，遂以"熟谙防务"四字目之。夫防务固属重要，然亦不能以防务熟悉即可以为尽总督之职务，况当预备立宪之际，九年筹备钦限綦严，而筹备立宪尤以普及教育为急务，其他若烟害之禁、除旱荒之振救，事事关系紧要。升允已矣长庚继任，方始务当大反前督升允所为而一一整理之，庶几上不负贤王委任之初心，而下亦可免第二升允之讥诮。无已，请举旧甘督之前辉而为新甘督深勖之，新甘督其听诸。

升允之对于宪政也，以反对为宗旨。九年筹备转瞬间耳，今当筹备之第二年，若谘议局之成立，地方自治之研究，各级审判厅之建设，巡警学堂之设置，而升督未闻稍加注意。虽陕甘地处西北边隅，风气朴陋，异于东南诸省，筹办较难著手。然滇黔桂蜀等省山多隩少，风气朴陋，亦无殊于甘肃，而亦按限筹备次第举行，今升允竟陈立宪利弊之折，摄政王览奏大怒，掷还其折，外间虽未发布，必其反对立宪无疑。盖立宪之利，人人知之，升允即言之时已晚矣，况升允安知有立宪之利者，其所注意者在立宪之弊耳。宪政即使有流弊，亦应预筹补救之策，若知其弊而不求其补救之方，而仅为之直陈其害，则直是阻挠宪政而已。且升允既不知宪政之利，亦安知有立宪之害者，既不知立宪之利与害而罔陈之，则是欲败坏宪政而已。夫欲败坏宪政之升允，而使之筹备宪政，是强北人以泅水，无怪乎目熟视无睹，耳倾听不闻，口鼻不辨香臭也，其冥顽不灵若此，而今方开缺已云晏矣。或谓升允亦曾奏报第一年筹备立宪矣，顾安知非迫于功令考成攸关，故为此一纸空文以涂饰耳目，盖升允既以反对立宪为宗旨，则安望其能有切实认真筹备之理，苟能敷衍塞责，在甘督已自诩为尽瘁之报，称如是则立宪，前途安有望乎！夫一省不能按照九年筹备清单克期办竣，全局将为之败坏。然则升允不仅为甘省之罪人，亦可谓宪政前途之蟊贼，今升允去矣，长庚署矣，记者不能满意于升允者，今将望诸长庚。

升允之对于学务也，以破坏为主义。实行立宪最与国民知识攸关，国民知识尤与国民教育相系。甘省风气不开，民智塞陋，全恃教育为之导线，而升允督甘以来，学务废弛已达极点，曷以至此，盖甘督素抱闭门自大之志愿，除诗赋外无文章，除经史外无学问，焚烧出版新书禁止学生看报，早已宣传人口。夫东南各省，国民知识程度稍高于腹地及西北诸省者，全恃新书报章为之开化，而升允焚烧而禁绝之，是惟恐国民程度之或高而极力摧抑，极力关夺，使常为晦盲否塞之甘肃，诗赋文章仅消磨其英雄豪杰之气，而停止科举之上谕可以无睹，经义策论仍揣摩其雕龙画虎之文，而输入富强之学问不妨拒绝。迭经侍御奏参，谓其吏治日坏，学务废弛，甘督置若罔闻，仍行其败坏学务之手段，即建设学堂数处，亦不过敷衍门面，苟免谕旨严谴而已。试举其勉高等学堂学生之词曰，近人多喜阅报，本部堂则谓不如温经，又曰学贯古今识通中外亦吾儒分内之事。此真可谓语妙天下，夫古今何以能贯中外？何以能通？全恃新书报纸为之贯通。今升允于新书则焚烧，于报纸则禁看，我不知除新书、报纸外升允尚有何种贯通之妙术也。故甘省之风气，民智所以独塞于他省者，半固由于地理之偏僻，半实由于总督之顽固，以地处偏僻之省分，而又加以冥顽不灵之总督，甘民何辜独受此厄。今升允去矣，长庚至矣，记者所不能满意于已往之升允者，今且望之于方至之长庚

升允之对于禁烟也，以因循为政策。禁烟一事，内之关于国家之存亡，外之关于国际之贸易。自鸦片战争以来，利权之外溢以数万亿计，国民之因鸦烟而死、而病、而弱智以数百万计。今则禁令已颁，十年期限，务在必行禁种、禁吃、禁售，办法俱在，万一时已至而烟未绝，非特国家前途永无转强之望，而外人将执其损失赔偿之说，以要求诸我，则我尚有何说之辞。惟鸦烟禁吃首重在官，法之不行犯必自上，皇上谕三令五申，而升允身为疆臣，职非细矣，先犯消极资格，既犯之矣，又不首先戒绝为国民倡，而乃呼吸自如，莫闻禁令。在升允之意，必以犯消极资格为无足重轻，迭次谕旨为不必遵守，割地赔款为我国应尽之职务，安望其能认真

禁种、禁吃、禁售，升允既弁髦谕旨而不遵，甘犯消极资格而不戒，又安望在下者争自灌磨争先戒脱，势必致种者自种，吃者自吃，售者自售。他日外人要求赔偿之款，必不以升督因循故而稍有退步，及是时而升督之肉其足食乎！若以犯消极资格为不足重轻而不戒谓之自欺，自欺者必欺人；若以谕旨为不必遵守而不戒，谓之逆旨，逆旨者令不行；若不以国民孱弱外人要求为虑而不戒，谓之误国，误国者必殃民。自欺、逆旨、误国三者既无一可，又加之以聋聩，不仁之疾病，侍御之参劾不闻，他人之笑骂无睹，以聋聩、不仁之升允，而使之治甘是直使之组织一聋聩不仁之甘省，而已故升督之开缺不第甘民之幸，亦国家前途之福也。

今升允去矣，长庚署矣，记者方叹息痛恨于方去之升允者，今且祷祀而求之于长庚。升允之对于灾荒也以漠视为手段，天灾流行甘肃，旱灾固无足异，所独异者升允之匿灾不报。夫旱而至于三年，可谓久矣，食而至于草根，尽树皮竭荒亦甚矣，荒而至于十余州，县灾区不为狭矣，而升允始则匿灾不报，既至哀鸿遍野，饥民流离而仁人志士又为之大声疾呼，劝助振济始知匿无可匿，乃上报荒之奏，乃发乞赈之电，升允亦无可奈何之甚矣。总之，在升允目中，视功名如泰山，视民命若蚁蚓，食树皮听之，食草根听之，析骸食易子餐亦听之，而我之功名禄位不可以不保，故各处方输忱绞血慷慨输将，而升允反发却赈之电，其词曰，甘省旱灾仅十余州县，已蒙天恩赏拨库帑，又承各省协助，可为现时振济之需，又曰，设以振余移作别用，尤辜大义士之心。细味升允之口吻，若曰灾区不过十余州县，灾民不过数百万人，曷必振济，故曰仅也，若是则各省纷纷筹赈胥为多事，其称之曰辜负，称之曰大义士，实讥之也。自甘肃旱荒传闻以来，各省且不论，即论沪上一部，其热心志士解囊助阵者又不论，即如伶界之贱犹肯慷慨激昂演剧助阵，夫沪与甘肃地之相去以万里计，伶与总督品之高下有天壤别，而优伶则如彼，而升允则如此。苟升允而心腹不与人？殊安肯出此丧心病狂之言论，今升允去矣，长庚至矣，记者所不能无憾于既去之升允者，今日馨香以迎方来之长庚。

总之，升允既已开缺，虽更有甚于以上种种之罪状，则人已去而更无再有痛诋之价值，兹特胪举之，以示方至之长庚，使不致重蹈升允之覆辙，而一一尽反其前督升允之所为。则升允以反对立宪为宗旨者，长庚宜以鼓吹立宪为宗旨；升允以破坏学务为主义者，长庚宜以提倡学务为主义；升允以因循禁烟为政策者，长庚宜以严厉禁烟为政策。升允以漠视灾荒为手段，长庚宜以竭力救荒为手段。而后升允督甘数年之毒一一扫除而廓清之，庶几甘肃人民重有天日之望乎。

夫甘省地处偏僻，开化最难，督斯地者宜有应时达变之才，方足以开闭塞而进于文明，解倒悬而登诸衽席。今既简派长庚为甘督，我知长庚必有以副是说也，长庚其勉旃，记者将执笔以记其后。

十五　浙抚张曾敫议覆刑事民事诉讼法折

（1907年7月5日）

奏为新纂刑事民事诉讼法，浙省骤难实行，遵旨恭折覆陈，仰祈圣鉴事。窃臣承准军机大臣字寄光绪三十三年四月初二日奉上谕，"法律大臣沈家本等奏刑事、民事诉讼各法拟请先行试办一折，法律关系重要，该大臣所纂各条，究于现在民情风俗能否通行，著该将军、督抚、都统等体察情形，悉心研究其中有无扞格之处，即行缕析条分，据实具奏，原折单均著发给阅看，将此各谕令知之，钦此"。钦遵寄信前来。

臣窃维中外法律之不同，盖各本其风俗、人情而为之制。我朝刑律沿用唐明，然列圣因时制宜，屡有修改，其中如命盗重情、户婚田土细故分隶户、刑等律，亦本有刑事、民事之分，诉讼、断狱两门即系裁判法则。若当闭关自守之世，原足以治内地而有余，乃自海禁大通，交涉日众，外人借口于法律之各异，于是领事得操裁判之权，此诚万国所未闻，亦为舆情所弗顺。是以忧时之士多议更张，今奉颁民刑诉讼法，参酌中西，大旨主于去上下之隔阂，化官吏之偏私，以律师陪审为折狱权衡，以罚金监禁为定罪之差等，巨细毕举。在修律大臣固已审慎再三，伏读谕旨谆谆犹以现在民情风俗能否通行为虑，圣谟周远，钦佩莫名。

臣谨就奉颁新法证之风俗民情，窃谓其中有各省难以实行而浙省不能独异者，亦有他省或尚可行而浙省难以遵行者。盖法律之行用，动与礼俗相关，中国之礼俗乃数千年圣贤之教所养成，纲常之重深入人心，骨肉之亲恩谊尤笃，礼教所范围其功用远在法律之上，势难因新法之行一朝变易，且国粹所关亦实有万不可变者。是以尊亲之义不得变革，载于《礼记》之"大传"，而汉儒之注《论语》，亦谓纲常为在所因，此各省所同，浙省不能独异者也。浙为东南官庶之区，士大夫以文望相高，进化似宜较早，然按之民间实在情形，浙西则港议纷歧、枭匪出没，浙东则风气强悍、盗贼潜滋，治乱用重犹惧弗胜，改徒轻典，将何所惩？此各省或尚可行而浙省实难骤行者也。

况新法之行尤在得人，浙省法政警察甫经开办，官绅均少合格之人才，义务教育尚未实行，小民尤无普通之知识。臣与藩臬两司再行会商，诚未敢轻于一试，谨就新法扞格之处，分条签注，其或事项相近则并数条为一条，缮录清单恭呈御览。臣非不知改订法律意在收回治外法权，然实不能保内地之治安，则外人亦岂有就范之理，日本之颁行新法距其始编之时历十二年之久，中经三四次之增改，殚十数博士之辩难拟议而后定。夫以三岛之地，其变更如是之难，况以三十一行省之大？而凡所以保障其法律者，一切均未预备，臣愚无识，窃未可求效于旦夕而非敢故为延缓也，所有新纂民刑诉讼法目前碍难遵行，缘由理合据实覆陈，伏乞皇太后、皇上圣鉴训示，谨奏。

奉朱批：法部议奏，单并发，钦此。

十六 摄政王改订新刑律之宗旨

（1909 年 7 月 23 日）

　　摄政王甚不以沈家本所订新律为然，昨日召见法部堂官时谆语葛尚书等，会议新刑律，第一应注重礼教，切勿多采外律以致徒法难行，必为京外各署纷纷奏驳，徒耽误时日而已。

十七　补录开缺甘督升允痛诋新政折

(1909年7月31日、8月1日)

奏为敬抒管见，仰祈圣鉴事。窃奴才请于叩谒梓宫折内，附片略陈新政得失，仰荷圣明曲宥狂愚不加谴责，嗣准军机处电奉监国摄政王谕，准将所见具折直陈等因。伏念奴才赋性迂拘，素以不喜新政见讥于时，然待罪西陲已经四载，如提倡农业、振兴商务、请求开矿、敦劝考工以及法政等项学堂，凡于大体无伤者未尝不人云亦云，应有尽有。独于立宪一事，心焉疑之，嗣见中外无甚异议，故亦未敢固执己见，致涉阻挠，爰即派员赴江鄂奉直等省考查办法，一面遵设咨议局筹办处依限预备以免迟误，历经奏咨有案。乃数月以来细加体验，确知其有害而无利，倘再缄默不言，坐视大局决裂不可收拾，不惟无以对我皇上，亦且有负先朝特达之知，而奴才之负罪天下后世尤其末焉者也。谨将管见所及，缕晰为我皇上陈之。

夫立宪之迫于时势，不得不然，固已人人知之且共谅之矣。奴才窃以为其中纲要，有宜徐审得失者一，召集国会是也；有宜详加斟酌者四，财政、学务、军政、刑律是也。

伏查庚辛以来，谕饬变法，原为发愤自强之大计，顾其时未议及立宪也，乃未几而考查之使出，未几而宣布之诏下。然犹徘徊审慎未遽见于实行，两圣郑重此事之心屡见明诏，煌煌遗训，敢不钦承。自上年各省要求国会代表到京，而后九年之期限定，然年限尚宽，试行庶政尚可徐觇其利弊而补救之。迩来立宪条款，馆文络绎，朝夕敦促，若有迫不及待之势。在馆臣但期办法之画一，而未计及各省人民程度之不齐，奴才则深恐一发而不可复收，不能不为万一之过虑。盖国会不难于召集，而难于解散，不于召集之先预为解散之地，未可谓操纵在我也。尝见州县地方有要求免税、免捐以及争水遏枭与一切借公济私之事，动聚千百愚蠢之夫，塞署哄堂，不可理喻，至以兵力弹压，始如鸟兽散。今试思此多数之议员，不齐之品类，而又明明出于召集，一唱百和，并自谓有协赞权，其实高出于愚蠢者几何！将操何术以拒之乎？又安保无革命排满诸乱党杂厕于其间乎？

乃议者曰立宪之国，其君主有神圣不得侵犯之尊崇，宪法一颁，皇室可以永固，而附丽于皇室者亦可长享其富贵，奴才有以知为奸人立说之巧，以耸动执政之听闻也。民贵君轻之说，孟子有之矣，犬马土芥之喻，原本君礼臣忠之意，而明太祖至欲罢黜从祀，删改其书。然其对梁襄王也天下恶乎定曰，定于一则固，未尝以君权而授之民也，《易》曰，阳一君而二民，君子之道也，阴二君而一民，小人之道也。乃议者曰伸民权，夫民权无由伸矣，所伸者乃生劣监之权耳，误信其言而以为从民听欲，恐草野初无此知识，而深宫枉费其调停也。议者又曰专制政体不能容于二十世纪，奴才有以知其为奸人胁制之词也，因得而断之曰，以立宪尊君权而君权愈替，以立宪靖民气，而民气愈嚣，揭以片言，彼将奚遁？近更有纷纷上请愿书冀早开国会者，窃以为九年之期限不特不可缩短，即至九年后尚须体察情势再饬施行，此奴才所谓宜徐审得失者也。

财政者，国家与闾阎公共之命脉也。我朝宫闱节省超越前古，综计乾隆以前，部库岁入之款不及现在之半，其时普免钱粮而府库充溢。近来出款数固加增，然先后比较、通盘筹划，讵无可节之流。议者乃谓立宪以后便可责国民以担任义务，然彼不又云乎立宪之国凡有所举必经国会认可，假使国会起而抗之，则所谓国家税、地方税与国民一切应担之责任，能保其必行乎！江浙漕赋倍重于天下，使诸税尚未认可而该省议员要求平均旧赋，更将何以处之？州县各官廉俸征薄优互调，略可调剂，现议匀缺，若果一律徒从丰，安得有此巨款，倘使不足自给，势必取偿于民，纵曰取一官而劾之，恐元气已朘削不少矣。又各省外销，或因格于事例，或以留备缓急，罪至不肖孰肯侵挪。乃计臣不谅，今日调查，明日搜剔，派员设局，终日皇皇。利源不增，徒滋冗费。即如近年考察铜元、调查土税，使车四出，在上既开支薪费甚多，在下亦供支应酬不暇，而于公款毫末无补。今者监理财政之使又简派矣，岂督抚司道不可信而监理独可信乎？岂督抚司道互相蒙隐，监理不能蒙隐乎？设他日监理转升督抚司道之时，又将何如也？部臣原奏谓无吹求之心，更无提取之意，然则又何必多此一举耶，为今之计惟有就各省土宜物产振兴工艺实业，以开其源；裁并新政局所、删汰繁费厘剔中饱，以节其流，庶几量入为出，官民无扰，奴才所谓宜详加斟酌者此其一。

学务者，国家与风俗隆污之关键也。自停科举开学堂以来，合京师及各省算之，糜费以千万计，阅时已八九年，成效未睹而学生嚣陵之习、挟制官长干犯名义时有所闻。东南风气最先，弊亦最著，通西学者不过能充翻译、买办，精格致者不过可为艺士、工师，其邪僻而无所长者乃至勾结匪徒，倡言无忌，平权革命并出其途，此教育失序，重末轻本之所致也。四子五经束之高阁，乃列英、日语文为普通科学，虽外人亦讥我为丧其所实也。孔子曰，惟孝友于兄弟，施于有政，是亦为政有。子曰，其为人也孝悌，而好犯上者，鲜矣；不好犯上，而好作乱者，未之有也。孟子曰，人人亲其亲，长其长，而天下平。按孝友、亲亲、长长是弟子分内事也，施于有政及天下平是弟子分外事也。今之学生多置孝友亲长于弗顾，乃亟亟焉以冀为政而平天下，坐此病者十人而九，不自知其已堕入犯上作乱地步也，艺通测算归而薄其父兄，语解侏离，出则易其服色，后生如此进境可知。学程不改，后患方大，奴才所谓宜详加斟酌者此其二。

军队者，国家与地方安危之左券也。改练新军意在建威销萌。闻成效素著之江鄂奉直等省，亦仅衣帽步伐整齐可观，居平卫生、洁净自喜，此兵家之所忌，非所宜也。上年安徽兵变，尽属新军，其首恶且系武备毕业学生，江南征兵亦有与巡警冲突情事，流弊至此，可为寒心。近闻陆军部采中央集权之说，意欲将各省自镇统以下、司务长以上皆由部中选卒业学生充之，以收统一之效。果尔，则头目不胜其烦而四肢痿痺无用矣。夫中央犹太极也，合言之则以京师为中央，分言之则各省以省会为中央，犹之物各具一太极也，譬诸一身，京师其头目，各省则四肢也。方今非有外重之弊，督抚所练之兵无不听部臣调遣，部臣所派之卒或将抗督抚命令，其势然也。推之度支部之于财政，学部之于学堂，法部之于刑案，以及民政、邮传等部，类皆欲收统一之权，夫此时何时也，非彼所谓立宪时代乎！君尚让权于民，而部臣则欲集权而专制之，孤上之势削旁之柄，此何理也！谅该部臣亦虑未及此，不过奉日本新名词为圭臬，而为其所误耳！奴才所谓宜详加斟酌者此其三。

刑律者，国家与民人修省之木铎也。近时修订法律大臣所拟民刑诉讼法及刑律总分草案，大致改重从轻，即俗吏与刑幕所称"救生不救死"之说，原不值识者一噱，业经先后分别签注咨复在案。独其自谓欲收回治外法权，则尤不得不辩。中西种族不同，故刑法轻重互异。欧美各国交涉视其足之所履，归其地方审判，我诚有以自强，外人之在中国者，不难就我范围。否则，刑法虽轻，彼终不能视为平等而徒破坏历代执行列圣鉴定之律例。为作奸犯科之辈，曲示恺悌，甚非谓也。又罚锾一事，虽见

《尚书》而不可行于今日，盖民财穷尽反轻责而重罚，官吏贪酷复因缘而为奸，益使富者得藉以横行，贫者终莫由自赎，所谓廷尉天下之平，固如是乎？而况奸宄接迹、盗贼充斥，既昧刑乱用重之义，终启水懦民玩之虞，奴才所谓宜详加斟酌者此其四。

总之，宪政果行，虽有暴主不能虐民，此其利也，然有圣君转至不能泽民，何则无负担、无责任拘系于法官高拱之中，莫由屈伸也。西人尝谓中国之事，坏在吏与例，所论当矣。顾宪法之于例有何异同？而议员之结党，试较吏之盘踞把持者，其祸孰烈？不待智者而后知也。夫宪政之不可行，固非奴才一人之私言也，往者内阁学士文海曾言之矣，然犹曰顽固未化也。上年考查宪政大臣侍郎于式枚亦言之矣，然犹曰界乎新旧之间也。日本法政大家如寺尾亨、岛田俊雄、中村进午辈，其所论中国立宪问题，亦莫不以为危险而若或怵之，其有怂恿而欢迎者，类皆诙诡其词，非逞其狡狯即涉于游戏，非笃论也。名医之治疾也，猛烈之剂或出寻常拟议之外，甚至有以毒攻毒而竟用砒霜者，未尝不自信其术之独神，然而孝子终逡巡却顾而不敢进于其亲者，何耶？夫岂不欲疾之速瘳乎？诚不忍以亲之死生供医者之试验也。奴才区区款诚，亦类是已，夫以近日浮薄少年之无知与一班留学生之不更事，而遽以请愿之书主持朝局，谓不如此不足以救亡，岂非天下之大疑乎？伏愿我皇上乾纲独断，勿尝未达之药而轻听浮薄不更事者之言，致为海外著述家所匿笑，天下幸甚！臣民幸甚！奴才诚忧之深，故不觉其词之复，非沽直言敢谏之名，窃附责难陈善之义，悚惧迫切不知所云，谨缮折具奏，伏乞圣鉴谨奏。

十八　领事裁判权问题

（1910年4月14日）

　　国家之要素，土地、人民、主权三者而已。主权之范围以领土为限，内国之主权不能出自国领土以外，他国之主权亦不许入自国领土之中。欧美各国除君主、大统领、公使等在外国有治外法权外，无论内外国人民涉某国领土者，不能不服从某国主权，所以尊国体而保治安。未有许内国主权于领土内缩小其一部分，而容外国主权侵入者也，有之自领事裁判权始。此制欧人始行于土耳其，而后及于中国、日本、朝鲜，为外国主权侵入内国之始。日本耻之，一千八百七十二年遣大使岩仓公由美渡欧，求各国改订条约，各国未许。一千八百七十九年与美国结约撤去领事裁判权，然以各国同时撤去为前提，各国不应约遂无效，此日本第一次求撤去领事裁判权也。一千八百八十五年条约改正问题复兴，各国求如埃及例，日本法廷许各国法官参列而撤去领事裁判权，日本舆论反对此说，条约复不成立，此日本第二次求撤去领事裁判权，所谓大隈伯条约是也。至一千八百九十四年，伦敦所结《日英通商航海条约》是为各国撤去领事裁判权之始，条约上虽无明文，然旧条约关于裁判之规定因新条约而一切无效，此日本第三次求撤去领事裁判权而得以竟遂其愿者也。

　　朝鲜司法权自归日本，明岁日本与各国改正条约时，拟求撤去领事裁判权。土耳其于去年即一千九百零九年改良法制，将使外国人咸服从内国法律，外国人未能深信土司法，大臣引见外国新闻记者，语以政府现决计改良法制，求各国撤去治外法权，今虽尚难实行，然康斯泰气诺孛尔诸法律学校既改良扩张，巴黎诸大学派遣留学生者为数已多，为将来司法官之准备，议者以为二三年后即可遂其改良之目的。然则二三年后领事裁判权独孤存于中国耳，亚洲各国向抱主权不完全之憾者，若日本，若土耳其，已次第改革以复其旧，而吾国迁延数十年之久，蔓延各行省之大，尚无确定挽回之一日，夫亦重可憾已。近来政府有于下次万国和平议会提议此事之说，然非实行改良法律，俾外国人深信吾国裁判所果能保外国人之身体、生命、财产而仅以空文提议，外国人自不乐从，试观日本请求撤回领事裁判权之际，用何等毅力经几次要求而后得遂其愿。土耳其政府振奋精神，力求改革尚未能即达其目的，则吾国非朝野上下卧薪尝胆以从事于此，恐不能刻期而奏效。

夫改良裁判，一方面在录用深通法律之士以代旧日之府县吏，一方面在审定实体法及手续法，近朝廷编纂法典每以外国法律不适于吾国为言，然天下事因果恒互相为用，日本始行新法，恒苦其不适合，今则愈趋愈近，何也？法律固不能全反乎习俗，而习俗亦得因法律而转移。日本立法之初，固尝牺牲其习俗之一部分以从法律，其后与欧人交涉益繁，渐趋渐近，吾国他日之趋势正与相同，何独疑其不适也哉！

十九　论政府议撤领事裁判权

（1910 年 7 月 24 日）

于一国之版图内，可容外国之有治外法权乎？曰可；于一国之版图内，可容外国之有领事裁判权乎？曰不可。然则二者何由别，曰治外法权者，凡他国之君主、大统领、外交官及军队等留滞于一国之版图内，不受在留国之法权所拘束，此列国一般之通例也，故谓之治外法权。若领事本非外交官，不过保护自国商务之一种机关，若于在留国有裁判权，则该国之法权被其侵夺蹂躏，不特失司法统一之权，而国家及人民之损失权利亦日甚一日，以底于遭危。世界各国除埃及、土耳其等行混合裁判外，其有领事裁判制度之国惟朝鲜、暹罗及中国而已。

呜呼！中国竟降至与朝鲜、暹罗等伍，为外国领事所羁束乎？外国之待中国，亦降至与朝鲜、暹罗等伍。欲以领事之羁束朝鲜、暹罗者，举以羁束中国乎。以此思危，危何如也？然则我政府之决然欲收回领事裁判权一事，要哉是举，固中国人民之所翘首引望者也。

虽然领事裁判权何由起乎？夫领事不过通商之一官吏耳，其职务权限本无涉及司法之范围，然此国之法律及裁判制度尚未完全，则外国人民之身家性命、财产不能受法制不完全之国所判断，以其国之法律及裁判为不可信、不可恃，然后有此例外的规定，以条约取得之使领事裁判制度于此国版图内。当然，有此独立之法权而国际法之诉讼不得不归其审决，此诚无可如何之事实，而强权世界所惯行之旧例也。

中国予外国以领事裁判权，而实际上尚求如日、奥所结领事裁判之旧约而不得（明治二年所订，今废。该约大指对于民事诉讼，日本人为被告时，属于日裁判所管辖；对于刑事，日本人犯罪适用日本法律，其制本与中国略同，而实行上则迥异）。今日而提议收回此裁判权也，以现在外部之才略，能必其有济乎？以现在外国对付之政策，能必其允诺乎？此即勿论，顾欲要求撤销领事裁判，必先内国司法制度一切悉臻完善，而后持之有故、言之成理，而外人自不能借辞抗拒，此征诸中英条约而可断言者也，由前之论，则政府而欲撤除领事裁判权，根本上尚有种种之疑问。

（一）刑律问题

欲收领事裁判权，刑律上必与外法颇符合，此先事之要件也。我国纂修新律，何曾不参酌外国最适之制度、最新之学说，以求内外国民之通行？然九年宪政筹备案，实行新刑律，必待于第六年（宣统五年），而直省府厅州县乡镇各级审判厅亦于是年一律成立，然则今日而议收回领事裁判权，无论外人必借口法律之未完全以相抗拒，且即能收回而内地人民设与外人诉讼，使适无商埠审判厅以裁判之。将令现在之地方官判断之乎，抑越境使审判厅判断之乎。如上说则不可恃，如下说则大不便，又况有其他种种之窒碍乎。于此欲求保护人民之身家性命、财产，不特外人之不信，即我人民恐亦难得直也（官吏多不知律，每畏外而屈民，且内外法律轻重不同，判法互异，其势亦不能行使于内外人民之间），此领事裁判权不易收回者一。

（二）裁判官程度

虽有新刑律及诉讼法，而适用法律者必赖裁判官。今日中国裁判官尚在幼稚之时代，其补助各种机能亦缺而不能完备。无论以意见乱法律而听断多偏私也。即无偏私矣，而或震外人之威、或慑外人之势、或窘外人之交涉，往往迁就法律，为外国作傀儡之登场。即不然昧于条约，瞢于外情偏激之心，一生或陷于仇视外人之恶象，此盖征之过去之交涉案而可验者也。盖裁判官之程度，以通达法律为体，以坚定识力为用，而尤以强盛之国力以为之护符，此岂今日裁判官所能及哉，此领事裁判权不易收回者二。

以上二者，为此问题疑点之大原因，未卜我政府果有以实行筹备，使法律如何完备，法官如何培养，以预为收回领事裁判权之地步乎。嗟乎！今日各国之对待中国，无论各种权利皆思染指之，领事裁判权，其视为固有物久矣。我政府之议收回，夫亦自知其不可而故作豪语者乎！

二十　外人注目新刑律问题

（北京）（1910 年 12 月 12 日）

北京某报接英京专电报告云，中国资政院提议新刑律问题，英国各大报均得有北京专员之电告，一时哄动，全欧社会均集视线于此问题，其国中舆论皆谓中国刑法向守残酷主义，今新刑律纯以崭新之学说编定而成，可知其所注重者在于撤退各国在中国之领事裁判权，领事裁判权本系为对待野蛮国主义，今中国果能改良法律，吾英人亦不惜以全力协助之，并闻各国政府已纷纷电致各该公使，询问新刑律之内容，若何及能否通过。盖因中日英、中葡、中美各商约均有俟中国法律改良即行放弃领事裁判权之规定，故各国将以刑律之能否通过，决将来放弃与否之从违，故其所关心者独切也。

二十一　新旧刑律之大激战

（北京）（1910年12月15日）

　　此次劳乃宣反对《新刑律》，实受外人之运动。闻在京盛名卓卓之赫博士，即其一也。自初一日会议以后，劳凭口游说诸议员无效，初七日又改用酒食政策，招致议员多人托其分途运动。查与宴者为高凌霄、江辛、沈林一、陈树楷、陶峻诸人，此外尚待调查。但陶峻素以强硬著，陈树楷亦号称明白事体，使因劳乃宣之一饭遽置中国收回领事裁判权计划于不顾，想断不丧心至此云。

　　又闻都中政学界志士因《新刑律》关系重大，资政院对于此项议案，若因有顽固、卑陋、无法律知识之议员挟持私意运动反对，致此案不能通过，则妨害国家良非浅鲜，特纠集同人发起新律维持会，以图对付。兹将该会发起人之通告附录如下：

　　《新刑律》议案交到资政院后，议员中有挟持私意、运动反对，使不能通过者，同人等见刑律改良为立宪国保护人民生命财产之要义，而亦国家预备撤去领事裁判权之先声，苟任彼等顽旧、浅陋、无法律知识议员肆行破坏，误国误民，则贻害中国前途匪浅。兹特发起新律维持会，以图对付之法，谨定本月初十日午后一时，在虎坊桥湖广馆开会筹议一切。凡本京及旅京各省政学绅商同志务恳届时惠临，祷切盼切。

二十二　续纪新旧刑律之大激战

（北京）（1910 年 12 月 17 日）

　　资政院议员万慎原名万人敌，又浑名万疯子，此次公然出头反对新刑律，但头脑冬烘，不特新刑律毫未梦见，即旧刑律亦向未寓目。乃将资政院所颁新刑律一书，交同乡张明远转托陕西陈少湍名雄藩者签驳，陈本二十余年老刑幕，精于旧律，尤欢迎新律，问万是旧派新派，旋询知万新旧皆无所知，乃将原书掷还，戒其不必作无意识之冲突。不知万慎又将求谁捉刀矣！

　　高凌霄与万慎为同乡人，生活于蛮风蜑雨之中，本不知有所谓国家、有所谓文明，然强作解人，其目的又与万慎有别，盖高因劳乃宣已简放江宁提学使，特借反对新律以逢迎之，冀资政院闭会时，得劳乃宣携之出京于学署，科员中寻一噉饭地，非真有意反对新刑律云。

　　劳乃宣现将其反对新刑律之说帖，印刷若干分送各议员，并有倡议修正案一件请各议员赞成，闻已运动数日而赞成者寥寥无几。劳乃宣焦急不已，逢人谈论此事，冀以淆乱人心，但闻者率皆嗤之以鼻。可见资政院议员并非尽如劳乃宣之一流人物，将来新刑律庶可有战胜之望云。

二十三　编制局校订《新刑律》意见书

（1910 年 12 月 19 日）

　　为校阅刑律草案，敬陈管见事。宣统元年十二月二十三日，准军机大臣片交本日钦奉谕旨，"修订法律大臣会同法部具奏修正刑律草案告成缮单呈览一折，著宪政编查馆查核覆奏，钦此"。旋据法律馆将修正草案排印成书，咨交到馆，职等详加校阅，大致备引京外各衙门签注，逐条辩答，凡关于伦纪、名教均较原定草案加重一等，维持于新陈递遭之交，用意深远。而征诸舆论，于本案之实行仍不能无疑议者，试就下列以解决之。

　　一曰礼教。《尚书·大禹谟》云"明于五刑，以弼五教"（注：弼，辅也），此为刑教并论之始。既云弼教，则礼为先而刑为辅，其义显然。昔孔子析礼与刑异同之辨，一见之于《论语》，即"有耻且格"之说是；再见之《尚书·大传》，推原古今刑律省繁之理，所谓有礼然后有刑也；三见于孔丛子仲弓之问，其词旨与《大传》同。草案于奸罪一章，未列无夫奸罪名，颇为议者所指摘，甚至有訾为昧人禽之判者。查旧律和奸无夫之妇，罪止杖八十，即例文加重不过满杖，在五刑为最轻之刑。保全名誉人之恒情，自原告之一面言，因帷薄不修而自陈诉于讼庭，则已损之名誉不可复；自被告之一面言，名誉一损，洗濯无由，从兹甘踏刑愆，必有大于犯奸者。夫刑法之用，譬诸药石，药石之投纯视乎疾之重轻，若其疾并非药石所能为功，自不能别筹疗济之方。犯奸之行为全恃平居之教育，固非刑罚可获效也。

　　议者谓，礼教为民之秉彝，吾国数千年来治国之大本，非各国所能企及。不知礼教乃天生，斯民不可须臾离之物，小之为饮食教诲，大之为朝廷制作，是六合之广、幽独之微，无不赖礼教弥沦贯注于其间，非一国所得而私，特彼此相沿之风俗不同耳。礼教之程日高，则刑罚之用日省，斯无背刑平国用中典之旨，如欲执刑罚之辔策迫礼教之进行，试问自居何等？岂我夙秉礼教者所宜出此也，此礼教问题可解决也。

一曰人权。历观各国进化之理，均由家族主义而至于国家主义，国家主义者即保护人权是也，诚以人生于世，与国家有直接之关系，故亦称曰国民对于国家有应尽之义务，国家对于国民有应予之权利。然人权之说并非始自泰西，按《康诰》称，"于父不能字厥子，乃疾厥子，在刑兹无赦之列"。《白虎通》亦云，"父杀其子当诛"，何以为天地之性人为贵？"人皆天所生也，托父母之气而生耳，王者以养长而教之，故父不得专也"。凡此均为天赋人权之权，与特后之人罔知诵言，遂令古义湮晦耳。极国家主义之利，国步纵底于艰危，而群策群力可渐图恢复，不至受灭亡之实祸；充家族主义之弊，急公奉上不敌其自私自利之心，且有执"抚我则后，虐我则雠"之说，视易姓改朔为故常，民气消阻、扰起无由，未始非宋元以来空谈名教之流有以中之也。今草案除对于尊亲有犯特别规定外，凡旧律故杀子孙、干名犯义、违犯教令及亲属相殴等条概从删节，其隐寓保护人权之意，维持家族主义而使渐进于国家主义者，用心良苦。夫保护人权乃立宪之始基，议者不察，痛事诋諆，其反对刑律乎？抑借反对刑律以反对立宪乎？德宗景皇帝谆谆以立宪诰诫中外，薄海同钦，逮我皇上入承大统，叠次儆戒廷臣克成先志，凡与宪政有关系者，在廷百寮应如何兢兢业业，集合众志、俾底于成，乃坚持旧说以为排击之资，试问何以慰先帝在天之灵也？此人权问题可解决也。

一曰条约。在独立之时，谋内部安宁易；当分立之时，对外部竞争难，此理之显而易见者也。泰西自十九世纪以来，为各国角逐权势之时代，而均一权势，舍兵力法律二者之外，别无良策。以故近今各国，于军政之经营、法律之编制，孜孜不息，几有日趋于大同之势，此尤实例之信而有征者也。中国株守故辙、因循至今，外交失败不胜缕举，推缘其故，未始不因兵力之不完、法律之不一，有以致之。庚子而后，创巨痛深，犹幸英、美、日、葡各国商约均允于刑律改同一律之后，各国弃其领事裁判权，为吾国谋者正宜借此苏息，极力绸缪以为亡羊补牢之计。乃议者以为收回领事裁判权决非刑律一端，夫条约非他，藏之盟府、誓若山河，所以坚彼此之信守者也，未列条约则已，既列条约则不能不力求实践，未议修改则已，既议修改则不能不力求合辙。今于危急存亡之秋，而犹为此自暴自弃之说，是诚何心？岂欲以二千年相沿未适用之成规，为统制群雄之良法耶？歃血未干、盟言自食，万一各国从而生心，则领事裁判犹为未足，一变而为浑合裁判，如上海之会审公堂者。然是幸而为埃及，不幸且为朝鲜之续矣,此条约问题可解决也。

以上三种问题解决,则本草案之必应如此修订,可断言者。职等叠次公商,意见相同,用敢合词披沥上陈,其余各条之应行修正者一并签出。又,原案附则第一条,因刑之范围较宽,拟另辑判决例以资援引,尚属可行,应由本馆另行拟稿呈请具奏颁行。至单行法之办法,似非统一法制之意,如届《新刑律》实行之时教育及警察等项尚未周备,临时酌量情形另辑《暂行章程》以资补助本无不可,现在无须逆臆预定,所有第二条声明另辑单行法之处,应毋庸置疑。是否有当伏候钧裁谨呈。

二十四　董科员答劳议员论新刑律

（1910年12月12日、12月13日、12月19日）

新刑律草案一书大致甄采中西良法，其宗旨不外维持道德而使渐进于文明，以为法权统一基础，试观历次奏折当可谅其苦衷。乃日前遇劳玉初议员于某处，劳君倡为左之诘难，意图提议修正，谨追纪其说，设为条答如左。

劳君曰：旧律本夫杀死奸妇，本夫无罪，奸夫应拟绞抵。向来成案父捉女奸，杀死奸妇亦可援照办理。今设有父捉女奸之事，致杀其女，是在旧律可以勿论，而在新律应科以杀人者处死刑或无期徒刑或一等有期徒刑之条，新旧相差大相悬绝，不知理之所在，情之所安？

答曰：杀奸之例始于元律，实与亲属相容隐之文不符，自定此例之后，谋杀亲夫之案日见其多，良以反动之力激之也，归安沈公《寄簃存文》（卷六）痛论其非。上年冬间，现行刑律交议之时，宪政编查馆多数之人主采用沈公之说，将刑律内杀奸之文酌量删改，康因杀奸条例掣动各门，应将捕亡各条通盘厘正，断非数日所能蒇事，时迫岁杪期限攸关，拟请于未行新刑律之前，复奏请将旧律修订一次，尔时再将此条更正，时劳君亦在赞成之列。今易其初旨，将施之于夫妇者加之于父女，令鞠育之恩、天伦之重惨相屠戮，揆之于情，实所未安（父杀犯奸之女治罪之法，详沈公说帖，兹不赘及）。奸夫拟抵之例，乃雍正年间所纂入，长安薛公《读律存疑》议其非是，并谓古无是法。谨按《现行刑律》"名例"云，"其本应重而犯时不知者，依凡人论"（谓如叔侄别住生长，素不相识，侄打叔伤，官司推问始知是叔，止依凡人斗法。又如别处窃盗偷得大祀神御之物，如此之类，并是犯时不知，止依凡论，同常盗之律），"本应轻者，听从本法"，与修正新刑律草案第十三条第三项之例合。可见犯时不知不得从其所知予以重比，乃古今中外不可变易之大原则，奸夫犯奸其所知犯奸而已，奸妇因此被杀初非意料所及，今代实行杀人之人处以实抵，试问揆诸犯时不知之例合乎？否乎？际兹新旧聚讼之秋，恨不起薛公于九京，一质之也。

今试推劳君之意而引申之，曰：吾国夙秉道德，家范宜修。今骤撤防闲，纵令闺闱甘蹈越礼，是可忍孰不可忍？

解之曰：女之未嫁，其在亲权之内，自不待言。按民律亲权章，凡父母于必要之范围内，得将其子呈送初级审判厅，命以六月以下之惩戒处分。犯奸行为其合于必要之范围可知，果有此事，其父若母可临时行使此权，酌量情形，或自行惩戒，或假公权代为惩戒。安见惩戒处分不较旧律和奸杖八十及处八等罚之收效为速乎？在室之女犯奸以实地而论，亦违犯教令之一种，违犯教令应属民律亲权，不应置诸刑律。更有一说，凡刑律所定之罪，必应经刑事诉讼律，须分原告、被告，由起诉、搜查、检证以迄上告，其中程序缺一不可。若属诸亲权，则仅凭父母一方之意见，是以各国均规定于非讼事件，即俗所谓一面官司是也，其便利与旧律之呈送忤逆相等，似此并无窒碍。因劳君素主张违犯教令者，故附识于此

劳君曰：德人言无夫奸应处五等有期徒刑，有夫奸应处四等有期徒刑。因无夫奸得罪一方，有夫奸得罪两方，此二语最为精深。

答曰：此二语最悖法理。所谓德人者，或即日前劳君分布资政院诸君之青岛教习赫善心。问答其时曾据管见以驳诘之，因此二语谬解不烦指摘，即已显然，是以存而不论。不料劳君以误承误，亟应刊正。凡论罪之重轻，悉以行为程度为断，各国刑法皆然。检阅赫之问答，所谓一方者指女，两方者指女之夫，果以此例为定衡，假令奸妇生有子女，亦得谓为得罪三方乎？推而至于犯杀伤强窃盗及一切对个人之罪，均以被害之人有无亲族为轻重之标准，恐一千数百条之现行刑律，尚虑其单简，即广而为数万条亦难赅括靡遗，何以征诸泰西并未见有如此之立法例也？

劳君曰：充新刑律之用意，孀妇乃无主之物，可以任人侮弄也。

答曰：此误解也。和奸之行为，起于男女子双方，若仅男子一方即不得谓之和奸。草案别有强奸、乘人精神丧失而奸治罪专条，其保护妇女之节操，可谓备至，安有任人侮弄孀妇之理？惟孀妇犯和奸，其夫已亡，本无法定亲告之人。即嫁则为异姓之妻，亦不在其父母亲权之内，实无惩戒之必要。娼妓亦犯奸行为之一种，无论何国均不认为善良风俗，而国家法律从未悬为禁令，良以禁之不能禁也。假令孀妇自愿隶身乐籍，官不能不允其请，诚如公言是，但知纠正踰闲荡检之私德而不知适以助长明目张胆

之淫行，明刑弼教之旨固如是乎。又现行刑律亦有孀妇自愿改嫁之文，初未闻定例之初有议其侮弄孀妇者，汉卓茂云"律设大法，礼顺人情"，实为千古通论。柏舟之操，贻芬彤史，然非可责诸志趣薄弱之人，所赖国家宏女教以植初基，设旌门以励守壹，风范攸彰，劝扬斯在，必谓垂诸刑书克裨阴训，末矣。试观泰西各国无夫奸虽不治罪，而从事于宗教、慈善、医业及教师各职务者，贞媛节妇为多，其明证也。

劳君曰：新刑律有云，"凡对尊亲属加暴行未至伤害者处三等至五等有期徒刑或五百元以下五十元以上罚金"，子对父有犯而科罚金，殊所未解。

答曰：罚金之与自由刑不能比挈重轻，各国设此刑制之理由，因人之重视财产甚于身体生命，容有仅科罚金，其惩罚之效较自由刑为速者。是以权衡犯罪之事实定入例内，凭审判官之临时采择，质言之，即刑事政策也。劳君此议，盖误会旧日父子共财而发，查《大清现行刑律》"别籍异财"条有云，"祖父母、父母在者，子孙不许分财异居。其父母许令分析者，听"，细绎律意乃宽和之父子共财，非严正之父子共财也。在真正共财之时，子对父有犯，审判官致昏聩糊涂科以罚金，责尝其父。然在非共财之时，亦向无不必科以罚金之理。又东亚重家族团体主义，泰西重个人主义，二者各有所偏，以吾国立宪而论，应保守家族团体主义而提倡个人主义，斯为上策。若鼓吹一人之私见，非惟去立宪之宗旨愈远，而与大清律亦背驰也（按：共财制度关系民律，非数语可以解决，拟另撰论说以供采择）。

劳君曰：试问新刑律颁行，收回治外法权果能操券与否，应令编纂之人任其责。

答曰：治外法权乃指外国君主、皇族、使节、军队而言，是永无收回之理，若领事裁判权，果能法律美备、审判厅诉讼机关完善，亦无永不收回之理。查英、美、日、葡四国条约，均定明中国法律如能与各国改同一律，弃其领事裁判权，初次开馆谕旨即令案照交涉情形，是朝廷以统一法权期诸条约而先皇帝复以修订方针颁诸纶涣，若从事编纂之人不能尽编纂预备收回领事裁判权法律之责任，是为违制，是为溺职。方今时局日迫艰危，正宜群策群力以冀挽回，乃意像之中，预为设定一万无挽回之观念，以消阻众志，是则何贵乎改条约修法律，更何贵乎立宪法开国会。

窃谓今昔递迁是生因革趣舍之道，要在从时法律之与立宪相为维系，必应变通，尽人而知，无待喋喋。劳君之以保存礼教为主，实深景佩。第就右之争点，如专在事实，则新律旧律无判豪殊，不妨执刍议以诠释之，若所争在意见也，则非鄙人所敢知矣。

二十五　资政院拾闻种种

（北京）（1910年12月24日）

十五日资政院税法股议员开审查会，审查南漕议案，决定一律改折，京师之米皆另行采办。预算股议员前此曾赶办各省总分表册，拟早提出于资政院，因册数太多而帮助者又多生手，实一时不能告竣，故至昨日尚未造齐。

资政院额外委员应陆海军大臣之招，往会议政务处协商陆海军费。先此股员会，会议拟裁去陆军部冗费八百万元，其旧军必须一律裁汰，所余之绿营、防营费一千数百万，亦有人倡议作为筹办巡警之用。不审何故，前日协商时，易议员宗夔首先允许以所裁八百万仍归陆军部自行分配，其裁撤所余之绿营、防营费亦一并归该部经理，至军谘处及海军处皆未确定核减分文。现计全国政费之分配如照现议，陆海军费占去四千数百万，而实业、教育之费合计各不过二百万云。

十六日资政院于午后一时，特任股开会修正剪辫易服具奏案，牟琳、易宗夔、汪荣宝、长福等相继讨论其修正之结果，有云凡官员、军警、学界人等皆一律剪发，农、工、商民悉听其便，朝廷绝不干涉。至易服一节，则请谕旨饬下宪政编查馆会同军谘处、内阁会议政务处博稽中外制度，厘定常服、公服、礼服，并限用本国材料，至便服概不准易。其结束处有云，我皇上为海陆军大元帅，我监国摄政王为代理大元帅，锐意维新精进不已，倘蒙酌量时变，昭示大同，远师赵武灵王骑射改服之心，近采日本明治剪发易装之制，首御军服为天下先，则柔靡之风不期绝而自绝。

二十六　劳乃宣何苦如此

（北京）（1910 年 12 月 24 日）

　　劳乃宣对于旧律既无研究，对于新律亦属隔膜，此次受外人运动，不惜牺牲国权出头反对。日以一部意见书到处求人赞成，如探知甲有别种意见，伊即请甲加入意见其中，而甲名因之署于书末，于乙如之，于丙又如之，堕其术中者甚多。然闻将来临议会时，已有多数之议员不愿与劳乃宣苟同，如刘述尧谓，广东议员全体对于新律均表赞成，所以日前未登台发表意见者，因言语隔阂诸多不便之故。安徽议员如江谦、江辛、柳汝士诸君亦系新派中人，日昨又有人访问理藩部郎中荣议员凯荣君，谓和奸与违犯教令二条皆是道德及教育范围以内问题，非刑律所应规定。林议员绍箕则谓，余于新律非特不反对，且以为中国旧律已不能支配目前社会，即无领事裁判之问题，亦应修订新律。至劳议员所主张之条文，在旧律数百年中未尝适用一次，已属具文，何必赘设？盖新律旧律不可混杂，欲行新律则不可参以旧律，欲参用旧律则不如并新律而不议，宪可不立，国会亦可不开云云，其言可谓透辟矣。

二十七　讨论新刑律案详情

（1910年12月26日）

　　资政院议员前日在全蜀会馆研究《新刑律》情形，已略志前报。兹悉是日到者数十人，首由议员罗杰摇铃开会，谓"近来外间多谓同院议员有反对《新刑律》者，诸君对于《新刑律》究竟反对全部分，或一部分？赞成全部分，抑一部分？请互相讨论，以得最后之真理"。齐树楷云，"本员并无反对意思，只有修正意思，如《暂行章程》五条本主张加入正条。"刘景烈谓，"本员为法典股员之一，请先将审查结果报告股员会，对于《新刑律》亦有修改，约举数条。一、责任年龄年纪改大。二、对于各国君主犯罪，减轻。惟《暂行五条》，经多数取决，删去其第四条，删去理由以其为亲告罪，无亲告之人谁为举发？有亲告之人又顾羞耻，不愿举发，所以删去，让诸民法中规定行使亲告权及《违警律》，处以密卖淫。删第五条之理由以其卑幼对于尊属应有正当防卫，即古人云'大杖则逃之义正'，律内百六十三条改为有配偶而和奸者，处四等以上徒刑。"陈树楷谓，"本员对于此三层有疑问，第一，不服尊属管理之时如何？第二，《违警律》只问受金不受金，不问和奸不和奸？第三，仍不能救济无夫之和奸？宜以四条加入正文。"刘云"亲告罪以何人为有亲告之权？"陈答"直系尊属。"刘云"无又如何？"陈云"只好放任。"刘云"然则此题了矣。"牟琳谓"刘议员所说和奸无罪有不明之处。"刘答如前。高凌霄谓"男女共犯独科有妻之男子，实不公道。"陈为刘辩护。高谓"不如仍用二百八十三条原文。"刘云"此实容易解决。"高又谓"无妻之夫与妇和奸无罪，若一妇与二三个无妻之夫和奸生子，岂不乱了血族。"刘云"奸夫太多何能生子？"众大笑。高又谓"《新刑律》总则第八条及某处案语与撤去领事裁判权有抵触，人孰不愿撤去领事裁判权，似此《新刑律》何以取义？"吴赐龄极赞《新刑律》，又与高相持不决。罗杰谓"此时可以讨论终止，前日以为有反对之人，今日诸君互相讨论皆各有所见，所持异议不难通过，是本院极好现象。但今日只可略征修正范围，不能解决所争之条件，诸君修正之意见是否具案送院，如未具案请速从事，待议场取决"。众赞成，随研究就场征税案，稍有讨论即闭会。闭会之后，陈议员树楷特与周君震麟接洽，周君将陈疑难之处一一解释，陈即省悟，并谓"高议员凌霄肆口，发言殊多不合，即劳乃宣之说亦甚不常。"陈君佐清与各议员接洽后，复询高议员所主张之理由，高答以"决不反对《新刑律》"，曰"君顷主张修改数条，即与新律主旨相冲突，反对一条不啻破坏全部"，并征引各种刑律原理及国际公法与社会情形力驳，其反复辩论约有两时之久，高始恍然。是时周君震麟与各议员谈判已毕，见陈、高二君尚在争执，复略驳高之误点，时已六句半钟，三人同出，周、陈至门外，尚再三嘱高不可稍有反对，高极力表明决不反对而别。

二十八　政府对于新刑律之心理

（北京）（1911 年 1 月 1 日）

　　此次提交资政院核议之新刑律草案，闻政府本无意交议，后经宪政馆各员游说，以为刑律关系重大，若不交议，则资政院得据院章争执，似于施行有碍，政府为其所动，故有此次之交议。既经提出，各大老多数希望通过，故前日杨京堂之剀切演说亦系政府暗中主使。嗣闻一派议员主张反对，各大老又一变其希望通过之心，而为借词抵制之计。据某大老日前语人云，此次新刑律案若不通过，足见人民程度实有未及，彼等日言要求而程度之卑下如此，吾辈不难以此案之难通证程度之不足，而拒绝种种之要求。即如纂拟宪法，亦不妨从容编纂，设民间又有催订宪法者，即以刑律观念之幼稚为宪法缓订之理由，彼等自当俯首无词云。

二十九　高凌霄不容于川同乡

（北京）（1911 年 1 月 1 日）

　　日前，四川议员高凌霄在财政学堂，因附和新简提学使、某钦选议员反对新刑律案，恼羞成怒，将新律维持会发起人周、陈二人扭殴，致被送厅发落，已志前报。兹闻川省同乡以该议员等玷辱全省名誉，大为愤激，特于二十四日开同乡大会共商对付方法。午后一时半，开会旅京各界到者一百余人，惟高凌霄未到。首由何君梦庚报告开会，宗旨略谓该省选定之资政院议员高凌霄知识太浅，法律不谙，公然甘为劳乃宣走狗，反对新律，吾人自难坐视，应请诸同志共筹对待方法，以取消其议员名义为主。嗣由孙性廉君演说取消高之议员方法，必公电四川谘议局，始可达到目的。次由陈仲谋君演说对待办法二条：（一）质问高反对新刑律之理由，并迫其自行辞职；（二）申明高议员不能胜任，川人不能承认其为代表之情形，呈请资政院核议。众赞成。次有杨君演说迹近为高辩护，众不欲闻，乃其父又上台接续演说，开口便云与高无私交，惟愿诸君念同乡之谊，饶他这遭，免惹出外省人笑话。何君仍上台说明本会宗旨，首在对待高某，高某不谙法律之罪，已无可逭，又于日前出场与周、陈二君私斗，无理取闹损失人格，若任其盘踞议院，国家政治上固受影响，我川人名誉已先扫地矣。后略有辩论，陈仲谋君复上台演说，高为川人所推选，川人即有监督之权，高有不法行为，我辈旅京同人应有报告本省人士之责，遂决议公电咨议局请示办法。众拍掌，于是由发起人取出簿册，各人签名，末由杨君提议川路近事及报告在沪查账情形，旋即散会。

三十　编制局劳提学《新刑律》说贴驳议

（1911年1月3日、4日）

干名犯义

谨案：《唐律·斗讼》立告祖父母、父母及告期亲尊长缌麻卑幼治罪之法，《明律》删略卑幼一层，并为一条，正其名曰干名犯义，国朝因之。唐律尊卑并举，俱以得相容隐为限，犹不失平恕之意。改定之律，仅就尊长一面言之，已涉偏重。然细绎律义，所谓干犯者，实指祖父母等对于他人有犯而言。故律注有祖父母等自首者免罪一语。其子孙之为被害之人不在此列，可以类推。现在设立审判，并附设检察官，职掌起公诉。如尊长对于他人有犯，除亲告罪外，悉由检察起诉，本无待子孙卑幼干犯。若子孙为被害之人，则立宪之国，应以保护人之权利为主，不能听尊长之倚法专横。略宽呼吁之途，揆诸礼教未为背驰。本草案之不设干犯之例，并非遗漏。至有犯伪证或诬告之罪，固不妨因系子孙卑幼之故，酌处以本条最重之刑也。

存留养亲

谨按：亲老丁单留养之例，本我国教孝之特典，第应否查办，限制綦严。例如死罪之案，斗殴共殴，必须理直伤轻，死者并非独子。若谋故杀拒捕，即不在查办之列。窃赃逾贯，必须并非游荡忘亲徒流之案，仍以情节轻重为衡。军流之案，虽无不准留养明文，然历年查办者，百不一见。是留养旷例，初非尽人可得而邀。现在改良监狱，采用教诲主义，除死罪暨流遣罪常赦所不原外，俱收本地习艺工作。则为之子者，正可藉工作所入以供养赡之需。为之亲者，亦可得狱官之许可随时探视。以事实而论，留养本在可删之列。至新刑律所定刑罚，一以核实为主。其应拟死刑及无期徒刑，在旧律本不准其留养。其一等以下徒刑，既不移乡远戍，更无待于留养。且假释之例，过刑期四分之三，可由狱官酌予释放，与从前之长年幽系不同。草案未经采入，似非漏义。又按新定刑事诉讼律草案第四百八十七条，受徒刑、拘役之囚，现有事故致发生于处刑之目的外重大不利益时，得因其请求于豫定期间内，停止执行。是徒刑之囚，如遇有父母疾病危殆无人侍奉，亦可援刑诉于一定之期限内，暂时回家奉养。特不能径作为无罪之人，较旧律限制稍严耳。

亲属相奸

谨案：此条草案无文，盖欲赅于奸罪之内。议者增立条文，并定其刑为死刑，殊于法理未协。查亲属相奸，惟德意志刑法有之（第一百七十三条 血族之间，尊长与卑幼奸者，尊长处五年以下惩役，卑幼处二年以下禁锢；姻族之间，尊长与卑幼及兄弟与姊妹相奸者，处二年以下禁锢），其刑仅止惩役、禁锢。窃谓此罪之不宜处死刑，其理由有三：一、私生子列入户籍，各国皆同，即现行律亦有责付奸夫收养之例。私生子虽未能等于齐民，而对于奸夫奸妇，父母之义固在也。假令亲属之间因奸而孕，则奸妇必援例待产后百日行刑可知。既产之后，私生之子，不能因亲属相奸之故，扑杀之、殄灭之，必援例责付奸夫之家属收养又可知。乃留其子而戮其父若母，将来此子成立，终于浑浑噩噩榛榛狉狉无人类之知识则已，若稍有人类之知识，回省己之身体成立之繇即伊父母被诛之日，试问何地自容？在朝廷尚有生成之德，而法律必欲使其局天蹐地长为哀哀无告之民，忍乎？否乎？二、奸罪亲告乃坐，此中外通例。刑事诉讼律亲告罪许其临时撤销，以其异于非亲告罪也。从一方面观之既许其撤销，易一方而观之又须处之极典，其中宽严相距，不可以道里计。揆之各国，实无如此自相矛盾之立法例。三、旧律沿自隋唐，与现今之风俗人情不尽吻合，条目虽多，半属徒法，亲属相奸亦其一也。立宪以后，一切法律应以实行为主，如仍蹈故，辄多立死罪条文，故令不能实行，非唯法律之威信扫地，将何以焕发立宪之精神？以上三端，亲属相奸之不应处以死刑，有断然者。昔汉高祖入关，与民约法三章"杀人者死，伤人及盗抵罪"，此数语最为简要。同光间，长安薛大司寇官秋曹，治狱有声，海内奉为圭臬。居恒与人言，奸罪究与谋故杀不同，不宜科以死刑，持论多与泰西学者合。此可见法律乃专门科目，只能与知者道也。

亲属相殴，妻殴夫、夫殴妻

谨案：以上两条，详沈大臣说贴，兹不赘及。

犯奸

谨案：旧律犯奸一门，由杖而至斩决，以一事竟备全部之刑名，用心良苦。然历年成案，犯奸大率因他事牵连发现，其纯粹之奸案，由父母、本夫亲告者，罕见其事。在国家之形式，一面言出礼入刑，未始不推法律纠正之力，自社会之实际一面言，溱洧之行何地蔑有，特羞恶之心人所同，其孰肯陈诉公庭，自曝其闺门之丑德。此可见礼之与法分为二事，风俗改良端在教育，圣人耻格之说诚千古不磨之定论也。修订法律肇于商约，为收回治外法权起见，实非采大同之制不为功。议者谓收回与否尚有种种方面，非止刑律，继复云近今奉天审判厅有外国人愿来控诉，愿遵断惩罚，是时中国旧律固未尝变更只字也。由前之论，未免视之太难，由后之论，又无乃过易。夫收回治外法权一语，乃外国人之为被告人，从我审判衙门依法律判断之谓，若外国人之为原告，则所在地方官厅均可申诉，《天津条约》具在，可以复按，固不得执此即为收回治外法权之明证也。

违犯教令

谨案：《钦定宪法大纲》，"臣民权利义务非按法律所定，不加以捕逮、监禁处罚"，是人民之应处罚与否，以法律之有明文为断。本草案，凡子之对于尊亲属俱用特例，较旧律加详，即第三百十六条对尊亲属加暴行未至伤害之规定，凡旧律触忤不孝各项行为，亦赅括靡遗。今于各项规定之外复括其词，曰"违犯教令"，语涉含混，并不明指其事项，与旧律之比附援引及不应为等条弊害相等，其为不按法律可知。夫人之禀赋不齐，以普通言之，中人以下居其多数，如教令而是也，则可从而违，犹可曲为之解。设教令而非也，而用法律翼助尊属，强迫人子以行乱命，有是理乎？又《宪法大纲》，君上大权总揽司法权，委任审判衙门，遵钦定法律行之，是审判衙门之审判权，乃司法官假君上之命以行者，何等郑重！旧律子孙触犯呈送发遣，仅凭父母之一言，直以君上之大权，畀诸国民个人之手矣，凡此均与立宪之宗旨不符。夫家庭之间宜以道德涵养，其慈孝之风不宜毛举细微，动绳国宪，致令天性日漓，趋于浇薄，此孟子所谓，"父子之间不责善"，汉儿宽所谓，"闻礼义行而刑罚中，未闻刑罚行而孝悌兴是也"。各国民法亲权最重，遇有必要情形，本可酌施惩戒。我国现在编辑民律，自应仿照增入。总之教令一事，属之亲权则可，属之刑律则不可。如谓游荡不务正业迹近违犯，则违禁律固有治罪专条也。至奉养有缺，已定于草案第三百三十九条，原定为三等以上有期徒刑（原案第三百三十八条第二项），嗣因湖南签注增无期徒刑，议者所补之文仅予拘役，反觉轻重悬殊，此殆抚拾耳闻，未暇就原案以研索之欤。

三十一　专电·电二

（北京）（1911年1月4日）

资政院连日秘议对付刘廷琛参折，拟请旨彻查虚实。

三十二 论刑律不宜增入和奸罪之罚则

（1911年1月11日）
日本冈田博士

中国刑律之治奸非罪，自元以后渐次加重。现刑律定和奸杖八十，此次编纂草案拟删去本条，于是学部、直隶、两湖、两广、两江、江西、广西、湖南、山东、山西各省，悉谓和奸孀妇、处女概应科以刑罚以维风化。后编查馆拟增入"凡和奸处五等有期徒刑"之附则，其有夫奸则处四等以下有期徒刑。

国法中处罚奸非等罪，其最宜慎重者须划清个人道德与社会道德之界限，盖恐教育与法律混淆而为一也。然此观念尚未完全发达之时代，往往刑律适用过广，致使政教区别不明。即以欧洲之例证之，昔耶稣势力渐盛时代，除正当婚姻外，凡男女之间或男子与男子、女子与女子，又或人畜之间有为淫行者，一律科以重刑，其奸非罪名中有单纯和奸、纳妾、乱伦、密婚、略婚、强奸、有夫奸、亲族相婚、重婚、兽婚等细目，犯者多处以死刑。惟此种关系，日耳曼法与拉丁法之主义不无少异。日耳曼法则保护奖励正当之婚姻，其余概行处罚，而拉丁法则不若日耳曼法之严密，虽当耶稣教势力最盛时代，亦不至于正婚以外之行为一律处罚。两者虽有宽严之别，然于违反宗教规则之行为一律认为犯罪，其结果遂至有夫奸以外，如寻常私通和奸等亦以之为犯罪行为。洎乎十八世纪之末，道德、宗教、法律之混淆达于极点，其反动力遂有划清界限之说，于是法德两国渐就旧法中删去各种奸非罪名。虽法国法系与德国法系其删订之程度相去甚远，然在十九世纪所有一般法律思想无不以属于道德范围之恶事与属于宗教范围之罪恶，概置诸法律以外，而其现象无以刑律中奸非罪之变更最为显著者也。

自兹以后，奸非罪之应属于家庭教育、个人心术所支配者，概从删减。刑法中所处罚之奸非罪，（第一）因公然实施致污善良风俗者；（第二）以强暴实施之者；（第三）对于无完全承诺能力之人而实施者；（第四）破坏正当婚姻之效力者；（第五）足以诱引奸淫之恶习者。其余如单纯和奸、纳妾、调奸等罪，东西各国刑律中殆至绝迹。由是观之，昔之东西诸外国何尝不以和奸为罪，今以之置诸刑律以外者，诚以道德教育之所系，非刑律所能禁制，安用此无益之规定哉？自刑律发达之程度观之，凡法典之进步者概无和奸罪规定，其沿革姑置不论，试就法理与实际两面研究之，亦有不应规定于刑律以内者。

以法理言，凡害及社会之行为，有刑罚之效力所能及者，亦有不能及者。刑罚效力所不能及而属教育之范围者，自不得不舍刑罚而注重教育，如对于幼者所设之感化场是；亦有刑罚效力不如疗治效力之大者，又不得不舍刑罚而施以疗治，如对于疯癫者所设之监置场是；又有暂不执行所宣告之刑罚，使犯人反省，而其效更著者，则亦不得不犹豫其执行，如对于初犯者所施缓刑之制度是。以上三者，要不外刑期无刑之政策，各施以适宜之预防而已。夫寻常合奸行为，不过违反道德已耳，其害并未及于社会也，即使谓其害及于社会，然不得即据此以为必列于刑章之内而加以刑罚之。理由也何则？刑罚者，必就其性质与其分量及其他社会一切之状态，而以其效力之能及与否为断者也！故如游荡饮食之徒、荒淫之辈，未闻刑律中定以罪名者，实以刑罚之效力不如伦理、教育、宗教之为效易且大也。世无无父兄之子女，苟新《民法》中严订监护制度以补其不足，养成家庭严正之风，初等以上学堂之智育、德育日渐进步，奖励个人自制之能力，且有新闻杂志舆论以涵养公众廉耻之心，则道德日盛，习俗自移。至是而谓无刑罚之故，致寻常和奸犯罪日见增加者，无是理也。

更以实际言，其不便之处约有四端：一曰立法，二曰检举，三曰审判，四曰外交。试先就立法论之，（一）今姑徇众议，增入寻常和奸一条，其刑罚宽严之问题不应如旧日之处以死刑或长期自由刑者，自不待论，然轻微处分终不足禁制男女之私情，则仍属无益之规定已耳。（二）妓女娼妇其初亦处女也，寻常和奸处罚而许娼妓营业，殊不得谓为贯彻论理之法律，而禁绝娼妓，又属能言而不能行之空论。此二者立法上之不便也。更就检举上之不便言之，（一）刑律中苟设此种罪名，必至贫贱者不能免缧绁之累，而富贵者则搜索无从，往往倖逃法外，与刑律四民平等之原则恰相背驰。（二）若不分贫贱老弱，凡有秽行风闻者一律逮捕处罚，使人丧失终身之名誉幸福，实与社会上之死刑无异，甚或以处刑罚，故而一家一族为社会所不齿，此又实施检举上之不便也。且也此种犯罪往往于秘密之秘密中行之，其留有证迹者极鲜，故不惟检举上异常困难且审判上亦必至流于擅断之弊。矧以国交关系言，中国将来改正条约收回领事裁判权之际，如刑律中定有寻常和奸之条必有倡议反对者，即幸而不至反对，而实施以后若遇外国人和奸条件一律处以刑罚，在外国虽不能据法律论提出抗议，然感情既恶恐亦不免引起外交上纷杂之问题，所得不偿所失，孰有过于此者哉。

不合法理及实地上之不便，如此其故，人亦非不知之也，而何以主张增入和奸罪者之多也？无他，中国重视伦常风化，复惑于处罚和奸即可以维持伦常风化之空论，于是明知为无益具文，仍哓哓置辩不已。推其故，亦不明礼教、法律之界限，且欲借此博旧社会之虚名耳。况违反伦常侵害社会之行为，苟为刑罚之效力所不及，其适用必至困难，人民若知法律为有名无实之具，则刑律之威信扫地矣，且必至因此无益之条项而蔑视全体之法则。故增入和奸一条之具文，其弊犹小，失刑律全体之威信，其弊何可胜言耶！东西各国亦认和奸为宗教上、道德上之罪恶，且进而认为妨害社会之罪恶原与中国无异，然其刑律中概无和奸罪之规定者，岂偶然哉！泥于礼教而不明法理，其法决非完全之法，矧以资政院为中国立法机关，一言一字皆为世界各国所注视，苟因此无益之问题致贻笑柄于环球法学界中，是岂仅资政院之耻也！

三十三　资政院争论新刑律之怪剧

（北京）（1911 年 1 月 14 日）

　　初六日下午三时，资政院开第三十五次大会，议员到会者一百二十人。入座后秘书官承命报告文件八种，内有修正报律一件，随开议大清新刑律。股员长润贝勒未到，汪荣宝代为报告。第一，总则较分则修正为多，共四次修正，删去二条增加一条，原为八十八条现在亦八十八条，就中有以两项分作两条者。第四十条删去，其理由以该条文既规定于刑事诉讼法，刑律中不必再行加入。第五十条亦删去，其理由以责任年龄分新旧二学说：一、辨别能力，二、教育能力。股员会主张减轻责任年龄者从现在之新学说，以非根据于辨别心而根据于教育能力也。吾国《违警律》责任年龄定为十五岁，而刑律不与相合，亦属不妥，故股员会主张改为十五岁。其增加者为三十八条，分析者为三十七条，而加入则在八十五条、八十六条。除删去条文外，又有删去条项者，如第二十四条第二项是也，删去重要字句如第二十六条是也。重要字句之修正如"中国"改为"帝国"是也，以外人称中国皆就中国本部而言，范围甚小，如改称帝国则蒙回藏一切藩属俱包括在内，其理由一；又此律由本国自定，不必再将国名揭出，故以帝国二字为妥，其理由二。此外如各议员中提出之修正案亦多有不能通过者，如杨议员锡田以身分改为权势二字，股员会多不赞成。

　　至于分则中修正不甚多，其编订虽照各国通则，然其内容，凡可以保存中国特色者俱竭力保存，至中国之家族主义，股员会宗旨亦无不竭力维持。至其第四章关于国际交涉者甚多，俱有增改；第五章十二条及二十一条亦多删改，至彩票一项亦全行删去。对于分则之修正，共十二处，余为暂行章程，特派员以此为沟通新旧刑律办法，股员会讨论认为赘疣，故全行删去。

　　报告毕，余镜清请即付再读，吴赐龄谓，罚金一等至五等有一定比例否？特派员答，无一定比例。吴又谓，有何理由答以犯罪轻重定之？特派员登台提出修正五项：（一）四十三条，（二）四十五条，（三）七十一条，（四）三十一条、四十四条、六十五条、六十六条、七十四条等。惟所说多未明了，汪荣宝代为解释，易宗夔谓，对于大体同意否？若止修正字句，可俟再、三两次读会，吴赐龄问九十条与三十一条不同理由，汪荣宝答：一系故杀，一则不然。于邦华请就大体讨论，谓一为名义上讨论，既为新律必须将旧律取消，此为中国律，非外国律，刑律乃法律，不能参以礼法，盖彼是道理方面，法律乃权利义务问题。刑律对于皇室及尊亲属皆有特别规定，此亦权利义务问题，以此两种有特别义务，故皆有特别权利也；一为主义上讨论，中国向为家族主义，今则渐进国家主义，然刑法上无所谓国家主义与家族主义，盖此为民法上问题，非刑法上问题也。又新刑律效力在减少犯罪人，而非增加犯罪人，此虽谓为维持社会，亦须视社会程度如何，此为对于大体讨论如此。

　　雷奋问对于大体是赞成是反对，于邦华答赞成，陶峻于二百六十七条有修正，章宗元谓讨论至某条再说某条的话，不得毫无秩序，众请付再读，议长问须表决否，多数议员请无须表决。陶毓瑞谓，再读时须付表决，刘景烈谓，再读可否省略，本员意似可不必逐条讨论。此时秩序大乱，一时之间一人语未终，而他人又复起论辩，同时至有三四人发言竟不能辨为何人语言。邵义请议长维持秩序，不可于一时而有三四人发言。易宗夔谓，劳议员前日提出议案已经多数赞成，议员中若有修正者可先于股员会提出商议，不能于大会提出，此时反对者甚多，西南隅秩序大乱，万慎大呼不休。易宗夔谓，此事股员会已经赞成，不必多议，万慎谓，本员未提出修正案，易宗夔谓，各议员皆有修正案，贵员到何处去了。高凌霄谓，于第一条有修正，"本律凡于口口"四字改为"凡帝国内"四字，汪荣宝答"此为时之效力，不能在地之效力中掺杂"而言。此时众议员多主张逐条表决，秘书官朗读第一条，无异议，陈敬第主张起立表决，江辛主张讨论报律时本有先例，有修正者始起立表决，黎尚雯主张以反对者请起立，众大呼付表决，此时人声鼎沸，势如潮涌。次宣读第二条，亦无异议，第三条数目字有错误者，众争问之。第四条王廷扬主张与第五条归并，汪荣宝言性质不同不能归并亦通过。第五条虽无异议，而李素以在场人数不足，不能表决，陆宗舆谓只欠一二人原无妨碍，雷奋谓核计本日到会人数，过半即为多数，遂又表决得多数。六、七两条俱无异议通过。第八条高凌霄将国际上"特别成例"一语改为"普通成例"，雷奋反对之，汪荣宝请删去特别二字，付表决得多数通过。九、十两条均无异议。第十一条系责任年龄问题，陈树楷提出修正，略谓原案取二级主义，而股员会修正案则取一级主义，然就时间及教育两方面言之，决不赞成一级主义，仍须照原案二级年龄减轻主义，请询全院表决之，此修正案系取消股员会所主张，于是众论大哗，彼此互驳争论不已，议场秩序又复大乱，久之始将陈树楷修正案询全院，得三十人以上之赞成，遂成议题。后又因表决次序先后起争论，一面主张先表决陈之修正案，一面则主张表决股员会修正案，议长左右为难，颇形踧躇，卒决议先表决股员会修正案，得六十四人多数过，通时拍掌声大震。十二、十三、十四三条均无异议通过。至十五条对于尊亲属不适用正当防卫问题，劳乃宣有修正案既主张尊亲属有不正之侵害，又主张卑幼不适用正当防卫因果倒置，谓叟叟杀舜，叟虽不正，亦不能用正当防卫术云云。众与之大争论，汪荣宝、雷奋、沈林一相继驳之，籍忠寅谓，劳所主张系伦理非法律，惟恐子弟有杀父兄之举，此在旧律上虽虑，此新刑律则无须虑及也，言颇明晰，遂表决劳之修正案，起立者仅二十余人，复表决股员会修正案得多数通过。第十六条沈林一稍有修正，众不赞成，仍赞成股员会修正案。时已七时，遂散会。

三十四 专电·电三

（北京）（1911年3月24日）

刘廷琛奏新刑律关系重要，请申明宗旨以定国是，又请饬法律、礼学两馆以《大清律》为本，参以各国法律。奉朱批：该衙门议奏。

三十五 专电·电四

（北京）（1911年3月25日）

　　刘廷琛反对新刑律折（已略见昨报），有礼教尽灭新律可行、不灭则万难施行，皇上本无废灭礼教之意，馆臣陷皇上以废灭礼教之名，后世史书记载中国礼教废灭自皇上始等语。附片有法律原为治民而设，乃馆臣废弃《大清律例》，专为寓华外人计等语。并痛诋杨度谓忠义之衰由于孝悌不明之故，若王无废三纲意，请先废文士，如欲整顿请严行谕饬，将新律中关碍礼教各条尽行删去。

三十六　辩刘廷琛反对新刑律

（1911年3月29日）

日前，大学堂监督刘廷琛抗疏反对新刑律（见廿四、五两日本报专电）。闻此封奏之所由上，枢臣因沈家本修订法律专主从新，故保刘若曾代之。复嗾令刘奏请申明新律宗旨，饬礼学、律学两馆，依据旧律以维名教（见某报）。故折中有礼教尽灭新律可行，不灭则万难施行。皇上本无废灭礼教之意，馆臣陷皇上以废灭礼教之名，后世史书记载中国礼教废灭自皇上始等语，附片有法律原为治民而设，乃馆臣废弃《大清律例》，专为寓华外人计，并痛诋杨度谓忠义之衰由于孝悌不明之故，若王无废三纲意，请先废文士，如欲整顿请严行谕饬将新律中关碍礼教各条尽行删去云云。呜呼！新刑律自劳乃宣与资政院极端一度之抨击后，而复有刘廷琛助其波而扬其澜。如此聚讼，纵历几多之日月，终难确定编纂而颁布之一日矣。刘廷琛虽胸无主张，其支离怪诞不过出于枢臣之授意而来，而其为梗于前途，增新刑律实行之阻力，则其影响甚大也，是不可以不辨。

夫吾国今日之刑律，所由不得不改良，以期暂脱家族主义，而导入于国家主义者，以吾国固有之法系不足以维持今日社会之生存，而向之仅范围于宗族伦理，诸科条已不能供法治国之需用，于是随世界之进化，准本国之情势，采他国之良法以济其穷，此今日编订新刑律之一大前提也。明此可知，法律者本非创造的而发达的，非万世一成不变之物，操立法之权者是当研求其适于时势，以制成一新法系，故今日编订刑律之目的非欲其与古无背，而欲其与今日国法上相准而已。往者礼教与法律视同一物者，因学者无法律之知识，而依托礼教以规律本族之故，乃遂误认为一种之成文法尔。不知礼教云者属于国民之秉彝，固为吾数千年来立国之一要素，而特不能与一国之法典相混。析而言之，礼教自礼教，刑律自刑律，不可并为一谈也。反对新刑律者，辄以礼教二字相非难，抑若礼教即为刑律之主体者，抑亦不免误认，而犹未得礼教之筌蹄耳。今刘廷琛云礼教尽灭新律可行不灭则万难施行，尤如断凫续鹤、指鹿为马之瞽语，吾不知其何所见而云然也。尤不解者，今日之《大清律例》若犹可以适用，则此煌煌册典又孰得而改纂之，乃曰废弃之者是直谓新刑律为徒多此手续，而不仅专为寓华外人计已也，玩其语意充义至尽，非将今日几经编订之事业极力推翻之不止。昔英人谓，吾中国如果改用新律当先撤去领事裁判权，以为诸国之倡。今刘廷琛以反对新刑律断断焉，以保存《大清律例》为职志，是不欲收回主权也。不然，法律本原为治民而设，何不一深思今日之时代，为何时代耶？吾国如以锁闭主义言之则可，以变通主义言之则不可，盖国际上之法例然也。至谓忠义之衰由于孝悌不明之故，而牵引三纲以武断其词，尤属不通之论。准之以今日之伦理学说，三纲之说处于礼教，自《白虎通》引之，董子释之，马融集之，迨朱子出而三纲之义益不能明于世，何也？以一国之伦常言之，无论中西不外亲义序别信，所谓五常是也。故若仅以三纲而欲平治一国，是尚逊其二夫岂可乎哉，吾愿一准之于学理，毋为古人所误而误国也，若夫言忠义孝悌是不啻空樽之音，分外高响空言喋喋而竟未知忠义孝悌之实，其亦与空樽何异欤。原折未经发抄虽无以知其内容若何，而度其所恃为依据，而出全力以反对者当不外是，记者故不惜词费而为之辩如此。

三十七　刘廷琛维持礼教之片奏

（1911年4月4日）

惊天动地之大文章，不值智者一哂。

大学堂监督刘廷琛奏新律关系重要请申明宗旨一折，痛诋新律败坏三纲，措辞严厉，其原文已录前报，兹觅得其附片一件，立言更为痛快，亟录如下：

我国《大清律例》，近据明代，远溯唐汉，精义实根于经术，盖本数千年民情礼俗而成者也。惟历代既久，条例亦多，不无有繁重窒碍之处，前经修订法律大臣删为现刑律，尚属繁简得中，较诸各国犹未周备，自应博参其长者以成完全之书，为通变宜民之用，此修律之本旨也。今馆臣全弃《大清律例》，概从外人，其所持要义者在收回治外法权，不知收回治外法权首以国势之强盛，次以审判之公平，若能于二者锐意经营，成效卓著，不患无收回之一日。若国势如故，审判如故，谓恃模仿之空文足收治外法权之，实际必无其事。徒使数千年相传之礼教一旦扫地以尽，风俗败坏，世变随之，匪徒乘机为煽乱之资，外人借肆其并吞之策，则人将治我，尚何法权之可收哉？且法律原以治民，非为他人而设，乃不为本国四万万人计，专为流寓数千之外人计，民情扞格、讼罟繁兴，势必至犯奸日多、奸宄益横行而不可复制，外人将视我为乱邦，何治外之有？

或谓今日修法律为图强之要策，须破除家属主义而为国族主义。不知天下者积家成国，积国成天下，人能各治其家则国不期治而治。孟子谓人人亲其亲、长其长而天下平，其义极精、其道至大，若谓中国素持家族主义，至人怀依赖不图自立，不知先圣垂训从无不教人自立，此学术衰微，岂关家族之弊。果能振兴教育，而以亲亲之道养仁爱之风，则家齐国治，尤征道一风同之盛。且中国幅员广大，以个人直接国家，势涣而治难。以家族直接国家，势聚而治易，故家族主义所以巩固邦基，方当加意维持，岂可稍事坏破。设家族主义径破而国家主义依然不克成立，人人离心、土崩瓦解，虽食议者之肉仍何补于危亡。去年候补四品京堂杨度在资政院演说时，至谓忠义之衰由于孝悌，自古奸佞小人从无敢倡排礼教者，而杨度敢于大庭广众倡其邪说，实不容两观之诛。昔魏武图汉，下令求不仁不孝之才，遂使礼教衰微，酿成六朝之祸，然纲常之大经大法尚未敢公然破坏。今修律而背忠孝之旨，数千圣贤保之而不足，数条法律破之而有余，其说较曹操尤横，其祸必较六朝为烈，率天下尽趋于禽兽，抑何不仁之甚耶。且若辈坚持此义，意在废三纲耳，君臣不敢公然议废，乃先废父子、夫妇二纲，使人忘其名分之重，乃不知天泽之严，使三纲废而国强，君子犹慎而不取。窃恐纲常灭裂，祸乱旋生，致篡弑相寻，生灵涂炭，祸延百年，罪及后世，亦主持新律者是宜平心远虑而可冒昧从事乎。

光绪三十三年，臣视学日本，其文人牧野仲显叹彼欧化过甚，亟谋兴东方教育，推崇孔孟为补救之方，名士井上折次郎、泽柳正太郎亦著书提倡孔孟之教。今年捕获无君党幸得秋水，日廷即处以极刑，吾国事事效法日本，而独于礼教大端彼倡我残，启人无君无父之心，以导奸长乱臣，窃痛之。虽欲缄默，实有不能自已，恳恩饬下将关于礼教诸条删削尽净，总以《大清律例》为根本云云。

三十八　礼学馆破坏新刑律

（1911 年 4 月 7 日）

袭刘廷琛之唾余耳，可羞。

新律趋重之问题，新旧界各有所主张，几有相持不下之势。昨据礼学馆某枢要向人云，新刑律总则既经资政院通过即无酌核之权，然对于新刑律规则及民律等，本馆仍有酌核之权限，因奉有谕旨，不得不然也。但本馆对于酌核之意旨，不外以本国习惯礼教为根本，有不足者则采取他国。至若治外法权能否收回，本馆不能过问，本馆只知所酌核之法律是中国法律，法律所管束之人民是中国人民，总以整顿中国风化为务，不必急急求合于外人也。

第六部分

《中华民国暂行新刑律补笺》

本律虽不许比附援引，究许自然解释。自然解释者，即所犯之罪与法律正条同类或加甚之时，则依正条解释而通用之也。同类者，例如修筑马路，正条只禁止牛马经过，则象与骆驼自然在禁止之列是也。加甚者，例如正条禁止钓鱼，其文未示及禁止投网，而投网较垂钓加甚，自可援钓鱼之例以定罪是也。

——新刑律第十条［补笺］

概述与论说

《中华民国暂行新刑律》是民国北京政府成立之初对《大清新刑律》稍加删改而制定的刑事法规。由于中华民国是在清朝速亡的基础上建立起来的，还来不及制定完备的法律，只好借用晚清法律改革的成果。1912年3月10日，临时大总统袁世凯上台伊始即发布命令，"现在民国法律未经议定颁布，所有从前施行之法律及新刑律，除与民国国体抵触各条应失效力外，余均暂行援用，以资遵守"①。此处所指"新刑

---

① 《法部修正新刑律呈袁大总统文》，载《中华民国暂行新刑律补笺》，法政学社1912年印行，上海广益书局代售。

律",即清末修律公布之《大清新刑律》。据此命令,北洋政府法部随即拟定《法部修正新刑律呈袁大总统文》,附列删除各章条目,经3月30日上呈袁世凯批准,于4月3日刊登在《政府公报》通令各司法衙门遵行,是为《中华民国暂行新刑律》。4月29日,临时参议院审议通过,完成立法程序。

《中华民国暂行新刑律》内容与《大清新刑律》基本相同。法部的修正,主要是删除与民国国体相抵触的内容和章节。如删除分则第一章"侵犯皇室罪"共十二条(第89—100条,因本章的删除相应第3条第1款也被删除)、删除"暂行章程"共五条(第1—5条),以及删除第81条(定义乘舆、车驾、御、跸、制)、第238条(伪造制书及行使伪造制书罪)、第247条(伪造玉玺、国玺罪)、第369条(窃取御物罪)、第375条(强取御物罪)、第387条(于御物之诈欺取财罪)、第402条(毁弃制书或损坏玉玺国玺罪)。另外就是个别字句调整,如"帝国"改"民国"、"臣民"改"人民"、"覆奏"改"覆准"、"恩赦"改"赦免"等。《大清新刑律》还在律前有"服制图"和"服制"的规定,虽然《法部修正新刑律呈袁大总统文》未见明文删除,但也不再见于《中华民国暂行新刑律》了。

《中华民国暂行新刑律》施行以后,民国北京政府于1912年8月12日和1914年12月24日先后颁行《暂行新刑律施行细则》十条和《暂行新刑律补充条例》十五条,《补充条例》贯彻了"以礼教号召天下,重典胁服人心"的精神,恢复、扩充了《大清新刑律》"暂行章程"五条的规定,形成了对《暂行新刑律》的部分修正和补充。1915年2月,北京政府以《暂行新刑律》为基础,完成刑法修正案(即1915年《修正刑法草案》),将《暂行新刑律补充条例》的内容正式纳入刑法草案正文。这一刑法草案未及议决公布,袁世凯政府即告垮台。1918年,段祺瑞政府再度修订刑法草案,草成《刑法第二次修正案》,对原刑法草案进行了较大的调整,但最终亦未公布。直到南京国民政府成立,《中华民国暂行新刑律》才为《中华民国刑法》(1928年)所取代。这也就是说,《大清新刑律》经过改头换面后,在民国时期实施了16年之久,其实施状况成为评估《大清新刑律》立法的重要维度和视角,因而值得重视。

《中华民国暂行新刑律》施行以后,各种版本就在社会上陆续广为流传，其中最普通的方式，就是以1912年法部修正的新刑律为基础，把1907年新刑律草案的沿革、理由、注意等说明性文字，1910年《修正刑律案语》和宪政编查馆审核案语以及民国后形成的"补笺"等材料，以各种不同的形式糅合在一起。这说明民国北京政府时期，不仅接受了新刑律的立法条文，也实际上接受了《大清新刑律》的立法渊源和思想。黄源盛在《晚清民国刑法史料辑注》中所收录的"《暂行新刑律（1912年）》"就是以《中华民国新刑律集解》（葛遵礼编辑，上海会文堂书局，1917年6月）为基础的[①]。经笔者校对，《中华民国暂行新刑律补笺》与之有如下不同：一、成书时间较早。《中华民国暂行新刑律补笺》内扉页写有，"袁大总统批准　中华民国暂行新刑律　总则分则补笺　法政学社印行"字样，无编辑印行时间。但从没有1912年8月《暂行新刑律施行细则》和1914年12月《暂行新刑律补充条例》作为附件来看，应该属于《暂行新刑律》刊布后印行的第一批图书，印行时间在1912年4—8月间。[②] 二、新刑律条文版本基础不同。《中华民国暂行新刑律补笺》"凡例"第一条指出，"我国新刑律，一为法律馆原案，二为法律馆改正案，三为宪政编查馆核订案，四为资政院通过案。是书总则正文，悉依资政院通过案，分则未通过者，则依宪政编查馆核订案"，因此，《中华民国暂行新刑律补笺》中的律条并不是以1911年《钦定大清刑律》为基础，条目序列到405条。《中华民国暂行新刑律集解》则以《钦定大清刑律》为基础，条目序列到411条。三、条文编排和内容稍有不同。俩书都有1907年刑律草案的"原案""原案沿革""原案理由""原案注意"等内容，但对于民国以后删除的内容，《中华民国暂行新刑律补笺》保留了删除的条文，只是在条文前后表明"删""词条全删"等字样，《中华民国暂行新刑律集解》则不再保留删除的条款，只注明"此条删除"。1910年修正新刑律案语和宪政编查馆案语所收则各有不同，"补笺"的条目和内容也不完全相同。虽然我们基本可以断言这两个版本间有直接的历史渊源，但其中还是有所变化，而且《中华民国暂行新刑律补笺》时间在前，

[①] 黄源盛纂辑：《晚清民国刑法史料辑注》（1905—2010），元照出版有限公司2010年版，第362页。

[②] 同样是上海广益书局发行，同样表明"袁大总统批准　中华民国暂行新刑律"的另一个版本，版权页上明确表明"中华民国元年六月初次印刷，中华民国元年九月四版校正"，就特地声明"附施行细则十条"。

因而有再整理出版的必要。

　　作为对《大清新刑律》的注释性文字，关于"补笺"由谁撰稿拟就的问题，一直有不同的说法。目前学术界经常提到新刑律第十条①的补笺，"本律虽不许比附援引，究许自然解释。自然解释者，即所犯之罪与法律正条同类，或加甚时，则依正条解释而用之也。同类者，例如正筑马路，正条只禁止马车经过，则象与骆驼自然在禁止之列。加甚者，例如正条禁止钓鱼，其文未示及禁止投网，而投网较垂钓加甚，自可援钓鱼之例以定罪也"②黄源盛和陈兴良都认为该补笺由沈家本作出，且是在《新刑律草案》之中，但均未注明详细出处。一般认为，沈家本主持制定的《新刑律草案》，有1907年草案和1910年修正案，其中均不见"补笺"。查黄源盛所引的该段"补笺"，与《中华民国暂行新刑律补笺》中相应"补笺"③，表达的意思完全相同，文字也几乎完全一致。而对于《中华民国新刑律集解》中的补笺，黄源盛又认为"似为北京政府法部所作之笺注"④。《中华民国暂行新刑律补笺》在凡例中则指出，"本律编纂，出于日本冈田朝太郎调查考订者为多。惟案语意义，尚有未尽明悉者。兹采其学说，为之补笺"，这说明，补笺是由法政学社组织人员，从冈田朝太郎的著作中采撷而成，而且因为出版时间紧，"成于仓猝，语多不备。僭拟之罪，知所不免，阅者谅焉"，表示歉意。由此看来，补笺由沈家本或法部所作的说法，恐怕还值得进一步商榷。

　　《中华民国暂行新刑律补笺》的史料价值，大致有如下几个方面：
　　一、有助于还原新刑律草案的各个版本。按照冈田朝太郎的说法，从1907年修订法律馆上奏的第一案，到1911年钦定的第六案，《大清新刑律》立法正式的草案版本就有六个。但除了第一案（共387条）、第二案

---

　　① 第十条"法例无正条者，不问何种行为，不为罪"。
　　② 参见黄源盛《法律继受与近代中国法》，黄若乔2007年出版，元照出版有限公司总经销，第338页；陈兴良《罪刑法定主义》，中国法制出版社2010年版，第12页。
　　③ 《中华民国暂行新刑律补笺》第十条补笺，"本律虽不许比附援引，究许自然解释。自然解释者，即所犯之罪与法律正条同类或加甚之时，则依正条解释而通用之也。同类者，例如修筑马路，正条只禁止牛马经过，则象与骆驼自然在禁止之列是也。加甚者，例如正条禁止钓鱼，其文未示及禁止投网，而投网较垂钓加甚，自可援钓鱼之例以定罪是也"。
　　④ 黄源盛纂辑：《晚清民国刑法史料辑注》（1905—2010），元照出版有限公司2010年版，第363页。

（共 409 条）和第六案（共 411 条）有明确的完整文本可查外①，其他各案都查不到完整的草案文本。因而对于宪政编查馆第三案、资政院法典股第四案、资政院会议通过第五案的具体条款数、是否独立刊刻成书、具体有哪些变化，现在都不能给予特别明确的回答②。而《中华民国暂行新刑律补笺》的"总则正文，悉依资政院通过案，分则未通过者，则依宪政编查馆核订案"，考虑到资政院会议仅仅审议通过了总则部分，分则部分并没有审议完成，由此，宪政编查馆核订第三案的分则部分和资政院会议通过第五案的文本，我们就有了明确的文本。在此基础上，借助于 1910年 11 月 5 日宪政编查馆的奏折、劳乃宣的说贴、资政院会议速记录等材料，我们就有能够还原第三案、第四案和第五案的可能，这对于深化《大清新刑律》研究，显然是有价值的。

二、有助于加强宪政编查馆研究。众所周知，宪政编查馆的地位比修订法律馆重要的多。在某种意义上，就在晚清修律过程中的作用而言，宪政编查馆也比修订法律馆起的作用大。早在 2004 年，笔者就从研讨宪政编查馆王大臣的视角撰文，专门探讨了宪政编查馆在清末修律中的作用，"沈家本主持的清末修律，如果得不到奕劻的赞助，那是难以想象的。事实上，在 1907 年法律修订馆的独立和 1911 年《大清新刑律》的制定颁布这两个问题上，奕劻都给予了沈家本决定性的支持"，"在激烈的礼法之争中，在礼教派的攻击下，新律几有根本推翻之势，是奕劻'挽狂澜于既倒'。应该承认，酝酿了近五年的《大清新刑律》最后能基本按照法理派的架构和精神出台，奕劻的作用是多方面的和关键性的"③。随后陈煜在其博士毕业论文中，也探讨过宪政编查馆在晚清修律中的地位和作用④，但总的说来，这种探讨还是总体性的，还缺乏对其核订的具体法律的分析。1910 年 11 月 5 日宪政编查馆《核定新刑律告竣敬谨分别缮具清单请旨交议折》和杨度代表

---

① 参见高汉成主编《大清新刑律立法资料汇编》，社会科学文献出版社 2013 年版，第 24、473、703 页。

② 陈新宇：《钦定大清刑律新研究》一文（刊于 2011 年第 2 期《法学研究》）专门提到，宪政编查馆第三案"是专门刊刻成书，还是如北大所藏的《修正刑律案语》，直接在文本上眉批、修订、添注，尚有待进一步的史料证明"。我的看法是，根据 1910 年 11 月 5 日宪政编查馆《核定新刑律告竣敬谨分别缮具清单请旨交议折》"缮具清单"来看，第三案一定是有独立文本的。

③ 高汉成：《论奕劻在清末修律中的作用》，《法律史论集》（第 5 卷），法律出版社 2004 年版。

④ 陈煜：《清末新政中的修订法律馆：中国法律近代化的一段往事》，中国政法大学出版社 2009 年版。

宪政编查馆于宣统二年十一月初一日下午在资政院所作的立法宗旨说明①，固然可以使我们明了宪政编查馆对《大清新刑律草案》的立场和态度，但那仍然是就基本原则和基本精神层面的认知。就具体的草案条款，宪政编查馆到底提了哪些意见，做了哪些修改，除了"总则于不论之罪推及十五岁，年龄过长恐滋流弊，兹拟照德意志等国刑法缩为十二岁，并修复宥恕减轻之例"，"和奸有夫之妇，原案定为三等以下有期徒刑，较旧律加至六、七等，立法之意本含亲属相奸在内，然词旨隐晦，易滋疑问。兹参仿德国刑法，增入本支亲属相奸一条，定为二等至四等有期徒刑，而将原案和奸罪名减轻一等，以昭平允"，"拟于第三十一章增入对尊亲属有犯胁迫、侮辱并损害信用加等治罪之法，于诬告条下增入诬告尊亲属加等治罪之法"等之外②，对具体条文的审核结果并不是很清楚。《中华民国暂行新刑律补笺》第一次全面收入了宪政编查馆对1910年修正刑律草案的审查和修改意见，具体包括第11条③、第八章　宥恕减轻④、第128条⑤、第

---

① 均可参见高汉成主编《大清新刑律立法资料汇编》，社会科学文献出版社2013年版。

② 宪政编查馆《核定新刑律告竣敬谨分别缮具清单请旨交议折》，参见高汉成主编《大清新刑律立法资料汇编》，社会科学文献出版社2013年版。

③ 修正草案第十一条【宪政编查馆案语】此条为幼年犯罪，绝对无责任而设，以年龄分别责任之有无，为各国通例，即在我国旧律亦有十五岁以下、十岁以下、七岁以下三项矜恤之条，良以未达丁年，乃教育之主体，非刑罚之主体也。惟原定以未满十五岁为限，尚涉过宽，难保不别滋流弊。查各国绝对无责任之年龄，迟早不同，各视其国普通知识之发达而定。如巴那裴里伏、匈牙利、德意志俱以十二岁为断，最为适中，兹拟采用其制，改为十二岁。即便暂时清查户口之法尚未实行，一经讯问，在任检察推事之职，亦易于监别。

④ 修正草案第八章宥恕减轻【宪政编查馆案语】法律馆初次草案，第四十六条为"十六岁至二十岁未满之犯罪，得减本刑一等"一条，此谓减轻时代之处分，嗣该馆因学部、邮传部热河、直隶、安徽、两广、江西、山西、湖广等省签注删去，亦兼采用挪威日本新刑法主义也。惟此次核订，将第十一条绝对无责任龄短其年龄，则自十二岁至十五岁之间，有犯概应科刑，及较旧律加严，不无疑义。兹拟将初次草案修复，仍采用法兰西、比利时、荷兰诸国之例，改为以十六岁为断，与旧律亦不甚相远，惟原定之例仅减一等，盖因所定年龄较长之故。今既改为十二岁以迄十六岁，则知识之发达恐尚未完备，并拟酌宽一等，以凭审判官临时酌量办理。

⑤ 修正草案第128条【宪政编查馆案语】谋叛本国，潜从他国，其情节与内乱罪并重，略迹诛心，尤为国民所共愤。查各国立法例，除废死刑之国外，俱科以唯一之死刑。中国未宜独设宽典。本条无期及一等有期徒刑，应即删节。

111条①、第116条②、增加"和奸本支亲属妇女"第284条③、增加"对尊亲属有犯安全信用名誉罪"第355条④。这些材料,加上笔者从《申报》上搜集到的《编制局校订新刑律意见书》《董科员答劳议员论新刑律》《编制局劳提学新刑律说贴驳议》等材料,完全可以进一步加深对宪政编查馆在晚清修律中的地位和作用的研究。

三、有助于深化《大清新刑律》和"礼法之争"研究。经过十多年的发展,在目前法律史学界,《大清新刑律》和"礼法之争"研究,已经取得了相当进展和不少优秀成果。对其基本内容和基本过程的叙述,全都

---

① 修正草案第111条【宪政编查馆案语】危害行为,包凡人杀伤、暴行、胁迫等项。推人臣无将,将则必诛之义。对于乘舆车驾有犯,即应科以法定各刑,固无已遂、未遂及预备、阴谋子(疑系"之"之误)别也。若外国之君主或大统领于国际上言,本国君主应列于同等之地位,而在臣民观念中,实宜严守天无二日、民无二王,以永固其爱戴之忱。原案前二条之罪,与第八十八条、第八十九条并无区别,揆诸名义,似属未宜,兹拟合下条之不敬罪改为暴行、胁迫及侮辱二例。暴行、胁迫处二等至四等有期徒刑,侮辱处三等至五等之有期徒刑,若有杀伤重情,不妨以国交之故,科以各本条最重之刑。至太庙皇陵,乃中国敬宗追远之特典,各国风习不尽从同。如有不敬之行为,自有礼拜所、坟墓各条足资援引,更无须以我国夙所尊崇推己以及人也。

② 修正草案第116条【宪政编查馆案语】使臣乃一国之代表,理宜重视。然本条处分之法,几与杀伤尊亲属同,未免比拟不伦。兹拟将前二条删除,有犯仍以普通杀伤论,而将第一百五十条之暴行、胁迫及侮辱分为二条,仍就原定刑名范围区别轻重,分贴二例。或有疑杀害使臣,每致启两国之争衅,应从严惩处者,查普通杀人罪最重者为死刑,伤害最重者为无期徒刑,因使臣之故可处以最重之一端,已不为轻,且此例各国皆然,断不至国际问题生镠辖也。

③ 宪政编查馆第二百八十四条:凡和奸本支亲属妇女者,处二等至四等有期徒刑。其相奸者,亦同。【宪政编查馆案语】和奸之罪,现行刑律仅止十等罚,草案加重为三等至五等有期徒刑,其期限为五年未满、二月以上,本兼包亲属相奸,以备酌量服制亲疏,临时递加之意。惟本案立法宗旨,因收回领事裁判权之故,采用各国通例,未将无夫奸列入。亲属中无夫奸一例免科,未免渎伦伤化。查德国刑律,亲属相奸,较常人加严,兹拟酌仿其意,将本条和奸之罪减为四等以下有期徒刑或拘役,于本条之次增入亲属相奸,酌定其刑为二等至四等之有期徒刑,以示维持风纪之至意,而与旧律亦不甚相远也。

④ 宪政编查馆第三百五十五条:凡对尊亲属犯第三百五十一条、第三百五十三条及第三百五十四条之罪者,处四等以下有期徒刑、拘役,或三百元以下罚金。犯第三百五十二条之罪者,处三等以下有期徒刑或五百元以下罚金。【宪政编查馆案语】第三百五十一条为胁迫之罪,第三百五十三条为损害信用之罪,第三百五十四条为指摘事实侮辱之罪,对尊亲属有犯并无规定。推原立法之意,盖欲归并于第三百十一条,对尊亲属未至伤害条内。然胁迫损害信用及侮辱之行为,究较直接加暴行情节,稍轻一例同科,未免无所区别。兹从各本条析出并为一条,酌定其刑为四等以下有期徒刑、拘役或三百元以下罚金,视常人则加一等,较彼条则减一等矣。又第三百五十二条乃胁迫罪之已生结果者,其余既加一等,则本条似应递加一等,以归一律。

有了第一手材料作支撑。这与 20 世纪 80 年代初,《大清现行刑律》和《大清新刑律》不分,需要李贵连先生作专论澄清的局面①,不知好了多少倍。但最近几年,法律史学界大都有"无话可说"之感,因为材料就那么多,咱讨论下去无非就是价值观的差异,所以到后来,融合双方观点,对双方"各打五十大板"、都给予"同情式理解"的文章反而成了"最高水准"的论文。这类论文,过程分析的"精彩"程度,如同看"好莱坞大片"的感觉,但结果也如同好莱坞影片一样,没有明确结论。面对"他到底想说什么""他到底认为谁对谁错"的拷问,有时让我这等算是对这段历史还算熟悉的人士,也是"一头雾水"。由于晚清的速亡,《大清新刑律》颁布后没有来得及实施,钦定谕旨所说的"俟明年资政院开会仍可提议修正"②,礼法之争的双方"摩拳擦掌,来年再战"的情形,也没有实现。所以,只关注于晚清的时段,对《大清新刑律》和"礼法之争"的研究来说,是有局限的。好在《大清新刑律》经过删减,易名为《中华民国暂行新刑律》后,在中国有十余年的施行历史。我认为,加强对《中华民国暂行新刑律》的立法研究,不仅仅对民国立法史有价值,同样对《大清新刑律》立法研究也有价值。今天,站在《中华民国暂行新刑律补笺》这一沟通《大清新刑律》和《中华民国暂行新刑律》的"桥梁"上,我坚信我看到了比原来更多的东西。

当然,正如《中华民国暂行新刑律补笺》"凡例"所说,"成于仓猝,语多不备。僭拟之罪,知所不免"。一个典型的例子是,《中华民国暂行新刑律》是以钦定版第六案共 411 条版为基础的,而该书所收入的条文是以宪政编查馆第三案共 405 条版为基础的,这就在各案条款对应问题上产生了很大麻烦。该书所收入的《法部修正新刑律呈袁大总统文》,里面所提到的哪一条哪一款,并不是法部呈文的原文,而是依据该书实际条款做了相应修改。对此,该书完全没有说明和提示,导致后人非常容易产生误解,这是我们在使用该书所收入的《法部修正新刑律呈袁大总统文》特别应该注意的。

---

① 李贵连:《大清新刑律与大清现行刑律辨正》,《法学研究》1982 年第 2 期。
② 《著将新刑律总则、分则暨暂行章程先为颁布以备实行谕》,参见高汉成主编《大清新刑律立法资料汇编》,社会科学文献出版社 2013 年版,第 697 页。

一　法部修正新刑律呈袁大总统文

为呈请事。三月初十日，临时大总统令："现在民国法律未经议定颁布，所有以前施行之法律及新刑律，除与民国国体抵触各条应失效力外，余均暂行援用，以资遵守"等语。查新刑律与民国国体抵触之处，有关涉全章者，有关涉全条者，有关涉某条中之某款者，亦有仅关涉条文中之数字者，自非悉加修正不足以昭国体而期画一。惟修正之法，有法理上之修正，有法文上之修正。盖新刑律本非为民国而定，其刑罚轻重之是否适当，实为一大问题。而因国体不同，其抵触者固属应废，其阙如者尚属应增。前之问题，须提出民国法律案，于正式国会议之；后之问题，亦须提出修正案，于临时参议院议之。是二者均属法理上之修正，而皆非目前所及为之事。惟诉讼逐日发生，审判难容瞬息，势不得不思急就，则惟有修正法文一法。由法部议定，作为暂行，俟临时参议院成立，再行提议，庶可免施行之困难，而不致侵越立法之权限。兹经酌拟删除条款字句及修正字面各节，如蒙核准，即由法部通饬京外司法衙门遵照。

抑更有进者，新刑律后附《暂行章程》五条，或死刑惟一之原则，或失刑当其罪之本意，或干涉各人之私德，或未谙法律之解释。即以经过法而言，亦无法律、章程两存之理。以上虽无关于国体，当兹法令新颁，断不可留此疵类，自应一概删除。相应缮单呈请大总统迅速批示可也。

计开：

应删除全章者：第二编第一章；

应删除全条者：第八十一条、第二百三十四条①、第二百四十一条②、

---

① 《大清新刑律》原文为第238条——今编者注。
② 《大清新刑律》原文为第247条——今编者注。

第三百六十三条①、第三百四十九条②、第三百八十一条③、第三百九十六条④、《暂行章程》第一条至第五条；

应删除某款者：第三条第一款；

应删除数字者：第三条第七款内第二百三十四条七字，第四十六条第三款内"封锡、职衔、出身"六字，第二百四十条第一项第二项内"御玺国玺文"各五字、又"制书"各两字⑤，第二百四十四条内"制书、御玺、国玺之文"八字、又"御玺"两字⑥，第三百六十六条内"第三百六十九条"七字⑦，第四百〇三条内"第三百九十六条至"八字⑧；

应修改字面者：本律名称应改为《暂行新刑律》，本律中"帝国"二字改为"中华民国"，本律中"臣民"二字应改为"人民"，本律中第四十条"覆奏"二字应改为"覆准"，本律中第十四章第六十八条"恩赦"改为"赦免"；

因本律中条文删除，应修改互见之处如下：第五条第十四款内第三百八十一条应改为第三百八十条。

大总统批准通行令文

据呈已悉，所拟删除条款、字句及修改字面各节，既系与民国国体相抵触，自在当然删改之列，至《暂行章程》应即撤销，由该部迅速通行京外司法衙门遵照。

---

① 《大清新刑律》原文为第 369 条——今编者注。
② 《大清新刑律》原文为第 375 条——今编者注。
③ 《大清新刑律》原文为第 387 条——今编者注。
④ 《大清新刑律》原文为第 402 条——今编者注。
⑤ 《大清新刑律》原文为第 246 条——今编者注。
⑥ 《大清新刑律》原文为第 250 条——今编者注。
⑦ 《大清新刑律》原文为第 372 条——今编者注。
⑧ 《大清新刑律》原文为第 409 条——今编者注。

二　凡例

一、我国新刑律，初为法律馆原案，继为法律馆改正案，三为宪政编查馆核订案，四为资政院通过案。是书总则正文，悉依资政院通过案，分则未通过者，则依宪政编查馆核订案。

二、原案之沿革、理由、注意三项至为该尽，为研究新刑律所不可忽者，故悉照录。惟原案正文经删除者，亦并从删。

三、原案正文，既经屡次修改，则其沿革、理由、注意三项，与本书正文之名词意义不无差异。故是书照录原案正文于上，以便阅者对勘，语句悉仍其旧，不敢妄事纷更。

四、修正案对于各部、各省签注，或从或驳，法理愈明。故是书依次录之，以便阅者研究。宪政编查馆则案语无多，其有关本书法理者，亦并录焉。

五、本律编纂，出于日本冈田朝太郎调查考订者为多。惟案语意义，尚有未尽明悉者。兹采其学说，为之补笺。成于仓猝，语多不备。僭拟之罪，知所不免，阅者谅焉。

三　中华民国暂行新刑律目录

第一编　总则
第一章　法例
第二章　不为罪
第三章　未遂罪
第四章　累犯罪
第五章　俱发罪
第六章　共犯罪
第七章　刑名
第八章　宥减
第九章　自首
第十章　酌减
第十一章　加减刑
第十二章　缓刑
第十三章　假释
第十四章　赦免
第十五章　时效
第十六章　时例
第十七章　文例

第二编　分则
第一章　（删）
第二章　内乱罪
第三章　外患罪
第四章　妨害国交罪
第五章　露泄机务罪
第六章　渎职罪
第七章　妨害公务罪

第八章　选举罪

第九章　骚扰罪

第十章　逮捕监禁者脱逃罪

第十一章　藏匿罪人及湮灭证据罪

第十二章　伪证及诬告罪

第十三章　放火决水及妨害水利罪

第十四章　危险物罪

第十五章　妨害交通罪

第十六章　妨害秩序罪

第十七章　伪造货币罪

第十八章　伪造文书及印文罪

第十九章　伪造度量衡罪

第二十章　亵渎祀典及发掘坟墓罪

第二十一章　鸦片烟罪

第二十二章　赌博罪

第二十三章　奸非及重婚罪

第二十四章　妨害饮料水罪

第二十五章　妨害卫生罪

第二十六章　杀伤罪

第二十七章　堕胎罪

第二十八章　遗弃罪

第二十九章　私滥逮捕监禁罪

第三十章　略诱及和诱罪

第三十一章　妨害安全信用名誉及秘密罪

第三十二章　盗窃及强盗罪

第三十三章　诈欺取财罪

第三十四章　侵占罪

第三十五章　赃物罪

第三十六章　毁弃损坏罪

四 第一编 总则

【原案】总则之义，略与名例相似。往古法制无总则与名例之称，各国皆然。其在中国，李悝《法经》六篇，殿以具法；《汉律》益户、兴、厩三篇为九章，而具法列于第六；《魏律》始改称刑名，居十八篇之首；《晋律》分刑名、法例为二，北齐始合而为一，曰名例。厥后历隋、唐、宋、元、明，洎于我朝，沿而不改。是编以刑名、法例之外，凡一切通则，悉宜赅载。若仍用名例，其义过狭，故仿欧美及日本各国刑法之例，定名曰总则。

第一章 法 例

【原案】本章系规定刑法之效力，如关于时之效力（第一条），关于人及地之效力（第二条至第八条），及刑法总则对于此外罚则之效力（第九条）等，故曰法例，与《晋律》所谓法例，语同而义异。

第一条
本律，凡犯罪在颁行以后之者，适用之。
其颁行以前未经确定审判者，亦同。但颁行以前之法律不以为罪者，不在此限。

【原案】沿革

按：唐文法之名凡四，一曰律、二曰令、三曰格、四曰式，皆断罪所资援引者。《唐律》，"诸律令式不便于事者，皆须申尚书省议定奏闻"。然律以正刑定罪，四者之中视律为尤重，制敕临时处分尚不得引为后比，于十二章之外固未以律之名加于他法令也。明时始有犯罪依新颁律之文，若犯在颁降以前者并依新律拟断。自是以后，凡随时纂定之例章，皆属于新律范围以内。国朝承明之旧，乾隆五年增入小注，其旨与本律微异矣。

【原案】理由

本条定刑法效力之关于时者。
第一项规定本于刑法不溯既往之原则，与第十条规定采用律无正条不处罚之原则相辅而行，不宜偏废也。

第二项前半指犯罪在新律施行前、审判在施行后，定新旧二律之中，孰当引用也。

关乎本题之立法例有二：一为比较新旧二法，从其轻者处断之主义。法国刑法第四条、比国刑法第二条、德国刑法第二条、匈牙利刑法第二条、荷兰刑法第一条第二项、纽约刑法第二条、日本现行刑法第三条第二项、日本改正刑法第六条、意国刑法第二条第三项、布加利亚刑法第二条第二项、挪威刑法第三条等，皆本乎是；二即不分新旧二法，概从新法处断之主义。英国用之，我国《明律》亦主此义。本朝虽有第一主义之例，然律之本文仍有"犯在已前，并依新律拟断"之规定。

议者谓"被告犯罪之时，已得有受当时法律所定之刑之权利"，诚如此说，应一概科以旧律之刑，不应复分新旧二律之轻重也。况臣民对于国家，并无所谓有受刑权利之法理也。

或又谓"若使新律重于旧律，而旧律时代之犯人科以新律之重刑，则与旧律时代受旧律轻刑之同种犯人相较，似失其平"，诚如此说，则使新律施行之后，仅此旧律时代之同种犯人科以旧律之轻刑，彼新律时代之犯人据新律而科重刑者，若互相比较，则又失其平矣。或又谓"刑失之严不如失之宽，从新律之轻者，所以为宽大也"，然刑不得为沽恩之具，非可严，亦非可宽者。

夫制定法律，乃斟酌国民之程度以为损益，既经裁可颁布，即垂为一代之宪章，不宜复区别轻重宽严也。欧美及日本各国多数之立法例所以采用第一主义者，盖受法国刑法之影响，而法国刑法之规定，则其时代之反动耳，于今日固无可甄择者。我国自古法理本有第二主义之立法例，此本案所以不与多数之例相雷同，而仍用第二主义也。

第二项后半"颁行以前之律例不为罪者，不在此限"，其旨与前微异。盖一则新旧二律俱属不应为之罪恶，不过轻重之差；一则新律虽为有罪，而旧律实认许其行为，因判决在后，遽予惩罚，有伤豁刻也。

【原案】 注意

第一项既采用刑法不溯既往之原则，新刑律施行以前之行为，在新刑律虽酷似有罪之行为，不得据新律之规定而罚之。

二项指未经确定裁判，虽已有宣告，仍得依上诉而变更之。凡案件具此情节，检察官即得上诉而请求引用新律。其上诉方法及其限制，一以诉讼法为据。

【修正】案语

此条文词酌加修正。两广签注以为尚属斠若画一之义，似犹未尽本条之要旨。夫改旧从新，本因旧律有未当之处，质言之，即新律之重正所以救旧律之轻，新律之轻亦有鉴于旧律之重，知其未当而后改，自无仍从旧律之理，此立法之本旨也。河南签注内称现行律自颁降日为始，若犯罪在新律以前者并依新律处断，盖一代异姓受命之际，非此不足以示更新等语。查草案本意，一则根据《大清律例》示刑法不溯既往之原则，一则因将来新刑律颁布之时，如以犯罪在前，科拟在后，必欲仍从旧律之轻典，于嬗递之间，仍须另撰新旧刑法对照表，既涉纷更且新旧刑制不同，钩稽轻重，究难适当。原签以为歧之又歧，系属误会。至牵及易姓受命，措辞尤属不伦，应请毋庸置疑。

第二条至第九条总说

【原案】沿革

按：《唐律》云，"诸化外人，同类自相犯者，各依其俗处置；异类相犯者，以法律论"。此种规则似用属人主义，然《明律》改为"凡化外人犯罪，并依律拟断"，我朝因之，于蒙古则有专例，是又类属地主义。惟以上各律，本国人在国外犯罪，皆未有处分之法也。

【原案】理由

自第二条至第八条所以定刑律效力关于人者，关乎本题之制有三：一、属人主义。不问犯地在国内国外，但使犯罪系本国臣民，即得用本国刑法，古代法律往往如此；二、属地主义。不问犯人国籍之如何，但系犯罪于本国领域以内，即用本国刑法，中世法律往往如此；三、折中主义。本国刑法，非第国内犯罪之内外国人所得一律适用，即本国人之在国外者及外国人之犯一定之罪者，亦适用之。近今欧美及日本各国皆取此主义，揆之法理，亦最相符，本案故采用之。

第二条①

本律于中华民国内犯罪者，不问何人适用之。

---

① 第二条【原案】：凡本律，不问何人，于中国内犯罪者适用之。在中国外中国船舰内犯罪者，亦同。

其在中华民国外之中华民国船舰内犯罪者，亦同。

【原案】 理由

本条所以表示第二条至第八条总说第三号所谓折中主义之一端，即本国刑律为国内犯罪之内外国人一律适用也，是仍不外乎主权普及于国内之效力耳，其第二项规定亦系世界通例。或谓"今各国多半依条约得领事裁判权矣。是本条且类具文"，然实不思之甚也。本条之适用盖如下：

第一，无国籍之外国人；

第二，无特别条约之外国人；

第三，条约改正后之外国人。

盖刑律乃国之常宪，特别条约则一时不得已之所为耳。

【原案】 注意

第一项虽不问何人，然国内公法之原则，至尊为神圣不可侵犯，则刑律不能一律适用，自不待言。又国际公法之原则，有治外法权之人，不能适用本律，如第六条所定者是。

【改正】 案语

此条文词酌加修正。河南签注以为理由揭指三项外国人可援为不守法律之据。查原案理由所列三项：一、无国籍之外国人；二、无特别条约之外国人，此指未收回治外法权之时而言；三、条约改正后之外国人，此指即收回治外法权之时而言。疏解明显，正所以示外人必应遵守之据，原签故作背驰之论，系属有意吹求，应请毋庸置疑。

【补笺】

原案所谓国内公法之原则及国际公法之原则，不能适用本律者，据世界通例，约分四种于下：

一、自国之君主。君主神圣不可侵犯。

二、外国之君主、大统领，及其家族从者。

三、已经承认外国之交际官（谓全权大使、公使、代理公使、书记官、书记生，及公使馆附属武官）、军使，及此等人之家族，并其雇人而非内国者。

四、已经承认外来之军队及军舰。（第二至第四之人员，与以治外法权者，重国交故也）

第三条①

本律于中华民国外，对于中华民国犯下列各罪者，不问何人，适用之：

（删）一、第八十九条至九十三条第一项，第九十四条、第九十五条第二项及第九十六条第二项之罪；

二、第一百〇一条及第一百〇四条之罪；

三、第一百二十一条之罪；

四、第一百〇八条，及第一百十条至一百十二条之罪②；

五、第一百四十九条，及第一百五十一条之罪；

六、第二百二十五条，及第二百二十七条第一项之罪；

七、第二百三十四条、第二百三十五条第一款第二款、第二百三十六条及第二百三十七条之罪；

八、第三百九十六条，及第三百九十七条之罪。

【原案】理由

本条列举各罪于中国之存立、信用、财政、经济等有重大之损害或危险，故采用国外犯罪亦适用本律之主义。

【原案】注意

本条无内外国人之别，在国外犯中国之罪者，虽非中国臣民，仍须据本条处断。国外犯罪据本律处断者，此其犯人或系自行回国、或由外国交付、或为缺席裁判，三者必居其一。其自行回国系事实上之问题，法律不必为之规定，交付之要件定国际条约，不属刑法范围，缺席裁判之事宜另详刑事诉讼法。

【改正】案语

本条各款依重定次叙修正，并依湖南签注增入第一百五十四条对吏员或公署当场侮辱之罪，以资赅备。两江签注以此条及后二条"在中国外"数字似欠包括明显。查本条所指之范围，含有外国所属之地及未有所属之地在内，故必须用此数字以示区别。

第四条③

本律于中华民国人民，在中华民国外犯下列各罪者，适用之：

---

① 第三条【原案】：凡本律于在中国外，对于中国事物犯下列各罪者适用之。
② 原文为"四、第一百〇八条，及第一百十条至一百三十二条之罪"。
③ 第四条【原案】：凡本律于在中国外，犯下列各罪之中国吏员适用之。

一、第一百二十九条，及第一百三十一条之罪；

二、第一百三十六条，及第一百三十七条之罪；

三、第一百四十条及第一百四十四条之罪；

四、第一百六十八条之罪；

五、第二百十三条之罪；

六、第二百二十二条之罪；

七、第二百三十五条第三款之罪。

【原案】理由

此条列举各罪皆直接或间接污辱吏员之职务及名誉者，故中国吏员犯此种罪，虽在外国为之，仍不可不适用此律。

【修正】案语

本条各款依重定次叙修正。两江签注欲删除"在中国外"一语。查本条为惩治在中国外犯法之臣民而设，"在中国外"数字并非赘文，应仍其旧。

第五条①

本律于中国人民在中国外，或外国人在中国外，对中国人民犯下列各罪者，适用之：

一、第一百七十七条至一百七十八条之罪；

二、第一百八十二条至一百八十四条、第一百八十八条及第一百八十九条之罪；

三、第二百零七条至二百十二条之罪；

四、第二百三十五条第四项、第二百三十六条、第二百三十八条至第二百三十九条之罪；

五、第二百五十二条至二百五十七条之罪；

六、第二百七十七条至第二百八十一条，及第二百八十五条之罪；

七、第三百〇五条至第三百〇八条，及第三百十四条至第三百二十条之罪；

八、第三百二十八条、第三百二十九条，及第三百三十一条第一项之罪；

九、第三百三十三条及第三百三十四条之罪；

---

① 第五条【原案】：凡本律于在中国外，犯下列各罪之中国臣民适用之。

十、第三百三十八条至第三百四十条之罪；

十一、第三百四十三条至第三百四十七条之罪；

十二、第三百五十一条至第三百五十五条之罪；

十三、第三百六十一条至第三百七十一条之罪；

十四、第三百七十六条至第三百八十条之罪；

十五、第三百八十五条至第三百八十七条之罪；

十六、第三百九十一条之罪；

十七、第三百九十八条及第三百九十九条之罪。

【原案】 理由

本条第一项列举各罪，害人生命、身体、自由、名誉及财产，皆破廉耻之事，故中国臣民在外国犯此种之罪，仍适用此律，所以整饬臣民规律也。第二项中国臣民在外国因此种犯罪而被其害时，其加害者虽为外国人，亦适用此律，所以保护中国臣民之权利也。

【修正】 案语

本条各款依重定次叙修正。两江签注拟将第一、第二两项修并为一。查第一项乃中国臣民在外国对于中国或外国有犯而言，第二项系外国人对于中国臣民有犯而言，二者迥不相同，仍应分别，免致挂漏。

【补笺】

本条外国人有二种：一为有所属之外国人，如欧美各国人是；二为无所属之外国人，如大洋海贼是。

第六条①

凡犯罪者，虽经外国确定审判后，仍得以本律处断。但已受其刑之执行或经免除者，得免除或减轻本律之刑。

【原案】 理由

外国裁判，其对于中国不讨为一种事实，不能与中国裁判同视。故本条特设规定，凡在外国受确定裁判之行为，得再依本律处分。本人在外国曾受全部或一部刑之执行者，不必再因中国裁判而执行本律所定刑之全部，本条末语之意在是。

---

① 第六条【原案】：凡在外国犯罪者，虽经审判后，仍得依本律处断。但于外国受刑之宣告而得免除执行或已执行刑之全部或一部者，得免除本律之刑，或减轻一等至三等。

【原案】 注意

于外国已受刑之全部执行者，若中国审判官认其所执行之刑，核之中国法律不足以昭惩肃，可仍命执行中国法律所定刑之全部；其在外国仅受刑之一部执行，若审判官认为已足者，即可免除中国法律所定刑之全部；若其情节在中国法律可减为一等至三等者，亦可由此理推之。凡此情节，必实际上有一定之案件，乃得以外国裁判及其刑之执行与中国法律上相当之规定互相比较，而后得之，非法文所能预定，故本条于此一任审判官之查勘为准。

【修正】 案语

此条文词酌加修正。两广签注以或再断罪、或免除、或减等，非一定之法。查世界之大，法律至繁，既未目击犯人在外所受之刑，自不能预定其应再断或应减免，故仍应宽其范围，以俟审判官详查事实，分别酌定。本条所谓得者，乃可以如此办理并非必得之谓。各条称得者俱准此。至谓审判是否指本籍之审判官，亦指外国之领事，此乃审判管辖之问题，应由诉讼法规定，与刑律无涉。

【补笺】

刑律本有一事不再理、一罪不再罚之原则，似既经外国审判，可不必再问。然外国审判，乃属一种事实，若遽废本国法律，于主权不无妨碍，故本条特设规定。

第七条①

犯罪之行为或其结果，有一在中华民国领域或船舰内者，以在中华民国内犯罪论。

【原案】 理由

行为者，发生结果之身体举动，结果者，本于行为之外界影响也。凡一切犯罪，未有不本于行为与结果而成立者，惟可以为罪之行为（例如放枪）与可以为罪之结果，倘异地而发生，究以何地为犯地，亟应定明也。解决本题之议论有三：一以行为之地为犯地，一以结果之地为犯地，一以行为之地、结果之地并认为犯地。夫行为与结果并属犯罪成立之要

---

① 第七条【原案】：凡可为罪之行为或结果之一部在中国领地或船舰内者，以在中国内犯罪论。

件，无舍此取彼之理，故本条取第三种之议，凡行为与结果苟有一于中国国内，即认为在中国犯罪者。

【原案】注意

设有自中国境外或自外国船舰，放枪杀伤在中国境内或船舰内之人，是犯一罪界于两国之间而成立。若是者，在中国既有本条规定，则犯人须照中国法律处断。而犯人系在外国，其逮捕、探访、致罚等事务，应照第三条注释第二款所述之例办理。

反是，若犯人在中国境内或船舰内放枪杀伤外国境内或船舰内之人，在中国因本条规定即有致罚之权，故其犯人虽系外国之人，而毋庸更俟外国交付也。（本国臣民无因处罚之故交付外国者，是为今日各国之通例。）

【补笺】

原案理由中结果地说，更有细分为三者：

一、初发结果地说。例如枪杀人，以被害者之受枪地为结果地。

二、中间结果地说。如以被害者之养伤地为结果地。

三、最终结果地说。如以被害者之死地为结果地是也。

要之，当以完备犯罪之要件之地为主。

第八条[1]

第二条、第三条、第五条及第六条之规定，若因国际上有成例而不适用者，仍依成例。

【原案】理由

本条乃本于国内法不得变更国际条约及惯例之原则而定。

【原案】注意

本条之制限，有随于全体刑法者，有限于一定之犯罪事宜者。

因国际条约而制限刑法全体之适用者，即领事裁判权是。中国司法制度尚待整饬故，暂准各国领事有裁判之权，此不得已之办法，非常制也。

因国际惯例而制限刑法全体之适用者，惟在中国之外国代表人及其家族随员与住宅内，及经承认而来之军队军舰之类。凡此等人及其区域，不待特别条约，即有治外法权，此为今日各国通例。

---

[1] 第八条【原案】：第二条、第三条及第五条至前条之规定，如国际上有特别条约、法规或惯例，仍从条约法规或惯例办理。

因国际条约，而于本律认以为罪之一定事宜，制限其适用者，例如分则第二十一章输入及买卖鸦片烟之类是。此类必须条约改正之后，乃得完全适用也。

　　因国际惯例，而于①一定之事宜，制限本律之适用者，例如国有外患，凡居于敌人占据地界内之中国臣民，应敌国正当之征发，不能处罚之类是。此乃出于战时之国际惯例，并非特别条约之结果。

　　以上各种事宜，不可不详察国际条约、法规及惯例，以昭慎②重。纤忽之差，国际之复杂问题，即因此而起矣。

【修正】案语

　　原文"特别条约、法规或惯例"一语内，法规系指海牙决议书中，陆战法规等项而言。邮传部签注以为舍条约、惯例即无法规，系属错误。惟原文第一百〇四条定为国际成例，亦足概括一切，自应照改以归一律。原签又谓刑法与国际法截然两物，牵彼如此，实为大谬。查刑律与国际法冲突之时，则刑律不免受国际法之限制。本条即为声明此项限制而设，并非牵国际法入于刑律之内。至原签谓"此条若作正文，于国权体面大有伤害。条约上之权利开战可以失效，今将变条约上之权利而以刑律定之于我国，所损滋多"等语。查本条所定不专关乎条约，凡国际法规、惯例均包括在内。仅就条约一端言之，已失原案之旨，且条约亦不仅因战时而失效，更有因战时而效力始发生者，故此条之规定万不可少。今特定此例，于国权国体并不③损伤也。

第九条④

　　本律总则，于其他法令之定有刑名者，亦适用之。但有特别规定时，不在此限。

【原案】理由

　　本律为刑罚法令之根本，故本条之总则，可适用于无反对规定之一切罚则。

---

① 原文为"如"，今按照1907年草案改正。
② 原文为"郑"，今按照1907年草案改正。
③ 原文为"无"，今按照1910年修正刑律草案改正。
④ 第九条【原案】：本律总则，于他项律例之定有刑名者可适用之。但他项律例有特别规定时，不在此限。

【原案】注意

所谓罚则设有反对之规定者，如违警律内许其拘留与罚金（并科）①之类。

【修正】案语

此条文词酌加修正。两广签注以为既立一定之例，他项反对规定之一切罚则即应改为一律。查本条所谓"他项律例有特别规定"者，指将来制定他种罚则有不得用刑律"自首""减免"及"宥恕减轻""俱发罪"处分等例而言。此项情形即揆诸旧律，亦所恒有例，如现行律例二罪俱发从重论处，分则例则系并科。盖国家定制贵在因时，断不能以一隅之见限制全体，致贻胶柱鼓瑟之讥也。

第二章至第六章总说

【原案】自二章至第六章皆规定犯罪一般之成立要件（第一章）及犯罪成立之特种情节（第二章至第五章）。

隋唐以来历代之律，其名例内与本案相当者如下：

一、断罪无正条（本案第十条）；

二、本条别有罪名（本案第十三条第三项）；

三、老小废疾收赎、犯罪时未老疾（本案第十一条、第十二条、第四十九条、第五十条）；

四、二罪俱发以重论。（本案第二十三条至第二十八条）；

五、共犯分首从（本案第二十九条至第三十六条）。

其中于法理间有未当者，本案复酌加改正，详各本章，兹不赘。本案中之规定，其系名例律中所无者如下：

一、故意与过失之区别（第十三条第一项及第二项）；

二、正当行为（第十四条及第十五条）；

三、不得已行为（第十六条）；

四、未遂罪（第十七条、第十八条）；

五、累犯罪（第十九条至第二十二条）。

以上各类，旧律亦往往散见各条，惟此种性质涉及犯罪全体，故兼赅于总则。欧美各国及日本之立法例，亦大都然也（参考第十五条理由）。罪与刑之次序，欧美与日本各国之刑法，均先刑而后罪，日本改正刑法亦

---

① 原文无"并科"字样，今据 1907 年草案添入。——今编者注。

然。现行法中以罪首列者,惟墨西哥(西历一千八百七十一年十二月颁布)刑法。夫有罪而后有刑,先刑后罪,理所非宜,各国刑法未免不揣本末,为沿革所牖,识者讥之。本案故不与多数事例相雷同,特按学理而次序之。

第二章 不为罪

【原案】凡一切犯罪成立所必须之事宜,特于本章列举之。如律无正条者,即无论何等之罪,皆不得为成立。未满十六岁之所为,亦不得为罪之成立。其余各项亦莫不然。如此类者,于学理谓之犯罪之普通成立要件。

第十条[1]

法例无正条者,不问何种行为,不为罪。

【原案】沿革

按:《唐律》"断罪无正条,其应出罪者,举重以明轻,其应入罪者,则举轻以明重"。《明律》"凡律令赅载不尽事理,若断罪无正条者,引律比附,应加应减,定拟罪名,议定奏闻",现行律同。考《新唐书·赵冬曦传》,神龙初上书曰,"古律条目千余,隋时奸臣侮法著律,曰律无正条者,出罪举重以明轻,入罪举轻以明重,一辞而废条目数百,自是轻重沿爱憎,被罚者不知其然",是隋时始用比附。然《汉书·高帝纪》,"廷尉所不能决,谨具奏,附所当比律令以闻",此制于汉已然,盖至隋时始著为法者。

【原案】理由

本条所以示一切犯罪须有正条乃为成立,即刑律不准比附援引之大原则也。凡刑律于正条之行为,若许比附援引及类似之解释者,其弊有三:

第一,司法之审判官得以己意,于律无正条之行为,比附类似之条文致人于罚,是非司法官,直立法官矣。司法、立法混而为一,非立宪国之所应有也。

第二,法者,与民共信之物。律有明文,乃知应为与不应为,若刑律之外参以官吏之意见,则民将无所适从。以律无明文之事,忽援类似之

---

[1] 第十条【原案】:凡律例无正条者,不论何种行为,不得为罪。

罚，是何异于以机阱杀人也。

第三，人心不同，亦如其面。若许审判官得据类似之例科人以刑，即可恣意出入人罪，刑事裁判难期统一也。因此三弊，故今惟英国视习惯法与成文法为有同等效力，此外欧美及日本各国，无不以比附援引为例禁者。本案故采此主义，不复袭用旧例。

【修正】案语

此条即为不准比附援引而设。原奏理由并臣馆原奏业经剖切言之，乃邮传部并四川、两广、云南、贵州、湖广、湖南、江西、河南、两江等省签注，独此条驳诘尤力。立论虽互有不同，大致以人情万变，非比附援引不足以资惩创，此盖狃于旧习所致。殊不知今日情形，比附援引实有不必存者，旧律毛举细端几于一事一例，综计《大清律例》全书不下一千八百余条。然比附定案，时有所闻，诚以条文有限，人事无穷，纵极繁密挂漏实多。草案正条一以赅括为主，实无斯弊，例如修正案第三百十条"犯杀人者，处死刑、无期徒刑或一等有期徒刑"，初不必问其为谋故杀、毒药而杀，是以一条已足概旧律之数十百条，各门以此类推，人之犯罪之计虽工，断不能轶此范围。昔日本旧刑法采用法国，即以此条牟于篇首，行之数十年。惟窃引电气一案颇滋议，卒以电气具有流质亦物体之一，仍当窃盗之罪。初，未闻有巨奸大憨优游法外，何至行之我国反有不便之虞？况草案每条刑名均设数刑，即每等亦有上下之限，司谳者尽可酌情节之重轻，予以相当之惩处，是无比附之名而有加减之实，不过略示制限，不似旧日可以恣意出入于其间耳！此揆诸新制，比附之可不必存者，一也。

刑法与宪法相为表里，立宪国非据定律不处罚其臣民，此为近世东西各国之通例，故有明定于宪法者，兼有备载于刑法者。光绪三十四年八月，《钦定宪法大纲》业经载入，昭示中外，我皇上寅绍丕基复叠次儆告廷臣，克成先志，则旧律中之违与宪法者，亟应一体删汰，庶上副缵述之至意，乃于刑律一端忽生异议，实与历次明诏显有背驰。此鉴于立宪，比附之不宜存者，又一也。

此条为刑律注重之要端，而关系筹备前途尤非鲜浅，是以臣等敬谨统筹全体引申前说，不敢与众论为苟同也。（此案语应删）

【补笺】

本律虽不许比附援引，究许自然解释。自然解释者，即所犯之罪与法律正条同类或加甚之时，则依正条解释而通用之也。同类者，例如修筑马路，正条只禁止牛马经过，则象与骆驼自然在禁止之列是也。加甚者，例如正条禁止钓鱼，其文未示及禁止投网，而投网较垂钓加甚，自可援钓鱼之例以定罪是也。

第十一条至第十三条总说

【原案】此三条所规定，于学理谓之无责任行为。凡犯罪，必精神上与身体上之各要件相合而成立，若精神上之要件不备，即为无责任行为。

第十一条①

凡未满十二岁人之行为，不为罪，但因其情节，得施以感化教育。

【原案】沿革

按：《唐律》，"年七十以上、十五以下及废疾犯流罪以下，收赎；八十以上、十岁以下及笃疾犯反逆、杀人应死者，上请。盗及伤人者亦收赎，余皆勿论；九十以上、七岁以下虽有死罪，不加刑。即有人教令，坐其教令者。若有赃应备，受赃者备之"，明律及现行律同。

【原案】理由

本条系规定凡未满十六岁之行为，不问大小、轻重，均无刑事上之一切责任。罪之成否，以年岁为标准。在中国刑律，原分十五以下、十岁以下、七岁以下三项矜恤之例，各国亦皆有幼者无罪或减轻之规定，惟此制尚有四种区别也：

责任年龄表

	国名	绝对无责任	相对无责任	减轻时代	刑事丁年
第一种	俄罗斯	七岁未满	七——四	一四—二一	二一以上
	葡萄牙	七岁未满	七——四	一四—二〇	二〇以上
	罗马尼亚	八岁未满	八——五	一五—二〇	二〇以上
	意大利	九岁未满	九——四	一四——八 一八—二一	二一以上
	西班牙	九岁未满	九——五	一五——八	一八以上

---

① 第十一条【原案】：凡未满十六岁之行为不为罪，但因其情节，得命以感化教育。

续表

	国名	绝对无责任	相对无责任	减轻时代	刑事丁年
第一种	澳地利	一〇岁未满	一〇——四	一四——二〇	二〇以上
	丹墨	一〇岁未满	一〇——五	一五——八	一八以上
	挪威（旧法）	一〇岁未满	一〇——五	一五——八	一八以上
	佛雷伊	一四岁未满	一四——八	一八——二三	二三以上
	日本（现行法）	一二岁未满	一二——六	一六——二〇	二〇以上
	英吉利	七岁未满	七——四	无	一四以上
	纽约	七岁未满	七——二	无	一二以上
	墨西哥	九岁未满	九——四	无	一四以上
第二种	希腊	一〇岁未满	一〇——四	无	一四以上
	和兰	一〇岁未满	一〇——六	无	一六以上
	仇南勃	一〇岁未满	一〇——六	无	一六以上
	布加里亚	一〇岁未满	一〇——七	无	一七以上
	巴那	一二岁未满	一二——六	无	一六以上
	裴里伏	一二岁未满	一二——六	无	一六以上
	匈牙利	一二岁未满	一二——六	无	一六以上
	德意志	一二岁未满	一二——八	无	一八以上
	伏特	一四岁未满	一四——八	无	一八以上
第三种	法兰西	无	一六岁未满	无	一六以上
	比利时	无	一六岁未满	无	一六以上
	里克萨勃儿	无	一六岁未满	无	一六以上
	土耳其	无	一五岁未满	无	一五以上
第四种	挪威（新法）	一四岁未满	无	无	一四以上
	日本（改正法）	一四岁未满		无	一四以上

从来学者，恒依上表所揭之区别，谓年龄未及之人不能辨别是非，故无责任，其辨别心未充满者，应当减轻，此第一种至第二种表之主义也。然此说至近年已为陈腐，盖犯罪如杀伤、贼盗之类，虽四五岁童稚，无不知其为恶事者，以是非善恶之知与不知而定责任年龄，不可谓非各国法制之失当也。

夫刑者乃出于不得已而为最后之制裁也，幼者可教而不可罚，以教育涵养其德性而化其恶习，使为善良之民，此明刑弼教之义也。凡教育之力所能动者，其年龄依各国学校及感化场之实验，以十六七岁之间为限。故本案舍辨别心之旧说，而以能受感化之年龄为主，用十六岁以下无责任之主义，诚世界中最进步之说也。

【原案】 注意

因其情节而命以感化教育，盖以未满十六岁者，虽有触罪行为，不应置诸监狱，而应置诸特别之学校。至感化场规则，当另行纂定，不在刑律之内。所谓情节者，非指罪状轻重而言，乃指无父兄，或有父兄而不知施教育者。感化教育者，国家代其父兄而施以德育是也。

【修正】 案语

此条学部并安徽、两广、云南、湖广、湖南、江西、山东、直隶、两江等省签注佥不为然，撮其大要约分四说：一、未满十六岁为无责任，教唆之事日出；二、感化主义于我国尚早；三、幼年犯重大之罪不可不罚；四、户口清查不易，适启规避之阶。查教唆无责任者属于刑法学上所谓间接正犯，当于亲身下手者受同一之处分，法理上毫无流弊，然则第一说可无足虑。感化教育乃减少犯罪之良策，各国行之其效卓著，不论何时何国俱可采用，从未闻有以民智未睿为口实而避之者，则第二说亦非通论。幼年犯重大之罪，科之以刑，实无惩戒之效。以教育感化或可冀其改悔，此东西各国多年考验之实情。本条采用感化教育，初非置犯罪于不问，为第三说者，殆未即道德齐礼之哲言而寻绎之也。清查户口，警政初基，现值整饬庶务亟应实力奉行，乃以册籍未明不咎有司奉行之不力，而反籍不力以为阻挠朝廷维新之张，本因循自误，是诚何心！则第四之说更不足深论也。惟原律所定年龄以十六岁为断，不为过宽。然如挪威《新刑法》暨日本《改正刑法》酌减为十四岁，亦为各国学者所訾议。兹酌定为十五岁庶于新旧之间，亦两得其平也。

【宪政编查馆案语】

此条为幼年犯罪，绝对无责任而设，以年龄分别责任之有无，为各国通例，即在我国旧律亦有十五岁以下、十岁以下、七岁以下三项矜恤之条，良以未达丁年，乃教育之主体，非刑罚之主体也。惟原定以未满十五岁为限，尚涉过宽，难保不别滋流弊。查各国绝对无责任之年龄，迟早不同，各视其国普通知识之发达而定。如巴那裴里伏、匈牙利、德意志俱以十二岁为断，最为适中，兹拟采用其制，改为十二岁。即便暂时清查户口之法尚未实行，一经讯问，在任检察推事之职，亦易于鉴别。

【补笺】

按本条法律馆原案，定为十六岁，改正案改为十五岁，宪政编查馆改为十二岁，而以十二岁至十五岁定为相对无责任，得减本刑一等至二等，资政院复依改正案改定。

感化场之规则，文明各国多行之者，而英日尤甚，有国立、公立、私立三种。其组织非学校之组织，乃家庭之组织，以五六人或八九人为一家，如父子兄弟，然教以德育、知育、体育、劳动，以养其活泼之精神，寄宿以除其不良之习惯。入感化场之子弟，与其监督以亲权，而同时废止其有亲权者之亲权。

第十二条①

凡精神病人之行为，不为罪，但因其情节得施以监禁处分。

前项之规定，于酗酒或精神病间断时之行为，不适用之。

【原案】沿革

按：汉律"狂易杀人，得减重论"，见《后汉书·陈宠传》。狂易，谓狂而易性也。《元典章》四十二诸杀表内"斗杀心风者，上请"，《元史·刑法志》"诸病风狂，殴伤人致死，免罪，征烧埋银"，唐明律无明文。本朝康熙年间，始定有疯病杀人追取埋葬银十二两四钱二分之例，盖准过失杀办理。乾隆二十年，定锁锢之例，删去收赎，改照斗杀。

【原案】理由

本条系规定痴与疯狂等精神病人，虽有触罪行为，全无责任。

精神病人之行为，非其人之行为，乃疾病之作为，故不应加刑而应投以药石。若于必要之时，可命以监禁。各国之规定，皆与本条同。

【原案】注意

第二项酗酒之人，在病理上只属一时之精神病，此种病系人力所自能裁抑，乃竟借酗酒以逞非行，法律所不许也。若系全无意识之行为，而非出于故意者，可援第十三条断为无罪，亦非以酗酒之故遂为无罪也。

有间断之精神病人，其精神有时与平生无异，故其非行亦非法律所许。

---

① 第十二条【原案】：凡精神病者之行为不为罪，但因其情节，得命以监禁处分。酗酒及精神病者之间断时，其行为不得适用前项之例。

其人为精神病者与否，审判官当召医生至法庭鉴定之。（参考第一百七十八条之说明）

【修正】 案语

邮传部及江西签注拟易"精神病"为"心神丧失"，殊不知精神病之种类有心神丧失者，有决非丧失智觉精神或全具记忆力及推理力，故改用心神丧失，则精神病有科罪、不科罪者矣，于医学、法理均未得当，自以仍用"精神病"较有依据。晋省签注以中国医学未进步，警察制度未完善，无安置疯人之善法，此理亦为未足。又云贵、江南两省签注于第二项似解作"酗酒时之行为不为罪"，系属误会本条之意，所以声明酗酒与精神病不同，仍以科罪，并非据以为无罪之理由也。

第十三条[①]

非故意之行为，不为罪。但应论以过失者，不在此限。

不知法令，不得为非故意。但因其情节，得减本刑一等或二等。

犯罪之事实，与犯人所知有异者，依下例处断：

第一，所犯重于犯人所知或相等者，从其所知；

第二，所犯轻于犯人所知者，从其所犯。

【原案】 沿革

按：唐律"本应重而犯时不知者，依凡论，本应轻者，听从本"，明律及现行律同。

【原案】 理由

本条系确立无犯意即非犯罪之原则，并规定例外者得以过失处罚。

凡非由故意，不得谓为其人之行为，即不得为其人犯有罪恶，本条第一项所以有前半之规定者，以此。

虽非出于故意，惟因其人不知注意，致社会大受损害，如死伤、火灾、水灾等类，不可置之不问，本条后半之规定以此。

律例既已颁布，人民即有应知之义务。若因不知律例之故为无犯意作为无罪，则法律无实施之日矣。本条第二项前半之规定以此。虽然现代社

---

① 第十三条【原案】：凡不出于故意之行为，不为罪，但应以过失论者，不在此限。不知律例，不得为非故意，但因其情节，得减本刑一等或二等。犯罪之事实与犯人所知有异时，从左例：第一，所犯重于犯人所知或相等时，从其所知者断。第二，所犯轻于犯人所知时，从其所犯者处断。

会固极复杂，律例亦綦烦琐，人固有偶然不明法律，致所犯不足深责者，本条第二项后半之规定以此。

本条第三项第一款规定，系自第一项前半规定而生。惟第一项前半情形，其人于犯罪事实之全部毫末未知，而第三项之情形，则仅一部未知耳。全部虽与一部不同，至其未知则同，故应仍无责任。

本条第三项[1]第二款之规定，系本于无犯行即非犯罪之原则，人固有谋之甚重，而行之甚轻者，则使负其所行之责任足矣。

【原案】注意

本条第三项非第用于单独罪，即共犯罪亦得适用。

【修正】案语

此条文词酌加修改。邮传部、两广、安徽、湖广及热河等省大致以讳饰之弊为虑。查法律与事实系属二事，如牵事实于法律之内，则现行之《大清律例》亦何尝无过失及不知不坐之文？宁不虑其讳饰耶！听讼之要，无非辨别真伪，果有讳饰，不妨执证佐以折服之，是在审判官之悉心研究矣。又湖广、湖南签注不以第二项减轻之例为然。查刑律所定命盗各项重情，虽不可减，然其余轻微事件及将来新定各项罚则，不知而犯者不无不可原之处，故此项规定决不可删节也。

【补笺】

故意者，谓知犯罪事实，而又有犯罪行为之决意。二者不备不得为故意。例如入山猎兽，以人为兽，而误击杀之，此虽有犯罪行为之决意，而究不知犯罪事实，若此者，不得为故意；又如猎者知前道有人，本持枪不发，孰知误触其机而发之，遂犯杀人罪，若此者，虽知犯罪事实，究无犯罪行为之决意，仍不得为故意，依分则明文所列，以过失犯论。

共犯罪亦得适用第三项者，例如甲乙谋窃取，甲入室，而乙在外瞭望，若甲于入室后，忽而为强盗，则据第一款，乙仍以窃取论，；反之，甲乙共谋强盗，甲入室后变为窃取，则乙之为瞭望者，据第二款亦以窃取论。此在学说上谓之共犯罪之龃龉。

第十四条及第十五条总说

此二条指明，凡以正当行为之故，虽外形与犯罪相同，其性质实非犯罪。

---

[1] 《大清法规大全》为"第二项"，据前后文应为"第三项"。——今编者注。

第十四条①

依法令或正当业务之行为，或不背公共秩序、善良风俗习惯之行为，不为罪。

【原案】 理由

本条所揭之行为皆系正当，故不为罪，但实际上，刑律与其余律例相冲突之时，或刑律与律例、与律例上准许之业务上行为相冲突之时，及刑律与习惯上准许之行为相冲突之时，究应先从何者以断定其罪之有无，不无疑义。故特设本条，以断其疑。

【原案】 注意

依律例不以为罪之行为者，如死伤敌兵、执行死刑、逮捕监禁人犯、没收财产，系出于从本属长官之命令尽自己之职务者，或此种行为系本于律例上直接所与之权限者。总之，据律例规定不以为罪之一切行为是也；依正当业务不以为罪之行为者，如医师以诊外科之病断人手足，不得谓为伤害罪之类；不背公共秩序及习惯不以为罪之行为者，如因习惯于一定日期在路间开设商市，不得为妨害往来罪之类；不背善良风俗不以为罪之行为者，如祭日、祝日，虽终夜施放爆竹，不得为妨害安眠罪之类是也。其余以此类推。

【修正】 案语

云贵签注所举庸医杀伤人之例，如系借医术故意杀伤人则应以故杀、故伤论，如系出于过失则应以过失杀伤论。本条之定为无罪者，则仅属于正当义务范围内之行为而言。邮传部签注谓刑法所以惩反于公序善俗之行为，其行为已于分则列举之，毋庸包括条文，并以习惯不必列入刑法。查刑律分则不过揭示行为之外形，必视其具本条之普通要件与否，然后可决其罪之有无，不得谓包括条文为无用。若习惯出于相沿，本非随法律而发生焉、变化焉、消亡焉者，法律不过保护其不反乎公序善俗者，或直放任之而已。行政法、民法、商法均有此规定，亦不得谓制定刑法将以矫正习惯。且既谓习惯之可认容者，法廷得以认容之。若本条之规定，法廷将何所据以决其取舍？细绎原签之意，与前驳诘第八条同。由于不解本条定律

---

① 第十四条【原案】：凡依律例，或正当业务之行为，或不背于公共秩序及善良风俗习惯之行为，不为罪。

之旨，本条非规定习惯之起灭变更，实因分则列举之行为偶有与习惯冲突者，故示以刑法上应据之准绳，并非轶出刑法范围之外。诚如所言则行政法、民法、商法中，亦不能置关系习惯之规定，有是理乎？

第十五条①

对现在不正之侵害，而出于防卫自己，或他人权利之行为，不为罪。但逾防卫行为过当者，得减本刑一等至三等。

【原案】沿革

按：唐律"诸夜无故入人家，笞四十，主人登时杀者，勿论。若知非侵犯而杀伤者，减斗杀伤二等。其已就拘执而杀伤者，各以斗杀伤论。至死者，加役流"。明律于笞四十改为杖八十，加役流改为满徒，现行律同。又：现行律例擅杀奸盗、凶徒各条散见各门，亦含有正常防卫之意。

【原案】理由

对于不正之加害，防卫自己或他人之权利所必要之行为，刑律不得而罚之。本条之规定以此，学术上此种行为谓之正当防卫。

【原案】注意

正当防卫一层，在中国旧制亦往往散见于各种规则之中。法国刑法及日本现行刑法等，惟遇有杀伤情事，乃照特别不论罪之例办理。然苟使防卫行为出于至当，则一切皆应不问其罪，故本案纂入总则之中，且不以何等行为为限。凡系防卫所必要之行为，于审判上一切皆不论罪。

若他人遇有不正之加害将致损失权利者，发见之人不问其人系亲族、知交与否，即得代为执行防卫之劳，是为公许之义，盖将以奖励义侠也。

虽然其防卫不论为己为人，若所用方法逾越防卫所必要之程度者，是以暴易暴，仍属不正之行为。其刑虽得减轻，而不必一定减轻。例如他人之儿童将窃采瓜果，是即加以严斥已足逐去，乃竟滥加杀伤，仍应照寻常之例受杀伤之刑。倘其情节实系可恕，乃得从本条第二项减轻之例。

【修正】案语

本条各省签注所持论，俱牵法律于事实之中。查本条之规定，与现定律例无甚差别，不过现行律例散见各门，本条总括其词，以简驭繁耳，既

---

① 第十五条【原案】：凡对于现在不正之侵害，出于防卫自己或他人权利之行为，不为罪。逾防卫程度之行为，得减本刑一等至三等。

曰不正之侵害，则自己之不正者，即不在此例。凡一切拒捕行为不得借为口实。若他人权利，例如旧例关于贼盗之邻佑，关于捉奸之亲属皆是。至逾防卫之程度如何，是在审判者按其实际之情节而定，法律不能预为限制也。

【补笺】

日本旧刑法，得为正当防卫之范围较狭，须出于防卫自己或亲属之体，则亲属以外，受急迫不正之侵害，不得干预矣。即自己或亲属之名誉、自由财产被人不正侵害，亦无正当防卫，岂情理之平乎！

第十六条①

避不能抗拒之危难、强制，而出于不得已之行为，不为罪。但加过当之损害者，得减本刑一等至三等。

前项之规定，于有公务上或业务上特别义务者，不适用之。

【原案】理由

本条所规定，系不得已之行为或放任之行为，与前条正当防卫情形不同。非由于驱斥他人侵害，乃由于水火雷震及其余自然之厄，或由于自己力所不能抵抗之人力强制，不得已而为之者。刑律即不加以罚，盖本于法律不责人所不能之原则也。

本条第二项之制限，例如军人临战脱逃，及船长见船将近覆没自先脱逃上陆之类，此为违背职务、业务上特别业务之行为，不得以不得已之理由谓为无罪。

【原案】注意

遇水火、雷震及其余变故，窜身避免使他人死伤，如因强盗以死伤相胁迫，乃导至财物所在之处之类，皆属本条之范围。

本条所揭之行为，无论出于故意与否，凡一切被不能抵抗之强力所强制者，皆赅于其中。其虽出故意者，仍得因本条之故不论其罪，以非法之力所能及也。

【修正】案语

本条文词酌加修正。两广签注谓虽有自然力之强制，若有毙命仍当以

---

① 第十六条【原案】：凡为避现在之危难及其他不能抗拒之强制，而出于不得已之行为，不为罪。但加过度之害时，得减本刑一等至三等。于公务上或业务上有特别义务者，不得适用前项之规定。

过失论。此说之罅漏有二：本条出于故意之行为，于法理不可以过失论，其失一；本条系关于不能抗拒之规定，非有过失之性质，其失二。至因他人强制而犯重大罪恶者，则应处罚，然既入于不能抗拒之范围内，无论情形如何重大，在法理自无可法之理，所宜注意者他人强制之程度尚未达于不能抗拒而甘自顺从，此则仍应受共犯之处分，乃当然之办法也。过分之害指所欲救护之利益。与其所捐弃之法益，轻重之间失其权衡者而言，非原签所揭之意义。

【补笺】

本条在学说上，谓之放任行为。放任行为者，有责任行为，而为法律所保护不处罚者之谓。人情当紧急时，因欲保护自己之现时危机，不得已而牵害他人法益者，亦所不免。例如屋将倾颓，己欲先出，推他人落后，而致压死；又如甲乙同舟，遇风将溺，甲获木而浮，乙夺之，致甲溺死，此皆由救己情切，出于不得已，故法律以之为放任行为，断为无罪。罗马、德意志二国法律皆然，日本新旧刑法亦采用。

以道德言之，仁者杀身以成仁，若损人利己，此甚不可为之事，而法律置之而不论罪者，因对于一般人之法，不宜责以难能。倘以道德之行为，定于法律，无论何国，均未有此程度。

第三章　未遂罪

【原案】未遂罪者，即分则所定之犯罪行为著手而未完结，或已完结而未生既遂之结果者是也。

第十七条[①]

犯罪已着手，而因意外之障碍不遂者，为未遂犯。其不能生犯罪之结果者，亦同。

未遂犯之为罪，于分则各条定之。

未遂罪之刑，得减既遂罪之刑一等或二等。

【原案】沿革

[①] 第十七条【原案】：凡谋犯罪，已着手，因意外之障碍不遂者，为未遂犯。其不能生结果之情形时，亦同。未遂犯之为罪，以分则各条定有明文为断。未遂之刑，得减既遂罪之刑一等或二等，但褫夺公权及没收不在减等之限。

现行律所载，有谋杀已行未伤及伤而未死、强窃盗未得财、强奸未成等，皆属未遂罪之规定，惟散见各门，并不列诸名例。隋唐以降，后先一轨。然此固不应仅属二、三种犯罪，实系通乎全体之规则，本案故列于总则之中。欧美各国及日本之法，殆莫不然也。

【原案】理由

未遂罪若于著手实行之后，因意外障碍以致不遂者，其罪仍为成立。本条第一项前半即声明此义，而限定未遂罪成立之要件者也。

第一项后半，在于不能生结果之情形者，如用少量之毒物不至于死，及探囊而未得财物之类，在学术上谓之不能犯。其为罪与否，颇属疑问，学者之所争论而未决之问题也。然此实应与一般未遂罪同论，故特设此规定。

未遂罪者，照原则皆在应罚之列。然各分则之规定中，既含有事不确实或事甚轻微可以不罚之义，故特设本条第二项之制限。

未遂罪致罚之主义有二：一未生既遂之结果，损益尚属轻微，于法律必减轻一等或二等；一犯人因遭意外障碍乃至不得遂而止，其危及社会与既遂犯无异，故刑不必减，惟各按其情节，抑或可以减轻。此二主义，前者谓之客观主义，后者谓之主观主义。客观主义已属陈腐，为世所非，近时学说及立法例大都偏于主观主义，本案亦即采此主义。本条第三项即此义也。惟其罪当褫夺公权或没收者，在其规定之性质上已无从再为减轻，故亦附揭于此。

【原案】注意

本条第一项所谓意外之障碍者，不问出于自然抑由于人力，苟非因犯人自己意思而中止者，皆包于此。

【修正】案语

原案第三款有"褫夺公权及没收不在减等之限"二语，惟第十一章加减例内第六十二条有从刑不随主刑加重减轻之例，此处系属重复，应即节删。湖南签注谓未遂罪，仅处罚金则系误解。查未遂罪之刑得减既遂之刑一等或二等，并无仅科罚金之理。且系得减而非必减，仍在临时斟酌情形也。

【补笺】

意外障碍，有出于自然者，例如放火而适逢大雨，不克燃烧；盗窃而偶遇迅雷，主人惊起是；有出于人力者，例如杀人而适值人来，放火而遭人扑灭是。犯罪之行为阶级，有实行、着手、预备三者，例如以紊乱朝纲为目的而起暴动者，为内乱罪；窃取他人所有物者，为盗窃罪；放火烧毁他人屋宇者，为放火罪。此暴动，此窃财，此烧毁，于分则各本条内，为成立犯罪要素之行为。所谓实行也，将暴动而储军器，因窃取而入邸宅，欲烧毁而施火具，是为密接实行之行为。所谓着手也，未储军器而先召集党徒，未入邸宅而先窥探位置，未施火具而先购买燃料，是为活动犯意之动作，所谓预备也。着手虽隔实行一层，然被害者已达危险之地，故未遂犯之刑，非必减乃得减也。

未遂罪之状态有二：

一、已着手而未达于实行之未遂，如谋杀者拔刀而未得加身之类。

二、已达于实行而无结果之未遂，如谋杀者致伤而未死之类。不能生结果之情形，有属于目的之不能者，如探囊而囊内无财之类；有属于手段之不能者，如毒杀而毒量太少之类、目的、手段二者，又各有相对的与绝对的之分。如枪杀室内人，而人未在室内，是绝对的；若人在左室，而枪杀右室，是相对的。刑律上之处分，相对绝对，毋庸区别。

第十八条①

犯罪已着手，而因己意中止者，准未遂论，得免除或减轻本刑。

【原案】理由

本条定学术上中止犯之名及处分。中止犯者，犯罪着手实行之际虽无障碍足以阻止之，而因自己意思不再续行，或自阻止其结果之发生，此其性质与未遂犯不同，故必须定其处分。关于中止犯有二例：一以奖励自止之意，纯为无罪者；一以自止中有可恕者，有不可恕者，如其人为欲待时而动，忽而自止，即无可恕之理，故有免除其刑，或仅减轻者。然后例较前例于理为优，本案故采用之。

【修正】案语

本条文词酌加修正。河南签注举调奸缌麻以上亲，但经调戏而中止，致其夫等羞忿自尽以自质难。查判决案件必须临时审察情节如何，况本条系得免除或减轻，并非应免除或减轻也。至原签所驳原注，查原注所谓待时而动忽而自止，系指证据既备者而言，初非凭莫须有即成定谳者也。

---

① 第十八条【原案】：凡谋犯罪，已着手而因己意中止者，得免除本刑，或减二等或三等。

【补笺】

已着手于实行，而已意中止，忽不进及于实行，曰未行之中止。已进及于实行，而忽以己意防止结果之发生，曰已行之中止犯。

第四章 累犯罪

第十九条①

已受徒刑之执行，更犯徒行（刑）以上之罪者，为再犯，加本刑一等。但有期徒刑执行完毕、无期徒刑或有期徒行（刑）执行一部而免除后，逾五年而再犯者，不在加重之列②。

【原案】沿革

按：唐律有犯罪已发及已配条，即为严惩累犯而设，明以后改为徒流人又犯罪，然俱指已发配者而言。其论决后已犯数加重者，现行律例中仅限于抢夺、窃盗、接买受寄赃物等条而已。

【原案】理由

按：本条累犯之刑加重一等，此其要件有四：一、初犯为徒刑；二、再犯为应宣告之有期徒刑；三、初犯有期徒刑之全部执行既终，或无期徒刑及有期徒刑之一部免除执行；四、执行后未过五年。凡此四者，各有一定之理由：

甲、本案主刑仅死刑、徒刑、拘留、罚金四种。被执行死刑者自无从再犯，不必赘论。其拘留及罚金者，倘若再犯，但宣告为最长期及最多额足矣，实际并不必加一等。本条再犯加重，故以徒刑为限。

本条所谓徒刑者，兼赅有期、无期徒刑而言。惟无期徒刑执行既毕，即不能复生再犯之问题，故其一部免除执行者，始有加一等之情形。

乙、初犯、再犯情罪相同，是为再犯加重之要件。至于再犯三犯者，即所谓习惯犯也。虽然人固有乘机为恶，不拘杀伤、盗贼、放火、溢水、损坏、掠诱、奸非等，苟有机可乘，即无所不为，要皆可以危险社会者。

---

① 第十九条【原案】：凡已受徒刑之执行，更犯罪应宣告有期徒刑者，为再犯，依本刑加一等。但有期徒刑之执行既终，或受无期徒刑及有期徒刑执行一部免除后，逾五年而再犯者，不在加重之列。

② 《钦定大清刑律》为"限"字。

此种凶徒，即不必拘定再犯之例，决不可宽假其刑，本条故不限犯罪之种类，惟以前后同种之刑罚也。

丙、初犯之刑虽受宣告未执行者，若有再犯，大都仍照加重之例。至其受法庭宣告而未在狱中受执行者，此种之犯，其为刑法效力所能及与否，未易遽决。故本案惟初犯徒刑全部或一部执行既终者，乃得用再犯加重之例。

丁、再犯加重，严惩其人无悛悔之意。然比较各国统计，知初犯之刑消减以后再犯之者，其实行多在二年以内，亦间有在三年以内者，其在四年、五年内者，既足证明其人前此所被之刑已极有效力，足以严惩之矣。故本条初犯之刑执行后逾五年之再犯，不复加重。

【修正】案语

本条原案但书拟改为第二项，分列两款以期明晰。两广签注以每等之中分为上下年限似难划一。查刑之设有等差，使审判官按各情节而为适宜之宣告，乃各国之通例，原案主义根据于此，未宜轻改。至湖南签注以前犯重而后犯轻，情节似轻；前犯轻而后犯重，情节较重。并河南签注之必以再犯同等为断，均系墨守日本旧刑法之见，非定论也。

【补笺】

再犯者，谓于初次犯罪，已受确定审判，而又犯罪也。确定审判者，谓上诉期限已经过，或既为一切上诉之手续也。上诉者，不服第一次或第二次之判决，而提起第二次或第三次之诉也。使审判未确定时，而发现二次以上之罪，或审判已确定，而刑罚执行中，发现确定前所犯之罪，皆谓之俱发罪，非再犯也。

第二十条①

三犯以上者，加本刑二等，仍适用前条之例。

【原案】理由

三犯以上，各国刑大率俱照再犯之例，然再犯已加一等，则三犯必加二等，此亦至显之理。至四犯、五犯者，任审判官裁定，以加二等刑之最长期、最多额宣告之可矣。

【原案】注意

三犯以上加重之要件，在律未有明文，即准用前条之四种要件。

---

① 第二十条【原案】：凡三犯以上者，依本刑加二等。

【修正】 案语

前条第二项，俱以五年之内为断，则三犯以上限制之法，亦应从同，故照云贵之签注增入。山西签注以三犯上者，依本刑加二等，恐致轻重不平，宜改为三犯均加一等。然累犯者之处分与以防遏犯罪刑期无刑为宗旨，非锱铢计较刑之分量，诚如所言三犯以上均止加一等，亦仍不免有轻重不平之弊也。

第二十一条①

凡审判确定后，于执行其刑之时发觉为累犯者，依前条之例，更定其刑。

【原案】 理由

确定审判，本取不易变动为原则。然累犯之刑必须加重者，缘审判上之形式不可不尊，故本条于审判确定后仍许变动而加重之。惟其可以不变动者，自不得仅就其执行刑之期间，而遽至变其罪名，或改更其审判之全部。

【修正】 案语

两广签注谓未经究问明白似不能谓之确定，并疑原注未能明晰。查审判既经确定即不复变更，此诉讼法之原则，本条系一例外，于审判确定后发现其罪系累犯时，许从前二条之例加重变更即宣告之刑期。原注语意并非暧昧，签注者未深究也。两江及河南签注均欲引入俱发罪中，不知此条乃判决确定后，执行徒刑中发现累犯之例，若与俱发罪并发，自有第二十五条处分之法也。

第二十二条②

依军律或于外国审判衙门受有罪审判者，不得用加重之例。

【原案】 理由

违背军律之罪与违犯常律之罪性质不同，亦犹外国审判厅之有罪审判，不得与中国审判厅之有罪审判同视也，故本条设此规定。

【修正】 案语

邮传部签注拟增混合裁判所一项，查此系一时特别条约，不宜规定之

---

① 第二十一条 **【原案】**：凡审判确定后，于执行其刑之时发觉为累犯者，从前二条之分别，以定刑期。

② 第二十二条 **【原案】**：凡依军律或外国审判厅受有罪审判者，不得用加重之例。

于刑律中。如以为必不可少，则规定之于刑律施行法可也。

第五章　俱发罪

【原案】中国隋唐以来，刑律向取吸收主义。查各国俱发罪之处分，除吸收主义外，有二主义：一并科主义，一制限加重主义。并科主义者，并科以数罪俱发之本刑。制限加重主义者，就俱发各罪中以最重之刑为本刑，参以他罪之刑而加重之，但以不逾法律所豫定之制限为主。

三者相较，吸收主义，犯罪之人屡犯同等或较轻之罪，曾于其刑毫无损益，颇有奖劝犯罪之趋向，各国中惟属于法国法系者采之。并科主义，犯罪次数多者，必至其刑异常繁重，逾越一定之程度，且因刑之执行迟延之故，至授以重犯他罪之机会，即国家亦不能谓不分任其责也，今惟巴西国刑法中之一例采之。然则重于其最重之刑而轻于其应并科之刑，酌乎其中，殆俱发罪处分之原理所当然者。

制限加重主义即由此原理而生，多数之学说及立法例皆所认许。虽然加重之程度仍须按其案情，审判后始得定之，非法律所能豫定也，故本案采用之。

第二十三条①

确定审判前犯数罪者，为俱发罪，各科其刑，并依下列定其应执行者：

第一，科死行（刑）者，不执行他刑；科多数之死刑者，执行其一。

第二，科无期徒刑者，不执行他刑；科多数之无期徒刑，执行其一。

第三，科多数之有期徒刑者，于各刑合并之刑期以下、其中最长之刑期以上，定其刑期。但不得逾二十年。

第四，科多数之拘役者，照前款之例，定其刑期。

---

① 第二十三条【原案】：凡确定审判前犯数罪者，为俱发罪。宣告各罪之刑，从下列分别定应执行之刑期：第一，俱发罪中如有宣告死刑或无期徒刑者，不执行他刑；第二，如宣告俱系有期徒刑者，于合并各刑之长期以下、其中最长刑期以上，定应执行之刑期；第三，如宣告俱系拘留者，照前款之例，定应执行之刑期；第四，如宣告俱系罚金者，合并各刑之最多金额以下、其中最多金额以上，定应执行之金额。第五，从第二款应执行之有期徒刑与第三款之拘留、第四款之罚金，并执行之。有期徒刑、拘留及罚金各一罪互合者，亦同。第六，褫夺公权及没收，并执行之。

第五，科多数之罚金者，于各刑合并之金额以下、其中最多之金额以上，定其金额。

第六，依第三款至第五款所定之有期徒刑、拘役及罚金，并执行之。有期徒刑、拘役及罚金各科其一者，亦同。

第七，褫夺公权及没收，并执行之。

【原案】沿革

按：唐律"二罪俱发以重者论，等者从一"，明律及现行律同。

【原案】理由

本条规定即本折中主义，更参以必要之规则四种：

甲、不就俱发各罪之种类而确定其所当科之刑，非但不能知其罪状之重轻，若更因上诉或恩赦之故，致所犯最重之罪经审判有所变更或竟归消灭，则所犯次重之罪日后势不得不再事查定矣。故本案于各罪须一一宣告其刑期金额。

乙、俱发罪之处分，应比重罪之刑重，各罪并科之刑轻。然使其最重之刑为死刑，则无从再为加重。又，无期徒刑未尝不可加重至于处死刑。然死刑为最后之处分，况无期刑与死刑性质上之差别非第加一等而已（参照第五十六条）。故本条第一款其俱发各罪之刑倘有一系死刑或无期徒刑者，即不得再执行他种之刑。

丙、本条第二款至第四款本折中主义，其应宣告有期徒刑、拘留或罚金二罪以上，于最重者以上、并科以下，仍宣告其应当执行之刑期、金额。

丁、虽系拘留、罚金之刑，然使一切并科，未免失之过重，故即有第三款及第四款所定之制限。但依此制限而定其应当执行之刑期、金额，将使有期徒刑与无期徒刑并科，不免失于过重之弊，其系有期徒刑、拘留及罚金各种互合者刑亦然，故特设第五款之规定。

戊、褫夺公权与没收，本从刑，旨在并科，故特设第六款之规定。

【原案】注意

本条第二款至第四款当处断之时，宜酌核本案情节，应否宣告以执行最重之例，抑或宣告以执行并科之刑，或于中间别定刑期、金额，宣告执行。例如犯窃盗三次，甲罪赃额不满十两，应科三月有期徒刑，乙罪亦不满十两，应科三月有期徒刑，而丙罪系三人共同夜间侵入他人邸宅窃取钜万，以重窃盗论，应科刑期十年。以十年之罪加以一二个月，其效与不加同，此际即仅命执行十年之有期徒刑亦可。又如甲、乙、丙三罪，皆应科一年徒刑，倘仅命以执行一年徒刑，自难获效，故虽并科以三年徒刑，亦未嫌过重也。凡此类，皆须任审判官临时决定。

【修正】案语

本条文词酌加修改，并将第一款内之无期徒刑析出作为一款。湖南签注以为原案注意中所举二例为未画一。查原案俱发罪本采用折中主义，质言之，一即吸收主义、一即并科主义，二者之中任其审择也。良以犯罪之情节不同，宜凭审判者权衡而定。虽宽严容有不齐，然既纂为正条，即同在法定范围之内，可无虞操纵之弊也。

第二十四条①

一罪先发，已经确定审判，余罪后发，或数罪各别经确定审判者，从前条之例，更定其刑。其最重刑消灭，仍余数罪者，亦同。

【原案】沿革

按：唐律二罪以上俱发条，"若一罪先发已经论决，余罪后发，其轻若等勿论，重者更论之，通计前罪以充后数"，明律及现行律同。

【原案】注意

甲、一罪先发，既经确定审判，余罪后发者，应依前条之例，分别更定应执行之刑名、刑期、金额者，例如犯窃盗甲罪与窃盗乙罪，甲罪先发，受宣告三年有期徒刑，方执行时，乙罪后发，亦应三年有期徒刑，即据前条第二款，于六年以下、三年以上之范围内，定执行刑期四年是也。倘先发之罪既经执行一年，则据本条第二项统算，而执行其余之刑期三年。

乙、数罪各别既经确定审判，依前条之分别更定应执行之刑名、刑期、金额者，例如在天津犯甲罪，受宣告三年徒刑，未及执行，逃入京师更犯乙罪，亦应徒刑三年，方执行时，天津宣告罪后发，则应在京师审判厅于六年以下、三年以上之范围内，处徒刑四年是也。

丙、因赦而最重刑缓免，仍余数罪亦同者，例如宣告甲罪科无期徒

---

① 第二十四条【原案】：凡一罪先发，既经确定审判，余罪后发，及数罪各别经确定审判者，从前条之分别，定应执行之刑名、刑期及金额宣告之。因赦而最重刑缓免，仍余数罪者，亦同。若对于有期徒刑、拘留或罚金既受执行者，援用前条第二款至第四款通算之。

刑，乙罪及丙罪俱科徒三年，方其据前条第一款执行无期徒刑时，其无期徒刑遇赦缓免，则其所余之刑应于六年以下、三年以上之范围内，定执行刑期四年是也。

丁、本条第二项者，系规定既经执行之刑期、金额与后来之刑统算之例，非惟用于方执行之时，即执行既终亦适用之。

【修正】案语

本条文词酌加修正。两广签注以原案异于现行律为未宜，不知俱发罪处分其主义既与现行律不同，则其归宿自不得不异，此当然之事，无足怪者。至谓因赦而免，重罪既邀宽宥，轻罪亦应缓免，此指各罪并在赦前者而言。若本条所定系重罪在赦前、轻罪在赦后，故一免一不免，其情形固自不同，当分别观之。

【补笺】

俱发罪者，谓同一犯罪人，于未受确定审判时，有二个以上之罪之发觉也，在共犯罪乃数人共犯一罪。此则一人而犯数罪，故与第六章共犯罪异。在累犯罪，乃于确定审判之后，而又犯他罪，此则确定审判前，犯二个以上之罪，故与第四章累犯罪亦殊。

第二十五条①

俱发与累犯互合者，其俱发罪依前两条之例处断，与累犯之罪刑，并执行之。

【原案】注意

俱发罪与累犯罪互合者，例如犯甲、乙两罪，其甲罪应处徒刑三年，尚未发觉，仅以乙罪受宣告徒刑五年，执行既终，后再犯丙罪，值审判之际同甲罪一并发觉是也。此种情形应据本条规定，先按其甲乙两罪而援用前二条，以甲罪之徒刑三年与乙罪比较，于八年以下、五年以上之范围内，定执行刑期六年。以前此五年执行既终，故以其余刑一年与再犯丙罪之刑合并执行。

【修正】案语

本条文词酌加修正。两广签注持论与前条大致相似，坐未解原案所采

---

① 第二十五条【原案】：凡俱发罪与累犯互合时，其俱发罪照前条之例处断，与累犯之刑并执行之。

用之主义,至谓应待法部复核,亦与立宪国司法官之权限说未符。

第二十六条①

以犯一罪之方法,或及结果而生他罪者,从一重处断。但于分则有特别规定者,不在此限。

【原案】沿革

按:唐律二罪以上俱发者"其一事分为二罪,罪法若等,则累论;罪法不等者,则以重法并满轻法,累并不加重者,止从重论。其应除、免、倍、没、备偿、罪止者,各尽本法",明律删。

【原案】理由

俱发罪之处分,惟犯二种以上之独立罪,科以特别处分,本条之情形与此迥异:一、其性质上止以一种之犯罪;一、犯人心术上本未怀二种独立罪之恶意,故本案于此,特从重论。

【原案】注意

凡一行为而触数项罪名者,例如聚众用暴行、胁迫、妨害吏员施行职务,即因此兼触骚扰罪、妨害公务罪是也。

犯一罪方法或结果而触他罪者,例如以夺被监禁人(第一百六十九条)之方法侵入公署(第二百二十条)或杀人(第二百九十九条),而遗弃死体于别所(第二百五十一条)之类是也。

分则有特别规定者,例如谋为内乱之人,为军需之故掠夺良民财物,不据本条前半规定从重论,应据第一百○五条特别规定,须援用第二十三条至第二十五条之类是也。

【补笺】

一行为而关系数项罪名,其实为一独立罪,不得谓之有数罪,故以最重之一罪,论。惟定罪时,适用法律之标准有三:

一曰狭义法优于广义法。例如窃取,有窃他人所有物之甲条文,又有窃他人田野产物之乙条文,若系于田野行窃时,则惟乙条文适用。因其为狭义法也。

二曰全部法优于分部法。例如由预备与着手之事,序而为暴动之实

---

① 第二十六条【原案】:凡一行为而触数项罪名,或犯一罪之方法及结果而生他罪者,从其最重之一罪论。但于分则有特别规定者,不在此限。

行，则惟治其暴动之一罪。盖暴动为全部也。

三曰实害法优于危险法。例如墨夜无灯，疾驰车马危险也，因而伤人，实害也，治其伤人之一罪，而无灯疾驰不问焉。

后之行为为先之行为所吸收，二者性质不明时，故惟以重者论，不必过问先吸收之情形。所谓方法者，以犯甲罪之目的，而用乙罪之手段也；结果者，以犯甲罪之行为，而结果必及乎乙罪也。观原案注意中之例自明。

第二十七条①

犯罪之重轻，据比较各罪最重主刑之轻重定之。最重刑相等者，据比较其最轻主刑之重轻定之。

主刑重轻俱等者，据犯罪情节定之。

【原案】注意

本条为适用所必需之规定，即俱发罪处分之外，若有必须知其犯罪之重轻者，亦不可不据本条之规定。

各主刑中据最重者定之者，例如甲罪属二等至四等有期徒刑，而乙罪系三等或四等有期徒刑，以甲罪为重之类是也。

最重刑同等，据最轻者定之者，例在甲罪为二等以上有期徒刑，而乙罪为三等以上有期徒刑，则以甲罪为重是也。

轻重俱同等，据犯罪情节定之者，例如以暴行加于看守吏员而损坏其印封等罪（第一百五十二条、第一百五十三条）。本刑虽系同等，倘其暴行为徒刑二年，而损坏印封为徒刑一年者，则以前者为重是也。

第二十八条②

凡连续犯罪者，以一罪论。

【原案】理由

连续犯罪者，犯人预谋以数次犯同一之罪，故本案规定照一罪处分之。

【原案】注意

连续犯罪乃继续犯罪之一种，例如于仓库内连日窃盗财物之类，其大

---

① 第二十七条【原案】：凡犯罪之重轻，据各主刑中最重者定之。最重刑同等，据最轻者定。轻重俱同者，据犯罪情节定之。

② 【原案】同。

体为窃盗之方法，不过分数次而犯之，故加以一罪之刑。

【修正】案语

云贵签注以连续犯罪果何所指，此应归于解释律文之范围内，据学说定之。两广签注谓连犯多次而仅科一罪之刑为过轻，然虽系连犯多次，其罪质则一，于法理不得以之为数罪。现行律盗二家财物，以一主为重，正是此意。如以其罪情，实较一次之犯为重，审判官宜于法定限制内科以重刑可也。江苏签注所举累日赌博情形应入原案第二百六十六条范围，其未以为常业者仍应以连续犯一罪论。

【补笺】

学说上有即成犯与继续犯之别。即成犯者，谓于仅少之时间，完结犯罪之行为也。例如杀人一举刃而罪即成矣。继续犯者，于多费时间以完结其行为也。

继续犯有性质上与事实上之区别。在性质上者有二：一曰惯行犯，谓非于继续时间，反复同一行为，其罪不能成立也。例如不得官厅许可，而恒营医业者是。若偶一为之，则不为罪；二曰永续犯，谓所为之结果，非持久时日，其罪不能成立也，例如私擅监禁罪是。若系一瞬息间之霸押，则不得以监禁名之。故二者属于性质上。

在事实上者有二：一曰徐行犯，谓于仅少时间，本得完结性质上之行为而犯于事实上，偏多费时间以为之也。例如欲破坏他人屋宇，一炬即成灰烬而犯之者，乃今日毁其瓦，明日拆其墙，以成此破坏屋宇之罪；二曰连续犯，谓一次行为，本可以致罪，乃反复为之，亦仅成一罪也。例如奸非罪，一次奸罪已成立，乃奸经数年，而罪乃仍为一个是也。故二者属于事实。

适用本条时，有当注意者二：其一，侵害与本人分离时，视被害者之数，为犯罪成立之数，不得以罪论。例如甲继续杀乙丙丁三人，因被害者之生命有三，则甲之杀人罪亦三，不得援用本条。然若乙丙丁被杀于同时同地之甲之手，如炸弹剧发之类，是否数罪乎，亦一问题也。观上第二十六条犯一罪之结果，而生他罪之规定，是宜仍以一罪论。盖被害之生命虽有三，而实出于一个行为也；其二，侵害财物之监督时，视监督者之数，为犯罪成立之数。亦不得以一罪论。例如甲仓衣服、乙仓金钱，虽同为一人所有权，而继续窃之者，其罪为二，以监督之人有二故也。反之于同一仓库，甲仓衣服、乙仓金钱所有权虽有二，而继续窃之者，其罪为一，以其仅一监督者故也。

第六章　共犯罪

【原案】共犯罪之处分，于现行律例无甚差异，故就其间有从犯之刑比正犯之刑减一等，或得减一等，各变更或增加之处，揭其理由。余从略。

第二十九条①

二人以上共同实施犯罪之行为者，皆为正犯，各科其刑。

于实施犯罪行为中者之际帮助正犯者，准正犯论。

【修正】案语

本条文词酌加修正。湖广签注以此条第二项并第三十条第二项、第三十一条第二项所用"准"字与现行律意义不同。查现行律"准"字为定处分用之，含有限制之意。原案则为定其罪质及处分之故，例如正犯应科死刑，准正犯亦科死刑是也。

【补笺】

共同实施犯罪之行为，皆为正犯者，因其行为，分担罪之要素故也。例如甲与乙二人，协议毒杀丙之计，是为阴谋毒杀之实施正犯；甲乙同和毒药，是为准备毒杀之实施正犯；甲置药于食物中，乙以之进于丙，是为着手毒杀之实施正犯；丙食之而死，是为实行毒杀之实施正犯。盖甲与乙皆分担犯罪之要素也，故各科其刑。

于实施犯罪之行为中，帮助正犯而即准备正犯者，因其于实施行为中，与以重要助力故也。夫重要助力，虽与分担犯罪之要素者不同，然犯罪之程度，行为之责任，实与之等。例如甲在屋内行窃，而乙为之在外瞭望是也。

凡于实施犯罪行为中，或共同，或帮助，均科以全部之刑，似不免失之太酷，然刑罚为制裁犯罪之法，罪虽数人共犯，而实各负全体有责任之不法行为，准此理由，故不得以共犯人数，而各分担其刑之一部也。

---

① 第二十九条【原案】：凡二人以上共同实施犯罪之行为者，皆为正犯，各科其刑。加功于实施犯罪之行为中者，准正犯。

第三十条[1]

教唆他人使之实施犯罪之行为者，为造意犯，依正犯之例处断。

教唆造意犯者，准造意犯论。

【修正】 案语

安徽签注似谓原案关乎教唆助力者之规定为欠明晰，然教唆实施犯罪中之助力者，应据第三十条及第二十九条第二项，照正犯之刑处断，教唆实施前之助力者，应据第三十一条第一项处断，毫无疑义。湖南签注以第二项教唆者复有教唆之人，是听教唆而非造意欲行删除。查教唆犯乃直接之造意犯，例如甲教唆乙杀人，甲乙应处第三百〇一条之刑，是教唆造意犯乃间接之造意犯，例如甲教唆乙转教唆丙杀人，是按第二项之规定，甲乙丙俱应同论。若以为乙系听教唆者，不着其定名，则乙之为正犯为从犯转生疑义，设据第十条律无正条之例且恐有悖逃法纲者矣，则第二项万不可少之规定也。

【补笺】

造意犯者，谓被教唆者，本无犯罪之意，由造意者之决意而后犯之也。若被教唆者先有犯意，则为训导指示之从犯，非造意犯。又，被教唆者犯罪之行为，与造意者之意不合，亦非造意犯。故定造意犯之标准有二：其一，被教唆者之犯意，由造意者之意而生；其二，被教唆者之行为，即为造意者之决意行为。

造意犯之处分有二说。第一说，造意犯之刑，以造意之本人为标准；第二说，以被教唆者之刑为标准。例如寻常人甲，教唆军人乙，殴伤军官丙，依第一说，则丙非甲之上官，甲之罪轻；依第二说，则丙系乙之上官，甲之刑与乙同，其罪重夫刑律上之处分。非可假定者，须从真正之事实以察之。犯意虽决于造意之人，而事实实出于被教唆者之手，故本条取第二说。

第三十一条[2]

于实施犯罪行为以前帮助正犯者，为从犯，得减正犯之刑一等或二等。

---

[1] 第三十条【原案】：凡教唆他人实施犯罪之行为者，为造意犯，照正犯之例处断。教唆造意犯者，准造意犯。

[2] 本条上方有"从犯之刑，得减正犯之刑一等或二等"字样。

教唆或帮助从犯者，准从犯论。

【原案】理由

从犯之刑比正犯之刑减一等，此本中国现行律例之原则。然从犯仍有应科主刑者，如颠覆巨舰非一人之力所能及，当其图谋之际，从犯之人忽给以水雷（即事前供给器具之从犯），其情节不得谓轻于正犯。甚或事前帮助之人，情节重于正犯者，亦颇有之（第一百〇三条之类）。故本案对于后者，则就分则设特别处分，而同时认此种从犯为不得照一般从犯减轻之例，各国刑法多数皆同。然恒有不过帮助以一、二无足轻重之语言者，情节究轻，倘照减一等或得减一等，未能适合，本案故特定得减一等或二等之例。

【修正】案语

本条文词酌加修正。两江、两广、云贵等省签注所举皆以现行律为标准，本案所采乃实施本位主义。实施之中初无首从之别，全体刑罚之轻重皆据此而定，如以新律之刑罚绳以旧律之首从，则误解之甚也。

【补笺】

从犯与正犯之区别，其说不一。有采主观主义者，谓犯意出于自己时为正犯，非自己之意二随从他人者，为从犯。现行刑律共犯罪分首从条云，"造意者为首，随从者减一等"，即此主义也。此专以犯罪者之意思为标准，不问事实为何如，揆之法理殊为不合。有采客观主义者，谓与以重要助力者谓正犯，否则为从犯。现今多数国从之。此主罪专从事实上观察，而以助力之轻重为标准，固较主观主义而为优，然助力轻重，其标准究有难定之虞，故本条采用最新学说，于实施犯罪行为中帮助者为正犯，于实施犯罪行为前帮助者为从犯。

第三十二条①

于前教唆或帮助，其后加入实施犯罪行为者，从其所实施者处断。

第三十三条②

凡因身分成立之罪，其教唆或帮助者虽无身份，仍以共犯论。

---

① 第三十二条【原案】：凡于前教唆或帮助，其后加入实施犯罪之行为者，照其所实行者处断。

② 第三十三条【原案】：凡因身分成立之罪，其加功者虽无身份，仍以共犯论。（因身份致罪有轻重时，其无身份者，以通常之罪论。）——今编者注：原文无括弧内文字，今据1907年刑律草案补正。

因身份致刑有重轻者，其无身份之人，仍科通常之刑。

【原案】注意

因身份成立之罪者，谓其身份为犯罪构成之一要件也，如第一百三十九条、第一百四十条、第一百四十三条、第一百四十七条之罪。居于附从之列者，虽无身份，仍以共犯论，故例如常人教唆吏员收受贿赂，其教唆与吏员处分相同（其赠贿之人，另据分则有特别之处分）。

因身份致罪有轻重，无身份以通常之罪论者，例如常人与吏员共同探听被选举人姓名，则对于常人援用第一百六十一条第一项，对于吏员援用本条第二项之类。中国现行之律例，其原则亦然。

第三十四条①

知本犯之情而共同者，虽本犯不知共同之情，仍以共犯论。

【原案】理由

本条定学术上称为一方共犯之处分也。此项若无专例，疑议滋多，于实际殊多未便，本案设立之意于此。

【原案】注意

例如甲谋侵入乙某之室，意图杀乙。邻室之丙，虽未与甲通谋而心颇赞成之，乃为自户外锁扉防乙脱走。甲并不知丙之为助，然竟以杀乙，丙应属共犯与否，各国学说及判决例皆未有定论。兹有本条之明文，则丙仍为甲之共犯，盖揆诸事理，亦应尔也。

【修正】案语

本条原案但书节删。河南签注驳原注所举之例并，谓既系知情即属共犯。查原注所举之例系明示适用法律之意，并未牵及事实证据，且此条非临时共犯之规定，乃指本犯虽未与谋而帮助之犯实有心赞成之，亦谓一方共犯，略如现行律各自起意各以为首论相似，若无专条必致疑议百出也。

第三十五条②

于过失罪，有共同过失者，以共犯论。

---

① 第三十四条【原案】：凡知情共同者，本犯虽或不知共同之情事，仍以共犯论。但于分则有特别规定者，不在此限。

② 第三十五条【原案】：凡关于过失犯，有共同过失者，以共犯论。

【原案】 理由

过失罪之有无共犯，各国学说与判决例亦多有不同，本案取积极之论。例如二人共弄火器致人于死伤或肇火灾，应照过失杀伤或失火之共犯处分也。

【补笺】

过失共犯，在各国刑律对于实施正犯、造意犯、从犯，有均采积极说者，有对于实施正犯采积极说，其他采消极说者，又有对于实施正犯采消极说，其他采积极说者。本条之规定，对于三者之犯罪均采积极说。

第三十六条①

值人故意犯罪之际，因过失而助成其结果者，准过失共同正犯论。但以其罪应论过失者为限。

【原案】 理由

前条虽定有过失罪之共犯，然故意之犯罪与过失罪二者是否得为共犯，未甚明晰，故本条特设积极之规定。例如甲故意放火，乙因过失注之以油，致火势涨盛。又如甲谋杀人，乙医师以过失传毒于所谋之人，致毙其命。此在各本条亦应任失火及过失杀之责，但其性质究非共犯，故以本条有应科过失罚为限，准前条予以过失共犯之处分也。

【修正】 案语

本条文词酌加修正。两广签注驳释文内所举误以油为水、以毒为药二例，以为事理所必无；江西签注谓恐启阴为助成阳为无意之弊，凡此皆牵事实入法律之论。因过失而助成，有心故犯事所恒有，至借词诡避审判者，宜以明察斥其诈伪，如以此立论即易而为现行律，亦难杜斯弊端。两江签注以此项情形可临时参酌办理。查凡事所成可以预见者，法律即应明定其处分，若临时科刑是仍用旧律比附之制，非立宪国所应有。

【补笺】

助成其结果者，谓罪之结果，非助力则不成也。其罪应论过失云者，一指犯罪之程度言，即无故意犯罪之人，而既有此结果，亦应当为独立之过失犯也；一指过失之范围言，如失火失水，及过失杀伤是。若奸非盗

---

① 第三十六条【原案】：凡值犯人故意犯罪之际，因过失而助成其结果者，如按本条应罚以过失时，则过失帮助之人亦准前条之例。

窃，非所谓过失也。

第七章　刑名

【原案】本案分刑为主刑、从刑二种，死刑、徒刑、拘留、罚金为主刑，概夺公权及没收为从刑。夫刑名，乃刑律之全体，所关至重，故必详细调查各国组织之法，折中甄择，庶臻完美也。

一、死刑

世界全废死刑之国殆居多数，在欧罗巴，若意大利、瑞士联邦中之七邦、罗马尼、葡萄牙、荷兰、挪威；在美洲北部者，若密机勘、罗土爱兰、维斯康新、哥伦比亚、蔑印。在中部，若洪条拉司、夸对马尼、加拉加波、兰基利。在南部，若委内瑞拉。然在中国若使全废，必非所宜，且在法理固有以死刑科元恶者，本案故仍采用之。至执行之方法，拟采绞罪在狱内密行之主义。兹将各国行用死刑之例列表比较之如下：

法兰西	斩	照原则密行
德意志	斩	密行
瑞典	斩	密行
塞鲁华脱	枪毙	密行
波利维亚	枪毙	公行（或绞，密行）
爱加特	枪毙	公行
乌鲁魁	枪毙	或公行（或密行）
日本	绞	密行
英吉利	绞	密行
布加里亚	绞	密行
奥地利	绞	密行
匈牙利	绞	密行
英属东印度	绞	密行
加拿大	绞	密行

上列各国不外斩、绞、枪毙三种，而用枪毙之国皆系维持往昔西班牙殖民地之旧惯，非以此法有所独优也。斩、绞二者各有短长，然身首异处非人情所忍见，故以绞为优。今用绞之国独多，殆为此也，故本案拟专用绞刑。

死刑公行，乃肆诸朝市与众共弃之义，其后变其意为警戒众人使不敢犯。然按之古来各国之实验，非惟无惩肃之效力，适养成国民残忍之风，故用较之国无不密行者，本案亦然。

二、自由刑

自由刑于本案为徒刑、拘留刑二种，盖于刑罚实占多数，是今世各国之通例也。

甲、无期徒刑

徒刑分无期、有期二种，凡囚人受无期徒刑之宣告者，则监禁于监狱使服法定之劳役。无期之自由刑与死刑同，在各国有全废止之者，如葡萄牙、墨西哥、委内瑞拉、乌鲁魁、爱加脱等是。然人有凶恶次于死刑者，必处以无期徒刑以防其再犯，且如以上数国之外，各国大都仍而不废。夫固有不能轻于废止者，本案故亦采用此意，受无期徒刑之人若能湔濯前愆，仍许其有出狱之望（第六十六条）。盖使国家能因此多一良民，未始非一国之福也。

乙、有期徒刑

有期徒刑之最长期以十五年为限，最短期以一月为限，更别为五等，各皆有长期、短期，如第三十七条所列者然。

有期徒刑之最长期，各国不同，其最长者三十年，如白来齐、乌鲁魁刑法是；其最短者，如加拿大之七年、洪都拉斯之十年是。除此等长短两端之中定为十五年，各国之例实以此为多数，故本案定为十五年者，此也。

有期徒刑之最短期，各国之例愈益分歧，在本案次于徒刑者为拘留刑，拘留之最长期不满一月，以便与违警律衔接，则徒刑之最短期即宜以一月为准。

有期徒刑分为五等，各等又附以最长期、最短期，因人之犯罪情节万殊，必须揆损害之程度、酌善恶之性质，本案除一二例外，其余之刑特设上下之限，庶应用之际情理毫末不爽，此亦今世各国之通例也。

丙、不采无定役自由刑

现今各国之立法例，往往以无定役自由刑与有定役自由刑并行，其始意不过出于优待非破廉耻之囚人（即国事犯）。而本案不采用者，其理由有四：拘置人于监狱，动经岁月，若不加以劳动，非优待实痛楚之耳，一也；各国为无定役刑辩护者，恒谓囚人身体不胜定役，果系属实，监狱规则可以特定免役之例。若使一切尽处以无定役刑，在刑法实非所宜，二也；劳动与人之身份地位固不尽相宜，然既经犯罪，则应以罪为其刑之标准，不应再顾其人之身份及地位。况以劳动为贱民之卑业，则社会之托业于劳动者，又将何说？三也；监狱之费用浩繁，无非支拨于国帑，实则仰赖国民之供给。课囚徒以劳动，可以减少良民之担负，四也。况犯罪之人，大率游惰成性，于此更可养成其劳动之习，庶赦免之后借以谋生，不再犯罪，此定役尤所以必需也。

外国唱议废无定役刑者近来日甚，本案察刑事政策之趋势，故自由刑除拘留外，不取无定役之说也。

丁、废止流刑

流刑之制最古，在使凶恶之徒窜居远方。然南朔东西皆中国土地也，与之相接者，皆中国人民也，其中得失无待缕迷，流刑废止实无可疑。即使有无期或最长期徒刑之囚，必应移诸边境者，从监狱规则以实施之可矣。于徒刑外另置流刑，诚为无益，故删除之。

三、罚金

本案总则，于罚金定其最少额，而于其最多额未尝明示，盖其额有无从预定者（例第一百二十四条、第二百二十九条、第二百六十九条、第二百八十条、第二百九十五条、第三百五十七条、第三百七十一条、第三百七十五条、第三百七十六条、第三百八十三条等）。

分则定三千元为罚金之最多额，初疑失之过巨，然此种应科多额罪（例如第一百〇七条、第二百九十三条第二项、第三百十二条）之犯人，以其地位而论，固有与少额之罚金不相适者，且易重大之自由刑，亦必以巨额乃能相抵也。

其余情形，其最多额与最少额之距约在十倍以上，因人之贫富不同，审判官当查勘其境遇而定，庶其刑方有效力。例如过失伤人，贫人宣告百元亦觉力有不逮，若在富人，则五百元犹太仓之一粟（第三百十条）。此为刑律之精神，背乎精神，其裁判为不当矣。

四、褫夺公权

即第四十六条所列举丧失资格之从刑，凡分则规定为褫夺公权者，丧失公权之全部。若其规定为得褫夺全部或一部者，终身丧失公权之全部或一部以上（第四十七条是），均无不可，其区别全由审判官之鉴衡为准。

应否褫夺公权，不可拘泥犯罪之大小，须洞察犯人之心术。所犯虽轻，苟出于无廉耻者，亦应褫夺。所犯虽重，苟有可恕之理，即不褫夺可也。

此从刑非被宣告徒刑以上之刑不得科之，故拘留及罚金不在此限，然受死刑之宣告者，仍应科之而使丧其资格也。

五、没收

古有籍没之例，今各国已皆废止，盖籍没者没收全部，累及他人，大戾刑止于一身之原则。本案没收仅限于三种之物件：一、私造及私有违禁之物，是所以禁止人使不私造、私有危险之物品也。二、供犯罪所用及预备之物，使民不留犯罪之纪念，易于悛改之政策也。三、因犯罪而得之物，使人不能以犯罪为自利也。

第三十七条①

刑分为主刑及从刑。

主刑之种类及重轻之次序如下：

第一，死刑。

第二，无期徒刑。

第三，有期徒刑。

一②、一等有期徒刑：十五年以下、十年以上；

二、二等有期徒刑：十年未满、五年以上；

三、三等有期徒刑：五年未满、三年以上；

四、四等有期徒刑：三年未满、一年以上；

五③、五等有期徒刑：一年未满、二月以上。

第四，拘役：二月未满、一日以上。

第五，罚金：一元以上。

从刑之种类如下：

第一，褫夺公权；

第二，没收。

---

① 【原案】同。

② 【原案】：一等有期徒刑：十五年以下、十年以上，但加重及并科时，以二十年为其最长刑期。

③ 【原案】：五等有期徒刑：一年未满、二月以上。拘留：一月未满、一日以上。罚金：银一钱以上。

【原案】 沿革

按：五刑之制始于舜典，旧说谓即墨、劓、刖、宫、大辟是也，合之流刑、鞭刑、朴刑、赎刑，亦谓九刑。迨后夏以大辟、膑辟、宫辟、墨、劓为五刑，周以墨、劓、宫、刖、杀为五刑，自隋开皇定新律，始定笞、杖、徒、流、死五种，历唐至今未改。

死刑之制，代各异制。唐虞名大辟，周有斩、杀、膊、辜、焚、车、辕、磬，俱详见于《周礼·秋官》，然辕屡见于《春秋》，膊、辜、焚缺焉。秦有斩、戮尸、枭首、车裂、弃市、腰斩、凿颠、抽胁、镬烹、磔、夷三族等名，合前后二千余年，殆无如嬴氏残酷之甚者。汉兴，沿秦之旧，尚有夷三族之令，至高后元年始除，景帝又改磔曰弃市，勿复磔，存弃市及腰斩、枭首各刑。魏死刑三，而谋反、大逆或汙潴、枭首、夷三族，皆因严绝恶迹，不在律令之内。晋死刑为斩、枭、弃市，史志周凯等复肉刑议，截头、绞颈尚不能禁，盖其时以绞为弃市也。梁为枭首、弃市，后魏有斩、绞、腰斩、沈渊五种，按《太和新律》死罪止于枭首，是时腰斩等刑当已废之矣。北周死刑五，一磬、二绞、三斩、四枭、五裂，北齐辕、枭、斩、绞凡四等。至隋始定死刑二，为斩、绞，唐因之。太宗时简死罪五十条断右趾，后复除断趾令，改为加役流。德宗之世改斩、绞为重杖处死。宋用唐律，复加凌迟之刑，仁宗天圣六年诏"如闻荆湖杀人祭鬼，自今首谋加功者，凌迟斩"，又《刑法志》"入内供奉官杨守珍使陕西督捕盗贼，因请'擒获盗贼至死者，望以付臣凌迟，用戒凶恶'，诏'捕贼送所属，依法论决，毋庸凌迟'"。陆游《渭南文集》有请除凌迟之状，是凌迟临时用以惩戒者，非定制也。辽于斩、绞、凌迟外有腰斩、戮尸、投高崖、辕、枭、磔、生瘗、射鬼箭、炮掷、支解等刑，盖起于朔方，以用武立国，故刑多残暴。金《泰和律》死刑仅斩、绞，见元王元亮《唐律纂例》五刑图。元之死刑载籍互异，按《刑法志》谓斩与凌迟二种，孙承泽《春明梦余录》言死刑用绞，《元典章·刑制》止言死刑，而《训义》及所载旧案绞、斩并行，实犹承《宋刑统》之遗。《元典章》为元人旧著，当以此书为允。明律死刑斩、绞之外设凌迟、枭首，用以科恶逆、不道诸罪。又有杂犯斩、绞，以总徒四年准徒五年贷之，有死罪之名，无死罪之实也，现行律同。迨光绪三十一年三月恭奉上谕删除凌迟、枭首、戮尸三项，仁风普被，累代残酷之习，至是湔濯无迹矣。

自由刑始于周礼寰土，所谓上罪三年而舍、中罪二年而舍、下罪一年而舍是也。秦为城旦，汉为城旦春、鬼薪、白粲、罚作、输作、耐、完，皆名异而实同。魏晋之间，其制大致相类，俱以年区别其定称，故亦称年刑。

罚金即唐虞赎金之遗制，历代相沿，或以谷、或以缣、或以金、或以绢、或以铜、或以钞，其制不一。然汉晋之间，罚金列为正刑，其制自四两迄二斤不等。

【修正】案语

本条第二项第三款第二号之但书与第二十三条第三款新增但书重复，应节删。又第四款之"拘留一月未满"改为"拘役二月未满"，并将第五款之"一钱"改为"一元以上"，与颁行之违警律相接。四川签注以金额宜预定多寡，两广签注意在保存斩刑。查刑之限域俱设高下，所以便审判者权情节之轻重施适当之惩罚，此本全体一贯之主义。且近今新定各律如集会结社之类业经采用并无窒碍，不宜再事更张。至斩刑暂留以待旧律枭獍之徒，臣馆原奏亦声明在案，于新陈行替之交，作此权宜之办法未为不可，似毋须明著于律启人口实也。

第三十八条

死刑用绞，于狱内执行之。

【修正】案语

江西、湖广、湖南、江南等省签注均欲保存斩刑，已详前条兹不赘及。又两广、江南签注并欲公行死刑，查公行之制有害无益，各国皆由经验得之，且光绪三十三年五月业经法部于请拨常年经费折内，奏明建设行刑场改为密行，奉旨允准钦遵，于是年实行在案，未便再事纷更也。

【补笺】

死刑存废，学说尚不一致。在我国有不可废者三：

一曰法理。盖刑罚如药石，罪犯如疾病，医之用药，非审知病质与药力，则药无效，而病不得疗，故溃烂之疮疽，非寻常药力所能奏效者，则割去之。死刑加于罪犯，亦犹乎刀割之加于疮疽。定其适用之标准，厥有二端，曰大恶，曰不治。使对此大恶不治之犯，不加以绝对淘汰之刑，岂国家刑期无刑之意哉！

二曰历史。国家当改革之秋，沿历史之旧，固不可；不审其所当存者，亦不可。我国自有史以来，君父之伦，未尝或变，使一日废止死刑，则对于干犯君父者，裁判必多窒碍也。

三曰社会心理。我国用死刑，相沿已久，使一日废之，其影响必及乎社会心理。凶恶之徒必玩其刑轻而肆无忌惮，良民必骇其不情，愈滋权利侵害之惧矣。

死刑之执行，不采公行制者，盖刑罚之设。所以制裁犯人，而实出于不得已者，非以之威吓犯人以外之人也，而死刑尤为不得已之制裁。公行之制，实与刑罚原理不合，况从事实上察之，不但不足以惧民，而反养残忍之性，刑事政策固如是乎！

现行刑律，分死刑为绞斩，揆之法理，诚有大惑不解者。盖死刑之特质，在剥夺其生命，使不再为社会害，非在剥夺生命之方法。生命一而方法二，于受刑者之生命，实无重轻徒之刑分为有期无期，罚金之分为多寡。其于自由及财产受刑者，显然有价值可凭，绞斩则同一死也，岂有死后而尚知己之生命被如何处分者哉！我国一般之论，谓斩刑身首异处，故重于绞，然亦不过就客观的感情上言之于，于受刑者无与也。以客观的感情为刑罚之轻重，非所以为法也。

第三十九条①

受死刑之宣告者，迄至其执行，与他囚人分别监禁。

【补笺】

按本条原系三十八条第二项，资政院因删去四十条，于此项遂列为专条。

第四十条②

凡死刑非经法部复准回报，不得执行。

【补笺】

按本条原系"凡孕妇受死刑之宣告者，产后经一百日，非更受法部之命令，不得执行"，经资政院删去。

第四十一条③

宣告徒刑及拘役，不得在一日以下；罚金，不得在一元以下。

【修正】 案语

第三十七条第四款拘役短期为一日，第五款罚金寡额为一元，则因减

---

① 【原案】同。
② 【原案】同。
③ 【原案】同。

轻而至一日或一元以下者，若即免除不足以昭惩创，是以增补入律俾资引用。

理合声明。

【补笺】

徒及拘役，所谓自由刑也。自由刑者，谓国家制裁犯罪，剥夺个人自由之利益也，法国刑法及日本旧刑法，尚有自由刑之从刑，名曰监视，于自由刑执行之后，使警察监视其行为，防其再犯。然自阅历上观察之，一经警察监视，使众人皆知为刑余之人，无与交接，势必至谋生无所，流于浮浪，而反启其再犯之心，于实际有损无益，故本律未采此制。

又按本条系修正案增入，故原案无。

第四十二条①

徒刑之囚，于监狱监禁之，令服法定劳役。其监禁方法及劳役种类，依监狱法之规定。

第四十三条②

拘役之囚，于监狱监禁之，令服劳役，但因其情节得免劳役。

第四十四条③

受五等有期徒刑或拘役之宣告者，其执行实有窒碍，得以一日折算一元，易以罚金。

据前项之例易罚金者，于法律以受徒刑或拘役之执行者论。

【原案】 理由

本条之规定，系据最新之学理而设。自由刑易为金刑，本为学者所非议，以其乖于刑罚之宗旨故也。然亦未必尽然，例如外国船舶之水手于碇泊地犯轻微之罪，科以数日之拘留，该船势难久待，一旦启碇归航，在本船既失必需之水手，在本人又失归航之便，而本国反因此增一飘零无业之异国游民。际此情形，则易罚金为宜。英国判决例此事数见，其他属于此

---

① 第四十二条【原案】：凡徒刑，囚徒监禁之于监狱，令服法定劳役。（监禁方法及劳役）种类，从监狱则所定。

② 第四十一条【原案】：凡徒刑，囚徒监禁之于监狱，令服法定劳役。监禁方法及劳役种类，从监狱则所定。

③ 第四十二条【原案】：凡拘留，囚徒监禁之于监狱或巡警署内拘留场，不令服劳役。
第四十三条【原案】：凡受五等有期徒刑或拘留之宣告，其执行上实有窒碍时，得以一日折算一元，易以罚金。据前项规定受易刑处分者，法律上以受徒刑或拘留之执行者论。

类之事例者亦复不少，故本案辑为专例，以剂情法之平。

【原案】注意

本条之适用，务宜于必要之程度，故所设制限有三：一、被告之刑为五等有期徒刑或拘留，且以实有窒碍为限；二、以一日纳一元之罚金；三、凭审判官之裁酌是也。

第四十五条①

罚金于审判确定后，令一月以内完纳。逾期不完纳者，从下例处断：

第一，有资力者，强制令完纳之；

第二，无资力者，以一元折算一日，易以监禁。

监禁于监狱内附设之监禁所执行之

监禁日数不得逾三年

罚金已纳一部分者，计其余额，依第一项第二款之例，易以监禁。罚金总额之比例逾三年之日数者，以按分比例定监禁日数。

依本条之例易监禁者，除逃脱罪外，于法律以受罚金之执行者论。

【修正】案语

本条文词酌加修正，并将第二项半元改为一元。两广签注以第一款仍不纳封产监追是否于政体所宜。查财产刑与自由刑各有所长，故分则各条俱察其情形科之，罚金易为监禁，本不得已之办法，遇有资力者必有强制执行之法，此乃必然之理。两江签注以第二款是否以元作两，然后再照新章办理。查本条折算之法既已明定，无须再照向章办理，银元之应否改为银两，应俟将来圜法本位确定后再行修正。原签又以第四项宜加详晰，查本条第四项条文明言，仅以罚金总额之比例逾三年之日数时为限，可以适用，例如受五千元罚金之宣告，已纳二千五百元，得免一年半监禁之类

---

① 第四十五条【原案】

罚金于裁判确定后，令一月以内完纳。逾限不完纳者，从左例：

第一，有资力者，强制令完纳之。

第二，无资力者，以一日折算半元，易监禁处分。

第三，监禁处分执行之于监狱，其日数未满二月者，得执行之于警察署内拘留场。监禁处分日数，不得逾三年。

罚金缴纳一部分者，照前项第二款之例执行监禁处分。

罚金总额之比例逾三年之日数时，缴纳其一部分者，用按分比例定处分之日数。据本条之规定受易刑处分者，除关于脱逃罪外，余法律上以受罚金之执行者论。

是，不必再行详订。至本条第五项据易刑处分，系监禁中者逃脱时为第一百六十七条之罪，然除该罪之关系外，易刑处分之监禁在法律上均无自由刑之性质也。河南签注谓此未逾限之一月内未规定如何办法。查执行刑罚之法细目宜载刑诉等法，不宜置于刑律之内，至易刑之监禁与第五等之徒刑比挈重轻，不知各条所定罚金，均视其所犯之情节如何，故罚金于徒刑各不相蒙，既不能互为加减，自不能执罚金与徒刑较量轻重也。

【补笺】

前四十四条系由自由刑易为罚金，本条系由罚金易为自由刑。罚金有三：一曰独立之罚金，即分则各本条，只科罚金，而不科自由刑者是也；二曰选择支罚金，即分则各本条处以徒刑拘役，或罚金是也。注重"或"字；三曰并科之罚金，即分则各本条处以徒刑拘役及罚金是也。注意"及"字。此条所谓"罚金"，系兼指三者而言。

第四十六条①

褫夺公权者，终身褫夺其下列资格之全部或一部：

一、为官员之资格；

二、为选举人之资格；

三、膺封勋章之资格（改正）；

四、入军籍之资格；

五、为学堂监督、提调、教习之资格；

六、为律师之资格。

【修正】案语

本条文词酌加修正，并照选举章程增入第二款。两广签注因中国尚无律师，拟暂不用。查律师之职，法部奏定新章已列其名，现虽尚未实行，将来必不可少，第六款亦不宜废。两江签注以褫夺公权不必限于有职之

---

① 第四十六条【原案】

凡褫夺公权，以应宣告徒刑以上之刑者为限，从各分则所定，终身褫夺下列资格全部或一部：

一、为吏员之资格。

二、膺封锡、勋章、职衔、出身之资格。

三、入军籍之资格。

四、为学堂监督、提调、教习之资格。

五、为律师之资格。

人，即平民亦可夺权之义，此论非是人民自出生时，民法即畀以享有私权即行使私权之能力，此等能力之不能剥夺乃民法上大原则，故刑律只以公权为限。至"吏员"二字，范围甚广，详本案第十七章文例、第八十三条，原签殆疑吏员即为官吏，故有是说。

第四十七条①

于分则有得褫夺公权之规定者，得褫夺现在之地位，或于一定期限内褫夺前条所列资格之全部或一部，但以应科徒刑以上之刑者为限。

【修正】案语

两江签注以公权之全部或一部总则既未剖明，分则亦仅言全部或一部，拟请厘订。查全部者，前条所称资格之谓，一部者各种资格内之一二种之谓，应如何夺之处，仍应予审判官临时核夺之权。至一定期限之内褫夺者，即外国所谓停止公权是也。

第四十八条②

没收之物如下：

一、违禁私造、私有之物。

二、供犯罪所用及预备之物。

三、因犯罪所得之物。

【修正】案语

原案第二项应析出作为第四十九条，安徽签注所指转移变换之法，不能复指为因犯罪所得之物。查此类情形可依同私诉退还赃物之法及其余赔偿损害之法以补救之，不足虑也。

第四十九条

没收之物，以犯人以外无有权利者为限。

---

① 第四十七条【原案】
凡于分则有得褫夺一部公权之规定者，以应宣告徒刑以上之刑为限，得褫夺现时所有之地位，或于一定期限内褫夺前条所揭资格一款以上。

② 第四十八条【原案】
凡没收之物如下：
一、违禁私造或私有之物。
二、供犯罪所有及预备之物。
三、因犯罪所得之物。
没收概以犯人以外无有权利者之物为限。

【修正】 案语

此条由前条第二项析出，合并声明，均参照原案第四十八条。

第八章　宥减①

【原案】 宥恕减轻，各国刑法大率附于勿论罪之后。然勿论罪乃纯粹之无罪，宥恕者已负责任，不过较普通犯罪之责任应减轻耳，故本案析为一章。

【补笺】

按本章第一条，法律馆原案有"凡十六岁以上、二十岁未满之犯罪者，得减本刑一等"之文，修正案因各省签注删去。宪政编查馆核订，改绝对无责任为十二岁以下，遂复于本章第一条增"凡未满十六岁之犯罪者得减本刑一等或二等"之文。资政院绝对无责任既依改正案修改，而本条遂一并删除，附录宪政编查馆案语于后以便参考。

【宪政编查馆案语】

法律馆初次草案，第四十六条为"十六岁至二十岁未满之犯罪，得减本刑一等"一条，此谓减轻时代之处分，嗣该馆因学部、邮传部热河、直隶、安徽、两广、江西、山西、湖广等省签注删去，亦兼采用挪威日本新刑法主义也。惟此次核订，将第十一条绝对无责任缩短其年龄，则自十二岁至十五岁之间，有犯概应科刑，及较旧律加严，不无疑义。兹拟将初次草案修复，仍采用法兰西、比利时、荷兰诸国之例，改为以十六岁为断，与旧律亦不甚相远，惟原定之例仅减一等，盖因所定年龄较长之故。今既改为十二岁以逮十六岁，则知识之发达恐尚未完备，并拟酌宽一等，以凭审判官临时酌量办理。

第五十条②

聋哑人或未满十六岁人或八十岁人犯罪者，得减本刑一等或二等。

【原案】 沿革

按：《周礼》三赦之法有蠢愚，郑注"蠢愚，生而痴骏童昏者"，实即指聋哑而言。嗣汉有师侏儒，晋有笃癃病，唐以后有笃疾、废疾，盖聋

---

① 【原案】宥恕减轻。
② 第五十条【原案】：凡聋哑者及满八十岁之犯罪者，得减本刑一等或二等。

哑亦括于内。至八十以上，列代相沿皆同。

【原案】理由

聋哑精神不完备者、八十岁以上精神渐昏眊毛者，二者自不能与普通之犯罪者同论，故酌量情节，减轻本刑一等或二等。

【原案】注意

聋哑有生而聋哑者，有因疾病或受伤而聋哑者。生而聋哑乃自来痼疾，不能承受教育，能力薄弱，故各国等诸幼年之列。若因疾病或受伤而聋哑者，不过肢体不具，其精神知识与普通无异，则不能适用此例。即有可原情形，自有宥恕之例在也。

【修正】案语

直隶签注以聋哑仅止口耳不具，不宜轻减并推及笃疾、妇女。查东西各国之刑律俱定有聋哑减免之例，盖因其聪明缺失智力，不逮常人并悯其不具也，故不得与他项笃疾并论。聋哑以外不具者，其中未尝无智力不及常人者，第在法律不必设减免之特例，按其情节与以酌量减轻足矣。现行律为妇女定有特别之处分法，然妇女除公法上限制其为官吏、公吏或议员，私法上限制既婚者之能力，此外各国法律俱应与男子无异。关乎刑事法之规定，不宜如现行律设特别之处分法也。原签又以新律主宽，独满八十岁之犯罪者，据本条受一二等之得减处分并非收赎勿论，较旧律加严，似非矜恤耄年之道。查新律不主宽，亦不主严，期于适当而已。本案之规定其处分，较现行律重者其例不勘。夫老人阅世较深，善恶之道辨之宜审，原案之设有得减之法全为中国历代之风俗成例起见，即令与常人所受同等之处分，于法理亦决不得为不当，可与以减轻以上之特典耶。若八九十之老人精神昏聩，离医学上之所谓耄狂者，依第十二条全无责任又岂特减轻而已耶。两广签注谓笃疾年老之人惩以劳役之事，恐不能任受。不知今日东西各国之监狱并非强老幼男女，令同服一劳役也，虽属壮年亦因其贵贱强弱分别实行。此论殆由于不察实际之过也。

第九章　自首[①]

第五十一条[②]

犯罪未发觉前而自首于官受审判者，得减本刑一等；

犯亲告罪而向有告诉权之人首服，受官之审判者，亦同。

【原案】沿革

按：汉律先自告除其罪，见《汉书·衡山王传》。唐律：犯罪未发而自首者，原其罪。其轻罪虽发，因首重罪者，免其重罪。即因所劾之事而别言余罪者，亦如之。即遣人代首，若于法得相容隐者为首及相告言，各听如罪人身自首法。其闻首告被追不赴者，不得原罪。即自首不实及不尽者，以不实不尽之罪罪之，至死者听减一等。其知人欲告及亡叛而自首者，减罪二等坐之。即亡叛者虽不自首，能还归本所者，亦同。其于人损伤、于物不可备偿，即事发逃亡，若越度关及奸并私习天文者，并不在自首之限。《宋刑统》于"私习天文"下增"居丧嫁娶"，明律及现行律与唐律同，而无"闻首告不赴"一层，复增入强窃盗、诈欺自首之法。

【原案】理由

自首减刑，为奖励犯罪者悔过投诚而设。各国多数之例惟认特别自首者，着之于分则，有其规定于总则者，盖缘于中国法系也。自首必须备具四要件：一、自己之犯罪；二、必于发觉前。若于发觉后告言己罪，乃自白，非自首；三、告知于官。惟例外告知被害者，亦准自首法；四、于官署就审判。四者不备，即不得准予自首也。

【原案】注意

得减云者，悉由审判官之鉴衡，并非必减之谓。至若谋杀、故杀及侵损于人等项，自不能援以为例。

【补笺】

发觉者，谓当该官厅知其犯罪事实，或事实并犯人均知之之时也。通常兼指事实及犯人而言。本条应专指犯人，当官厅已知其事实，而犯人尚

---

① 【原案】自首减轻。

② 第五十一条【原案】：凡犯罪于未发觉前，于官自首就受审判者，得减本刑一等。关于亲告罪，而于有告诉权者首服，就受官之审判者，亦同。

未露出时，若犯人能自首于官，亦即未发觉之自首。盖自首减免之精神在处决真实之犯人，以免无辜者受株连之累。使犯人不自首，则搜查逮捕仅据事实以为之，自不免因疑似而累及无辜也。原案理由中，谓为奖励悔过投诚者而设，尚失之隘，因从经历上察之，自首者每多袭悔过投诚之貌，而希冀减免也。所谓官者，指有搜查逮捕之权者而言，检察官及其辅助之司法警察官是也。至于预审推事是否有受理自首之权，不无疑义。然从实际上观之，亦当为其权限内之事。

就受审判是要件中之要件，盖真犯自首，庶不至累及无辜，所以予以减免之利益。若不就受审判，则案情必难明确，牵累终不能免。且自首者可以一书面达之官厅，则手续邻于轻率，反开犯罪者侥幸之门，非法也。

日本刑法关于财产案情，得自首于事主，现行刑律亦然。本条以亲告罪为限，较为精细。

第五十二条①

一罪既发，别首未发余罪者，得减所首余罪之刑一等。

【修正】案语

以上二条，两广签注以现行律损伤事发在逃、越关犯奸无自首之例。查旧律犯罪自首免罪，草案仅得减一等，宗旨已不相同，则此项罪各自应一并准其自首。况所邀系减轻之宽典，并非免罪之宽典也。原签又称赃物还主等情，亦宜减轻以示奖劝。夫赔偿损害乃法律上当然之事，不得以之为法律上特种减轻之理。由果其情节可悯，则可于本刑范围内从轻处分，如仍以为未足时，亦尚有酌减之法在也。

第五十三条②

预备或阴谋犯分则特定各条之罪，未至实行而自首于官受审判者，得免除或减轻其刑，但没收不在免除之限。

【原案】理由

犯罪之程度，始阴谋、次预备、次行事、次已遂，至是犯罪始为完成。惟阴谋及预备之为罪，分则中仅限于事之重大危险者，其例较未遂犯

---

① 【原案】同。

② 第五十三条【原案】：

凡为分则特定各罪之预备行为或阴谋者，于未实行之前于官自首者，得免除其刑，但没收不在此限。

为尤鲜。然此类人犯亟宜解其胁从，破其诡谋，故采特别自首之法准予免刑，以宽典而消弭巨患，此亦刑事政策必应之处分也。至没收之刑性质迥异，自不在援减之限。

第十章　酌减[①]

酌量减轻，不问所犯何罪，审判官可原谅其情状，以其职权减轻其刑，于学说名审判上之减轻。

第五十四条[②]

审按犯人之心术及犯罪之事实，其情轻者，得减本刑一等或二等。

【原案】理由

为裁抑犯罪，制定分则以下各条，然同一犯罪情节互异，若株守一致，则法律之范围过狭，反致有伤苛刻。故予裁判官以特权，临时酌量犯人之心术与犯罪之事实，减一等或二等也。

【原案】注意

审按犯人之心术者，例如于屋外犯五元以下之窃盗罪，实因迫于贫困、情可矜悯之类是。审按犯罪之事实者，例如窃取物品仅一枝花，情甚轻微之类是。二者之情事虽不同，其应减轻则一也。

【修正】案语

云贵签注谓酌量减轻审判官得以上下其手。查律设大法，礼顺人情，即行用现行律之时，据律而量予未减者，并非无之。向来秋审之案，原情而酌入可矜者，每年必有多起，与本条之意旨初无二致。若所虑即在现行律中亦难杜绝斯弊，此用人不当之过，非立法者之咎也。四川签注谓宜受法部之决定，第审判官之审判权限不宜受行政官指挥，是论实与立宪国之宗旨不符。江西、湖南签注谓人心莫可测度，两江签注谓宜将一等、二等之处确切声明，查犯人之心术须调查各种证据定之，若无可原之情，本可无须减轻至一等、二等之区别。宜临时权衡情节之重轻，法律不能预定也。

---

① 【原案】酌量减轻。
② 【原案】同。

【补笺】

日本刑法以"情状可原"四字为酌减之标准，不免失之含糊，故往往有以客观的事实解释之误。本条则分别心术与事实，较为明显。心术者，原因之谓；事实者，犯罪行为之谓。二者不得混同。例如窃取，有决心于奸淫赌博者，有决心于家贫养亲者，此事实同而心术异。又如为贫困而窃取贵重之物，或窃取轻贱之物，为执仇而杀一当道之巨枊，或杀一市井之无赖，此心术同而事实异。酌减系出于审判官怜悯之忧，故学者有谓之为"审判官之泪"者，但不得逾法定范围，而以私意减轻之。

第五十五条①

依法律加重或减轻者，仍得依前条之例，减轻其刑。

【原案】 注意

法律上之加重，如再犯及俱发之类。法律上之减轻，如未遂、从犯及宥恕、自首之类。虽各项情形竞合，苟有减轻之情形、仍宜准前条办理。

【修正】 案语

本条文词酌加修正。两广签注谓仍须上请不得擅自处断，与四川签注前条之意见相同，皆未谙审判之独立之义也。

第十一章　加减例

此章定加重、减轻之次序及其分量。

第五十六条②

死刑、徒刑、拘役，依第三十七条所列次序加重、减轻之。

徒刑不得加至死刑。

拘役不得减至罚金及免除之。

罚金不得加至拘役及徒刑。

---

① 第五十五条【原案】
凡于法律虽有加重或减轻之时，仍从前条之规定，得减轻其刑。

② 第五十六条【原案】
凡死刑、徒刑、拘留，从第三十七条所揭次序加重、减轻。
不得加入死刑及无期徒刑。但一等有期徒刑应加一等者，为二十年以下、十年以上，应加二等者，为二十年以下、十五年以上，不得减徒刑或拘留入罚金。

【原案】沿革

按：唐律"称加者，就重次，称减者，就轻次。惟二死、三流，各同为一减。加者，数满乃坐，又不得加至于死。本条加入死者，依本条（加入死者不加至斩）。其罪止有半年徒，若应加杖者，杖一百，应减者，以杖九十为次。"明律删去"半年徒"一层，现行律同。

【原案】注意

第一项从第三十七条加重、减轻者，其加重，例如有期徒刑三等加为二等、二等加为一等是也；其减轻，例如死刑减一等为无期徒刑，无期徒刑减一等为一等有期徒刑，一等有期徒刑以下依次递减是也。

第二项不得加入死刑及无期徒刑者，因死刑与无期徒刑具有特别之性质，若无期徒刑加一等绝其生命，一等有期徒刑加一等致终身缧绁，均于法理未协。故特设制限，凡分则科无期徒刑者，虽经再犯，不能科以死刑，仍科无期徒刑；其科一等有期徒刑者，仍为一等有期徒刑，但加重一等时可至二十年以下、十年以上，加重二等时可至二十年以下、十五年以上，庶两得其平也。

不得减入罚金者，因罚金之性质亦与自由刑不同，故除分则处徒刑、拘留或罚金及处并科罚金各规定外，凡规定为处徒刑或拘留者，若须减轻，不得依第三十七条之次序，由拘留降入罚金之列。

【修正】案语

本条原案，死刑之外亦不得加入无期徒刑，故定一等徒刑加一等或二等之法。河南签注以不得加入无期徒刑似嫌拘泥，旧律尚有加遣之条，其说近理，是以遵照订正。至谓拘役不得减入罚金为过严，则属非是。自由刑与罚金非程度有重轻，乃性质不同也，其说并见第四十五条。

第五十七条[①]

分则定有二种以上主刑应加减者，依第三十七条所列次序，按等加减之。

[①] 第五十七条【原案】
凡分则定有二种以上有期徒刑，应加减者，俱按等加减之。徒刑或拘留并科罚金应加减时，亦同。
若定有死刑、无期徒刑及有期徒刑应加重者，止加重其最轻之刑。
若最轻之刑拘留应减轻者，止减轻其最重之刑。

最重主刑系死刑应加重者，止加重其徒刑；无期徒刑应加重者，止加重其有期徒刑。

最轻主刑系拘役应减轻者，止减轻其徒刑；徒刑减尽者，止处拘役。

【原案】注意

第一项前半，例如于分则处二等以上有期徒刑，减一等即为二等有期徒刑或三等有期徒刑；又如二等或三等有期徒刑，加一等为二等以上有期徒刑；又如四等以下有期徒刑或拘留、五等有期徒刑或拘留，加一等即为四等或三等有期徒刑。

并科徒刑或拘留与罚金应加减时，亦同之加减者，例如处五等有期徒刑或拘留，而与一千元以下罚金并科（如第二百六十八条），若加重一等，即为四等或五等有期徒刑，并科一千二百五十元以下、一钱以上罚金。

第二项，例如处死刑、无期徒刑或一等有期徒刑（第二百九十九条），加一等即为死刑或无期徒刑；又如无期徒刑或二等以上有期徒刑，加一等即为无期徒刑或一等有期徒刑，加二等即为惟一之无期徒刑。

第三项，例如四等以下有期徒刑或拘留，减一等为五等有期徒刑或拘留，减二等为拘留。

【修正】案语

本条文词酌加修正。河南签注以原案注意内有加一等即为死刑，与前条矛盾。查前条所定系分则各条未定有死刑者而言，不得因加变为死刑。本条则反，是系指分则各条定有死刑、无期徒刑、一等有期徒刑之三项者，遇有加等之时，自应除去一等有期徒刑一层，变而为死刑或无期徒刑。前后情形迥不相同，并非自相矛盾也。

第五十八条[1]

罚金依分则所定之额，以四分之一为一等，加重、减轻之。

罚金应加减者，最多额与最少额同加减之。其仅定有最多额者，止加减其最多额。

---

[1] 第五十八条【原案】
凡罚金，从各分则所定多寡，以减四分之一为一等。
若止定有最多额，应减轻者，以减四分之一为一等。其与徒刑或拘留并科，应加减者，亦同。

【原案】 注意

例如一千元以下、一百元以上，减一等为七百五十元以下、七十五元以上，加一等为一千二百五十元以下、一百二十五元以上。

【修正】 案语

本条文词酌加修正，并将第三项为罚金与徒刑、拘役并科加减之法析出另为一条。湖南签注主张罚金额数二分之一为一等，其差过甚，未便采用。

第五十九条

分则所定并科之罚金，若徒刑应加减者，亦加减之。

其易科之罚金，若徒刑应减轻者，亦减轻之。

【修正】 案语

此条即由前条第三项析出并增第二项。

第六十条①

同时刑有加重、减轻者，互相抵消。

【原案】 注意

例如再犯之加重一等，与自首之减轻一等同时并发，则互相抵消，毋庸加减。

第六十一条②

有二种以上应减者，得累减之。

【原案】 沿革

按：唐律"若从坐减、自首减、故失减、公坐相承减，又以议请减之类，得累减"。明律无"以议请减"一层，现行律同。

【原案】 注意

例如从犯之得减一等，与自首之得减一等同时并发，则得减二等。

第六十二条③

凡从刑，不随主刑加重、减轻。

---

① 【原案】同。
② 第六十条【原案】：凡有二种之应得减者，得合并减之。
③ 【原案】同。

【原案】注意

从刑为褫夺公权及没收二者，一则夺其资格，一则没收其特定之物件。此其性质非可有所加减，故特设本条之规定如此。惟褫夺公权可因审判官之斟酌而加减之，得为同一之适用，详见第四十七条理由。

【修正】案语

两广签注论从刑内之褫夺公权，牵及降罚系属误会。草案之褫夺公权皆以重大之罪为限，与官吏惩戒处分不同，且所褫夺乃法定之资格，并非限定官吏一项也。

第十二章　缓刑①

【原案】按：泰西往昔，裁判官权限极广，不待律例之明文。凡犯人情节可恕者，一任裁判官酌定，暂缓其刑之执行，各国之例皆然。近年各国定为专例，盖始于美国玛赛秋裁州，行之尚无弊窦，今用为成文法者，其国如下：

一、北美合众国玛赛秋裁州	一八七八年
二、英国	一八八七年
三、比利时	一八八八年
四、意大利	一八九〇年
五、法国	一八九一年
六、那葛特尔	同年
七、修乃浦	一八九二年
八、挪威	一八九四年
九、德意志多数联邦（用恩赦之形式）	一八九五至一九〇二年
十、瑞士多数州	一八九七年以降
十一、北美合众国二十七州	一九〇一年
十二、日本	一九〇五年

凡此皆定为成文法之国也。此外若奥地利及匈牙利刑法草案、瑞士统一刑法草案、丹墨、瑞典、俄罗斯等，亦皆欲采用此制，是为世界所公认矣。

习染罪恶不思湔濯，虽不乏人，然亦有出于一时之错误者，若遽投监

---

① 【原案】犹豫行刑。

狱，官吏监督偶驰，往往互相谈论罪恶，是监狱乃研究犯罪之学校也。据列国统计，以平均计算，罪犯百人之中累犯者居四五十人，而采用此种制之国，于轻微之初犯及本案第六十三条第二款之再犯，不投之于监狱，但警告将来以试验之，其在试验期内犯罪者，常平均计算，百人中仅十五六人。二者相衡，利害得失，瞭如观火，则此制度为今世舆论所归固宜，故本案采用之也。

本章各条规定毋庸特别论明，惟适用时所当注意者有五，试揭如下：

一、轻微之初犯及第六十三条第二款之罪犯，其应否适用行刑犹豫，并非其人应有之权利，一视裁判官鉴定。

二、可许以犹豫行刑之情节，条例虽无明文，例如血气未定，偶因酒色堕落，乃窃取或强占少额之金钱者，或酗醉殴人致负微伤者，或因受他人挑拨毁坏器物、杀伤牛马者，凡此等罪，以出于一时偶发为限，均相宜也。

三、既宣告犹豫，付诸试验，固由第六十三条第四款之亲族或故旧监督其品行。其司指挥行刑之检察官，应借警察官之补助，常默察其动静。若一经昭著，反不足以奖励悛改，务使他人不知本人居于试验之中。

四、犹豫中倘有第六十四条各款事宜之一，迅即执行所犹豫之刑。若系该条第一款、第二款之情形，亦可并科。

五、试验期限在五年以下、三年以上之内，审判者可为适宜之宣告。若在此期限内不犯第六十四条所列各项致注销犹豫宣告者，则前此宣告之刑即无效力，执行权亦全归消灭。试验期限内再行犯罪与否，即其人利与不利之判，彰彰若此，故自愿悛改者，十恒居其八、九，此制之良，实隐契于"刑期无刑"之古训也。

第六十三条①

具有下列要件，而受四等以下有期徒刑者或拘役之宣告者，自审判确

---

① 第六十三条【原案】

凡具备下列要件者，受四等以下有期徒刑之宣告时，自审判确定日起，于五年以下、三年以上之期限内，宣告犹豫执行：

一、未曾受拘留以上之刑者。

二、前受三等以下徒刑之宣告，执行既终或得免除执行后，经过七年；或前受拘留之宣告，其执行既终或免除后，经过三年者。

三、有一定住所及职业者。

四、有亲族或故旧监督犹豫中之品行者。

罚金不在犹豫执行之限。

定之日起，得宣告缓刑五年以下、三年以上：

一、未曾受拘役以上之刑者；

二、前受三等至五等有期徒刑，执行完毕或免除后逾七年，或前受拘役执行完毕或免除后逾三年者；

三、有一定之住所及职业者；

四、有亲属或故旧监督缓刑期内之品行者。

【修正】案语

本条文词酌加修正。安徽签注谓用意虽善，事太纡缓，以日本尚未实行为解。查日本新刑法第二十五条至二十七条已有明文，且新刑法未颁行以前业已单行法实施之矣。此等法制皆泰西各国经验而来，杜罪恶之传播即所以免再犯之萌蘖，中外同此一理，不宜诿谓于我国扞格难行也。

【补笺】

此制各国不同。英美主义，缓其罪之宣告；比法主义，缓其刑之执行。二者相较，比法为优。盖判决必须搜集证据，若缓其罪之宣告，倘日（疑系"罪"之误）撤刑销时，非再搜集证据不可，故本律不采英法（疑系"美"之误）主义。

缓刑之制，有从法理上攻击之，而訾为背乎有罪必罚之原则，此说原于宗教以为有恶因必有恶果，有罪不罚于道德何？——不知恩赦时效及不论罪自首免除，与夫君不负刑事责任等，皆系罪不罚之制也。盖罪之应罚与否，当视其罚之是否有利，方为完善。执理论而略实际则谬矣。更有从事实上攻击之者，其说有二：一谓使犯人玩视典刑，大损法律之成信。然从人类心理上察之，刑固可畏，而罪之发觉尤可畏。试设身处地处以数月之文明狱，数十元之罚金，于我自由及财产固无多损，惟负此罪名，于我人格为大损耳。本律采比法主义，而惟缓其刑之执行，则此弊可无虞矣；一谓启初犯者侥幸之心，轻微初犯将日有加，而不知本条第一款至第五款设有种种限制，第六十四条又规定种种撤销之情形，立法者固早已防之也。

第六十四条①

受缓刑之宣告，而有下列情形之一者，撤销其宣告：

一、缓刑期内更犯罪，受拘役以上宣告者；

二、因缓刑前犯罪，而受拘役以上之宣告者；

三、不备前条第二款之要件，后经发觉者；

四、丧失住所及职业者；

五、监督人请求刑之执行，其言有理由者。

第六十五条②

逾缓刑之期而未撤销缓刑之宣告者，其刑之宣告为无效。

【修正】 案语

本条文词酌加修正。两江签注以无效力句可改为免其执行。查免刑者，有刑而不执行之谓；无效力者，无刑故不执行之谓，其文义自有区别。

第十三章　暂释③

【原案】假出狱者，乃既经入狱之人，其在执行之中尚有悛改之状，姑与以暂行出狱之法，以奖其改悔也。盖入人于狱，古时原欲以痛苦惩戒其人，近年惟以使人迁善为宗旨。故执行刑法之时，倘有人有改过迁善之实，即不妨暂令出狱，此其制之所由生也。

按：各国之例，惟法国于西历千百年之末，于年幼囚行之。其对于一般自由刑囚徒采用此制者，自英国始。尔后各国袭用之者，其次序大概

---

① 第六十四条【原案】
凡受宣告犹豫行刑者，如有下列情形之一，应注销犹豫之宣告：
一、犹豫期限内更犯罪，受徒刑之宣告者。
二、因犹豫之宣告前所犯罪，受徒刑之宣告者。
三、前条第二款所揭要件，有不备之事实，后经发觉者。
四、丧失住所、职业者。
五、监督者请求刑之执行，其言有理由者。

② 第六十五条【原案】
凡未注销犹豫之宣告者，逾犹豫期限，宣告之刑即无效力。

③ 【原案】假出狱。

如下：
    一、英国　　　　　　一八五三年八月二十日单行法
    二、塞尔维亚　　　　一八六九年五月二十二日单行法
    三、瑞士多数州　　　一八七〇年以降
    四、德意志　　　　　一八七一年一月一日刑法第二三条
    五、丹墨　　　　　　一八七三年二月十三日单行法
    六、克洛亚　　　　　一八七五年四月二十二日单行法
    七、美国各州　　　　一八七七年以降
    八、匈牙利　　　　　一八七八年五月刑法第四八条以下
    九、荷兰　　　　　　一八八一年三月三日刑法第一五条以下
    十、日本　　　　　　一八八二年一月一日刑法
    十一、法兰西　　　　一八八五年八月十四日单行法
    十二、奥大利　　　　一八八六年六月三日布告
    十三、意大利　　　　一八九〇年刑法第一六条以下
    十四、葡萄牙　　　　一八九三年七月六日监狱则第八条以下

此外，若瑞典虽无特别之法，然依赦免之形式，故实际上制度仍相同耳（假赦免）。而此赦免乃成为一种习惯法，惟俄国于一八八三年刑法草案第二十一条曾有此种规定。是欧美、日本各国不采用此制度者，殆稀也。

【修正】案语

原案篇目作假出狱，略与暂释相似，是以该从今名。直隶签注谓人情欺诈百出，在狱之知悔与出狱之安分，审判官无从洞察。查此项制度在司狱官昼夜留心监督囚一举一动，察其情状，听法部指挥以决其可否。审判官不得干预之，且不便于实行之处，东西各国之行皆著有成效，似无独不适于中国之理。

第六十六条[①]

受徒刑之执行而有悛悔实据者，无期徒刑逾十年后，有期徒刑逾刑期二分之一后，由监狱官申达法部，得许假释出狱。但有期徒刑之执行未满三年者，不在此限。

【修正】案语

本条文词酌加修正。河南签注谓宜仿日本刑法出狱仍居岛地，并谓所

---

① 【原案】同。

定逾刑期二分之一及未满三年限制，宽严失宜。查仍居岛地之法有害无益，该国久经废止，至所定之年限皆由实验而来，未可以以空论驳诘。两广签注谓宜凭司法官之考验，殊不知执行刑罚为法部、检察厅等官署之职，与司法官无涉。若凭其贿嘱运动，此人之弊，非法之弊。此等弊端如不能杜绝，无论如何种法律者，皆属无益，不得专斤斤以此为虑也。

第六十七条①

凡假释出狱，而有下列情形之一者，撤销其假释，其出狱日数不算入刑期之内：

一、假释期内更犯罪，受拘役②以上之宣告者；
二、因假出狱前所犯罪，受宣告拘役③以上者；
三、因假释前所犯罪，而受拘役以上之宣告者；
四、犯假释管束规则中应撤销假释之条项者。

未经撤销假释者，其出狱日数算入刑期之内。

【修正】 案语

本条文词酌加修正，并增入第二项。两江及两广签注均以官束规则是何条款，查官束规则乃关乎行刑之细则，当于刑事外另行纂辑。

【补笺】

本条第一款至四④款，均以拘役为标准者，以拘役本为监禁之刑也。若罚金，则无事乎停止，理由有二：其一，罚金多出乎过失。过失者，不注意之谓也，不注意而致罪，不得谓之旧恶复生，故毋庸停止；其二，罚金虽非全属过失，刑罚上专科以罚金者，其情节并非可恶，故不必停止。

---

① 第六十七条【原案】
凡假出狱者，如有下列情节之一，即停止出狱，出狱中日数不算入于刑期：
一、假出狱中更犯罪，受宣告拘留以上者。
二、因假出狱前所犯罪，受宣告拘留以上者。
三、因假出狱前所受宣告，应即行拘留以上者。
四、犯假出狱管束规则中应停止出狱之条项者。
② 原文为"拘留"字样。
③ 原文为"拘留"字样。
④ 应为"三"字。第四款无"拘役"字样。

第十四章　赦免[1]

赦免基于宪法，现在宪法尚未制定，暂依现行律例辑为一章，俟将来再行修订。

第六十八条[2]

凡赦免依赦免条款，临时分别行之。

【原案】沿革

按：汉代赦免有赦除、减等、听赎各法，《唐律》着赦降之例，《疏议》兼及会虑。《宋刑统赋》解云：赦者全免，降者轻减，虑者特旨放一人罪。《明律》常赦所不原条即本唐律，现行律同，亦即今之东西各国大赦、特赦、减刑三项也。

【补笺】

日本宪法第十六条曰："天皇命大赦、特赦、减刑及复权，即赦免也。大赦者，消灭其审判之效力，不但消灭其刑，虽犯人死亡后，亦有利益，盖其子孙不得认为罪人之子孙也。特赦者，免除刑之全部执刑（疑系"行"之误），而此罪之判决如故也。减刑者，免除刑之一部执行也。复权者，复其被褫夺之公权也。

赦免者，以君主制大权命令为诉讼上之救济，其利益有三：

一、可奖进犯人之改悔。暂释之制，虽为犯人改悔而设，然有一定期限。赦免则惟审查犯人真能改悔与否而行之。且暂释当刑期未满时，其刑尚未消灭，赦免则直消灭其刑。故赦免亦可于暂释后行之。

二、可补法之不备。分则各条，虽举二三种刑，以便审判官之适用，然常有宣告法定最轻之刑，而犹觉其重者。至于酌减之制，亦限于减一等或二等，惟赦免可以补救之也。

三、可正审判之误。普通上告，有一定之期限；非常上诉，有一定之要件。欲正审判之误，终不免为期限或要件所限，惟赦免无此窒碍也。

---

[1] 【原案】同。
[2] 第六十八条
凡赦，依恩赦条款临时分别行之。

第十五章　时效

【原案】时效云者，乃泰西旧语，惟本案则新采用也。凡既经过律例所豫定之时限，则生取得权利或免除义务之效力，此制度谓之时效，而前者谓之得权时效（或谓之取得时效），后者谓之免责时效。

按：权利义务若因人之地位，而于法律上永无确定者，必于国家、社会多有不便。例如家藏珍宝，历传数世，忽有人称此物数世前属于伊祖，所持有证据，攫之以去，此岂人情所能甘心？故于一定之时限内，有持其珍宝之事实者，在法律不可不确定其取得之方法。亦因此故，凡负有义务者，若既过履行期限，权利亦已抛弃遗忘，阅时既久，则亦不可无免除之法。欧美各国及日本行政法、民法、商法、诉讼法等一切律法，皆设时效之规定，而未尝竟无此事，即中国实际亦有此习惯也。

时效有得权时效、免责时效二种，然在刑事法之范围内，无有与得权时效相匹者，惟有属于免责时效一部之公诉时效与行刑时效二种而已。

公诉云者，要求审判厅决定其嫌疑之人是否有罪，如有罪则科以一定之刑之谓。此种词诉应使国家机关（即检察官）执行之，不能一任私人之取舍，是为现今之原则，故通例称之为公诉。

公诉提起之权，自犯罪行为既终之日起算，若已空过本案第六十九条所定之期限，则时效即因而消灭。盖在该条所定年月之间而不为起诉，及第七十二条诉讼之行为，则有罪之证据与嫌疑人有利之证据均已散佚，势不得以不确实之证据而审理判决不确实之人。暧昧科罚，最为刑事所忌，故本案特以第六十九条确定公诉提起权之时效期限。

第六十九条所揭者，系犯罪行为既终后，对于国家未有诉讼行为而方始起诉者之时效期限也。若遇有第七十二条所揭之处分，则必其处分已止之后，该条之时效期限方始进行。故遇有元恶大憝、罪无可逭者，仍得因第七十二条处分，致起诉权永不消灭，所以杜逃刑之弊也。

行刑权之时效（第七十四条）与起诉权之时效不同，须俟有罪之事实既明，刑之宣告已经确定之后，方始适用。故不虞证据散逸，是以其期限较起诉权时效期限延长一倍。有罪之事实既明，刑之宣告已经确定，虽经易数年，仍应执行。然使犯人在第七十四条之长年月之间不受执行，而照常生计于社会，其因此所生之普通生计关系，必已不胜枚举。例如人于二十岁时受死刑宣告，乃脱逃后经三十年，是其人年岁已满五十，此其时或已立家室，或已就正业，得有相当之地位。倘于此际以三十年前之罪致之大辟，是直破坏三十年间普通生计关系，犯人以外之人虽未身被其刑，而所受恶果或更有甚者。是使人忘刑之威严，而但觉刑之残酷，实非刑事政策所宜。死刑如此，其余可类推矣。故行刑权者，倘自宣告确定后已过法定之期限，其权即为消灭，盖法律上于人之地位，亦不可无确定之法也。如因其人之恶万无可恕，可合天下之警察以逮捕之，既经捕获，则既往之时效期限即属消灭（第七十六条）。若历二十九年方始捕获，而再脱逃者，非仍逾三十年，不得为时效消灭。搜查三十年不获，始行废止，盖搜查机关非为一人而设者也。

关于刑事法上时效规定之地位，有下列三种：

第一主义：以时效全部属于刑事诉讼法之中（例法国刑诉法第六百三十五条以下）。盖起诉权固不待论，即行刑权亦属裁判执行权之一，皆诉讼法之事也。

第二主义：以起诉权之时效属于刑事诉讼法之中，而行刑权之时效则以刑法定之（例日本现行刑事诉讼法第八条、同改正草案第二百四条以下、现行刑法第五十八条以下、改正刑法第三十二条）。盖以起诉权之时效虽属诉讼法上之关系，然执行权之时效关乎科刑之时限，故为关系于刑法也。

第三主义：以其全部属于刑法之中。盖以刑法虽为各种犯罪定其所科之刑而设，然入起诉权及行刑权之时效者，其科刑不必实施，故其时效即属刑法上一种科刑之制限矣。

以上三种主义之中，其第三最为适于条理。故德意志刑法第六十三条以下、匈牙利刑法第一〇六条以下、荷兰刑法第七十条以下、布加利亚刑法第七十二条以下、墨西哥刑法第二百六十二条以下、意大利刑法第九十一条以下、芬兰刑法第八章之七条、挪威刑法第六十七条以下，凡此多数之立法例皆采此主义，故本案亦然。

【修正】案语

江西签注不以"时效"二字为然。查"时效"之义与期限似同而实异，期限就官署一面言之，含有命令之意。时效，则被告人逾此定限而有取得丧失之效力，将来民商等律常宜引用，既无适当之语可易以应仍旧。凡时效，不论民事刑事均有中断及停止之规定，各省签注于此及多未了解，兹举例以明之。中断时效者，谓随法定原因生起之际，不将以往之月日算入于时效之内也。例如第七十二条所揭应处死刑人犯逃亡十四年，一朝就缚则非自再逃亡之日起算，更经十五年其公诉不得因时效而消灭。停止时效者，谓随法定原因生起之际，不将其原因延续之月日算入于时效之内也。例如第七十三条所揭被告因罹心疾停止公判，不论长短，其间均不得计算时效期间。至行刑之时效亦以次类推，例如因依缓刑之例停止执行，此不执行刑罚之间，照第七十五条时效期间，亦一并停算。如受逮捕，照第七十六条，则凡已经过之月日，概不算于时效期间之内也。

第六十九条①

提起公诉权之时效期限，依下例定之：

一、系死刑者，十五年；

二、系无期徒刑或一等有期徒刑者，十年；

三、系二等有期徒刑者，七年；

四、系三等有期徒刑者，三年；

五、系四等有期徒刑者，一年；

六、系五等有期徒刑拘役或罚金者，六月。

前项期限，自犯罪行为完毕之日起算。逾期不起诉者，其起诉权消灭。

【修正】案语

两江签注以本条所定期过短，有第七十二条之例足资补救，无须加长年限。河南签注谓时效制度犯人逍遥法外，被害者控诉无门，宜仍将犯人财产断给一半等语。此论以公益、私益，刑罚、赔偿牵混为一，殊无足取，即在旧律中以断产非古法，业已删除殆尽矣。

---

① 第六十九条【原案】
凡提起公诉权，自犯罪行为既终之日起算，于下列期限不行者，则因时效消灭：
一、应死刑者，十五年。
二、应无期徒刑或一等有期徒刑者，十年。
三、应二等有期徒刑者，七年。
四、应三等有期徒刑者，三年。
五、应四等有期徒刑者，一年。
六、应五等有期徒刑以下刑者，六月。

【补笺】

所谓行为既终者，系赅括继续犯而言。继续犯之行为，往往有亘数年者，不明规定其既终，则起算诸多窒碍。若即成犯，即于其行为之日起算无疑。

第七十条①

二罪以上之起诉权之时效期限，据最重刑依前条之例定之。

第七十一条②

本刑应加重或减轻者，起诉权之时效期限，仍据本刑计算。

【修正】 案语

本条因在审判以前，故以未行加减之本刑以定时效期限。两广签注谓罪名既难预定，期限无从作准，殆未悉草案之意义。

第七十二条③

起诉权之时效，遇有下列行为之一，中断之，俟行为停止更行起算：

一、侦查及豫审上强制处分；

二、公判上诉讼行为。

前项行为，于一切共犯有同一之效力。

【修正】 案语

本条文词酌加修正。原列三款并省并为二款。两江签注以豫审公判搜查各名目，拟请再为声注理由。查此类名词现在法部所定章程均已采用，俟诉讼等律告成自能理解。

第七十三条④

起诉权之时效，遇被告人罹精神病、其他重病而停止公判者，停

---

① 第七十条【原案】：凡二罪以上之提起公诉权，据最重刑，从前条之区别定其时效期限。
② 【原案】同。
③ 第七十二条【原案】
凡提起公诉权之时效，因下列之行为中断。俟行为停止，另行起算：
一、豫审上诉讼行为。
二、公判上诉讼行为。
三、搜查上强制行为。
前项行为，对于一切共犯者，有同一之效力。
④ 第七十三条【原案】
凡被告人因罹精神病、其他重病停止公判间，提起公诉权之时效即行停止。

止之。

第七十四条①

行刑权之时效期限，依下列定之：

一、死刑，三十年；

二、无期徒刑，二十五年；

三、一等有期徒刑，二十年；

四、二等有期徒刑，十五年；

五、三等有期徒刑，十年；

六、四等无期徒刑，五年；

七、五等有期徒刑，三年；

八、拘役、罚金，一年。

前项期限，自宣告确定之日起算。逾期不行刑者，其行刑权消灭。

【修正】案语

两广签注以时效制度为助长犯人幸免之心，此诚过滤，东西各国并无此弊。

第七十五条②

凡执行权之时效，因执行而已逮捕者，中断之。但其他未知悉之刑，不在此限。

【原案】注意

依律例停止执行者，指因第六十三条以下所定犹豫行刑、第六十六条以下所定假出狱及其他诉讼法等一切律例之各规定停止执行刑罚之情形而言。于此等情形，则系律例定为不应执行，非第七十四条所谓不受执行者，故于此期限内执行权之时效亦停止之，名曰行刑时效之停止。

行刑时效之停止，与次条所定行刑时效之中断有异。停止者，通算停止先后之时间，以充第七十四条所定期限之数；中断者，惟以中断后之时

---

① 第七十四条【原案】：凡刑之宣告确定后，于下列期限内未受执行者，则因时效消灭其执行权。

② 第七十六条【原案】：凡执行权之时效，因执行而逮捕犯人即行中断，但余未发觉刑不在此限。

罚金及没收之时效，因执行行为即行中断。

间，充第七十四条所定期限之数。

【修正】 案语

两广签注以本条系犯已到案停止刑罚之谓，前条系犯未到案停止逮捕之谓，均属误解。前条俱规定既定刑罚执行权之消减，本条为时效停止，次条为时效中断也。

第七十六条①

行刑权之时效，遇有依法律停止执行者，停止之。

【修正】 案语

两广签注误解执行权为执行逮捕权。执行权者，指执行刑罚权而言。至签注又以发觉为疑，其实前条及本条皆系刑罚宣告确定以后之事，与发觉等项无涉，殆未悉时效之停止与中断之意义也。

第十六章　时例②

【原案】 本案凡刑期、时效、犹豫、假出狱及累犯各例，时期盈朒，关系至重，故规定计算之法。

第七十七条③

时期以日计者，阅二十四小时；以月计者，阅三十日；以年计者，阅十二月。

【原案】 沿革

按：《唐律》"称日者，以百刻；计功庸者，从朝至暮；称年者，以三百六十日"，《明律》及现行律同。

第七十八条④

时期之初日，不计时刻，以一日论。最终之日，阅全一日。

放免有期徒刑及拘役之囚，于期满之次日午前行之。

---

① 第七十五条【原案】：凡执行权之时效，依律例停止执行间，即行停止。
② 【原案】时期计算。
③ 【原案】同。
④ 【原案】同。

第七十九条①

刑期自审判确定之日起算。

审判虽经确定而尚未受监禁者，其日数不算入刑期。

【修正】案语

两广签注谓审判确定未受拘置，有所未喻。查诉讼事件轻重不同，未必概行拘置，例如极轻之案本可许被告之代理人到堂，又如被告人之受保释责付者，亦可暂时在外，凡此皆应适用第二项之规定。

第八十条②

未决期内羁押之日数，得以二日抵徒刑、拘役一日，或抵罚金一元。

【原案】理由

未决监禁日数算入刑期，为今世学说所公认。盖遇重要案件，凡豫审中检证等事必须慎重，监禁之期亦因之延长，恒有迟至数年始结者，久困圜扉不无可悯，本案特立此例以补救之。惟未决中之监禁，究与囚人有异，故计算之法较普通之刑期定为三倍或四倍之比例也。

第十七章 文例

【原案】此章揭刑律中用语之意义，规定其范围之制限也。盖比较各国刑法，有定明期限计算法，及制限公务员名称之范围等例，皆不过散见于一二条文，并不多备。然为便于实施起见，特专设为此种条文者，亦非无其例，如挪威及荷兰刑法是，本案亦即仿此。文例之位置，挪威刑法为总则中之凡例，荷兰刑法则居总则之后独立为一章，各有得失。按文例之规定，不仅关于刑律总则之用语，其关于分则之用语为多，故本案仿荷兰刑法，列于总则之后另成一章。

（删）第八十一条

称乘舆、车驾、御及跸者，太上皇帝、太皇太后、皇太后、皇后同称

---

① 【原案】同。
② 第八十条【原案】
凡未决中监禁之日，依下列算入刑期：
一、监禁三日抵徒刑、拘留一日。
二、监禁二日抵罚金半元。

制者，太上皇帝敕旨，太皇太后、皇太后懿旨同。（此条全删）

【原案】沿革

按：唐律称乘舆、车驾、御者，太皇太后、皇太后、皇后并同。称制、敕者，太皇太后、皇太后、皇后、皇太子令减一等。明律改减一等为并同，现行律因之。

第八十二条

称尊亲属者，谓下列各人：

一、祖父母，高、曾同；

二、父母

妻于夫之尊亲属，与夫同。

称亲属者，谓尊亲属及下列各人：

一、夫妻；

二、本宗服图期服以下者；

三、外亲服图小功以下者；

四、妻亲服图缌麻以下者；

五、妻为夫族服图期服以下者；

六、出嫁女为本宗服图大功以下者。

【修正】案语

学部、两广、江西、湖南各签注拟以现行服制图置诸刑律。查此条本据现行律服制图而定，并无增省于其间，将来并拟详列于民律亲族法中。

第八十三条①

凡称官员者，谓职官、吏员、公吏及其他依法令从事公务之议员、委员、职员。

称公署者，谓官员奉行职务之衙、署、局、所。

称公文书者，谓官员及公署应制作之文书。

【修正】案语

两广签注以绅商局所及文书宜与官有别。查绅商局所非从事公务者，并不在内，观第一项吏员之定义及第二吏员等字，自能了解。

---

① 第八十三条【原案】：凡称吏员者，官吏、公吏、依律例从事于公务之议员、委员、其他职员皆是。以下同。

第八十四条①

称议会及选举者，谓依法令所设立中央及地方参与政事之议会及其议员之选举。

第八十五条②

称僧道者，谓僧尼、道士、女冠及其他宗教师。

【补笺】按本条系资政院增补。

第八十六条③

依分则援用别条处断，而别条之罪应论未遂、预备或阴谋者，于处断本条之未遂、预备或阴谋犯，并援用之。

于造意犯及从犯，亦同。

第八十七条④

称以下、以上、以内者，具连本数计算。

第八十八条　称笃疾者，谓下列伤害：

一、毁败视能者；

二、毁败听能者；

三、毁败语能者；

四、毁败一肢以上或终身毁败其机能者；

五、于精神或身体有不治之疾病者；

六、变更容貌且有重大不治之伤害者；

七、毁败阴阳者。

称废疾者，谓下列伤害：

一、减衰视能者；

二、减衰听能者；

三、减衰语能者；

四、减衰一肢以上之机能者；

五、于精神或身体，有至三十日以上之病者；

六、有致废业务至三十日以上之病者。

---

① 【原案】同。

② 【原案】无。

③ 第八十五条【原案】：凡援用别条所揭之罪，其罪应罚未遂、预备或阴谋者，本条并援用之。造意犯及从犯，亦同。

④ 第八十六条【原案】：凡本律称以下、以上、以内（者，其起讫俱以本数为限）。

称伤害者，谓前两项所列之外之疾病、损伤。

【修正】 案语

两广、湖南签注均以各词新异，宜照中国旧有名词改正。窃谓世界交通日广，理想日富，以新语表之未为非宜。两江签注谓旧律赅备，且谓议者以视能、听能、语能、机能等，名目新奇，非尽人所能解。第中国旧律亦非一览便知，所以特设讲读律令之条，此等名目一经解说即无不可共晓，且历代名词随时更新，我朝刑法亦时有新名等语，诚笃论也。

【补笺】

毁败与减衰之分，在视能上。以三分之一米突之距离，可否识别指头之数为断。在听能上，以通常之距离，可否听取他人通常之语音为断。在语能上，以通常之距离，本人语音能否达入他人听觉为断。总之，毁败者，全部丧失其能力能力；减退者，一部丧失其能力也。

曰视能、听能、语能者，即能力之谓，对于物质而言，而物质即包括于能力之内。盖常有物质依然而能力丧失者，未有物质既丧失而能力犹存者也。机能亦对于机质而言，其理亦同。

五　第二编　分则

【原案】分则者，所以定各种犯成立罪之要件，然必待总则所定普通要件完备之后始可论罪。

各国立法例俱规定各罪分为数大类，有以对国家罪、对个人罪、对身体罪、对财产罪等，举其大纲者，更有以害公安罪、害生命罪、害身体罪、窃盗罪、诈欺取财罪等立其细目者（例如法兰西及日本现行刑法等）。然如此分别纲目，其宗旨于学理未能贯彻，于警察、检察及裁判等之实务上，亦属毫无利益，故本案不据此例，直揭各种罪名而列举之。惟其次序，仍以直接有害国家存立之条件者居于首项（第一章至第八章），其害社会而间接以害国家次之（第九章至第二十五章），其害个人而间接害及国家社会者又次之（第二十六章至第三十六章）。是盖按罪配列之次序而斟酌以定之，非学理上有此特质也。

（删）　第一章　侵犯皇室罪（此章全删除）
（原文仍存）[①]

【原案】本章于旧律之大逆、大不敬外，更规定对于宗室之危害罪、不敬罪，不过修正文词及处分之阶级，以冀较旧律为明确，至于大旨固无增损也。

第八十九条[②]

凡加危害于乘舆、车驾，或将加者，处死刑。

【原案】沿革

《汉书·晁错传》"大逆无道当腰斩，父母、妻子同产无少长皆弃

[①] 【原案】关于帝室之罪。
[②] 【原案】义同。按：分则条文，字句虽有删改，意义无变迁者，俱载"【原案】义同"，下仿此。

市"，此汉律也。《晋书·刑法志》：魏法制新律，改贼律，但以言语及犯宗庙、园陵，谓之大逆无道，要斩，家属从坐，不及祖父母孙。又贾充定法律，除谋反，适养母、出女嫁皆不复还坐，父母弃市。

《唐律》：诸谋反及大逆，皆斩；父、子年十六以上，皆绞；十五以下及母、妻女（子妻妾亦同）、祖孙、兄弟，若部曲、资财、田宅，并没官；男夫年八十及笃疾，妇人年六十及废疾者，并伯叔父兄弟之子，皆流三千里，不限籍之同异。即虽谋反，词理不能动众，威力不足率人者，亦皆斩。父子、母女、妻妾并流三千里，资财不在没限。其谋大逆者，绞。《疏议》曰：上文大逆，即据逆事已行，此为谋而未行，惟得绞罪。

元《刑法志》：诸大臣谋危社稷者，诛。诸无故议论谋逆，为倡者处死，和者流。诸假托神异狂谋犯上者，处死。

《元典章刑部三》：诸恶伪造国号、妖说天兵，为头的妄造妖言，首从知情并处死。

《明律》：凡谋反及大逆，但共谋者，不分首从，皆凌迟处死。祖父、父、子、孙、兄弟及同居之人，不分异姓，及伯叔父兄弟之子，不限籍之同异，年十六以上，不论笃疾、废疾，皆斩。其十五以下及母女、妻妾、姊妹，若子之妻妾，给付功臣之家为奴，财产入官。若女许嫁已定，归其夫。子孙过房与人及聘妻未成者，俱不追坐。知情故纵隐藏者，斩。不首者，杖一百、流三千里。

现行律与明律同。

【原案】注意

将加危害者，非第指未遂者而言，凡预备、阴谋亦赅于其中，即现行律例中之谋为大逆之义。惟须出于故意方是，若仅出于过失，则属第八十九条之范围。

【修正】案语

学部签注谓大逆之犯罪应别辑专例，酌量加重。窃维危害乘舆、车驾罪大恶极，故将加亦处唯一之死刑。揆诸人臣无将，将必诛之意，已属符合如欲加至枭磔不知此等重刑，已奉先朝谕旨永远停止，未便于改良刑律之时，昌言规复。两江、江西、湖南等省签注则谓宜用斩决，两广签注谓应明示骈首，此乃总则刑例中应决之问题，非分则内所应驳论者也。至江苏、湖南签注谓共谋之犯应否照律处断，两广签注又谓知情故纵、隐匿不首之罪均应列明，仍定捕狱、授官、给赏之条。查共谋、知情故纵及隐匿不首等罪可照总则等六章及分则第十章、第十二章分别处断，毋庸于本章特设规定。至捕狱、授官、给赏则其事尤与刑律无关，可置不论。

【补笺】

危害指侵犯生命、身体、自由或节操之一切行为而言。本罪之成立，不问所用之手段如何，因条文上未指明犯罪之手段也。所谓手段者，例如条文规定毒杀之罪，毒即为其手段之类是也。

第九十条①

凡因过失致生危害于乘舆、车驾者，处二等或三等有期徒刑。

【原案】 理由

前条乃罪恶中之罪恶，于律例所当严惩，然亦有偶近乘舆，天威咫尺，进退失其常度，出于过失者，究与大逆有间，故本条特宽其刑。

【修正】 案语

本条酌加修正。原案设罚金之例，学部、湖广、两广签注均以为过轻，今节删。惟邮传部签注谓文明诸国之罚金皆在五百元以下，则语殊武断。今各国所采罚金最多之额几无不在五百元以上，法典具在可复按也。至直隶、甘肃、浙江等省签注谓现行律中大逆无道，由于过失者亦处死刑。查现行大逆律，并无过失之文，殆以事非常有，故律文不及揆诸过失之义。大抵出于轻忽未可直与大逆无道同科，现今东西各国皆无此例，法理所在，大势所趋，不可不慎。山东签注谓将加之过失与未遂之将加，恐亦不易辨别。夫过失罪中无所谓将加，亦无所谓未遂，至故意犯罪，未遂之定义已于总则详论，毋庸赘述。至谓有此一条，将见故意者亦皆借口过失，是则于举证问题与成罪问题之剖析尚未研求，更不足辨。江苏签注谓日本刑法无此条文，殊不知日本刑法乃与普通过失杀伤同科，非与故意危害同罚也。又谓本条之罪似可谓为过失之不敬，然危害罪与不敬罪其性质迥异不容牵涉。浙江签注谓过失宽刑将使奸民得以借词卸脱，启其玩忽之心而犯者众，则现今东西各国以此种犯罪与普通过失杀伤同等处罚，亦初不见犯者之日增，况过失云者无故意之犯罪也，以无故意之犯罪而谓犯人必视法之宽严以定其行止，更无是理矣。若照江西签注之意竟将此条删除，则不得不援用各国刑法通例，以此举普通过失杀伤同一处罚，意在求

---

① 【原案】：凡因过失致生前条所揭危害者，处二等或三等有期徒刑或三千元以下、三百元以上罚金。

而适以减轻，当非签注者之本旨。然如湖广签注必欲处过失者以死刑，是徒使朝廷得暴虐之名耳，岂良法哉！

第九十一条①

凡加危害于皇帝缌麻以上之亲者，处死刑、无期徒刑或一等有期徒刑。

第九十二条②

因过失致生危害皇帝缌麻以上之亲者，处四等以下有期徒刑、拘役或一千元以下罚金。

第九十三条③

对乘舆、车驾有不敬之行为者，处二等或三等有期徒刑。

对太庙、山陵又不敬之行为者，亦同。

【原案】 理由

现行律"十恶"条大不敬下，注有"谓盗窃大祀及乘舆服御之物、盗及伪造御宝、和合御药不依本方及封题错误，若造御膳误犯食禁、御幸舟船误不坚固"等语，本案分别此等罪恶，如盗取御物，列于第三百五十条及第三百五十五条贼盗罪之中，以其罪质非特欲侵犯禁御尊严，仍不外侵害财产也；盗用及伪造御宝，列于第二百四十一条伪造文书罪之中，以其罪质非有不敬之特征，仅有伤于制书、玺印之信用耳。以上二罪虽关涉帝室，然从其特质、特征起见，不得不如此分别。至于误和御药不依本法④以下各罪，皆因过失而生危害，则属前条之范围。

本条第一项所谓不敬之行为，系指因言语、文书、举动而故意干冒乘舆之尊严者而言，是现行律例所未备，而实不敬之大者也。各国立法之例，于此无不设有专条，盖其词句虽与不敬相同，而意义则与现行律迥异。

第九十四条⑤

对皇帝缌麻以上之亲有不敬之行为者，处三等至五等有期徒刑。

---

① 【原案】同。
② 【原案】凡因过失致生前条所揭危害者，处四等以下有期徒刑、拘留或一千元以下罚金。
③ 【原案】同。
④ "法"字似应为"方"，原文如此。
⑤ 【原案】凡对于帝室缌麻以上之亲有不敬之行为者，处四等以下有期徒刑、拘留或一千元以下罚金。

第九十五条[①]

凡阑入太庙、陵寝、宫殿、禁苑,或受命令而不退出者,处二等至四等有期徒刑或二千元以下、二百元以上罚金。

其于行在所有前项所揭行为者,亦同。

【原案】沿革

汉贾谊《新书·等齐篇》:天子宫门曰司马,阑入司马门者为城旦,殿门阑入之罪弃市。《汉书·功臣表》"山都嗣侯王当坐阑入甘泉上林,免",此汉时阑入离宫之罪与宫殿异。

《唐律》:诸阑入太庙门及山陵兆域门者,徒二年。越垣者,徒三年。太社,各减一等。诸阑入宫门,徒二年。殿门,徒二年半。持仗者,各加二等。入上阁内者,绞。若持仗及至御在所者,斩(迷误者上请)。即应入上阁内,但仗不入而持寸刃入者,亦以阑入论。不应带横刀而带入者,减二等。即阑入御膳所者,流三千里。入禁苑者,徒一年。诸阑入者,以逾阈为限,至阈未逾者,杖八十。殿门以内,递加一等。其越殿垣者,绞。宫垣,流三千里。皇城,减宫垣一等,京城又减一等。

《元典章·刑部三》:监修也速迷儿丁呈,捉获跳过太液池围子禁墙人楚添儿,法司拟阑入禁苑,徒一年、杖六十,部拟五十七下,都省准拟。

《明律》:凡擅入太庙门及山陵兆域门者,杖一百。太社门,杖九十。未过门限者,各减一等。凡擅入皇城午门、东华、西华、玄武门及禁苑者,各杖一百。擅入宫殿门,杖六十、徒一年。擅入御膳所及御在所者,绞。未过门限者,各减一等。若无门籍冒名而入者,罪亦如之。

现行律与明律同。

【修正】案语

本条"侵入"二字,湖南签注谓宜改为"擅入"。"侵"之与"擅"在法理上意义大略相同,应毋庸改。又本条之罪,学部签注谓非止于窥伺殆将有所图谋也,将则必诛,不宜仅科以罚金,此则以事实与法律相为混淆之,故非正当之见解也。

[①] 【原案】凡侵入太庙、皇陵、宫殿、离宫、行在所,或受命令而不退出者,处二等至四等有期徒刑或三千元以下、三百元以上罚金。

【补笺】

常人家宅亦不能侵入，所以保其安宁也，此条则为保全尊严起见。侵入指不法而言。其非不法者，当据总则内第十四条正当职务或业务、第十五条正当防卫及第十六条紧急行为等之规定，不为罪。受命令而不退出者，其入时虽非不法，然不退出，即与不法同。至于侵入者，意有他图，自当据总则第二十六条，从其最重要者论。

第九十六条[①]

凡在前条第一项所揭各处，或于距离能到之地，自外向内射箭、放弹、投砖石者，处三等至五等有期徒刑或一千元以下、一百元以上罚金。

于行在所有前项所揭行为者，亦同。

【原案】沿革

《唐律》：诸向宫殿内射，宫垣徒二年，殿垣加一等；箭入者，各加一等。即箭入上阁内者，绞；御在所者，斩。放弹及投瓦石者，各减一等。杀伤人者，以故杀论。

《明律》：凡向太庙宫殿射箭、放弹、投砖石者，绞；向太社，杖一百、流三千里。但伤人者，斩。

现行律与明律同。

【修正】案语

湖南签注谓本条是否包括杀伤，又两广签注谓本条无伤人之别，稍觉疏略。查条文仅言射箭等行为，其不包括杀伤，自无待言，如有杀伤行为应据俱发罪之规定处断。学部签注谓不逞之徒将持此法律以阴行逆谋不可不慎，此与前条签注同一误解，果如签注所云之阴行逆谋者，则当据第八十八条处以死刑，不得援用本条也。

【补笺】

本罪之规定，与现行律相同，而考其性质，则有时为危害罪，有时为不敬罪，惟危害之程度较大者，则应以一般危害罪论。

第九十七条[②]

凡犯跸者，处四等以下有期徒刑、拘役或三百元以下罚金。

[①]【原案】凡在前条所载各处射箭、放弹、投砖石者，处三等或四等有期徒刑或一千元以下、一百元以上罚金。其在距离能到之地，自外向内有前项所揭行为者，亦同。

[②]【原案】同。

【原案】沿革

《汉书·张释之传》注：令乙，"跸先至而犯，罚金四两"。又《江充传》注：令乙，"骑乘车马行驰道中，已论者，没入车马被具"。又《功臣表》"高宛嗣侯丙信坐出入属车间，免"。注：师古曰，"天子出行，陈列属车而辄至于其间"。

《唐律》：诸车驾行，冲队，徒一年；冲三卫仗者，徒二年。误者，各减二等。

《明律》：凡车驾行处，除近侍及宿卫护驾官军外，其余军民并须回避。冲入仪仗内者，绞。若在郊野之外一时不能回避者，听俯伏以待。其文武百官非奉宣唤，无故辄入仪仗内者，杖一百。

现行律与明律同。

【原案】理由

自第九十四条至第九十六条皆采用现行律，惟酌改刑名之等差。

第九十八条①

第九十条及第九十三条至九十七条之未遂罪，罪之。

【修正】案语

邮传部、山东、江苏等省签注均不解本条之意义，试详阅总则第十七条第二项及第三项其意义自明，以下各章仿此。

第九十九条②

预备或阴谋犯第九十一条之罪者，处死等以下有期徒刑或拘役③。

【修正】案语

原案本条有罚金之刑，江苏、两广签注皆以此处分过轻，今节删。邮传部签注谓此条应附入第九十条之下，惟草案体例凡未遂罪、预备罪、阴谋罪之规定，均附见于各章之末，未便独于本条有异例也。

第一百条④

犯本章之罪，宣告二等有期徒刑以上之刑者，褫夺公权，其余得褫

---

① 【原案】义同。按：次序依核订案改正，无关要义，故不列"下仿此"。
② 【原案】"拘役"下有"或一千元以下罚金"一项。
③ 原文为"役拘"。
④ 【原案】义同。

夺之。

【修正】 案语

两广签注谓本章之犯概宜剥夺公权。查公权之应否褫夺应据罪情之轻重，并宜察犯人之性质而决定之，签注所言与草案所采主义不合。

第二章　内乱罪

内乱之义，与第三章外患相对待，凡以暴力紊乱国家内部存立之条件者，谓之内乱，即现行刑律十恶之谋反是也。

旧律以谋反为谋危社稷，本案改为内乱，因其事不仅谋危社稷一项，凡关于国权、国土、国宪，滥用暴力冀谋变更者均是，故范围较前加广。

内乱之罪，往昔之见解以为臣民对于祖国而谋不轨之谓。自今世法律思想推之，关于一国之内政而犯大罪，应不问犯者之是否己国臣民，故本案并不限定何国之国籍。援第二条之例，虽为外国人，亦必须遵用本章也。

第一百〇一条①

凡意图颠覆政府、僭窃土地及其余紊乱国宪而起暴动者，为内乱罪，依下列分别处断：

一、首魁，死刑或无期徒刑；

二、执重要事务者，死刑、无期徒刑或一等有期徒刑；

三、附和随行者，二等至四等有期徒刑。

以前项所揭宗旨，聚众掠夺公署之兵器、弹药、船舰、钱粮及其他军需品，或携带兵器公然占据城寨、其余军用之地者，均以内乱既遂论。

【原案】 沿革

唐律、明律、现行律俱附见第八十六条。

元《刑法志》：诸潜谋反乱者，处死；安主及邻佑知而不首者，同罪；内能悔过自首者，免罪、给赏；不应捕人首告者，官之。诸谋反已有反状，为首及同情者，凌迟处死；为从者，处死；知情不首者，减为从一等，流远并没入其家。其相须连坐者，各以其罪罪之。

《元典章·刑部三》断例：写立文字，说大言语，典刑转递号令。

---

① 【原案】义同。

【原案】理由

颠覆政府者，谓变更中央之国权；僭窃土地者，谓占领境内之全部或一部；紊乱国宪者，谓变更国家之成宪。三者皆关系国内之存立，故为内乱罪。

【修正】案语

学部、邮传部、山东、江苏、安徽、江西、湖广、湖南、两广签注均以本条处首魁以死刑或无期徒刑为过轻。查内乱之犯谋危社稷，情无可原，然现今东西各国处分之法均无悉用死刑之例。盖内乱之犯多因政治而起，政治上之见解，昨非今本无一定，如日本当锁国排外之时，凡倡开港通商之说者皆蒙国贼之名，宪政未施以前倡开国会设责任内阁者，亦为庙堂所不容，至于下狱以死。自今日观之，何一非先见之人爱国之士，不独日本如是，各国亦莫不然，故内乱犯人之不应处死刑几成定论。中国对于内乱之罪，自古处以死刑，一时困难骤改。然改良刑律决不能与世界之大势相反，则一面留死刑，一面加以无期徒刑，正为今日折中之制。若谓内乱之罪不死无以禁革命之风，殊不知宪政既定，中央地方各设议会，臣民权利得所保障而下情亦得上达，革命之风自熄。若漫行死刑轻视民命，适有煽动革命之虞，此近世各国历史显著之事实，不可诬也。或又引日本刑法首魁及教唆者皆处死刑以证本条处分之不当，不知此乃已废之律。今日日本所行刑法实处首魁以死刑或无期禁锢，且无教唆者字样。签注者不加深考，漫引旧律以相诘难，未免疏漏。至内乱犯人中有兼犯杀伤、掠夺、奸淫等事者，可用第一百〇四条处俱发罪中最重之刑，亦不足为本条处分过轻之病也。

【补笺】

本条第一项有二特别要件：

其一，暴动凡不用暴动之紊宪行为，不得以内乱罪论。暴动之内容有三：一，多数协同；二，加以腕力或胁迫之行为；三，不法。缺一则非暴动之内容。

其二，出于紊宪之宗旨。概暴动之种类不一，其为内乱与否，须察其宗旨为何如。如我国马贼专事劫掠，非内乱也。条文所为颠覆政府、僭窃土地，即其紊宪行为。然不得包括紊宪行为之全体（紊宪之解释，凡不法变更国体、政体、破坏政治机关、阻止政治作用者皆是），故条文上有其余二字。原案理由中，以政府、土地、国宪三者平列，实属非是。

第二项所揭掠夺情形，固以内乱论，然若仅掠夺私人财产，则不在内乱范围之内，宜论以强盗罪，不得以宗旨变更其行为。

第一百〇二条①

第一百〇一条之未遂罪，罪之。

【补笺】

内乱未遂罪者，以紊宪为目的，着手暴动，而有意外障碍，不能成暴动之罪者是也。有谓内乱罪者之目的在倾倒政府，既达目的则无所谓内乱，故内乱罪之成立，皆属未遂罪，其实不然。以能达目的与否分既遂、未遂，既于法理不合，尤于事实未符，总则已详论之。

第一百〇三条②

预备或阴谋犯第一百〇一条之罪者，处一等至三等有期徒刑。

第一百〇四条③

知预备内乱之情而供给兵器、弹药、船舰、钱粮及其他军需品者，处无期徒刑或二等以上有期徒刑。

【原案】理由

本条所揭之行为，自其性质而论，乃助人预备内乱之从犯，其处分应与前条相同或减一等。然其于预备或阴谋内乱之人，有供以行事所需资料之虞，故必特设处分。

【修正】案语

两广签注以为本条之犯应按军法处斩，查今东西各国通例，对内乱犯人均用普通刑律处断，无用军法者。又按本条犯人若处死刑较诸第一百条第一款、第二款所定处分，失轻重之平矣。

第一百〇五条④

暴动者违背战斗上国际成例，犯杀伤、放火、决水、掠夺及其他各罪者，援用所犯各条，依第二十三条之例处断。

【原案】理由

违背战时国际法规、惯例之罪者，如交战之时无故杀戮妇女老稚，烧

---

① 【原案】义同。
② 【原案】凡预备或阴谋为内乱者，处三等以上有期徒刑。
③ 【原案】同。
④ 【原案】凡暴动者，违背战斗上国际成例，犯杀伤、放火、溢水、掠夺及其他罪者，援用该项条例，照第二十三条至二十五条之例处断。

毁寺院、美术馆、博物馆，荒废良民之田圃、牧场，掠夺金银及有价物品以自利之类，皆乘内乱而起，不能仅以内乱论，应援用该项条例与内乱罪，照俱发例加重其刑也。

【原案】注意

本条据战斗上国际成例，于凡乘内乱所起之杀伤及其余罪特为分别，有吸收于内乱之中者，有不在吸收之中者。然并非以此规定，直认内乱为国际法上之国内战争也。凡内乱应否认为国内战争及应否适用战时国际法，此则专属国际法之范围，与刑法无涉。

【修正】案语

两广签注谓国际成例如何处罪，并未列明殊觉律意不显。查本条之意，以内乱之际多有因暴动而实施杀掠等种种行为者，此等行为何者当吸收于内乱罪之中，何者当于内乱罪之外另照俱发罪处断，不可不定一标准。本条所定即以国际成例为其标准也。若所施行为，按诸国际公法为交战者于战时例得实施之行为，则与内乱并为一罪，否则成为数罪而应照俱发罪之例科断。至交战时一切行为何者为国际成例所许，何者为所不许，此乃国际公法上之问题，本非刑律所应列举者也。

第一百〇六条①

犯本章之罪，应宣告二等有期徒刑以上之刑者，褫夺公权，其余得褫夺之。

【修正】案语

本条处分与第九十九条同意，见该条按语。

第一百〇七条②

犯第一百〇二条至一百〇四条之罪，未至暴动而自首者，免除其刑。

第三章　外患罪

本章所规定，即旧律谋叛之罪。但旧律犯人以本国臣民为限，而本案第二条之适用，不分国籍如何之主义为异也。盖本章所定之罪恶，乃于本

---

① 【原案】义同。
② 【原案】义同。

国之对外关系大有不利者，故犯人不复分别中外也。

本案采对于外国人加以同等之刑之主义，然第八条之适用，则有国际上特别之条约、法规或惯例，有不得不从其制限者。故如捕获间谍，在本案虽以第一百二十三条第四款（或军律）论罪，然捕获敌之斥候，则不得不以捕虏待遇之也。

第一百〇八条①

凡受中国之命令、委任，与外国商议，若图自己或他人或外国之利益，故意议定不利中国之条约者，不问批准与否，处无期徒刑或二等以上有期徒刑。

【原案】注意

有中国吏员之资格，受上官之指挥，谓之命令。无吏员资格之中外臣民，受中国之嘱托，谓之委任。批准即签押互换之谓，既经议定，即拒绝批准，于实际殊为不便。本条所指乃不正之议定者，身膺重寄，甘为奸壬以卖国，无论其曾经批准与否，及距批准与否之时期如何，应直科以本条之刑。

【修正】案语

山东、两江、安徽、两广、热河等省均以处分为过轻。查此条系因贪贿而致，所定条约暗蒙亏损，在现行律中不过赃罪，如兼科死刑，未免与以下各条无所区别，应仍照原案第一百二十条。

【补笺】

曰图曰故意，是本罪之成立。以远因为一要件也，不备此要件者，不得以本条罪论。

"商议"字样所包甚广大，自修好、通商、议和、改缔条约等项，小至监督侨民选定居留地等项，皆包括之。

第一百〇九条②

凡中国臣民意图使中国领域属于外国，而与外国开始商议者，处死刑、无期徒刑或一等有期徒刑。

【原案】理由

无政府之命令或委任而为本条之行为者，于国际法上固无效力，然于

---

① 【原案】义同。

② 【原案】凡中国之臣民，欲使藩地及其余领域属于外国，与外国开始商议者，处无期徒刑或二等以上有期徒刑。

中国之对外关系上易生损害，故应科以重刑。

【修正】案语

本条文词酌加修正，并采用安徽、两广等省签注，加重其刑一等。

第一百十条①

凡通谋外国，使对中国开战端或与敌国抗敌中国者，处死刑。

【原案】沿革

《唐律》：诸谋叛者，绞；已上道者，皆斩（谓协同谋计乃坐，被驱率者非）；妻子流二千里。若率部众百人以上，父母、妻子流三千里；所率虽不满百人，以故为害者，以百人以上论（害，谓有所攻击掳掠者）。即亡命山泽，不从追唤者，以谋叛论。其抗拒将吏者，以已上道论。

《元典章·刑部三》断例：作反叛乱，为头的、一同商量的、理会得不首告的，都一般处死，断没家产。

《明律》：凡谋叛，但共谋者不分首从，皆斩。妻妾子女给付功臣之家为奴，财产并没入官。父母、祖孙、兄弟，不限籍之同异，皆流二千里安置。知情故纵隐藏者，绞。有能告捕者，将犯人财产全给充赏。知而不首者，杖一百、流三千里。若谋而未行，为首者绞，为从者皆杖一百、流三千里。知而不首者，杖一百、徒三年。若逃避山泽，不服追唤者，以谋叛未行论。其拒敌官兵者，以谋叛已行论。

现行律与明律同。雍正三年增入"女许嫁已定、子孙过房与人、聘妻未成者，俱不坐"等句。

【原案】注意

本条以下所谓敌国，从国际法之原则，指与本国开始战争之外国而言，其在开衅以前既生争论，虽互有敌视之意，不得称为敌国。

【宪政编查馆案语】

谋叛本国，潜从他国，其情节与内乱罪并重，略迹诛心，尤为国民所共愤。查各国立法例，除废死刑之国外，俱科以唯一之死刑。中国未宜独设宽典。本条无期及一等有期徒刑，应即删节。

---

① 【原案】凡通谋于外国，使对中国开战端，或与敌国抗敌中国者，处死刑或无期徒刑或一等有期徒刑。

【补笺】

曰通谋外国使对中国开战端者，即犯人不加入战斗之行为，为学说上名为间接抗敌本国罪，曰与敌国抗敌中国者。即犯人加入战斗之行为，学说上名为直接抗敌本国罪。

间接抗敌本国罪，有特别要件二：第一，外国者，指其政府而言。若他方系外国臣民，则不得谓之通谋。通谋者，双方协议之谓。其协议方法，凡言语文书及其他手段皆是。惟单纯之意思合致者（如有人以开战为利，适外国政府亦抱主站之类）不在此限。至发议者在犯人，或在外国法律上不为区分；反之，一方发议，他方不应，则不得以通谋论。第二，有开战之事实。通谋虽成，而外国政府不至与本国开战，则惟得为本罪之未遂犯、预备犯或阴谋犯而已。

直接抗敌本国罪，亦有特别要件二：第一，与敌国之行为，仅与其臣民而于外国政府无关系者，不在此限。第二，有抗敌中国之行为。抗敌者，指为敌军之一切职务而言。如加入队伍，而为攻守战斗，或执各种后方勤务（如输送辎重弹药等），即非加入队伍，而为医师、看护人等，皆在抗敌范围之内。

不问直接[①]、间接，若仅与外国臣民通问，而惹起兵端时，当以内乱论，非本罪也。原案注意中，所谓开始战争者，以开战之通告时或实战之开始时二者为标准，盖现今国际惯例，亦有不用通告而即开战者故也。

第一百十一条[②]

凡意图利敌国或害中国，而有下列行为者，处死刑、无期徒刑或一等有期徒刑：

一、以要塞、军港、军队、船舰、兵器、弹药、钱粮、往来通信之材料，及供军用之处所营造物或他物，交付敌国或烧毁损坏及设法致不堪用者；

二、以伪计及他法，于陆海军内煽令不和、反乱或逃脱者；

三、将关涉军略之文书、图画交付敌国者；

四、为敌国间谍或帮助敌国间谍者；

---

① 原文"接"字为"案"字，语意不通，今据黄源盛《晚清民国刑法史料辑注》第423页改正。

② 【原案】义同。

五、诱导敌国军队、船舰，使侵入或接近中国领域者。

【原案】沿革

《唐律》：诸密有征讨而告贼消息者，斩，妻子流二千里。其非征讨而作间谍，若化外人来为间谍，或传书信与化内人，并受及知情容止者，并绞。

《明律》：凡闻知朝廷及总兵、将军调兵讨袭外蕃及收捕反逆、贼徒机密大事，而辄泄露于敌人，斩。若边将报到军情重事而泄露者，杖一百、徒三年。仍以先传说者为首，传至者为从减一等。

现行律与明律同。原附《吏律·公式》，顺治初移入《兵律·军政》。

【原案】注意

本条及前条所记之行为，有应受军律之处断者，即应从军律。惟不从军律者，乃得照此二条之例处断。

【修正】案语

本条原案"一等有期徒刑"一层，陆军部、湖广、湖南、两广签注谓应删去。查本条各款所列行为中有情节较轻者，未便删去，致滋法重情轻之弊。

【补笺】

本条第二号"伪计"字样包括诈欺及其他诱惑人之行为而言。诈欺即欺罔与恐吓之谓。欺罔者，引起他人之错误心也；恐吓者，惹起他人之畏惧心也。故伪计之意义甚阔。"设方法"字样，指伪计以外一切手段而言。例如以正正堂堂之语倡战斗，为宗教上之罪恶是也。

第三号之行为，较第一百三十条至第一百三十二条，其内容无大差异，惟彼系平时，此系战时而不同耳。

第四号乃关于战时实施间谍或帮助间谍之概括的规定。前号所揭本属间谍范围内之行为，但本号网罗一切，范围更广。

凡实施间谍者，始则探索军机，继则泄露之于敌国。本罪成立，其在探索之时乎，亦在泄露之时乎，本案泛言间谍，则宜以探索时为本罪之既遂。

第五号"诱导"字样，即诱致教导之谓。诱致者，敌国处于原动之状态；教导者，使敌国处于被动之状态。教导不必与军队船舰同行，仅指示道路之难易、山川之险夷等即是。

第一百十二条①

凡于中国与外国交战之际，负担供给军需之义务者，当缔结条约时用伪计及其余不正行为，或缔结契约后不照原约履行者，处无期徒刑或二等以上有期徒刑。

因而得利者，并科所得总额二倍以下、总额以上罚金。若二倍之数未满三百元，并科三百元以下、所得总额以上罚金。

【原案】注意

供给军事上必需之义务者，非第供给军械、军衣、粮食及其余物品，即供给劳动之义务如从军者，亦赅于此。不从本旨履行义务者，如契约载明供给米石若干或牲只若干，而以腐败之米石及病羸之牲只充数是也。

【补笺】

供给军需之义务，有出于强制命令者，有出于自由契约者，此条专指自有契约而言。

其余不正行为，包含贿赠而言，第138条、第139条本系赠贿罪之规定，然该②两条范围广泛，本条则以军务为限。

第一百十三条③

除前二条所列外，以其他行为将军事上之利益与敌国，或酿成军事上之不利益于帝国者，处二等或三等有期徒刑。

【原案】注意

本条之义所赅者，例如以新闻纸故意传布不实之报告，以阻丧本国士气，或泄露军费不足，与敌人以继续之动机等。凡故意利敌国、害本国之行为，皆含于此。

第一百十四条④

本章之未遂犯，罪之。

---

① 【原案】义同。
② 原文"该"字为"赅"字，语意不通，今据黄源盛《晚清民国刑法史料辑注》第425页改正。
③ 【原案】同。
④ 【原案】同。

第一百十五条①

预备或阴谋犯第一百〇八条、第一百〇九条及第一百十三条之罪者，处四等以下有期徒刑、拘役或一千元以下罚金。

其系第一百十条及第一百十一条之罪，处一等至三等有期徒刑。

犯本条之罪，未着手实行前自首者，免除其刑。

第一百十六条②

中国臣民犯本章之罪者，褫夺公权，其余得褫夺之。

【修正】案语

两广签注谓薄海之人均属中国臣民，无所区分。查本条不仅适用于中国臣民犯本章之罪者，虽外国臣民亦应处罚。本条所称"其余"即指中国臣民以外之犯罪者而言，非于中国臣民内有所区分也。

第一百十七条③

本章之规定，于凡对战时同盟国有犯者，亦适用之。

【修正】案语

本条文词酌加修正。两广签注以为同盟之国当指友邦而言，查同盟国与友邦不同本章之规定，仅适用同盟国而友邦不在此限。

第四章　妨害国交罪

近年往来日就便利，列国交际益繁，本章所揭皆损害国家睦谊而影响及全国之利害者，特兹设为一章，是最新之立法例也。

第一百十八条④

凡对于旅居中国之外国君主、大统领有强暴或胁迫之行为者，处二等至四等有期徒刑。

---

① 原案无第三项。
② 【原案】义同。
③ 【原案】义同。
④ 【原案】凡对于留滞中国之外国君主、皇族或大统领，加危害或将加者，分别故意、过失，照第八十八条至第九十一条之例处断。中国臣民在外国对其国之君主、皇族或大统领，或对留滞其国之第三国君主、皇族或大统领，加危害或将加者，亦同。

【补笺】

外国君主、大统领在国际上之待遇有二：一，由其国之政府预先照会者，以国宾之礼待之；二，微行者，不以国宾之礼待之。以事实论，对于微行者，有强暴胁迫之行为，当以普通犯罪论，盖刑法不罪人所不知也。

强暴有广狭两义。广义者，指一切不法之腕力，不问其对于身体与物品；狭义者，仅指对于其身体而言。本条当从狭义之解释，惟侵犯物品因而侵犯身体者（如以暴力倾覆车马之类）则在本条范围呢。其侵犯物品而于身体无影响者，当以毁弃损坏论，非强暴也。

胁迫亦有广狭二义。广义者，指可以使被害者发生危惧之念之一切行为而言；狭义者，仅指精神上之压迫，可与强暴相较者而已。本条意义因犯罪者以可危可惧之举动使外国君主、大统领抱不安之意，故犯罪之是宜从广义解释。然其中亦有二说：一谓必须被害者生危惧心，而后为胁迫，否则无被害者，罪不能成立，是为主观之说；一谓胁迫罪之必罚，并非保护被害者之感情，实为维持安宁秩序起见。危惧心何如，原无标准可定，故此种罪宜从行为上之程度察之，不必问被害者有无危惧心也，是为客观的说。现今学者多从后说云。

第一百十九条[①]

凡对于旅居中国之外国君主、大统领有侮辱之行为者，处三等至五等有期徒刑，或一千元以下、一百元以上罚金。

【原案】 理由

君主、皇族、皇陵、大统领互相同等，乃现今国际上之通例，故定此二例，揆之法理，亦一贯之义也。

前条第一项及本条第一项，不分犯人之为中外国人，盖犯人虽为外国人，其对于留滞中国之外国君主、皇族及大统领加以此种非行，亦能使我国际上发生重害，与本国人无异也。

前条第二项及本条第二项，专以规定中国臣民之行为。按第八十八条至九十三条之例，俱不问犯罪者之国籍如何，而此仅限于中国臣民者，以外国臣民在外国犯此罪，于中国之国交无害也。又第八十八条至第九十三

[①] 【原案】凡对于留滞中国之外国君主、皇族或大统领，有不敬之行为者，照第九十二条及第九十三条之例断。中国臣民在外国对其之君主、皇族、皇陵或大统领，或对留滞其国之第三国君主、皇族或大统领，有不敬之行为者，亦同。

条，虽为外国人亦服同等之刑，故对于其国之君主、皇族及大统领，或留滞其国第三国之君主、皇族或大统领，仍服同等之刑，并不以领地而异其科，为辑绥之故，固宜如此也。

【修正】案语

本条文词酌加修正。两广签注谓以外国君主大统领同于乘舆，外国皇族同于帝亲，非特国民心理有所未安，即稽诸列代典章亦无此律。况第八十八条至第九十三条并无揭明外国臣民对于中国之例，今特立中国臣民对于外国之律，尤非造律之初心。查第八十八条等条所定以第二条及第三条法例求之自系兼赅外国臣民而言，今谓并未揭明殊属失考。外国臣民对中国有犯既当分别处刑，则中国臣民对外国有犯自不得不处相当之罚，以全平等敌体之礼，且第八十八条等条之罪固属直接害及国家，而犯本章各条之罪者，若使他国籍端报复其害惟均处以同一之刑，岂得谓为过当。至原案所谓照第八十八条之例处断者，特系准用他条刑名之文例，并非以两罪性质视为同一。兹因恐有误解，特变其例改为直书刑名以下并同。

【宪政编查馆案语】

危害行为，包凡人杀伤、暴行、胁迫等项。推人臣无将，将则必诛之义。对于乘舆车驾有犯，即应科以法定各刑，固无已遂、未遂及预备、阴谋子（疑系"之"之误）别也。若外国之君主或大统领于国际上言，本国君主应列于同等之地位，而在臣民观念中，实宜严守天无二日、民无二王，以永固其爱戴之忱。原案前二条之罪，与第八十八条、第八十九条并无区别，揆诸名义，似属未宜，兹拟合下条之不敬罪改为暴行、胁迫及侮辱为二例。暴行、胁迫处二等至四等有期徒刑，侮辱处三等至五等之有期徒刑，若有杀伤重情，不妨以国交之故，科以各本条最重之刑。至太庙皇陵，乃中国敬宗追远之特典，各国风习不尽从同。如有不敬之行为，自有礼拜所、坟墓各条足资援引，更无须以我国夙所尊崇推己及人也。

【补笺】

侮辱者，指侵害名誉而言。名誉者，即个人素有社会的位置也。如官吏有政治社会的位置，富翁有财产社会的位置之类。在外国君主、大统领，即为国际社会的位置也。

侮辱罪之成立，不问被害者有无羞耻心，与胁迫之成立不问被害者有无危惧心，同一理论，兹不赘。

第一百二十条①

凡对于外国派至中国之代表，有强暴或胁迫之行为者，处三等至五等有期徒刑，或一千元以下、一百元以上罚金。

【原案】 理由

慎重国交，则代表一国之使臣不得不重。其对于此而有犯杀伤及其余之罪者，应较对于常人加一等，故本条特设独立之规定。其照第三百条及第三百〇二条之例处断者，盖用同等之处分，非谓其罪质之相同也。照例处断者，即准用其处分之意，与所云以论者不同。

【宪政编查馆案语】

使臣乃一国之代表，理宜重视。然本条处分之法，几与杀伤尊亲属同，未免比拟不伦。兹拟将前二条删除，有犯仍以普通杀伤论，而将第一百五十条之暴行、胁迫及侮辱分为二条，仍就原定刑名范围区别轻重，分贴二例。或有疑杀害使臣，每致启两国之争衅，应从严惩处者，查普通杀人罪最重者为死刑，伤害最重者为无期徒刑，因使臣之故可处以最重之一端，已不为轻，且此例各国皆然，断不至国际问题生镠轕也。

【补笺】

所谓代表者，指大使、公使有直接代表本国之权者而言。普通官吏不在此限。

第一百二十一条

凡对于外国派至中国之代表，有侮辱之行为者，处四等以下有期徒刑、拘役或五百元以下罚金。

第一百二十二条②

凡图意侮辱外国而损坏、除去、污秽外国之国旗及其余国章者，处四等以下有期徒刑、拘役或三百元以下罚金。

【修正】 案语

陆军部签注谓本条国旗国章应以国家代表所揭者为限，并须外国请求

---

① 【原案】凡杀伤派至中国之外国代表者，照第三百条及第三百〇二条之例处断。中国臣民在外国对于派至该国之本国或第三国代表者犯时，亦同。若加暴行、胁迫或侮辱于派至中国之代表者，处四等以下有期徒刑或拘留，中国臣民在外国对于派至该国之本国或第三国代表者，亦同。

② 【原案】凡以侮辱外国为宗旨，损坏、除去、污秽外国之国旗及其余国章者，处四等以下有期徒刑、拘留或三百元以下罚金。

然后论罪。查各国风俗对国旗及国章均拘特别之敬意，即系私人所揭之旗章苟加以侮辱行为，往往起其国民之愤牵动外交，故本条不加制限。至国际公法所认为代表国家之旗章诚有一定制限，系为施行礼式等之便宜赴见，本条规定乃为预防牵动外交而设，彼此各有取义毋庸强同也。

【补笺】

侮辱外国之行为不一，其中有应处罚者，有否者。本条则列记应处罚之行为。

实施本条之行为者，如无侮辱外国之宗旨，则以第四百条第一项之罪论，故本罪以远因为一特别要件。

损坏者，侵犯物质之谓，兼赅消灭意义，故仅失其物之用者，非损坏也；除去者，变更现象之谓，不分距离远近；污秽者，以不洁物变更现在外观，使形貌丑恶之谓。

第一百二十三条①

凡私与外国开战者，处一等至三等有期徒刑。

【补笺】

私者，非出于本国政府意旨之谓。外国者，外国政府之谓。虽非本国政府意旨，若系与外国私力战斗者，非本条之罪。虽非与外国私力战斗，若系出于本国政府意旨者，亦非本条之罪。然其宗旨无政治上之意义，如中国马贼之类者，亦不得以本条之罪论。

第一百二十四条②

凡与外国交战之际，违背局外中立之命令者，处四等以下有期徒刑或拘役。

因而得利者，并科所得总额二倍以下、总额以上罚金。若二倍之数未满三百元，并科三百元以下、所得总额以上罚金。

【原案】注意

本条之规定，惟外国互相开战而中国布告局外中立时乃用之。

【修正】案语

两江签注谓外国开战须不在中国境内者方可布告中立。查局外中立之布告，但须战争之事中国全未加入即可发表，不必论其战场之在内在

---

① 【原案】义同。
② 【原案】同。

外也。

【补笺】

于两国交战之时，第三国不与以特定之利益或损害于交战国，谓之局外中立。其利益与损害，须察其当时之情形，非可预定者，故国际上所认为惯例，各国亦不尽同。故人民应守之义务，以其时本国政府之命令为标准。

第一百二十五条①

第一百二十二条至第一百二十四条之未遂罪，罪之。

第一百二十六条②

预备或阴谋犯第一百二十三条之罪者，处四等以下有期徒刑、拘役或一千元以下罚金。

若于未着手实行前自首者，免除其刑。

第一百二十七条③

犯本章之罪，应宣告二等有期徒刑以上之刑者，褫夺公权，其余得褫夺之。

第一百二十八条④

第一百十九条及第一百二十二条之罪，待外国政府之请求乃论。

第一百二十条及第一百二十一条之罪，待被害者之告诉乃论。

【补笺】

对于外国君主、大统领侮辱之行为，往往以判决宣告之故，宣传于国际社会，于其君主、大统领之名誉大有妨碍，若不待其请求而论罪，欲全国交而反损矣。况其侮辱与否，全属被害者感情上之作用，而感情既各因人而异，其侮辱与否，亦即以人而殊，此所以有本条之限制也。对于外国代表之强暴、胁迫、侮辱亦然。

---

① 【原案】第一百〇八条、第一百〇九条第一项第二项、第一百十条及第一百十二条至前条之未遂罪，罚之。

② 【原案】第二项无。

③ 【原案】义同。

④ 【原案】义同。

第五章　露泄机务罪

本章所定，为保障政务秘密所必需之罚则。第一百三十一条除军事外，露泄其余政务之秘密者；第一百三十二条至第一百三十五条，于军事上有露泄之虞及露泄之行为者。而在战时露泄军事于敌国，属第一百二十三条第四款之范围，其在平时，则属于本章也。

第一百二十九条①

凡露泄中国内治外交应秘密之政务者，处三等至五等有期徒刑。若潜通于外国者，处二等或三等有期徒刑。

因而至与外国生纷议、战争者，处无期徒刑或一等有期徒刑。

【修正】案语

邮传部签注以为此章规定似嫌过轻，露泄者为本国人为外国人亦欠明晰。查原案分则各条多包括一切在中国之外国人而言。详考总则等二条以下法例，自当明了毋庸赘辨。

【补笺】

政务之应秘密与否，宜由审判官察其情形而断定之，盖古今来无绝对应秘密之事也。

泄露者，使当事者以外之人皆知其事之谓也。至泄露之手段、闻知者之多少并远因为何如，法律上均无区别。

第一百三十条②

凡知为军事上秘密之事项、图书、物件而刺探、收集者，处三等至五等有期徒刑或五百元以下、五十元以上罚金。

【补笺】

本罪成立，有当注意者三：一、刺探收集，不问全部抑系一部；二、不问已否泄露于人；三、不问有无泄露之意思。

---

① 【原案】义同。
② 【原案】同。

第一百三十一条①

凡知悉、收领军事上秘密之事项、图书、物件，而露泄或公表者，处二等或三等有期徒刑。

其系因职务知悉、收领者，处一等或二等有期徒刑。

【原案】沿革

《周礼·士师》"邦汋"注：郑司农云"汋读如'酌酒尊中'之酌。国汋者，斟汋盗取国家密事，若今时刺探尚书事"。《疏》：汉尚书掌机密，有刺探尚书密事，斟酌私知。《后汉书·杨伦传》：有司奏伦探知密事，徼以求直，坐不敬，给鬼薪。《汉书·元帝纪》：建昭二年，淮阳王舅张博、魏郡太守京房坐窥诸侯王，以邪意露泄省中语，博要斩，房弃市。又《陈咸传》：石显奏咸露泄省中语，下狱治，减死，髡为城旦。

《唐律》：诸露泄大事应密者，绞（大事，谓潜谋讨袭及收捕谋叛之类）。非大事应密者，徒一年半。露泄于蕃国使者，加一等。仍以初传者为首，传至者为从。即转传大事者，杖八十。非大事，勿论。

《明律》：凡诸衙门官吏，若与内官及近侍人员互相交结，露泄事情，夤缘作弊而符同奏启者，皆斩，妻子流二千里安置。

现行律与明律同。

第一百三十二条②

凡未受允准将军港、要港、防御港、堡垒、炮台、水雷、卫所、其余因防御而建设之营造物，测量、摹绘、摄照或记录其形状者，处三等至五等有期徒刑或五百元以下、五十元以上罚金。

未受允准或用伪计，得受允准，入于堡垒、炮台、水雷、卫所、其余因防御而建设之营造物内者，亦同。

第一百三十三条③

第一百二十九条第一项及第一百三十条至第一百三十二条之未遂罪，罪之。

---

① 【原案】凡因职务知悉或收领军事上秘密之事项或图书、物件，而露泄于他人或公表者，处二等或三等有期徒刑。

② 【原案】义同。

③ 【原案】义同。

【修正】案语

本条依重定次序修正。两江签注谓宜处未遂罪以罚金，查此论与总则第十七条相背驰，说见第一百二十二条按语。

第一百三十四条①

犯本章之罪者，得褫夺公权。

第一百三十五条②

犯本章之罪，因而得利者，没收之。如已费失者，追征其价额。

第六章　渎职罪

本章除第一百三十八条及第一百三十九条外，皆所以罚吏员之行为有害于其职务之尊严及信用者，而此二条之罪亦直接有关于渎职之行为，故以类辑之。

除本章外，关系吏员职务之行为，其例亦见于他章。然散见于他章者，以其人为吏员，故刑当较重耳。至本章所定，则专以吏员为限也。

第一百三十六条③

凡吏员、公断人于其职务要求贿赂，或期约或收受者，处三等至五等有期徒刑。

因而为不正之行为或不为相当之行为者，处一等至三等有期徒刑。

【原案】注意

称"不正"者，与"不法""不当"字义不同，乃明知违背律例，而故意为不正、不当之行为者也（于其余各条之用例，亦同）。例如明知不属自己管辖而为曲庇或陷害被告，故意受理其刑事案件；又如明知属自己管辖之民事诉讼而曲庇被告，欲使原告失败，故意不为受理。凡此等者，皆属本条之范围。

【修正】案语

本条文词酌加修正。原案所谓豫约贿赂，两江签注谓是否议定文券之类。查豫约云者，指凡承诺收受他人所纳贿赂而言，不问其有无文券也，

---

① 【原案】义同。
② 【原案】同。
③ 【原案】义同。

今改称约定，其义并同。

第一百三十七条①

凡吏员、公断人于其职务事后要求贿赂，或期约或收受者，处四等以下有期徒刑或拘役。

因为不正之行为或不为相当之行为，事后要求贿赂，或期约或收受者，处二等至四等有期徒刑。

【原案】沿革

《汉书·外戚恩泽表》：平丘侯王迁，地节二年坐平尚书听请，受赃六百万，自杀。如淳曰：律，诸为人请求于吏，以枉法；而事已行，为听行者，皆为司寇。师古曰：有人私请求而听受之。又《刑法志》文帝十三年定律，吏坐受赇枉法，守县官财物而即盗之，已论命复，有笞罪者，皆弃市。注：晋灼曰：命者，名也，成其罪也。师古曰：守县官财物而即盗之，即今律主守自盗者也。又景帝纪元年，令吏及诸有秩受其官属所、监所、治所、行所，将其与饮食，计偿费，勿论。它物若买故贱、卖故贵，皆坐赃为盗，没入赃。县官吏迁徙，免罢。受其故官属所、将、监、治送财物，夺爵，为仕伍，免之。无爵，罚金二斤，令没入所受。

《唐律》：诸受人财而为请求者，坐赃论，加二等；监临势要，准枉法论。与财者，坐赃论，减三等。若官人以所受之财分求余官，元受并赃论，余各以己分法。诸有事而以财行求，得枉法者，坐赃论；不枉法者，减二等。即同事共与者，首则并赃论，从者各依己分法。诸监临主司受财而枉法者，一尺杖一百，一匹加一等，十五匹绞；不枉法者，一尺杖九十，二匹加一等，三十匹加役流。无禄者各减一等。枉法者二十匹绞、不枉法者四十匹加役流。诸有事先不许财、事过之后而受财者，事若枉，准枉法论；事不枉者，以受所监临财物论。诸监临之官受所监临财物者，一尺笞四十，一匹加一等，八匹徒一年。八匹加一等，五十匹流二千里。与者减五等，罪止杖一百。乞取者加一等，强乞取者准枉法论。诸官人因使，于使所受送馈及乞取者，与监临同。经过处者，减一等（纠弹之官不减）。即强乞取者，各与监临罪同。

---

① 【原案】凡吏员或公断人关于其职务，而事后要求、豫约或收受贿赂者，处四等以下有期徒刑。因为不正之行为或不为正当之行为，而事后要求、豫约或收受贿赂者，处二等或三等有期徒刑。

宋《刑统赋解》职制律，枉法受财者，八十贯，绞。其有受财不枉法，以酒果之类请求却枉法，物虽轻，重于情也，若枉法杀人，不问财物多少，并如杀人论之。又，监临官受部民瓜果，坐赃论，一贯笞，二十五贯加一等，五十贯徒一年，罪止徒二年。去而受馈，减二等。又，监临乞取部民财物者，以受所监临财物论，一贯笞四十，罪止徒四年。亲故同僚交往，无罪。

《元典章·刑部八》：大德三年，诸职官及有出身人等，今后因事受财，依条断罪。枉法者，除名、不叙；不枉法，官须殿三年，再犯不叙，无禄官减一等。以至元钞为则，枉法一贯至十贯，笞四十七下，不满贯者量情断罪，依例除名。一十贯以上至二十贯，五十七下；二十贯以上至五十贯，七十七下；五十贯以上至一百贯，八十七下；一百贯之上，一百七下。不枉法，一贯至二十贯，四十七，本等叙。不满贯者量情断罪，解见任，别行求仕。二十贯以上至五十贯，五十七，注边远一任；五十贯以上至一百贯，六十七，降一等；一百贯以上至一百五十贯，七十七，降二等；一百五十贯以上至二百贯，八十七，降三等；二百贯以上至三百贯，九十七，降四等；三百贯以上，一百七，除名不叙。

《明律》：凡官吏受财者，计赃科断，无禄人各减一等，官追夺除名，吏罢役，俱不叙。说事过钱者，有禄人减受钱人一等，无禄人减二等，罪止杖一百，各迁徙。有赃者，计赃，从重论。有禄人枉法赃，各主者，通算全科。一贯以下杖七十，一贯以上至五贯杖八十，一十贯杖九十，一十五贯杖一百，二十贯杖六十、徒一年，二十五贯杖七十、徒一年半，三十贯杖八十、徒二年，三十五贯杖九十、徒二年半，四十贯杖一百、徒三年，四十五贯杖一百、流二千里，五十贯杖一百、流二千五百里，五十五贯杖一百、流三千里，八十贯绞。不枉法赃，各主者，通算折半科罪。一贯以下杖六十，一贯之上至十贯杖七十（以下每十贯加一等，一百二十贯罪止杖一百、流三千里）。无禄人枉法，一百二十贯，绞；不枉法，一百二十贯之上，罪止杖一百、流三千里。凡有事先不许财、事过之后而受财，事若枉断者，准枉法论，事不枉断者，准不枉法论。凡诸人有事以财行求，得枉法者，计所与财，坐赃论。若有避难就易，所枉重者，从重论。凡官吏听许财物虽未接收，事若枉法者，准枉法论。事不枉者，准不枉法论，各减一等。所枉重者，各从重论。凡监临官吏挟势及豪强之人借贷所部内财物者，并计赃，准不枉法论。强者，准枉法论。财物给主。凡官吏人等非因事受财，坐赃致罪，各主者，通算折半科罪，与者减五等。一贯以下笞二十，一贯之上至二十贯笞三十（以下每十贯加一等，罪止满徒）。

现行律与明律同。惟官吏受财条，说事过钱，无禄人罪止杖一百改为杖一百、徒二年，有禄人不枉法赃加至绞罪。计赃之数，俱改贯为两。

【原案】理由

此二条系规定吏员收贿之罪，前条为事前收贿，后条为事后收贿。自来未有苞苴公行而政务能得其宜者，此二条实改新国政所必需也。

第一百三十八条①

凡对吏员、公断人行求贿赂，或期约或交付者，处四等以下有期徒刑、拘役或三百元以下罚金。

第一百三十九条②

凡对吏员、公断人事后行求贿赂，或期约或交付者，处五等有期徒刑、拘役或一百元以下罚金。

【原案】注意

自第一百三十六条至本条所谓吏员者，非第赅有普通官吏及公吏，即第八十三条之中央官吏及地方议员皆在其中。将来若施行宪政及自治制组织中央议会及直省议会之时，其议员若犯罪，不得免此四条之制裁。

所谓公断人者，即从律例或习惯之所定，而审查裁定诉讼及此外争议事件之人。

【修正】案语

本条依重定次序修正。以上四条，据两广签注以为，官员收贿照现行律罪至死刑，草案处分太轻。又收贿、纳贿均应区别赃额多寡以定刑之轻重，又纳贿之刑较收贿为过轻。查收贿之刑过重，徒为具文，现行律收贿处死刑，按诸实际几同虚设，东西各国亦无此苛法。草案所拟虽较现行律为轻，果能执法实行毫无假借，已足杜此恶习。至赃额多寡不必与罪情轻重相应，往往有赃额不多而情极可恶者，亦有赃额虽巨而情尚可原者，执

---

① 【原案】凡于第一百三十九条所揭情形，认允、豫约或交付贿赂于吏员及公断人者，处四等以下有期徒刑、拘留或三百元以下罚金。

② 【原案】凡于第一百四十条所揭情形，认允、豫约或交付贿赂于吏员及公断人者，处五等有期徒刑、拘留或一百元以下罚金。

一以定必不能得审判之平。至纳贿者较之收贿者无渎职之事，其罪稍轻，自不能加以同等之罪，应仍照原案规定，毋庸议改。

【补笺】

第一百三十六条至第一百三十九条犯罪之成立，有三种特别要件：第一，受赠者须系吏员或公断人。盖本罪以身份之关系而成立也；第二，须为授受利益之行为。所谓利益者，指一切财物及其行为得以金钱换算者（如雇佣之类）而言。惟不得以金钱换算之行为，而又足以诱惑人心者（如赠女妾之类），属于赠贿范围内与否，其说不一。然行为虽不得以金钱换算，而贪污则一，揆之法理，以罚为宜；第三，须于吏员公断人之职务上为特定之行为或不为特定之行为。至于为不正之行为或不为正当之行为（即现行律所谓枉法赃是），则吏员或公断人须据律加重。而于赠贿者一面，律文虽无正不正之别，审判官亦未尝不可于法定范围之内，察其情形以罚之。

第一百三十六条及第一百三十七条为收贿罪，要求者吏员或公断人，劝他人贿己而他人尚未允洽之情形也。期约者，预约贿赂双方合意之情形也。收受者，其贿赂已入于公断人或吏员之手中之情形也。斯三者情形各异，罪名似有重轻，而本律处以同等之刑者，盖诛心之必要，所以警贪污也。其无不正行为亦不能免罚者，理同。

有宜注意者，当要求时他人尚未允诺，实质上本属未遂。然本条不视为未遂，而与既遂同论。

第一百三十八条及第一百三十九条为赠贿罪，"行求"字样沿于旧律，与日本刑法上"提供"字义相同。提供者，将财物提出以备供给之情形也。期约，与上解释同，不分发议者为何人也。交付者，赠贿完毕之情形也。

第一百四十条①

凡膺审判、检察、巡警、监狱及其余行政之职务或佐理人，当施行职务时，对被告人、嫌疑人或关系人有强暴、凌虐之行为者，处三等至五等有期徒刑。

---

① 【原案】凡行裁判或检察、警察、监狱、其余行政之职务，或为补助者，当行其职务时，对于被告人、嫌疑人或关系人为暴行或凌虐之行为者，处三等以下有期徒刑。因而致人死伤时，比较第三百〇一条至第三百〇五条，从重处断。

因而致人死伤者，援用伤害罪各条，依第二十三条之例处断。

【原案】 沿革

《汉书·宣帝纪》：其令郡国岁上系囚以笞掠若瘐死者所坐罪名，县爵里丞相御史课殿最以闻。《唐律》：诸囚应禁而不禁、应枷、镣、杻而不枷、镣、杻及脱去者，杖罪笞三十，徒罪以上递加一等，回易所著者，各减一等。即囚自脱去回易所著者，罪亦如之。若不应禁而禁及不应枷、镣、杻而枷、镣、杻者，杖六十。诸考囚不得过三度，数总不得过二百，杖罪以下不得过所犯之数。考满不承，取保放之。若考过三度及杖外以它法考掠者，杖一百。杖数过者，反坐所剩，以故至死者，徒二年。即有疮病，不待差而考者，亦杖一百。若决杖笞者，笞五十。以故致死者，徒一年半。若依法考决而邂逅致死者，勿论，仍令长官等勘验，违者杖六十（考决之失立案不立案等）。诸监临之官，因公事自以杖捶人致死，及恐迫人致死者，各从过失杀人法。若以大杖及手足殴击，折伤以上，减斗杀伤罪二等。虽是监临主司，于法不合行罚，及前人不合捶考而捶考者，以斗杀伤论，至死者加役流。即用刃者，各从斗杀伤法。诸狱结竟，徒以上各呼囚及其家属具告罪名，仍取囚服辨。若不服者，听其自理，更为审详。违者笞五十，死罪杖一百。诸囚应请给衣食、医药而不请给，及应听家人入视而不听，应脱去枷、镣、杻而不脱去者，杖六十。以故致死者，徒一年。即减窃囚食，笞五十，以故致死者，绞。

《元典章·刑部十六》断例，枉勘平民身死，达鲁花赤为主意，决三十七，除名不叙；县尹为从，决一十七，解见任，期年降等叙；县丞为从，决一十七，解任，期年降等叙。执民为盗禁死，达鲁花赤、治中，各决三十七，解见任，期年降等叙。知事又权司狱事，决五十七，罢职，除名不叙；推官决八十七，除名不叙用；县尉一百七，仍与本路判署官吏，均征烧埋银。

元《刑法志》：诸有司非法用刑者，重罪之。诸鞫狱不能正其心、和其气，感之以诚、动之以情、推之以理，辄施大披挂及王侍郎绳索，并法外惨酷之刑者，悉禁止之。诸捕盗官捕获强窃盗贼，不即牒发，淹禁死亡者，杖七十七，罢职。诸弓兵、祗候、狱卒辄殴死罪囚者，为首杖一百七，为从减一等，均征烧埋银给苦主。诸有司承告被盗，辄将景迹人非理枉勘身死，却获正贼者，正问官笞五十七，期年后降先职一等叙，首领官及承吏，各五十七，罢役不叙，均征烧埋银给苦主。

《明律》：凡狱囚应禁而不禁、应枷、锁、杻而不枷、锁、杻及脱去者，若因该杖罪，笞三十；徒罪，笞四十；流罪，笞五十；死罪，笞六十。若应枷而锁、应锁而枷者，各减一等。若囚自脱去，及司狱官、典狱卒私与囚脱去枷、锁、杻者，罪亦如之。提牢官知而不举者，与同罪，不知者不坐。其不应禁而禁及不应枷、锁、杻而枷、锁、杻者，各杖六十。若受财者，并计赃，以枉法从重论。凡官吏怀挟私仇故禁平人者，杖八十。因而致死者，绞。提牢官及司狱官、典狱卒知而不举首者，与同罪。至死者，减一等，不知者不坐。若因公事干连平人在官，无招误禁，致死者杖八十，有文案应禁者勿论。若故尅平人者，杖八十；折伤以上，依凡斗伤论；因而致死者，斩；同僚官及狱卒知情共尅者，与同罪；至死者，减一等；不知情及依法拷讯者，不坐。若因公事干连平人在官，事须鞫问，及罪人赃状证佐明白，不服招承，明立文案，依法拷讯邂逅致死者，勿论。凡狱囚情犯已完，监察御史、提刑按察司审录无冤，别无追勘事，理应断决者，限三日内断决；应起发者，限一十日内起发。若限外不断决、不起发者，当该官吏，三日笞二十，每三日加一等，罪止杖六十；因而淹禁致死者，若囚该死罪，杖六十；流罪，杖八十；徒罪，杖一百；杖罪以下，杖六十、徒一年。凡狱卒非理在禁、凌虐殴伤罪囚者，依凡斗伤论；克减衣粮者，计赃，以监守自盗论；因而致死者，绞。司狱官典及提牢官知而不举者，与同罪；至死者，减一等。凡狱囚应请给衣粮、医药而不请给，患病应脱去枷锁杻而不脱去，应保管出外而不保管，应听家人入视而不听，司狱官典、狱卒，笞五十。因而致死者，若囚该死罪，杖六十；流罪，杖八十；徒罪，杖一百；杖罪以下，杖六十、徒一年。提牢官知而不举者，与同罪。若已申禀上司不即施行者，一日笞一十，每一日加一等，罪止笞四十。因而致死者，若囚该死罪，杖六十；流罪，杖八十；徒罪，杖一百；杖罪以下，杖六十、徒一年。

现行律于淹禁条，监察御史九字改为法司、督抚，余与明律同。

【原案】 注意

为补助者，指无独立行司法或行政之职权，而有补助司法官或行政官之职务者而言。例如书记、廷丁、巡查、看守押丁之类是。凌虐之行为者，屏去饮食、衣服或防止睡眠，凡违背律例之一切残酷行为也。

现今中国未废拷讯，故于程式规则范围之内为拷讯者，不得适用本条之例。然其故意不守程式而拷讯者，及将来已经废止之后仍故意实行之者，即不得不受本条之制裁。

【补笺】

审判指司法审判及行政审判而言。其他不用"审判"字样者，如特许，如捕拿，亦概括在内。所谓司法审判者，限于民事、刑事，据民律、商律、刑律而行之之审判也。特许，如关于商标、意匠、著作等之特许事件是；捕拿，即捕获审检所于战争时，对于交战国或中立国，所捕获之战时军需品，查其应否没收之判决也。

"检察"字样于检察厅以外，如船长、林务官及一切有行检察事务之权限者，皆在其内。

巡警指保安巡警、行政巡警、司法巡警而言。保安巡警者，以维持国权、保护公共秩序为目的之巡警也，系归民政部之管辖；行政巡警者，关于特别政务时，附随而行之巡警也，有特设机关者，有以保安巡警兼之者，例如矿山巡警、铁路巡警是；司法巡警者，搜查犯罪事实及其证据，并逮捕犯人之巡警也，或使行政巡警、保安巡警执行之，或使普通行政官厅执行之皆是。

佐理人，指身无专资，而为有专资者之手足之人而言。如审判厅之录事是。

被告人，指民事及刑事而言。嫌疑人，专指刑事而言，于提起公诉时，对于该案件有犯罪之嫌疑者是也。关系人，指民事原告及民事刑事证人、鉴定人、翻译官、律师及诉讼代理人、请求审判人、诉愿人、请愿人而言，凡一切有关于案件之人皆是。

第一百四十一条[①]

凡行检察、巡警之职务或佐理人，经人告有现被侵害权利之犯人，而不速为保护之处分者，处四等以下有期徒刑或拘役。

【原案】 沿革

晋《刑法志》《魏法·制新律序》：张汤、赵禹始作监临部主见知故纵之例，其见知而故不举劾，各与同罪；失不举劾，各以赎论；其不见不知，不坐。《唐律》：诸强盗及杀人贼发，被害之家及同伍即告其主司。若家人同伍单弱，比伍为告。当告而不告，一日杖六十。主司不即言上，一日杖八十，三日杖一百。官司不即检校捕逐，及有所推避者，一日徒一

---

① 【原案】义同。

年；窃盗各减二等。诸监临主司知所部有犯法不举劾者，减罪人三等；纠弹之官减二等。

宋《刑统赋解》断讼律：监临之官知所部内有犯法者，不即鞫问者，减罪人罪三等；纠弹之官，准减二等。贼盗律：诸有强盗官司及邻佑人等，知而不即救助者，徒一年，登时科罪。若检校捕逐有违者，一日徒一年，经宿乃坐。

《元典章·刑部十六》断例：承告不即救捕，捕长官以下决三十七，盗官杖决五十七，别行求仕。

【修正】案语

本条文词酌加修正并增拘役一层。两广签注谓"侵害权利"等字义未明。查"侵害权利"及"保护处置"乃法学上常用之语，意义明晰，如另易他，转致艰晦。

【补笺】

既系检察及巡警人员，则有保护之责任。既经人告，则无可诿之场合，于此而不为保护之处分，其应制裁无疑，但其制裁属于惩戒处分，抑属于刑律，则当视其国情何如。我国法制现未完备，使不明揭于刑律之中，恐不足保全人民之权利，所以有本条之规定也。至于未经人告者，则不在本条范围之内，与以惩戒处分足矣。

"经人告"之"人"字，不以被害人为限，即其被害以外之人，亦属本条"人"字范围之内。

第一百四十二条[①]

凡行检察、巡警之职务者，于刑事告诉、告发、自首，不应受理而受理、应受理而不受理或不为必要之处分者，处四等以下有期徒刑、拘役或三百元以下罚金。

其审判官于民事刑事诉讼，不应受理而受理、应受理而不受理或不行审判者，亦同。

【原案】沿革

《唐律》：诸越诉及受者，各笞四十。若应合为受，推抑而不受者，

---

① 【原案】凡行检察或警察之职务者，于应受理或不应受理之刑事告诉、告发或自首，而不正受理，或不受理，或不为必要之处分者，处四等以下有期徒刑、拘留或三百元以下罚金。其裁判官不正受理或不受理民事或刑事之诉讼，或不行审判者，亦同。

笞五十。三条加一等，十条杖九十。即邀车驾及挝登闻鼓，若上表诉而主司不即受者，加罪一等。其邀车驾诉而入部伍内，杖六十。

元《刑法志》：诸民犯弑逆，有司称故不听理者，杖六十七，解现任，殿三年，杂职叙。

《明律》：凡告谋反、叛逆，官司不受理掩捕者，杖一百、徒三年。以致聚众作乱、攻陷城池及劫掠人民者，斩。若告恶逆，不受理者，杖一百。告杀人及强盗，不受理者，杖八十。斗殴、婚姻、田宅等事，不受理者，各减犯人二等，并罪止杖八十。受财者，计赃，以枉法从重论。若词讼原告被论在两处州县者，听原告就被论官司告理归结。推故不受理者，罪亦如之。

现行律与明律同。

【修正】案语

本条文词酌加修正。湖广、两广签注以为本条处分宜加重情节、宜细分。查本条现定所以维持检察及警察之官纪，然今后社会交通日臻便利，检察、警察官吏亦当上下相资以举其同功一体之实，纵偶有犯本条之罪者，其害决不甚大，毋庸更科重刑。至若遇有告内乱故不受理意在助成犯罪者，可据总则共犯之例处断，亦不足为本条病也。

【补笺】

告诉，指被害者自己起诉而言；告发，指第三者起诉而言。应受理而不受理，如勒令私和是也。不应受理而受理，如亲告罪仅经第三者之告发，而实施搜查处分是也。不为必要之处分者，如应拘役而不拘役，应和解而不和解是也。不行审判，即不了解案情之谓。

本罪以故意为成立之要素。若不知权限所在，如误以应受理为不应受理之类，是不知犯罪事实之存在，应属惩戒处分，不得提本条论罪。

第一百四十三条[①]

凡征收租税及各项入款之吏员，图国库或他人之利益，而于正数以外浮收金谷物件者，处三等至五等有期徒刑。

若系图自己利益者，处二等或三等有期徒刑，并科与浮收同额之

---

① 【原案】凡征收租税及各项入款之吏员，图他人或国库之利益，征收正数外之金谷及其余之物者，处三等以下有期徒刑。若系图自己利益者，处二等或三等有期徒刑，并科征收正数外同额之罚金。

罚金。

【原案】沿革

《唐律》：诸敛率所监临财物馈遗人者，虽不入己，以受所监临财物论。

元《刑法志》：诸职官行田，受民户齐敛财者，以一多科断。

《明律》：凡有司官吏等，非奉上司明文，因公擅自科敛所属财物，及管军官吏、总旗、小旗科敛军人钱粮赏赐者，杖六十。赃重者，坐赃论。入己者，并计赃，以枉法论。其非因公科敛人财物入己者，计赃，以不枉法论。若馈送人者，虽不入己，罪亦如之。

【原案】理由

国家岁入正供，秋毫不能侵犯。假有吏员并非营私，专为国库利益，故意于额外征收，虽不背奉公之大义，而违法敛怨，遗误国家实非浅鲜，是本条所以有第一项之规定也。至第二项侵蚀肥己，更无论矣。

【补笺】

地方经费，为国库之一部，自应属于国库范围内。自治团体是否属于"他人"字内，不无疑义。然自治团体，法人体也，属于"他人"字内，似无不可。

第一百四十四条①

凡吏员于前四条所揭情形外，滥用职权使人行无义务之事或妨害人行使权利者，处四等以下有期徒刑、拘役或三百元以下罚金。

【补笺】

本罪亦以故意为成立之要素，若系权限误解，当用惩戒处分，不得以本罪论。

第一百四十五条②

第一百四十三条之未遂罪，罚之。

第一百四十六条③

犯第一百三十六条、第一百三十七及第一百四十三条第二项之罪者，得褫夺公权，其余得褫夺之。

---

① 【原案】义同。
② 【原案】同。
③ 【原案】同。

犯第一百四十条至第一百四十四条之罪者，并免现职。

第一百四十七条①

犯第一百三十六条及第一百三十七条之罪所收受之贿赂，没收之。如已费失者，追征其价额。

第一百四十八条②

犯第一百三十八条及第一百三十九条之罪自首者，得免除其刑。

【补笺】

本条规定系刑事上之政策，因贿赂之事极为秘密，许赠贿者自首，则收贿者易于发觉也。故自首者，或因自悔，或因无效，或因他故，皆可不问。

第七章　妨害公务罪

第一百四十九条③

凡于吏员施行职务时，加强暴、胁迫或用伪计者，处四等以下有期徒刑、拘役或三百元以下罚金。

其意图使吏员为一定之处分或不为一定之处分，及使官员辞职，而加强暴、胁迫或伪计者，亦同。

因而致人死伤者，援用伤害罪各条，依第二十三条之例处断。

【原案】 沿革

《唐律》：诸抗拒州县以上使者，杖六十；殴者，加二等；伤重者，加斗伤一等（谓有所征摄权时拒捍不从者）。即被禁掌而拒捍及殴者，各加一等。

《明律》：凡官司差人追征钱粮、勾摄公事，而抗拒不服及殴所差人者，杖八十；若伤重至内损吐血以上，及本犯重者，各加二等，罪止杖一百、流三千里；至笃疾者，绞；死者，斩。

现行律与明律同。又例：不服拘拿、不遵审断或怀挟私仇，及假地方公事挺身闹堂杀害本官者，不分首从，斩立决；已伤者，为首斩决，为从

---

① 【原案】同。
② 【原案】同。
③ 【原案】第三项无，余义同。

下手者绞候。(乾隆二十三年例)。

【原案】注意

本条第一项之罪，凡对于施行职务之吏员，加以暴行、胁迫即为成立。其为出于妨害职务与报复私怨，俱为妨害职务之行为，无彼此之区别也。

【补笺】

第一项"职务"字重看。不问犯人宗旨何如，惟对于吏员施行职务时，有强暴等行为，则本罪成立。第二项"使"字重看。不问强暴等行为是否对于吏员职务，惟其宗旨有关于职务者，则本罪成立。

第一百五十条①

凡损坏、除去、污秽吏员所施之封印及查封之标示，或为违背其封印查封效力之行为者，处四等以下有期徒刑、拘役或三百元以下罚金。

【原案】注意

查封之标示者，指未用印封，但用记章一切而指定其为查封之物者而言。例如仓库闭锁之后，虽未施以印封，但揭有在查封中之文字者，即属查封之标示。为违背封印及查封效力之行为者，例如禁止行使舟车施以查封标示，乃损坏或除去其印封标示，而行使其舟车者之类是。

【补笺】

国家因实施法令，有体物必须保全者甚多，保全方法有直接管有者(如刑事证据品留置于审判厅之类)，有用封印及查封者。本条之规定，系保障其封印及查封之效力。

违背效力，指不侵及封印、查封之印文及记章，而实施保全中不应为之一切行为而言。例如贮酒仓库既被查封，从他处穿逾，将酒运出，而封印无损之类是也。

本罪有三种情形：一、仅损坏、除去、污秽而未违背其效力；二、损坏等行为中兼违背其效力；三、无损坏等行为而仅违背其效力。三者情形随异，罪则一也。

第一百五十一条②

凡于吏员施施行职务时当场侮辱，或虽非当场而对其职务公然侮辱

---

① 【原案】义同。
② 【原案】义同。

者，不论其有无事实，处四等以下有期徒刑、拘役或三百元以下罚金。

其对公署公然侮辱者，亦同。

【原案】沿革

《唐律》詈制使、本属府主、刺史、县令条，詈者各减殴罪三等。《宋刑统》同。

《明律》：凡奉制命出使而官吏骂詈，如部民骂本属知府、知州、知县，军士骂本管指挥、千户、百户，若卒吏骂本部五品以上长官，杖一百。若骂六品以下长官，各减三等。骂佐贰官、首领官，又各递减一等。

现行律与明律同。雍正三年改本管指挥、千户、百户为本管官。

【原案】理由

公然侮辱吏员之职务，如不加以制裁，往往一唱百和，虚实混淆，非惟损公职之威严，即于施行上亦诸多不便，故本条特为此种非行而定其罚也。

【修正】案语

两江、安徽签注均以本条所定处分为过重，误会立宪国言论自由之真义。而侮辱官吏者，将来日甚一日，今拟酌加四等有期徒刑以资预防。邮传部签注谓"不论有无事实"其义未明，查此指犯人所援用以侮辱官吏之语，如系诬妄其成立本罪自不待言，即事属确实，亦应处罚也。

【补笺】

当伤侮辱罪之成立，须值吏员施行职务时，又须有侮辱之言语及举动，不问内容涉及公务与否，非当场侮辱罪之成立，其内容必须涉及公务，且须公然实施、公然者，在事实上于众人所共见共闻之场合，或众人得以共见共闻知场合也，盖即秘密之反对语。

对公署侮辱之罪，其成立要件与非当场侮辱同。所当注意者，公署为无形之物，非指建筑物言，乃为官厅之职务权限之主体而言。

第一百五十二条①

第一百五十条之未遂罪，罚之。

第一百五十三条②

犯本章之罪者，得褫夺公权。

---

① 【原案】同。
② 【原案】义同。

第八章　妨害选举罪

凡选举事宜，以纯正、狷洁、安全为要义。尚纯正，则用各种伪计者有罚；尚狷洁，则用各种诱惑者有罚；尚安全，则用各种强暴者皆有罚。选举为立宪之首务，故本案采各国立法例方针，而定为本章如左。

第一百五十四条①

凡于选举人、被选举人资格所必要之事项，用伪计或其余不正方法，使登载名簿或于名簿内变更者，处四等以下有期徒刑、拘留或三百元以下罚金。无资格而投票者，亦同。

吏员知情而为前项之登载或变更者，处三等至五等有期徒刑，或五百元以下、五十元以上罚金。

第一百五十五条②

凡于选举，有下列行为者，处五等有期徒刑、拘役或一百元以下罚金：

一、意图自己或他人得票，或减少他人得票，而散布流言、施用伪计，损坏其他候补议员之名誉者；

二、不分选举前后，对于选举人、选举关系人，行求、期约交付川资及其余贿赂或为之媒介者，或选举人、选举关系人，要求、期约或收受之者；

三、以对选举人、选举人之亲族，或于选举人有关系之寺院、学堂、公司、公所、城镇乡之债权、债务及其他利害，诱导选举人为之媒介，或选举人应其诱导者。

犯右列各罪，所收受之金额及其余有价物品，没收之。如已费失者，追征其价额。

第一百五十六条③

凡于选举，有下列行为者，处三等至五等有期徒刑，或三百元以下、三十元以上罚金：

---

① 【原案】义同。
② 【原案】义同。
③ 【原案】义同。

一、对于选举人、选举人之亲族或选举关系人,加强暴胁迫者;

二、对于选举人,以强暴胁迫,妨害其于选举会场之往来及其余选举权之行使者。

第一百五十七条①

凡有下列行为者,处三等至五等有期徒刑:

一、对于有关选举之吏员或佐理人,加强暴胁迫者;

二、骚扰选举会场、投票所、开票所者;

三、阻留、损坏、夺取选举投票匦或有关选举之公文书者。

第一百五十八条②

凡无故于投票所干涉投票,或于投票所、开票所刺探被选举人姓名者,处五等有期徒刑、拘留或一百元以下罚金。

有关选举之吏员或佐理人,犯前项之罪或露泄被选举人姓名者,处四等以下有期徒刑、拘役或三百元以下罚金。

第一百五十九条③

凡犯本章之罪者,得褫夺公权。

其应宣告三等有期徒刑以上之刑者,于本刑消灭后,仍于十年以下、二年以上丧失选举人及被选举人之资格。

【修正】案语

本条文词酌加修正。邮传部签注谓本章规定未能详尽,应析出另定为单行法。查该部于原案不详不尽之处并未切实指明,笼统评议无从置答,况值新定刑律之际,多设特别罚则殊与编纂法典之义不合,应毋庸议。

第九章　骚扰罪

本章规定,系聚众以暴行、胁迫害地方安静之罪也。从刑法普通之原则,可不问其宗旨所在,故其中非但赅有妨害信教、阻止营业、威服个人等不法之宗旨,即对于公署提出诉愿、对于吏员要求相当之处分,其事虽系合法,苟聚众以暴行、胁迫之方法思遂其志者,亦皆含于此。

---

① 【原案】义同。

② 【原案】义同。

③ 【原案】同。

本章之罪固不问宗旨之如何，然于他项条文所定之制限，仍宜参用。今以内乱罪与本罪之外形相较，皆不外乎聚众而逞暴动，惟其出于紊乱政典之宗旨者，即照第一百条明文以内乱罪论，其无此宗旨者，即为骚扰罪之成立。又使意在妨害公务或选举实施，彼此俱发于无形之间，即因第二十六条从重处断。

第一百六十条①

凡聚众意图为强暴胁迫，已受当该吏员解散之命令仍不解散者，处四等以下有期徒刑、拘役或三百元以下罚金。附和随行、仅止助势者，处拘役或五十元以下罚金。

【修正】案语

浙江签注以本条处分过轻。查本条所揭犯罪系指不服解散命令，尚未实施暴动之罚，相差无几不可不察也。

【补笺】

"聚众"字样，不分同谋与偶然聚合皆是，其人数须据当时之情形定之。受命解散者不为罪，盖防止巨害于未然之政策也。此等行为，往往由一二人唱之，而多数人随声附和。持之过激，则唱之者反得施其手段。惟解散不为罪，则附和者得中止以脱其罪名。其保全地方之安静，岂小补哉！

第一百六十一条②

凡聚众为强暴、胁迫者，依下列分别处断：

一、首魁，无期徒刑或二等以上有期徒刑；

二、执重要事务者，一等至三等有期徒刑，或一千元以下、一百元以上罚金；

三、附和随行、仅止助势者，四等以下有期徒刑、拘役或三百元以下罚金。

【原案】沿革

现行例：刁民假地方公事强行出头逼勒平民，约会抗粮、聚众联谋敛钱构讼，及借事罢考、罢市，或果有冤亦不于上司控告，擅自聚众至

---

① 【原案】义同。

② 【原案】第二款作"二等至四等有期徒刑"，第三款作"五等有期徒刑、拘留或一百元以下罚金"，余义同。

四五十人，尚无哄堂塞署，并未殴官者，为首斩立决，为从绞监候。如哄堂塞署、逞凶殴官，为首斩决，枭示。其同谋聚众转相纠纷约下手殴官者，斩立决。其余从犯，俱绞监候。被胁同行者，各杖一百。（康熙五十三年、雍正二年、乾隆十三年定例，经乾隆五十三年修并，嘉庆十四年改定。）

【修正】案语

本条第三款原案处分，徒刑止五等、罚金止一百元，今酌量修正。据两江、浙江、江西、湖广、湖南、两广签注均以本条处分为过轻。查本条所揭系指伙众暴动未至有杀伤、放火、决水、损坏等行为者而言，其有此等行为者，照原案第一百六十六条规定虽处以重刑，未为不可。至本罪处分即此而已足，更无所用其加重。又各省签注多以本条所揭犯罪情节必系刁民强抗官府之类，殊不知本条范围所包甚广，凡多数之人均加暴行、胁迫于一私人者，固在其内，即有为冤抑所迫聚众为暴者，亦在本条所揭犯罪之列。原案分别轻重之微义实在于此，固不容执一以论也。

【补笺】

前条系未实施者，本条系已实施者，故处罚之轻重不同，或谓前条为本条之未遂，似有理由。然前条以受命而不解散为要件，虽未实施暴胁，而既公然抗命，则不得谓之未遂。

第一百六十二条①

于前条所列情形，而犯杀伤、放火、决水、损坏及其他各罪者，援用所犯各条，分别首魁、教唆、实施，依第二十三条之例处断。

【原案】注意

例如多众逼拥公署门前，首魁指挥于外，附和之人入门殴打吏员至于废疾。其首魁及下手者，即系犯第一百六十四条第一款、第三百〇一条第二款之罪，而下手者即以犯第一百六十四条第三款、第三百〇一条第二款之罪为基础，而适用第二十三条至第二十五条之类是也。

【修正】案语

两江签注误以为本条所揭犯罪与妨害公务之罪视为同一，并谓不必再

---

① 【原案】于第一百六十四条所揭情形，如犯杀伤、放火、溢水、损坏并别项罪者，则援各本条，首魁、教唆及下手者，照第二十三条至第二十五条之例处断。

援杀伤、放火等条。查犯本条之罪者，有时与妨害公务决不相涉，故不能不特著专条。又伙众暴动者，虽未至有杀伤、放火、决水、损坏等行为已不免前条之罪。若有犯此者，即系兼犯数罪既须照俱发罪办理，自不得不援用各本条以为处断之准。至两广签注以为暴行未至有杀伤等行为者，系属空言，则语益武断不足辩也。

第一百六十三条

犯一百六十一条之罪，应宣告二等有期徒刑以上之刑者，褫夺公权，其余得褫夺之。

【修正】案语

原案本条依重定次序修正，原列上条之前今移易先后。

第十章　逮捕监禁者脱逃罪

第一百六十四条①

凡既决、未决之囚及其余按律逮捕、监禁之人脱逃者，处四等以下有期徒刑或拘役。

【原案】沿革

《汉律·捕亡》亡没为官奴婢，至晋始去其制，见《晋书刑法志》。

《唐律》：诸流徒因役限内而亡者（犯流徒应配及移乡，人未到配所而亡者，亦同），一日笞四十，三日加一等，过杖一百、五日加一等。主守不觉失囚，减囚罪三等。即不满半年徒者，一人笞三十，三人加一等，罪止杖一百。监当官司又减三等。故纵者，各与同罪。

宋《刑统赋解》捕亡律：亡去罪人，立限百日之内，若他人捕或自获囚人，并除其罪。又，徒囚亡者，一日笞三十，罪止徒五年。若在禁亡中，流二千里。

元《刑法志》：诸犯罪流远逃归再获，仍流。若中路遭乱而逃，不再犯，及已老病并会赦者，释之。诸主守失囚者，减囚罪三等（《元典章》脱囚监守罪例，引作二等）。长押流囚官中路失囚者，视提牢官减主失罪四等，既断还职。

《元典章·刑部十六》断例，脱失监囚断例，获伪钞贼转令弓手监押

---

① 【原案】凡既决、未决之囚人脱逃者，处四等以下有期徒刑或拘留。

在逃，强盗劫狱在逃，司狱决四十七。失囚走杀人贼，首领官决五十七。强盗劫狱逃走，牢子决六十七。押送贼在逃之监事人失囚，走讫杀人贼之禁子，强盗劫狱在逃之押狱，俱决八十七。

《明律》：凡流徒、迁徙囚人役限内而逃者，一日笞五十，每三日加一等，罪止杖一百。仍发配所，其徒囚照依原犯徒年从新拘役，役过月日并不准理。若起发已断决徒、流、迁徙、充军囚徒，未到配所中途在逃者，罪亦如之。主守及押解人不觉失囚者，一名杖六十，每一名加一等，罪止杖一百。皆听一百日内追捕。提调官及长押官减主守及押解人罪三等。限内能自捕得或他人捕得，若囚已死及自首，皆免罪。故纵者，各与囚同罪。受财者，计赃，以枉法从重论。

现行律与明律同。雍正三年于"迁徙"下增"充军"二字。

【原案】注意

既决、未决之囚人，于刑事上既受有罪之确定审判，为将受执行而监禁者，及在审判确定前受监禁者皆是。故虽系处以罚金之犯，然既系适用第四十五条而易以监禁，亦赅于既决囚人之中。

【修正】案语

本条文词酌加修正。湖广签注谓既决、未决之囚人自系专指有期徒刑以下人犯而言，此外如应死之犯尚未经法部奏报回复暂行监禁，或所犯系无期徒刑，罪名已无可复议者自不在此限，似应声明以便援引。查此论实为误解本条所揭囚人，包括一切囚人而言，既决而脱逃是为累犯，当照第十九条处断；未决而脱逃，若原犯审系无罪，止处脱逃之罚，若系有罪便成俱发，当照第二十三条处断，其本应死刑及无期徒刑者，罪虽无可再加，而脱逃之罪仍不能不论。纵令原犯之刑一旦免除或得减轻其因脱逃而应得之罪，不能一并减免也。

【补笺】

未决之囚，无论有罪无罪，并无论已经提起公诉与否，皆包括在内。

脱逃者，不法回复自由，而逸出于监督力之外也。脱逃罪之既遂、未遂界限颇难分明，然得以是否逸出监督力之外为断。故如意图脱逃，而潜伏狱舍时，虽在监督者耳目之外，而尚为监督之力所能及，仍为未遂。即逸出于监狱之外，而仍在吏员追迹中者，亦同。

第一百六十五条[①]

凡既决、未决之囚及其余按律逮捕、监禁之人，损坏监禁处所械具或以强暴胁迫脱逃者，处二等至四等有期徒刑。

其聚众以强暴、胁迫脱逃者，首魁及教唆者处死刑或无期徒刑，其余处无期徒刑或二等以上有期徒刑。

【原案】 沿革

《汉书·酷吏义纵传》注引律，诸囚徒私解脱桎梏、钳、赭，加罪一等。为人解脱，与同罪。《唐律》：诸被囚禁，拒捍官司而走者，流二千里。伤人者，加役流。杀人者，斩。从者绞。若私窃逃亡，以徒亡论（事发未囚而亡者，亦同）。

元《刑法志》：诸已断因人在禁未发，反狱殴伤禁子已逃复获者，处死。未出境者，杖一百七，发。已拟流所诸囚徒反狱而逃，主守减犯人罪二等，提牢官又减主守四等。随时捉获及半以上者，罚俸一月。

《明律》：凡犯罪被囚禁而脱监，自带枷锁越狱在逃者，各于本罪上加二等。因而窃放他囚罪重者，与囚同罪。并罪止杖一百、流三千里。本犯应死者，依常律。若罪囚反狱在逃者，皆斩。同牢囚人不知情者，不坐。

现行律与明律同。

【原案】 注意

其他因律例被监禁人者，例如战时捕房之类。

【修正】 案语

本条第二项为原案所无，今增。安徽签注以为战时捕掳宜在本条以外。查待遇捕房之法固与处置囚人不同，然为预防脱逃计，则彼此未便有所区别也。

【补笺】

脱逃罪有二：一、单纯逃罪，即前条规定之潜逃者是。此等行为在德国不罪脱逃者，惟罪监狱官吏，以监督不严故也。我国监狱尚未改良，因不采此制。二、加重脱逃罪，即本条所规定者是。

---

① 【原案】第二项无。

监禁处，所指建筑物之全体而言，不以监房为限。械具，指预防逃走及预防暴行之一切械具而言。此外器具，不在其内。强暴，指损坏监禁处所及械具以外之一切行为而言。胁迫，指无损坏之情形，而程度可与强暴相较者而言。

第一百六十六条①

凡盗取既决、未决之囚及其余按律逮捕、监禁之人者，处四等以下有期徒刑或拘役。

其有损坏情形或施加强暴、胁迫者，依前条分别处断。

【原案】 沿革

《汉书·王子侯表》：攸舆侯則太初元年坐篡死罪囚，弃市。

《晋书·刑法志》魏法制新律序，正篡囚弃市之制，断凶强为义之也，是篡囚本汉律之旧，《唐律》：诸劫囚者，流三千里；伤人及劫死囚者，绞；杀人者，皆斩。（但劫即坐，不须得囚）若窃囚而亡者，与囚同罪；窃而未得，减二等；以故杀伤人者，从劫囚法。

宋《刑统赋解》贼盗律，诸劫囚者，徒五年。伤人及劫囚去者，斩，但劫即坐，不必得囚。

《明律》：凡劫囚者皆斩。若私窃放囚人逃走者，与囚同罪，至死者，减一等。窃而未得囚者，减二等。因而伤人者，绞。杀人者，斩。为从各减一等。

现行律与明律同。

【原案】 注意

盗取者，虽不分窃取、强取，然因加暴行、胁迫，致监禁者自行脱逃，则属次条第二项后半之范围。于本条之盗取者，乃盗取之人将被监禁者自行劫夺也。

【修正】 案语

本条第一项刑名酌加修正，其第二项系原案所无，今增。山西签注以为前条及本条所揭犯罪，在警察、监狱尚未整顿以前，应暂据现行律处分。查新刑律施行期限尚在数年以后，固不能以今日之情势，悬断其施行之难易也。

---

① 【原案】凡盗取按律监禁人者，处二等至四等有期徒刑。

【补笺】

盗取者，出犯人、嫌疑人于当该吏员监督之外，而入于自己监督之内之行为也。仅出之于吏员监督之外，而听其所之者，则系第一百七十四条之罪，非盗取也。

第一百六十七条①

凡为便利脱逃之行为，因而致既决、未决之囚及其余按律逮捕、监禁之人脱逃者，处三等至五等有期徒刑。

其有损坏情形或加强暴胁迫者，依第一百六十五条分别处断。

【原案】 沿革

《唐律》：诸以金刃及他物可以自杀及解脱而与囚者，杖一百。若囚以故逃亡及自伤、伤人者，徒一年。自杀、杀人者，徒二年。若囚本犯流罪以上，因得逃亡，虽无杀伤，亦准此。即囚因逃亡未断之间，能自捕得及他人捕得，若囚自首及已死，各减一等。即子孙以可解脱之物与祖父母、父母，部曲、奴婢与主者，罪亦同。

《明律》：凡狱卒以金刃及他物可以自杀及解脱枷锁之具而与囚者，杖一百。因而致囚在逃及自伤或伤人者，并杖六十、徒一年。若囚自杀者，杖八十、徒二年。致囚反狱及杀人者，绞。其囚在逃未断之间，能自捕得及他人捕得，若囚已死及自首者，各减一等。若常人以可解脱之物与人，及子孙与祖父母、父母，奴婢、雇工人与家长者，各减一等。若司狱官典及提牢官知而不举者，与同罪。至死者，减一等。若受财者，计赃，以枉法从重论。

现行律与明律同。

【补笺】

为便利脱逃之行为，例如暗送破坏狱舍或破坏械具器物之类。

第一百六十八条②

凡看守或护送吏员或佐理人，纵令既决、未决之囚及其余按律逮捕监

---

① 【原案】凡欲使按律监禁人脱逃，而为易使脱逃之各种行为者，处四等以下有期徒刑。因而致监禁人脱逃者，处三等或四等有期徒刑。

以前项之宗旨而加暴行、胁迫者，处三等或四等有期徒刑。因而致监禁人脱逃者，处二等或三等有期徒刑。

② 【原案】凡看守或护送吏员或补助之人，纵令按律监禁人脱逃者，处二等或三等有期徒刑。

禁之人脱逃者，处二等至四等有期徒刑。

【原案】 沿革

《唐律》：主守故纵者，不给捕限，即以其罪罪之。未断决间能自捕得及他人捕得，若囚已死及自首，各减一等。

宋《刑统赋解》捕亡律，主守故纵囚徒而亡者，与囚同罪，不给捕限。其有指画方略教导囚徒而亡者，于罪人罪上加一等。

明律本于唐律，增入受财者计赃以枉法从重论。现行律同。

【补笺】

"纵令"指故意而言，其因过失致脱逃者，系属惩戒处分，不得援本条论罪。若因不可抗力者（如天灾地变之类），则无何等制裁。

第一百六十九条①

本章之未遂犯，罪之。

第一百七十条②

预备或阴谋犯第一百六十五条第二项之罪，或应依该项处断之罪者，处四等有期徒刑或拘役。

第一百七十一条③

犯第一百六十五条至第一百六十七条之罪，因而致人死伤者，援用伤害罪各条，依第二十三条之例处断。

第一百七十二条④

犯第一百六十五条至第一百六十八条之罪者，得褫夺公权。

犯第一百六十八条之罪者，并免现职。

第十一章　藏匿罪人及湮没证据罪

本章所定之罪，及用伪证以曲庇犯人，并关于赃物之罪，虽有照事后共犯以定处分之例，然犯罪行为既经终结之后，在法理上不应复为共犯，故本案于此视为独立之罪。

---

① 【原案】同。
② 【原案】无。
③ 【原案】见第一百七十条上——今编者注：应为"【原案】无"。
④ 【原案】犯第一百六十八条至第一百七十一条之罪者，得褫夺公权全部或一部。犯第一百七十一条之罪者，并免现职。其情节重者，得褫夺其余之公权全部或一部。

第一百七十三条[1]

凡藏匿被追摄人或脱逃之逮捕监禁人者，处四等以下有期徒刑、拘役或三百元以下罚金。

以前项之宗旨而顶替自首者，亦同。

【原案】沿革

《汉书·淮南属王传》：亡之诸侯，游官事人及舍匿者，论皆有法。注：师古曰，舍匿谓容止而藏隐也。《后汉书·梁统传》：武帝重首匿之科，注：凡首匿者为谋首藏匿罪人。《汉书·王子侯表》：修故侯福坐首匿群盗，弃市。毕梁侯婴坐首匿罪人，为鬼薪。安郡侯崇坐首匿死罪，免。

《唐律》：诸捕罪人有漏露其事，令得逃亡者，减罪人罪一等。未断之间能自捕得，除其罪。相容隐为捕得，亦同（余条相容隐为捕得，准此）。即他人捕得，若罪人已死及自首，又各减一等。诸知情藏匿罪人，若过致资给（谓事发被迫及亡叛之类）令得隐避者，各减罪人罪一等。罪人有数罪者，只坐所知。

《明律》：凡知情犯罪事发，官司差人追唤而藏匿在家、不行捕告，及指引道路、资给衣粮、送令隐避者，各减罪人罪一等。其展转相送而隐匿罪人，知情者皆坐，不知者勿论。若知官司追捕罪人而泄露其事，致令罪人得以逃避者，减罪人罪一等。未断之间能自捕得者，免罪。若他人捕得及罪人已死若自首，又各减一等。

现行律与明律同。

【原案】注意

藏匿者，使人难于发现或不能发现之谓。其为隐秘于己之家屋，或指使逃于他所，皆不为之区别也。

本条第二项，令本犯逃避搜捕而自己顶替到官出首者，此其妨害官之搜索逮捕，与藏匿之性质相同，故科以同一之刑。

【修正】案语

本条文词酌加修正。两江、两广、河南签注谓被藏匿人所犯之罪有轻重，似藏匿重罪者加重一等。查此论乃未就犯罪之情节审察之耳，有藏匿

---

[1] 【原案】义同。

轻罪犯而情节可恶者，亦有藏匿重罪犯而情节可恕者，非法律可以豫为断定。苟行政制度悉臻美备，检察果能完密确实，原案所定之刑并非过轻也。

【补笺】

被追摄人，指因犯罪嫌疑现被搜索之人也。被追摄人或脱逃人，日后受有罪之判决与否，皆所不问，惟藏匿之则罪成立。或谓被藏匿者既无罪，则藏匿者系为保护无罪人之利益，可以不罚，而实不然。盖藏匿罪之成立，以其侵犯当该官吏之搜索、逮捕、监禁之权，不以应否保护为理由也。第二项被顶替者之有罪与否，亦同此法理。

第一百七十四条①

凡湮灭关系他人刑事被告事件之证据，或伪造或行使伪造之证据者，处四等以下有期徒刑、拘役或三百元以下罚金。

【原案】 注意

本条所谓证据者，其于刑事被告人有利或不利，皆不为之区别，而处分亦不预定其轻重，其旨悉与次章伪证罪同。

第一百七十五条②

犯本章之罪者，得褫夺公权。

【修正】 案语

邮传部签注谓公权中宜明示包括选举、被选举之义。查原案第四十六条已增入为选举之资格一项，至被选举权则应包括于为吏员资格之意中。总则第八十三条既显有明文规定，本条即可毋庸揭出。

【补笺】

"证据"字样既明揭开关于刑事被告事件，则关于民事者，不在此限，自无待言。按：湮灭民事证据，有毁弃文书之规定，且被害者可以要求赔偿，故毋庸设刑事处分之专条。盖湮灭刑据，为侵犯当该官吏之搜索权，湮灭民据为侵损被害者之利益，二者绝不相侔也。

湮灭刑事证据，有曲庇犯人，使之转重为轻、幻有作无者；有陷害犯人，使之轻者加重、无而为有者。二者情形虽异，处分则一，其伪造或行使者亦同。

---

① 【原案】同。
② 【原案】同。

第一百七十六条①

系犯罪人或脱逃人之亲族，为犯罪人或脱逃人利益计而犯本章之罪者，免除其刑。

【原案】沿革

《汉书·宣帝纪》：地节四年令，子首匿父母、妻匿夫、孙匿大父母，皆勿坐；其父母匿子、夫匿妻、大父母匿孙，罪殊死，皆上请。

《唐律》：诸同居大功以上亲及外祖父母、外孙若孙之妇、夫之兄弟妻，有罪相为隐，部曲、奴婢为主隐，皆勿论。即泄露其事及擿语消息，亦不坐。其小功以下相隐，减凡人三等。若犯谋叛以上者，不用此律。

宋《刑统赋解》："外祖父母"改"婚姻之家"，"部曲、奴婢为主隐"句改"奴为主隐、不为奴隐"，余与唐律同。

明律于"外孙"下增"妻之父母、女婿"，部曲改雇工人凡人三等，下增无服之亲减一等。现行律同。

【修正】案语

湖南、两广签注谓亲疏宜加区别，重罪不容宽恕。查本案所称亲族，其范围易明揭于第八十二条，本条似不应更加区别。亲族容隐本为现行律所许，所犯之罪愈重，隐匿之情愈切，此人情所不容自已者也。

第十二章 伪证及诬告罪

伪证与诬告之罪，其性质分为两种：一则认为直接对于原告、被告之罪。法典之用此主义者，有民事、刑事之别。其关于刑事一端，更分为曲庇被告、陷害被告两意。又复于陷害已成者，就其被告所受刑罚之轻重以为犯人刑罚之差等；一则认为直接对于公署讯问、违背陈述真实义务之罪。法典之用此主义者，于凡对于公署为伪证、为诬告，俱处以同一之刑，但其处分之轻重，一任审判官按其情节而定。

今按此二论者，其第一种殊有纰误。盖审判及行政之处分，系司法官或行政官所定，非证人所能直接而自定之，乃竟以证人为可以直接定处分者，其误一也；司法官与行政官并无尽用证人所言之义务，应察其真伪而定真切之判断，此其义务也。即使误用证言，亦不能使证人负其全部之责

---

① 【原案】同。

任，其误二也；不得以不正加害于他人，是人民一体所负之义务，违此义务自成他项犯罪，详于各章规定之中，非本章所得而规定者。且审判厅及一定之行政官署，当其征求人言之际，其人之见闻必无有隐蔽、无有夸大、无有变更，如有违此真实供述之义务者，必致诸罚，今不能贯通此义，其误三也。有此三者，故本案特据第二之说以定处分也。

第一百七十七条①

凡因法令于司法或行政公署为证人，而为虚伪之陈述者，处二等至四等有期徒刑。

因法令于司法或行政公署为鉴定人、通译人而为虚伪之鉴定、通译者，亦同。

犯前两项之罪，于审判确定前自白者，得免其刑。

【原案】沿革

《唐律》：诸不言实情及译人诈伪，致罪有出入者，证人减二等，译人与同罪（谓夷人有罪，译传其对者）。

《明律》：若鞫囚而证佐之人不言实情，故行诬证，及化外人有罪，通事传译番语不以实对，致罪有出入者，证佐人减罪人二等，通事与同罪。

现行律与明律同。

【原案】注意

证人有得依民刑诉讼法及其余律例为证人者，及不得为证人者，从其区别而谓之曰适法之证人。例如律例虽有近亲不得为证人之说，然近亲为证人者，纵陈述虚伪，不得以本条拟之。

司法之公署，审判厅也。行政之公署讯问证人者，如中国将来设有行政审判厅，或拏捕船舰审检所，方有其例。

鉴定人者，以自己之学识或特技，于审判厅鉴别事物凭判定者也。例如医师、理化学者判定加害者之健康状态（有无精神病与否）或有无血痕之类。凡审判官于法学之力所不能及之处，必须有特别之学识或技术之人为之补助，即可命之为鉴定人，与传出之证人同有供迷自己真实见解之义务，通译人亦同。

---

① 【原案】同。

【修正】 案语

安徽签注谓中国系罪凭供定，外国则罪凭证定。今中国既废刑讯亦不能不借助证人，但恐情伪万端，欲其纤毫无误，势必不能。况中国民情刁诈，证人等亦难免无串通讹诈情弊。查本案施行期限，应在新订诉讼律全部告成以后，今东西各国诉讼律皆采自由心证主义，有审判合断定证言，确实与否其认为不确实者，然后据以审判，非尽恃证言为据也。中国诉讼各律亦拟采此主义，至谓刁民借端讹诈、故为伪证等情，鲜有司果能明辨案中是非曲直，岂于证言之真伪而反不能洞察耶？两江签注谓宜删四等有期徒刑，查本条情节，其轻重亦有大相悬绝者，如为良友利益计或为酬恩，故致犯本条之罪而其事件所关不至重大者，似亦未尝无宽恕之情也。

【补笺】

第一项有宜注意者三：其一，犯本罪之人，须系按律有为证人之资格者。使无此资格（如精神病人），虽为虚伪之陈述，不得致罪。其二，本罪成立，须属肯陈述而故为虚伪之言者。若不肯陈述或所陈述而等于不陈述者，不列于本罪。其三，本罪成立，无论民事证言利于原告或害及原告，刑事证言利于被告或害及被告，并因虚伪致审判得实或不得实，皆一律处罚。惟得视其情节，于法定范围内轻重其刑耳。

本罪以虚伪陈述为既遂，欲陈述而尚未陈述者为未遂。惟未遂无处罚之明文，故不为罪。或谓因虚伪而致判决有误者为既遂，否则为未遂，实谬也。为虚伪之鉴定或通译者，亦同。

第一百七十八条[①]

凡意图他人受刑事处分、惩戒处分而为虚伪之告诉、告发、报告者，处二等至四等有期徒刑。

犯前项之罪，于审判确定或惩戒处分前自白者，得免除其刑。

【原案】 沿革

《汉书·宣帝纪》：元康四年诏，自今以来诸年八十以上，非诬告杀伤人，他皆勿坐。

《三国志·曹真传》注引律，诬告人反坐。晋《刑法志》魏法制新律序，囚徒诬告人，反罪及亲属，异于善人，所以累之，使省刑息诬也。又张斐注《律表》，诬告谋反者，反坐。

[①]【原案】同。

《唐律》：诸诬告谋反及大逆者，斩；从者，绞。若事害下审，原情非诬者，上请。若告谋大逆、谋叛不审者，亦如之。诸诬告人者，各反坐。即纠弹之官挟私弹事不实者，亦如之。若告二罪以上，重事实及数事等但一事实，除其罪。重事虚，反其所剩。即罪至所止者，所诬虽多，不反坐。其告二人以上，虽实者多犹以虚者反坐。若上表告人，已经闻奏，事有不实，反坐。罪轻者，从上书诈不实论。诸告小事，而狱官因其告检得重事及事等者，若类其事，则除其罪。离其事，则依诬论。诸诬告人流罪以下，前人未加拷掠而告人引虚者，减一等。若前人已拷者，不减。即掠证人，亦是。（诬告期亲尊长、外祖父母、夫、夫之祖父母，及婢、奴部曲诬告主之期亲、外祖父母者，虽虚，各不减）

　　元《刑法志》：诸告人罪者，须注明年月，指陈事实，不得称疑。诬告者，抵罪反坐。诸告言重事实、轻事虚，免坐。轻事实、重事虚，反坐。《明律》：凡诬告人笞罪者，加所诬罪二等。流、徒、杖罪，加所诬罪三等，各罪止杖一百、流三千里。若所诬徒罪人已役、流罪人已配，虽经改正放回，验日，于犯人名下追征用过路费给还。若曾经典卖田宅者，着落犯人备价取赎，因而致死随行有服亲属一人者绞，将犯人财产一半断付被诬之人。至死罪，所诬之人已决者，反坐以死。未决者，杖一百、流三千里，加役三年。其犯人如果贫乏，无可备偿路费、取赎田宅，亦无财产断付者，止科其罪。其被诬之人诈冒不实反诬犯人者，亦抵所诬之罪，犯人止反坐本罪。若告二事以上，重事告实、轻事招虚，及数事罪等但一事告实者，皆免罪。若告二事以上，轻事告实、重事招虚，或告一事诬轻为重者，皆反坐所剩。若已论决，全抵剩罪。未论决，笞杖收赎，徒流止杖一百，余罪亦听收赎。至死罪，而所诬之人已决者，反坐以死。未决者，止杖一百、流三千里。若律该罪止者，诬告虽多，不反坐。其告二人以上，但有一人不实者，虽轻，犹以诬告论。若各衙门进呈实封诬告人，及风宪官挟私弹事有不实者，罪亦如之。若反坐及加罪轻者，从上书诈不实论。凡为人作词状增减情罪诬告人者，与犯人同罪。若受雇诬告人者，与自诬告同。受财者，计赃，以枉法从重论。凡诬告充军者，民告，抵充军役。军告，发边远充军。凡因在禁诬指平人者，以诬告人论。其本犯罪重者，从重论。

　　现行律与明律同。惟诬告充军条改为诬告充军者照所诬地里远近抵充军役，并于本条内加诬告人罪。应迁徙者，于比流减半、准徒二年上，加所诬罪三等，并入所得杖罪通论。

【原案】 理由

惩戒处分者，吏员于其职务如有失错或玷其品行，加以行政之处分也。中国惩戒之法附于处分则例，尚无独立之律例。本案于吏员职务上失错之罚则，殆全部删除，应俟将来另定处分之法。至诬告吏员者，仍不免于本条之制裁，盖惩戒处分法虽未制定，然刑法之实质上有惩戒处分之性质者不少。故意诬告吏员，以非行致令免官、停职、罚俸者，自应受本条之处分也。

【补笺】

本罪成立，以远因为第一要件，故无使人受刑事或惩戒处分之目的者，不列于本罪。以对于相当之官署为第二要件，故使人受刑事处分，而告诉于行政衙门，欲使人受惩戒处分，而告诉于审判衙门，非本罪。以告诉时有特定之人为第三要件。故无特定人时，则须据次条论罪。告发与报告亦同。

本罪于既为告诉、告发、报告之时为既遂，将此等行为而因障碍而止者谓未遂。惟法律上无处罚诬告未遂之规定，故不得为罪。或谓已使人受刑或惩戒者谓既遂，否则为未遂，实谬也。

前条第三项及本条第二项"自白"字样，须与自首分别。自首系未发觉以前之行为，自白则不问发觉之前后也。自白免刑者，乃预防个人受害之政策也。

第一百七十九条①

凡意图尊亲属受刑事处分而虚伪之告诉、告发、报告者，处一等或二等有期徒刑。

第一百八十条②

凡未指定犯人而诬告有犯罪事实者，处五等有期徒刑、拘役或一百元以下罚金。

【原案】 注意

本条所规定者系虚伪之告诉、告发之罪，以其不指明犯人，尚不致因此而被其损害，故与狭义之诬告罪者不同。然使当该吏员徒为无益之搜

---

① 【原案】无。
② 【原案】同。

查，即不得不予惩处。谓当该吏员者，凡有搜查、逮捕职务之警察官、检察官、预审推事等皆是。

【补笺】

或谓此等行为，宜归纳侮辱罪中，然按之实际，此种行为大抵为免责起见者最多，非必皆有侮辱之心。例如佣工遗失主人财物，恐遭谴责，伪诉道遇盗贼之类是也。其有诬告而兼侮辱者，则据总则俱发罪之规定可也。

第一百八十一条①

凡犯第一百七十七条至第一百七十九条之罪者，得褫夺公权。吏员犯者，并免现职。

第十三章　放火决水及妨害水利罪

本章之罪虽属于危害他人财产，然本罪之特质不第胁迫财产已也，且危及人之生命、身体，并贻祸于公众，故本案採对于公众之方针，以危害之大小而区别轻重焉。

第一百八十二条②

凡放火烧毁下列他人所有物一种以上者，处死刑、无期徒刑或一等有期徒刑：

一、在城镇及其余人烟稠密处所之营造物；

二、陈列储藏多数宗教、科学、美术、工艺之贵重图书、物品、营造物；

三、宗教或历史之贵重营造物；

四、储藏硝磺、弹药或军需品之仓库，及其余营造物；

五、多众执业或止宿之矿坑、兵营、学堂、病院、救济所、工场、寄宿舍、狱舍及其余营造物；

六、现有众人集会之寺院、戏场、旅店及其余营造物。

【原案】沿革

晋《刑法志》：张斐注律表，贼燔人庐舍，积聚盗贼赃五匹以上，弃

---

① 【原案】除前条之外，犯本章之罪者，得褫夺公权全部或一部。吏员犯此者，并免现职。

② 【原案】同。

市。即燔官府积聚盗，亦当与同。

《唐律》：诸故烧官府廨舍及私家舍宅若财物者，徒三年。赃满五匹，流二千里；十匹，绞；杀伤人者，以故杀伤论。

宋《刑统赋解》杂律，诸烧官府廨舍及积聚之物者，同强盗法。三贯以上，徒四年；十贯以上及伤人者，绞。其对主故烧非积聚之物者，止同弃毁人物，准盗科罪。一贯杖六十，五贯加一等，罪止徒四年。

《元典章·刑部十二》断例，无人居止空闲房屋并损坏财物、畜产及田场积聚之家，比同窃盗。故烧官府廨舍、私家宅舍之家，比同强盗，终非正犯，拟免刺字。皇庆新例，今后若有故烧官府廨宇及有人居住宅舍，无问屋宇大小、财物多寡，比同强盗免刺，决一百七下、徒役三年，因而杀伤人者，依例科断。其无人居止空房及田场积聚之物，比同窃盗，验赃，依例决遣，仍各追赔所烧货物。敢有再犯，决配役满，迁徙千里之外（皇庆例、元刑法志同）。又至元年间引旧例，故烧家舍宅者绞，若无人居止但损害财物、畜产者，徒罪五年。赃二十贯之数，亦绞。

元《刑法志》：故烧太子诸王房舍者，处死。诸挟仇放火，随时扑灭，不曾延燎者，比强盗不曾伤人、不得财，杖七十七、徒一年半、免刺。虽亲属相犯，比同常人。

《明律》：若放火故烧官民房屋及公廨仓库系官积聚之物者，皆斩。其故烧人空闲房屋及田场积聚之物者，各减一等。

现行律与《明律》同。雍正七年定图财放火及挟仇放火之例，经乾隆、嘉庆、道光节次修改，俱较律加重。

【原案】 理由

本条为放火罪之最重者，盖火势所及，非人力所能预测。而本条胪举各款，尤公共最巨之危害，故科以重刑。

【修正】 案语

安徽签注谓日本刑律凡放火有人居住之房屋建造物皆直科死刑，拟删本条一等有期徒刑，并仿旧律于本条之下添注"须于放火处捕猎有显迹证验明白者，乃坐"字样。查日本科放火罪以死刑乃《旧刑法》，《现行刑法》第一百〇八条系科死刑、无期惩役或五年以上、十五年以下之惩役，较本条所定刑期已推广至二等有期徒刑，是本律已较日本刑法为严。若删一等有期徒刑，恐于罪情较轻者不免过酷，亦失平允之道。本条科罪原不能以现行犯为限，无论何时何地发觉捕猎皆当据律处罚，其无显迹证验明白者当作为无罪，是为刑律诉讼之原则。签注所谓添注一语，应毋庸议。

第一百八十三条①

凡放火烧毁前条所列以外之他人所有营造物或矿坑者，处二等至四等有期徒刑。

因而致有前条损害之危险者，处一等或二等有期徒刑。实有损害时者，其刑与前条同。

【原案】 理由

除前条各款之外，烧毁其余营造物或矿坑者，均照本条处罚。例如烧毁山间林内孤立之家屋，或试采之际使用少数工人之矿坑等类是也。

虽放火于孤立之营造物，而有延烧人家稠密处所之危者，则据本条第二项加重之。若实际生前条列记之损害，虽非出于预谋，仍受前条处分。盖以火力非人所能测定，故既生之损害，不分预谋与否，必须故意放火者负其责。次条以下之规定宗旨，亦同。

【原案】 注意

危险指有损害之虞而言，实有损害乃损害发生之候，势分缓急，故刑有轻重也。

第一百八十四条②

凡放火烧毁他人所有营造物、矿坑外之物者，处三等至五等有期徒刑或一千元以下、一百元以上罚金。

因而致有前条第一项损害之危险者，处三等至五等有期徒刑。实有损害者，其刑与该项同。

因而致有第一百八十二条损害之危险者，处一等或二等有期徒刑。实有损害者，其刑与该条同。

【原案】 沿革

附见第一百八十二条。

【原案】 注意

营造物、矿坑以外之物，例如烧毁海岸之积货、山林之竹木、田野之

---

① 【原案】同。
② 【原案】同。

柴草皆是。但焚他人所属薪炭、枯草以自取暖，而不能肇火灾者，不在此例。

第一百八十五条①

凡放火烧毁自己所有营造物、矿坑及其余之物者，从下列分别处断：

一、因而致有前条第一项损害之危险者，处五等有期徒刑、拘役或一百元以下罚金。实有损害时，其刑与该项同。

二、因而致有第一百八十三条第一项损害之危险者，处三等至五等有期徒刑。实有损害者，其刑与该项同。

三、因而致有第一百八十二条损害之危险者，处一等或二等有期徒刑。实有损害者，其刑与该条同。

【原案】沿革

《明律》：凡放火故烧自己房屋者，杖一百。若延烧官民房屋及积聚之物者，杖一百、徒三年。因而盗取财物者斩，杀伤人者以故杀伤论。

现行律同。

【原案】理由

自己财物，本可自由处分，然因烧毁之故而致危险或损害及于他人，不得不以犯罪论，本条之规定以此。

第一百八十六条②

凡失火因而致有第一百八十二条之损害者，处五等有期徒刑、拘役或一千元以下罚金。

因而致有第一百八十四条第一项之损害者，处拘役或五百元以下罚金。

因而致有第一百八十五条③第一项之损害者，处三百元以下罚金。

失火烧毁自己所有营造物、矿坑及其余之物，因而致有前三项损害之危险者，处一百元以下罚金。

【原案】沿革

《唐律》：诸于兆域内失火者徒二年，延烧林木者流二千里，杀伤人者减斗杀伤一等。其在外失火而延烧者，各减一等。诸失火及非时烧田野

---

① 【原案】义同。
② 【原案】同。
③ 原文为"第一百八十四条"。

者，笞五十。延烧人舍宅及财物者，杖八十。赃重者，坐赃论，减三等。伤人者，减斗杀伤二等。其行道燃火不灭而致延烧者，各减一等。诸于官府廨院及仓库内失火者，徒二年，在宫内者加二等（庙社内亦同）。损害赃重者，坐赃论。杀伤人者，减斗杀伤一等。延烧庙及宫阙者，绞，社减一等。

元《刑法志》：诸遗火延烧系官房舍，杖七十七；延烧民房舍，笞五十七；因致伤人命者，杖八十七。所毁房舍财畜公私，俱免征偿。烧自己房舍，笞二十七，止坐失火之人。诸煎盐草地辄纵野火延烧者，杖八十七。因致阙用者，奏取圣裁。邻接管民官专一关防、禁治，诸纵火围猎、延烧民房舍钱谷者，断罪勒偿。偿未尽而会赦者，免征。

《元典章·刑部十九》：至元十七年，遗漏者，但犯于市曹，加项号令断决四十七下。延烧人家，少者七十七下，多者一百七下。烧讫系官廨舍钱粮及致伤人命者，别议施行。又至大元年，刑部议得诸人失火若沿烧人舍及财物畜产者，笞五十七下；财物虽多，罪止八十七下；因而致伤人命者，依过失例论罪。其所损房产财物，既是误犯，不须征偿。

《明律》：凡失火烧自己房屋者，笞四十；延烧官民房屋者，笞五十；因而致伤人命者，杖一百。罪坐失火之人。若延烧宗庙及宫阙者，绞，社减一等。若于山林兆域内失火者，杖八十、徒二年。延烧林木者，杖一百、流二千里。若于官府公廨及仓库内失火者，亦杖八十、徒二年。主守之人因而侵欺财物者，计赃，以监守自盗论。其在外失火而延烧者，各减三等。

现行律与明律同。

【原案】 理由

失火出于过失，比之故意放火，其罪恶迥异，故本条处分从轻。

【修正】 案语：本条系重定次序修正。两广签注谓不若现行律之详审，查过失罪科以死刑，东西各国之法皆无，其例本罪处分乃视其危害及于公共之大小而决故其刑。有轻重之不同，现行律仅称官府、公廨、仓库、民房屋、自己房屋而不问其价值如何及有人居住与否。且本案第一百八十八条之情节现行律中皆无明文，相衡之下，已较现行律为详审矣。

【补笺】

自第一百八十二条至一百八十六条，为放火罪。其成立上有三种特别要件：

一曰放火之行为。刑律上所谓"放火",不但指积极行为而言,即消极行为亦概括"放火"字样中。消极行为,例如露积粗劣石灰于户外,明知降雨必发火而因意图烧毁,不移入室内,遂致火灾之类是也。

放火行为无论积极、消极,悉指故意而言。其处于过失者曰"失火",据第一百八十六条处断。

二曰法定之目的物。目的物之种类,各国刑法原非一律。本律则分营造物、矿坑及其他物三者。至于情节有属于第一百八十二条者,有属于他条者,处分轻重悉依情节定之。

所谓营造物者,即定着于土地之工作物,可以避风雨者是也。其工作物之非定着土地者,如汽车、汽船等,非营造物。定着于土地上之工作物,若不可以避风雨者,如碑碣之类,亦非营造物。其物可以避风雨,又定着于土地,若非人工造作者,如天然洞窟之类,亦非营造物。

所谓矿坑者,不论矿物之贵贱,皆概括于其中。

营造物、矿及坑,日本刑法分别有无现住之人,以定处分之轻重。然是等罪名宜以害及公共与否为标准,若仅以有无现住之人为轻重,设如本以空房,四周人家稠密,因或延烧甚宽,于此情形,其处分轻乎抑重乎?断决时窒碍可知。故本律第一百八十二条,特重罚害及公共之大者。

法国刑法及法国法系之刑法,以放火罪为侵害财产罪之一种,实谬也。奸非猥亵之所以为罪,非以侵害个人身体为理由,重在有妨社会之风纪,故放火罪之处罚,须视其对于公共危害之大小为何如也。

日本刑法,烧毁汽车、电车、船舰,明揭于放火罪中。以本律言之,烧毁此等物件时,宜比较第一百八十四条及第二百零八条,而依总则第二十六条处断。或疑第一百八十四条无此明文,指为挂漏者,误也。

所有权本属私人最高之权利,得以任意处分,无有干涉。然放火罪以害及公共为理由,则目的物虽属自己所有权,亦不能罚,故有第一百八十五条之规定。

三曰烧毁之结果。烧毁者,指因火丧失该物件之效用而言。其结果达成于丧失该物件之效用时为既遂,否则为未遂。而丧失效用有二:一、目的物既归消灭时;二、目的未消灭,而仅丧失效用时。

本罪既遂未遂之分,其罪有三:第一,火力既离加害人之手,而传于放火媒介物时,为既遂,目的物烧焦与否不问也;第二,火力既离加害人之手,由放火媒介物而传于目的物时为既遂,至目的物之丧失效用与否不问也；第三，目的物因火丧失效用为既遂，其物质消灭与否不问也。本律系采用第三说。

第一百八十七条①

凡依火药、煤气、蒸气之作用或他法，致营造物、矿坑及其余之物炸裂者，分别其损害、危险，照放火、失火各条分别处断。

【原案】 理由

本条所揭之炸裂，其害所及与火灾无异，故其处分悉准放火、失火之例。

第一百八十八条②

凡决水浸害第一百八十二条各款所列营造物、矿坑至一种以上，或他人所有田圃、牧场及此外利用之地者，处死刑、无期徒刑或一等有期徒刑。

【原案】 沿革

《唐律》：诸盗决堤防者，杖一百。若毁害人家及漂失财物赃重者，坐赃论。以故杀伤人者，减斗杀伤罪一等。若通水入人家致毁害者，亦如之。其故决堤防者，徒三年。漂失赃重者，准盗论。以故杀伤人者，以故杀伤论。

《明律》：凡盗决河防者，杖一百；盗决圩岸陂塘者，杖八十。若毁害人家及漂失财物、淹没田禾，计物价重者，坐赃论。因而杀伤人者，各减斗杀伤一等。若故决河防者，杖一百、徒三年；故决圩岸陂塘，减二等。漂失赃重者，准窃盗论，免刺。因而杀伤人者，以故杀伤论。

【修正】 案语

本条系重定次序修正。两江签注谓决水者宜较放火者从轻处断，并引证日本刑法仅处无期徒刑。查决水之害较诸放火未必有所悬绝，两广签注论之甚详，日本刑法现已改定《现行刑法》，系处死刑、无期徒刑惩役或三年以上、十五年以下惩役。

---

① 【原案】 义同。
② 【原案】 同。

第一百八十九条①

凡决水使浸前条所列以外之他人营造物、矿坑或土地者，处三等至五等有期徒刑，或一千元以下、一百元以上罚金。

因而致有前条损害之危险者，处二等至四等有期徒刑。实有损害者，其刑与前条同。

第一百九十条②

凡决水浸害自己所有之地，因而致有前条第一项损害之危险者，处五等有期徒刑、拘役或一百元以下罚金。实有损害者，其刑与该项同。

因而致有第一百八十八条损害之危险者，处二等至四等有期徒刑。实有损害者，其刑与该条同。

第一百九十一条③

凡因过失决水致有第一百八十八条之损害者，处五等有期徒刑、拘役或一千元以下罚金。

因而致有第一百八十九条之损害者，处拘役或五百元以下罚金。

若因过失决水致有前二项损害之危险者，处一百元以下之罚金。

【原案】 理由

自第一百八十八条至本条规定决水之危害，水灾与火灾无别，故处分亦宜从同。但其性质有火灾无其例，而水灾有其例者，如荒废他人利用之地是也。以水灾可荒废几千万方里之禾稼，故特附揭其情形。

【补笺】

自第一百八十八条至第一百九十一条，为决水罪。决水者，指故意生起水害之行为而言。其非出于故意者，则据第一百九十一条论罪。决水罪中所列举之目的物，除田圃、牧场及利用之地外，余悉与放火罪之目的物同。

第一百九十二条④

凡于火灾、水灾之际，隐匿、损坏防御之器械或阻遏从事防御之人，或以他法妨害镇火防水者，处三等至五等有期徒刑，或一千元以下、一百

---

① 【原案】义同。
② 【原案】同。
③ 【原案】同。
④ 【原案】义同。

元以上罚金。其于第一百八十七条灾害而妨害防御者，亦同。

【原案】 沿革

《唐律》：诸见火起应告不告、应救不救，减失火罪二等（谓从本失罪减）。其守卫宫殿、仓库及掌囚者，皆不得离所守救火，违者杖一百。

【原案】 理由

水火等灾虽非己肇，而乘事变之际故意阻害人之防御，其行为亦为独立之罪。

【补笺】

本罪不得为放火、决水之从犯，是为以独立罪。盖此等灾害，有由人力放之决之者，亦有由天灾地变而来者。本条"水灾""火灾"字样，兼人力、自然而言。隐匿者，指不能发现或虽难于发现而言。损坏有消灭物质与丧失效用之别，此兼指二者言之。从事防卫之人，不仅指正在火灾、水灾场中之人，即赴场而尚未到场者亦是。

第一百九十三条①

凡妨害他人灌溉田亩之水利者，处四等以下有期徒刑、拘役或三百元以下罚金。

故意妨害水利、荒废他人田亩者，处二等至四等有期徒刑。

因妨害水利致令他人田亩荒废者，处三等至五等有期徒刑。

【原案】 注意

本条第二项预谋荒废他人田亩，其第三项因妨害水利之结果致生荒废之损害，并非预谋，故二者处罚之轻重不同。

【补笺】

第一项犯罪之宗旨，止在妨害水利，事实上未荒废田亩，故处罚较后两项为轻。第二项以妨害水利、荒废田亩二者为宗旨，故处罚较前后两项为重。第三项以妨害水利之宗旨，因而荒废田亩处于处罚轻于第二项而重于第一项。

第一百九十四条②

凡自己之所有物，若已受查封或负担物权或租贷于人者，其犯本章之

---

① 【原案】义同。

② 【原案】义同。

罪，以他人之所有物论。

【原案】 注意

物权之种类不一，即各国亦不尽从同，其大致作为物权者，如质权是。例如将物押抵于乙，乙于甲之物上握有权利，即甲之物负担物权是也。

【补笺】

关于放火、决水及妨害水利之罪，因其目的物属于自己所有与他人所有而处分有轻重之殊。惟自己所有物，既受查封，或负担物权，或租赁于人时，则不得以他人之所有物论，所以保护他人之权利也。

有负担物权而未受查封者，有负担物权而兼受查封者，有受查封而未负担物权者，三者情形各异，处分则同。租赁兼动产、不动产而言，但事实上系不动产时为多。

第一百九十五条①

第一百八十二条、第一百八十三条第一项、第一百八十四条第一项、第一百八十八条、第一百八十九条第一项、第一百九十二条及第一百九十三条第一项、第二项之未遂罪，罪之。

第一百九十六条②

对于他人所有物，为放火、炸裂、或决水之预备或阴谋者，处五等有期徒刑、拘役或一百元以下罚金。但按其情节，得免除其刑。

【修正】 案语

山东、两广签注拟删免刑一层。查预备、阴谋之行为以其能迫近于实行，故设处罚之例。本条所定得免其刑，乃指情节可恕者而言，其情节较重者则不妨竟据本条处罚之，并非必须免除也。

第一百九十七条③

犯放火、炸裂、决水之罪，因而致人死伤者，援用伤害罪各条，依第二十三条处断。

其因过失致生火灾、炸裂、水害致人死伤者，援用过失致死伤各条，

---

① 【原案】同。
② 【原案】义同。
③ 【原案】凡犯放火、炸裂或溢水罪，因而致人于死伤者，比较第三百○一条及第三百○二条，从重处断。

依第二十三条之例处断。

【原案】注意

本条规定火灾、水灾害及人之生命、身体者之处分，其主义在保护生命、身体。故所烧毁、炸裂虽系自己之物（第一百八十五条、第一百八十七条），溢水虽在自己之地（第一百九十条），苟害及他人生命、身体者，应仍照本条之例处分。

【修正】案语

本条原案列第一百九十二条，今移改。两江签注谓致人于死之条并未叙及，似不免遗漏。查本条原案所用比较第三百〇一条及第三百〇二条从重处断之文，本嫌过狭且语意亦颇含糊，今特一律改正并增入过失一项，以期完密。

第一百九十八条①

犯第一百八十二条及第一百八十八条之罪者，褫夺公权。其余以故意犯本章之罪者，得褫夺公权之。

第十四章　危险物罪

本章第一百九十九条至第二百零二条列记之物件，皆不许民间存有者，故予以一定之制裁，禁止其持有。但由公署命令或委任，以正当之宗旨而持有者，不在此限。其第二百零三条所载之物件，虽非禁民间存有者，若有一定犯罪行为即生重大危险，故附定于本章中。

第一百九十九条②

凡为犯罪之用而制造、持有炸药、棉火药、雷汞及其余类此之爆裂物，或自外国贩运者，处二等或三等有期徒刑。

其以供给他人犯罪为宗旨者，亦同。

【修正】案语

两广签注谓处刑稍嫌过轻，情节亦应分别。查本条范围以就阴谋不轨以外者而言，如系心存叵测，则应据俱发罪规定从重处罚，故本条之刑不

---

① 【原案】义同。

② 【原案】同。

患过轻。至犯罪情节不宜细分，其详已见分则总叙第四第五，毋庸赘叙。

【补笺】

制造者，创造、改造、化合、混合之谓也；私藏，指一切存置自己监督内之行为而言，即有私藏之意思，兼有私藏之事是也。至于私藏之原因，或由赠予而得、或由赚取而得、或由拾遗而得，均非所论。自外国贩运者，指移入中国领域内之行为而言，固不必待其登岸。领域，即离岸三海里之领海也。盖本条为保全国家安定秩序，若以登岸为贩运之解释，则失立法之本旨也。

本条以抱犯罪之意思为一特别要件，若非为犯罪之用、又非供给他人犯罪者，系属次条之规定，不得援本条论罪。

第二百条①

凡未受公署之命令、允准、委任而制造、私藏前条所揭之爆裂物，及自外国贩运之人不能证明出于正当之宗旨者，处三等至五等有期徒刑。

其能证明出于正当之宗旨者，处拘役或五十元以下之罚金。

【原案】 沿革

《唐律》：诸私有禁兵器者，徒一年半（谓非弓箭、刀盾、短矛者）。弩一张，加二等；甲一领及弩三张，流二千里；甲三领及弩五张，绞。私造者各加一等，造未成者减二等。即私有甲弩全成者，杖一百；余非全成者，勿论。

宋《刑统赋解》擅兴律，私有军器者，徒一年半；谓弓箭刀若甲全副，绞。若更造者，私有罪上加一等。

元《刑法志》：诸私藏甲全副者处死，不成副者笞五十七、徒一年。零散甲片不堪穿系御敌者，笞三十七。枪若刀若弩私有十件者处死，五件以上，九十七、徒三年，四件以下，七十七、徒二年，不堪使用笞五十七。弓箭私有十副者处死，五副以上杖九十七、徒三年，四副以下，七十七、徒二年，不成副笞五十七。凡弓一箭三十为一副。

《明律》：凡民间私有人马甲、傍牌、火筒、火炮、旗纛、号带之类应禁军器者，一件杖八十，每一件加一等。私造者，加私有罪一等。各罪止杖一百、流三千里。非成全者勿论，许令纳官。其弓、箭、枪、刀、弩及鱼叉、禾叉，不在禁限。

---

① 【原案】义同。

现行律与明律同。其特因火器而加严者，如例内康熙十九年定有私铸红衣大小炮位，四十七年定有私造鸟枪、竹铳，雍正十年定有私贩硫黄、焰硝各等例是也。

【补笺】

因职务而受上官之指挥者，谓之命令。无职而受公署之嘱托者，谓之委任。普通所禁止之行为，而独许特定之人为之者，谓之允准。

日本警察法关于爆裂物之制造及贩运，原则上皆禁止之，惟受官厅知委任者或火药商得官厅之许可者，或因新奇发明的陆军大臣、海军大臣之许可者，可以制造或贩运。故本条二项宗旨虽正，亦罚之。

第二百零一条①

凡未受公署之命令、允准、委任而制造、私藏军用枪炮、除第一百九十九条所揭以外之军用爆裂物，或自外国贩运者，处四等以下有期徒刑、拘役或三百元以下罚金。

【补笺】

日本警察法关于军用枪炮之制造贩运，与爆裂物同。

本条不问是否出于正当宗旨，而处分惟一者，以关于军用故也。

第二百零二条②

凡巡警、税关吏员知有未受公署之命令、允准、委任，而制造、私藏第一百九十九条所揭之爆裂物，或自外国贩运之人，而不即与相当处分者，处一等至三等有期徒刑。

其与犯人同谋者，亦同。

【修正】 案语

河南签注谓吏员应以贿纵为断，若与犯人同谋应分别首从科罪。查此项情节若系受贿，应比较本条及第一百三十九条，依第二十六条处断。若系同谋，则自有总则之共犯处分也。

第二百零三条③

凡漏逸、间隔煤气、电气、蒸气，因而致生危险于他人身体、财产

---

① 【原案】义同。

② 【原案】凡警察、税关吏员，知有未受公署之命令、许可或委任而制造、持有、贩运第一百九十九条所载爆裂物，或自外国贩运之人，而不即与相当处分者，处三等以上有期徒刑。其与犯人通谋者，亦同。

③ 【原案】义同。

者，处四等以下有期徒刑、拘役或三百元以下罚金

因而致人死伤者，援用伤害罪各条，依第二十三条之例处断。

【修正】 案语

本条文词酌加修正。两江签注谓本条应系出于过失且"危险"二字似近含混。查本分则各罪，凡未揭明过失者皆指有心故犯而言（参看本案第十三条），本条之罪其非处于过失可知。至"危险"二字乃与实害相对峙者，刑法学理上有一定界限，决无含混之弊。

【补笺】

本条所列举之行为，有时并无何等危险，有时能生无限之危害，故特揭明生危险于他人身体、财产者为罪。

第二百零四条①

第一百九十九条、第二百条第一项及第二百零一条及第二百零三条第一项之未遂罪，罚之。

第二百零五条②

凡犯第一百九十九条之罪者，褫夺公权。犯第二百零一条第一项及第二百零二条之罪者，得褫夺公权之。

第十五章　妨害交通罪

往来及通信乃社会发达之要端，其便与不便，足以卜国民发达之程度。对于此项事宜如有加阻害，固法律所当罚也。

第二百零六条③

凡损坏、壅塞陆路、水路、桥梁，因而致有往来之风险者，处四等以下有期徒刑、拘役或三百元以下罚金。

若损害重要之交通线，修复工钜者，处二等或三等有期徒刑。

犯本条之罪因而致人死伤者，援用伤害罪各条，依第二十三条处断。

---

① 【原案】无"第二百零三条第一项"。

② 【原案】无"第二百零二条"。

③ 【（原）案】第一项义同，第二项"犯本条之罪因而致人死伤者，比较第三百〇一条及第三百〇二条，从重处断"。

【原案】 沿革

《唐律》不修堤防条：其津济之处应造桥航及应置船筏，而不造置及擅移桥济者，杖七十。停废行人者，杖一百。

《明律》：凡桥梁道路，府州县佐贰提调于农隙之时常加点祝修理，务要坚完平坦。若损坏失于修理、阻碍径行者，提调官吏笞三十。若津渡之处应造桥梁而不造、应置渡船而不置者，笞四十。

现行律与明律同。

【原案】 注意

本条第二项，例如甲地与乙地相通，仅惟一之陆路或水路，因损坏、壅塞，欲图复旧，费多数时日、多额经费之类是也。

第二百零七条①

凡损坏轨道、灯塔、标识，及其余于汽车、电车、船舰往来上为危险之行为者，处二等至四等有期徒刑。

第二百零八条②

凡冲撞、颠覆、破坏、搁沉载人之汽车、电车、船舰者，处无期徒刑或三等以上有期徒刑。

因而致人于死或多众受伤者，处死刑、无期徒刑或一等有期徒刑。

第二百零九条③

凡犯第二百零七条之罪，因而致载人之汽车、电车、船舰冲撞、颠覆、破坏、搁沉者，依前条分别处断。

第二百十条④

凡因过失致载人之汽车、电车、船舰生往来之危险者，处三百元以下罚金。

因过失冲撞、颠覆、破坏、搁沉载人之汽车、电车、船舰者，处五百元以下罚金。

其从事此项业务之人，犯本条第一项之罪，处四等以下有期徒刑、拘

---

① 【原案】同。
② 【原案】义同。
③ 【原案】犯第二百零七条之罪，因而冲撞、颠覆、破坏、沉没或搁坐载人之汽车、电车、船舰者，照前条分别处断。
④ 【原案】义同。

役或一千元以下罚金；犯第二项之罪，处三等至五等有期徒刑或二千元以下、一百元以上罚金。

犯本条之罪因而致人死伤者，援用过失致死伤害罪各条，依第二十三条处断。

第二百十一条①

凡以强暴、胁迫或用伪计，妨害邮件电信之递送、收发者，处四等以下有期徒刑、拘役或三百元以下罚金。

第二百十二条②

凡损坏邮政专用及其余应用之物者，处五等有期徒刑、拘役或一百元以下罚金。

损坏电信线、电话线，电信电话之机器、营造物者，或以他法妨害其交通者，处三等至五等有期徒刑或五百元以下、五十元以上罚金。

因过失犯本条之罪者，处一百元以下罚金。

第二百十三条③

凡从事于邮政电信之职务者，犯第二百十一条、第二百十二条④第一项之罪，处三等至五等有期徒刑。犯第二百十二条第二项之罪，处二等或三等有期徒刑。

其因过失者，处三百元以下罚金。

第二百十四条⑤

第二百零六条第一项第二项、第二百零七条、第二百零八条第一项第二项、第二百十一条、第二百十二条及二百十三条第一项之未遂罪，罪之。

第二百十五条⑥

凡预备或阴谋犯第二百零八条之罪者，处四等以下有期徒刑、拘役或三百元以下罚金。

---

① 【原案】义同。

② 【原案】第二项作"一千元以下、五十元以上罚金"，第三项作"处一百元以下罚金"。——今编者案：1907年刑律草案第二百一十二条第三项为"因过失犯本条罪者，处一百元以下罚金"。

③ 【原案】义同。

④ 原文为"第一百十二条"。

⑤ 【原案】义同。

⑥ 【原案】无。

【修正】 案语

第二百零八条①之罪，虽系预备、阴谋而其危险及于人之身体性命者，关系匪轻，故特增入本条以期完密。

第二百十六条②

犯第二百零八条之罪者，褫夺公权。其余以故意犯本章之罪者，得褫夺之。

第十六章　妨害秩序罪

凡犯罪，无不害公共之秩序或善良之风俗者，然本章中专指以害秩序之故而成立之犯罪也。

第二百十七条③

凡依文书、图画、演说或他法，公然煽惑他人犯罪者，从下列分别处断

一、其罪最重之本刑为死刑或无期徒刑者，处三等至五等有期徒刑，或三百元以下、三十元以上罚金；

二、其罪最重之本刑为有期徒刑者，处五等有期徒刑、拘役或一百元以下罚金。

若以报纸或其余定期刊行之件，或以编纂他人论说之公刊书册，而犯本条之罪者，编辑人亦依前项处断。

【原案】 注意

教唆犯罪与煽惑犯罪，二者似是而非。教唆者，使人生起犯意（故谓之造意），且在被教唆者犯罪之时，即属共犯之一种。煽惑者，不分是否生起人之犯意与实行，但以其人曾煽惑他人犯罪者，即应以独立之罪处罚也。

第二项编纂他人论说之公刊书册，指虽非自行撰述，而编辑他人撰述有煽惑犯罪之文字而言。其撰述而无公刊之意者不处罚，所罚者，其彼此通谋刊布者也。

【修正】 案语

此条文词酌加修正。各省签注，山西谓撰述煽惑犯罪之文者亦宜处

---

① 修正案为"第二百十四条"，本处应为"第二百零八条"。
② 【原案】义同。
③ 【原案】第二项无"三百元以下、三十元以上罚金"，余义同。

罚；两广谓处分过轻；两江谓其罪最重之本刑应改用"情重情轻"字样，或较简便等语。查文书若不刊行，于公共之秩序、善良之风俗为害较少，尚无必应科刑之理。惟受刊行人之托知情而为之撰文，或撰述人自使他人编纂刊行，含有共犯性质者，应依共犯处断，自不待言。若本罪并无共犯性质，但因使人生起犯意则按律治罪已足示惩，未便科以较原案更重之刑，转涉枉滥。至最重之本刑系指文书演说中所揭情事，实犯应得之法定最重刑而言，改用"情重情轻"字样似亦可行，然究不如就本案分别重轻更为简便。湖南以为被煽惑之人均不生起犯意，则第一款第二款均无可比较，似未细绎原案之意义，譬如公刊文书中谓当起内乱，即不问其人之应之与否，应科以第一款之刑。又如演说中谓当为窃盗即不问其人之为窃盗与否，应科以第二款之刑，按内乱最重刑为死刑、无期徒刑，窃盗罪为有期徒刑，准此为据，不得谓为无比较也。

第二百十八条①

凡以强暴、胁迫或用伪计，妨害正当之集会者，处五等有期徒刑、拘役或一百元以下罚金。

【原案】 注意

本条除他条有特别规定，如妨害选举之集会（第一百六十条第二款）、妨害说教礼拜等宗教上之集会（第二百五十条第二项）等类之外，其余妨害一切正当集会，例如用暴力以解散学堂听讲之人，或紊乱得公署许可所开之演说会等类，皆属于本条范围。

【修正】 案语

此条文词酌加修正。两广签注以暴行、胁迫仅处五等有期徒刑稍宽。查处刑不宜加重之理由，业于分则总叙第四声明，毋庸复叙。

第二百十九条②

凡以强暴、胁迫或用伪计，为下列行为者，处四等以下有期徒刑、拘役或三百元以下罚金：

一、妨害贩运谷类及其余公共所需之饮食品者；

二、妨害贩运种子、肥料、原料及其余农业、工业所需之物品者；

三、妨害使用多数工人之工厂及矿坑之执业者。

---

① 【原案】义同。
② 【原案】义同。

【原案】 注意

本条所定乃妨害商业及农工业之罪，惟其害及于公共者乃在此限，例如妨止海运、河运之类。虽属本条第一款之罪，若仅妨害交付于一商店内一定之人者，则不得援用该款，第二款以下准此。

【修正】 案语

本条文词酌加修正。两广签注谓以上三项乃农工商务之物业，似宜视其妨害重轻以定罪各差等。查此项理由，业于分则总叙第五声明，毋庸复叙。

第二百二十条①

凡从事同一业务之公人，同盟罢工拒绝执业者，其首谋处四等以下有期徒刑、拘役或三百元以下罚金，余人处拘役或三十元以下罚金。

聚众为强暴、胁迫，或将为者，依第一百六十条至第一百六十三条，分别处断。

【原案】 注意

同盟罢工者，系就业之人必欲贯彻其一定之要求，而有此实施者也。其要求之宗旨虽非无理，而因此共同一致拒不就业，是与社会以损害而为后来之厉阶，应在必罚之列。惟此类之非行，其首谋之人固须重惩，而附和雷同者，则应从轻。所谓首谋者，为首及参与重要之谋议者也。

【修正】 案语

此条文词酌加修正。两广签注为第二项将行暴行、胁迫而未行者，似未可罚。查伙众谋为暴行、胁迫，固应科以骚扰之刑。若在未为暴行、胁迫以前服从吏员命令解散，依第一百六十七条解释上应不受罚，条文分晰甚明似不至于疑误。邮传部签注谓本条第二项"将为"下宜加"之"字，他处并须一一追补。夫"之"字有无，于律义文法均无关系，别条文义未备之处原签未经指出，系属泛论，无从追补。至两广签注于本条之适用与否，初未议及，但谓聚众行暴应比照联谋罢市之例分别酌定，似于原案尚未体会，应请毋庸置疑。

第二百二十一条②

凡无故入人所居住或有人看守之宅第、营造物、船舰，或受阻止而不

---

① 【原案】第二项作"余人处十元以下罚金"，无拘役一项，余义同。

② 【原案】义同。

退去者，处四等以下有期徒刑、拘役或三百元以下罚金。

【原案】沿革

汉《贼律》：故入人室宅、庐舍，上人车船，牵引人欲犯法者，其时格杀之，无罪。（周礼秋官朝士郑司农注孔疏云先郑举汉贼律）

《唐律》：诸夜无故入人家者，笞四十，主人登时杀者勿论。若知非侵犯而杀伤者，减斗杀伤二等。其已拘执而杀伤者，各以斗杀伤论。至死者，加役流。

元《刑法志》：诸夤夜潜入人家被殴伤而死者，勿论。

《明律》：凡夜无故入人家内者，杖八十。主家登时杀死者，勿论。其已就拘执而擅杀伤者，减斗杀伤罪二等。至死者，杖一百、徒三年。

现行律与明律同。

【原案】理由

家宅即私人之城郭营垒，所以安其生命而全其财产者。且家内平和为社会、国家平和之本，倘有侵害即关系公共之秩序，故有成文宪法之国，率以不可侵入家宅揭明宪法之中。中国宪法虽未制定，然自汉迄今俱有无故入人室宅格杀无罪之例，则重视家内之平和，古今中外同此一理也，本例之设以此。

【修正】案语

此条文词酌加修正。各省签注，两江、湖南、两广等省皆谓宜细分情节，惟订律宗旨于概括，若逐事区分转形挂漏；又两江所援日本刑法现在已经废止，现行刑法仅定为三年以下惩役或五十元以下罚金；又湖南、两广所谓格杀侵入者之有罪与否，应依总则第十五条或第十六条解决似不必特设专条，而两广称似应分别有无要求以定罪名轻重等语，文法既未完备，意义亦涉含糊。夫所谓要求者，如系出于被害之人则原案意义已明，如系由侵入者作不正之要求则应视其行为如何各援用本律处断，如第三百五十八条之类，本条并无不备之处；至邮传部签注内称本条有船舰而无汽车、电车，似已包于营造物中，然解释上易生争论，亦当明定等语。查营造物系指定着土地之房屋等建筑而言，汽车、电车等系可以移动之物并不在内，东西法学家解释从未有目之为营造物者，不至易生争论，且刑律规定侵入汽车、电车之罪亦为各国所未有，应请毋庸置疑。

【补笺】

欧洲古时，本于宗教上之理由，以无故入人家宅为污渎家神之罪。厥后主义一变，谓本罪因有犯他罪之嫌疑所致罚之，所以预防他罪发生。然此说亦失之隘，盖无犯罪之嫌疑时，本罪不能成立也，故今日又变为保障家内和平之主义。

第二百二十二条①

凡诈称吏员，僭用吏员之服饰、徽章、内外国勋章者，处四等以下有期徒刑、拘役或三百元以下罚金。

【原案】 沿革

《唐律》：诸诈假官、假与人官及受假者，流二千里。其于法不应为官而诈求得官者，徒二年。若诈增减功过而预选举，因之以得官者，徒一年。流外官各减一等。求而未得者，又各减二等。诸诈为官及称官所遣而捕人者，流二千里。为人所犯害而诈称官捕及诈追摄人者，徒一年（未执缚者，各减二等）。其应捕摄无官及官卑诈称高官者，杖八十。即诈称官及冒官人姓氏权有所求为者，罪亦如之。诸营造舍宅、车服、器物及坟茔、石兽之属，于令有违者，杖一百，虽会赦皆合改之（坟则不改）。

《元典章·刑部十四》：至元十五年，益都路郑均诈造到牌，用金纸裹做金牌，作明廉暗察事，依司拟旧例诈为官人徒二年，郑均合徒二年、量决七十七下。又例济南军户李良诈称监察等事，法司拟所犯系无官诈称有官部，七十七下，省断六十七下。

元《刑法志》：应服色等第，上不得兼下，下不得僭上。违者，职官解见任，期年后降一等叙，余人笞五十七。

《明律》：凡诈假官、假与人官者，斩。其知情受假官者，杖一百、流三千里，不知者不坐。若无官而诈称有官，有所求为，或诈称官使差遣而捕人，及诈冒官员姓名者，杖一百、徒三年。若诈称见任官子孙、弟侄、家人、总领，于按临部内有所求为者，杖一百，为从者各减一等。若得财者，并计赃，准窃盗从重论。若诈称内使及都督府四辅谏院等官、六部监察御史、按察司官，在外体察事务，欺诳官府煽惑人民者，斩，知情随行者减一等。若诈称使臣乘驿者，杖一百、流三千里，为从者减一等。凡官民房舍、车服、器物之类各有等第，若违式僭用，有官者杖一百、罢

--

① 【原案】义同。

职不叙，无官者笞五十、罪坐家长，工匠并笞五十。若僭用违禁龙凤纹者，官民各杖一百、徒二年，工匠杖一百。

现行律于诈称内使条内，改都督府等官为内阁、六科、六部、都察院，余与明律同。

【原案】 理由

本条所揭罪，亦有害公共之秩序者，是以辑入。

【修正】 案语

此条文词酌加修正。两广签注谓伪诈为重，空言为轻，不问其有无，伪诈概处四等有期徒刑，未免漫无区别。且僭用服饰非必尽属无官之人，凡有违式者皆是。河南签注用意相同并谓宜照现行律例分别订正。查此次定律宗旨意在挈中外而从同，似未便执旧制以相绳，致启畸重畸轻之弊。且原案意义系指诈称僭用者而言，若造有伪诈应依第二十六条从重处断，并非漫无区别，其有官之人服饰违式则关于官吏之惩戒不属于刑律之范围。至罚金规定条文有"或"字者，皆系易刑也。

第二百二十三条①

第二百十七条至第二百十九条及第二百二十一条之未遂罪，罪之。

第二百二十四条②

犯第二百十七条至第二百十九条、第二百二十一条及第二百二十二条之罪者，得褫夺公权。

【修正】 案语

此条条文次序及文词酌加修正，并照两广签注将犯第二百二十八条之罪增入至前条所揭之未遂罪。据第八十五条不必援用原案"前条"二字，应即节删。

第十七章　伪造货币罪

往昔认伪造货币罪之本质为侵害主权，科以死刑者居多。然据现今之法律及政法思想而论，政府专握制造货币之权，亦如邮便、电报、盐法、

---

① 【原案】同。
② 【原案】同。

铁路（凡此种类，因国而异）等事业，以国家秩序及利益计之，不过独有权之一种，其侵害之罪虽大，不必科以死刑。况民之趋利甚于身命，虽赴汤蹈火亦所不辞，欲杜私铸，是在政府维持得宜，断非仅恃严刑峻罚所能获效。观于汉贾谊之议，其理益信，故本案仿欧美各国及日本通例，而以无期徒刑为最重之刑①。

第二百二十五条②

凡伪造通用货币者，处无期徒刑或二等以上有期徒刑。

行使自己所伪造通用货币，及意图行使而交付于人者，亦同。

经政府允准发行银行券，以通用货币论。

【原案】沿革

《汉书·食货志》：文帝五年除盗铸钱令，使民放铸。贾谊谏曰，法使天下公得，顾租铸铜锡为钱，敢杂以铅锡③为他巧者，其罪黥。又曰，曩禁铸钱，死罪积下，今公铸钱，黥罪积下，是盗铸本死罪，放铸之后惟淆杂为巧者始当黥罪也。又，景帝纪六年定铸钱伪黄金弃市律，应劭注听民放铸律尚未除、盖至是始复旧制。

《唐律》：诸私铸钱者流三千里，作具已备未铸者徒二年，作具未备者杖一百。若磨错成钱，令薄小取铜以求利者，徒一年，

《元典章·户部六》：皇庆定例，伪造宝钞，首谋起意并雕板抄纸、收买颜料、书填字号、窝藏印造，但同情者皆处死，仍没其家产。两邻知而不首者，杖七十七；坊里正、主首、社长失觉察并巡捕军兵，各决四十七；捕盗正官及镇守巡捕军官，各决三十七。买使伪钞不分首从，初犯杖一百七、徒一年，再犯杖一百、决流远（刑法志作初犯一百七，再犯加徒一年，三犯科断流远）。又延祐新定，挑剜、补凑、描改宝钞，以真作伪，初犯依例杖一百七、徒一年，再犯断罪流远。两邻知而不首九十七，再犯加等科断。知情买使六十七，窝主同罪。坊里正、主首、社长并捕盗官吏及镇守兼捕军官军人失于觉察者，随事量情究治。又至元七年都省议得印造伪钞，未曾使用，比为首印造伪钞已成，减死一等。

元《刑法志》：诸伪造宝钞，印板不全，杖一百七，诸烧造伪银

---

① 1907年上奏之刑律草案原文为"以无期徒刑为最重之刑也"。

② 【原案】同。

③ 此处"铅锡"，《汉书·食货志》原文为"铅铁"。

者徒。

《明律》：凡伪造宝钞，不分首从及窝主若知情行使者，皆斩，财产并入官；里长知而不首者，杖一百；巡捕、守把官军知情故纵，与同罪。若将宝钞挑剜、补凑、描改，以真作伪者，杖一百、流三千里；为从及知情行使者，杖一百、徒三年。凡私铸铜钱者绞，匠人罪同；为从及知情一买使者，各减一等；里长知而不首者，杖一百。若将时用铜钱剪错薄小取以求利者，杖一百。若伪造金银者，杖一百、徒三年；为从及知情买使者，各减一等。

现行律无伪钞一条，其私铸条与明律同。而康熙定例为首及匠人加至斩决，为从及知情买使绞决，知情不首照为首例立斩。雍正三年将知情不首改绞决，地方官知情故纵者皆斩决。十一年又照强盗例分别法所难宥者立决，情有可原者发遣。乾隆五年将地方官改为斩候，十四年后节次修改为十千以上或虽不及十千而私铸不止一次为首及匠人斩候，为从及知情买使拟遣，受些微雇值挑水打炭及偶为买使满徒，不及十千复以递减。五十三年修并一条，地方官斩候之例亦即删去，较律虽重，而视康熙雍正之例稍轻。又康熙间现行例毁化制钱铸造私钱者，依私铸例，为首及匠人斩决，为从绞决。乾隆十八年将剪边图利者照私铸治罪，迨私铸之例改轻而私销之例未改，私销遂重于私铸矣。

【原案】注意

货币，指在中国有强制通用力（又谓之法定通用力）之真币（金、银、铜三等）及纸币（政府发行之金、银、铜票）而言，以下各条仿此。

第二项所谓行使者，以伪造货币作为真正货币之用也。意图行使而交付于人者，谓对于有意行使之人告以伪造之情，而交付之是也。告以伪造之情，虽非由自己充为真货之用，与狭义之行使有间，然已履使他人行使之第一阶级，故与行使者同等。

第三项经政府许可发行之银行券者，非政府自己所发行，乃经其许可而发行之银行纸币之谓。至于汇兑票等，则属第二百三十七条之范围，与本章无涉。

【修正】案语

此条各部省签注，邮传部谓银锭、银块皆为货物，伪造如不论罪，恐致逍遥法外，宜明定"伪造货物"一层。查银锭、银块并非货币实为货物，签注亦既知之本条以下罪名系言伪造内外货币之事，未便以此阑入致乖体例。使用假银锭、银块系属诈欺取财，或因诈欺而得财产上之利益，可照第三百八十一条分别处断，并非不论其罪，如谓现时我国银锭、银块在市面上与货币有同一之效用，则伪造使用之治罪两者亦应从同。不知新刑律施行之期尚需数年，而改定币制之议今似不必特立专条。且"伪造货物"字样包括甚广，若于本条加入，是伪造别项货物者，亦当同处本条之刑，按之情法，殊有未协。安徽谓应改为"凡伪造通用货币，不论已行、未行，但伪造既成者，处无期徒刑或二等以上有期徒刑"，而删去第二项，首句核与原案意义相同，惟依第十七条未遂罪处罚时，若用此文恐伪造既遂与行使未遂之关系，稍难分别，似不如仍用原案较为明显。至所引日本刑法现在已经废止，不得援以为据。两广谓应科死刑，查无期徒刑去死刑只差一间，可不必再行加重，原案注语业已声明理由，毋庸复叙。又此条至第二百三十三条，度支部谓宜轻罚伪造，重罚行使。两江谓二等以上有期徒刑究系如何情节，查两者刑罚之不应分轻重，约而言之，其理有二：一本罪之性质系侵害政府专有之造币权，伪造与行使实无所异，处断即应从同；二伪造之额数多而制法精者，与既经行使之额数少而制法粗者，危险更大。故不能谓伪造情节较行使为轻也。

【补笺】

货币有真币及纸币之分，真币又有正币及补助币之别。正币者，系一国之本位货币，除法定差额之外，名价与实价同额者也；补助币者，为民间小数支拂之便利起见，代正币使用之物品也。本章"货币"字样，概纸币及真币之正币、补助币而言。

伪造，指不法摹造而言。即无权利之人，摹造真物，而意图行使是也。关于伪造指标准，有两说：一以为无须模拟通用货币之真形，但能诱惑他人信为通用货币，即为伪造；一以为必须摹拟通用货币之真形，形不肖者，非伪造。按本罪之理由，在保障政府独有之造币权，并维持通用货币之信用，非顾私人之损害也。宜以第二说为是。至于诱惑他人信为通用货币，而致私人受损害之时，可依诈欺取财之规定罚之。

采用第二说以定罪，则伪造者须模拟通用货币之物质、形状、地色、文字、纹章等，本罪方得成立。使形状为圆，摹造者谓方，纹章为龙，摹造者为凤，不得为伪造罪。至于摹造之程度，以能欺罔普通人为标准。专门熟知货币者，无论能否欺罔，不能据以断罪也。

摹造物之实价劣于真货者为多，盖伪造者，无非为营利起见也。但本罪不以保护私人利益为理由，无论实价优劣如何，毫无影响于本罪之成立，此不可不注意也。

行使，指物充其用而言，即假物得收真物之效用是也。故将伪币交换物品而交付于他人时，即为行使既遂。然有时不须交付，仅使他人检阅之，即足以充货币之用也，于此情形，即以他人检阅之时为行使既遂。例如银行存币须经度支部之检阅是也。

交付，指与自己分离而移入他人所持有而言。交付与行使异，行使有欺罔之意，交付则与对手人通谋。

第二百二十六条①

凡伪造流通中国之外国通用货币者，处一等至三等有期徒刑。

行使自己所伪造流通中国之外国通用货币，及意图行使而交付于人者，亦同。

流通中国之外国银行券，以外国通用货币论。

【原案】 理由

流通中国之外国通用货币，乃中国律例未禁制其通行，而民间亦任意行使之外国资币，例如墨西哥、日本银元及兑换银行券等是也。此等货币之伪造，虽无损中国之信用，而于中国市面颇足扰害，是以科以前条次重之刑。

【修正】 案语

此条文词酌加修正。江苏、山东签注，前者以为刑罚过重，后者以为刑罚过轻，不知原案于中外之分轻重之际实已斟酌再四，俾情法两得其平，初非漫无区别也。邮传部签注为本条仍宜加以"货物"字样，并称"流通"字上宜加"曾经"二字。查"货物"二字不宜加入之理由，前条业经声明。原案所称流通者系专指当时流通之货币而言，至货币以外之物按照本条并无保其信用之必要，"曾经"二字无须加入。至所称中国于发行流通中国银行券之外国银行不可不求所以监督执法，此则关于外交政策及银行法之研究，并不属于刑律之范围，应请毋庸置疑。

【补笺】

流通与通用异。通用者，法律上强制其为交换手段之谓，即私人授受

---

① 【原案】第一项作"处三等以上有期徒刑"，余同。

间，双方不得拒绝是也。流通者，指私人任意为交换手段而言。对于伪造外国通用货币之犯人，其处罚较轻于伪造内国通用货币之犯人，以其仅为维持货币之信用，于政府独有之造币权无与也。

第二百二十七条

凡意图行使而减损金银币之分量者，处三等至五等有期徒刑。其行使及意图行使而交付于人者，亦同。

减损流通中国之外国金银币之分量者，处四等以下有期徒刑或拘役。其行使及意图行使而交付于人者，亦同。

【原案】沿革

明律、现行律附见第二百二十四条。

【原案】理由

减损贵金属货币之事，各国皆有之，于法制名曰变造。本案特指摘其行为之外形，而以本条拟定其刑。

【修正】案语

此条文词酌加修正。两广签注以处三、四等有期徒刑为过轻。查此项理由业于分则总叙第四声明，毋庸复叙。且旧律原文将时用铜钱剪错薄小取铜以求利者，杖一百，与此相衡已加重矣。

【补笺】

减损，指削少真币之分量而言。若削少之程度达于丧失真货之外形，即为破坏，例不处罚。盖所有者自由处分之权，处分者使用收益抛弃之谓。破坏真币则真币不复为用，是抛弃也，故不为罪。至于破坏之以为摹造之材料者，即为伪造，不得以减损论。

第二百二十八条①

凡意图行使，收受他人所伪造之通用货币者，处一等至三等有期徒刑。其收受后行使及意图行使而交付于人，或自外国贩运者，处无期徒刑或二等以上有期徒刑。

其所收受系伪造流通中国之外国货币者，处二等至四等有期徒刑。

其收受后行使及意图行使而交付于人，或自外国贩运者，处一等至三等有期徒刑。

---

① 【原案】第一项、第二项均作"处三等以上有期徒刑"，余同。

【原案】 注意

第二百二十四条伪造货币已行、未行，其刑同等，本条分别已行、未行者，因收受他人伪造货币与自己伪造有间，故刑较彼条为轻。至行使之后，则不论为他人伪造、自己伪造，厥害维均，故科以彼条同一之刑也。

【修正】 案语

此条文词酌加修正。两江签注疑第二项"二等"系"三等"之误，此因原案第二百二十五条系"三等以上有期徒刑"，遂致误会。本条固无误也。

【补笺】

收受，指取得持有权而言，不论有偿无偿并适法与不适法，凡一切取得持有之行为，皆收受也。有偿如以粟帛交换之类，无偿如受赠之类。适法如买卖赠予之类，不适法如诈取窃取之类。

收受既不问适法与否，若系窃取时，以收受论乎，亦以窃取论乎，不然以俱发罪论乎？或谓伪造或减损指货币，法律原不保护，窃取者无罪，宜以收受论。或谓窃取罪之成立，非侵犯所有权，实为侵犯持有权，故凡物之持有者，法律上皆保护之，并不问持有之原因也，宜以窃取论。或谓总则第二十六条已有规定，宜以俱发罪论。揆之法理，第三说为最当。

第二百二十九条①

凡意图行使，收受他人所减损分量之金银币者，处四等以下有期徒刑或拘役。其收受后行使或意图行使而交付于人，或自外国贩运者，处三等至五等有期徒刑。

其所收受系减损分量流通中国之外国金银币者，处五等有期徒刑或拘役。其收受后行使及意图行使而交付于人，或自外国贩运者，处四等以下有期徒刑或拘役。

第二百三十条②

凡收受后方知为他人伪造之货币或减损分量之金银币，而仍行使或意图行使而交付于人者，处其价额三倍以下、价额以上罚金。若三倍之数未达五十元，处五十元以下、价额以上之罚金。

---

① 【原案】第一项"处四等以下有期徒刑"下无拘役一项，"自外国贩运者"下作"处三等或四等有期徒刑"，余同。

② 【原案】同。

【原案】理由

自第二百二十七条至第二百二十九条，皆指收受者而言。知情收受伪造或减损之货币而行使，其情比伪造为轻，收受后方知情而仍行使，其情更轻，故胪列三条，而递宽其刑之等差也。

【修正】案语

度支部签注以末段所定五十元额数为过高。查本条之规定，系于五十元以下、一元以上之范围内宣告与罪名相当之额数判决其罪，似不必拘泥算数谓为过高。两江签注谓宜删去"价额以上"四字，不知删此四字，则凡行使伪货一千元者亦得宣告一元之罚金矣。刑之轻重未能平允，应请仍循其旧。

【补笺】

前二条系知情收受，其处罚与伪造、减损，轻重无差。因有此知情收受之人，则伪造减损之行为，将由此愈炽也。本条系收受后方知情，知情而仍行使，实为减免误收之损害起见，其请似属可原。而必以罚金者，盖值此情形应报告官厅，治之以法，乃计不出此，仍为行使之行为，不但有害对手人之利益，且有使罪人不得发现之害也。

第二百三十一条①

第二百二十五条至第二百二十九条之未遂罪，罪之。

第二百三十二条②

凡意图伪造通用货币、减损金银币分量，而预备各项器械或原料者，处三等至五等有期徒刑。

第二百三十三条③

因犯本章之罪，应宣告二等有期徒刑以上之刑者，褫夺公权，其余得褫夺之。

【修正】案语

此条文词酌加修正，并将"但犯第二百二十九条之罪者，不在此限"二句节删。

---

① 【原案】同。
② 【原案】义同。
③ 【原案】但书删去，余义同。

第十八章　伪造文书及印文罪

本章所谓公私文书、图样、印文、署名及印者，皆有关律例上权力、权利义务或事实上证据之用者而言，其余私家撰述不在此列。

（删）第二百三十四条①

凡伪造制书者，处无期徒刑或一等有期徒刑。

行使伪造之制书，或意图行使而交付于人者，亦同。

【原案】 沿革

《汉书·功臣表》：浩侯王恢坐使酒泉矫制害，当死，赎罪免。如淳曰：律，矫诏大害，腰斩，有矫诏害、矫诏不害。

《唐律》：诸诈为制书者，绞（口诈传及口增减亦是）。夫施行者，减一等。其收捕谋叛以上，不容先闻而矫制有功者，奏裁。无功者，流二千里。

宋《刑统赋解》诈伪律，若诈伪制书及有所增减者，绞。若口诈传者，与诈造者无异。

元《刑法志》：诸妄增减书者处死，诸近侍官辄传上旨者，杖一百七，除名不叙。

《元典章·刑部十四》断例，诈传制书，犯人流远。诈令旨，犯人八十七。

《明律》：凡诈为制书及增减者皆斩，未施行者绞。传写失错者，杖一百。凡诈传诏旨者斩，皇后懿旨、皇太子令旨、亲王令旨者，绞。

现行律于诈传诏旨条删"亲王令旨"四字，余与明律同。

【修正】 案语

此条各省签注，江苏、江西、湖南、河南均谓应科死刑。查伪造制书及行使者情节固重，然较之犯内乱、外患等罪亦稍有区别，处以无期徒刑或一等有期徒刑已足示惩，似不必再行加重。安徽欲于伪造之下加"增减"二字，并设行使伪造文书因而诈取财物之例。查增减文字即伪造中之一事，二字无关紧要，可不加入。至行使伪造文书因而诈取财物，有犯应援用第三百八十一条，依总则第二十六条从重处断，毋庸另立专条。

---

① 【原案】同。

【补笺】

本条之制书，第二百三十五条之公文书（公图样亦同）、第二百三十六条之特定公文书（即文凭、执照、护照）、第二百三十七条之有价证券、第二百三十八条之私文书（私图样亦同）、第二百三十九条之特定私文书（诊断书、检索书、死亡证书），此六种在学理上统谓之文书。

文书者，定着文字于有体物之上，而表明其思想，可以供证据之用者也。所谓文字，亦有以符号代用之者，例如电信所用之符号，及盲人所用之符号，皆是此等符号。如有一定法则，以为多数人代表思想之用者，除纯然之绘画外，在刑律须以文字论。惟绘画之效用与文书相同者，刑律中以"图样"两字规定之。所谓定着于有体物上者，不论物质即方法如何，如纸绢上以笔墨写之，或布帛上以染织为之，或金石竹木等由雕刻出之者皆是。所谓表明思想者，指叙述一定权利义务即事实之存否与其范围之广狭而言。仅表明姓名之名法，记载诗歌之书幅，指示号数之木牌等，皆非表明思想者，不得谓之文书。所谓供证据之用者，指该文书所有体裁足以证明权利义务或事实而言，不问作成之时有无供证据之用之意思也。

伪造文书罪之成立，有两问题。第一，权利义务或事实为构成文书之内容，所谓伪造，必须内容系属虚构乎，亦不问内容之虚实，仅指其形式而言乎。前者例如甲乙本无债权债务关系，而甲假造乙之借金证书，内容与形式均伪也；后者如乙皆甲金，而甲摹造乙之借金证书，内容实而形式伪也。此二说宜以后者为是，至于前例，内容既虚，形式自伪，即概于后说之中矣。

第二，文书所揭各事宜，虽不系该文书应证明者，是否伪造罪乎？例如借金证书，双方姓名、金额、利率及履行期限等为该文书应证明者，其双方当事者之家族非该文书应证明者之类是也。此宜察其情节而定之。若所伪造者全无利害关系，则不为罪。

行使伪造文书，指以伪造文书充真文书之用而言。行使既遂至标准，在已得伪造利益之时乎，抑仅在证明之时乎？例如甲乙本无借贷关系，而甲假造乙之借据，以既得讹造之金钱为标准，亦以提出假据于对手人时为标准之类是也。按本罪成立，在证明文书所揭之权利义务或事实，虽未得伪造指利益，若已提出而证明之，即不得以本罪论。若已得利益时，则比较各本条应照第二十六条处断，但有当注意者二：第一，由公署保存之文书，若依定例既经定时，虽未提出证明，亦为既遂；第二，以伪造文书供证明权利义务或事实之用者，虽仅提示于第三者之时，亦为既遂。

本条"制书"字样，须参照第八十一条之规定，非关于政务者亦在其内。

第二百三十五条①

凡有下列行为者，处二等至四等有期徒刑：

一、伪造公文书或图样者。

二、行使伪造之公文书或图样，或意图行使而交付于人者。

三、吏员明知虚伪之事实而据以制作所掌文书、图样，或行使此种文书、图样或意图行使而交付于人者。

四、申告虚伪之事实而使吏员制作所掌文书、图样，及行使此种文书、图样，或意图行使而交付于人者。

【原案】沿革

《唐律》：诸诈为官文书及增减者，杖一百；有所规避，徒罪以上各加本罪二等；未施行各减一等。即主司自有所规避，违式造立及增减文案，杖罪以下杖一百，徒罪以上各加所避罪一等（造立即坐）。若增减以避稽者，杖八十。

《元典章·刑部十四》断例，伪造官文书，伪县引，首六十七，从五十七。又行省令史诈传省官钧旨，犯人五十七，罢役，别行求仕。

《明律》：诈伪将军、总兵官、五军都督府、六部、都察院、都指挥使司、内外各卫指挥、守御紧要口隘千户所文书，套画押字、盗用印信及空纸用印者，皆绞。察院、布政司、按察司、府州县衙门者，杖一百、流三千里。其余衙门者，杖一百、徒三年。未施行者，各减一等。若有规避，事重者从重论。若诈传一品、二品衙门官言语于各衙门分付公事，有所规避者，杖一百、徒三年。三品、四品衙门官言语者，杖一百。五品以下衙门官言语者，杖八十。为从者各减一等。若得财，计赃，以不枉法。因而动事曲法者，以枉法各从重论。

现行律于诈为制书条"将军、总兵官"等二十三字改为"六部、都

---

① 【原案】本条系两条，今并为一。一、二项原案：凡伪造公文书或图样者，处二等至四等有期徒刑。行使伪造之公文书或图样，或意图行使而交付于人者，亦同。三、四项原案：凡吏员明知虚伪之事实而据以制作所掌文书、图样，或行使此种文书、图样，及意图行使而交付于人者，皆照前条之例断。其申告虚伪之事实而使吏员制作所掌之文书、图样，或行使此种文书、图样，及意图行使而交付于人者，亦同。

督院、将军、督抚、提镇",其"千户所"三字改为衙门,余与明律同。

《明律》诈为制书及诈传诏旨条,当该官司知而听行,各与同罪(至死减一等),不知者不坐。

现行律同。

【原案】理由

本条第三、四项所揭之行为,在刑法学上谓之为无形之伪造。其第三项所揭系吏员本身之行为,第四项所揭系申告之人朦混吏员之行为。一则事实非自造而文书等系自造,一则文书等非自造而事实系自造。第观其表面,文书等项均出自有制作资格之人,而论其内容实为虚伪而已,故曰无形之伪造。此其可罚之情节,与伪造无分轻重,故其刑亦与有形之伪造同(第二项之情形罪坐中人,吏员不坐)。第二百三十九条系私文书之无形伪造罪也。

【修正】案语

本条原案本系二条,今并为一,并将文词酌加修正。原案第二百三十四条,两广签注以诈为部院等衙门文书、盗用印信者皆绞,诈为司府州县文书者满流,今统定以二等至四等有期徒刑且未因风宪衙署而从重,此项理由业于分则总叙第四声明,毋庸复叙。原案第二百三十五条,江西签注谓吏员有办事之权应负办事之责。本案定为吏员不坐,于理未协。查吏员如系知情制作文书,应依本条第一项处断自不待言。原注所指乃系不知情者,按律不应加刑,惟可视其情节之重轻予以惩戒之处分。本条初无不协之处,拟请仍循其旧。

【补笺】

公文书指吏员及公署所制成之文书而言,参照第八十四条。

第二百三十六条①

凡以虚伪之事实陈告于吏员而使交付文凭、执照、护照,及使为不实之登载者,处五等有期徒刑、拘役或一百元以下罚金。

【原案】理由

本条所载不过前条第二项无形伪造之一种,然为情轻之公文书,故特分列专条。

---

① 【原案】义同。

【修正】案语

此条文词酌加修正。两广签注谓文凭、执照名器攸关，似须加重。至记载不实，若有关军国者未便从宽，以杜捏造谣言、摇惑人心之弊等语。查文凭、执照虽为名器所关，惟伪领究与伪造不同，情节较轻，未便再行加重。若捏造谣言、摇惑人心，自各有本律可循，并不在此条范围之内，应请毋庸置疑。

【补笺】

文凭、执照、护照，均属公文书。本罪系以欺罔或诱惑之手段，使吏员交付此等公文书，或为不实之记载，其危害尚小，故处罚较轻。

第二百三十七条①

凡伪造有价证券者，处二等至四等有期徒刑。

行使伪造之有价证券，或意图行使而交付于人，或自外国贩运之者，亦同。

【原案】理由

有价证券者，其证券关系于债权之发生、存续、转移、消灭者之谓。例如汇兑票、期票、支票、栈单、船单之类，其便于流通，殆与纸币相近，其伪造、行使之处分应重于伪造、行使寻常私文书，而轻于伪造、行使纸币，并本案所采之方针也。

【修正】案语

两广签注谓有价证券究系民间所立，与官立者不同，今处二等至四等有期徒刑，与伪造文书之罪相等，未免公私无别、较重失宜。查制定刑律应以贻害社会之大小为断，不当以公私分别重轻，久为东西各国之通例，故科以同一之刑，实为折中定制。两江签注以为宜改"二等"为"三等"，不知此条系为维护社会起见，若改为三等有期徒刑不足以惩儆也。

第二百三十八条②

凡伪造私文书、图样，足以证明他人权利、义务事实者，处三等至五

---

① 【原案】同。

② 【原案】凡伪造可以证明他人权利、义务事实之私文书或图样者，处三等以下有期徒刑。行使伪造他人之私文书或图样，及意图行使而交付人者，亦同。第三项原案：凡对于他人可以证明权利、义务事实之自己私文书，为虚伪之记载或行使，及意图行使而交付于人者，照前条之例处断。

等有期徒刑。

行使伪造之他人私文书、图样，及意图行使而交付人者，亦同。

对于他人足以证明权利义务事实之自己私文书、图样为虚伪之登载，或行使此种文书、图样，及意图行使而交付于人者，皆依前两项处断。

【原案】注意

可以证明事实之私文书，虽无证明权利、义务之效力，而足以证明一定之事实，例如寻常人所制日用账簿之类是也。凡其伪造可以充证明之用者，即不可不加以刑。

【修正】案语

此三项原案本系二条，今并为一，并将文词酌加修正。两广签注谓日用账簿之类且为文书似有未协，不如直称为伪造他人账簿项较为切实。查账簿字据依法理解释皆可且为文书，故加一"私"字以示与官书有别。至原签所拟修正意见似于原案意义有所误解，应请毋庸置疑。

第二百三十九条①

凡医师、检验吏于出具他人之诊断书、检案书、死亡证书，为虚伪之登载者，处四等以下有期徒刑、拘役或三百元以下罚金。

其嘱托或行使，及意图行使交付于人者，处拘役或五十元以下罚金。

【原案】沿革

《唐律》：诸医违方诈疗病而取财物者，以盗论。诸有诈病及死伤受使检验不实者，各以所欺减一等。若实病死及伤不以实验者，以故入人罪论。

《明律》：仵作、行人检验不实，符同尸状者，罪亦如之（即上文吏典杖八十之罪）。因而罪有增减者，以失出入人罪论。若受财故检验不实者，以故出入人罪论。赃重者，计赃，以枉法从重论。

现行律与明律同。

【原案】注意

诊断书即病结及脉案，检案书即尸格，死亡证书指定患者因何疾而死之书也。

【修正】案语

此条文词酌加修正。各省签注，两广谓应分别为失误为故捏，江西谓

---

① 【原案】无"检验吏"，余同。

应按现行律以故出入人罪论。查本条所揭之罪系指为徐位置登载及嘱托或行使者而言，若系失误当依总则第十三条处断，且并非规定虚伪鉴定罪名较故出入人罪者稍有不同，然已包有故出入人罪之义。两江以为第二项之罪宜加五等有期徒刑一层，惟嘱托行使及意图行使究较自为虚伪者，情节为轻处以拘役、罚金已足以示惩，似不必再行加重。至两广、两江均谓宜加件作一项，查前经法部奏准各省设立检验吏优予出身，是件作名目已须更易，兹查照增入检验吏一项以资引用。

（改正）第二百四十条[①]

凡伪造公私印文[②]、署押，或盗用者，依伪造公私文书各条分别处断。

其行使伪造之公私印文、署押，或滥用真正之物者，依行使伪造之公私文书各条分别处断。

【原案】沿革

《唐律》：诸伪造皇帝八宝者，斩；太皇太后、皇太后、皇后、皇太子宝者，斩；皇太子妃宝，流三千里。（伪造不录所用，但造即坐）。诸伪写官文书印者，流二千里，余印徒一年。（写谓访效而作，亦不录所用）即伪写前代官文书印有所规求封用者，徒二年。诸伪写官殿门符、发兵符、传符者，绞；使节及皇城门、京城门符者，流二千里；余符，徒二年。诸以伪宝印符节及得亡宝印符节假人，若出卖及所假若买者封用，各以伪造写论。即以伪印印文书施行，若假与人及受假者施行，亦与伪写同。未施行及伪写印符节未成者，各减三等。诸盗用宝印符节封用，即所主者盗封用及以假人，若出卖所假及买者封用，各以伪造写论。主司不觉人盗封用者，各减封用罪五等，印又减二等。即事直及避稽而盗用印者，各杖一百。事虽不直，本法应封用印而封用者，加一等。主司不觉，笞五十，故纵者，各与同罪。

元《刑法志》：诸主谋伪造符宝及受财铸造者，皆处死；同情转募工匠及受募刻字者，杖一百七。伪造制敕者，与符宝同。

《元典章·刑部十五》断例，伪造省印、敕牒，为首处死，余人杖断。伪造税印，但犯八十七。伪造印信，县印首六十七、从五十七，行省

---

① 【原案】义同。
② 此处原文为"凡伪造公文私印文"，中间多"文"字。

印一百七。

《明律》：凡伪造诸衙门印信及时宪书（三字避讳，据现行律）、符验、夜巡铜牌、茶盐引者，斩。有能捕告者，官给赏银五十两。伪造关防、印记者，杖一百、徒三年。告捕者，官给赏银三十两。为从及知情行用者，各减一等。若造而未成者，各又减一等。其当该官司知而听行与同罪，不知者不坐。

现行律印信下改为"时宪书"三字，又删去"夜巡铜牌"四字，余与明律同。

【修正】案语

此条文词酌加修正。两江、江西、湖南、两广、河南签注均以为伪造御玺、国玺者应科死刑，查本条所犯之罪情节固重，然较俱犯内乱、外患者似宜稍有区别，可不必再行加严。

【补笺】

印者，指由本人辨识当该事实之符号而言。质言之，关于文书及其他物件，证明为本人作成或所有或阅看等事实之符号是也。有"印"与"印文"之别，印文即用印所现出之符号是也。刑律上印文应于文书同视，故本条罪名悉照以上各条处断。印亦曰印伙，即用以现出符号之器具是也，伪造印伙，其情节较轻于印文，故以下各条，伪造印伙之刑较本条为轻。

（删）第二百四十一条①

凡伪造御玺、国玺者，处一等至三等有期徒刑。

【修正】案语：前条系定伪造（御玺、国）玺之文及盗用滥用者之罪，若伪造御玺、国玺有犯，碍难援引，是以续纂此条以资遵守。

第二百四十二条②

凡伪造公印者，处三等至五等有期徒刑。

【修正】案语

此条刑名酌加修正，并照两江、两广签注将私印剔出另立一条，以示区别，而将原案"制作"二字改为伪造，俾免疑误。

---

① 【原案】无。
② 【原案】凡以不正行使之宗旨而制作公印或私印者，处四等以下有期徒刑、拘留或三百元以下罚金。于未行使前能自破坏或自首者，免除其刑。

第二百四十三条

凡伪造私印者，处四等以下有期徒刑、拘役或三百元以下罚金。

【原案】 注意

凡以印文及印供公私证据之用，中国及日本较之欧美各国为盛行。然按日本刑法，其伪造、行使之规定与文书有别，于印文及印之区别则不甚明晰。今据法理而论，印文者镌一定文字之文书也（现日本刑法以"图样"与"文书"同论），故本案于此定为"以文书论"。况用为证据以坚定信用之效力者，此非印，乃印文也，此印文与印之所以区别也。

盗用，谓以不正而钤押真正之印文，并非盗窃印件；滥用印文，谓以钤押真正印文而为不正之行使；盗用署名，谓使人署名于非本意之文书；滥用署名，谓将人署名证明非是人本意之事实是也。

【修正】 案语

此条系从原案第二百四十二条分出。

【补笺】

第二百四十条伪造印文、第二百四十一条至本条伪造印伙，皆指不法摹造而言。本罪成立，不必模拟真正印文印伙。虚因架空文字纹章，足以使他人误认为真者，即不可不罚。故本罪之伪造，与伪造货币之伪造，解释不同。

（改正）第二百四十四条①

本章之未遂罪，罪之。

意图行使而收受伪造、盗用、滥用之公私文书、印文、署押、公私印者，各依本条，以未遂罪论。

【修正】 案语

此条第二项文词酌加修正。两广签注内称本条第二项之罪宜以前条之从犯论，系误解原案意义。查本条第二项非共犯之规定，乃因预备与未遂有稍涉疑似之处，故设此规定以明其为未遂也。

参照原案第二百四十三条。

第二百四十五条②

犯本章之罪，应宣告二等有期徒刑以上之刑者，褫夺公权，其余得褫

---

① 【原案】第一项同。（第二项作）"以行使之宗旨而收受本章所揭伪造、盗用、滥用之文书、公私文书、印文、署名或公私印者，各依本条以未遂罪论"。

② 【原案】义同。

夺公权之。

【修正】案语

两广签注以此章全系诈伪概应被褫夺公权，似不必再分全部、一部。查公权之被夺与否，应据罪案轻重规定之外，并宜审查犯人之性质以为决定。若概予褫夺与原案之主义不合，且非持平之道也。

第十九章　伪造度量衡罪

度量衡之正确与否，与本国之农工商业及此外一切事宜关系至钜。故欧美各国及日本皆政府制作而使民间贩卖，或民间制作经政府查验之后始许贩卖。中国现奉明谕较勘度量衡之制，则私造度量衡（第二百四十五条）及持有不合之度量衡而使用之于业务上者，自应有一定之制裁，以收齐一之效，此本章之所由设也。

第二百四十六条[①]

凡意图行使、贩卖而制作违背定程之度量衡，或变更真正度量衡之定程者，处四等以下有期徒刑或拘役，并科三百元以下罚金。

知情而贩卖不平之度量衡者，亦同。

【原案】沿革

《唐律》：诸校斛斗称度不平，杖七十，监校者不觉，减一等，知情与同罪。诸私作斛斗称度不平而在市执用者，笞五十，因而增减者，计所增减准盗论。即用斛斗称度出入官物而不平，合有增减者坐赃论，入己者以盗论。其在市用斛斗称度虽平而不经官司印者，笞四十。

《元典章·刑部十九》断例，禁私斛斗秤尺，犯人决五十七，止坐见发之家。亲民司县正官禁治不禁，初犯罚俸一月，再犯决二十七，三犯别议。亲民州郡与县同路府州县达鲁花赤长官，不为用心提调，初犯罚俸二十日，再犯别议定罪。元《刑法志》同。

《明律》：凡私造斛斗秤尺不平在市行使，及将官降斛斗秤尺作弊增减者，杖六十，工匠同罪。若官降不如法者，杖七十。提调官失于校勘者，减一等。知情与同罪。其在市行使斛斗秤尺虽平，而不经官司较勘印烙者，笞四十。若仓库官吏私自增减官降斛斗秤尺收支官物而不平者，杖一百。

---

① 【原案】义同。

以所增减物计赃重者，坐赃论。因而得物入己者，以监守自盗论。工匠杖八十。监临官知而不举者，与犯人同罪。失觉察者，减三等，罪止杖一百。

现行律与明律同。

【修正】案语

此条文词酌加修正。各部省签注，邮传部谓原案所称不平之处其意旨不与法相当，而不平与不法两者意义迥异。查不平与不法两者意义迥不相同，原案所称不平即系违背定规之意，并未与不法同规；两江谓他国未有并科罚金之例，其额数亦过多，安徽谓亦设受人嘱托而伪造之明文。查原案并科罚金之罪系对于意图收受不法利益之人而设，故并科罚金预为儆戒不敢犯，不宜以他国所无为此例且有以下各条额数亦不虑过多。至此种人犯属本罪之共同正犯，尽可据本条及第二十九条处断，毋庸设立专条；山西以为本章规定俟度量衡有定制后再议实行。夫斛斗秤尺旧制应由官降，因循既久，遂等具文，是尽缘于奉行之不力，初非制度之不定。现在度量权衡局已由度支部奏准开办，则本章之规定自不可少。湖南谓宜加入"权"字，不知本附录于衡，故一言衡而权已在其中，且《书》言：同律度量衡准之，于古尤非无征，似不必更加"权"字也。

【补笺】

违背定程，指度量衡之数目与法定数目有异者而言。

第二百四十七条①

凡业务上常用度量衡之人，知其不平而私藏者，处拘役或五十元以下罚金。

其行使不平之度量衡而得利者，以诈欺取财论。

【修正】案语

本条第一项文词酌加修正，并照两广签注删去五等有期徒刑。

第二百四十八条

凡意图行使、贩卖未受公署之允准而制作度量衡者，尚未违背定规者，处三十元以下罚金。若贩卖者，处卖价二倍以下、卖价以上罚金。其二倍之数未达五十元，处五十元以下、卖价以上罚金。

---

① 【原案】"凡业务上常用度量衡之人，知其不平而持有者，处五等有期徒刑、拘留或一百元以下罚金"，下同。

第二百四十九条①

第二百四十六条之未遂罪，罪之。

【修正】案语

此条依重定次序修正。

第二百五十条②

犯第二百四十六条之罪者，得褫夺公权。

第二十章　亵渎祀典及毁掘坟墓罪

中律祀典向隶《礼律·祭祀》，凡丘坛、寺观俱赅于内。查各国刑法，宗教特立一门，盖崇奉神明之意，中外同此一理。既根于全国之习惯，即为社会秩序所关系，故仍设为专章。至各国正教亦附于后，以符信教自由之原则。

发掘坟墓，大率利其棺内财物，自唐以后俱列贼盗。然就广义言之，或挟仇示辱、或贪图吉壤、或指称旱魃，原因复杂，不仅财物一项。兹从各国通例，移辑本章之后。

【修正】案语

此两章两广签注以现行律祀典属之礼律，盗墓属之刑律，仍须分别两章。查祀典为崇奉神明之礼，坟墓为安藏体魄之区，事实因有不同而属于宗教之信仰，初无二致。现行律例承明之旧，分列六曹，故祀典与盗墓隶于礼刑二门，本借修订六律之名业已奏准删除，自难仍循旧制，本章之规定系为保护宗教之信仰而设，关于祀典之罪与关于坟墓之罪，行为虽异，损害则同，合为一章，似无窒碍，即如放火、决水本系两事，而对于公共之危险无殊不分两章，亦其例也。

第二百五十一条③

凡对于坛庙、寺观、坟墓及其余礼拜所，有公然不敬之行为者，处五等有期徒刑拘役或一百元以下罚金。

其妨害葬礼、说教、礼拜，其余宗教上之会合者，亦同。

---

① 【原案】同。
② 【原案】义同。
③ 【原案】义同。

【原案】沿革

《汉书·功臣表》：牧邱侯石德坐为太常失法罔上，祠不如令，完为城旦。

《唐律》：诸盗毁天尊像、佛像者，徒三年。即道士、女官盗毁天尊像，僧尼盗毁佛像者，加役流。真人菩萨，各减一等。盗而供养者，杖一百。诸弃毁大祀神御之物，若御宝乘舆服物及非服而御者，各以盗论。亡失及误毁者，准盗论减二等。诸大祀丘坛将行事，有守卫而毁者，流二千里。非行事日，徒一年。壝门各减一等。诸毁人碑碣及石兽者，徒一年。即毁人庙主者，加一等。其有用功修造之物而故毁损者，计庸坐赃论，各令修立。误损毁者，但令修立，不坐。

元《刑法志》：诸为僧窃取佛像腹中装者，以盗论。

《明律》：凡大祀丘坛而毁损者，杖一百、流二千里。壝门减二等。若弃毁大祀神御之物者，杖一百、徒三年。遗失及误毁者，各减三等。

现行律与明律同。

【原案】注意

坛庙寺观，指载列祀典或志乘者而言；礼拜所，凡回教及各国正教载在约章，应行保护之礼拜堂均是。他如淫祠邪教，本所严禁，自难援用。

【修正】案语

此条文词酌加修正。各省签注，湖南、两广均以为坛庵、寺观、墓所、礼拜所科罪宜有区别，此项理由业于分则总叙第五声明，毋庸复叙。两广又谓墓所是否指古昔帝王陵寝及名贤祠墓而言，或泛指常人坟冢，至礼拜所乃回教及外国教堂，非坛庵可比，似宜别列保护之条。查"墓所"二字意义至广，除有特例外，一切皆包括在内，其余礼拜所系指祭祀行礼之地，初不专指教堂。且立宪国政体民人信教应听其便，苟其宗教为法律所不禁，即当与以同等之保护，似毋庸别立专条，以示一视同仁之意。

【补笺】

信教自由，各国皆载在宪法，乃臣民之权利也。本条不论宗教种类如何，或奉道教，或信佛教，或归依耶稣教，凡对之有不敬之行为，皆保护之，非专以保护宗教为理由也，盖此等紊乱信教上之秩序之行为不罚之，无以饬风纪也。

第二百五十二条①

凡损坏、遗弃、盗取尸体者，处二等至四等有期徒刑。若损坏、遗弃、盗取遗骨、遗发及殓物者，处三等至五等有期徒刑。

【原案】注意

死体未脱化者，与单纯之人骨不同。遗骨及遗发，可代死体埋葬、礼拜及其余宗教上崇为仪式者均是。

【补笺】

尸体，指人类之死体，其筋络尚未分离者而言。既分离者，称为遗骨或遗发。若全然化为石灰土泥者，不在"尸体""遗骨""遗发"字样之内。

我国习惯不重视婴儿及童稚之尸体与遗骨，本章虽未明揭，以法理推之，当包括此等字样之中，盖自独立呼吸后即为人类也。

第二百五十三条②

凡损坏、遗弃、盗取尊亲属尸体者，处无期徒刑或二等以上有期徒刑。

凡损坏、遗弃、盗取尊亲属遗骨、遗发及殓物者，处一等至三等有期徒刑。

第二百五十四条③

凡发掘坟墓者，处四等以下有期徒刑、拘役或三百元以下罚金。

第二百五十五条④

凡发掘尊亲属坟墓者，处二等至四等有期徒刑。

第二百五十六条⑤

凡发掘坟墓而损坏、遗弃、盗取尸体者，处一等至三等有期徒刑。

若发掘坟墓而损坏、遗弃、盗取遗骨、遗发及殓物者，处二等至四等

---

① 【原案】凡损坏、遗弃或盗取死体、遗骨、遗发或棺内所藏之物者，处三等以下有期徒刑。若损坏、遗弃或盗取尊亲属之死体、遗骨、遗发或棺内所藏之物者，处二等以上有期徒刑。

② 【原案】见上。

③ 【原案】凡发掘坟墓者，处四等以下有期徒刑。若发掘尊亲属之坟墓者，处三等或四等有期徒刑。

④ 【原案】见上。

⑤ 【原案】凡发掘坟墓而损坏、遗弃或盗取死体、遗骨、遗发或棺内所藏之物者，处二等或三等有期徒刑。若发掘尊亲属坟墓而损坏、遗弃或盗取死体遗骨、遗发或棺内所藏之物者，处无期徒刑或二等以上有期徒刑。

有期徒刑。

【原案】 沿革

《唐律》：诸残害死尸（谓焚烧、支解之类）及弃尸水中者，各减斗杀罪一等（缌麻以上尊长不减）。弃而不失及髡发若伤者，各又减一等。即子孙于祖父母、父母，部曲、奴婢于主者，各不减。诸穿地得死人不更埋，及于塚墓熏狐狸而烧棺椁者，徒二年。烧尸者徒三年。缌麻以上尊长各递加一等，卑幼各依凡人递减一等。若子孙于祖父母、父母，部曲、奴婢于主坟塚熏狐狸者徒二年，烧棺椁者流三千里，烧尸者绞。诸发塚者，加役流（发彻即坐，招魂而葬亦是）。已开棺椁者绞，发而未彻者徒三年。其塚先穿及未殡而盗尸柩者，徒二年半，盗衣服者减一等。器物砖版，以凡盗论。

《元典章·刑部十二》断例，已发坟塚比同窃盗，开棺见尸比同强盗，残毁尸首同伤人论，依例刺字（元《刑法志》无"依例刺字"四字而有仍于犯人家属征烧埋银一层）。子孙掘祖宗坟内财物，虽是自首，亦行没官。子孙发掘祖宗坟塚，盗取财物，货卖茔地，验所犯轻重断罪。移弃尸骸不为祭祀，同恶逆结案。买地人知情，减犯人罪二等，不知情临时详决。

元《刑法志》：诸挟仇发塚盗弃其尸者，处死。诸发塚得财不伤尸，杖一百七、刺配。诸盗发诸王、驸马坟寝者，不分首从，皆处死。看守禁地人杖一百七，三分家产一分没官，同看守人杖六十七。

《明律》：凡发掘坟塚见棺椁者，杖一百、流三千里；已开棺椁见尸者，绞；发而未至棺椁者，杖一百、徒三年（招魂而葬，亦是）。若塚先穿陷及未殡埋而盗尸柩者，杖九十、徒二年半；开棺椁见尸者，亦绞。其盗取器物、砖石者，计赃准凡盗论，免刺。若卑幼发尊长坟塚者，同凡人论；开棺椁见尸者，斩。若弃尸卖坟地者，罪亦如之。买地人、牙保知情者，各杖八十，追价入官，地归同宗，亲属不知者不坐。若尊长发卑幼坟塚，开棺椁见尸者，缌麻杖一百、徒三年，小功以上各递减一等。发子孙坟塚开棺椁见尸者，杖八十。其有故而依礼葬者，俱不坐。若毁他人死尸及弃尸水中者，各杖一百、流三千里；若毁弃缌麻以上尊长死尸者，斩；弃而不失及髡发若伤者，各减一等。缌麻以上卑幼，各依凡人递减一等。毁弃子孙死尸者，杖八十。其子孙毁弃祖父母、父母及奴婢、雇工人毁弃家长死尸者，斩。若穿地得死尸不即掩埋者，杖八十。若于他人坟墓熏狐狸因而烧棺椁者，杖八十、徒二年。烧尸者，杖一百、徒三年。若缌麻以上尊长各递加一等，卑幼各依凡人递减一等。若子孙于祖父母、父母及奴婢、雇工人于家长坟墓熏狐狸者，杖一百。烧棺椁者杖一百、徒三年，烧尸者绞。若平治他人坟墓为田园者，杖一百。于有主坟地内盗葬者，杖八十。勒限移葬。若地界内有死人，里长、地邻不申报官司检验而辄移他处及埋藏者，杖八十。以致失尸者，杖一百。残毁及弃尸水中者，杖六十、徒一年。弃而不失及髡发若伤者，各减一等。因而盗取衣服者，计赃准窃盗论，免刺。

现行律与明律同。顺治、康熙年间定发掘贝勒、贝勒公夫人等及代历帝王陵寝之例。同治九年复定发掘常人坟墓为首分别斩决、绞决，为从绞候之例，俱较律加严。

【原案】理由

发冢之罪，自唐迄明本重，今益严厉，故本条第一项所定之刑，较各国之立法例为重。

第二项照现行律例，亦应科死刑，今改以无期徒刑为其最重之刑。盖以此种虽属大罪，而究与生存之尊亲属加以暴力者有别，故罚当稍轻，其理一也；发掘尊亲属之坟墓而盗其葬具，此种狂暴之行为，实教化未普之证。然刑与教化相对峙，徒峻其刑，必不能绝此种非行之迹。故废其剥夺生命之刑，而使服感化主义之自由刑，其理二也。

第二百五十七条①

凡发掘坟墓而损坏、遗弃、盗取尊亲属尸体者，处死刑、无期徒刑或一等有期徒刑。

凡发掘坟墓而损坏、遗弃、盗取尊亲属遗骨、遗发及殓物者，处无期徒刑或二等以上有期徒刑。

【修正】案语

以上六条，原案本系三条，今析分为六，文词均酌加修正。各部省签注，学部、热河、山东、两江、河南、江西、湖南、两广均以原案之规定为过轻，并以发掘尊亲属坟墓、毁伤死体之罪为应科死刑。查原案所拟刑名，实系斟酌现行律例，按照近日情形始行规定，较之东西各国刑法已属从严。现在正议减轻刑律之时，未便再为加重。

---

① 【原案】前条第二项析出。

重溯查从前旧例，发掘坟冢案件只开棺见尸为首并为从三次以外者始拟绞候，为从不及三次者罪止拟军，锯缝凿孔抽取衣饰首从各犯均系分别次数拟以军，从并无死罪。嗣于同治年间，近京一带此风日炽，逐渐加至斩绞立决、监候，迄今四十余年而此风未尝少息且加厉焉，则知严刑峻法不足以为治，而正本清源之道当于教养，加之意也故彰彰矣。兹采取各签注之意，将死体与遗骨等类析为两项，对于死体及尊亲属之罪处刑以重，用以区分，而于第二百六十三条加入死刑一层以重大伦而惩不孝，无期徒刑及一等有期徒刑仍行存留，其所以存留之故，理由有五：一、尊亲属之称不仅限于父母，凡服制稍杀者亦包括在内处刑，故不能一律；二、损坏遗弃盗取行为互有不同，即情节亦有轻重之别，自应分别处断以辨等差；三、事死如事生，固为教孝之大义，然刑律之制裁则务在持情法之平允。现行律例子孙之于祖父母、父母，卑幼之于尊长有犯，俱视其罪之大小以定刑之轻重，初非概同死罪；四、以原案为轻者，只学部及山东等省，其余皆未议及，当从多数取决；五、将来与各国改正条约，依原案第二条于居留之外人犯罪亦用此律。若科以唯一之死刑未必能使心服，是以留此两项徒刑较为适宜。安徽谓宜分别已、未见棺、见尸，不知此种行为业已赅于条文之内，可不显为揭示，至所引日本刑律刻已废止，《现行刑法》于本罪之最终者系处五年惩役，尤不得执彼例此也。

第二百五十八条[1]

第二百五十二条至第二百五十五条之未遂罪，罪之。

第二百五十九条[2]

犯第二百五十三条、第二百五十五条及第二百五十六条之罪者，褫夺公权，其余得褫夺之。

【修正】案语

此条依重定次序修正。两广签注谓应一律剥夺公权，此项理由业于第二百五十一条按语内声明，毋庸重叙。

---

[1] 【原案】义同。
[2] 【原案】义同。

第二十一章　鸦片烟罪

鸦片之贻害中土，垂五十年，一经传染，萎痹终身，其因此而失业亡家者，触目皆是。萃全国有用之国民，日沉湎鸩毒之乡而不悔，是非独一身一家之害，直社会、国家之巨蠹也。方今禁烟明诏涣布中外，自应严定罪例，以资援引。

本罪之害，个人健康者，不过法理上之一端，而为害社会、国家乃其特质。故本案以传播恶习为重（第二百五十六条至第二百五十九条），而以个人之行为为轻。至可以制止此等行为而故意放任之者，其罚与自身犯吸食者同等（第二百五十八条及第二百六十一条），此则本于实际上不得已而出此者也。

其有贩运、贩卖等所关之特别条约及律例者，于未改正废止之前，不能即遵用本律，另详本律施行法。

第二百六十条①

凡制造鸦片烟，或贩卖，及意图贩卖而私藏，或自外国贩运者，处三等至五等有期徒刑。

第二百六十一条②

凡制造吸食鸦片烟之器具，或贩卖，及意图贩卖而私藏，或自外国贩运者，处四等以下有期徒刑或拘役。

【修正】 案语

此条文词酌加修正，并增入拘役之刑。

第二百六十二条③

凡税关吏员及佐理人，自外国贩运鸦片烟或供吸食之器具，或纵令他人贩运者，处二等或三等有期徒刑。

第二百六十三条④

凡开设馆舍供人吸食鸦片烟者，处四等以下有期徒刑或拘役，并科三

---

① 【原案】同。
② 【原案】无拘役一项，余义同。
③ 【原案】义同。
④ 【原案】无拘役一项，余义同。

百元以下罚金。

【修正】案语

此条文词酌加修正，并增入拘役之刑。

【原案】沿革

雍正七年例，兴贩鸦片烟照收买违禁货物例，枷号一个月，发近边充军。如私开鸦片烟馆引诱良家子弟者，照邪教惑众律，拟绞监候。为从杖一百、流三千里，船户、地保、邻佑人等俱杖一百、徒三年。如兵役人等借端需索，计赃照枉法律治罪。失察之汛口、地方文武各官，并不行监察之海关监督，均交部严加议处。

现行例洋药客商在铺开馆，及别铺并住户开设烟馆，照开场聚赌例治罪。在馆吸食之人，照违制律杖一百。房主知情，将房屋入官，不知者不坐。（道光二十年例，同治九年修改）

第二百六十四条

凡意图制造鸦片烟而播种罂粟者，处四等以下有期徒刑、拘役或三百元以下罚金。

【修正】案语

此条为原案所无，为正本清源起见，故照两江签注增入。

第二百六十五条①

凡吸食鸦片烟者，处五等有期徒刑、拘役或一千元以下罚金。

【原案】沿革

现行律，官员及兵丁吸食洋药，俱拟绞监候。系旗人，销本身旗档。失察之该管官，交部议处。（道光二十年例，同治九年修改）

【修正】案语

此条各省签注，安徽拟改五等为四等并去罚金一层，不知此风之难于杜绝，不在用刑之过轻而在举发之不严、惩治之不公。苟能认真举发，秉公惩治，此条所定之刑，不患其不能奏效。至于罚金一层本为易刑之用，尤不宜去，使沾染嗜好者，一律予以监禁，则监狱将尽化为病院矣。罚金额之所以较巨，则因有此嗜好者，富人居其多数故也。两江、两广谓本罪之刑应严于官弁，宽于平民。夫现行禁烟条例之所以重罚官弁为平民表

---

① 【原案】同。

率，惩此即以警彼之意，于目前情形固属斟酌尽善，然以此罪之本质而论，受其害者实为社会国家官民之间不宜显分等差。本律将垂为永久之法，用意自与现行章程微有不同。

第二百六十六条①

凡巡警、吏员及佐理人，当施行职务时，有前六条之犯人，故意不即与相当处分者，亦照前六条分别处断。

【修正】案语

此条文词酌加修正。两江签注谓宜加"十元以上"四字，但犯罪情节各殊，以不加入最寡额为是。

第二百六十七条

凡私藏专供吸食鸦片烟之器具者，处一百元以下罚金。

第二百六十八条②

第二百六十条至二百六十五条之未遂罪，罪之。

第二百六十九条③

犯第二百六十条至第二百六十六条之罪者，得褫夺公权。若系吏员，并免现职。

【修正】案语

本条依重定次序修正。两广签注谓再犯必须被夺公权，但犯罪情节各殊，以委之审判官酌定为是。

第二十二章　赌博罪

凡所处分虽系自己财产，而能贻社会以损害，皆为律所当禁，本章之规定即为此类之非行而设。

第二百七十条④

凡赌博财物者，处一千元以下罚金。但供人暂时娱乐用之物为赌者，

---

① 【原案】凡警察、官吏及补助之人，知有前五条之犯人，故不与以相当之处分者，亦照前五条之例处断。

② 【原案】除前条之外，本章各条之未遂罪，罚之。

③ 【原案】义同。

④ 【原案】义同。

不在此限。

当场赌博器具及犯人所有钱财，以供犯罪之物论。

【原案】 沿革

魏李悝《杂法》有博戏之目，见《晋书·刑法志》，汉律当同。

《汉书·功臣表》：安丘嗣侯张拾坐搏揜，完为城旦。师古曰，搏字或作博，一曰六博也。揜，意钱之属也，皆为戏而取人财也。又邵嗣侯黄遂坐揜搏夺公主马，髡为城旦。又樊嗣侯蔡辟方坐搏揜，完为城旦。

《唐律》：诸博戏赌财物者，各杖一百（举博为例，余戏皆是）。赃重者，各以己分，准盗论（输者亦依已分为从坐）。其停止主人及出玖若和合者，各如之。赌饮食者，不坐。

《元典章·刑部十九》断例，赌博钱物犯人及开张兑房之家，各断决七十七，许诸人捉拿断外，摊场钱没官，仍于犯人名下均征钞二十五两付捕告人充赏。亲民职官赌博，断讫，解见任，周年后杂职内定夺，依例准附，相应追至元钞一百两与告人充赏。告人言语虚呵要罪过。又大德六年，刑部议得捉获赌博钱物，不许展转板指在前同赌人数，只理见发人等。又皇庆二年，刑部议得两邻知而不首，杖决四十七下。其虽非同日赌博，当场既有输准田产孳畜之类可为证验者，一体追断。又延祐五年，刑部议得先犯开置兑坊等罪，累经钦遇诏赦，今此不悛，又行纠集人伴赌博罪犯，断讫，准拟加徒。

元《刑法志》：诸赌博钱物，杖七十七，钱物没官。有官罢见任，期年后杂职内叙。开张博房之家，罪亦如之。再犯，加徒一年。应捕故纵，笞四十七，受财者同罪。赌饮食者不坐。

《明律》：凡赌博财物者，皆杖八十，摊场钱物入官。其开张赌坊之人，同罪。只据见发为坐，职官加一等。若赌饮食者，勿论。

现行律与明律同。康熙年间节次定例改为枷号满杖，赌饮食照不应重论。

第二百七十一条[①]

凡以赌博为常业者，处三等至五等有期徒刑。

第二百七十二条[②]

凡聚众开设赌博场以图利者，处三等至五等有期徒刑，并科五百元以

[①] 【原案】义同。

[②] 【原案】义同。

下罚金。

【原案】沿革

现行例，民人将自己银钱开场引诱赌博，经旬累月聚集无赖放头、抽头者，初犯杖一百、徒三年，再犯杖一百、流三千里。存留赌博之人，初犯杖八十、徒二年，再犯杖一百、徒三年。（雍正四年例）

【修正】案语

湖南签注谓以上三条原案所定处分过轻，宜照旧例酌量分别加重。不知原案处分实较旧例为重，于再犯尤显而易见。且防遏犯罪不能专恃刑罚，此理散见分则各条案语内，兹不赘述。

第二百七十三条

凡未受公署之允准而发行彩票者，处四等以下有期徒刑或拘役，并科两千元以下罚金。

为买卖前项彩票之媒介者，处五等有期徒刑或拘役，并科一千元以下罚金。

【补笺】

彩票有禁止主义之国，有放任主义之国，有特许主义之国。本条之规定，系采特许义者。

第二百七十四条

凡知情购买未受公许允准发行之彩票者，处一百元以下罚金。

因而得利者，处其价额二倍以下、价额以上罚金。若二倍之数未达一百元，处一百元以下、价额以上罚金。

【修正】案语

此条两广、安徽签注谓彩票似不宜公许，然以上两条不拘彩票之属于公许与否皆宜规定，如政府禁止一切彩票，则凡发行彩票者皆可按此处断。若分别情形许可，则未得许可而发行彩票者，当按此处断。况彩行目前并未概行禁止，将来禁止与否尚不可知，仍照原案规定为是。

第二百七十五条①

第二百七十二条至第二百七十四条之未遂罪，罪之。

---

① 【原案】义同。

第二百七十六条①

犯第二百七十一条及第二百七十二条之罪者，褫夺公权。犯第二百七十条及第二百七十三条之罪者，得褫夺之。

第二十三章　奸非及重婚罪

奸非之罪，自元以后渐次加重。窃思奸非虽能引起社会、国家之害，然径以社会国家之故科以重刑，于刑法之理论未协。例如现时并无制限泥饮及惰眠之法，原以是等之行为非刑罚所能为力也，奸非之性质亦然。惟礼教与舆论足以防闲之，即无刑罚之制裁，此种非行亦未必因是增加，此本案删旧律奸罪各条，而仅留单纯之奸非罪也。

第二百七十七条②

凡对未满十二岁之男女为猥亵之行为者，处三等至五等有期徒刑或三百元以下、三十元以上罚金。

若用强暴胁迫、药剂、催眠术或他法，至使不能抵抗而为猥亵之行为者，处二等或三等有期徒刑或五百元以下、五十元以上罚金。

【原案】 注意

猥亵行为，指违背风纪未成奸以前之行为而言，与第二百七十四条之奸淫、第二百七十八条之犯奸不同。至鸡奸一项，自唐迄明均无明文，即揆诸泰西各国刑法虽有其例，亦不认为奸罪，故本案采用其意，赅于猥亵行为之内，而不与妇女并论，下条准此。

【修正】 案语

此条文词酌加修正。学部及两湖、两广签注谓鸡奸应与奸淫同罚，然刑律所谓奸淫以男女之间为限，故草案不认为奸罪分别情节按本条或第二百八十四条处罚。河南签注谓二等或三等徒刑过轻，且如何分等并未揭明。查原案之刑无过不及，断定等差宜由审判官按情节而行之也。

【补笺】

猥亵者，除奸淫以外，凡有关人类生殖情欲之行为，违背善良风俗者皆是。原案谓未成奸以前之行为，尚失之隘。此种猥亵行为，在男女间故

---

① 【原案】同。
② 【原案】义同。

能成立本罪，即男与男、女与女之间之行为，亦在本条猥亵范围之内。

第二百七十八条①

凡对于十二岁以上男女，以强暴、胁迫、药剂、催眠术或他法，致使不能抗拒而为猥亵行为者，处三等至五等有期徒刑或三百元以下、三十元以上罚金。

第二百七十九条②

凡对于妇女以强暴胁迫、药剂、催眠术或他法，至不能抗拒而奸淫之者，为强奸罪，处一等或二等以上有期徒刑。

奸未满十二岁之幼女者，以强奸论。

【修正】案语

此条文词酌加修正。各部省签注，学部、两湖、两广、浙江、两江、湖南均以所定之刑过轻，兹斟酌现行律及各签注更加重一等。至两江谓第二项之罪宜专科死刑，窃维奸淫之徒固宜重惩，第究系无关人命，如遽科死刑非惟与东西各国难期合辙，即征诸唐律亦无斯例也。

【补笺】

奸淫，指男女交合而言，故与猥亵之异点，不在程度，而在性质。或谓猥亵为奸淫之未遂，奸淫为猥亵之既遂，实谬也。

第二百八十条③

凡乘人精神丧失或不能抗拒，而为猥亵行为或奸淫之者，依第二百七十七条第二项、第二百七十八条及第二百七十九条分别处断。

【原案】沿革

《汉书·王子侯表》：庸嗣侯端坐强奸人妻，会赦免。又《功臣表》土军嗣侯宣生坐与人妻奸，免。又柏至嗣侯许福坐为奸，为鬼薪。公羊桓公六年何休注引律，立子奸母，见，乃得杀之。

《晋书·刑法志》：贾充定法律，淫寡女，三岁刑。

《唐律》：诸奸者，徒一年半；有夫者，徒二年；部曲、杂户、官户奸良人者，各加一等。即奸官私婢者，杖九十，（奴奸婢，亦同）；奸他人部曲妻、杂户、官户妇女者，杖一百；强者各加一等，折伤者各加斗折

---

① 【原案】义同。

② 【原案】义同。

③ 【原案】义同。

伤罪一等。诸和奸，本条无妇女罪名者，与男子同。强者，妇女不坐。其媒合奸通，减奸者罪一等。

《元典章·刑部七》断例，和奸无夫妇人七十七，有夫妇人八十七。犯奸经断再犯，于本罪上加二等，男女同罪。媒合人减一等。十岁以下女，虽和，同强论。强奸无夫妇人十岁以上女，一百七。有夫妇人十岁以下女，处死。妇人不坐。

元《刑法志》：和奸、诱奸，妇逃者加一等，未成者减四等。强奸未成减一等，媒合及容止者各减三等。止理见发之家，私和者减四等。

《明律》：凡和奸杖八十，有夫杖九十，刁奸杖一百，强奸者绞。未成者，杖一百、流三千里。奸幼女十二岁以下者，虽和同强论。其和奸、刁奸者，男女同罪。奸生男女责付奸夫收养，奸妇从夫嫁卖，其夫愿留者听。若嫁卖与奸夫者，各杖八十，妇人离异，归宗财物入官。强奸者，妇女不坐。若谋合、容止通奸者，各减犯人罪一等，私和奸事者减二等。其非奸所捕获及指奸者，勿论。若奸妇有孕，罪坐本妇。

现行律与明律同。雍正三年定轮奸照光棍分别首从定拟之例。

第二百八十一条①

凡犯前四条之罪，因而致人死伤者，从下列分别处断：

一、致死或成笃疾者，死刑、无期徒刑或一等有期徒刑；

二、致废疾者，无期徒刑或二等以上有期徒刑。

其被害者羞忿自杀，或欲图自杀而伤害者，照前项分别处断。

【原案】 理由

本条第二项之情形，非亲手杀伤，加害人于被害人似异于直接之因果，顾被害人之自杀及伤害，匪惟有独矢之贞心不甘侮辱，实亦由加害人之肆其强暴迫而出此。被害之精神不啻受加害人之指挥，故其处罚应与直接之因果无异。此例在现今立法上诚不多见，然以理论及事实而论，在所必有也。

【修正】 案语

此条文词酌加修正。学部签注谓第一项专科死刑，其说之不当，见第二百七十九条②案语，兹不赘及。

---

① 【原案】义同。
② 原文为"第二百八十五条"。

第二百八十二条①

凡引诱良家妇女卖奸以营利者,处五等有期徒刑、拘役或一百元以下罚金。

若以前项犯罪为常业者,处三等至五等有期徒刑,并科五百元以下罚金。

【原案】 沿革

《明律》:凡娼优、乐人买良人子女为娼优,及娶为妻妾或乞养为子女者,杖一百。知情嫁卖者同罪,媒合人减一等,财礼入官,子女归宗。

现行律同。

【修正】 案语

邮传部签注谓宜加"强迫"字样,然出于暴行胁迫即为强奸之共犯罪。凡程度未至用暴行胁迫者,"引诱"二字皆可包括,故仍以原案为当。江西签注为应增入抑勒纵容妻女卖奸,然此种行为即不添入,亦得分别情节据本条处断。

第二百八十三条②

凡和奸有夫之妇者,处四等以下有期徒刑或拘役。其相奸者,亦同。

【修正】 案语

本条原案系四等以下有期徒刑,兹加重为三等至五等有期徒刑,以备情节较重者足资援引。各部省签注,学部、直隶、两湖、两广、两江、江西、广西、湖南、山东、山西各省悉谓和奸孀妇、处女概宜科刑,以维风化,立论固正,然此种意见实混道德法律为一。原案非不知其为伤风败俗之事,特以定之刑章无益有损,故敢于犯天下之不韪,毅然舍之,其说有二:国家立法期于令行禁止,有法而不能行转使民玩法而肆无忌惮。和奸之事几于禁之无可禁、诛之不胜诛,即刑章具在,亦只为具文,必教育普及、家庭严正、舆论之力盛、廉耻之心生,然后淫靡之风可以少衰。其说一;修订刑律所以为收回领事裁判权地步,故斯律非独我国人当遵奉之,即在我国之外国人亦当遵奉之也。有妇之夫以外之和奸,外国不禁而我国禁之,刑律中有一二条为外国人所不遵奉,即无收回领事裁判权之实,其

---

① 【原案】义同。

② 【原案】同。

说二。京外各署签注关于此议概从道德一面立言，不复一一驳辩，原案之议尽于此两说矣。又直隶、两湖、两广、两江、江西、湖南各省均谓亲属相奸宜设专条，然防遏此种丑行尤不在法律而在教化，即列为专条亦毫无实际，适足以污此刑典而已。又江西谓奴及雇工人奸家长妻女一层应添列专条，然本条之罪分别主从，究与立宪时代国民齐等之真意不合，况文明国以置奴隶为厉禁耶。

第二百八十四条①

凡和奸本支亲属妇女者，处二等至四等有期徒刑。其相奸者，亦同。

【宪政编查馆案语】

和奸之罪，现行刑律仅止十等罚，草案加重为三等至五等有期徒刑，其期限为五年未满、二月以上，本兼包亲属相奸，以备酌量服制亲疏，临时递加之意。惟本案立法宗旨，因收回领事裁判权之故，采用各国通例，未将无夫奸列入。亲属中无夫奸一例免科，未免渎伦伤化。查德国刑律，亲属相奸，较常人加严，兹拟酌仿其意，将本条和奸之罪减为四等以下有期徒刑或拘役，于本条之次增入亲属相奸，酌定其刑为二等至四等之有期徒刑，以示维持风纪之至意，而与旧律亦不甚相远也。

第二百八十五条②

凡成婚之人重为婚姻者，处四等以下有期徒刑或拘役。其知为成婚之人与为婚姻者，亦同。

【原案】沿革

《唐律》：诸有妻更娶妻者，徒一年，女家减一等。若欺妄而娶者，徒一年半，女家不坐，各离之。

元《刑法志》：诸有妻妾复娶妻妾者，笞四十，离之。在官者解职记过，不追聘礼。

《明律》：若有妻更娶妻者，杖九十，离异。

现行律与明律同。

【原案】注意

凡既成婚之人重为婚姻，虽不同居，然于律例上完备后次婚姻成立之要件，即为本罪之既遂。

---

① 【原案】无。
② 【原案】义同。

【修正】案语

本条原案系四等以下有期徒刑，惟重婚关系风教，尚涉轻纵，兹拟加重其刑一等。两广签注谓婚姻一门情节甚多，非重婚一条所能概括，必另立一门乃可改，签注所谓情节甚多者，恐指现行户律内婚姻第一十七条而言，果如所云则除本条之罪外概属民法范围。至有夫亲属相奸已见前说。

【补笺】

本罪非猥亵亦非奸淫，乃为违背一夫一妇制度之罪，故本罪以已成婚之人，缔结重复婚姻时而成，不必男女间有一日片时同栖之事实也。

第二百八十六条①

凡贩卖猥亵之书画物品，或意图贩卖而私藏者，处拘役或五十元以下罚金。其公然陈列者，亦同。

因而得利者，处其价额二倍以下、价额以上罚金。若二倍之数未达五十元时，处五十元以下、价额以上罚金。

【修正】案语

本条文词酌加修正，两广、两江签注谓应添入拘役，此议尚是，故第一项增入。

第二百八十七条②

第二百七十七条至第二百八十条之未遂罪，罪之。

第二百八十八条③

第二百七十七条至第二百八十条之罪，待被害者或其亲属告诉，乃论。

第二百八十三条之罪，待其本夫告诉，乃论。若本夫事前纵容或事后得利而私行和解者，虽告诉不为审理。

第二百八十四条之罪，待直系尊亲属或本夫告诉，乃论。纵容或得利私和解者，适用前项规定。

【修正】案语

本条依重定次序修正。两湖及两广签注谓本条宜删去第二项末段之限

---

① 【原案】（第一项）"凡贩卖猥亵之书画或物品，或因欲贩卖而持有及公然陈列之者，处五十元以下罚金"，第二项同。

② 【原案】同。

③ 【原案】第三项无。

制。查设此限制之理，两江签注内论之极详，兹不赘及。

第二百八十九条①

犯本章之罪，应宣告二等有期徒刑以上之刑者，褫夺公权，其余得褫夺之。

【修正】 案语

两广签注谓犯本章之罪者应一律褫夺公权一层，宜参看第九十九条签注案语。

第二十四章　妨害饮料水罪

本章所揭之罪，不专属于有害人之健康，因饮料水之不良而致废弃业务、损害财产，且致起各项之损害者不少，故认为对公共之一种独立犯罪也。

本章所概，以有害公共之行为为限。若犯第二百八十四条等，系妨害专供特定之一人或数人之用者，不在此列。

第二百九十条②

凡污秽供人饮料之净水，因而致不能饮用者，处五等有期徒刑、拘役或一百元以下罚金。

【修正】 案语

邮传部签注谓重者五等有期徒刑，轻者拘役，再轻者一百元以下罚金，一百元之换刑日数为一百日，较诸拘役最长期三十日轻重失当。不知原案并无科情节最轻者，以罚金之义特罪有科以财产刑之额数，原案固未以按分比例求之。至谓日本刑法之处十一日以上、一月以下之重禁锢，附加二元以上、五元以下罚金较为便利，查此系旧刑法，今已废去，现行刑法被最之刑为六月以下惩役或五十元以下罚金，而原案所定之刑重逾一倍，则因我国饮料水较日本为难得，故犯斯罪者不能仿日本律例处断。原签注又谓我国生计程度不高，罚金多变，拘役徒消耗国帑，其实此条内并无易罚金已拘役之说。原签注又谓原案第四十三条易五等有期徒刑为罚金，其多额逾三百元，今本条以一百元以下定之，又

---

① 【原案】得作"褫夺公权全分或一分"，余义同。
② 【原案】同。

未免失之过少，不知第四十三条所定者为宣告徒刑、拘役后，始可施行之换刑。本条所定者，仍宣告以前应由审判官取舍之易刑，如有签注所虑情节由审判官临时斟酌可也，要之该签注所论，宜置诸分则科刑，总注中不能专为本条而设。

第二百九十一条①

凡污秽由水道以供公众饮用之净水或其水源，因而致不能饮用者，处三等至五等有期徒刑。

【原案】注意

前条系寻常井水等类，饮用较少。本条系水道、水源，范围较广，故处分加重。

第二百九十二条②

凡以有害卫生之物混入供人饮用之净水内者，处四等以下有期徒刑或拘役。

第二百九十三条③

凡以有害卫生之物，混入由水道以供公众饮用之净水内或其水源者，处一等至三等有期徒刑。

第二百九十四条④

凡损坏、壅塞水道、水源，以杜绝公众饮用之净水至二日以上者，处二等或三等有期徒刑。

第二百九十五条⑤

凡同谋杜绝供公众饮用之净水至二日以上者，首谋处四等以下有期徒刑、拘役或三百元以下罚金，余人处拘役或三十元以下罚金。

【修正】案语

两江签注谓处分较轻，其理未明。查此条规定，例如水夫同盟罢工之类，其情节不逮前条之重大，故科刑亦较轻。

---

① 【原案】义同。
② 【原案】同。
③ 【原案】义同。
④ 【原案】义同。
⑤ 【原案】作"处十元以下罚金"，余同。

第二百九十六条①

第二百九十条至第二百九十五条之未遂罪，罪之。

第二百九十七条②

犯第二百九十条至第二百九十三条之罪，因而致人死伤者，援用伤害罪各条，依第二十三条处断。

【修正】案语

本条文词酌加修正，原列第二百九十九条之前，今移列此。

第二百九十八条③

犯本章之罪，应宣告二等有期徒刑以上之刑者，褫夺公权，其余得褫夺之。

第二十五章　妨害卫生罪

关于卫生之罚则，不仅本章所揭之数端，兹特举其普通者。至此外各节，自有民政部所特定之规则在也。

第二百九十九条④

凡违背预防传染病之禁令，从进口之船舰登陆或将物品搬运于陆地者，处五等有期徒刑、拘役或一百元以下罚金。

其指挥船舰之人或代理人自犯前项之罪，或知有人犯罪而不禁止者，处四等以下有期徒刑、拘役或二千元以下罚金。

【修正】案语

本条原案第二项罚金改为三千元，兹酌减为二千元。各省部签注，两江谓第二项之罚金多额寡额应均施限制，不知船舰之大小显殊，资本至钜之船虽科以二千元不为多，资本极微之船即科以数圆亦不为少；邮传部谓民政部非立法衙门，其所定规应归修律大臣吸收，若有意推诿甚非立法唯一之原则，此实误会。不惟民政部有自行制定该衙门行政法规之权限，即各行政官厅亦何莫不然？修订法律馆非能编纂一切法案也！民政部之定卫

---

① 【原案】义同。

② 【原案】凡犯前四条之罪因而致人死伤者，比较第三百○一条及第三百○二条从重处断。

③ 【原案】义同。

④ 【原案】第二项作"三千元以下罚金"。

生条例，犹夫邮传部之定铁路电线诸条例耳；两广谓中国法令主于仁民爱物，向无此种苛禁，若从而仿效转失朝廷慎重民命之意，不知此条正为慎重民命而设，签注盖未理解立法之义。

第三百条[1]

凡知情贩卖有害卫生之饮食物、饮食用器具或孩童玩具者，处卖价二倍以下、卖价以上罚金。若二倍之数未达五十元，处五十元以下、卖价以上罚金。

第三百〇一条[2]

凡违背法令贩卖药品者，处卖价二倍以下、卖价以上罚金。二倍之数未达五十元，处五十元以下、卖价以上罚金。

【原案】 沿革

《唐律》：诸以毒药药人及卖者，绞（谓堪以杀人者。虽毒药可以疗病，买者将毒人，卖者不知情不坐）。即卖买而未用者，流二千里。脯肉有毒，曾经病人，有余者速焚之，违者杖九十。若故与人食并出卖，令人病者，徒一年。以故致死者，绞。即人自食致死者，从过失杀伤人法（盗而食者不坐）。

《元典章·刑部十九》：至元九年禁治买卖毒药例，今后如砒霜、巴豆、乌头、附子、大戟、莞花、藜芦、甘遂这般毒药，治痛的药里多用，着全禁断呵不宜也者。如今买药的每根底严切整治，外头收采这般毒药，将来呵药铺里卖与者医人，每买有毒的药治病呵，着证见买者卖的人，每根底各杖六十七下，并追至元钞一百两正与原告人充赏者。又街市造酒曲里这般毒药休用者，不通医术的人每盒着假药至街市货卖的也禁治者，首告的人每言语虚呵，也依体例要罪过。又至大四年禁治毒药例，于前开药品内加侧字、天雄、乌喙、茛菪子四种。

《明律》：用毒药杀人者斩，买而未用者杖一百、徒三年。知情卖药者与同罪，不知者不坐。

现行律与明律同。乾隆三十年例，诸色铺户人等货卖砒霜、信石，若不究明来历，贪利混卖，致成人命者，杖八十。

【修正】 案语

此条文词酌加修正。各省签注，两江、湖南未悉本条之所谓违背律

---

[1] 【原案】义同。
[2] 【原案】同。

例，查本条所谓律例即指行政官署条所定卖药章程及贩卖剧药、毒药章程之类。两广谓本条所定系毒药亦系非毒药，如系毒药应分别供杀伤之用与否，如系非毒药则不应加刑。按本条所定毒药与非毒药均包括在内，如售卖毒药故意供杀伤之用即为杀伤之从犯，不必另列专条。又非毒药之药品于人命亦至有关，系违背章贩卖亦非据本条处断不可。

第三百〇二条①

凡未受公署之允准，以医为常业者，处五百元以下罚金。

【修正】案语

邮传部签注以五百元过重，使无力完纳则大耗国家之监狱费，不如照日本刑法罚金定为十元以上、一百元以下。然监狱费一项应如何撙节，非本条应有之问题，况所引之法律日本现已废止。两江签注谓未受公署许可即应处罚恐成具文，不知本条自当俟制定医业章程颁布后始能施行也。

第三百〇三条

第二百九十九条之未遂罪，罪之。

第三百〇四条②

犯第二百九十九条第二项③之罪者，得褫夺公权。

第二十六章　杀伤罪

本章删并现行律人命斗杀各条，其理由详各本条之后。

第三百〇五条

凡杀人者，处死刑、无期徒刑或一等有期徒刑。

【原案】沿革

《汉书·高帝纪》：与父老约法三章，杀人者死、伤人及盗抵罪。又《功臣表》章武嗣侯窦常生坐谋杀人，未杀，免。

《文献通考·刑考八》：后魏宣武时引律，谋杀人而发觉者流，从五岁刑。已伤及杀而还苏者死，从者流。已杀者斩，从而加功者死，不加功

---

① 【原案】同。
② 【原案】犯第二百九十三条第二项之罪者，得褫夺公权之全部或一部。
③ 原文为"第三项"，实无。

者流。

　　《唐律》：诸谋杀人者徒三年，已伤者绞，已杀者斩。从而加功者绞，不加功者流三千里。造意者虽不行仍为首（雇人杀者，亦同），即从者不行，减行者一等。诸以毒药药人及卖者绞，即卖买而未用者流二千里。

　　宋《刑统赋解》贼盗律，谋杀人者徒三年，杀人为首者斩，从而加功者绞，不加功者徒五年。其故杀条内无从坐之罪，故杀有首从者，并依谋杀之例科罪。七杀，一曰谋杀，谓潜形谋计；二曰斗杀，谓相争斗；三曰故杀，谓挟仇而杀，或因斗殴刃于要害处杀者同，或因斗殴各散声不相接而再来殴亦同；四曰误杀，谓因击甲而误中于乙，减斗杀伤一等；五曰戏杀，谓以共戏，减斗杀伤二等；六曰劫杀，诸劫囚者徒五年，伤人及劫死囚者绞，杀人者斩；七曰过失，以收赎，谓耳目所不闻、思虑所不到或击禽兽以致杀人者，当以收赎也。

　　《元典章·刑部四》断例，劫杀、谋杀，犯人处死；故杀犯人处死，不死九十七。俱征烧埋银两。

　　元《刑法志》：谋杀人者死，仍于家属征烧埋银五十两，无银者征中统钞一十锭，会赦免罪者倍之。

　　《明律》：凡谋杀人，造意者斩，从而加功者绞，不加功者杖一百、流三千里，杀讫乃坐。若伤而不死，造意者绞，从而加功者杖一百、流三千里，不加功者杖一百、徒三年。若谋而已行，未曾伤人者，杖一百、徒三年，为从者各杖一百，但同谋者皆坐。其造意者身虽不行仍为首论，从者不行减行者一等。若因而得财者，同强盗不分首从论，皆斩。凡采生折割人者，凌迟处死，财产断付死者之家，妻子及同居家口虽不知情并流二千里安置，为从者斩。若已行而未曾伤人者，亦斩，妻子流二千里，为从者杖一百、流三千里。里长知而不举者杖一百，不知者不坐。告获者，官给赏银二十两。凡造畜蛊毒堪以杀人及教令者斩，造畜者财产入官，妻子及同居家口虽不知情，并流二千里安置。若以蛊毒毒同居人，其被毒之人父母、妻妾、子孙不知造蛊情者，不在流远之限。若里长知而不举者，各杖一百，不知者不坐，告获者官给赏银二十两。若造魇魅符书咒诅欲以杀人者，各以谋杀论，因而致死者各依本杀法，欲令人疾苦者减二等。其子孙于祖父母、父母，奴婢、雇工人于家长者，各不减。若用毒药杀人者斩，买而未用者杖一百、徒三年，知情卖药者与同罪。不知者不坐，故杀者斩。

现行律与明律同。乾隆二十九年复定火器杀人以故杀论之例。

【原案】 理由

本案除分则第一章及第三章危害既遂罪，并第三百〇八条等特别之情形外，所有普通杀人罪，惟本条规定之，其刑为死刑、无期徒刑或一等有期徒刑三种，其重轻悉任审判官按情节而定。

杀人者死，虽为古今东西不易之常经，然各国法典并未加以制限。即于中律而观，妻之于夫与夫之于妻，其间轻重悬绝，推而至于尊长、卑幼、良贱亦复如此区分，此本条所科不仅死刑之理由也。

即论犯罪之情节，有大可恶者，有大可恕者，于杀人之犯为更甚。例如为父兄复仇，虽非当场，究属情有可原；又如因细故而逞忿残杀，虽死者小有不直，亦属法无可贷。此中情变万端，决非二三十条之例可以概载，奚能执一以绳之也？此本条所科不仅死刑之又一理由也。

现行律例杀人罪各条有可就删削者，兹附揭其理由如左：

第一，谋杀、故杀之别。东西各国刑法皆同，然其刑之轻重实非法律所能预为分判，其理有三：一、有预谋之杀意与无预谋之杀意，法理上不能有正确之分别；二、即使可分，而同一杀人，刑法究无轻重之差；三、因犯意出于预谋而加重其刑，何以别种犯罪俱无特予以重刑之规定，则预谋之杀伤自无应处重罚之理由也。

第二，毒杀、非毒杀之别。此种区别亦不可用，其故有三：一、毒物非毒物之界限，虽在理化学最进步之国，难得正确之判别；二、即使能为判别，仍不能于无限杀人手段之中，特指用毒为独应重罚；三、用毒之手段虽属可恶，然犯人之情节仍有可恕与不可恕之分，则刑罚仍不能一例也。

第三，谋杀制使及本管官。此类情节固属罪大恶极，然死刑已为极刑，有犯自可援用，无须于杀人之外多立名称。

第四，误杀。按贼盗罪、诱略罪并无误盗、误略之明文，独于杀伤特设规定，何也？征诸刑法之学理，手段与目的物之错误，不得变更罪质、罪名，故其处分亦不得与未错误者有所区别也。

第五，杀子孙、奴婢及妻妾。凡臣民者，国家之元质，其生命非父母、尊长、本夫所能夺，此为欧美各国公认之原则。子孙、奴婢、妻妾若无应死之罪，固不待论，即有应死之罪，自有审判官在，非常人所能专擅也。

要之，凡杀人有应科死刑者，有仅科一等有期徒刑已足惩戒者，其间之差等非法律所能预定，故此条仅称为杀人者，不复设以上各项区别。而其科以死刑、无期徒刑或一等有期徒刑，均任审判官之秉公鞫劾而已。

【修正】案语

各部省签注，学部及两广、两江、浙江、江西、山东、湖南、贵州、、河南均以本条规定未免过于简括，应细别情节，预定轻重。不知修订刑律宜以简括为主，细别情节以明原案不宜改订之理，如下：学部谓杀人之罪，轻重因其所犯之为何人而定，山东谓刑之所加必衡本罪之主体，江西谓应分别亲属等差，湖南谓应分别尊卑长幼良贱，用意大略相同。不知犯人之身份只可为分别罪情之一端，固不能以此一端抹杀一切犯罪情节，何以言之身份之处犯罪之原因，于夫犯罪时所用之手段均分别犯罪所宜审察之事，乌得因身份一端而置各种情节于不问。况尊卑长幼良贱在伦理固有等差，然臣民齐等生命均贵，实为宪政所不可少之义，此原案之不宜改订者一。

山东谓"刑者，侀也；侀者，成也，一成而不可变"。今杀人者之刑，由审判官自定，随案出入断难平允，此论实误解立法、司法、行政彼此极限不相侵轶之意。刑律一成，审判官不能变更，此一成不变之第一义。打定限制审判官有加减刑罚之权限，固不背一成不变之理，又审判官宣告刑罚，行刑官不能变更，此为一成不变之第二义。审判官熟察罪情，宣告与罪情相当之刑，尤不背一成不变之理，审查罪情与故意枉断不宜混视，此原案之不宜改订者二。

浙江谓若不问案情，大失明慎用刑之道，不知罪情无穷，如预设一确定之刑，不许审判官临时斟酌，既无异于抑勒审判官宣告与罪情不相当之刑，转与明慎用刑之道不合，此原案之不宜改订者三。

江西谓杀人者可以不死何以明刑弼教，然现行刑律杀人者，亦非盖科死刑，即科死刑而秋审时仍有实缓及予勾免之分。良以情节各有轻重也，若不顾情理，凡杀人者盖科死刑，转失明刑弼教之旨，此原案之不宜改订者四。

湖南谓杀人者不必死，死者不死于法而死于裁判官之手。又谓原案不论造意加攻情形，签注前半只就枉断之弊而言，与原案之意不合，后半宜参看总则第六章条文，此原案之不宜改订者五。

两广谓原案规定难免意为出入之弊，不知此非法之过也。宜参看分则案语总叙第五。此原案之不宜改订者六。

贵州谓谋故，仍应推动如漫无区别，则平日之挟有仇怨者，皆得肆其狠毒，犹可幸逃法纲，并谓若情节非刑律所能预定，则人民何所适从。然谋故轻重不定之理，原注已详言之，如杀人者，幸逃法纲，则原案之罪，实为行法者之罪。况刑律虽不细别罪情，亦无人民昧于适从之患，以人民应知法之不可违罪之不可犯故也，此原案之不宜改订者七。

学部、江西谓原案父母、尊长、本夫与凡人一例，失人伦之义。不知父母、尊长、本夫以慈爱其子孙卑幼妻女为人情之自然，乃从而杀之，则较诸凡人尚有何可恕之理，优待虎狼之说，国家不可行也。此原案之不宜改订者八。

湖南质问笨驴实行之后，秋审制度如何办法，此事属刑事诉讼法，与刑律无涉。此原案之不宜改订者九。

江西谓称之不孝子孙而与平人同罪，似属确有悖纲常，然惩戒与刑罚性质各殊，杀伤等罪不可纳入惩戒权范围。此原案之不宜改订者十。

谨分别胪举以释群疑。

【补笺】

人者，指自己以外之自然人，在别条中无特别规定者而言。法律上之"人"有法人与自然人之别，刑律仅指自然人而言，惟胎儿及死体不在"人"字范围之内。至于杀害婴儿，在普通知识，颇轻视之。揆之法理，实为大谬。盖人自受生以后，在民法即为权利主体，在刑法即为被害主体，乌得置轻重于其间也？所谓特别规定者，如侵犯皇室，另有专章，杀害尊亲，另有专条之类是也。杀人统指夺命之行为而言，杀之手段何如，皆所不问。现行律于杀人手段言之綦详，反不免挂漏之弊。

本罪有当注意者二：第一，依总则第十三条之规定，须系基于故意之行为，过失不在此限；第二，若系现被侵害权利之场合，则依总则第十五条，有正当防卫之权，不得论罪。

第三百〇六条

凡杀尊亲属者，处死刑。

【原案】 沿革

《元史·刑法志》：诸子孙弑其祖父母、父母者，凌迟处死。因疯狂者处死诸子、弑其父母，虽瘐死狱中，仍支解其尸以徇。

《明律》：凡谋杀祖父母、父母及其亲尊长、外祖父母、夫之祖父母，已行者皆斩，已杀者皆凌迟处死。谋杀缌麻以上尊长，已行者杖一百、流二千里，已伤者绞，已杀者皆斩。

现行律与明律同。

【原案】 理由

五伦君亲并重，故杀直系尊属，援第八十八条处惟一之死刑。

【修正】 案语

各省签注，两广、两江、河南各省均谓本条之罪应科斩刑，此宜参看分则案语总叙第二。两江谓"尊亲属"三字，似近含混，此宜参照第八十二条。两广谓尊亲属应分等差，第原案为整饬纲常名教起见不分等差，故一律科以死刑。

第三百〇七条[①]

凡伤害人者，依下列分别处断：

一、因而致死或笃疾者，无期徒刑或二等以上有期徒刑；

二、因而致废疾者，一等至三等有期徒刑；

三、因而致轻微伤害者，三等至五等有期徒刑。

【原案】 沿革

《汉书·薛宣传》：律曰斗以刃伤人，完为城旦。其贼，加罪一等，与谋者同罪。诏书无以诋欺成罪，传曰遇人不以义，而见疻者与痏人之罪钧，恶不直也。注，应邵曰以杖、手殴击人，剥其皮肤肿起青黑而无创瘢者，律谓疻痏。遇人不以义为不直，虽见殴与殴人罪同也。

《唐律》：诸斗殴人者笞四十（谓以手足击人者），伤及以他物殴人者杖六十（见血为伤，非手足者，其余皆为他物。即兵不用刃亦是），伤及拔发方寸以上杖八十，若血从耳目出及内损吐血者各加二等。诸斗殴人折齿、毁缺耳鼻、眇一自及折手足指（眇谓亏损其明而犹见物），若破骨及汤火伤人者徒一年，折二齿二指以上及髡发者徒一年半。诸斗以兵刃斫射人不着者杖一百（兵刃谓弓箭刀鞘矛钻之属，即殴罪重者从殴法），若刃伤（刃谓金铁，无大小之限，堪以杀人者）及折人肋、眇其两目、堕人

---

① 【原案】凡伤害人之身体者，从下列分别处断：

一、因而致死或笃疾者，无期徒刑或二等以上有期徒刑；

二、因而致废疾者，三等以上有期徒刑；

三、因而致单纯伤害者，三等以下有期徒刑。

胎徒二年（堕胎者，谓辜内子死乃坐。若辜外死者，从本殴伤法）。诸斗殴折跌人支体及瞎其一目者徒三年（折支者，折骨跌体者，骨差跌，失其常处），辜内平复者各减二等。即损二事以上，及因旧患令至笃疾，若断舌及毁败人阴阳者，流三千里。谓斗殴杀人者绞，以刃及故杀人者斩。虽因斗而用兵刃杀者，与故杀同（为人以兵刃逼己，因用兵刃拒而伤杀者，依斗法），不因斗故殴伤人者，加斗殴伤罪一等。虽因斗，但绝时而杀伤者，从故杀伤法。诸斗殴两相殴伤者，各随轻重两论如律，后下手理直者减二等（至死者，不减）。诸以物置人耳鼻及孔窍中，有所妨者杖八十。其故屏去人服用饮食以故杀伤人者，各以斗杀论。

宋《刑统赋解》斗讼律，拳手殴人者笞四十，伤及他物殴人者杖六十，伤者杖八十，若拳手殴人内损吐血者亦杖八十。又，若用蛇蝎蜂蜇害人者，同斗殴法。又诸两相斗殴，后下手理直者减二等。又，故殴人者加一等。又，贼盗律若以物置人耳鼻及孔窍中有所妨碍者，杖八十。其故屏去人饮食衣服之类可以杀伤者，以斗杀伤论之。

《元典章·刑部四》断例，斗杀心风老幼者，上请。蒙古扎死汉人，五十七。因争控扼人衣服致死，七十七。父被人殴，子踢死殴人，八十七。因斗推人磕死、笃疾、殴死人，一百七。斗殴杀人处死，征烧埋银。汉人殴死蒙古人，断付正犯人家产，余人并征烧埋银。又《刑部六》，诸殴故殴无伤二十七，拳手伤人三十七，他物伤人四十七，刀刃伤人五十七，折指、折牙、眇目、毁缺耳鼻、破骨、汤火伤及秃眉各决七十七，刀伤、他物折肋、眇两目、堕胎、秽物污人头面各决八十七，折跌支体、瞎一目各决九十七，损二事以上因患致笃疾、断舌、毁败阴阳各决一百七。旧例斗殴罪名故殴二十七下，手足故伤，他物故殴（见血为伤）各三十七下，他物故伤、拔发方寸以上、耳目出血、手足内损吐血各四十七下，他物内损、吐血、兵刃斫体不着各五十七下，折一指一齿、眇一目、毁缺耳鼻、破骨、汤火伤及秃发眉各六十七下，折跌支体（辜内平复，各减二等）、瞎一目者各八十七下，损二事以上，因旧患疾致笃疾、断舌、毁伤阴阳，各一百七下。（按旧例与《元史·刑法志》同。）

《元史·刑法志》：诸因斗殴以刃杀人及他物殴死人者，并同故杀。又，王约传因议斗殴杀人者，宜减死一等，着为令。

《明律》：凡斗殴杀人者，不问手足、他物、金刃，并绞。凡以他物置人耳鼻及孔窍中，若故屏去人服用饮食之物而伤人者，杖八十（谓寒月脱去人衣服，饥渴之人绝其饮食，登高乘马私去梯辔之类）；致成残废疾者，皆杖一百、徒三年；令至笃疾者，杖一百、流三千里，将犯人财产一半给付笃疾之人养赡；至死者，绞。若故用蛇蝎毒虫咬伤人者，以斗殴伤论，因而致死者斩。凡斗殴，以手足他物殴人不成伤者，笞二十；成伤及以他物殴人不成伤者，笞三十；成伤者，笞四十。青赤肿为伤，非手足者其余皆为他物，即兵不用刃亦是。拔发方寸以上笞五十，若血从耳目中出及内损吐血者杖八十，以秽物污人头面者罪亦如之。折人一齿及手足一指、眇人一目、抉毁人耳鼻、若破人骨及用汤火铜铁汁伤人者，杖一百，以秽物灌入人口鼻内者罪亦如之。折二齿、二指以上及髡发者，杖六十、徒一年。折人肋、眇人两目、堕人胎及刃伤人者，杖八十、徒二年。折跌人肢体及瞎人一目者，杖一百、徒三年。瞎人两目、折人两肢、损人二事以上及因旧患令致笃疾，若断人舌及毁败人阴阳者，并杖一百、流三千里，仍将犯人财产一半断付被伤笃疾之人养赡。若因斗互相殴伤者，各验其伤之轻重定罪，后下手理直者减二等，至死及殴兄姊伯叔者不减。《问刑条例》，凶徒因事忿争，执持枪刀、弓箭、铜铁简剑、鞭斧扒头、流星骨朵、麦穗秤锤凶器，但伤人及误伤傍人，与凡剜瞎人眼睛、折跌人肢体、全抉人耳鼻口唇、断人舌、毁败人阴阳者，俱问发边卫充军。

现行律与明律同。例析为二凶器伤人条，于乾隆二十五、三十二、四十七等年增"库刀"等项名目，而删"秤锤"二字，与折跌人肢体条俱改近边。（笃疾边远，五十以上仍近边。）

【修正】案语

各省签注，两江谓伤害致死情凶近故，仍酌定绞候，俟查办减等时再改为无期徒刑，然有杀意之故杀与无杀意之伤害致死不宜并论，如认为应处无期徒刑不若即以此刑科之，得以省去无益之办法。况实行立宪之后，司法独立，死刑减少，则秋审之制亦在应行废止之列也。江西谓斗杀处徒刑，非辟以止辟之意，考"辟以止辟"之语，犹言"刑期于无刑"，并非舍重刑不能防遏犯罪之义。湖南谓刑罚过轻，增加本罪，此亦空论，未闻东西各国因处本罪以徒刑，而犯人因以增加之事。两广谓本罪处徒刑似非慎重人命之道，不知无杀意之斗杀，俗谓之假死罪，法部因引渡新刑律起见，已奏请改为随案办理，缓决亦正所以慎重人命也。

【补笺】

因伤致死，为伤害罪中之最重者，于故意伤害之点，与第二百八十条过失之情形殊。于无心致死之点，又与第二百零六条之情形异。

笃疾废疾，参照第八十八条，轻微伤害，指笃废以外之一切伤害而言。

第三百〇八条①

凡伤害尊亲属之身体者，从下列分别处断：

一、因而致死或笃疾者，死刑、无期徒刑；

二、因而致废疾者，无期徒刑或一等有期徒刑；

三、因而致轻微伤害者，一等至三等有期徒刑。

【原案】 沿革

汉董仲舒决狱曰，殴父也当枭首。（御览六百四十）

《唐律》：诸詈祖父母者绞，殴者斩，过失杀者流三千里，伤者徒三年。诸妻妾詈夫之祖父母、父母徒三年（须舅姑告乃坐）。殴者绞，伤者皆斩，过失杀者徒三年，伤者徒二年半。

《元史·刑法志》：诸殴伤祖父母、父母者处死。诸醉后殴其父母，父母无他子，告乞免死养老者，杖一百七，居役百日。

《明律》：凡子孙殴祖父母、父母及妻妾殴夫之祖父母者皆斩，杀者皆凌迟处死，过失杀者杖一百、流三千里，伤者杖一百、徒三年。

现行律与明律同。

【原案】 理由

前条及本条即律例所谓殴伤之罪，今直按其结果改曰伤害。因而致死者并无杀意，其结果非其人所预见之谓也。若出于豫见，即属杀人罪之范围矣。

【修正】 案语

学部、直隶、两湖、两广、山东、山西、浙江、两江、江西、湖南各省签注，概以为处分过轻。然原案所定之刑，已较东西各国刑律为重，且现行律例内此等案件亦大有分别，不尽坐以死刑。兹特斟酌现行律例所定处分及各签注所持意见，将原案加重一等。惟本条既经改订，则原案第三

---

① 【原案】凡伤害尊亲属之身体者，从下列分别处断：

一、因而致死或笃疾者，死刑、无期徒刑或一等有期徒刑；

二、因而致废疾者，无期徒刑或二等以上有期徒刑；

三、因而致单纯伤害者，二等至四等有期徒刑。

百〇五条、第三百〇八条、第三百〇九条及第三百十一条亦应分别加重，以昭画一。

第三百〇九条①

凡犯前二条之罪，当场助势而未下手者，以从犯论。

【修正】案语

两江签注质问被害者如有尊亲属在内如何处分，按凡知情者据第三十二条分别科以杀伤尊亲属之刑，不知情者据第十三条第三项科以平人之刑。

第三百十条②

凡二人以上同时下手，伤害一人者，皆以共同正犯论。

若同时伤害二人以上者，以最重之伤害为标准，皆以共同正犯论。

其当场助势而下手未明者，以前二项之从犯论。

【原案】沿革

《唐律》：诸同谋共殴伤人者，各以下手重者为重罪，元谋减一等，从者又减一等。若元谋下手重者，余各减二等，至死者随所因为重罪。其不同谋者，各依所殴伤杀论其事，不可分者，以后下手者为重罪。若乱殴不知先后轻重者，以谋首及初斗者为重罪，余各减二等。威力使人殴击而致死伤者，虽不下手犹以威力为重罪，下手者减一等。

《明律》：若同谋共殴人因而致死者，以致命伤为重，下手者绞，原谋者杖一百、流三千里，余人各杖一百。万历十六年复定有原谋及伤重余人畏罪自尽、监毙在狱或中途病故，准其抵命之例。又律若以威力主使人殴打而致死伤者，并以主使之人为首、下手之人为从论，减一等。

现行律与明律同。乾隆五年将律后总注纂为定例，以补律所未备，共分三层：一、当时身死，以后下手当其重罪，过后身死，以伤重者坐罪；一、原谋亦有致命重伤，以原谋为首。伤轻，仍照律拟流；一、乱殴不知先后轻重，有原谋坐原谋，无原谋坐初斗。二十五年定两家互殴致死一命其律应拟抵正凶，被死者无服亲属殴死，将凶手拟流之例。道光二年复定械斗之例。

【原案】理由

前条及本条定共同伤人之例。二人以上共同伤人，各国之立法例颇有

---

① 【原案】同。
② 【原案】同。

从其伤害之重轻，科以独立之刑者，然共同既出于故意，则不能以伤害之轻重为之轩轾。今试以强盗例为比，甲乙共同抢夺丙财物，甲殴丙未至成伤，乙掠财物而未至用暴行，断不能分甲乙为两罪，科甲拘留而乙处窃盗刑之理。共同伤人之罪亦然，甲乙共同致丙于笃疾，甲断丙右手，乙断丙左手，亦不能因甲乙二人所断仅一肢，而各以废疾论罪。权衡其间得失彰著，故本案矫正其弊，而一宗于适当理论也。

【修正】案语

两江签注谓"伤害"二字，似专指未致死者而言。查原案之意，包括一切伤害身体之行为，故伤害致死亦在其内。湖广、湖南、江西签注均谓同行伤害者中宜分首从，第原案以所施之行为为处罚之本位，故于实施者中不更分首从，事具第二十九条。若第三百十四条之情形，为第二十九条第二项之例外。

第三百十一条①

凡对尊亲属加强暴未至伤害者，处三等至五等有期徒刑，或五百元以下、五十元以上罚金。

【原案】沿革

见第三百〇二条。

【修正】案语

本条之刑加重一等并增罚金。

第三百十二条②

凡决斗者，处四等以下有期徒刑、拘役或三百元以下罚金。

因而杀伤人者，依故意杀伤罪各条分别处断。

若聚众决斗者，以骚扰罪论。

【原案】理由

决斗与中律械斗微异。械斗者，召集多众，约期互斗，中国江西、福建、广东、湖南等处有之。决斗者，仅止二人，彼此签押，并会集多人临场以为佐证。此俗欧洲盛行，然风气所感，异日难保无踵而行之者，本条

---

① 【原案】凡对尊亲属加暴行未至伤害者，处四等以下有期徒刑。
② 【原案】凡决斗者，处四等以下有期徒刑、拘留或一百元以下罚金。因决斗致人死伤者，照第二百九十九条及第三百〇一条之例处断。若聚众预谋决斗者，以骚扰罪论。

之设以此。

【修正】案语

此条文词酌加修正。两江签注谓宜删去本条第一项，或与违警律同罚。此项不宜删去之理由，见原注及两广签注，如与违警律同罚则刑过轻。

第三百十三条①

凡为决斗之人到场聚会者，不论何种资格，处五等有期徒刑、拘役或一百元以下罚金。知情而供人以决斗之会场者，亦同。

【原案】注意

本例概载凡以一定之资格参列决斗场之会同人（谓会同于决斗场，监察其决斗之人）。至普通之旁观者，不在此列。

第三百十四条②

凡教唆他人使之自杀，或得其承诺而杀之者，处二等至四等有期徒刑。

帮助他人使之自杀，或受其嘱托而杀之者，处三等至五等有期徒刑。

谋为同死者，犯本条之罪，得免除其刑。

【原案】沿革

现行例，"奸夫、奸妇商谋同死，奸妇当即殒命，奸夫业经自戕，因人救阻，医治伤痊，确有证据者，奸夫减斗杀罪一等，杖一百、流三千里"（乾隆二十九年例）。

【原案】理由

各国往昔自杀之罚颇多，现今此种罚例已不复见。但以自杀教唆他人，或帮助之，或为自杀之人动手者，仍不能无罚，本条之设以此。若谋为同死，遇救得生，其实与自杀无殊，故得裁夺情形，免其处罚也。

【修正】案语

此条文词酌加修正，并将第一项"帮助"析出，作为一项以示区别。

---

① 【原案】同。
② 【原案】凡教唆或帮助他人使之自杀，或受人之嘱托、承诺而杀之者，处三等或四等有期徒刑。
其对于尊亲属者，处三等以上有期徒刑。前二项之犯人，若系谋为同死者，得免除其刑。

第三百十五条①

凡教唆尊亲属使之自杀，或受尊亲属之承诺而杀之者，处无期徒刑或二等以上有期徒刑。

帮助尊亲属使之自杀，或受其嘱托而杀之者，处一等至三等有期徒刑。

【修正】案语

本条之犯人，若系谋为同死者，得免除其刑。本条系原案第三百〇八条第二项，兹析出列为专条并将刑加重一等。两江、江西签注谓本条不宜免除其刑。查此条所谓同死，即刑法学所谓两重自杀是也，无杀伤他人之性质，虽系尊亲属较常人不同，仍应适用前条第三项之例。

第三百十六条②

凡教唆他人使之自伤，或受人之承诺而伤之者，依下列分别处断：

一、因而致死或笃疾者，三等至五等有期徒刑。

二、因而致废疾者，四等以下有期徒刑、拘役或三百元以下罚金。

三、因而致轻微伤害者，五等有期徒刑、拘役或一百元以下罚金。

帮助他人使之自伤，或受其嘱托而伤之者，依下列分别处断：

一、因而致死、笃疾者，四等以下有期徒刑、拘役或三百元以下罚金。

二、因而致废疾者，五等有期徒刑、拘役或一百元以下罚金。

三、因而致轻微伤害者，拘役或五十元以下罚金。

【原案】沿革

《唐律》：若故自伤残者，徒一年半（有避无避等）。其受倩为人伤残者，与同罪。以故致死者，减斗杀罪一等。

《明律》：若犯罪待对，故自伤残者杖一百、徒三年，所避事重者各从重论。若无避故自伤残者，杖八十。其受雇倩为人伤残者，与犯人同罪，因而致死者，减斗杀罪一等。

现行律与明律同。

---

① 【原案】见上。

② 【原案】凡受本人嘱托或承诺而伤害人者，处五等有期徒刑、拘留或一百元以下罚金。

其对于尊亲属者，处三等以下有期徒刑。因而致死者，处四等以下有期徒刑。若系尊亲属时，处二等至四等有期徒刑。

【原案】理由

伤人出于本人之嘱托或承诺者，此其行为照第十四条，往往以为无罪。然除总则之制限外，凡伤人之行为仍不能无罚，若不设有明文，必如欧美各国及日本于有罪、无罪之间纷争莫决，于实际殊形未便也。

第三百十七条①

凡教唆尊亲属使之自伤，或得其承诺而伤之者，依下列分别处断：

一、因而致死、笃疾者，一等至三等有期徒刑。

二、因而致废疾者，二等至四等有期徒刑

三、因而致轻微伤害者，三等至五等有期徒刑。

帮助尊亲属使之自伤，或受其嘱托而伤之者，依下列分别处断：

一、因而致死、笃疾者，二等至四等有期徒刑。

二、因而致废疾者，三等至五等有期徒刑。

三、因而致轻微伤害者，四等以下有期徒刑、拘役或三百元以下罚金。

【修正】案语

本条系原案第三百〇九条第二项，兹析出列为专条，并将刑加重一等。

第三百十八条②

凡因过失致人死伤者，依下列分别处断：

一、因而致死、笃疾者，五百元以下罚金。

二、因而致废疾者，三百元以下罚金

三、因而致轻微伤害者，一百元以下罚金。

【原案】沿革

周礼司刺注引汉律，过失杀人，不坐死。

《唐律》：诸过失杀伤人者，各依其状以赎论。（谓耳目所不及，思虑所不到，若共举重物力所不制，若乘高履危足跌及因击禽兽以致杀伤之属皆是。按，以赎论，即赎铜一百二十斤也。）

宋《刑统赋解》斗讼律，过失杀人者，以收赎。

---

① 【原案】见上。

② 【原案】凡因过失致人于死或笃疾者，处一千元以下罚金。致其余伤害者，处五百元以下罚金。

《元典章·刑部四》断例，过失杀，犯人收赎，征赎罪钞给主。

《明律》：若过失杀伤人者，各准斗杀伤罪，依律收赎，给付其家。（过失谓耳目所不及，思虑所不到，如弹射禽兽、因事投掷砖瓦，不期而杀人者，或因升高险足有蹉跌，累及同伴，或驾船使风乘马惊走，驰车下坡势不能止，或共举重物力不能制，损及同举物者。凡初无害人之意而偶致杀伤人者，皆准斗殴杀人罪，依律收赎，给付被杀被伤之家以为莹葬及医药之资。）又《问刑条例》，收赎过失人绞罪，追钞三十三贯六百文，铜钱八贯四百文，与被杀之家莹葬。

现行律与明律同。其赎项改为银十二两四钱二分，缘明律原系四十二贯，以十分为率，钞八钱二，故应追钞三十三贯六百文，钱八贯四百文。复以钞一贯值银一分二厘五毫，钱七百文值银一两折算，合得此数，非有异也。乾隆三十九年定围场内射伤平人罚银之例。（致死如系前锋护军亲军及甲兵领催，追给一百两。跟役，追给五十两。伤而未死，前锋等项及甲兵头等伤，本犯鞭一百，罚银四十两。二等伤，鞭八十，罚银三十两。三等伤，鞭七十，罚银二十两。给与被伤之人，跟役各减十两。）

【修正】案语

此条文词酌加修正。邮传部、两广、两江、湖南签注均以原案所定罚金为数过多，兹特改为五百元以下、三百元以下、一百元以下凡三等。

第三百十九条①

凡因过失致尊亲属死亡者，依下列分别处断：

一、因而致笃疾者，三等至五等有期徒刑或一千元以下、一百元以上罚金。

二、因而致废疾者，四等以下有期徒刑、拘役或五百元以下罚金。

三、因而致轻微伤害者，五等有期徒刑、拘役或三百元以下罚金。

【原案】沿革

《御览》六百四十汉董仲舒决狱：甲父乙与丙争言相斗，丙以佩刀刺乙，甲即以杖击丙，误伤乙，甲当何论？或曰殴父也，当枭首。议曰，"臣愚以为父子至亲也，闻其斗莫不有怵怅之心，扶杖而救之，非所以欲诟父也。春秋之义许止父病进药于其父而卒，君子原心，赦而不诛，甲非

---

① 凡因过失致尊亲属于死或笃疾者，处三等以下有期徒刑或一千元以下、一百元以上罚金。致其余伤害者，处五等有期徒刑、拘留或五百元以下罚金。

律所谓殴父也，不当坐。"

唐明等律附见第三百〇二条。

现行例，子孙过失杀祖父母、父母，及子孙之妇过失杀夫之祖父母、父母者，俱拟绞决（乾隆二十八年例，道光二十三年修改）。又戏杀、误杀、过失杀条，定案时仍照本例问拟绞决，法司核其情节，实系耳目所不及、思虑所不到，与律注相符者，夹签，恭候钦定，改为绞监候。

【修正】案语

此条文词酌加修正。各部省签注，邮传部、湖广、两广、两江、湖南均谓宜删去罚金一层，然本条系科过失罪以罚金，此法断不可废。邮传部谓不合于财产刑之原理，不知所指。湖广又以为吾国卑幼不能私擅用财，此论墨守旧律。若立宪而后首重人权，虽属卑幼亦应享有私权之能力。

第三百二十条①

凡因玩忽业务上必要之注意，致人死伤者，处四等以下有期徒刑、拘役或二千元以下罚金。

【原案】注意

自第②百十条至本条，共分三种，即寻常过失、对尊亲属过失与业务上过失是也。三者情形不同，故各分轻重之差。

业务上过失致人死伤者，医师误认毒药为普通药剂致患者身死，或矿师怠于预防，因煤气暴发致多数工人死伤之类。

第三百二十一条③

第三④百〇五条、第三百〇六条、第三百十二条第一项、第三百十三条至第三百十五条之未遂罪，罪之。

【修正】案语

本条依重定次序修正。两江签注谓未遂杀伤罪不宜减刑，凡未遂罪之刑皆系得减，并非必减，是在审判官权衡情节之轻重而定。

---

① 【原案】凡因怠忽业务上必应注意，致人死伤者，处四等以下有期徒刑、拘留或三千元以下罚金。

② 原文为"二"。

③ 【原案】第二百九十九条、第三百条、第三百〇六条第一项、第三百〇七条及第三百〇八条之未遂罪，罚之。

④ 原文为"二"。

第三百二十二条①

预备或阴谋犯第三百〇五条之罪者，处五等有期徒刑、拘役或一百元以下罚金。

预备或阴谋犯第三百十二条之罪者，处拘役或五十元以下罚金。

前二项之罪，得按情节免除其刑。

第三百二十三条②

预备或阴谋犯第三百〇六条之罪者，处三等至五等有期徒刑。

【修正】案语

本条原案列于第三百十四条第一项之内，处分之法与平人同等。为整饬伦纪起见，亦应从严惩罚，兹拟析出列为专条并加重其刑一等。

第三百二十四条③

第三百〇八条第三款、第三百十一条及第三百十九条之罪，须待告诉始论其罪。

【修正】案语

本条依重定次序修正。两江签注谓第三百十三条第三项及第三百二十四条不应定为亲告罪，不知尊亲属不忍其子孙之受罚亦人情所必有，此种限制不宜删去。

第三百二十五条④

犯第三百〇六条，第三百〇八条第一款、第二款及第三百二十条之罪者，褫夺公权。除第三百二十一条及第三百十五条外，犯其余各条之罪者，得褫夺公权之。

第二十七章　堕胎罪

堕胎之行为，戾人道、害秩序、损公益，本案故仿欧美、日本各国通

---

① 【原案】"为第二百九十九条及第三百条之预备或阴谋者，处五等有期徒刑、拘留或一百元以下罚金。为第三百〇六条之预备、阴谋或其帮助者，处拘留或五十元以下罚金"，以下同。

② 【原案】见上。

③ 【原案】第三百〇二条第三款、第三百〇三条、第三百十条及第三百十一条第二项之罪，须待告诉始论其罪。

④ 【原案】义同。

例，拟以适当之罚则。

第三百二十六条①

凡怀胎妇女服药或②以他法致堕胎者，处五等有期徒刑、拘役或一百元以下罚金。

【原案】 沿革

现行例妇人因奸有孕，畏人知觉，与奸夫商谋用药打胎，以致堕胎身死者，奸夫比照以毒药杀人知情卖药者至死减一等律，杖一百、流三千里。若有服制名分，本罪重于流者，仍照本律从重科断。如奸妇自请他人买药，奸夫果不知情，止科奸罪。

【修正】 案语

江西签注谓因犯奸有孕，私自堕胎或出于不得已，并谓溺婴一项竟未议及，似觉疏漏。查犯奸之后又复堕胎是为二罪俱发，揆诸法律难以不得已为解，至溺婴则杀人之罪，并非堕胎。

【补笺】

堕胎之说不一，有主张胎儿杀死说者，仅令早产而胎儿犹生，非堕胎；有主张人为早产说者，不问胎儿之生死，凡未至胎儿自然出生时期，以人为令其早产者，即为堕胎。揆之法理，堕胎之必罚，所以维持人道，保全公益，前说失之隘，以后说为是。

第三百二十七条③

凡受妇女嘱托或得其承诺使之堕胎者，处四等以下有期徒刑或拘役。

第三百二十八条④

凡犯下列之罪者，处三等至五等有期徒刑：

一、以强暴、胁迫或伪计，使妇女自行堕胎者；

二、以强暴、胁迫或伪计，而受妇女嘱托或得其承诺，使之堕胎者；

---

① 【原案】同。
② 原文为"致"字，不通，今改为"或"字。
③ 【原案】无拘役一项。
④ 【原案】凡犯下列各款之罪者，处三等或四等有期徒刑：
一、以暴行、胁迫或伪计，使妇女自行堕胎者；
二、未受妇女之承诺，用暴行、胁迫或伪计，使之堕胎者；
三、因暴行、胁迫或伪计，而受妇女嘱托或承诺，使之堕胎者；
四、知为怀胎之妇女而加以暴行、胁迫，因致小产者。

三、未得妇女之承诺，加强暴、胁迫或伪计，使之堕胎者；

四、知为怀胎妇女，而加以强暴、胁迫而小产者。

【修正】案语

两江签注拟改胁迫为争殴，然争殴之意较胁迫稍狭，仍以原案为宜。

第三百二十九条①

凡医师、产婆、药剂师、药材商，犯第三百二十七条之罪者，处三等至五等有期徒刑。

其用伪计，犯第三百二十八条之罪者，处二等或三等有期徒刑。

第三百三十条②

第三百二十八条第一款、第二款之未遂罪，罪之。

第三百三十一条③

因犯第三百二十七条之罪，因而致妇女死或笃疾者，处三等至五等有期徒刑。

因犯第三百二十八条之罪，因而致妇女死伤者，援用伤害罪各条，依第二十三条处断。

【修正】案语

本条文词酌加修正。两江签注谓亲属迫令堕胎等项应设专条，然亲属之行为亦在本条包括之内，应毋庸议。

第三百三十二条④

犯本章之罪者，得褫夺公权。

第二十八章　遗弃罪

遗弃者，凡不尽扶助、养育及保护义务之谓。惟加害之人已离被害人之身际者，乃在本章规定之中，其未离者不在此列。

---

① 【原案】义同。

② 【原案】义同。

③ 【原案】因犯第三百十八条之罪，致妇女于死或笃疾者，处三等或四等有期徒刑。因犯前条之罪，致妇女死伤者，比较第三百〇一条及第三百〇二条，从重处断。

④ 【原案】义同。

第三百三十三条[①]

凡因法令、契约，负担扶助、养育、保护老幼残废疾病之义务而遗弃者，处三等至五等有期徒刑。

【原案】 沿革

《唐律》：诸子孙违犯教令及供养有阙者，徒二年。（谓可从而违，堪供而阙著，须祖父母、父母告乃坐。）

《明律》：凡子孙违犯祖父母、父母教令，及奉养有缺者，杖一百（注与唐律同）。天顺八年例，子贫不能养赡其父，因致其父自缢死者，杖一百、流三千里。

现行律与明律同。乾隆三十二年将例内其父改父母。

【原案】 注意

因律例而膺义务云者，指一定之亲族及其余之人而言，其在次条第二项者，不在此限。因契约而膺义务云者，受人薪给之养老院、育婴场、医院监督执务员，及其余运送人等而言。不具者，不能为自己生命所必需之行动者是。

【修正】 案语

两江签注谓平人及寻常亲属与尊亲属应量为区别，如系父母应特别声明。查平人与寻常亲属本不应加以区别，若尊亲属一层原案本已分别。至尊亲属之内不宜更设等差，因其情节有不能豫定故也。

【补笺】

本罪以不履行义务而成立，虽被害者无何等危险，亦当以遗弃论。例如遗弃婴儿于巡警厅内，虽有巡警即时为保护之处置，亦当以遗弃论。本罪成立有三特别要件：第一，遗弃者系负担法令上或契约上之义务。例如父子之间、夫妇之间，为负担法令上义务者，运送业者对于旅客为负担契约上之义务者是也；第二，被遗弃者须系不能自活之人。人不能自活，非无资产上之谓，谓其无为生存上必要之事宜之体力也，即老幼残废疾病者是；第三，遗弃指不扶助养育保护而言。例如移被害者于廖阔无人之地而稽留之，或留被害者于住所，而犯人他往而不顾，或未离被害者之身际，

[①]【原案】凡因律例或契约，膺扶助、养育、保护老幼、不具或病者义务之人而遗弃者，处三等以下有期徒刑。若对尊亲属犯前项之罪者，处三等以上有期徒刑。

而不为之备办饮食衣服等类是。原案注中，以已离被害者之身际解释之，似嫌太狭。

第三百三十四条①

凡遗弃尊亲属者，处无期徒刑或二等以上有期徒刑。

【修正】案语

本条原案第三百二十四条第二项本三等以上有期徒刑，兹从湖南签注之意，析为专条并加重其刑一等。

第三百三十五条②

凡于己所经管地内发见被遗弃之老幼、残废、疾病人，而不与以相当之保护，不报明巡警、官吏、其余该管吏员者，处五等有期徒刑、拘役或一百元以下罚金。

若巡警、官吏及其余该管吏员当执行职务时，不即与以相当之处分或保护者，处三等至五等有期徒刑。

【修正】案语

此条文词酌加修正。第一项增入"于自己经管地内"一句，第二项增入"于执行职务之时"一句以示限制。

第三百三十六条③

犯第三百三十三条或第三百三十四条之罪，因而致人死伤者，援用伤害罪各条，依第二十三条处断。

【修正】案语

本条依重定次序修正。两广签注谓子不能养父母自尽与殴杀不同，不知新律并不责人以所不能。签注所引情形本不在刑律范围之内，然原案所记载之人因被遗弃而致有死伤，系属意料之事，故所定处分如此。

第三百三十七条④

犯第三百三十四条之罪者，褫夺公权，其余得褫夺之。

---

① 【原案】见上。

② 【原案】见【修正】案语，此不赘。

③ 【原案】犯第三百二十四条之罪，因而致人死伤者，比较第三百○一条及第三百○二条，从重处断。

④ 【原案】义同。

第二十九章　私擅逮捕监禁罪

本章为违法以夺人自由之罪，但其属一私人之行为，为私擅逮捕、监禁，第三百二十八条规定之；属吏员之行为，为滥权逮捕、监禁，第三百二十九条规定之。

第三百三十八条①

凡私擅逮捕或监禁人者，处三等至五等有期徒刑。

【原案】沿革

《唐律》：诸以威力制缚人者，各以斗殴论。因而殴伤者，各加斗殴伤二等。诸被人殴击折伤以上，若盗及强奸，虽旁人皆得捕系以送官司（捕格法准上条即奸同籍内，虽和，听从捕格法）。若余犯不言请而辄捕系者，笞四十。杀伤人者，以故杀伤论。本犯应死而杀者，加役流。

《明律》：凡争论事理，听经官陈告，若以威力制缚人及于私家拷打监禁者，并杖八十。伤重至内损吐血以上，各加凡斗伤二等。因而致死者，绞。

现行律与明律同。

【原案】注意

本条第三项"应释放"者，统赅二项，一指自为逮捕、监禁之事者。例如始信其人为可以逮捕、监禁之人，遂实施逮捕监禁，迨后知为错误，仍不肯释放，自发见错误之时起，其以后之行为即属私擅逮捕、监禁；一指为他人所逮捕、监禁者。例如自己应行监督之任者，被他人制缚，既经发见乃不为释放，亦属私擅逮捕、监禁也。

【补笺】

私擅，指无权利又非不得已之场合而言。例如对于现行犯人，或因正当防卫而为逮捕之行为，是有权利者；又如监禁癫狂病人是出于不得已者。

逮捕与监禁俱指剥夺自由而言，不分手段何如。至于两者之区别，不过时间上长短各异而已，延长逮捕之时间者即为监禁。

---

① 【原案】凡私擅逮捕或监禁人者，处三等以下有期徒刑。对尊亲属有犯者，处二等或三等有期徒刑。知为私擅之逮捕或监禁，应释放而不释放者，亦以前二项之例论。

第三百三十九条①

凡私擅逮捕或监禁尊亲属者，处一等至三等有期徒刑。

【修正】案语

本条原案列前条第二项，系二、三等有期徒刑。兹从两广签注之意，析为专条并加重其刑一等。

第三百四十条②

凡行审判或检察、巡警、监狱及其余行政之职务，或其佐理人，滥用职权，逮捕或监禁人者，处二等或三等有期徒刑。

【原案】沿革

《唐律》：若不应禁而禁及不应枷锁杻而枷锁杻者，杖六十。

《元典章·刑部十六》断例，柱执民为盗，禁死，达鲁花赤各决三十七，解见任，期年降等叙知事。又权司狱事决五十七，罢职除名不叙。推官决八十七，除名不叙用。县尉决一百七。仍与本路判署官吏，均征烧埋银。

《明律》：其不应禁而禁及不应枷锁杻而枷锁杻者，各杖六十。凡官吏怀挟私仇故勘平人者，杖八十，因而致死者绞。提升官、典狱卒知而不举首者，与同罪，至死者减一等，不知者不坐。若因公事干连平人在官，无招误禁致死者，杖八十。有文案应禁者，勿论。凡狱囚情犯已完，监察御史、提刑按察司审录无冤，别无追勘事，理应断决者，限三日内断决。应起发者，限一十日内起发。若限外不断决、不起发者，当该官吏三日笞二十，每三日加一等，罪止杖六十。因而淹禁致死者，若囚该死罪，杖六十。流罪，杖八十。徒罪，杖一百。杖罪以下，杖六十、徒一年。

现行律"监察御史"九字改为法司、督抚，余与明律同。

第三百四十一条③

犯本章之罪致人死伤者，援用伤害罪各条，依第二十三条④处断。

第三百四十二条⑤

犯本章之罪者，得褫夺公权。

---

① 【原案】见上。
② 【原案】同。
③ 【原案】凡犯前二条罪因而致人死伤者，比较第三百〇一条及第三百〇二条，从重处断。
④ 原文为"第十三条"。
⑤ 【原案】同。

【修正】案语

两广签注谓原案第三百二十八条第二项及第三百二十九条第二项应一律褫夺公权,然签注所指之罪今已各加重一等,此种罪情时轻时重,未便一律褫夺。

第三十章 略诱及和诱罪

此章之罪分略诱、和诱,凡对于未满十六岁之幼者,虽和同略。略诱与和诱,均以出于移送外国及营利之宗旨者,加重其刑。若以营利之宗旨而移送外国者,更重其刑,以期保刑罚之权衡也。

收受或藏匿被略诱、和诱之人,有出于事前预谋者,有出于事后者,情节各有不同。预谋者为纯然之共犯,彼此刑罚无分轻重(第三百四十三条第一项)。事后之收受藏匿,则全属独立之一罪,其情稍轻,故本案即轻其刑(第三百四十三条第二项)。

第三百四十三条①

凡以强暴、胁迫或伪计,拐取妇女或未满二十岁之男子者,为略诱罪,处二等或三等有期徒刑。

若系和诱者,处三等至五等有期徒刑。

和诱未满十六岁之男女者,以略诱论。

【原案】沿革

《汉书·功臣表》:曲逆嗣侯陈何坐略人妻,弃市。《魏法·制新律序》:盗律有和卖买人案,此则汉律盗篇有卖人之条。《后汉书》建武二年诏,民有嫁妻卖子欲归父母者,恣听之,敢拘执论如律。又七年诏,吏人遭饥乱及为青徐贼所略为奴婢、下妻欲去留者,恣听之,敢拘制不还,以卖人法从事。

《文献通考·刑考八》引后魏律,卖子,一岁刑;五服内亲属在,尊长者,死;卖周亲及妾与子妇者,流。

《唐律》:诸略人、略卖人(不和为略。十岁下,虽和亦同略法),为

---

① 【原案】凡用暴行、胁迫或伪计,拐取未满二十岁男女者,为略诱罪,处二等或三等有期徒刑。

若系和诱者,处三等以下有期徒刑。第三项同。

奴婢者绞，为部曲者流三千里，为妻妾子孙者徒三年，（因而杀伤人者，同强盗法）。和诱者各减一等。若和同相卖为奴婢者，皆流二千里，卖未售者减一等（下条准此）。即略和诱及和同相卖他人部曲者，各减良人一等。诸略奴婢者，以强盗论，和诱者以窃盗论，各罪止流三千里，（虽监临主守，亦同）。即奴婢别赍财物者，自从强窃法，不得累而科之。若得逃亡奴婢不送官而卖者，以和诱论，藏隐者减一等坐之。即私从奴婢买子孙及乞取者，准盗论，乞卖者与同罪（虽以为良，亦同）。诸略卖期亲以下卑幼为奴婢者，并同斗殴杀法（无服之卑幼，亦同），即和卖者，各减一等，其卖余亲者，各从凡人和略法。诸知略、和诱和同相卖，及略和诱部曲、奴婢而买之者，各减卖者罪一等。知祖父母、父母卖子孙及卖子孙之妾若己妾而卖者，各加卖者罪一等。（展转知情而买，各与初买者同。虽买时不知，买后知而不言者，亦以知情论。）

《元典章·刑部十六》大德八年新例，诸略卖良人为奴婢者（略谓设方略，不和而取。十岁以下，虽和亦同略法），一人断一百七、流远，二人以上处死。为妻妾子孙者一百七、徒三年，因而杀伤人者同强盗法（见血为伤。因略杀伤傍人者亦同）。若略而未卖者减一等，和诱者（诱谓和同）又各减一等。（谓诱一人卖为奴婢者，于流罪上减二等，一人以上于死罪上减三等，为妻妾子孙者亦准此。）及和同相卖为奴婢者，各断一百七。略诱奴婢货卖为奴婢者，各减诱略良人罪一等，为妻妾子孙者七十七、徒一年半。知情娶卖及藏匿受钱者，各递减犯人罪一等（递减谓知情娶卖减犯人一等，窝藏又减一等）。假以过房乞养为名，因而货卖为奴婢者九十七，引领牙保知情减二等，价没官，人给团聚。如无元买契券、官司公据，务司辄行税契者，决四十七。有司不应给据而给据者，依司务断罪。及承告不即追捕者，决四十七。关津主司知而受财纵放者，减犯人罪三等，除名不叙。失检察者，笞二十七（谓关津渡口应盘去处）。如能告获者，略人每人给赏三十贯，和诱每人二十贯，以至元钞为则，于犯人名下追征。无财者征及知情窝主，牙保、应捕人减半。其事未发而自首者，原其罪。若同伴能悔过自首擒获其徒党者，免罪，仍给赏之半。再犯及因略伤人者，不在首原之例（《元史·刑法志》同）。

《明律》：凡设方略而诱取良人及略卖良人为奴婢者，皆杖一百、流三千里，为妻妾子孙者，杖一百、徒三年。因而伤人者绞，杀人者斩，被略之人不坐，给亲完聚。若假以乞养过房为名买良家子女转卖者，罪亦如之。

若和同相诱及相卖良人为奴婢者，杖一百、徒三年，为妻妾子孙者，杖九十、徒二年半。被诱之人减一等，未卖者各减一等，十岁以下，虽和亦同略诱法。若略卖和诱他人奴婢者，各减略卖和诱良人罪一等。若略卖子孙为奴婢者，杖八十。弟妹及侄、侄孙、外孙若己之妾、子孙之妇者，杖八十、徒二年，子孙之妾减二等。同堂弟妹、堂侄及堂侄孙者，杖九十、徒二年半，和卖者减一等，未卖者又减一等。被卖卑幼不坐，给亲完聚。其卖妻为婢及卖大功以下亲为奴婢者，各从凡人和略法。若窝主及买者，并与犯人同罪，牙保各减一等，并追价入官。不知者不用，追价还主。《问刑条例》略诱良人与略卖良人子女，不分已卖未卖，俱问发边卫充军。

现行律与明律同。顺治九成例，诱拐妇人子女，被诱之人不知情，改拟绞候；邪术迷拐幼小子女，为首立绞，为从发宁古塔给穷披甲人为奴。康熙十九年复定伙众开窑诱取妇人子女，为首照光棍例斩决，为从发黑龙江等处给披甲人为奴之例。

【修正】案语

此条文词酌加修正。两广、两江签注质问被害者为二十岁以上男女是否处罚，湖南签注疑原案不罚此种犯罪。不知被害者为二十岁以上男女原案并非置诸不问，此种犯罪应据第三百四十三条第一项处断。盖诱拐罪与逮捕罪有别，既逾二十岁则有独立之资格可为逮捕罪之被害者而不能为诱取罪之被害者。第中国妇女与外国之妇女地位略有不同，兹从多数签注之意见，删去女子年龄之限制。

第三百四十四条①

凡移送自己所略诱之妇女或未满二十岁之男子于外国者，处无期徒刑或二等以上有期徒刑。

若系和诱者，处二等或三等以下有期徒刑。

【修正】案语

两广签注以此条宜科死刑。查本章之罪在外国颇少，盖外国警察制度完备，户籍等法周密，检举犯罪自易，故不必科以重刑。新律实施之日，中国各种制度当亦渐臻完备，科以原案所定之刑并非过轻。

第三百四十五条

凡意图营利，略诱妇女或未满二十岁之男子者，处无期徒刑或二等以

---

① 【原案】义同。

上有期徒刑。

若系和诱者，处二等或三等有期徒刑。

第三百四十六条①

凡意图营利，移送自己所略诱之妇女或未满二十男子于外国者，处死刑、无期徒刑或一等有期徒刑。

若系和诱者，处无期徒刑或二等以上有期徒刑。

【原案】沿革

《明律》：若将人口军器出境及下海者，绞。

现行律同。又同治九年例，内地奸民及在洋行充当通事、买办，设计诱骗愚民雇与洋人承工，其受雇之人并非甘心出口，因被拐卖威逼致父子兄弟离散者，不论所拐系男妇子女及良人奴婢、已卖未卖、曾否上船出洋，及有无借洋人为护符，但系诱拐已成，为首斩立决，为从绞立决。

【修正】案语

此条文词酌加修正，并从两广签注之意见与第一项增入死刑。

第三百四十七条②

凡预谋收受、藏匿被略诱、和诱之人者，依前四条分别处断。

若未预谋者，依下列分别处断：

一、收受、藏匿第三百四十三条、第三百四十四条第二项及第三百四十五条第一项所揭被略诱、和诱人者，三等至五等有期徒刑。

二、收受、藏匿第三百四十四条第一项、第三百四十五条第一项及第三百四十六条被略诱、和诱之人者，一等至三等有期徒刑。

【原案】沿革

附见第三百三十二条。

第三百四十八条③

本章之未遂罪，罪之。

---

① 【原案】凡以营利之宗旨，移送自己所略取之未满二十岁男女于国外者，处无期徒刑或一等有期徒刑。以下同。

② 【原案】义同。

③ 【原案】同。

第三百四十九条①

第三百四十三条及第三百四十七条之罪，须待告诉乃论。

犯人与被略诱、和诱人为婚姻者，非离婚后，其告诉为无效。

【修正】案语

本条依重定次序修正。两广签注请删去第二项。查本案定此限制之意，因民律告成户籍等法完备之时，如遵照法律所定办法正式成婚者，刑律不忍追究既往，致乖妇女从一而终之义。至收为婢妾，乃非正式成婚者，固不得援以为例也。

第三百五十条

意图营利犯本章之罪者，褫夺公权，其余得褫夺之。

【修正】案语

两广签注谓宜一律褫夺公权，第犯罪情节轻重不等，未便采用。

第三十一章　妨害安全信用名誉及秘密罪

第三百五十一条②

凡对人以加害生命、身体、自由、名誉、财产之事相胁迫者，处五等有期徒刑、拘役或一百元以下罚金。其以加害人亲族相胁迫者，亦同。

【修正】案语

两江签注谓无下条如"加暴行"字样，又"胁迫"二字此意殊近含混，刑罚亦觉稍轻。查下条即刑法学之所谓强制罪，故有"加暴行"字样，本条乃胁迫罪，故无此二字。"胁迫"在刑法学有一定意义，何至含混，若处分改五等为四等亦嫌过重。至两广签注谓此条及下条所称胁迫尊亲属之罪应从重处罚，则未便采用，何则？原案所谓以害人尊亲相胁迫者不过以此为胁迫人之一法，并非直接胁迫人尊亲之意，仍以原案所定处分为是。

---

① 【原案】第三百三十二条及第三百三十六条之罪，须待告诉始论其罪。犯人与被略诱人或被和诱人为婚姻者，在婚姻继续之间，其告诉为无效。

② 【原案】义同。

第三百五十二条①

凡以强暴胁迫使人行无义务之事或妨害人行使权利者，处四等以下有期徒刑、拘役或三百元以下罚金。

【原案】 沿革

《明律》：凡因事威逼人致死者，杖一百。若官吏公使人等，非因公务威逼平民致死者罪同，并追埋葬银一十两。若威逼期亲尊长致死者绞，大功以下递减一等。若因奸盗而威逼人致死者，斩。

现行律于威逼期亲尊长改为因事迫逼期亲尊长，余与明律同。

【原案】 理由

前条及本条，皆扰害他人安全之罪，一为胁迫罪，一为强制罪。强制罪，除擅用职权（第一百四十七条）、强盗（第三百五十一条）、恐喝取财（第三百六十二条）等有特别之规定外，凡以暴行、胁迫强制他人使行非义务之事（例如使辞雇佣）或妨害其权力之实施（例如妨害正当之诉讼）等一切非行，皆赅于此。

【修正】 案语

本条文词酌加修正。两江签注谓条内不言加暴行于亲族似尚未安，不知以加暴行于亲族为恫吓之词，即为胁迫被害者之罪。若实际加暴行于亲族即在本条首句加暴行之中，此本条所以不言及加暴行于亲族也。

【补笺】

本条及前条在学说上名为胁迫罪及强制罪，故本章题曰"妨害安全"。解释本罪之性质有二说：一主观的说须被害人怀抱畏惧之心罪始成立；一客观的说，无论被害人畏惧与否，但须知加害人有强暴胁迫之举动时，罪即成立。本章既题曰"妨害安全"，原意国家社会之安宁秩序为重，非保护私人之感情。况私人感情无一定标准乎，宜以第二说为是。

第三百五十三条

凡散布流言或用伪计，损他人或其业务之信用者，处五等有期徒刑、拘役或一百元以下罚金。

---

① 【原案】凡加暴行或用前条所揭胁迫，而使人为无义务之事，或妨害其权利之实施者，处四等以下有期徒刑、拘留或三百元以下罚金。

【原案】沿革

《唐律》：诸投匿名书告人罪者，流二千里（谓绝匿姓名及以避己作者，弃置悬之俱是）。得书者，皆即焚之。若将送官司者，徒一年。官司受而为理者，加二等，被告者不坐。辄上闻者，徒三年。

《元典章·刑部十五》断例，无头匿名文字写得轻呵，将本人流，他的媳妇孩儿断与拿住的人，更赏钞五十锭。若是写的重呵，将本人敲了，将他媳妇孩儿断与拿住的人，更赏钞一百锭。不曾见撒的人呵，不教告，随时败获者，依条处断。得书者即便焚毁，将送入官减犯人二等，官司受而为理减二等。

《明律》：凡投隐匿姓名文书告言人罪者绞，见者即便烧毁，若将送入官司者杖八十，官司受而为理者杖一百，被告言者不坐。若能连文书捉获解官者，官给银一十两充赏。

现行律与明律同。

【原案】理由

信用为处世最要之端，凡有违法而侵害之者，固属必罚之行为，非但被害之人一身所受之损害应有要求致罚之道而已。夫信用之性质，不外名誉之一种，故其处分与前条同。

【修正】案语

此条文词酌加修正。两广、江苏签注谓隐匿姓名文书者，应设专条从重处罚。查所引之例，大致规定于第一百八十五条，应处二等至五等有期徒刑，较此条为重。至其余情节，科以此条所定之刑足矣。

第三百五十四条①

凡摘示事实、公然侮辱人者，不论其事实有无，处五等有期徒刑、拘役或一百元以下罚金。

【原案】沿革

附见第一百七十九条。

【原案】注意

此条系规定害人名誉之事，但详征他人之丑事恶行，公然肆其辱侮，

---

① 【原案】凡摘示事实公然侮辱人者，不论其事实之有无，处四等以下有期徒刑、拘留或三百元以下罚金。摘示诬罔死者之事实而侮辱其亲属者，亦同。

为此罪成立之要件。至谩骂他人，则另属违警处分。

已死之人与社会长别，已不复有狭义之名誉，然前此之名誉，与现存亲属之名誉颇有关系，故立第二项以保护之。

【修正】案语

此条文词酌加修正。湖南签注谓如意在责善，科以徒刑未免过重，且情节较之奸非更轻，似道德舆论亦足以防闲，不知诚意之责善与恶意之侮辱，其性质固自不同，且道德舆论较之法律孰能收防闲之效，当以其行为之性质为断，并不能以科刑之轻重为断。两广签注谓本条宜视其所指摘事实之轻重，以定侮辱罪之等差，查此论仅足为分别罪情之一端，不足为全体之标准。

【补笺】

本条名为侮辱罪，侮辱指损坏他人名誉而言。所谓名誉，即人类社会上所有之地位也，本罪以与危害人类社会上之地位而成立，至被害人怀抱羞耻心与否，可以不问。

本罪自行为之本体观之，有二：一、指摘事实、公然毁损名誉者是。指摘事实即具体的表彰其恶事丑行之谓；二、不指摘事实，惟平空结构、公然谩骂嘲笑者是。惟前者属于本条范围之内，后者当据《违警律》第三十五条罚之。

第三百五十五条[①]

凡对尊亲属犯第三百五十一条、第三百五十三条及第三百五十四条之罪者，处四等以下有期徒刑、拘役，或三百元以下罚金。

犯第三百五十二条之罪者，处三等以下有期徒刑或五百元以下罚金。

【宪政编查馆案语】

第三百五十一条为胁迫之罪，第三百五十三条为损害信用之罪，第三百五十四条为指摘事实侮辱之罪，对尊亲属有犯并无规定。推原立法之意，盖欲归并于第三百十一条，对尊亲属未至伤害条内。然胁迫损害信用及侮辱之行为，究较直接加暴行情节，稍轻一例同科，未免无所区别。兹从各本条析出并为一条，酌定其刑为四等以下有期徒刑、拘役或三百元以下罚金，视常人则加一等，较彼条则减一等矣。又第三百五十二条乃胁迫罪之已生结果者，其余既加一等，则本条似应递加一等，以归一律。

---

① 【原案】无。

第三百五十六条①

凡无故开拆、藏匿、毁弃他人封缄之信函者，处五等有期徒刑、拘役或一百元以下罚金。

无故公表他人秘密之文书、图画者，亦同。

【原案】沿革

《明律》：凡铺兵递送公文，若磨擦及破坏封皮不动原封者，一角笞二十，每三角加一等，罪止杖六十。若损坏公文，一角笞四十，每二角加一等，罪止杖八十。若沉匿公文及拆动原封者，一角杖六十，每一角加一等，罪止杖一百。若事干军情机密，文书不拘角数即杖一百。有所规避者，各从重论。其铺司不告举者，与犯人同罪。若已告举而所在官司不即受理施行者，各减犯人罪二等。

现行律同。

【修正】案语

此条文词酌加修正，并减轻其刑一等。两广、两江、湖南签注谓公文须另列专条并应分别情节。查本条第一项系仿立宪国之常例所以保信函之秘密，除第二百四十条、第二百四十一条、第二百四十二条、第二百五十条、第四百条、第四百〇一条等外，文书无分别公私之要。若开拆公文信函而侦探机务或有意露泄者分则第五章自有专条，原案并无轻重倒置之处。

第三百五十七条②

凡为僧道、医师、药剂师、药材商、产婆、律师、公证人，或曾居此等地位之人，因其职业得知他人之秘密，无故露泄者，处五等有期徒刑、拘役或一百元以下罚金。其无故而公表者，处四等以下有期徒刑、拘役或三百元以下罚金。

【原案】理由

前条及本条，皆侵害他人秘密之罪。而前条第一项所保护乃信函之秘密，在成文立宪国，大率于宪法内定明不得妄侵信函之秘密，是为通例。本条所揭系违背职业上秘密义务之罪，此种非行若不加以一定之刑，世人

---

① 【原案】凡无故开拆他人封固之信函，或藏匿及毁弃他人之信函者，处四等以下有期徒刑、拘留或三百元以下罚金。以下同。

② 【原案】同。

于此特种之职业必失其依赖之便益，而有此种职业之人于此间亦坠其信用，其为害社会非浅鲜也。

【修正】案语

此条文词酌加修正，并分列两项。两广签注谓露泄他人秘密之事不必为僧道等类之人，不知此条系定刑法学所谓露泄职务上应守秘密事宜之罪，与寻常人之露泄他人秘密者有别。

第三百五十八条

第三百五十二条及第三百五十三条之未遂罪，罪之。

第三百五十九条[①]

第三百五十二条外，本章之罪，须待告诉乃论。

第三百六十条

犯本章之罪者，得褫夺公权。

第三十二章　窃盗及强盗罪

现行律例盗贼门，条分缕析，规定綦详，然其成立所必需之要件尚未揭明。故本案第三百四十九条及第三百五十一条所以规定盗罪成立之要件，第三百五十七条复从侧面以揭其要件，第三百六十二条以下及第三百六十九条以下之规定，则盗罪之范围益明。

本案窃盗及强盗之要件有四：一曰以自己或第三者之所有为宗旨。若暂时使用他人之物（例如使用车马即还原主）之类，非盗罪也；二曰原则上系他人之所有物。若所盗系自己之所有物，即因第三百五十七条而轻其刑；三曰窃取、强取之行为。必以他人持有移为自己所持有，若其物早经自己持有者，则属第三十四章侵占之罪，不得以盗论。又使他人丧失持有，而未尝取为自己持有，则属第三百八十二条毁损之罪，亦不得以盗论；四曰必系持有可以移转之物。若发掘土地、房屋而盗取土块，或损坏土地、房屋而盗取其木片、瓦石者，不得即以盗土地、房屋本体之罪论也。

本章之罪，专以不法移取他人所有之财物为自己或第三者之所有为要

---

① 【原案】第三百四十条至第三百四十二条、第三百四十四条及第三百四十五条之罪，须待告诉始论其罪。

端，如现行律例之劫囚及略人、略卖人等不关乎财物者，又恐喝、欺诈之特种手段得无效之承诺藉以取财物者，又发冢及夜无故入人家之特种之罪恶等，皆不在此章之列。

现行律例于贼盗罪及此外对于财产罪之类，俱以赃之价额而分罪之重轻，殊与现今法理未惬。夫以赃物之价额而论，富人之万金与贫人之一钱轻重相匹；又自犯人之心术而论，有夺富人万金而罪在可恕，有夺贫人一钱而罪不胜诛者。是不能为定刑之准，无容疑也。故本案不过设关于窃盗及强盗普通之规定（第三百四十九条、第三百五十一条），以便审判后得宣告与各种情节适合之刑罚（窃盗得于五年以下、二月以上，强盗得于十五年以下、五年以上之范围内，因各种情节而伸缩其刑期），更列举理论上及实际上情节之重轻，以拟定法律上处刑之重轻（第三百五十条、第三百五十四条及第三百五十七条）。本案之义如此，欧美、日本亦莫不然也。

第三百六十一条①

凡意图为自己或第三人之所有而窃取他人所有物者，为窃盗罪，处三等至五等有期徒刑。

【原案】 沿革

《汉书·高帝纪》：元年沛公入咸阳，与父老约法三章：杀人者死，伤人及盗抵罪。注李奇曰伤人有曲直，盗赃有多少，不可豫定，故言抵罪。《后汉书》光武纪十八年诏曰，今边郡盗谷五十斛罪至于死，开残吏枉杀之路，其蠲除此法。

《文献通考·刑考四》：北齐神武秉魏政迁都于邺，群盗颇起，遂立严制：诸强盗杀人，首从皆斩，妻子、同籍配为乐户。其不杀人及赃不满五疋，魁首斩，从者死，妻子亦为乐户。小盗赃满十疋以上，魁首死，妻子配驿，从者流。

《唐律》：诸窃盗不得财笞五十，一尺杖六十，一匹加一等，五匹徒一年，五匹加一等，五十匹加役流。（案《新唐书刑法志》，武宗时窃盗赃满千钱者死，至宣宗乃罢之）。诸山野之物已加功力刈伐积聚而辄取者，各以盗论。诸盗缌麻、小功亲财物者，减凡人一等，大功减二等，期

---

① 【原案】凡以自己或第三者之所有为宗旨而窃取他人所有之财物者，为窃盗罪，处三等以下有期徒刑。

亲减三等，杀伤者各依本杀伤法。（此谓因盗而误杀者。若有所规求而故杀期以下卑幼者，绞）。诸同居卑幼将人盗己家财物者，以私辄用财物论加二等，他人减常盗罪一等，若有杀伤者，各依本法（他人杀伤，纵卑幼不知情，仍从本杀伤法坐之）。诸因盗而过失杀伤人者，以斗杀伤论，至死者加役流（得财不得财等，财主寻逐遇他死者非）。其共盗临时有杀伤者，以强盗论，同行人不知杀伤情者，止依窃盗法。诸共盗者，并赃论，造意及从行而不受分即受分而不行，各依本首从法。若造意不行又不受分，即以行人专进止者为首，造意者为从，至死者减一等。从者不行又不受分，笞四十，强盗杖八十。若本不同谋，相遇共盗，以临时专进止者为首，余为从坐（其强盗者，罪无首从）。主遣部曲、奴婢盗者，虽不取物仍为首。若行盗之后知情受财，强盗、窃盗并为窃盗从。诸共谋强盗临时不行，而行者窃盗，共谋者受分，造意者为窃盗首，余并为窃盗从。若不受分，造意者为窃盗从，余并笞五十。若共谋窃盗临时不行，而行者强盗，其不行者造意受分，知情、不知情并为窃盗首。造意者不受分及从者分受，俱为窃盗从。诸盗经断后仍更行盗，前后三犯徒者，流二千里，三犯流者绞（三盗止数，赦后为坐）。其于亲属相盗者，不用此律。诸盗，公取窃取皆为盗（器物之属须移徙，阑圈禁闭之属须绝离常处，放逸飞走之属须专制，乃成盗。若畜产伴类随之，不并计。即将入已及盗其母而子随者，皆并计之），诸盗官司牛马而杀者，徒二年半。

《旧五代史·刑法志》：周太祖广顺二年诏，犯窃盗者计赃绢满三匹已上者，并集众格杀。其绢依本处上估价为定，不满三匹者等第决断。

《文献通考·刑考五》：广顺五年诸盗经断后仍更行盗，并曾经官司推问伏罪者，不问赦前后、赃少多，并决杀。

宋《刑统赋解》贼盗律，窃盗一贯杖六十，二贯加一等，十贯徒一年，二十贯加一等，一百贯徒五年，其持杖者加二等。又盗亲属财物者，若盗缌麻亲者，减凡盗一等，小功减二等，大功减三等，期年减四等，若诈欺亲属财物者与盗一体减。又器物之属须离常处，阑圈之属须移徙为盗。其盗砖瓦木植之类，非人力所运，虽已成犹为未成，不得便因盗法科罪。

《元典章·刑部十一》大德六年原例，诸窃盗始谋未行者杖四十七，已行而不得财五十七，十贯以下六十七，至二十贯七十七，每二十贯加一等，一百贯徒一年，每一百贯加一等，罪止徒三年。盗库藏物者比常盗加一等，赃满至五百贯已上者流。诸共盗者并赃论，仍以造意之人为首，随从者各减一等。二罪以上俱发，从其重者论之。诸盗经断后仍更为盗，前后三犯杖者徒，三犯徒者流，又而再犯者死，强盗两犯亦死（须据赦后为坐）。诸窃盗初犯刺左臂（谓已得财者），再犯刺右臂，三犯刺项。强盗初犯刺项并充警迹人，官司拘检关防一如旧法。其蒙古人有犯及妇人犯者，不在刺字之条。诸评盗赃者，皆以至元钞为则，除正赃外仍追赔赃。其有未获贼人及虽获无可追偿，并于有者名下均征。诸犯徒者，徒一年杖六十七，一年半者杖七十七，徒二年者杖八十七，二年半杖九十七，三年杖一百七，皆先决讫然后发遣，合属带镣居役（应配役人，逐有金银铜钱洞冶、屯田、堤岸、桥道一切工役去处，听就工作，令人监视，日计工程。满日，疏于充警迹人）。诸盗未发而自首者，原其罪，能捕获同伴者仍依例给赏。其于事主有所损伤及准首再犯，不在首原之例。至大四年例，今后豁开车子的初犯呵，追了赔赃打一百七下，再犯呵追了赔赃打一百七、流远，有三犯呵敲了者。又怯烈司偷盗骆驼、马匹、牛只，初犯呵追九个赔赃，打一百七、流远者，再犯呵敲了。又外头偷盗骆驼、马匹、牛只的，初犯呵追九个赔赃，打一百七下者，若有旧贼每呵数他每先做来的次数，依已定来的例，合配役的交配役，合出军的交出军者。不曾做贼的每开读圣旨之后再犯呵，追了赔赃，打一百七，流远者，三犯呵敲了者。偷盗钱物羊口驴畜的，依先定来的例要罪过者，杀了人的，敲了者。（皇庆二年复定分别首从之例，元《刑法志》所引大致与大德至大例同。）延祐二年新例，割车子、剜房子的贼每伤事主的、起意的、下手的敲，为从的断一百七。出军不曾伤事主，但得财，皆断一百七。出军于内有旧贼呵敲。不曾得财，为首的断一百七、徒三年，为从的断九十七、徒二年半。于内有旧贼呵，出军又初犯，怯列司里偷盗驼马牛贼，每为首的敲，为从的断一百七，出军于内在先作贼第二遍，于怯司里偷大头口的敲。又初犯偷盗驼马牛贼，每为首的断一百七，出军为从的断九十七、徒三年。于内若有旧贼呵，敲。又偷盗驴骡贼人，为首的断八十七、徒二罪，为从的断七十七、徒一年半。又偷盗羊猪，盗人为首的断七十七下、徒一年半，为从的断六十七、徒一年。又偷财物的贼人，凡三百贯以上者断一百七下，出军一百贯以上者断一百七下、徒三年，八十贯以上者断九十七下、徒二年半，六十贯以上者断八十七下、徒二年，四十贯以上者断七十七、徒一年半，十贯以上者断六十七、徒一年，十贯以下者断六十七、放。为从者皆减一等断配，以至元钞为则。已行而不得财者断五十七，始谋而未行者断四十七，放。又偷盗系官头口钱物，宜比常人加等断罪。又曾经出军配役来的，如再做贼的勾当，敲。经断放偷盗十贯以下的再做贼呵，为首出军，为从徒三年，合刺的依旧例刺字。除这的外，该载不尽事理，依旧例行。

《明律》：凡窃盗已行而不得财，笞五十、免刺，但得财者，以一主为重，并赃论罪，为从者各减一等（一主为重，谓如盗得二家，从一家赃多者科罪）。初犯并于右小臂膊上刺"窃盗"二字，再犯刺左小臂膀，三犯者绞，以曾经刺字为坐，掏摸者罪同。若军人为盗，虽免刺字，三犯一体处绞。一贯以下杖六十、一贯之上至一十贯杖七十、二十贯杖八十；三十贯杖九十、四十贯杖一百、五十贯杖六十、徒一年、六十贯杖七十、徒一年半、七十贯杖八十、徒二年、八十贯杖九十、徒二年半、九十贯杖一百、徒三年、一百贯杖一百、流二千里、一百一十贯杖一百、流二千五百里、一百二十贯罪止杖一百、流三千里。万历十六年定三犯赃数不多改遣之例。又律，凡盗、马、牛、驴、骡、猪、羊、鸡、大鹅、鸭者，并计赃，以窃盗论。若盗官畜产者，以常人盗官物论。若盗牛马而杀者杖一百、徒三年，驴骡杖七十、徒一年半。若计赃重于本罪者，各加盗罪一等。凡盗田野谷麦菜果及无人看守器物者，并计赃，准窃盗论，免刺。若山野柴草木石之类他人已用工力斫伐积聚而擅取者，罪亦如之。凡各居亲属相盗财物者，期亲减凡人五等，大功减四等，小功减三等，缌麻减二等，无服之亲减一等，并免刺。若行强盗者，尊长犯卑幼亦各依上减罪，卑幼犯尊长以凡人论，若有杀伤者，各依杀伤尊长、卑幼本律从重论。若同居卑幼将引他人盗己家财物者，卑幼依私擅用财物论加二等，罪止杖一百，他人减凡盗罪一等、免刺。若有杀伤者，自依杀伤尊长、卑幼本律科罪，他人纵不知情，亦依强盗论。若他人杀伤人者，卑幼纵不知情，亦依杀伤尊长、卑幼本律从重论。其同居奴婢、雇工人盗家长财物及自相盗者，减凡盗罪一等，免刺。凡共谋为强盗临时不行而行者却为窃盗，供谋者分赃，造意者为窃盗从，余人并笞五十，以临时主意上盗者为窃盗首。其共谋为窃盗临其不行而行者为强盗，其不行之人造意者分赃，知情不知情并为窃盗首。造意者不分赃及余人分赃俱为窃盗从，以临时主意及共为强盗者不分首从论。凡盗，公取窃取皆为盗，器物钱帛之类须移徙已离盗所，珠玉宝货之类据入手隐藏，纵未将行亦是。其木石重器非人力所胜，虽移本处未驮载间犹未成盗，马牛驼骡之类须出阑圈，鹰犬之类须专制在己乃成为盗。（若盗马一匹，别有马随，不合并计为罪，若盗其母，子随者，皆并计为罪。）

现行律于窃盗条改贯为两。顺治四年定窃盗赃一百二十两绞候，康熙十一年改为一百二十两杖一百、流三千里，一百二十两以上绞候。雍正三年删去军人为盗一节，七年定积匪猾贼发云贵、两广极边烟瘴之例，十一年改万历十六年例为三犯五十两以下拟遣，五十两以上绞候。乾隆二十五年定再犯加枷之例，余条与明律同。

【原案】注意

第三者，除盗取人及被害人外，其余之人皆是。

【修正】案语

本条文词酌加修正。各省签注，两江、湖南谓此条定义过于冗长，宜止云：窃取他人财物者，为窃盗罪。此论由于不差财产权性质与盗罪要件之故，中国将来民律思想发达，深明财产权种类之日，如无原案所揭定义，势必疑义百出。两江又谓抢夺之罪似应声明，查抢夺之律定于前，明其情节，本甚轻。若现行例之抢夺则与强盗何殊，各国刑法并不如此区分，即征之唐律亦然，无须另设专条。两广驳第三人一层，此种情节固所罕见，亦不能保其必无。至谓原注有言，有夺富人万金而罪在可恕，有夺贫人一钱而罪不胜诛，此法若行则天下富民皆为盗贼觊觎而无以自保，此实以词害意。原注所云罪在可恕，不过谓有时赃重而罪情，则轻不能以赃额之多寡定罪之轻重，非谓夺富人之财，全属无罪也。江西谓刑律内无追赃给主之法，并未见制定单行法，不知此事与刑律无涉。至于应定单行法否，刑律内亦无须声明。

【补笺】

窃盗，指夺取他人财物之行为而言。所谓夺取，即丧失他人之所持有，而移入自己所持有是也。若仅使他人丧失财物而无移入自己所持有之意思，如开笼放雀之类，只得为毁弃损坏罪，不得为盗罪。至于丧失与移入之间，须系有形的与现实的盗罪，方能成立。若系无形的，如自己所管有之他人之财物，拒不返还之类，则为侵占罪。若系想象的，如小额债权用伪计易为多额债权之类，则为诈欺取财罪。斯二者均不得援本条处断。又其行为须系不法行为，若非出于不法，如战时捕获军需品，或基于紧急窃取食物之类，亦不得以盗罪论。依上所述而演绎之，其财物得为窃盗罪之客体者有四要件：第一，须系有体物，但其物为固形体，为流动体，为瓦斯体，均无容区别。电气系属无体之力，不在有体物之内，故第三百七二条特规定之。第二，须系可以移动之物。若侵夺田圃屋宇等不动产，非盗罪。第三，财物须为他人现所持有者，若无主物、遗失物、遗弃物等，非他人所持有者，虽移入于自己持有之内，不得以盗论罪。第四，物之所有权不问属于自己抑属于他人，均得成立本罪。惟系自己所有时，则处罚较轻，第三百七十一条规定之。

第三百六十四条以下所谓强盗者，其解释与窃盗相同，惟手段上有异耳，盖强盗以用强暴胁迫之手段而成立，无此强暴胁迫者即属窃盗。

第三百六十二条①

凡窃盗，有下列行为者，处二等或三等有期徒刑

一、侵入现有人居住或看守之邸宅、营造物、矿坑、船舰内者；

二、结伙三人以上者。

【原案】 沿革

《汉书·张释之传》：其后人有盗高庙座前玉环，得，帝怒下廷尉治。释之案盗宗庙服御物者为奏当弃市。书微子正义，汉魏以来著律皆云敢盗郊祀宗庙之物，无多少皆死。

《唐律》：诸盗大祀神御之物者，流二千五百里（谓供神御者，帷帐、几杖亦同）。其拟供神御（谓营造未成者）及供而废阕若飨荐之具，已馔呈者徒二年（飨荐谓玉币牲中之属，馔呈谓已入祀，所经祀官省视者），未馔呈者徒一年半，已阕者杖一百（已阕，谓接神礼毕）。若盗釜甑刀匕之属，并从常盗之法。诸盗御宝者绞，乘舆服物者流二千五百里（谓供奉乘舆之物服通衾茵之属真副等，皆须监当之官部分拟进乃为御物），其拟供服御及供而废阕，若食将御者，徒二年（将御，谓呈监当之官），拟供食御及非服而御者，徒一年半。

《元史·刑法志》：诸盗乘舆服御器物者，不分首从皆处死，知情领买克除价钱者，减一等。

《明律》：凡盗大祀神祇御用祭器帷帐等物，及盗飨荐玉帛牲牢馔具之属者，皆斩（谓在殿内及已至祭所而盗者）。其未进神御及营造未成，

---

① 【原案】凡犯窃盗罪者，关于下列各款之一以上者，处二等或三等有期徒刑

一、侵入现有人居住或看守之邸宅、营造物、矿坑或船舰内者；

二、结伙三人以上者。

若窃取御物者，处无期徒刑或二等以上有期徒刑。

若已奉祭讫之物及其余官物，皆杖一百、徒三年。若计赃重于本罪者，各加盗罪一等（谓监守常人盗者，各加监守常人盗一等），并刺字。凡盗内府财物者，皆斩（盗御宝及乘舆服御物，皆是）。《问刑条例》：盗内府财物系杂犯死罪，准赎，盗乘舆服御物作真犯死罪。

现行律与明律同。乾隆五年将《问刑条例》"乘舆"字上加"御宝"二字，并增"其余监守盗银三十两、常人盗银六十两，俱问边远充军"。

【原案】注意

本条第一款系自外侵入之犯，若同居雇工盗取雇主物品，属前条之范围，不在此限。第二款如为无责任能力者，不得加为三人之义。

第二项之御物，不分已未进御，俱赅括于内。

【修正】案语

此条文词酌加修正。两江签注应添入持凶器窃盗一层，此论虽是第原案之末声明，其故者有二：一、凶器范围太泛。东西各国学者之说迄无一定，于审判颇有不便之处；一、古来各国实例持凶器取财大概具有强盗情节，无此情节则不妨加以寻常处分。且日本新颁刑律已删去持凶器窃盗罪名，亦可资参。至两广签注谓侵入第宅等项应分别是否得财，结伙多三人以上者亦须分别首从及持械与否，按窃盗得财与否并实施犯罪行为者应如何处分之处宜据总则规定判断，至持械徒手此条一并包括，上文已详述之。

（删）第三百六十三条[1]

凡窃取御物者，处无期徒刑或二等以上有期徒刑。

【修正】案语：本条原案列前条第二项，兹析列为专条。两广签注谓此罪宜科死刑，查窃取御物情节固重，第因财物之故而遽处死刑，究非重视民命之道。各国并无立此苛例，即在旧律盗内府财物，仅科杂犯斩，实即五年之徒刑也。

第三百六十四条[2]

凡意图为自己或第三人之所有，而以强暴、胁迫强取他人所有物者，为强盗罪，处一等至三等有期徒刑。

---

[1] 【原案】见上。

[2] 【原案】凡以自己或第三者之所有为宗旨，而用暴行、胁迫或使人昏迷，而强取他人所有之财物者，为强盗，处三等以上有期徒刑。

其以药剂、催眠术或他法，使人不能抗拒而强取者，亦同。

【原案】沿革

《晋书·刑法志》：张斐上注律表，若加威势下手取财为强盗。又贼燔人室庐舍积聚盗赃五疋以上弃市，即燔官府积聚盗亦当与同。

《文献通考·刑考八》引周武帝《刑书要制》，持杖群盗一疋以上、不持杖群盗五疋以上、监临主掌自盗二十疋以上、盗及诈请官物三十疋以上、主长隐五户及丁五以上及地顷以上，皆死。

《宋书·何承天传》劫制同籍期亲补兵，大功不在例。又《何尚之传》新制，凡劫身斩刑，家人弃市。

《唐律》：诸强盗（谓以威若力而取其财，先强后盗，先盗后强等。若与人药酒及食，使狂乱取财亦是。即得阑遗之物，殴击财主而不还，及窃盗发觉弃财逃走，财主追捕因相拒捍，如此之类，事有因缘者，非强盗），不得财徒二年，一尺徒三年，二匹加一等，十匹及伤人者绞，杀人者斩（杀伤奴婢亦同。虽非财主，但因盗杀伤皆是）。其持杖者虽不得财流三千里，五匹绞，伤人者斩。诸故烧人舍屋及积聚之物而盗者，计所烧灭价并赃，以强盗论。诸本以他故殴击人因而夺其财物者，计赃以强盗论，至死者，加役流。因而窃取者，以窃盗论加一等，若有杀伤者，各从故斗法。

《文献通考·刑考五》：晋天福十二年勑，应天下凡关强盗提获，不计赃物多少，按验不虚，并宜处死。

宋《刑统赋解》贼盗律，强盗者以威力劫取其财，一贯徒三年，十贯及伤人者绞，杀人者斩。若因盗奸人，亦同伤人之坐同行人，止依本律。若用药于茶酒内或饮食内使人昏迷而取其财者，从强盗法，死者加一等。

《元典章·刑部十一》：大德原例，诸强盗持杖但伤人者，虽不得财皆死，不曾伤著人者并不得财徒二年半，但得财徒三年，至二十贯，为首者死、余人流远。其不持杖伤人者，惟造意及下手者死，不曾伤人者并不得财徒一年半，十贯以下徒二年，每十贯加一等，至四十贯为首者死、余人各徒三年。（若因盗而奸，亦同伤人之坐其同行人，止依本法。）谋而未行者，于不得财罪上各减一等坐之。延祐新例，今后强盗持杖伤人的，虽不得财皆死，不曾伤人、不得财断一百七、徒三年，但得财断一百七、交出年，至二十贯为首的敲，为从的一百七、交出军。不持杖伤人，造意为首下手的敲，不曾伤人不得财断八十七、徒二年。十贯以下断九十七、徒二年半，至二十贯断一百七、徒三年，至四十贯为首的敲，余人断一百七、出军。因盗而奸，同强盗伤人者敲，余人依例断罪。两遍作贼的敲，始谋而未行与不曾得财，减等断罪。

《明律》：凡强盗已行而不得财者，皆杖一百、流三千里，但得财者，不分首从，皆斩。若以药迷人图财者，罪同。若窃盗临时有拒捕及杀伤人者，皆斩。因盗而奸者，罪亦如之。共盗之人不曾助力、不知拒捕杀伤人及奸情者，止依窃盗论。其窃盗，事主知觉弃财逃走，事主追逐因而拒捕者，自依罪人拒捕律科罪。《问刑条例》：强盗杀伤人，放火烧人房屋，奸污人妻女，打劫牢狱、仓库及干系城池衙门，并积至百人以上，不分曾否伤人，俱随即奏请牢决，枭首示众。《增例》：响马、强盗执持弓矢军器白日邀劫，不分人数多寡曾否杀伤，枭首。又律，凡白昼抢夺人财物者，杖一百、徒三年，计赃重者，加窃盗罪二等，伤人者斩，为从各减一等，并于右小臂膊上刺"抢夺"二字。若因失火及行船遭风著浅而乘时抢夺人财物及拆毁船只者，罪亦如之。其本与人斗殴或勾捕罪人，因而窃取财物者，计赃准窃盗论。因而夺去者，加二等，罪止杖一百、流三千里，并免刺。若有杀伤者，各从故斗论。

现行律与明律同。康熙五十年于《增例》内增入江洋行劫大盗。五十四年钦奉谕旨，凡强盗重案，著大学士会同三法司将此内造意为首及杀伤人者，于各本案内一二人正法，余俱照例减等发遣，钦此。雍正五年复经九卿遵旨定议，嗣后盗案，自州县以及巡抚务令严行究审，将法所难宥及情有可原者一一分晰，于疏内开明，照律不分首从定拟斩决具题，大学士会同三法司详议，将应正法者正法，应发遣者发遣，等因，遵照在案。乾隆八年修纂入律，同治九年删除，是年复定聚众抢夺分别十人以上、十人以下治罪之例。

【原案】注意

胁迫，指暴行相胁而目前有急迫之害者而言。其以将来之害或不急迫之害使人畏惧而交付财物者，属于第三百六十二条恐喝取财之范围。使人昏迷，例如使人饮服药酒或施催眠术，凡暴行、胁迫以外使人不能抗拒之一切方法皆是。

【修正】案语

本条文词酌加修正，并增第二项。两广、浙江、山东签注谓强盗已行得财者均应处死，第新律采用改过迁善之主义，除第三百七十二条及第三百七十三条之情节外，处以三年以上、十五年以下不为过轻。行刑中，如能奏感化之效，自无出狱后再犯之患；即不奏感化之效，再犯加重一等科以无期徒刑，累犯之害亦可杜绝。湖南签注为持杖伤人者似须重罪罚，不知强盗伤人，不问持杖与否，均据第三百七十二条第三款或第三百七十三条第三款分别处断。签注所虑原案业经声明。

第三百六十五条①

凡窃盗，因防护赃物、图免逮捕、湮灭罪证而当场加强暴、胁迫者，以强盗论。

【原案】沿革

现行例，窃盗临时盗所拒捕，及虽未得财而未离盗所拒捕，或虽离盗所而临时护赃格斗杀人者，为首斩决。为从帮殴刃伤及折伤以上，绞候，伤非金刃又非折伤，云贵、两广极边烟瘴充军。未经帮殴，极边足四千里充军。伤人未死，如刃伤及折伤以上，首犯斩候，为从近边。伤非金刃，伤轻平复，首犯边远，年在五十以上近边。拒捕未经成伤，首犯近边各充军，为从杖一百、徒三年。窃盗弃财逃走与未得财逃走被追拒捕，或伙贼携赃先逃，后逃之贼被追拒捕及见伙犯被获帮护拒捕杀人者，首犯斩候，为从帮殴刃伤及折伤以上者绞候。伤非金刃又非折伤者，附近充军，未经帮殴成伤者杖一百、流三千里。伤人致死、刃伤及折伤以上，首犯绞候，从犯拟流。（俱嘉庆六年例），其余互见第三百五十一条。

【修正】案语

本条文词酌加修正。两广签注谓窃盗拒捕不宜在本条内，然窃盗拒捕所谓先盗后强也，唐律本以强盗论，现行律亦在强盗律内，其罪情与强盗无异，故其处分亦同。

第三百六十六条②

除第三百六十四条及第三百七十一条外，凡以强暴、胁迫得其余财产上不法之利益或使他人得之者，以强盗论。

其以药剂、催眠术或他法，致使不能抗拒而犯前项之罪者，亦同。

---

① 【原案】义同。

② 【原案】凡犯窃盗者，为防护赃物或图免逮捕或湮灭罪迹之故，临时用暴行或胁迫者，以强盗论。

【原案】理由

第三百五十一条为对于他人所有物之强盗,第三百五十七条为对于自己所有物之强盗,本条则指为自己或第三者得此外财产上不法之利益而言,例如以暴行放逐本人而强占其房屋,或使他人居之,或强占其田土而耕种之类是也。

【修正】案语

此条文词酌加修正,并增第二项。两广签注谓强占他人田宅等项宜设专例,第此类情形原案已包括,毋庸另设专条。

第三百六十七条①

凡强盗,有下列行为者,处无期徒刑或二等以上有期徒刑:

一、侵入现有人居住或看守之邸宅、营造物、矿坑、船舰内者;

二、结伙三人以上者;

三、伤害人而未致死及笃疾者。

【原案】沿革

附见第三百五十一条。

【原案】注意

本条第三款,系规定强盗罪与强奸罪俱发之特别处分。若被害之妇女羞愤自尽,则援用第二百七十六条第二项及第三百五十五条第四款,其本刑为死刑、无期徒刑或一等有期徒刑。

【修正】案语

此条文词酌加修正。学部、邮传部、直隶、两广、两江、湖南、山东、江西签注均以原案本条第三款于盗所强奸妇女应从重处罚,其说颇是,兹特将此款移植下条。至直隶、两广、两江、山东、江西签注又谓强盗强奸外其余情形亦应科以重罚,则未采用,以原案所定之最重刑为无期徒刑,又另有下条规定已不为过轻也。

---

① 【原案】凡犯强盗之罪,关于下列各款之一以上者,处无期徒刑或二等以上有期徒刑:

三、于盗所强奸妇女者;

四、伤害人而未致死及笃疾者。

其余一款、二款均同。

第三百六十八条①

凡强盗，有下列行为者，处死刑、无期徒刑或一等有期徒刑。

一、结伙三人以上在途行劫者。

二、在海洋行劫者。

三、因而致人死、笃疾，或伤害至二人以上者。

四、于盗所强奸妇女者。

【原案】沿革

附见第三百五十条。

【原案】注意

本条第二款在途行劫，其结队持械横行之强劫者，自不待言。

第三款所谓海洋，系国际法上不归中国、外国管领之海面。

第四款致人于死与次条之故意杀人，以有无杀意为判，即故意杀人亦无预谋与临时之分也。

【修正】案语

此条文词酌加修正。热河签注以一二人在途行劫如何治罪。查本条第二款因系三人而加重，若不及三人自有第三百六十八条之例。两广、湖南签注以本条及下条之罪应专科死刑，此议未允，因专科死刑于一切情形不能适合也。

（删）第三百六十九条②

凡强取御物者，处死刑、无期徒刑或一等有期徒刑。

【修正】案语

本条原案列前条第一项，析出列为专条。热河签注质问本罪无首从，持械徒手及伤人不伤人之别。查首从之法已详总则第六章，若有持械及伤人情形，不妨直科以本条最重之死刑也。

---

① 【原案】凡犯强盗之罪，关于下列各款之一以上者，处死刑、无期徒刑或一等有期徒刑：

一、强取御物者；

二、结伙三人以上在途行劫者；

三、在海洋行劫者；

四、因而致人于死或笃疾或伤害至二人以上者。

② 【原案】见上。

第三百七十条①

凡犯强盗之罪，故意杀人者，处死刑或无期徒刑。

【原案】 沿革

附见第三百五十一条。

【修正】 案语

两江签注谓前条已规定致人于死之例，此条宜删。查本条所定强盗蓄有杀人之意，前条所定系因伤致死者，与旧例强盗杀人有杀与伤之分别也。

第三百七十一条②

凡窃取他人因共有权、质权、其余物权，或奉公署之命令而以善意所管有自己之共有物或所有物者，处该物价额二倍以下、价额以上之罚金。如二倍之数未达五十元时，处五十元以下、价额以上罚金。

侵入现有人居住或看守之邸宅、营造物、矿坑、船舰内犯前项之罪者，处五等有期徒刑或拘役，依前项并科罚金。

若强取者，处四等以下有期徒刑或拘役，依第一项并科罚金。

【原案】 注意

本条系规定对于自己所有物而为强窃盗，其要件有当注意者如左：

第一，系他人所管有是也。若自己管有之自己所有物，纵令他人担负物权（例如抵偿品），不得为此条之罪之客体。

第二，他人之管有权者必系本于共有权（与他人共同之所有权）、质权（指担保权利管有之物权）及其余物权（直接于物上之权利也，其种类于未有成文民法之时，可按习惯法以判其性质而定之）而有之管有权。若因于寄托契约、加工契约、恩惠之使用权等及债权、债务之关系，而窃取他人管有之自己所有物者，不得以此条罪论之。又管有权之出于官之命令者，亦与出于物权者同。

第三，他人必系本于物权而以善意管有之者。若取还他人以恶意所管有之自己所有物，例如索还被盗之赃物者，固不在此条之列也。盗取自己所有物，具备以上三要件，虽系为盗，而其情不过纯欲垄断财产上之利益，故照原则仅科罚金，惟有时情节稍重者乃始科以体刑。

---

① 【原案】同。

② 【原案】义同。

第三百七十二条①

关于本章之罪，若为禁止私有之物件及电气，以所有物论。

【原案】 理由

凡人于禁止私有之物件，虽不能有民法上之权利，惟究系有一定价值之物品，亦无任他人盗取之理。又电气本力之一种，非有体之物，然其效用与有体物无异，故本条对于此类设为特别之规定。

第三百七十三条②

除第三百六十七条第三款及第三百六十八条第三款外，本章之未遂罪，罪之。

第三百七十四条③

犯第三百六十二条至第三百七十条之罪者，褫夺公权，其余得褫夺。

第三百七十五条④

于本支亲属、配偶者、同居亲属之间，犯第三百六十一条及第三百七十一条之罪者，免除其刑。

对其余亲属，犯前项所列各条之罪者，须待告诉乃论。

非亲属而与亲属为共同者，不用前二项之规定。

第三十三章　诈欺取财罪

第三百七十六条⑤

凡意图为自己或第三人之所有，以欺罔恐吓使人将所有物交付于己者，为诈欺取财罪，处三等至五等有期徒刑。

以前项方法得财产上不法之利益或使第三人得之者，亦同。

---

① 【原案】义同。

② 【原案】第三百四十九条至第三百五十三条、第三百五十四条第一款至第三款、第三百五十五条第一款至第三款、第三百五十六条及第三百五十七条之未遂罪，罚之。

③ 【原案】义同。

④ 【原案】于本支亲属或配偶者及同居亲属之间，犯第三百四十九条、第三百五十条、第三百五十七条之罪者，免除其刑。于其余亲属间犯前项所指之罪者，须待告诉始论其罪。非亲属而与亲属为共同之犯，不用前二项之例。

⑤ 【原案】义同。

【原案】 沿革

《汉书·王子侯表》：葛魁嗣侯戚坐缚家吏恐猲受赇，弃市。师古曰，猲，谓以威力胁人也，赇，枉法以财相谢。又，承乡嗣侯德天坐恐猲国人受财赃五百以上，免。又，《赵广汉传》，富人苏回为郎，二人劫之。师古曰：劫取其身，令家将财物赎之。《后汉书·桥元传》凡有劫质者，皆并杀之，不得赎以财宝。《晋书·刑法志》张斐注律表，若加威势下手取财为强盗，不自知亡为缚守，将中有恶言为恐猲，不以罪名呵为呵人，以罪名呵为受赇，劫名其财为持质，此八者以威势得财而名殊者也。（按，恐猲，汉书、晋书作猲，唐律作喝，明律作吓。）

《唐律》：诸恐喝取人财物者（恐喝亦是），准盗论，加一等。虽不足畏忌，财主惧而自与，亦同（展转传言而受财者，皆为从坐。若为人所侵损，恐喝以求备偿，事有因缘之类者非）。若财未入者，杖六十。即缌麻以上自相恐喝者，犯尊长以凡人论，犯卑幼各依本法。诸有所规避而执持人为质者，皆斩。部司及邻伍知见避质而不格者，徒二年（质期以上亲及外祖父母者，听身避不格）。诸诈欺官私以取财物者，准盗论（诈欺百端皆是。若监主诈取者，自从盗法。未得者，减二等。下条准此）。知情而取者，坐赃论。知而买者，减一等。知而为藏者，减二等。

《元典章·刑部十九》：延佑五年局骗钱物例，今后有犯，拟合依窃盗首从例，计赃断配，免刺，不追倍赃。其信从啜入局被骗之人，量事轻重断罪。

《明律》：凡恐吓取人盗物者，计赃，准窃盗论加一等，免刺。若期亲以下自相恐吓者，卑幼犯尊长以凡人论，尊长犯卑幼亦依亲属相盗论递减科罪。凡用计诈欺官私以取财物者，并计赃，准窃盗论，免刺。若期亲以下自相诈欺者，亦依亲属相盗律递减科罪。若监临主守诈取所监守之物者，以监守自盗论，未得者减二等。若冒认及诓赚局骗拐带人财物者，亦计赃，准窃盗论，免刺。

现行律与明律同。嘉庆二十五年定捉人勒赎之例，节经道光三年、十四年、二十三年、二十四年，光绪二十四年加重，改照强盗律治罪。

【原案】 注意

诈欺有欺罔与恐喝二意。欺罔者，虚构事物而使他人误信；恐喝者，欲人恐惧但未至胁迫之程度。使他人因误信或畏惧而允付交财物，是为本罪之主要也。

第二项得财产上不法之利益或使他人得之者，除使他人交付以财物者外，凡不法以取本人及其余之财产利益，或使第三者取之之总称。例如欺罔或恐喝使于有价证券上为不利之签记，或使让与其设立公司之权利，或使让与其渔业权、伐木权等之债权者，皆属此类。至于使人交付契据，仍属第一项之范围。

【修正】案语

本条文词酌加修正。浙江签注谓现行法恐吓取财门内有掠人勒赎之例，本条之刑施之此罪过轻，然掠人为质以图取财须视其取财之际有无胁迫之事，当分别情节或照强盗罪或照略诱罪处断，固可以从重治罪。

【补笺】

欺罔，指用伪计使人陷于错误之一切情形而言。恐吓，指用威吓之手段使人生畏惧之心而言，无论言语或举动皆是。

恐吓与强盗罪之胁迫，其异点有二：一程度不同，以目前之危害相加者谓胁迫，以将来之危险相加者谓恐吓；一客体不同，强盗罪之成立，以动产为限；恐吓罪之成立，不动产亦在其内。

第一项犯罪客体以有体物为限，第二项则指有体物以外，取得其他一切财产上之利益而言，如使人让渡权利于自己，或免除自己之义务之类是也。

第三百七十七条[①]

凡为他人处理事务，图利自己或第三人，或图害本人，背其义务而损害本人之财产者，处三等至五等有期徒刑或一千元以下、一百元以上罚金。

【原案】注意

凡以此条致罚者，如公司办事员受人贿赂而抛弃公司利益所关之诉讼。又如生命保险公司之医员，图得垂死病人之利益，而给以健全之诊视书，致被保人死亡而亏折保险金。又如幼者之后见人以自己对第三者所负之债务，与幼者对第三者所有之债权相抵，使幼者受其损失等是。

【修正】案语

两江签注谓罚金之额最多者至一千元，似嫌过重，然犯罪情节不一，有时非如此不足惩创。两广签注谓本条所定如系受贿之类，当以枉法赃科之。

---

① 【原案】义同。

查本条所定乃刑法学上之所谓背信罪，并非收贿罪，且原案无枉法赃罪名。

【补笺】

本条在刑法学上名为"背信罪"，即为他人处理事务时违背信义而加损害于其财产之罪也。其处理事务之原因，或系法令所规定，如法定代理人之类；或系当事者之契约，如雇佣之类；或本于自己之善意，如无委托而代为保管财物之类，皆所不问。至于事务之种类，有专关于财产者，有关于财产并财产以外一切事宜者，但本罪之成立，惟一财产为限。

本罪与次章侵占罪，须分别观之。侵占罪仅对于自己所管有他人之财物，有不法行为时，其罪成立。本罪范围较宽，他人财物，虽非由自己所管有，亦得致罪，故不曰"管理"，而曰"处理"。

第三百七十八条①

凡乘未满十六岁之幼者或他人精神错乱之际，使其将本人或第三者所有财物交付于己，或得财产上不法之利益，或使第三人得之，及损害本人财产者，依前二条分别处断。

第三百七十九条②

凡三人以上共犯前三条之罪者，处二等或三等有期徒刑。

【原案】注意

本条第二项指吏员因职务处理国家或自治团体之事务时，而为第三百六十三条之行为也。

第三百八十条

吏员于处理公务时，图利自己及第三人，或图害国家及公所，背其职务，损害国家及公所财产者，处二等或三等有期徒刑。

（删）第三百八十一条③

关于御物，犯第三百七十六条至第三百七十九条之罪者，处无期徒刑或二等以上有期徒刑。

---

① 【原案】义同。

② 【原案】凡三人以上共犯本章之罪者，处二等或三等有期徒刑。

吏员当处理公务之际，以图自己或他人之利益，或加害于国家或公所之宗旨，背其职务，损害国家或公所财产者，亦同。

若系御物，处无期徒刑或二等以上有期徒刑。

③ 【原案】见上。

【修正】案语

本条原案列前条第三项，析出作为专条。

第三百八十二条①

本章之未遂罪，罪之。

第三百八十三条

犯第三百七十九条及第三百八十条之罪者，褫夺公权，其余得褫夺之。

第三百八十四条②

第三百七十一条第一项、第三百七十二条及第三百七十五条之规定，本章之罪，亦准用之。

【修正】案语

本条依重定次序修正。两广签注以"准用之"意为欠明晰，准用之意即将所举各条移用于诈欺取财罪之谓也，例如诈取自己已典之物或他人电力者仍以诈欺取财论之类。

第三十四章　侵占罪

此章所规定之侵占罪，若其成立系对于自己管有之他人所有物（第三百六十九条第一项及第三百七十条）及准此之财物（第三百六十九条第二项），并已离他人管有之财物等者，则其罪之性质与盗罪及诈欺取财罪有异。

侵占之情形各有不同，或擅自处分自己管有之他人所有物，或变易管有之意为所有之意而径为所有人之行为，或以所有之意而取得遗失物之管有权，凡此之类皆是。故行为之外形虽各有不同，而凡不法之处分行为或领有行为，皆属侵占也。

第三百八十五条③

凡侵占因法令、契约照料他人事务之管有物、共有物或属于他人所有

---

① 【原案】同。
② 【原案】义同。
③ 【原案】凡因律例或契约或因照料他人事务之管有共有物，或属于他人所有权、抵当权（债务者或第三者所管有之物，若对于债权者作抵当之用，即债权者于其物上有抵当权也）、其余物权之财物，而侵占者，处三等以下有期徒刑。虽系自己之所有物或管有物，其因官署之命令归自己看守之时而侵占者，亦同。

权、抵当权其余物权之财物者，处三等至五等有期徒刑。

虽系自己所有物、管有物，其因公署之命令归自己看守而侵占之者，亦同。

【原案】沿革

《唐律》：诸受寄财物而辄费用者，坐赃论，减一等。诈言死失者，以诈欺取财物论，减一等。诸占固山野陂湖之利者，杖六十。

《明律》：凡盗卖、换易及冒认，若虚钱实契典卖及侵占他人田宅者，田一亩、屋一间以下笞五十，每田五亩、屋三间加一等，罪止杖八十、徒二年。系官者，各加二等。若强占官民山场、湖泊、茶园、芦荡及金银铜场铁冶者，杖一百，流三千里。若将互争及他人田产妄作己业、朦胧投献官豪势要之人，与者、受者各杖一百、徒三年，田产及盗卖过田价并递年所得花利，各还官给主。凡受寄人财物畜产而辄费用者，坐赃论减一等。诈言死失者，准窃盗论，减一等，并返物还主。

现行律与明律同。

【原案】注意

因律例而管有之财物者，除次条因公务以管有之物外，指其余以律例负担义务，因而管有他人之财物，例如幼者及禁治产人之法定代理人管有之财产是。因契约而管有之财物者，指受寄之财物、借用物、典押物、加工之材料等，凡因契约而管有之他人财产也。照料他人事务者，即日本民法所谓事务管理之义，凡知交亲族及其余人等，虽无契约而以善意管理其事务之类。例有如深交之邻人，于旅行之际，以友谊托其代任修理房屋之劳是也。

凡此等财物，虽在自己管理之时，不得侵占，自不待言。故于此条拟之以罚，亦即就旧律所谓费用受寄财物及冒认他人财物等条，而扩其范围也。

【修正】案语

两广签注谓费用受寄财物与强占官民山场等项未有分别，查强占一项已见前，仍宜参阅原注。

【补笺】

本罪成立有三种特别要件：第一，所侵占之财物须系他人之财物。从此观之，与强盗、窃盗即诈欺取财无异，惟例外因官署之命令，自己之所有物归自己看守时侵占之，亦得为本罪，故第二项特命揭之；第二，他人之物，须因一定权原为自己所持有者。所谓一定权原，即法令契约及照料事务是，非一定权原而因犯罪行为而持有之者，即吸收于本犯罪之中，非独立侵占罪。例如，窃取他人之物，其侵占即吸收于窃盗罪之中也。所谓为自己所持有者，其财物现在自己监督范围之内也。以此关系，可知本条与强盗、窃盗诈欺取财及第三百八十七条拾得遗失物各罪不同，盗与诈欺罪，对于他人所持有之财物而成立，拾得遗失物罪对于非他人亦非自己所持有之财物而成立；第三，须有侵占之行为。侵占者，本无权利而实施权利行为之谓也，其中情形有二：一为实施处分之行为，例如将受寄物、借用物、质物卖渡赠与于人是也。一易持有为所有之行为，例如将受寄物、借用物、质物等诈称烧失遗失，故不返还是也。

第三百八十六条[①]

凡侵占在公务活业务之管有物、或属于他人所有权、抵当权、其余物权之财物者，处二等或三等有期徒刑。

其不在公务、业务之人，与共犯者，依第三十三条第一项处断。

【原案】 沿革

《汉书·陈万年传》注引律，主守而盗直十金，弃市。

《宋书·王宏传》：主守偷五匹，常偷四十匹，并加大辟。议者咸以为重，宜进主守偷十匹，常偷五十匹，死。四十匹，降以补兵。

《唐律》：诸监临主守自盗及盗所监临财物者（若亲主财物而监守自盗，亦同），加凡盗二等，三十匹绞。（本条已有加者，亦累加之）。

《元典章·刑部九》：仓库官吏人等盗所主守钱粮，一贯以下决三十七，至十贯杖六十七，每二十贯加一等，一百二十贯徒一年，每三十贯加一等，二百四十贯徒三年，三百贯处死。计赃以至元钞为则，诸物依当时估价，应犯徒一年，杖六十七，每半年加杖一十，三年加杖一百，皆决讫居役。

《明律》：凡监临主守自盗仓库钱粮等物，不分首从，并赃论罪，并于右小臂膊上刺盗官（钱、粮、物）三字，一贯以下杖八十，一贯之上至二贯五百文杖九十，五贯杖一百，七贯五百文杖六十、徒一年，一十贯

---

① 【原案】义同。

杖七十、徒一年半，一十二贯五百文杖八十、徒二年，一十五贯杖九十、徒二年半，一十七贯五百文杖一百、徒三年，二十贯杖一百、流二千里，二十二贯五百文杖一百、流二千五百里，二十五贯杖一百、流三千里，四十贯斩。《集解》：杂犯死罪不刺字。《问刑条例》分四等：宣府、大同；甘肃、宁夏、榆林；辽东、四川建昌、松潘；广西、贵州并各沿边、沿海。监守盗粮二十石、草四百束、银一十两、钱帛等物值银一十两以上（常人盗加倍，下同），边卫充军。两京各衙门漕运及京通、临淮、徐德六仓，并腹里节差给事中、御史倍之，其余腹里节差、巡守等官又倍之。盗沿边、沿海粮四百石、草八千束、银二百两、钱帛等物值银二百两以上，不分监守、常人，俱斩首示众。又律，若监临主守将增出钱粮私下销补别项事故亏折之数瞒官作弊者，以监守自盗论。凡各衙门收支钱粮等物，已有文案勘合，若监临主守不正收正支，挪移出纳还充官用者，并计赃，准监守自盗论，罪止杖一百、流三千里，免刺。

现行律改贯作两，百作钱，余与明律同。乾隆五年定例，经嘉庆六年修并，一百两以下至四十两准徒五年，一百两以上至三百三十两杖一百、流二千里，六百六十两杖一百、流二千五百里，一千两杖一百、流三千里，一千两以上斩。（二年不完，徒流发配，死罪监禁。三年不完，永远监禁。）

【原案】注意

侵占公务上管有他人财物者，即旧律之监守自盗。惟侵占自己管有物罪，究与夺他人持有以归于己者不同，故由贼盗分析于此章之内。业务上管有之他人财物者，如营质业者管有之质物，营仓库业、运送业者所被人委托之财物等，凡此皆因各种业务而管有他人之财物也，虽非监守自盗之吏员可比，然其侵占之情，无纤芒之轻重，故予以同一之处分。

【修正】案语

此条文词酌加修正。两广签注谓吏员与私人、公财与私财概应细立分别，然此等情节如细加分别审判，不能适与情理相合。

第三百八十七条①

凡侵占遗失物、漂流物或属于他人物权而离其管有之财物者，处该物价额二倍以下、价额以上罚金。若二倍之数未达五十元时，处五十元以

---

① 【原案】义同。

下、价额以上罚金。

因自己错误而以善意取得管有之他人所有物，及因他人错误而交付于自己之他人所有物，以遗失物论。

【原案】沿革

《唐律》：诸于他人地内得宿藏物隐而不送者，计合还主之分，坐赃论，减三等（若得古器刑制异而不送官者，罪亦如之）。诸得阑遗物满五日不送官者，各以亡失罪论。赃重者，坐赃论。私物，坐赃，减二等。

《元典章·刑部十八》断例，县官隐占孛兰奚人口在家使唤，一十七，标注私罪。过名隐占孛兰奚鹰犬背地飞放的，决三十七，断没一半。丢失人马诸人收住不送官者，一日七下、二日一十七、三日二十七，送兵马司令人认识。至元十三年，他内掘得埋藏之物，令得物之人与地主停分。若租田私田宅者，例同。业主如得古器珍宝奇异之物，随即申告进献，约量给价。如有隐没其物，全追入官。

《明律》：凡得遗失之物，限五日内送官，官物还官，私物召人识认。于内一半给与得物人充赏，一半给还失物人。如三十日无人识认者，全给。限外不送官者，坐赃论，私物减二等，其物一半入官，一半给主。若于官司地内掘得埋藏之物者，并听收用。若有古器、钟鼎、符印异常之物，限三十日内送官，违者杖八十，其物入官。

现行律与明律同。

【原案】注意

遗失物者，无抛弃权利之意而丧失所持有物之谓，若人饲养之动物，出于平常往复之地域以外亦是。漂流物者，指水上之遗失物，及因水流至水边之遗失物。

第二项因自己错误而以善意取得管有之他人所有物者，误信他人所有物为自己所有物，而以之归于自己持有也。因他人错误而交付于自己之他人所有物者，他人误认自己为别人，而以应交别人之物交付于自己也。凡此等财物，既发见其应属他人，即应申报公署或径还本主，倘有侵占，即应处罚。惟其管有之初，尚非出于恶意，实由于他人误交，故属侵占遗失物之一种。

【修正】案语

各省签注，两江以罚金标准过巨，然不如此以为标准有时不足惩创。

湖南谓宜呈报期限，然此事属行政法规，与刑律无涉。两广谓财物应分公私，第二项之行为不应处罚，然财分公私不合本罪之性质，第二项之行为其性质罪情均与前项之行为无异，故不可不处罚也。

第三百八十八条①

第三百八十五条及第三百八十六条之未遂罪，罪之。

第三百八十九条②

犯第三百八十五条及第三百八十六条之罪者，得褫夺公权。

第三百九十条③

第三百七十一条、第三百七十二条及第三百七十五条之规定，本章之罪，亦准用之。

第三十五章　赃物罪

因犯罪而取得所有权或管有权之财物，谓之赃物。知情而为之搬运、受寄、牙保、故买者，中外法律皆所必罚。虽有时情节较轻，然故买人等实为暴掠之源、奸盗之本，故处罚不可从轻。即征诸各国之实验，凡以故买赃物为常业者，俱予严罚，迨后除金钱外，其窃取或强取其余财物之罪，因之减少，是其先例也。

第三百九十一条④

凡受人赠与赃物者，处四等以下有期徒刑、拘留或三百元以下罚金。

搬运、受寄、故买或为牙保者，处二等至四等有期徒刑。

犯前二项之罪因而获利者，并科其所得价额二倍以下、价额以上之罚金。如二倍之数未达五十元时，并科五十元以下、价额以上罚金。

【原案】沿革

《文献通考·刑考八》：后魏宣武帝时引律，知人掠盗之物而故买者，

---

① 【原案】义同。
② 【原案】义同。
③ 【原案】第三百五十八条及第三百六十一条关于本章之罪，亦准用之。
④ 【原案】凡受人赠与赃物者，处四等以下有期徒刑、拘留或三百元以下罚金。
搬运、受寄、牙保或故买赃物者，处二等至四等有期徒刑。
犯前项之罪因以获利者，并科其所得价额二倍以下、价额以上之罚金。如二倍之数未达五十元时，并科五十元以下、价额以上之罚金。

以随从论。

《唐律》诸知略和诱及强盗、窃盗而受分者，各计所受赃，准窃盗论，减一等。知盗赃而故买者，坐赃论，减一等。知而为藏者，又减一等。

宋《刑统赋解》贼盗律，若买人盗诈枉法赃者，杖一百。知而故藏者，杖九十。其余之赃知而故买及藏者，律无别例，从不应为科罪，流以上从重，徒以下从轻。

《明律》：其知人略卖、和诱人及强窃盗后而分赃者，准窃盗为从论，免刺。若知强窃盗赃而故买者，计所买物坐赃论。知而寄藏者，减一等。各罪止杖一百。其不知情误买及受寄者，俱不坐。《问刑条例》：知强窃盗赃而接买、受寄，若马骡等畜至二头匹以上，银货坐赃至满贯者，俱问罪，不分初犯、再犯，枷号一个月发落。若三犯以上，不拘赃数多寡，与知强盗后而分赃至满贯者，俱免枷号，发边卫充军（边卫，乾隆三年改近边）。

现行律与明律同。嘉庆十八年定洋盗案内知情接买盗赃一次满徒、二次近边、三次以上发新疆为奴之例。同治九年定强盗案内知情接买盗赃照洋盗例分别次数定拟之例。

【修正】案语

两江签注谓情节宜加细别，并科罚金过多，此两层宜参阅分则案语总叙第四及第五。

第三百九十二条①

关于第三百七十一条或其余准用该条规定之物，犯前条之罪者，依第三百七十一条第一项处以罚金。

【修正】案语

本条依重定次序修正。两江签注谓其余准用之罪词意未明，查此句所指即第三百七十一条及第三百七十七条等罪是也。

第三百九十三条②

本章未遂之罪，罪之。

---

① 【原案】义同。
② 【原案】同。

第三百九十四条①

以第三百九十一条第二项之罪为常业者，褫夺公权。其余犯本章之罪者，得褫夺之。

【修正】案语

本条依重定次序修正。两广签注谓第三百九十五条第一项之犯人必褫夺公权，持论稍激，未便采用。

第三百九十五条②

第三百七十一条及第三百七十五条第一项并第三项之规定本章之罪，亦准用之。

第三十六章　毁弃损坏罪

毁弃损坏财物、证书之类，中外法律俱属应罚，无待烦言。然亦有虽非毁弃损坏而罪质纯与之相同者，故本案揭于第三百八十二条第二款及第三款，庶于实际无疑议也。

（删）第三百九十六条③

凡毁弃制书者，处一等至三等有期徒刑。

【修正】案语

本条系采两广、两江、湖南签注之议，另列专条，较原案第三百八十条第二项，加重一等。

第三百九十七条④

凡毁弃公署或官员所管有之公文书者，处二等至四等有期徒刑。

【修正】案语

本条原案列第三百八十条第二项，为毁弃制书一层已另列专条，故此

---

① 【原案】犯第三百七十五条第二项之罪者，褫夺公权。犯第三百七十五条第一项及第三百七十六条之罪者，得褫夺公权全部或一部。

② 【原案】同。

③ 【原案】凡毁弃关于他人权利、义务之文书者，处三等以下有期徒刑或三百元以下五十元以上罚金。

若毁弃制书或公署或吏员所持有之公文书者，处二等至四等有期徒刑。

④ 【原案】见上。

条专规定毁弃制书以外之公文书。

【补笺】

毁弃，指丧失其物之效用而言。仅损其物质而效用犹存者，不得以本罪既遂论。

第三百九十八条[①]

凡毁弃关于他人权利义务之文书者，处三等至五等有期徒刑或三百元以下、三十元以上罚金。

【原案】 沿革

汉《金布律》有毁伤亡失县官财物，魏分为毁亡律，见《晋书·刑法志》引魏新律序。

《唐律》：诸弃毁制书及官文书者，准盗论，亡失及误毁者各减二等（毁须失文字。若欲动事者，从诈增减法）。其误毁失符移解牒者，杖六十（谓未入所司而有本案者）。

《明律》：凡弃毁制书及起马御宝、圣旨、起船符验，若各衙门印信及夜巡铜牌者，斩。若弃毁官文书者杖一百，有所规避者从重论，事干军机钱粮者绞。当该官吏知而不坐，与犯人同罪，不知者不坐，误毁者各减三等。其因水火盗贼毁失有显迹者，不坐。凡遗失制书、圣旨、符验、印信、铜牌者，杖九十、徒二年半，若官文书杖七十，事干军机钱粮者杖九十、徒二年半。俱停俸责寻，三十日得见者，免罪。

现行律于首节删"起马御宝"等十一字，并"及夜巡铜牌"五字，次节删"铜牌"二字，余与明律同。

第三百九十九条[②]

凡损坏他人所有营造物、矿坑、船舰者，处三等至五等有期徒刑或一千元以下、一百元以上罚金。

若损坏第一百八十二条之建营造物、矿坑者，处二等或三等有期徒刑。

犯本条之罪致人死伤者，援用伤害罪各条，依第二十三条之例处断。

【原案】 沿革

《唐律》：诸弃毁大祀神御之物，若御宝、乘舆服御物及非服而御者，

---

① 【原案】见上。
② 【原案】第一项、第二项同。（第三项）因犯本条之罪致人于死伤者，比较第三百〇一条及第三百〇二条，从重处断。

各以盗论。亡失及误毁者，准盗论，减二等。诸弃毁符节印及门钥者，各准盗论，亡失及误毁者，各减二等。诸于官私田园辄食瓜果之类，坐赃论，弃毁者亦如之。即持去者以盗论，主司给与者加一等，强持去者以盗论，主司即言者不坐。非应食官酒食而食者，亦准此。诸弃毁官私器物及毁伐树木稼穑者，准盗论，即亡失及误毁官物者，各减三等。诸毁人碑碣及石兽者，徒一年。即毁人庙主者，加一等。其有用功修造之物而故损毁者，计庸坐赃论，各令修立。误损毁者，但令修立，不坐。诸弃毁亡失及误毁官私器物者，各备偿（谓非在仓库而别持守者）。诸故杀官私马牛者，徒一年半，赃重及杀余畜产若伤者，计减价，准盗论，各偿所减价。价不减者，笞三十。其误杀伤者不坐，但偿其减价。主自杀马牛者，徒一年。

宋《刑统赋解》杂律，失亡官私器物者，坐罪。失亡私家器物者，偿而不坐。

《明律》：凡拆毁申明亭、房屋及毁板榜者，杖一百、流三千里。凡弃毁人器物及毁伐树木、稼穑者，计赃，准窃盗论，免刺。官物加二等。若遗失及误毁官物者，各减三等，并验数追偿。私物者，偿而不坐罪。若毁人坟茔内碑碣石兽者，杖八十。毁人神主者，杖九十。若毁损人房屋墙垣之类者，计合用修造雇工钱，坐赃论，各令修立，官屋加二等。误毁者，但令修立，不坐罪。凡于他人田园擅食瓜果之类，坐赃论，弃毁者罪亦如之。其擅将去及食系官田园瓜果，若官造酒食者，加二等。主守之人给与及知而不举者，与同罪。若主守私自将去者，并以监守自盗论。凡私宰自己马牛者，杖一百。驼、骡、驴，杖八十，误杀者不坐。若病死而不申官开剥者，笞四十，筋角皮张入官。若故杀他人马牛者，杖七十、徒一年半，驼、骡、驴，杖一百。若计赃重于本罪者，准盗论。若伤而不死、不堪乘用及杀猪羊等畜者，计减价，亦准盗论，各追赔所减价钱。价不减者，笞三十。其误杀伤，不坐罪，但追赔减价。为从者各减一等。若故杀缌麻以上亲马、牛、驼、骡、驴者，与本主私宰罪同。杀猪羊等畜者，计减价，坐赃论，罪止杖八十。其误杀及故伤者，俱不坐，但各追赔减价。若官私畜产毁食官私之物因而杀伤者，各减故杀伤三等，追赔所减价，畜主赔偿所毁食之物。若放官私畜产损食官私物者，笞三十，赃重者坐赃论，失者减二等，各赔所损物。若官畜产毁食官物者，止坐其罪，不在赔偿之限。若畜产欲触牴踢咬人，登时杀伤者，不坐罪，亦不赔偿。

现行律于宰杀马牛条首节"杖八十"下二十四字改为"筋角皮张入官，误杀及病死者不坐"，余与明律同。

【补笺】

毁损，指加害物质而言，不问物之效用何如。效用存而物质损者，亦得以本罪既遂论。

第四百条①

凡犯下列行为者，处四等以下有期徒刑、拘役或三百元以下罚金。

一、损坏、伤害前条所列以外他人之物。

二、泄漏他人所有之煤气、蒸汽，其余气体及流动物，或以他法致令丧

失效用者。

三、纵逸他人所有之动物，致令丧失者。

【修正】 案语

本条文词酌加修正。两江签注谓此条宜处四等或五等有期徒刑，罚金宜增"十元以上"四字。然此条包括俱极轻微之物件，未便删去拘役及定罚金最少限制。

第四百○一条②

凡损坏、伤害、泄漏、丧失负担他人物权之自己所有物，或受公署之命令由他人管有或自己看守之物者，处该物价额二倍以下、价额以上罚金。若二倍之数未满五十元时，处五十元以下、价额以上之罚金。

第四百○二条③

第三百七十二条及第三百七十五条，关于第三百九十八条、第三百九十九条第一项第二项之罪，亦准用之。

（改正）第四百○三条④

第三百九十八条、第三百九十九条第一项第二项，第四百条及第四百○二条之未遂罪，罪之。

---

① 【原案】义同。
② 【原案】义同。
③ 【原案】义同。
④ 【原案】第三百八十条、第三百八十一条第一项第二项、第三百八十二条及前条之未遂罪，罚之。

第四百〇四条①

犯本章之罪，应宣告二等以上有期徒刑者，褫夺公权，其余得褫夺之。

第四百〇五条②

第四百条及第四百〇一条之罪，须待告诉乃论。

---

① 【原案】义同。
② 【原案】义同。

第七部分

附　录

《大清新刑律与中国近代法律继受》
学术研讨会论文集目录

序：吴杰：悟已往之不谏，知来者之可追

一、朱　勇：理性的目标与不理智的过程——论《大清刑律》的社会适应性

二、苏亦工：沈家本与中国律典传统的终结

三、王宏治：清末修刑律与世界相关国家刑事立法的比较

四、梁治平：必使国民直接于国家：家族主义和国家主义之争

五、张仁善："礼教派"的忧虑并非多余——由劳乃宣的争辩到董康的检讨

六、张　生：《大清刑律》的编纂：国家立法工程的力量和弱点

七、俞　江：倾听"保守者"的声音

八、李启成：冈田朝太郎与晚清废除比附援引——兼论法律进化论在近代中国的影响

九、陈新宇：比附与类推之辨——从"比引律条"出发

十、陈　煜：修律的节奏及其调适——《钦定大清刑律》立法中的几个关键节点

十一、成富磊："申韩坠绪"——对清末西方"法学"知识传播的一个观察

十二、彭　剑：宪政编查馆与刑律修订

十三、孙家红：光绪三十二年章董氏《刑律草案》（稿本）所附签注之研究

十四、高汉成：论签注在《大清刑律》制定过程中的影响和作用

十五、高汉成：《大清新刑律》相关主题研究论著概览

悟已往之不谏，知来者之可追（序）

吴 杰[*]

拈指间，清末修律已是百年前的陈年往事，但那场轰烈而又满载辛酸的修律运动，并未随着时间的流逝而灰飞烟灭。《大清新刑律》作为清末修律的成果，是这场运动留给历史最深刻的烙印。百年之后的今天，中国的法律早已蔚为大观，但这并不意味着《大清新刑律》可以被抛进历史的故纸堆，置之不理。《大清新刑律》者，继往开来者也，是中西思想、文化碰撞最为真实的写照。"悟已往之不谏，知来者之可追"，固然我们无须攻讦清末修律的或对或错，但以史为鉴，以追来者，可也。

比之西方法律，中国传统法律同样是慧思独运，无论是法律文本，还是司法实践，都具有独特的魅力。然而，这种"魅力"在亡国灭种危机惶惶不可终日之际，骤然间就黯淡无光了。在庸俗进化进一步催化下，时人更加坚定了学习"文明人"的决心——变法自强，朝野上下达成了难得的一致。光绪二十六年十二月，清廷以光绪的名义颁布了变法诏书，时隔一年有余，光绪二十八年二月，清廷下诏修订律例，打破了"祖宗之法不可变"的魔咒。律例怎么修？清廷只是大略言之，曰："参酌各国法律，悉心考订，妥为拟议。务必期中外通行，有裨治理。"[①] 在修订律例宗旨不甚了了的情况下，修律大臣一边揣摩圣意，一边摸索前进，修律进程踯躅不前，直到光绪三十三年八月草案才算纂成。从预备案算起，《大清新刑律》草案共历七案，时达六年之久，[②] 真是"千呼万唤始出来"。此间，修律过程时常被打断，荆棘坎坷，每向前推进一步，都凝聚着时人的良苦用心，纵以筚路蓝缕喻其艰辛，亦不足为过。学人对修律过程进行了认真整理、爬梳并有诸多反思，如陈煜博士对修律的节奏进行考

---

[*] 清华大学法学博士，现任教于福州大学法学院。

[①] 高汉成主编：《〈大清新刑律〉立法资料汇编》，社会科学文献出版社2013年版，第3页。

[②] 参见李贵连《沈家本评传》，南京大学出版社2005年版，第175—176页。

察后，总结道："法律不可能按照法律修订机构的逻辑和节奏展开，时势才是最大的决定因素，它要求在掌握节奏的同时，要因时因势随时调适，达到整体的均衡。"①《大清新刑律》是一项"政府与法学家合作立法"②的立法工程，但并非是法学家专断立法，中央各部、地方各督抚均参与到了立法中，他们的签注意见最引人注目。这些签注是"大清刑律草案——修正刑律草案——《钦定大清刑律》流变中的主要推动力量"，在一定程度上"扭转了刑律草案在某些方面的偏差和错误"，遗憾的是最终颁布的《大清新刑律》"并没有很好的消化签注意见"。③如此匆匆颁布的《大清新刑律》脱离社会现实，凿枘不合。因此，朱勇教授指出："在基本原则和基本制度方面，与当时中国的社会严重脱节，缺少实效、实施的社会基础，因而成了中国近代法律发展过程中一个不理智环节。"④

《大清刑律草案》一经拟定，随即则哗声一片，各种意见纷沓至来，礼教派与法理派之"守旧与革新"的笔墨官司随即登上历史舞台。两派的主力战将分别是：张之洞、劳乃宣；沈家本、杨度等。或许是救亡图存的目的过于急迫，随着论战的深入，心急如焚的当事者们，一则玩权弄术、翻云覆雨，不足为奇；一则不顾斯文、断齿弹舌竟不足为快，终至大打出手。⑤此行事虽不可取，但救国济世之真挚感情却足以让人动容。论战双方主要围绕伦理纲常是否入律以及在怎样的程度上写进法律等问题，展开论战。虽然论战由新刑律引起，但其意义的深远性早已超越了新刑律本身。此论战是中国传统文化与西方文化的正面交锋，决定着中国未来的走向。列文森曾使用"语言"与"词汇"的比喻来说明十九世纪以后中国社会受西方影响发生改变的情况，他认为只要一种社会没有被另一种社会彻底摧毁，外来的思想就只能够作为附加的词汇，在国内思想的背景下被利用，但当外国势力侵入而引起社会瓦解后，外来思想就开始排除本土

---

① 陈煜：《修律的节奏及其调适——〈钦定大清刑律〉立法中的几个关键节点》。
② 张生：《〈大清刑律〉的编纂：国家立法工程的力量和弱点》。
③ 高汉成：《论签注在〈大清刑律〉制定过程中的影响和作用》。
④ 朱勇：《理性的目标与不理智的过程——论〈大清刑律〉的社会适应性》。
⑤ 如1906年"官制改革"，1907年"丁未政潮"。光绪二年十一月十五日，资政院假财政学堂会议新刑律时，劳党议员高凌霄大骂新律维持会发起人周震麟、陈绍唐，并曾向周挥拳。

思想，那么，发生改变的就不是"词汇"，而是"语言"本身。① 到底这场论战结果是"词汇"改变了，还是"语言"改变了？这是近代以来历久而弥新的课题。在建设法治化国家的如今，在提倡司法改革的当日，如何对待西方文化和本土资源？清末修律的经历或许是我们可资参考的前车之鉴。

关于历史问题的研究，我们往往会下意识地迎合所处时代的制度和文明，正如吉尔兹所说："我们所谓的我们的材料，事实上是我们自己构筑别人对其自身和其同侪对自己的认识"，② 这种构筑的忠实性往往掺杂了我们既定的观念甚至想象的因素。对于礼法之争以及清末修律之参与者的看法，我们不自觉得扮演了一个自愎的观察者角色，肯定清末变法和诘难清末变法的学者界限分明，为言发论都有一个既定的立场。在这种意图伦理——"在认识论上先确立拥护什么和反对什么的立场，这就形成了在学术问题上往往不是实事求是地把考虑真理是非问题放在首位"③ ——的支配下，历史逐渐发酵，以至于缥缈虚无。随着材料的丰富以及学界反思思潮的涌动，清末那场尖锐的思想对垒逐渐褪去了浮华。学界对礼法之争进行了重新考量，意识到："透过礼法两派相互辩论的结果，更使我们瞭解中国法制的近代化与现代化有什么可能性。"④ 学界对《大清新刑律》研究的意义早已超越的历史研究本身，"前事不忘后事之师"，我们在现代化法治建设的今日，是否有足够的明智不覆前车之辙呢？这是诸多学者致力于此问题研究的最高意义所在。

目前学界对参与清末修律人物的历史贡献进行了诸多有益的探索和重估。沈家本（1840—1913），是清末法律改革的重要人物。曾经一时，沈家本甚不得人心，遭遇了诸多批评，而自上个世纪八十年代中期以来，这种趋势大为扭转，沈家本的"身价"逐渐升值，以至褒奖之声"几有震耳欲聋之势"⑤。之于沈家本，或讽或誉，都不免有植入了论者的自我期

---

① ［美］列文森：《儒教中国及其现代命运》，郑大华、任菁译，中国社会科学出版社 2000 年版，第 141—142 页。

② ［美］克利福德·吉尔兹：《地方性知识——阐释人类学论文集》，王海龙、张家瑄译，中央编译出版社 2000 年版，导读一，第 7 页。

③ 王元化：《九十年代反思录》，上海古籍出版社 2000 年版，第 127 页。

④ 黄源盛：《大清新刑律礼法争议的历史及时代意义》。

⑤ 苏亦工：《沈家本与中国律典传统的终结》。

待。赞者誉沈氏曰:"媒介东西方几大法系成为眷属的一个冰人"①;毁者谓沈氏导致了"中国原有法律已经亡国的神气"。②这造成了沈家本不堪之重负。客观看来,正像苏亦工教授评价沈家本改革功劳时所指出的那样:"沈家本式的法律改革方案并未创造出人们所期望的那种'博稽中西'、'参考古今',和谐共生的新体制;所造就的不过是一种外观西化内里保守的二元冲突格局。不仅舶自远洋的先进制度未能发挥出应有的效力,中国固有的法律中许多行之有效的因素也被一股脑抛弃了。"③

随着沈家本"完人"形象的解构,学界对礼教派人物的认识亦有改观。无可厚非,礼教派之"老顽固"们的"铮铮之言"确有失当之处。但不可否认的是他们围绕"如何对待本土资源",提出了诸多建设性的意见,如劳乃宣所倡导的"法律与道德风俗不能相离",言之凿凿,有确可信据之处。他们"逆流"的言论带给了我们最珍贵的启示——难道可以把孩子和洗澡水一起泼掉吗?这是我们一直以来面对西方文化难以自持的问题。试想五四运动时期,若多一些这样的"老顽固",又何尝不是中华民族之幸呢?!往事不堪回首啊!当下中国法治建设依然面临着学习西方文化和保存本土资源的问题,张仁善教授在《礼教派的忧虑并非多余——由劳乃宣的争辩到董康的检讨》一文中警示世人道:"百年以来,无数法学精英寻寻觅觅,殚精竭虑,探寻中国法学、法律发展趋向,时至今日,法学的西化,抑或本土化,何尝不是现时代的'礼法之争'!如何解决这一难题,争论之势必还将继续下去。"④学界对礼教派人物的再关注,其意不仅是要归正历史,还礼教派一个公道,同时也是鸣警钟于当世,我们如何重塑、认识今天的"礼教派"?至少不要再制造"五四"式的遗憾吧。

吉同钧(1854—1936),字石笙,陕西韩城人,是以薛允升为首的"陕派"律学的后继者,稔熟律学,所著法律书稿綦丰。吉氏曾是京师各大法律学堂的教习,草拟了清末前期的修律计划,并参与了《大清新刑律》的修订,其于清末法律改革可谓是功不可没,但不知为何,却异常受冷落。俞江教授在《倾听"保守者"的声音》一文中分析了吉同钧被

---

① 杨鸿烈:《中国法律发达史》,中国政法大学出版社2009年版,第492页。
② 蔡枢衡:《中国法理自觉的发展》,清华大学出版社2005年版。
③ 苏亦工:《沈家本与中国律典传统的终结》。
④ 张仁善:《礼教派的忧虑并非多余——由劳乃宣的争辩到董康的检讨》。

埋没的原因，他说："他的失踪乃是因为在修律中持保守的立场，……辛亥革命以来，民族思潮，狂飙猛进，日新月异，'保守'一词几与'落后'同义。谁还会去注意一个以遗老自居的家伙？而舆论渐为激进人物把持，保守者之湮没无闻，也就在情理之中了。"呜呼！古往今来，遭逢如此命运的又何止吉同钧一人呢！但比起被诬蔑歪曲，或者吉同钧又是幸运的！稽考吉同钧的学说，作为浸淫在律例学之中的资深律例学家，其学说多了一份冷静与持重，他的立场是中立保守的，对此，李欣荣博士在《吉同钧与清末修律》一文中作了精道的阐释，其有言曰："吉同钧，身为刑官，颇能看清传统律例之学的优点与缺失，因此抱持既要变法又不全然使用西法的态度"，[1] 如此云云。

《大清新刑律》仿照西法，在刑法基本原则以及立法技术等方面损益甚多，其中罪刑法定原则的引入最为耀眼，无论是当时还是后世，都甚得娇宠，被大书特书。陈兴良教授曾认为："《大清新刑律》改名为《暂行新刑律》而得以名亡实存，一脉延续，罪刑法定主义由此生根中华。正是在这个意义上，将《大清新刑律》视为近代我国刑法的开山之作，并不为过。"[2] 比之罪刑法定原则，传统的"断罪无正条"得"比附援引"、"违令"、"不应为"等规定立刻相形见绌，不文明之甚也。学人曾以"断罪引律令"的规定比之"罪刑法定主义"，以期为传统正名并赚回些面子。对此有学者正色道："将'断罪引律令'的规定称为罪刑法定主义，还是多少亵渎了罪刑法定主义这一命题。实际上，在'断罪无正条'情况下的'比附援引'与断罪引律令之间根本不存在内在矛盾，甚至外在矛盾都不存在。……'断罪引律令'只是一个司法技术规范，而'比附'则是法律原则。"[3] 细细想来，自清末修律以来，中国法治建设奉西方为圭臬，评判中国传统法律自然以西方之话语为转移。用"断罪引律令"攀比"罪刑法定主义"的做法，同样陷入了西方的话语，不仅不能为中国传统法律讨几分好，反而是自贻口实于人。评判中国传统法律该以中国话语为转移，何谓中国话语？这就像说话一样，我们说话可以使用西方的"词汇"，但不能运用西方的语法说中国话，说中国话就要用中国的语法，

---

[1] 李欣荣：《吉同钧与清末修律》。
[2] 陈兴良：《罪刑法定原则的本土转换》。
[3] 同上。

否则说出来的话肯定是"四不像"。中国传统法律虽没有西方法律之完善的逻辑体系，却也是自成一套，并与中国社会相呼相应。就中国传统社会结构而言，其以伦理道德为核心，无论是政治还是法律都体现了强烈的伦理性。就比附规则而言，它是与中国社会的社会气候相适应的。俗话说"清官难断家务事"，靠几条或几十条法律规则将所有的伦理关系都理清楚，是不具有可期待性的。"名分比附"则在一定程度上弥补了法律规定的不足，减轻了法律负担。比附与罪刑法定并不对应，陈新宇博士在谈律例中的"名分比附"时指出："古人的'无正条'与近代的'法无明文规定'在理解上存在着一定差距，在名分的比附类型中，其毋宁为'法律没有适当名分之规范'。"[①] 且比附的主要功能并不在入罪，而是量刑。

除却刑法基本原则，大清新刑律中还引入了西方的其他法律技艺，如刑名体系、量刑规则以及共同犯罪人的分类等，本书中收录了以下文章：《清末刑名体系改革考》、《〈大清新刑律〉中共同犯罪人分类之研究》、《中国传统量刑制度的近代化——以〈大清新刑律〉为对象》、《晚清法律改革中的外国人——以〈大清刑律〉为例》，学者对这些问题的致力加鞭均有助于加深对《大清新刑律》的理解。

陈寅恪先生曾提出：对待中国历史应具"瞭解之同情"。所谓的"瞭解"需要具备"艺术家欣赏古代绘画雕刻之眼光及精神"，"必神游冥想，与立说之古人，处于同一境界，而对于其持论所以不得不如是之苦心孤诣，表一种之同情，始能批评其学说之是非得失，而无隔阂肤廓之论。"[②] 简而言之，陈先生所谓的"瞭解的同情"，是指以一种求真求实的客观精神对待历史，剔除偏见，尤其是要警惕"意图伦理"。如此，或讽或誉才不至流于穿凿附会。研究《大清新刑律》，我们需要这种"瞭解的同情"。基于此，本书在附录中撷取了学界关于《大清新刑律》研究的部分成果，以期在弄清诸多历史史实的基础上，为建设现代化法治国家提供参考，并飨有志同好。

---

① 陈新宇：《比附与类推之辨——从"比引律条"出发》。
② 陈寅恪：《冯友兰中国哲学史上册审查报告》，《中国现代学术经典·陈寅恪卷》，河北教育出版社 1996 年版，第 839 页。

一 理性的目标与不理智的过程
——论《大清刑律》的社会适应性

朱 勇[*]

自1902年至1911年,清政府进行了一次大规模、全方位的变法修律活动。清末变法修律活动涉及近代法律体系的各项部门法,分别取得不同程度的变革成果,形成中国法律近代化的第一次高潮。刑事法律变革作为清末变法修律活动的重要内容,几经周折,终于形成代表清末刑法近代化的最高成果:《大清刑律》。清末立法者吸收西方近代法律理论,希望借助变法修律,全面建立新型刑事法律体系,[①] 在刑事立法方面实现法律理性主义目标,具有法律发展史上的进步性。但同时,《大清刑律》在基本原则和基本制度方面,与当时中国的社会现实严重脱节,缺少生效、实施的社会基础,因而成为中国近代法律发展过程中的一个不理智环节。

一

法律不仅仅是一门技术。近代意义上的法律,主要体现的不是人与自然的关系,而是人与人、人与社会、人与国家的关系。因此,法律的价值之一在于它必须与特定的国情、民情相适应。一个成功的法律体系,既要具有推动制度、经济、文化进步和发展的导向性作用,更应与具体的国情、民情相适应,具有付诸实施的现实基础。《大清刑律》的特点之一在于在价值观上与20世纪初中国社会的主流观念相背离。

《大清刑律》的起草,始于1906年秋。由钦命修订法律大臣沈家本

---

[*] 中国政法大学教授。

[①] 清末变法修律,其直接起因来自西方列强对于废除领事裁判权的承诺。但清末立法者则希望通过法律修订活动,不仅收回领事裁判权,而且全面推进法律体系的彻底变革。目的的双重性,显然具有进步意义,但它也使修律活动本身更加复杂化、困难化。

主持，得日本学者冈田朝太郎博士的协助，修订法律馆于 1906 年 9 月开始起草《大清刑律草案》。前后四易其稿，于 1907 年 8 月完成《大清刑律·总则》草案 87 条。同年 11 月，完成《大清刑律·分则》草案 300 条。一方面，沈家本先生具有深厚的国学功底，对于传统法律有系统、精深的研究，并且长期供职于司法机构，对于法律在司法实践中的作用有切身体验。另一方面，作为修订法律馆的主官，沈家本先生主持大量外国法典的翻译，并接受外国法学家关于法律理论的宣讲①，因而对西方近代法律也有相当深入的了解，很大程度上接受了西方法律在基本理论、基本原则和具体制度方面的进步性。

与《大清现行刑律》及《大清律例》相比较②，《大清刑律》吸收西方近代法律理论、法律原则和法律制度，在宗法伦理准则、法律与道德关系、义利观三方面实施重大改革，而正是这一改革，与 20 世纪初中国社会的主流价值观发生直接冲突。

《大清刑律》在刑事责任方面淡化尊卑等级区别，在一定范围内排除伦理准则对定罪、量刑的影响。中国传统社会重视宗法伦理关系。在法律上，父母子女、尊卑长幼分别享有不同的权利，并承担不同义务。在刑事法律关系方面，亲属相犯，尊长伤害卑幼，较普通人减等处罚；相反，卑幼伤害尊长，较普通人加重处罚。《大清刑律》大幅度纠正别宗法、重伦理的等级区别。在涉及亲属相犯的法律关系中，取消或者降低体现伦理等级的尊卑相犯刑罚差别。在祖父母父母与子孙的关系方面，《大清律例》规定：普通人之间相骂，处笞十刑；骂祖父母父母，处绞刑；二者相差 18 个等次③。普通人之间相殴，处笞二十刑；殴祖父

---

① 光绪三十二年九月，沈家本邀请日本法学家冈田朝太郎博士讲授刑法，对近代刑法理论以及日本刑法和欧洲各国刑法有了系统的了解。

② 《大清律例》是清朝正式生效的国家基本法律。《大清现行刑律》是基于《大清律例》的基本精神、基本内容而编修的刑事法典，于 1909 年编纂完成，并于 1910 年颁布、实施。《大清律例》是中国传统法律的典型，而《大清现行刑律》则是《大清律例》的延续。清末立法者编纂《大清刑律》，其中心任务是改革《大清律例》、《大清现行刑律》的内容、形式，实现刑事法律的近代化。

③ 清末法制变革前实行五刑制。法定刑分为五刑二十等。分别为：笞刑五等（十，二十，三十，四十，五十），杖刑五等（六十，七十，八十，九十，一百）；徒刑五等（一年，一年半，二年，二年半，三年），流刑三等（二千里，二千五百里，三千里），死刑二等（绞，斩）。"笞十刑"与"绞刑"相差 18 个等次。

母父母，处斩刑；二者相差 18 个等次。而《大清刑律》则在刑事责任方面淡化了尊卑伦理等级的区别，大幅度减少普通人相犯与尊卑亲属相犯之间的刑罚级差等次。以伤害罪中的轻微伤害为例。普通人之间轻微伤害，处三等至五等有期徒刑；致尊亲属轻微伤害者，处一等至三等有期徒刑；二者相差 2 个等次。以流言或诈术损害他人，公然侮辱他人，处五等有期徒刑；而流言、诈术损害尊亲属，或公然侮辱尊亲属者，处四等有期徒刑，二者相差 1 个等次。

《大清刑律》进一步明确道德与法律的界限。中国传统社会，礼法合一，部分道德规范入于法典之中，以法律手段调整道德关系。《大清律例》规定，未婚女子与他人通奸，本夫、奸夫、奸妇各处杖九十之刑。《大清律例》还规定，官吏及应袭荫的官吏子孙嫖娼者，构成"宿娼"罪，处杖六十之刑。另外，官吏、僧道官、僧人、道士、监生、生员等邀妓女陪酒，均构成犯罪，分别给予轻重不等的处罚。失火烧毁自己房屋，构成"失火"罪，处笞四十之刑。而《大清刑律》均排除对上述行为的犯罪规定。根据沈家本的观点，中国传统社会将道德与法律混为一谈，已不适应近代社会的新型社会关系。因此他强调：道德与法律在职能上应有明确分工。针对"无夫奸"[1]是否构成犯罪、是否应给予刑事处罚问题，沈家本认为，就性质而言，"无夫奸"属于违反道德有伤风化行为，可通过教育、劝导的方式解决，不必专设罪名，"编入刑律之中"[2]。沈家本还提出，欧洲各国法律对"无夫奸"行为无治罪条款，可作表率。

在义利观方面，儒家强调重义轻利，要求人们在社会生活中追求理想人格的完善，通过自己的行为，身体力行，实践儒家"修身齐家治国平天下"的宏图大志。"轻利"的观念不仅要求人们在社会生活中不以追逐物质利益为目的，而且也要求国家、政府不以"利"作为调整社会关系、规范社会秩序的杠杆。中国古代重刑轻民，以刑事处罚解决民事纠纷，轻视以经济赔偿的方式解决民事纠纷，更不提倡以经济制裁手段处理刑事案

---

[1] 即未婚女子与他人通奸。
[2] 《寄簃文存八》，"书劳提学'新刑律草案说贴'后"。

件。与财产相关的经济处罚始终未能成为独立的刑种。① 《大清刑律》一改中国传统，仿照西方法律而将"罚金"确定为五大法定主刑之一。② 一些在中国传统法律中视作重要犯罪，都可通过缴纳罚金的财产处罚方式得到处理。这类犯罪包括：因过失致人死伤③，因过失致尊亲属死伤④，放火⑤，决水⑥，妨碍他人救灾⑦，私造、收藏、或贩卖枪炮、炸药⑧等。罚金不仅作为法定主刑之一，《大清刑律》还规定，如果符合特定条件，其他刑种可以改易罚金刑。其第 44 条规定："受五等有期徒刑或拘役之宣告者，其执行若实有窒碍，得以一日折算一元易以罚金。"

将以财产处罚为内容的罚金作为法定主刑之一，既强化了经济手段调控社会关系的作用，也兼顾到对于按照近代法律理论被认为主观恶性较小的轻微犯罪的处理。但同时，它也导致对犯罪与刑罚的重新认识。第一，既然通过支付罚金的方式，就可以作为对他人的身体或生命造成伤害（虽然是因过失）行为的平衡，那么，如何体现法律对于人类最高利益——生命与身体的周到保护。第二，致人死亡，尤其是致尊亲属死亡，即使是因为过失，是否可以认定为轻微犯罪。第三，以罚金取代刑罚，从整体上使淡化身份性差别的清末法律，又在财产关系上形成新的实际上的不平等。1908 年 5 月，学部评议刑律草案，提出："以罚金之例行之。则饶于赀者必轻于法。此在重货财而轻礼义相习成风者。或可行之，要非所论于我彝伦攸叙之中国也。"⑨

---

① 中国古代有"赎刑"。但"赎刑"不作为一个独立刑种，它只是为特定当事人设计的一种刑罚转换方式。法律规定，官员或官员亲属符合一定条件者，可以缴纳赎金的方式，替代应处刑罚；老幼残疾及妇女犯罪，符合一定条件，可缴纳赎金，以代刑罚；部分过失犯罪，也可缴纳赎金而代罚。陈顾远先生称赎刑为"一易科之刑"。（陈顾远：《中国法制史》，商务印书馆1959年版，第289页）沈家本先生称："罚金性质之轻重，介在有期徒刑与拘留之间，实亦仍用赎金旧制也。"（沈家本：《修订法律大臣沈家本等奏进呈刑律草案折》，《大清法规大全·法律部》正编第四册）。
② 《大清刑律》所设五种法定主刑为：死刑、无期徒刑、有期徒刑、拘役、罚金。
③ 《大清刑律》，宣统三年六月刑印，第 324 条。
④ 《大清刑律》第 325 条。
⑤ 《大清刑律》第 188 条。
⑥ 《大清刑律》第 192 条。
⑦ 《大清刑律》第 196 条。
⑧ 《大清刑律》第 205 条。
⑨ 《光绪朝东华录·光绪三十四年五月》5908。

《大清刑律》在宗法伦理准则、法律与道德关系以及义利观方面的变化，体现了西方近代法律在价值观上的理性主义要求，在法律演变史上具有明显的进步性。问题是，所有这些涉及价值观上的变革，在20世纪初的中国是否具备相应的理论环境和社会基础。

近代西方社会结构的基本原则之一是人与人之间平等关系的确立。1789年法国大革命彻底摧毁了"以特权和专制制度为基础的旧秩序"，"一个有希望实现启蒙运动理想的新纪元开始出现。启蒙运动的理想包括：人的个性从迷信和传统中的解放，自由战胜专制，与理想和正义相一致的社会制度的重建，以及粉碎一切阻止平等的障碍。"[1] 基于社会结构的这一变化，西方各国法律也以保障个人的自由、平等、独立为己任。

1840年开始，以英帝国主义为首的西方列强用鸦片和大炮打开了闭关锁国的清帝国大门，此后的半个世纪中，西方资本主义国家的技术、制度、文化在一定程度上向中国渗透。随着西方商品和资本的输入，买办经济有了一定的发展；而通过洋务运动，民族资本主义也形成一定的规模。在这一时间，西方文化也被逐渐介绍到中国社会。但是，19世纪后半期中国社会的变化，包括在经济、政治、思想文化等领域的变化，主要是通过外在因素的影响和外部力量的干预实现的。中国社会本身缺少推动变革的主动性。新经济因素及新的思想、观念多产生和发展于商埠城市和沿海地区。而20世纪前十年在政治制度方面的变革，也多浮光掠影，仅限于增设机构、裁减人员等方面。与此相适应，20世纪初中国社会占主导地位的价值观念，仍然以儒学理论为核心。以尊卑长幼、亲疏嫡庶确定等级身份的宗法伦理观念，以刑事制裁手段惩罚不道德行为的"礼法结合"原则，以及重义轻利的义利观，仍为广大民众笃信不疑。

价值观的转换，不能通过法律变革来实现。作为人们对于善恶优劣评判标准、并影响个人行为追求目标的价值观，它既受社会结构、家庭关系、经济形式的制约，更受传统习惯及占社会主导地位的思想观念的直接影响。法律作为社会关系的制度性确认，它只能是对既定社会关系的肯定和保护。体现在法律体系中的价值观念，始终应与占社会主导地位的主流意识形态相一致。在社会转型时期，法律价值观的变化，必须通过深刻、普遍的思想解放和社会主流观念的更新，方能实现。

---

[1] 马文·佩里：《西方文明史》，胡万里等译，商务印书馆1993年版，第3页。

从中国近代社会发展、演变的历史来看，传统的价值观受到重大冲击，是在五四运动时期。辛亥革命推翻封建专制制度，吸收西方先进的宪政理论，创建民主共和政体，并开始民主政治、宪法政治的多角度深度性实践①。北洋政府时期，在思想文化上采取相对宽松的政策。以此为契机，与传统价值观相对立的思想理论才逐渐在中国社会传播。但即便如此，直到1919年五四运动，这种新思想、新理论的传播范围也仅限于一些社会精英群，远没有为社会所普遍接受。五四运动提出"打倒孔家店"的口号。李大钊提出"自孔夫子生而支那衰"，号召青年"冲决历史之桎梏，涤荡历史之积秽，新造民族之生命，挽回民族之青春"。陈独秀提出"三纲之说"确定的是"奴隶道德"。鲁迅于1918年发表《狂人日记》，借狂人之口，反对封建礼教。梁启超于1922年4月说：

"近五十年来，中国人渐渐知道了自己的不足了。这点子觉悟一面算是学问进步的原因，一面也算是学问进步的结果。第一期，先从器物上感觉不足。……第二期，是从制度上感觉不足。……第三期，便是从文化根本上感觉不足。第二期所经过时间，比较的很长——从甲午战役到民国六、七年止。……革命成功将近十年，所希望的件件落空，渐渐有点废然思返，觉得社会文化是整套的，要拿旧心理运用新制度决计不可能，渐渐要求全人格的觉醒。……所以最近两三年时间，算是划出一个新时期来了。"②

中国社会到五四运动时期，在主流意识形态上方才实现传统儒学向近代科学、理性的初步转变。而这一转变的形成，先后经历了同时具有政治革命和社会革命双重性质的辛亥革命，经历了北洋政府时期新思想、新理论的广泛传播，经历了莫过于新一轮民族危机之中，基于此前新思想、新观念较广泛的传播，中国民众方才痛定思痛，在危机和痛苦的间隙认真思考和审视已笃信两千年的主流意识形态和传统价值观，以西方近代理性主义思潮为核心的新思想、新理论也才在有限的范围为中国社会接受。

可以想见，在五四运动、辛亥革命之前的清朝末年，期望通过修律活动全面否定居于正统官学地位的儒家关于宗法伦理、礼法合一以及重义轻

---

① 辛亥革命成功后，南京临时政府、北洋政府先后在实施共和政体、宪法政治、议会民主等方面，作了多方面尝试。因多种原因，这些尝试在政治发展方面并未取得历史性突破，但对于宣传西方宪政理论以及对于中国社会实施民主政治的启蒙，仍起到极其重要的作用。

② 《五十年中国进化概论》，《饮冰室合集》，中华书局1936年版。

利的主流价值观，显然属于法律演变步伐上的过量超前。这一法律体系，既与当时社会结构、家庭关系、经济形式相脱节，也与法律演进、观念变革的规律相冲突，因而缺少相应的社会基础，与社会相脱节，不具备可行性。

二

清末修律，在刑事法律方面的一个重要变化是缩减犯罪种类，减轻处罚程度。一方面，缩减犯罪种类，《大清律例》所确定的一些犯罪在《大清刑律》中已不再被视作犯罪，例如：骂人行为[①]。另一方面，对于某些行为，虽然《大清律例》与《大清刑律》均认其为犯罪，但在处罚程度上，已有明显变化。首先以强盗罪为例。《大清律例》规定：强盗罪，未得财物者，杖一百流三千里；若得到财物，不分首从皆处斩刑。而《大清刑律》则规定：强盗罪，处一等至三等有期徒刑。[②] 强盗且伤害人而未致死及笃疾者，处无期徒刑或二等以上有期徒刑。[③] 强盗致人死亡或笃疾，或于盗所强奸妇女，处死刑、无期徒刑或一等有期徒刑。[④]（在沈氏最初的划案中，对于强盗并于盗所强奸妇女者，处无期徒刑或二等有期徒刑）强盗且故意杀人者，处死刑或无期徒刑。[⑤] 极而言之，依据《大清律例》，凡是强盗，只要获得财物，即处死刑；即便是未得财物，也处仅次于死刑的杖一百、流三千里之重刑。而依据《大清刑律》，普通强盗罪、强盗兼伤害事主均不处死刑，甚至在强盗兼伤害致人死亡、于奸所强奸妇女、并因而故意杀人者，均可免予死刑。再以杀伤罪为例。《大清刑律》规定：杀人者，处死刑、无期徒刑或一等有期徒刑[⑥]；伤害人致死或笃疾，处无期徒刑或二等以上有期徒刑，致废疾者，处一等至三等有期徒

[①]《大清律例》规定："凡骂人者，笞一十。互相骂者，各笞一十。"骂官史、上司、尊长等，均加重处罚。其中，子孙骂父母、祖父母、处绞刑。（《大清律例》卷29，《刑律》）。

[②]《大清刑律》第370条。

[③]《大清刑律》第373条。

[④]《大清刑律》第374条。

[⑤]《大清刑律》第376条。

[⑥]《大清刑律》第311条。

刑①。而《大清律例》规定：故意杀人及斗殴杀人，均处死刑（前者处斩监候，后者处绞监候）；伤害人致死，处死刑（绞监候）；伤害人致笃疾（瞎二目、折两肢之类），杖一百流三千里，并将犯人财产一半，给付受笃疾伤之人养瞻；伤害人致废疾（瞎一目折一肢之类），杖一百徒三年。两相比较，对于同一犯罪，《大清律例》所定刑罚远远重于《大清刑律》。《大清刑律》还吸收近代西方法律理论，对于主管恶性较小的过失犯罪不再处以身体刑、自由刑，而代之以"罚金"。第 324 条规定："因过失致人死伤者，依左例处断。一、致死或笃疾者，五百元以下罚金。二、致废疾者，三百元以下罚金。三、致轻微伤害者，一百元以下罚金。"

缩减犯罪范围，减轻处罚程度，这是刑法演进的基本趋势中国古代从"墨、劓、非、宫、大辟"奴隶制五刑到"笞、杖、徒、流、死"封建制五刑的变化，从"弃灰于道者死"、"偶语诗、书者弃市"② 到"穿垣出秽污者杖"③ 处罚程度的变化，均体现了法律从野蛮向文明演进的基本趋势。问题在于：清末刑事法律在处罚范围、处罚程度上的大幅度变化，是否存在有效实施的社会基础。

法律的变化与发展，需要与其相适应的社会条件。就刑法而言，无论是对犯罪的界定，还是对刑种及处罚幅度的确定，无不受到文明发展、社会演进以及文化特征的制约。16 世纪以前的欧洲各国以及 19 世纪以前的中国，在对犯罪与刑罚的规定方面，有诸多共性。而其重要一点是均表现出刑罚的极端残酷性。在中国，截至 20 世纪初仍实施的《大清律例》规定了包括肉刑在内的法定五刑，而且在法定刑之外更有一些包括凌迟、刺字、枭首等残酷的刑种。中世纪欧洲各国，犯罪范围广泛，而且普遍采用死刑及严酷的肉刑。中世纪德国，死刑执行方法非常残酷。根据《萨克森法典》，死刑执行方式包括：绞、斩、活埋、火烧、车裂等。《加洛林纳法典》则明确刑事惩罚的威吓原则，强调以残酷的刑罚达到阻止犯罪、减少犯罪的目的。"英国历史上的刑罚较为严酷。由于长期盛行报复主义和威吓主义刑罚思想，死刑、苦役、肉刑等曾被广泛采用。19 世纪以后，

---

① 《大清刑律》第 313 条。

② 《史记·秦始皇本纪》。

③ 《唐律·杂律》规定："穿垣出秽污者，杖六十；出水者，勿论。"与秦律相比，其处罚程度已大为减轻。

刑罚的严酷性大大缓和,适应死刑的犯罪大为减少,苦役和肉刑被废除。"① 17 世纪是欧洲刑罚政策发生变化的重要时期。但由于历史的惯性,此前实施的残酷刑罚,甚至延伸到 18 世纪。②

刑事处罚的残酷性,直接归因于统治者对刑法作用、刑罚功能的定性以及国家刑事政策的基本导向。就刑罚的作用而言,它是作为国家调控社会的最后自卫手段。为了维持社会循序为了保护社会大多数人的既定利益,必须对犯罪行为实施严厉的惩罚。作为国家与社会保护自身的最终手段,在其他调控手段均无效的情况下,最终手段必然具有最严厉、最极端的特性。刑事法律发展史显示,历史上的统治者认为,刑罚的作用主要有二:惩罚犯罪,威慑社会。一方面,通过刑事制裁,对罪犯实施惩罚,既作为对罪犯因其犯罪行为对社会造成的危害而施以报复,使其承受与其危害行为相对应的痛苦,也通过惩罚,使得罪犯不能继续实施同类型的犯罪。另一方面,通过惩罚罪犯,以国家强制力给予罪犯与其犯罪相对应的痛苦,从而对其他社会成员起到威慑作用,使民众因畏惧刑罚所带来的痛苦而不敢犯罪。从上文所引可看到,中世纪德国、英国均采取刑罚威慑、报复原则,希望通过严酷的刑罚达到阻止犯罪、减少犯罪的目的。中国传统法律也强调"刑以止刑"通过严刑峻罚,达到威慑社会、阻止犯罪的目的。商鞅说:"行罚,重其轻者,轻者不至,重者不来,此谓以刑去刑,刑去事成。"③ 韩非说:"夫严刑者,民之所畏也;重罚者,民之所恶也。故圣人陈其所畏以禁其邪,设其所恶以防其奸,是以国安而暴乱不起。吾以是明仁义爱惠之不足用,而严刑重罚之可以治国也。"④ 清末修律前清朝刑事政策仍以"重刑止奸"为原则,以严刑酷罚惩处各类犯罪。

18 世纪以后,欧洲国家在刑事政策方面产生了重要变化。其基本变化之一是刑法人道主义原则的确立。而这一原则的确立,与当时欧洲社会

---

① 何勤华:《外国法制史》,法律出版社 1997 年版,第 233 页。

② 世纪中期,法国发生谋刺国王案件。行刺者达米安(Damiens)被判处死刑。根据规定,1757 年 3 月 2 日行刑之日,罪犯将"被送到格列夫广场,那里将搭起行刑台,用烧红的铁钳撕开他的胸膛和四肢上的肉,用硫黄烧焦他持着弑君凶器的右手,再将熔化的铅汁、沸滚的松香、蜡和硫黄浇入撕裂的伤口,然后四马分尸,最后焚尸扬灰"。(《达米安案件》,第 372—374 页,转自米歇尔・福柯:《规训与惩罚》第 3 页)。

③ 《商君书・靳令》。

④ 《韩非子・奸劫弑臣》。

在经济、文化等方面的变化密切相关。14—15世纪，欧洲资本主义萌芽，封建生产关系逐渐解体。随着资产阶级工业革命的展开，资本主义生产方式在深度和广度上得到迅速发展，资产阶级的经济力量迅速增长。与这一过程相伴，16—18世纪在欧洲兴起启蒙主义运动，倡导自由、民主，要求在思想上打破封建专制与教会神权的桎梏。在经济上实力渐强的资产阶级希望打破旧秩序，建立与自己经济实力相适应的生产关系、思想体系以及法律秩序。这一群体的思想家提出民主、自由、平等、天赋人权等口号，宣传从人性论出发的自然法，反对封建专制统治，反对中世纪神权光环下的法律观念。在刑法理论上，产生代表新兴资产阶级思想观念和利益要求的刑事古典学派。刑法人道主义原则作为该学派提出的刑法三大原则之一，对于近代刑法理论产生极其重要的作用。① 根据刑法人道主义原则，刑事处罚的对象是人，而不是行为。因此，刑罚应充分尊重人的人格尊严，应体现宽缓、适度的标准。针对中世纪刑罚的残酷性，刑事古典学派提出，残酷的刑罚在理论上违反人的本性，是非人道的产物；而在效果上，残酷的刑罚不仅不能取得报应与预防的效果，反而适得其反。②

　　近代欧洲各国政治体制的变化也对国家刑事政策产生直接而强大的影响。基于启蒙运动的深入开展，基于资产阶级经济力量的增长，各国相继发生资产阶级政治革命，推翻封建统治，建立资产阶级政权。确立与资产阶级政权性质向适应的刑事政策，势所必然。孟德斯鸠认为，政治制度决定刑事政策，每一种政治体制，都有与其相适应的刑罚措施。"严峻的刑罚比较适宜于以恐怖为原则的专制政体，而不适宜于以荣誉和品德为动力的君主政体和共和政体。在政治宽和的国家，爱国、知耻、畏惧责难，都是约束的力量，能够防止许多犯罪……在专制国家里，人民是很悲惨的，所以人们畏惧死亡基于爱惜其生活。因此，刑罚便要严酷些。在政治宽和

---

① 刑事古曲学派提出的刑法三大原则是：罪刑法定原则，罪刑相适应原则，刑罚人道主义原则。
② 贝卡利亚说："纵观历史，目睹由那些自命不凡、冷酷无情的智者所设计和实施的野蛮而无益的酷刑，谁能不怵目惊心呢？……只要刑罚的恶果大于犯罪所带来的好处，刑罚就可以收到它的效果。……除此之外的一切都是多余的，因而也就是蛮横的。"贝卡利亚：《论犯罪与刑罚》，黄风译，中国大百科全书出版社1993年版，第42页。边沁认为，如果在量的比较上，刑罚之恶超过犯罪之恶，那就是以较大之恶的代价消除较小之恶，这是一种不人道的做法。参见边沁《立法理论——刑法典原理》，李贵方译，中国人民公安大学出版社1993年版，第67页。

的国家里,人们害怕丧失其生活,甚于畏惧死亡,所以刑罚只要剥夺他们的生活就够了。"① 贝卡利亚则提出,刑罚的强度与国家文明的演进程度密切相关。"刑罚的规模应该同本国的状况相适应。在刚刚摆脱野蛮状态的国家里,刑罚给予那些僵硬心灵的印象应该比较强烈和易感。为了打倒一头狂暴地扑向枪弹的狮子,必须适用闪击。但是,随着人的心灵在社会状态中柔化和感觉能力的增长,如果想保持客观和感觉之间的稳定关系,就应该降低刑罚的强度。"② 资产阶级以自由、平等、博爱、天赋人权、人道主义为口号,推翻了封建政权,同时,也以其为口号,建立新的政权。同样,在这一理论基础之上,刑罚人道主义原则被确立。

刑罚政策的演变,不仅受到经济关系、思想意识和政治体制等因素的影响,它也直接决定于犯罪活动本身的变化。米歇尔·福柯认为,18世纪的欧洲出现了"刑罚的放宽过程",而这一过程的出现,直接受到犯罪形式的影响。他说:

"从17世纪末,凶杀案以及一般的人身侵犯大幅度减少;对财产的侵犯似乎超过了暴力犯罪;偷窃和诈骗似乎超过了凶杀和斗殴;最贫困阶级的广泛而频繁的偶尔过失被有限但'熟练'的犯罪所取代;17世纪的罪犯是'饱经苦难的人,因饥寒交迫而容易冲动的季节性罪犯',18世纪的罪犯则是处于社会边缘的'诡计多端'的罪犯。……犯罪的普遍潮流从攻击人身转移到在某种程度上直接攫取财产,从'群众性犯罪'转向'边际犯罪'。"③

"实际上,从流血的犯罪转向诈骗犯罪,是完整复杂的机制的一部分。这个机制包括生产的发展,财富的增加财产关系在司法和道德方面获得越来越高的评价。……因此,非法活动中的变化是与惩罚活动的扩展和改进相互关联的。"④

启蒙运动孕育了刑法人道主义原则,而通过产业革命、政治革命形成的经济发展和社会结构变化则导致犯罪性质、犯罪内容的变化。两方面的变化,为调整刑事政策——由残酷的刑罚政策转向宽缓、智谋的刑罚政策——提供了现实的条件。显然,18世纪欧洲各国刑事政策的调整,是

---

① 孟德斯鸠:《论法的精神》上册,张雁深译,商务印书馆1993年版,第82页。
② 贝卡利亚:《论犯罪与刑罚》,黄风译,中国大百科全书出版社1993年版,第44页。
③ 米歇尔·福柯:《规训与惩罚》,刘北成、杨运婴译,生活·读书·新知三联书店1999年版,第84页。
④ 同上书,第86页。

以社会关系的深刻变化为前提和基础的。那么，19世纪末20世纪初中国社会的状况又是如何呢。

前文已述，19世纪中期到20世纪初的半个世纪里，西方的技术、经济、思想文化对中国社会产生重要影响，导致一些新的经济因素、新的文化现象以及新的思想理论在中国出现。但由于中国社会本身并未形成推动社会革命的原动力，新型经济关系、新型社会现象多限于商埠城市和沿海地区，新型思想理论更仅为少数知识分子上层官僚所接触。截至辛亥革命前夜，中国社会仍然是一个典型的传统型社会。一方面，中国社会缺少通过产业革命推动社会在经济上的突变。社会经济中占主导地位的仍然是自给自足的自然经济。另一方面，君主专制统治仍然是国家政治的基石。在社会意识方面，缺少以鼓吹人的解放、对人的尊重为内容的思想解放和近代文化启蒙运动。这样，在经济关系、政治关系以及思想意识等方面，尚未对形成刑罚政策作重大变革的社会条件。在这种情况下，不仅不能产生新的刑法原则，甚至尚不具备移植刑法人道主义原则以及与其相对应的狭罪轻刑法律的经济、政治、文化基础。

《大清刑律》吸收西方近代关于狭罪轻刑的刑法原则，大幅度减少对犯罪的规定，减轻对各类犯罪的量刑标准，不同程度上超出当时社会可接受的限度。"治乱世用重典"，这是传统中国在刑事政策方面的一个重要原则，事实证明，它也是在传统文明中实现社会秩序的一个行之有效的方法。19世纪中期以后，中国社会处于严重的危机之中，民族矛盾，阶级矛盾，朝廷内部的权力之争，中央政府与地方实力派的较量，国家统治力量相对削弱。国家政治的这一状况，直接导致社会秩序恶化，各种犯罪现象更加普遍。

对于这一点，清末朝廷一些官员有着清醒的认识。张人骏从当时刑事犯罪的特征评价《大清刑律草案》。他说：

"值此民气不靖。盗贼公行，每岁录囚，属于强盗者十之八九。而动掠之风未戢，闾阎之患方深。傥专务从轻。水懦民玩，则凶玩愈无所戒惧，良懦之受害日多。妨碍治安。何可胜道。"[①]

一些初步接触并认同西方思想的朝廷重臣，也从如何适应中国社会当时的国情出发，提出在中国骤然实施狭罪轻刑政策尚不具备条件。冯煦从

---

① 《光绪朝东华录》5960，光绪三十四年七月。

刑罚的功能方面，评论《大清刑律草案》。他说：

唐朝法律，完备至当，"纯用惩戒主义。宋金援引。无所出入。元明之间。复参报复主义。国朝因明旧制。故今律则兼惩戒报复者也。然自行秋审制度以来。圣泽皇仁。实又参用感化主义。盖今日东西各国刑法。皆取感化。不用报复。而草案即以此为圭臬。夫报复之说。本非刑律之平。为今日法律学者所鄙议。然弃惩戒而不用。专欲以感化为能。恐未能适合于今日人民之情势。"①

总之，在中世纪欧洲的自给自足自然经济、神权统治和封建政治制度下，在启蒙运动和工业革命、政治革命之前，不可能产生代表新型生产关系、代表新型社会力量利益和要求的新思想、新制度不可能形成以自由平等人权博爱为目标、以自然法理论为基础的刑法人道主义原则和以宽缓轻刑为核心的刑罚政策。同样，在19世纪末20世纪初的中国，也不具备移植刑法人道主义原则和狭罪轻刑的刑罚政策的政治、经济、文化条件。②

三

《大清刑律》的某些规定也表现出立法技术上的粗糙和欠缺。

在罪名设置方面，《大清刑律》仿效西方近代法律，加强对于保护个

---

① 《光绪朝东华录》5973，光绪三十四年七月。
② 1912年，民国政府发布命令，将清末制定而未实施的《大清刑律》简单作一技术处理，即颁布实施。但实施伊始，就受到地方司法机构的非议。其主要理由在于中国社会，教育未普及，人民文明程度不高，尚不具备实施狭罪轻型的刑事制度。1912年4月，上海地方审判厅呈文江苏都督庄，要求制定惩治盗匪的临时法规。该呈文说："自军兴以来，盗风日炽。固由兵荒迭作，饥寒所驱，而刑法宽缓，未始非纵酿凶暴之一端。查现在适用之新刑律，强盗非犯第三百六十八条之四项行为者，并无死罪，但至无期徒刑而止。尊重人道，仁至义尽，顾以不伤于人死而可以幸免死罪，遂使为盗者趋避有门，更无忌惮。观于近来盗案，明火执仗，劫掠一空，而事主辄多重伤不死，闾阎既无高枕之日，监狱亦常有人满之忧。盖盗之计愈得，而民愈不聊生矣。（厅长）管见，以今日治盗之策，即（既）不能如从前不论曾否伤人、不分首从均斩之例，亦当于为首、起意、执持枪械之徒置重典，为急则治标之计。夫刑律之轻重，实为人民程度之高下为进退。东西各国刑律，轻减非一朝一夕之故。稍读外史者，类能详之。我国人民教育未普，程度不齐，亦无可讳言。而遽欲媲美他人，侈为高论，窃惧所谓尊重人道者，偏于强盗一方面，而薄于人民一方面，其持意亦狭而不广也。"（《上海地方审判厅司法实记·文牍》，民国元年四月，上海"中国图书公司"）。

人自由、保障孤寡老幼的立法，并确立相应的罪名。其名某些规定具有明显的进步性，但其内容却与当时中国社会相脱节，从某种意义上说，即使制定为法律条款，实际上也不可能得以有效实施。

《大清刑律》第291条规定："有配偶而重为婚姻者，处四等以下有期徒刑，或拘役。知其为有配偶之人而与为婚姻者亦同。"中国传统社会，在婚姻方面重宗法，所谓"婚礼者，将合二姓之好，上以事宗庙，而下以继后世。"① 婚姻的首要目的在于传宗接代。这一目的在制度上的表现是法律允许特定条件下的妻妾制。《大清律例》规定，男子年满四十岁而无子，可纳妾。近代文明在婚姻制度上的最重要表现是一夫一妻制。《大清刑律》吸收这一先进的原则，严格禁止重婚行为。对于清朝社会盛行的妻妾制、一夫多妻制而言，《大清刑律》这一规定无疑具有典型的进步意义。但这一规定在具体适用过程中又存在一定缺陷。

中国古代社会，在婚姻方面实行家长主婚制。《大清律例》规定："嫁娶皆由祖父母、父母主婚。父母俱无者，从余亲主婚。"② "主婚"的严格含义法律并未明确规定，但从礼的规定及各地习惯看，"主婚"的最重要内容是对于婚姻对象的选择、确定。家长主婚在中国会实施千年以上，成为婚姻活动中的制度性内容。在清朝末年制定、实施《大清刑律》之时，家长主婚制仍然为社会所普遍采用。这样，《大清刑律》第291条关于"重婚罪"的规定即与家长主婚制相冲突：根据《大清刑律》第291条的规定，有配偶而重为婚姻的当事人，构成"重婚罪"，要受到法律的惩罚；根据"家长主婚制"，婚姻活动由家长主持，是否缔结婚姻关系，以及婚姻对象的造反与确定，主要是由家长、而不是婚姻当事人本人所决定。行为与责任的因果关系是法律的重要原则之一。而根据《大清刑律》及"家长主婚制"的规定，在"重婚罪"发生与处理中，行为人与责任人相脱节，显然有失公正，也不符合立法本意。《大清刑律》关于"重婚罪"的规定与"家长主婚制"的冲突，甚至到民国初年仍影响地方

---

① 《礼记·婚义》。
② 《大清律例·户律·婚姻·男女婚姻》。

司法机构的司法实践。① 实际上,虽然从清朝末年到民国初年法律均规定禁止"重婚",但中国传统社会盛行的妻妾制仍在相当长的时期内较为普遍。从民国北洋政府时期及民国南京国民政府时期进行的部分省、区民事习惯调查看,多妻制、妻妾制在诸多省、县被保留。②

再以堕胎罪为例。《大清刑律》设"堕胎罪":"怀胎妇女服药,或以他法堕胎者,处五等有期徒刑、拘役或一百元以下罚金。"③ "受妇女之嘱托,或得其承诺,使之堕胎者,处四等以下有期徒刑,或拘役。"④ 古代社会,缺少科学的避孕措施,而家庭添丁进口,又必然加重经济负担。因此,堕胎现象在中国古代较为普遍。时至19世纪末20世纪初,这一现象并没有重大改变。在这种情况下,骤然确定堕胎行为为犯罪,并给予刑事处罚,只能有两种结果。第一,"堕胎罪"之规定,形同虚设,并不严格执行。第二,如果严格执行,必然涉案受罚者众多。而这两种结局,都不符合立法者初衷。因此,在19世纪末20世纪初避孕措施未普及、家庭经济状况未普遍改善的背景下,中国社会尚不具备严格实施禁止堕胎的条件。从20世纪初到20世纪中期的社会现实看,堕胎现象也确实长时间普遍存在。

中国传统法律在定罪量刑方面,采取严格的罪、刑对应制度。一种犯罪,或者具有某一特定情节、符合某一特定条件的犯罪,只适用一种确定

---

① 民国元年,上海地方审判厅因适用《新刑律》(以《大清刑律》为蓝本稍作修改而成)关于"重婚罪"规定引起的混乱而专文请示江苏都督。江苏都督庄批示:"呈悉。查刑法原则,必须意思、行为两者具备,始构成普通犯罪条件。'重婚罪'之成立,应坐何人,本条虽未有明文,惟细绎刑律第285条文,既称重为婚姻,自必以有意思、有行为者断。若子女处于被动地位,按照刑法原则,断无成立为罪之余地。该厅嗣后遇有此等案件,尽可有裁判官根据事实,自由认定。照刑法原则办理,可也。此令。"(《上海地方审判厅司法实记·文牍》民国元年三月,上海"中国图书公司")庄都督批示要求裁判官"根据事实自由认定,照刑法原则办理",而不是以"刑律条款"为依据。这是对习惯与事实的一种让步。

② 据《民事习惯调查报告录》(南京国民政府司法行政部,胡旭晟等点校,中国政法大学出版社2000年1月出版)记载,山东寿光县习惯上有"平处"制,女儿嫁与他人为妾,为避讳起见,既不称"为人妻",也不称"为人妾",而称"平处",表明其身份与妻平等。第820页。山西虞乡县习惯,"兼祧得娶两妻:一人承祧两房宗祀者,得娶两妻。两妻以齿为序,不问孰先孰后,不分阶级"。第840页山西清源县也有"两妻"习惯。第847页安徽英山县:"兼视祧子得娶二妻",所生之子各自继承其房,不得相混。第866页。

③ 《大清刑律》第332条。

④ 《大清刑律》第333条。

的相对应刑罚。① 而《大清刑律》则改严格的罪、刑对应制度为适度的一罪数刑制度。② 中国传统社会，行政、司法合一，各级行政长官同时行使司法审判权。而在官员选拔制度上，封建社会后期实行科举考试制。考试内容并不包括与法律相关的科目，而且在通过考试之后、被任命为掌握各项权力的官员之前，他们也没有专门的职业训练。因此，通过科举考试进入仕途的官员并不具备法律知识和司法技能。正是基于对各级官员在知识结构和审判择能方面的考虑，传统法律以严格的罪、刑对应制度，佐之以特定条件下的类推比附原则，③ 使得通过科举考试进入仕途的官员直接履行行政管理和司法审判职能成为可能。④ 相比较而言，实施一罪数罚制度法律对于同一犯罪规定一定的量刑幅度，由法官根据案件的情节，确定具体的刑罚，这一制度，能够有效涵盖犯罪行为各种复杂的情节，从而为"罪刑法定原则"的实施提供基础，同时，也更有利于实现法律官的自由裁量权。⑤ 但在20世纪初的中国，新式教育制度并未普遍建立，司法官

---

① 《大清刑律》条款即采取严格的罪、刑对应规定。例如，关于"斗殴"罪，《大清律例》规定："凡斗殴，以手足殴人不成伤者，笞二十；成伤及以他物殴人不成伤者，笞三十；成伤者，笞四十；拔发方寸以上，笞五十；若血从耳目中出及内损吐血者，杖八十；以秽物污人头面者，罪亦如之；折人一齿及手足一指，眇人一目，夹毁人耳，鼻若破人骨及用汤火、铜铁汁伤人者，杖一百；以秽物灌入人口鼻内者，罪亦如之声；折二齿二指以上，及髡发者，杖六址，徒一年；折人肋、眇人两目，堕人胎，及刃伤人者，杖八十，徒二年；折跌人肢体及瞎人一目者，杖一百，徒三年；瞎人两目，折人两肢，损人二事以上，及因пю患令至笃疾，断斩人舌及毁败人阴阳者，并杖一百，流三千里，仍将犯人财产一半断付被伤笃疾之人养赡。"(《大清律例·卷二十七·刑律·斗殴》)。

② 《大清刑律》第313条规定："伤害人者依左例处断。一、致死或笃疾者，无期徒刑或二等以上有期徒刑；二、致废疾者，一等至三等有期徒刑；三、致轻微伤害者，三等至五等有期徒刑。"

③ 《大清律例·名例·断罪无正条》规定："凡律令该载不尽事理，若断罪无正条者，引律比附。应加应减，定拟罪名，议定奏闻。若辄断决致罪有出入者，以故失论。"

④ 行政官员行使司法审判权，通行的作法是行政长官雇用一些熟悉法律条款和司法程序并掌握一定审判技巧的雇员，号称"幕友"或"刑名师爷"。但就制度而言，省以下的各级司法审判权，仍由各级正印官掌握、行使，并承担责任。

⑤ 沈家本称采取一罪数罚的规定，其重要目的之一是废除比附援引制度。"兹拟删除此律（指"类推比附"律——引者注），于各刑酌定上下之限，凭审判官临时审定，并别设酌量减轻、宥恕减轻各例，以补其缺。虽无'比附'之条，至援引之时，亦不致为定例所缚束。"(沈家本：《修订法律大臣沈家本等奏进呈刑律草案折》，《大清法规大全·法律部》，正编，第四册)。

的职业训练也只是筹划之中。在国家职官队伍中基本上是传统型的、通过科举考试而踏上仕途的文人官僚占据主导地位。他们既没有系统的法律知识,也没有经过与司法审判相关的职业训练。进而言之,在此后一段时间,中国社会也很难培养出具有专门知识和专门技能、能够胜任近代审判活动有效运用自由裁量权的司法官员。基于这一现状,骤然实施"一罪数罚"制度,难免出现各种障碍。

四

法律作为调整社会关系、规范社会秩序的行为准则,既要具有一定的超前性,更需保持与主流社会关系的同步性。就其超前性而言,法律应该适应社会的变化,以实现对于正在发生、发展中的新型社会关系的调整和规范,因而一定程度上实现法律对社会的导向性作用。就其同步性而言,社会的存在,以其相对稳定性为前提,在社会演进过程中,占社会主体部分的社会关系经常性地处于稳定状态。法律应与属于社会主体部分的主流社会关系保持同步状态,以最大限度地实现调整社会关系、规定社会秩序的功能。同步性与超前性的合理组合,就能确立具有较好社会适应性的法律体系,既能适应社会关系的现实存在,又能保持适应社会发展适度的超前空间。[①]

人类社会的任何一种进步,都需要付出一定的代价,所谓"新制度产生之前的社会阵痛"。但这种"阵痛"应该是社会所能承受的,即不损害现有的主体社会关系,不背离现有的主体价值观,否则就不是"阵痛",而是"灾难"。法律制度的更新,不同于技术规则的变革[②]。在非政

[①] 法律应同时具备同步性与超前性。但二者的作用存在主次之分。法律是维持社会秩序的最后一道防线。它是从人的最恶的本性出发,从社会最消极的因素出发,以实现社会最低层次的秩序为目标。因此,法律的作用,应以其与社会的同步性为主。与其不同,基于人的善的本性,基于社会积极因素,为社会发展提供超前性、导向性作用,以实现社会高层次秩序为目的的任务,在于道德。

[②] 在技术领域,我们可以将生产过程暂停,完全废止旧的技术规程或者生产流程,而一种全新的规则取代;或者在新的生产周期中,全面废止旧规程,而启用新的规程。

治革命状态[①]下的法律制度更新是一种"动态更新"[②],它在变革自身的过程中,同时履行规范社会秩序、调整社会关系、维护社会价值观的职能。这一职能要求,使得法律变革必须更多地体现其渐进性、阶段性。

不同文明社会的法律,经历了不同的发展轨迹。考察这些各具特色的发展道路,可以发现,它们都有一个共同的特征:通过演变,不断地调整自身,以达到对于理想秩序的追求和完美人格的实现。法律发展的终极目标在于,通过法律调整,把社会维持在公正、合理的理想秩序之内,尊重并培育人的优良品格,为人性的充分展示创造合适的社会环境。理想秩序和完美人格作为法律的终极目标,是一个无限的过程,永远为法律所追求。任何一次具体的立法活动都不可能最终地达到这一目标。黑格尔这样论述具体的立法活动与法律终极目标的关系:

"立法纷乱的主要根源在于,合乎理性的东西即自在自为的法的东西逐渐渗入到原始的、含有不法因素的、从而是单纯历史性的制度中去。这就是上述罗马法、中世纪采邑法等中发生的情形。但是了解到下列这一点是重要的,即当自在自为地合乎理性的、其本身为普遍的规定适用于有限的素材时,这种素材的本性本身必然会在这种适用上引起无止境的进程。要求一部完备的法典,即看来绝对完整而无须作进一步规定的法典——这种要求主要是德国人犯的毛病,——以及借法典不可能修订得那么完整为理曲,就主张不该让所谓不完整的东西产生,即不该让它达到现实,以上两种情况都是基因于对象私法那样的、有限对象的本性的一种误解,其实,所谓私法的完整性只是永久不断地对完整性的接近而已。同时,它们又是基因于对理性的普遍物同理智的普遍物之间差别的误解,以及对理智的普遍物适用于有限性和单一性的素材(这种素材无止境地在进展)的误解。[③]

---

① 打碎旧的国家机器,建立符合新政权要求的新型国家机器,这是政治革命在建立新政权过程中的基本要求。这一要求在法律上的表现是:彻底废止旧的法律制度,全面建立新型法律体系。而清末法律改革是在现政权主导的法律变革,是一种非政治革命状态下的法律改良。

② "动态更新"只能是一种局部更新。因为在"更新"的同时,还必须履行其主体职能。就像一辆行驶中的汽车发生故障,在既不能将汽车停下来全面更换部件,又不能完全排除故障的情况下,只能在汽车运行过程中,通过局部检修,最大限度地减轻因故障而对行使造成的损害。"检修"的力度以不导致汽车的终止运行为限。

③ 黑格尔:《法哲学原理》,范扬、张企泰译,商务印书馆1982年版,第225页。

法律的发展，永远是一个过程，一个无限接近于理性目标的长期过程。无论是制定新的法律，还是对已有法律的修订，都不能因无法达到最终目标而放弃对理想的追求，同时，也不能因目标充满理性而希望毕其功于一役。对于法律的发展、演进，既需要追求目标的激情，更需要审时度势，确定循序渐进、切实可行的理智过程。根据社会环境的需求和民众的承受能力，具体设置一个排队感情冲动、而充满冷静理智的可行方案。

清朝末年，中国社会处于激烈的调整、动荡之中。各种新的社会关系、思想观念不断出现。尽管这些新的社会关系代表着中国社会发展的趋势，具有逐渐扩大、蔓延的前景，但在19世纪末20世纪初的中国，它们毕竟只占中国整体社会关系中极少的一部分，仅限于沿海、商埠城市。在广袤的中国内地，在沿海、商埠城市中多数尚未涉足新型生产关系和生活方式的市民百姓以及在国家政治生活和文化生活中占重要地位的绝大多数官僚和文人、士子，他们仍然处于传统型社会生活之中，仍然属于传统型生产关系、社会关系的主体。他们所拥有的，仍然是传统型价值观念和意识形态在这种基本的社会结构和社会框架下，骤然变革法律关系，或者说通过法典的修订来改变既定的价值观和行为准则，不仅没有必要，而且也不具备可能性。

二 沈家本与中国律典传统的终结

苏亦工[*]

一 清末法律改革评价中的悖论

中国现行的法制，除了香港、澳门是被动地植入原殖民地宗主国的法律外，在大陆和台湾，则是主动地模仿着西方法律体系的大模式。中国固有法制，如不能说荡然无存，也是面目全非，至少从表面上已是看不到了，这就是清末法律改革带给我们的直接后果。本文要检讨清末法律改革，首先就要提到一个重要的历史人物——沈家本。

大概在许多人心目中，沈家本简直就是清末法律改革的化身。中国有句老话叫作"盖棺定论"，而实际的情形却未必如此，对沈氏的评价就是一个例子。谈到清末法律改革，常常是有褒有贬，自民初迄今未尝不然，尽管褒贬的内容前后变化甚大。然而谈到沈家本，情形却略有不同。众所周知，早在沈氏主持修律的期间就曾遭到过不少非议。这种非议一直持续到三四十年代，以致当时有所谓"反沈派"之称[①]。令人奇怪的是，20世纪80年代中期特别是90年代以后，贬声渐渺而褒声则几有震耳欲聋之势。1990年秋，适逢沈氏诞辰150周年之际，中外法律史学者荟萃杭州，对沈氏"推动我国法律现代化"所做的贡献给予了极高的评价[②]。1992年台湾也举办了一次纪念沈家本诞辰152周年的国际学术讨论会并出版了论文集[③]。虽然近年来对清末法律改革的评价也是褒多于贬，但相对于沈氏的评价而言，就未免显得羞羞答答半遮面了。不过有一点似乎可以取得共识，即评价沈家本的基础在于清末法律改革所达成的实际后果。赞扬沈

---

[*] 清华大学法学院教授。

[①] 蔡枢衡：《中国法律之批判》，正中书局1937年版，第2—5页。

[②] 参见该次会议出版的论文集《博通古今学贯中西的法学家》，陕西人民出版社1992年。

[③] 见台湾中国法制史学会编《中国法制现代化之回顾与前瞻——纪念沈家本诞辰一百五十二周年》，台湾大学法学院出版，1993年。

氏的人称他是"媒介东西方几大法系成为眷属的一大冰人","中国法律现代化之父";批评沈氏的人则认为恰恰是他造成了传统法律与"现行"法律的不衔接并进而导致了"中国原有法律已经亡国的神气"①。据此不难推断,赞扬沈氏的人必然对清末法律改革持肯定态度;批评沈氏者,则必然对清末法律改革持否定,起码是不太满意的态度。令人诧异的是,肯定沈氏的人并不必然肯定清末的法律改革,至少对二者肯定的程度远不成比例。相反,有学者认为,清末的变法是虚伪的而沈氏的修律却是真诚的,即所谓的"清廷假变法,沈家本真修律"。这种说法似可反映对此二者评价上的反差现象。

按照一般的逻辑,人们对同一事件造成的结果的认识大体可区分为两个范畴:其一属于客观事实的范畴,即人们对某一事件客观上造成的结果的认识,在这里我姑且称作后果,如果事实没有实质性的出入,认识上一般也不会有太大的分歧;其二属于主观的范畴,即对前述客观结果的理解和诠释,譬如理想与否、满意与否、评价高低等,这里我姑且称作效果(以示区别于后果),这里边就包含了许多主观因素,尽可见仁见智。

如果从这两个范畴上对上述两种对立意见加以考察,就会发现二者的分歧既有对效果的不同评价也有对后果的不同认识。

肯定派说:"沈氏改律的最大贡献,在使肩负沉重历史包袱的古老中国自传统法制的桎梏中挣扎出来,并为其创设了一个现代化法制的宏远架构。"② 否定派说:清末修律"一切法规的形式和内容,直接模仿日本,间接效法西欧。中国旧律,在起草者的心目中毫无存在的余地。民国成立以后,本此精神,继续创制。至今近代式的法典早已进入完成境地,传承数千年的旧律随着成为历史上的名词"③。这两种说法其实说的是一回事,即现在权威们认定的清末法律改革造成的两方面后果:一是导致了我国传统法制的解体;另一个则是开启了我国法制近代化的先河④。两种意见的对立只是描述手法上的不同罢了。就好像同是形容半瓶酒,乐观主义者说"半瓶酒还满着";悲观主义者则说"半瓶酒已经空了"。

说摆脱历史包袱也好,导致传统法制解体也好,显然是出于对旧律的

---

① 蔡枢衡:《中国法理自觉的发展》,河北第一监狱印刷1947年版,第87页。
② 黄静嘉:《沈家本——我国法制现代化之父》,见注2引书第32页。
③ 蔡枢衡:《中国法理自觉的发展》,河北第一监狱印刷1947年版,第58页。
④ 张晋藩:《中国法制史研究综述》,中国人民公安大学出版社1990年版,第425页。

憎恶而对清末废除传统法律这一事实表示赞赏和庆幸；说埋葬固有法律也好，割断历史联系也好，显然是出于对旧律的怀恋而对同一事实表示惋惜和愤慨。同样，所谓创设了现代法制的宏远架构，开启近代法制先河与所谓清末修律"不是翻译即为抄袭"，"依照本国情形而为创制之法律，可谓极少"①等说法都是指的清末法律改革导致大量的西方法律向中国移植这一现象和后果。不过前者对这个后果表示欢迎而后者则表达了某种程度的反感和忧虑。显而易见，这种分歧是主观上的，即对同一客观事实或称后果的不同评价，不足为怪。但是问题并未到此为止。当肯定派称沈氏主持清末修律的结果是"媒介东西方几大法系成为眷属"及所谓"酌古准今"、"融会中西"时，就不仅是对清末法律改革的效果有不同意见而是对后果的认识分歧了。因为肯定派称清末法律改革的后果是"融合"，显然并不认为它割断了传统而是造就了一种中西并存的局面。必须注意的细微之点是，肯定派的这种评价一般仅限于称赞沈家本个人而并不直接地适用于清末法律改革本身。但是如果我们承认沈氏是清末法律改革的主持人，沈氏的修律指导思想确实贯彻到清末修律的过程和结果之中的话，那么我们就必须承认，上述评价也应适用于清末法律改革本身。

我国老一代法学家陈顾远先生曾说："清末变法，参取欧西法制精神，虽在当时未能有成，实开民国后新法制之先河。"② 我国当代法学权威也有相同的看法。看来，清末法律改革输入了大量的西洋近代法律，是肯定派和否定派都承认的事实。按照西方比较法学家的说法，这种外国法律"输入"的现象，叫作"法律移植"③。

众所周知，清季的中国并非一块未开发的处女地，而是拥有自己数千年法律传统的文明古国。不难想象，大量外来法律的植入必然会对中国固有法律产生一定的冲击，其碰撞的结果至少有两种可能：一种是外来的战胜了固有的，即所谓的"全盘西化"，或者基本西化；另一种是双方不分胜负，势均力敌，这就是所谓的"中西融合"或"中西参半"。融合的程度容或有所不同，可能是中多西少也可能是西多中少。但大体上应该是相互匹敌，不致过于悬殊，否则称融合就显得有些勉强。

---

① 谢振民：《中华民国立法史》，正中书局1937年版，第44页。
② 陈顾远：《中国法制史概要》，三民书局1977年版，第20页。
③ 参见拙文《简评清末法律移植的效果》，载《走向法治之路》，中国民主法制出版社1996年版。

从肯定派所说的"导致了我国传统法制的解体"与否定派所说的"传承数千年的旧律随着成为历史上的名词"的两种形异实同的说法来推断，双方公认的结果应当是外来法律战胜了固有法律，如果不是全盘西化的话，至少也是基本西化。如果这种推断不错误的话，那么"中西融合"的说法就是站不住脚的。进而，肯定派所谓沈氏是"媒介东西方几大法系成为眷属的一大冰人"或"融合中西法制的改革家"之类的说法也是不能成立的。换言之，即等于说反对派的观点是可信的而肯定派在对清末法律改革的后果的描述上是自相矛盾的。在单纯评价清末法律改革的后果时，他们的认识与否定派是一致的；而当评价沈氏时，他们又否定了自己对清末法律改革后果的认识。

如果我们将肯定派对沈氏的评价做成一个三段论式，就会发现其中有一个悖论。假设大前提 A＝清末法律改革主持人；小前提 B＝清末修律的指导思想；结论 C＝清末法律改革的后果。根据前述肯定派的看法，清末法律改革的主持人是沈家本；沈家本的修律指导思想是中西融合；清末法律改革的实际后果是传统法律的解体和中国近代法律的形成，简言之，即废除旧律而代之以西法。于是上面的式子可换算成 A＝沈家本；B＝中西融合；C＝全盘西化或基本西化。显然如果我们坚持结论是正确的话，则大小前提中至少有一个是错误的。结合否定派对沈氏的指摘以及他们所说的"中国旧律，在起草者的心目中毫无存在的余地"，则问题似乎出在小前提上。这也就是说，沈氏的修律指导思想并非中西融合而是以西代中或以新换旧。

有人可能会说：历史的发展不合逻辑的事本多，用简单的三段论式判断复杂的历史问题殊难令人信服。这种非议不无道理。好在清末法律改革的资料尚未完全湮灭，我们不妨暂将上述三段论式中的大小前提和结论均假定为未知数，重加考证以确定各说之真伪。

二　清末修律的后果

清末修律的后果固然是多方面的，我这里所要谈的仅限于辨正究竟是中西融合还是"以西代中"，或曰"西化"这样一个事实问题。

清末修律如以 1902 年起算，因辛亥革命的发生而中辍，历时十年。主要完成的工作可分两个方面，即删改旧律和制定新法。

删定旧律的工作从删除《大清律例》内部分条款开始，以编定《大清现行刑律》告终，其所有成果就集中体现在这部法典中。从体例、罪名、刑名甚至诉讼制度上看，该法典均较之《大清律例》有较大的修改和更新。尽管总的来说并未超出以《唐律》为代表的传统法典模式，但毕竟参考和吸收了一些西方的刑法学说。如果沈氏所说的"保守经常，革除弊俗"，"旧不俱废，新亦当参"就是指的这种模式，那倒比较容易理解。假设清末的修律活动到此为止，说清末修律的后果是中西融合倒也勉强。然而，这部法典只是一个过渡性的刑法典，并不是清末法律改革的最终目标。

下面，再来看看修订新律的情况。

清末修订新律，打破了传统的律典独尊的局面，采纳西方的法律分类方法、立法技术（狭义）和法律结构体系，制定了大量的部门法。可以说，我国（包括大陆和台湾地区）现有的各类部门法，差不多在这个时期都已出现了。如此众多的法律及法律草案，要想在本文中一一考证其渊源显然是不可能的。概括地说，这些新制定的部门法与我国传统法律的关系大体可分为四类：

1. 中外皆有，如刑法是；
2. 我国传统上有其实而无其形者，如诉讼法、组织法、行政法等是；
3. 中国传统上虽无制定法但有由大量官府审断案件形成的散漫的是非公平准则和民间习惯组成的习惯法，如民商法是；
4. 中国传统中向来阙如者，如宪法是。

就这四类关系看，除宪法较少本土资源外[①]，其余三类均有传统的参照物可资借鉴。限于篇幅，此处仅以民刑两大法为例简要地考察一下清末法律改革是否"融会中西"以及如何"融会"的。

就民法而言，《清末民律草案》（史称民律第一次草案）"全案大体仿德日民法"，其修订宗旨是：1. 注重世界最普通之法则；2. 原本后出最精确之法理；3. 求最适于中国民情之法则；4. 期于改进上最有利益之法则。起草者阐释其理由说："是知匡时救弊，贵在转移，拘古牵文，无裨治理。中国法制历史大抵稗贩陈编，创制盖寡。即以私法而论，验之社交，非无事例，征之条教反失定衡，改进无从，遑谋统一。是编有鉴于斯，特

[①] 较少不意味着全无。"本土资源"一词借用于朱苏力的《法治及其本土资源》一书。

设债权、物权详细之区别，庶几循序渐进，冀收一道同风之益"①。至于宗旨第三条所谓"求最适于中国民情之法则"仅适用于亲属、继承等人身法领域。起草者说："矧其为亚欧礼教之殊，人事法缘于民情风俗而生，自不能强行规　，致贻削足适履之诮。是编凡亲属婚姻继承等事，除与立宪相背酌量变通外，或本诸经义，或参诸道德，或取诸现行法制，务期整饬风纪，以维持数千年民彝于不敝"。换言之，《清末民律草案》只是在亲属、继承两编中保留了部分中国传统因素。有学者指出，从清末开始的我国近代民事立法，"立法者尤为强调传统习惯的重要性"②。这种说法固然不错，不过重视是一回事，落没落到实处又是另一回事。北洋时期曾对清末民律草案加以修正，据江庸说，原因有三："（一）前案仿于德日……；（二）前案多继受外国法，于本国固有法源，未甚措意。如民法债权编于通行之'会'，物权编于'老佃'、'典'、'先买'，商法于'铺底'等全无规定。而此等法典之得失，于社会经济消长盈虚，影响极钜，未可置之不顾；（三）旧律中亲属、继承之规定，与社会情形悬隔天壤，适用极感困难，法曹类能言之，欲存旧制，适成恶法，改弦更张，又滋纠纷，何去何从，非斟酌尽美，不能遽断。"③ 时至今日，台湾现行的民法典仍沿袭《清末民律草案》所确立的五编框架，所变革者不过细节和局部而已。评论家指出：民法"大多继受自外国，仅有小部分是保留固有法。当时的立法委员吴经熊说：就新民法第一条到第一二二五条仔细研究一遍，再和德意志民法、瑞士民法、瑞士债法对照一下，倒有百分之九十五是有来历的，不是照账誊录，便是改头换面。梅仲协亦说现行民法采德国立法例者十之六七，瑞士立法例者十之三四，而法、日、苏联成规，亦尝撷取一二。王伯琦更明白指出：我们立法上所采纳的，全套是西洋最新的法律制度"④。不难看出，所谓立法者对传统资源的重视，表面文章多，真正被采纳的微乎其微。

就刑法而言，沈家本在"刑律草案告成分期缮单呈览并陈修订大旨折"中明确指出："而我中国介于列强之间，迫于交通之势，盖有万难守

---

① 谢振民：《中华民国立法史》，正中书局1937年版，第898—902页。
② 曹诗权等：《传统文化的反思与中国民法法典化》，《法学研究》1998年第1期。
③ 同注12引谢氏书第905—906页。
④ 陈添辉：《一九一二——九四九年中国法制之变化——以民法之制定及施行为例》，同注3引书第325页。

旧者"①。他具体列举了三种原因作为从五个方面变革旧律的理由，即："更定刑名"、"酌减死罪"、"死刑唯一""删除比附"、和"惩治教育"。用现在的话说就是：废除传统的刑罚制度转采西方的刑罚体系；废除传统的报应刑主义，接受西方的罪刑法定主义、罪刑相应原则和刑事责任年龄制度。在《进呈刑律分则草案折》中，沈氏又说："窃维法律之损益随乎世运之递迁，往昔律书，体裁虽专属刑事而军事、民事、商事以及诉讼等项错综其间……则刑律之大凡自应专注于刑事之一部，推诸穷通久变之理，实今昔不宜相袭也。是编修订大旨折衷各国大同之良规，兼采近世最新之学说，而仍不戾乎我国历世相沿之礼教民情。"②

单从这两道奏折来看，其语气显得有些自相矛盾。一方面，沈氏努力要使人相信，所有新律对旧律的变更都是表面的、局部的；另一方面，又竭力表白"今昔不宜相袭"的苦衷。如果我们逐条研读新刑律草案就会发现，新刑律对我国传统刑律所作的变革，无论从体例上、内容上还是学理上看都是巨大的。该草案不仅与当时日欧各国刑法极为接近，即使与当代世界各国刑法典相比也是大同小异③。除个别条款外④，新刑律所带有的某些传统特色恰恰是保留在沈氏所反对的五条暂行章程之中。反对派所谓"中国原有法律已经亡国的神气"及肯定派所谓"导致了我国传统法制的解体"显然都是指此而言。

如所周知，我国传统法律向以刑法见长，正如戴炎辉先生所说："我国古来重视刑事法，言法谓律，通常指刑事法而说。刑事法的发达，远胜民事法。"⑤ 按照常理，清朝官方和沈氏个人如均以中西融合为宗旨，则制定刑律时，传统法律资源中可供汲取者正多，又何必舍近求远，假手洋

---

① 《大清光绪新法令》，第19册。

② 朱寿朋：《光绪朝东华录》，中华书局1984年版，总第5809页。

③ 黄源盛：《大清新刑律礼法争议的历史及时代意义》（同注3引书第38—39页）亦说："的确，如果细察整部大清新刑律正文的内容，几乎什九的条文都是有来历的，不是照张誊录日本、德国等国刑律，便是略加增减。"

④ 黄源盛先生曾列举说：新刑律"虽然体制上，采德国或日本的立法例，但并未完全不顾中国素来的天理人情等法律价值观；对于重要的伦理法益，仍标明于法典加以规范，如对直系亲属间的犯罪类型，或加重其刑，亦很能表扬传统的孝弟。甚至对于本支亲属、配偶及同居亲属间的盗窃行为，得免除其刑，也还保留传统上'缌麻以上相盗减等'的精神；至于旧律上的'犯罪相为容隐'，大清律亦有类似的规定。"（同前引书第40页）

⑤ 《中国法制史》，台北三民书局1979年版，第17页。

人呢？

举例来说，大清律中的"监守自盗"罪，滥觞于汉律的"主守盗罪"，唐律称"监临主守自盗罪"是中国传统官僚社会比较常见的犯罪类型，是我们的祖先根据我国社会的自身特点而归纳出来的，外国刑法无相当罪名。然而在清末法律改革时，由日人冈田朝太郎和松冈义正起草的《大清新刑律》"一反千余年的立法例，将'监守自盗'的罪名删除；而在侵占罪章中，制定'公务业务侵占罪'"。我国台湾学者巨焕武先生结合民国以来刑事立法的研究指出，"清律监守自盗本罪确有继续传承的必要。而现行（台湾）刑法中的'公务或公益侵占罪'条也亟待作如此重视而传承的修改，否则，是不能适国本，便民俗，也无法奢谈废止惩贪条例而回归刑法的"。从巨先生的研究中可以看出，传统法律已经解决的问题，因抄袭西法反而感到束手无策，实践中不得不以特别法或司法解释的方式加以弥补，最终又回到了传统的老路，岂非庸人自扰？[①] 戴炎辉先生指出："唐律的发达，叹为观止。所可惜者，后代唯知墨守，未能及时发扬光大，致清末变法时，反而籍重于欧洲近代的刑法思想及制度。"

由此看来，所谓"酌古准今"，"准今"是实，"酌古"是虚。要么是怕背上数典忘祖的罪名；要么就是打着"托古改制"的旗号，以期减少改革的阻力。正如笔者曾经指出的那样，自晚清以来，人们在推行种种新政的时候，总是试图从中国古代的历史中挖掘出新制度的痕迹[②]。西方学者批评"中国现代的法律制度没能尽到注意中国传统法系的保持之能事。因此中国现行的法律有时不适合于中国老百姓的思想意识和生活背景"[③]。至此，我们似可肯定地说，清末法律改革的直接后果至少从外观上看是基本西化而非中西融合。注意，我用"外观"一词予以限定，是为了避免将有形的后果与无形的后果，"正规的体系"与"非正规的准

[①] 《清律中的监守自盗罪》载《政大法学评论》第45期，1992年。两处引文分见第5、第69页。

[②] 清末在引进西方警察制度，变革传统治安体制时也总是打着"古已有之"的招牌。参见拙著《中国近代警察制度·导论》，中国人民公安大学出版社1993年版，第5—6页。

[③] 同前注15引陈添辉文，见同书第327页。

则"相混淆①。作个形象些的比喻，假定"有形的后果"、"正规的体系"（如宪法、法律、诉讼制度等）是电脑硬件，则"非正规的行为准则"（诸如人们的法律意识及执法、守法习惯等）就是软件。此处否定派攻击沈氏"割裂传统"与肯定派称赞沈氏"融合中西"显然都是从前一种意义上说的。至于清末法律改革以后，传统观念与西洋模式的法典长期并存，这的确是一种中西法律融合的现象，但这不是在同一意义上说的。这种融合既非沈氏主观努力的方向，恐怕也非他所期望看到的结局。譬如说，自清末开始，我们引进了西方式的宪政制度，先后制定了一系列宪法性文件。就技术和学理上讲这些立法比欧美发达国家相应法典也未必逊色多少；然而法律的实际运作及国人对于政府和人民权利的观念基本上仍是传统的。《临时约法》和皇帝梦同床共枕、《中华民国宪法》与家天下的信念水乳交融，这样的中西融合是沈氏所期盼的吗？肯定派赞扬沈氏缔造的"会通中西"法律的后果显然也不是指这个意义上的"融合"。

三 清末修律的主持人

沈家本是否是清末法律改革的主持人是评价沈氏的基础，也是我们推断清末修律指导思想的重要线索。从现有资料来看，记载非常清楚，历来的评论家对此也毫无异议。然而沈氏并非唯一的主持人，在修律过程中，伍廷芳、俞廉三等曾先后与沈氏并列为修律大臣。

根据权威们的考证，伍廷芳参与修律的时间甚短，最多不过4年，并据此推定，伍氏的作用不可与沈氏相提并论。黄静嘉先生说："与沈氏相对比较，与其同时受命修法的伍廷芳（秩庸）就不免相形逊色。伍氏具有英国大律师资格，而为当时我国极少数而杰出的娴习外国法制之耆英。他虽然也是'进士'，但只因留学外国而获授'洋翰林'，不是经过考试经书制艺而来的，他没有经过沈氏之部曹以迄京堂的历练。他在改律上之贡献，较少为人提及，一方面是他在膺任修律的5年中频应外交上的差遣，不像沈氏在10年修律中，为'全勤'的修律者，另一方面也因与沈

---

① 法律作为一种制度应从两个意义上考虑，一种是"正规的体系（formal system），诸如宪法、法律、保险和市场规则"；另一种是"非正规的行为准则（informal norms of behavior），诸如习俗、道德、伦理、意识形态和信仰体系"。作此种区分系受 Dougluss North 启发，见 Gerry Everding, Douglass North Prizes Economic History, Records (Wash. U.), Oct. 21, 1993。

氏相较，他只是一个与当时之司法官僚体系初无渊源的 outsider（门外汉——笔者）"①。又据李贵连先生考证，清廷任命沈、伍二人为修律主持人的时间是光绪二十八年（1902）年四月六日，而伍氏实际到任时间笔者确信不会早于光绪二十九年七月底②，很可能是在该年十一月前后。此前的一年多时间里，修律工作由沈氏一人负责。到了光绪三十二（1906）年四月十九日，伍氏请假回籍修墓③，此后再未参与修律。由此推算，伍氏实际参与修律的时间最多不超过三年④。

关于伍氏参与修律的时间问题，看来当以贵连先生的考订为确。但伍氏的作用是否真如人们所说的那样无足轻重却尚待推敲。

首先，按照前面的说法，在光绪二十九年下半年伍氏到任前的一年多时间里，修律的工作是由沈氏一人主持的。但据光绪二十九年十二月七日的一道谕旨来看，"修订法律命令下达一年多以后，经费尚无着落，人员亦未全部集中。修律工作当然也就没有开始"（年谱第84页）。如此说来，沈氏在这一年多时间里也没有主持什么工作。而且，这道上谕是对以伍氏领衔的一道奏折的回复。上谕中只提到伍氏一人的名字，其余附和者皆以"等"字概括。贵连先生怀疑这个"等"字中"当有沈氏"，不无可能⑤。但纵使如此，仍不妨碍我们作出如下的推论：清末修律工作的实际展开是伍氏到任后推动的，且伍氏的作用居于主导地位而沈氏只发挥了次要的作用。

其次，从1902年沈、伍二人受命修律到1906年伍氏离任的期间里，二人联衔奏折的排名次序发生了变化。在光绪二十八年（1902）年四月六日的任命上谕中，沈氏排名在伍氏之前，而在以后两人主持修律的期间，沈氏的排名却更多地落在伍氏之后。

《沈家本年谱初编》提到沈、伍二人共事期间联署奏折共13道，虽

---

① 黄静嘉：《沈家本——我国法制现代化之父》，见注2引书第24页。
② 据载振商律、公司律奏折说是八月到京，见《大清光绪新法令》第16册。
③ 《光绪朝东华录》总第5514页。
④ 见张国华、李贵连《沈家本年谱初编》，北京大学出版社1989年版，第83、84页。本章简称"年谱"者皆指此书。
⑤ 按：《大清德宗实录》，中华书局1987年版，卷第524，第58册937页"外务部右侍郎伍廷芳等奏，遵旨修订法律，首以调员译书两事为亟，请饬部岁拨经费三万，下户部知之。"按：实录失于简略并未全引上谕不过摘叙而已。

难保不无遗漏但大体上应包罗了该时期修订法律馆所上的主要奏折，其中据上谕可确定为伍氏为首领衔的 6 道，沈氏为首的 3 道，文献记载不一致者 1 道，另 3 道似非以修律大臣名义领衔者。详见下表①：

伍廷芳、沈家本奏折领衔表

序号	标题	上奏时间	领衔者	资料依据
1.	#请派员拨款折	光绪二十九年十二月七日（此为上谕回复时间）	伍廷芳等	实录卷 524，年谱 84 页
2.	$奏请先将律例内应删各条分次开单进呈折	光绪三十一年三月十三日	刑部奏折	年谱 86 页，新法令第 15 册
3.	#删除律例内重法折	光绪三十一年三月二十日（年谱 84 页作二十四日，第 87 页作二十日）	伍廷芳、沈家本	光录 5325 页
1	请在京师设法律学堂附片	同上	同上	年谱 91 页
1	请在各省添造讲堂附片	同上	同上	年谱 91 页
4.	#议覆江督奏恤刑狱折	光绪三十一年三月二十日	伍、沈	年谱 92、98 页，光录 5328 页
5.	#变通窃盗条款折	光绪三十一年四月十九日（年谱 96 页作四月二日）	伍、沈	光录 5342 页
1	宽免徒流加杖片	光绪三十一年四月十七日		年谱 98 页
6.	#议覆刘彭年复刑讯折	光绪三十一年五月二十五日	伍、沈	光录第 5356 页，年谱 99 页
7.	$变通妇女犯罪收赎银数折	光绪三十一年九月二日	刑部奏	光录第 5406 页，新法令册 15，年谱 102 页
8. 宽	?申明新章禁刑讯折	光绪三十一年九月十七日（年谱 104 页作九月十六日）	伍、沈次序暂难确定	光录 5412 页及新法令作伍折，年谱 106 页据实录作沈折②
9.	#派员赴日考察折	光绪三十一年九月十七日	伍、沈	光录 5412 页，年谱 106 页

① 加#者为伍氏领衔，加＊这为沈氏领衔，加?者为文献记载不一致，加$者非修律大臣奏折。表中称"光录"者盖指《光绪朝东华录》。

② 刘锦藻：《清朝续文献通考》，万有文库本，商务印书馆，卷244，第9885页亦作伍氏领衔。《实录》第59册，卷549，第292页作："修订法律大臣沈家本奏，轻罪禁用刑讯，笞杖改为罚金，各省奉行不力，请再申明定章。从之。"

续表

序号	标题	上奏时间	领衔者	资料依据
10.	*虚拟死罪改为徒流折	光绪三十二年四月二日	沈、伍①	《年谱》107、114页，光录5523页
11.	*伪造外国货币拟请设立专条折	光绪三十二年四月二日（清朝续通考第9882页作三十一年，误）	沈、伍	《年谱》107、109页
12.	*进呈诉讼律拟请先行试办折	光绪三十二年四月二日（清朝续通考第9881页作三十一年，误）	沈、伍	光录5504页，《年谱》107、110页
13.	$进呈破产律奏稿	光绪三十二年四月二日（年谱第119页作"本月上中旬"，其所谓"本月"当指闰四月）	商部、法律大臣	光录第5503页，《年谱》119页②

按：上表奏折2中有"窃臣部律例历久未修"，显指刑部而言，此折所奏系汇报光绪二十八年四月廿一日，"刑部奏：则例年久失修，拟先删定完善，再与各国法律互相参酌。法"，与此正相吻合。故毫无疑义可定为沈氏领衔。

根据中国的传统，排名的次序不是毫无意义的，一般情况下暗示着被排名者身份、地位的高低。当清廷下达任命谕时，沈氏身居刑部左侍郎，而伍氏不过候补四品京堂，地位远逊于沈。光绪二十八年六月八日、九月二十五日，次年七月十六日、十一月廿七日，清廷曾数次颁旨超擢伍氏的官职。待伍氏实际参与修律时，其身份已是外务部右侍郎，虽资历仍嫌稚嫩，用现在的话说是坐直升机上来的，但地位毕竟已与沈氏旗鼓相当。尽管清廷尚左，但外务部的地位却似高于刑部。据时人记述："外务部为新设之部，班在旧有各部之上，责任较重。"③ 在当时人眼里："同一曹省也

---

① 丁贤俊、喻作凤编《伍廷芳集》，中华书局1993年版，亦据《东方日报》将该折作伍氏折收入。其余第4、5、6、7、8、9、11、12、13折亦据不同来源收入。

② 此折据各书可确定为商部、法律大臣联衔，但《实录》卷第558，第59册，第390页称"商部奏核订新宁铁路章程二十一条。又奏遵订商律续拟破产律一门，均从之。"未提法律大臣。可见《德宗实录》省略之处甚多。

③ 徐一士：《一士类稿·一士谈荟·瞿鸿禨与张百熙》，书目文献出版社1983年版。

而新旧别焉；同为朝廷治事之官，而肥瘦相悬焉……法部（其前身即刑部）等署……曾不得比夫外、商、邮之末秩"①。当庚子以后，列强在华势力益大，精通洋务者的身价也随之水涨船高。沈伍二人排名顺序的倒置大概就有这一重因素。而清廷迭次提升伍氏官职，并将其排名在先显然也有明确的用意，即：在以伍、沈二人并列为修律主持人的安排上伍是居于首要地位的。从表中可见，明确由沈氏领衔的三道奏折，日期均是光绪三十二年四月二日。二人次序再次变化的原因仍不得而知，依笔者拙见可能有两个，一是其时距告伍氏假回籍不过十余日，他已不再参与修订法律馆的公务；另一种可能是伍氏曾于光绪三十二年正月调任刑部右侍郎，这种变化据前述实际上等于降级，而沈氏参与修律时的身份是刑部左侍郎，故伍氏应排名在沈氏之后。伍氏于该年四月告假是否因此次降级而负气离职呢？目前尚不可知。但据张云樵先生说：光绪二十八年，伍氏"由美返国后，历任商约会办大臣、商部、外务部侍郎。若仅从职位名义说，其中任何一个都较公使更为显要；至于实际权力，恐未必如公使之能自作主张，尤其重要的伍氏不惯衙门陋习，与时流不合，因此任职不到半年，便请假三月回籍修墓……同年七月二十九日《香港华字日报》以《伍秩庸决意不出山》为题……虽两宫多次电召，伍秩庸决意不再北上。同年十月十七日《华字日报》北京专电：'伍廷芳奏请开缺，奉旨允准'"②。或许伍氏的离职确有公务上不得志的因素在内。

再次，沈、伍二人合作的两年多时间里，主要的作为大体有四项：删削旧律、翻译西法、创设法律学堂及派员赴日考察等。在这四项工作中二人发挥的作用孰大孰小呢？

单纯的删削旧律本是刑部一贯的执掌，沈氏于光绪三十一年三月十三日所上的《奏请先将律例内应删各条分次开单进呈折》，就是汇报的这项工作。然而这次修律的目的显然不同于以往，据光绪二十八年二月二日和四月六日的两道上谕看，其重点在于参酌西法，变通旧律，以期收到"中外通行，有裨治理"的效果。光绪三十一年（1905）三（4）月廿

---

① 孙宝瑄：《忘山庐日记》，上海古籍出版社1983年版，下册第1168页。

② 见氏著《伍廷芳与清末政治改革》，台北联经出版公司1987年版，第241—242页。按：引文中说伍氏"不惯衙门陋习，与时流不合"系据《香港华字日报》，《省京新闻》，光绪三十四年九月十六日的报道，看来也是出言有据并非信口开河。

(24)日伍、沈所上的《删除律例内重法折》是对删除旧律第一步工作的总结。折中对旧律刑制的苛酷详加披陈，追源溯流，没有雄厚的旧律功底似难作此类文章。但从宏观上看，这却是一篇根据西方人的观点批评中国法律并提议改进的报告，不啻为我国比较法研究的最初杰作。若不通悉洋务并具备一定的西方法学知识，设计出这样一篇文字也绝非易事。比较沈、伍二人的学术功底，此折当为二人合作之稿，但其整体框架和基本思路肯定出自伍氏。① 根据如下：

其一，该折中提出的主要见解甚至措辞与伍氏早在光绪二十四年（1898）正（2）月二十（10）日上呈的《奏请变通成法折》如出一辙。在7年前的那道奏折中，伍氏指出：按国际惯例，一国之民在它国犯法应以当地法律处治，惟独外人在中国犯法可不受我国法律约束，而其原因又"非专恃以强凌人也。彼所藉口，盖有两端：一则谓我限以通商口岸，民人应就近归彼领事管束；二则谓我刑律过重，彼实不忍以重法绳其民。日本始与泰西立约，亦与我同；继乃憬然觉悟，幡然变计，不肯以两端碍其自治，而国浸强。臣闻择祸莫若轻，择福莫若重。与其胶柱鼓瑟，贻无穷之害，何如改弦更张，以收变通之利乎？"因此他建议："臣愚以为，中西法律，固不能强同。然改重从轻，亦圣明钦恤之政。况因不一之政，以致华民科罪，则虽重犹以为轻；洋人定案，则极轻犹以为重。无术以杜彼族之口，岂足以示廷尉之乎（此字疑当为'平'之误——笔者）。夫法无不变，制贵因时。应请饬下部臣，采各国通行之律，折中定议，勒为通商律例一书，明降谕旨，布告各国。所有交涉词讼，彼此有犯，皆以此为准。此律一定，则教民教士知所警而不敢妄为；治内治外有所遵，而较为画一矣"。② 其次，此折《光录》作"伍廷芳奏"未提及沈氏，而上谕中则作"伍廷芳、沈家本等"。其行

---

① 笔者曾于1998年发表的《重评清末法律改革与沈家本之关系》（见《法律史论集》第1辑）中推断此折提出的见解主要出自伍氏，但尚不敢肯定。日前同人高旭晨先生提示笔者，伍氏在该折之前已单独提出过类似的观点。详见下文。

② 伍廷芳集第47—50页，原据《清季外交史料》卷129。引文中加重号者为两折中共用之措辞。

文中有"臣廷芳从前游学英国"一句，从语气上看亦当由伍氏主笔①。在《奏请先将律例内应删各条分次开单进呈折》中，沈氏亦用相似口气，可证此折当由伍氏领衔。据此似可认为，伍氏领衔的原因，除了地位上的因素外，还暗示着二人发挥作用的主次。

翻译外国法律，是修律初期最主要的成果，《删除律例内重法折》列举了12项，出自5个国家，基本都是大陆法系的刑法和刑事诉讼法。至于英美法，折中特别提道："至英美各国刑法，臣廷芳从前游学英国，夙所研究，该二国刑法虽无专书，然散见他籍者不少。饬员依类辑译，不日亦可告成。"说明修律主持人对当时各国法律有相当的了解，并有一定的取舍标准。载振曾经说过："臣等深悉该侍郎（指伍氏）久历外洋，于律学最为娴熟。"早在光绪二十九年上半年，他就曾致书伍氏请其"先将各国商律择要译录，以备参考之资"。后来伍氏调外务部任职，但商部仍表示"嗣后筹议商律一切事宜仍随时与该侍郎会商，以期周妥"②。足见伍氏是当时极负盛名的西法专家，一年多的时间里连升四级，亦可见朝廷对其倚重之深，期望之殷。虽然象黄静嘉先生所说，伍氏乃"与当时之司法官僚体系初无渊源的"门外汉，但在办理洋务，效法西洋变通旧律方面人们却把他看成首屈一指的专家。

除了上述两项主要工作外，沈、伍还于光绪三十一年派专人赴日本考察法律。如上表所列，此事系由伍氏领衔奏请。此外，法律学堂的创设亦出于伍氏的首倡③。

---

① 据汉奸董康说，此折是由他提议并拟稿的，但所叙时间似有破绽。其词曰"迨团匪乱后，两宫回跸。翌年，派沈家本、伍廷芳为修订法律大臣，……康亦滥厕其间。最初循囊时修订故事，仅荟萃同治以来章程，详看编辑。未几，伍大臣出使美国，馆中仅沈大臣一人主持。年余，政府诘问，沈大臣征求众议。康建议自宋以后，刑制日趋于重，凌迟尤形残酷。今欲中外画一，须从改革刑制始。如蒙谕允，始知朝廷非虚应故事也。由康草撰改革刑制奏稿，凡三项：一废止凌迟枭示……；二免除缘坐；三废止刺字。奏进俱蒙允行。"（《中国法律修订之经过》，载于《中国法制史讲演录》，香港文粹阁版，不著出版年月，香港大学冯平山图书馆藏书，第157页）按：此处所说的三事，正是《删除律例内重法折》所奏请的事项。该折上奏的日期是光绪三十一年三月二十日，时伍氏尚在国内，其请假回籍的时间是光绪三十二年四月十九日，第二次出使美国的时间是光绪三十三年八月十六日（见光录总5738页），与董说不符。董难免有贪功之嫌。

② 《大清光绪新法令》第16册。

③ 事见《法学通论讲义序》，《历代刑法考》，中华书局1985年版，第2233页。

伍、沈二人合作主持修律的时间虽然不长，但因属创始阶段，其重要性却超过了以后各个时期。俗语所谓"头三脚难踢"，清末修律的许多重大方针、政策就是在这个时期酝酿成形的，从很大程度上说，这个阶段的各项举措奠定了后期修律的基本走向。清廷最初提出修律的几道上谕，词语非常含糊。光绪二十八年（1902）二（3）月二（11）日的上谕说："中国律例，自汉唐以来，代有增改。我朝《大清律例》一书，折衷至当，备极精详。惟是为治之道，尤贵因时制宜。今昔情形不同，非参酌适中，不能推行尽善。况近来地利日兴，商务日广，如矿律、路律、商律等类，皆应妥议专条。著各出使大臣，查取各国通行律例，咨送外务部。并著袁世凯、刘坤一、张之洞，慎选熟悉中西律例者，保送数员来京，听候简派，开馆编纂，请旨审定颁发。总期切实平允，中外通行，用示通变宜民之至意。将此谕令知之。"①同年四（5）月六（13）日谕："现在通商交涉，事益繁多，著派沈家本、伍廷芳将一切现行律例，按照交涉情形，参酌各国法律，悉心考订，妥为拟议，务期中外通行，有裨治理。俟修定呈览，候旨颁行。"②所谓"参酌各国法律"，"务期中外通行"之类措辞，微言大义，不过是个总体目标。并未提出一个明确的宗旨，令人不知底里。沈氏虽是旧律大师，但毕竟是初次接触西方法律，一时胸中也无成算，所以自受命以来，修律工作迄无进展。他或者是感到无所适从，或者是在等候伍氏的到来，抑或二者兼有。待伍氏到任后，修订法律馆正式开张，翻译工作有了很大的进展（见前述），但如何处理旧律和对待外国的法律仍然是个棘手的问题。修订法律馆内部围绕着这个问题看来有过一场争论，《删除律例内重法折》对此有所记述，但因行文轻描淡写，历来极少引起注意。折中说："臣等奉命考订法律，恭绎谕旨，原以墨守成规，授外人以口实，不如酌加甄采，可默收长驾远驱之效。现在各国法律既已得其大凡，即应分类编纂，以期 日成书。而该馆员等签谓宗旨不定，则编纂无从措手。"此段话的大意据我的理解应当是：我们自从修订法律以来，体会谕旨的精神，认为与其墨守成规，让外国人抓我们的把柄，不如采纳他们的法律，可以取得长治久安的成效。现在各国法律的翻译工作既然已初步告成，我们就应当立即分类编纂，尽快颁布自己的法典。但是我

---

① 《光绪朝东华录》，总第4833页，年谱第82页，实录卷495，第58册536页—537页。
② 《光绪朝东华录》，总第4864页，并见转据年谱第83页。

的同事都认为,朝廷没有下达明确的宗旨,我们不便走得太远。

这句话里所谓"即应分类编纂,以期 日成书",容易引起误解。从前后文看,显然不是指将已译出的外国法律编纂成书,而是要根据已翻译出来的外国法律编纂自己的法典。

据晚清曾在刑部任职的许世英先生回忆:当时人们的观念与今天有很大不同,"违反传统规定,就是大逆不道"①。人们往往谈虎色变,不敢轻易议及。馆员们之所以"签谓宗旨不定,则编纂无从措手",就因为大规模删削旧律,是要冒很大风险的,很可能被扣上变更祖制的罪名,所以没有最高当局的明确指示,谁也不愿承担这样的责任。下文说"惟更张之始,度必有议其后者。窃思法律之为用,宜随世而转移,未可胶柱而鼓瑟……即臣等承诏之初,亦以祖宗成宪,未敢轻议更张,第环顾时局,默验将来,实不敢依违模棱,致令事机坐失"。正说明了馆员们忧虑之所在,所以折中多次要求朝廷"明示天下宗旨之所在","并请明降谕旨,宣示中外,俾天下晓然于朝廷宗旨之所在"。折中未曾明言的是,主张"即应分类编纂,以期 日成书"的是伍氏自己呢,还是也包括了沈氏;如果已经包括了,则沈氏自然不在"签谓宗旨不定"的馆员们之内,否则沈氏也就是反对冒进者中人了。就常理来说,伍氏久居海外,传统的束缚较少,思想相对比较激进;而沈氏久为朝官,对官场的惯习了解甚悉,处事较为谨慎,因此他反对冒进,主张先请旨后修律,以免贻人口实也是很正常的。但无论怎样,根据前面对此折领衔者的考订,首倡此大胆设想的当是伍氏,沈氏可能是附和者,也可能不是。

清廷答复此折的上谕也是极尽巧妙:"我朝入关之初,立刑以斩罪为极重。顺治年间修订刑律,沿用前明旧制,始有凌迟等极刑。虽以惩儆凶顽,究非国家法外施仁之本意。现在改订现行法律,嗣后凡死罪,至斩决而止,凌迟及枭首、戮尸三项,著永远删除。所有现行律例内,凌迟、斩枭各条俱改为斩决,……其刺字等项亦著概行革除。此外当因当革应行变通之处,均著该侍郎等悉心甄 ,从速纂定,请旨颁行。务期酌法准情,折衷至当,用副朝廷明刑弼教之至意。将此通谕知之。钦此。"按上谕的

---

① 冷枫撰记:《许世英回忆录》,人间世月刊社1966年版,第66页。按:许氏忆述他当年曾提出过一项公文程式改革建议,许多人担心他的提议可能会断送他的前程。直到该建议经刑部堂官向上级请示获得批准后才被正式采纳。

说法，凌迟等酷刑并非清王朝的祖制，而是汉家的传统。如此一来，不仅废止酷刑不算变更祖制，附带着还把苛虐黎民的罪责转嫁于汉人，可谓一语双关。

依笔者拙见，《删除律例内重法折》是清末法律改革的纲领性文件。清末修律的各项具体步骤基本上就是按照此折设计的方案施行的。前面提到，立即废止旧律，全盘接受西法，一时尚难行得通。于是折中提出了分两步走的折衷办法和"以日为师"的宏观策略："查各国修订法律，大率于新法未布，设单行法，或淘汰旧法之太甚者，或参考外国之可行者，先布告中外，以新耳目。……近日本明治维新，亦以改律为基础，新律未颁，即将磔罪、枭首、籍没、墨刑先后废止，卒至民风丕变，国势乎日盛，今且为亚东之强国矣。中、日两国，政教同、文字同，风俗习尚同，借鉴而观，正可无庸疑虑也。"此后清廷在颁布《新刑律》之前，先根据《大清律例》制定出过渡性刑法《大清现行刑律》。说明此折提出的计划得到切实的执行。

伍氏曾于光绪三十二年正月调任刑部右侍郎，但四月中旬即去职。至七月十三日清廷宣布预备立宪的四个月内，修律工作的进展不是很详。《寄簃文存》收有沈氏光绪三十二年闰四月二十一日撰写的《禁革买卖人口变通旧律议》一文，据同书所收《删除奴婢律例》一文看，此事当年未及办理。宣布预备立宪后，九月即改革官制，沈氏被任命为大理寺正卿，次（光绪三十三）年初又与法部发生权限之争，闹得沸沸扬扬[①]，以致四月十二日清廷下令将沈氏与法部右侍郎刘仁黼对调。但事情仍未就此了结。五月一日，刘仁黼连上一折一片，对当时的修律工作提出尖锐的批评。他特别指出，修律"若仅委诸一二人之手"，会让人感到"朝廷有轻视法律之意。甚且谓为某氏之法律"。因此他建议重新组织立法机关："另议办事章程。如此则有议院之长而无专断之弊。"从措辞上看显系针对沈氏而发。五月十八日，沈氏在答复刘氏的奏折中重新汇报了修订法律馆开馆以来的工作情况。指出翻译工作的艰难，经费的不足。他又说"臣学识浅薄，未能胜此重任，加以近来精力日逊，"请求"开去臣修订法律差使"。直到九月六日，清廷任命沈氏等为修订法律大臣，此次斗争才算告一段落。自伍氏去职以后，至三十三年十一月底，由于发生了官制

---

① 参见《忘山庐日记》第1116页。

改革、部院争权和修订法律馆改组等系列事件,沈氏的精力显然受到很大牵扯,修律似暂处于停滞状态。

光绪三十三年十一月廿七日迄宣统三年沈氏辞去修律大臣一职的三年多时间里,沈氏的主要合作者是俞廉三。从各个方面的情况看,俞氏似处于配角的地位,除非今后有新材料的发现,此毋庸多谈。根据以上的分析,虽然伍氏在修律初期的作用似略高于沈氏,但从清末修律的全过程看,肯定沈氏是清末法律改革的主持人大体上仍是不错的,但不宜低估伍氏的作用。沈氏的最大功绩在于不避物议将伍、沈二人共同确立的修律方针贯彻始终。

四 清末修律的指导思想

沈家本的修律指导思想是什么呢?用客观标准还是用主观标准来判断可能会得出完全不同的结论。所谓客观标准,即以清末修律的实际后果,也就是从沈氏主持制定的若干立法文件及草案来判断。显然,否定派正是采用这样的标准。所谓主观标准即根据沈氏的个人主张,这比较复杂。因为沈氏的言论未必完全一致,其真实意图很难判定。譬如《寄簃文存》收入的几篇文章,如《法学名著序》、《大清律例讲义序》、《裁判访问录序》等似乎均表明沈氏并不主张彻底废弃旧律。但是在沈氏主持修律的许多奏折如《删除律例内重法折》和进呈新刑律草案的两道奏折中,沈氏又倾向于废止旧律,究竟何者更体现沈氏的本意呢?称赞沈氏是融合中西法律的"一大冰人"的肯定派大都是以《寄簃文存》收入的那几篇文章为立论依据的,并未考虑他的其他言论[①]。由此看来,肯定派的看法有点简单化了。况且,清末法律改革作为一个重大的历史事件,仅考虑当事人的思想而忽视事件发展的过程和结果也未免失之片面。以往我曾认定:"沈家本并不主张彻底废弃旧律,他主持法律改革的指导思想是'旧不俱废,新亦当参'"[②],正是受了沈氏这几篇文章的误导。而且,沈氏所说的"旧不俱废,新亦当参"未必等同于我当时的理解。综合考察沈氏的中西

[①] 参见注2引书所收大多数论文及注3引黄源盛先生《大清新刑律礼法争议的历史及时代意义》等论文,均与拙文《沈家本先生未刻书述略》(见《中国法律史国际学术讨论会论文集》,陕西人民出版社1990年版,第446页)犯了同样片面武断的毛病。

[②] 同前注引拙文。

法律观似可看出，他所主张的融合中西并不是简单地从物理上保留部分旧律和引进部分西法，即不是从本文第二部分中所说的有形的、"正规的体系"意义上的融合，而是形而上的"会通"。贵连先生的理解似较近实际："家本认为，中西法律法学都有各自的法理。双方法理尽管不完全相同，但总逃不出'情理'二字"，沈氏所选定的"中西法律的融会点"也正在于此①。这就是黄源盛先生所称的"会通改制论"②

沈氏的这种独特的会通中西的主张比较集中地体现在他主持修订的《大清新刑律》之中。在进呈该律的奏折中，他说新刑律是"折衷各国大同之良规，兼采近世最新之学说，而仍不戾乎我国历世相沿之礼教民情"。前两句很明白，后一句有点费解。有人理解为与守旧派的"旧律义关伦常诸条，不可率行变革"的主张相一致，并据此认定这反映了他所无法摆脱的传统束缚。但是从沈氏进呈新刑律草案的两道奏折来看，却都是在阐述同一个道理，即：不得不变革旧律。他说："而我中国介于列强之间，迫于交通之势，盖有万难守旧者"，"法律之损益随乎世运之递迁，……推诸穷通久变之理，实今昔不宜相袭"③。结合前面的分析我以为这两句话的实际含义是：新刑律虽然看起来与旧律有天壤之别，但其内在的道理是一样的。《新刑律》总、分则草案逐条附有"沿革"和"理由"，意在说明新刑律与传统法律的渊源关系。比如说，新刑律虽然没有保留旧律"大逆"、"大不敬"等名目，但其规定的"关于帝室之罪"，"不过修正文词"而已，"至于大旨固无增损也。"又比如，新刑律草案第220条规定不得"无故入人居所"，其"理由"中指出："'无故入人家宅'，成文宪法国家载在宪法，中国宪法虽未制定，然自汉迄今俱有无故入人室宅格杀无罪之例，则重视家内之平和，古今中外同此一理也。本条之设以此"④。这两条具体事例说明，沈氏所说的"融会贯通"是道理上的而非形式上的。但道理毕竟太抽象了，直到今天我们还感到难以理解，也就无怪当时人的反应过激了。

晚清以来，西学东渐，新旧学说，各立门户，相互攻讦几成不可两立之势。沈氏在私家论著中鼓吹中西法律有相通之处，恐怕也有调和新旧矛

---

① 同前注2引书第116页。
② 同前注3引书第53页。
③ 分见注16、注17各引书。
④ 《大清光绪新法令》第20册。

盾，减少改革阻力的用意。他说："夫吾国旧学，自成法系，精微之处，仁至义尽，新学要旨，已在包含之中，乌可弁髦等视，不复研求。新学往往从旧学推演而出。事变愈多，法理愈密，然大要总不外'情理'二字。无论旧学、新学，不能舍情理而别为法也，所贵融会而贯通之。"① 他又说："余奉命修律，采用西法互证参稽，同异相半"②，"抑知西法之中，固有与古法相同者乎"③。

类似的论述，在沈氏其他著述中还可发现许多。通俗些说就是：中西法律形异实同，许多内在的道理都是相通的。只是由于"崇尚西法者，未必皆能深明其法之原"，而"墨守先形者，又鄙薄西人，以为事事不足取"④，乃至大惊小怪，相互攻讦。

中西法律有相通之处，这本是客观事实，当代美国学者钟斯在比较大清律与西方刑事法律时曾指出："至于犯罪构成，则出于概念上的差别并不太多。许多在中国被视为构成犯罪的行为，在西方法律中同样构成犯罪，反之亦然。甚至我们法律中的许多主要特征也出现在这一篇（指《大清律·刑律》篇）中。例如有高度发达的关于共同犯罪和意图犯罪的法律。预谋加剧了杀人和其他犯罪的严重性"⑤。其实，早在沈氏提出上述论点之前，就已有人意识到中西法律有共同性的一面。薛福成在光绪十八年（1893）十二（2）月十七（3）日的日记中写到"中西律有相合者：如断罪无专条，斗殴、……。有相类者：如积累罪名，类'二罪俱发以重论'；罪犯分第一、二等，类'罪分首从'；……白昼攻进人家取财，类'白昼抢夺'；入室图宿，类'夜无故入人家'；……钱币诸条，类'私铸铜钱'；放火诸条，类'放火故烧人房屋'是也。虽出入互见，而原其意大都不甚悬殊。所以　格者，非法异也，刑异也。要之，法生于义。中律尚理，西律原情。尚理则恐失理，故不免用刑；原情则惟求通情，故不敢用刑。然理可遁饰，情难弥缝；故中律似严而实宽，西律似宽

---

① 《法学名著序》，同注 40 引书第 2240 页。
② 《大清律例讲义序》，同上书，第 2233 页。
③ 《裁判访问录序》，同上书，第 2235 页。
④ 同上引《裁判访问录序》。
⑤ 见拙译《大清律例研究》，载高道蕴等编《美国学者论中国法律传统》第 383—384 页。

而实严,亦各行其是而已。"①

　　比较沈、薛二人的论述,可谓英雄所见略同。但这种"道理相通论"与我们今天假定属于沈氏专利的"中西会通论"不能混为一谈。因为上述中西法律的相似只是客观上的巧合,并非沈氏主观创制的结果。除了说明沈氏已发现中西法律有相似之处外,既不能表明沈氏矢志于融合中西法律,也不能表明他有刻意保留旧律的作为。举例来说,称北京西客站的造型体现出中西建筑艺术的融合,其中必包含有为中国所独有而为西方所无的因素,也就是经设计师主客观努力且反映出中华建筑特色的内容,但并不等于说所有中西建筑模式上的碰巧一致都算是中西融会。譬如说西客站主楼有窗户本身不能代表中西建筑模式的融合,因为中西式房屋都有窗户是客观上一致需要的产物,并非某个建筑师刻意保留中国传统房屋样式的结果。同理,中西法律有共同之处也仅仅是客观上的一致,并非是沈氏融合中西的结果。当然沈氏在主持立法时尽可能采择中西刑法中的一致性因素不能说没有个人的努力,但这并非中华法律所独有的因素,因此仍不能说明这样的立法是中西融合的产物。沈氏在另一份奏折中曾说:"名例本刑名法例之约词,与各国刑法总则无异。北齐律十二章,隐以国政民事分编,与各国刑律目次颇合。臣与馆员参考古今,拟准齐律之目,兼　各国律意,析为总则、分则各编,令馆员依类编纂,臣为汇核。"② 按照这个说法,似乎新刑律是以古律为底本,参考外国最新刑法而成。但实际的情形恐怕恰恰相反。沈氏自己就曾说过:"臣家本上年进呈刑律(指新刑律),专以折冲樽俎,模范列强为宗旨"③。显然新刑律的真正参考底本并非北齐律而是西洋刑法。众所周知,新刑律草案出自日本人之手,新刑律就是以日本改定刑法为主要蓝本制定的。

　　有一种观点认为,在清末修律过程中,在许多具体问题上,存在着两种对立的指导思想,即沈家本与清王朝最高统治集团在修律指导思想上的对立。清廷的修律不过是一场虚伪的闹剧,而沈氏则是"利用这一合法

---

　　① 《出使英法意比四国日记》,见钟叔河主编,走向世界丛书,岳麓书社,1985年第703页《出使日记续刻》卷之六。

　　② 《奏修订法律情形并请归并法部、大理院会同办理折》,《清末筹备立宪档案史料》,中华书局1979年版,第838页。

　　③ 《奏请编定现行刑律以立推行新律基础折》,同上书,第852页。

舞台，假戏真作的真诚改革家"①。这种观点我觉得很难自圆其说。且不说清廷是不是在演戏，单就沈氏的权力、地位和性格看，他是否有胆量与最高当局分庭抗礼都大成疑问。况且，如果有两种对立的思想存在，究竟那一种指导了清末的修律呢？如果是共同指导，有无主从呢？设论者均未论及。

  当今的权威观点认为，清廷的修律宗旨有两端，其一是"参考各国成法"，其二是"维护传统礼教伦常"；当二者发生冲突时，以后者为基准②。有学者认为清廷修订法律的指导思想最明显、集中地反映在光绪三十四年五月七日和宣统元年正月二十七日的两道谕旨中。前一道谕旨是针对学部批评新刑律草案的奏折而发的，命令沈家本等"按照所陈各节再行详慎斟酌，修改删并"③。后一道也是根据诸多反对意见而发："惟是刑法之源本乎礼教；中外各国礼教不同，故刑法亦因之而异；中国素重纲常，故于干名犯义之条，立法特为严重。良以三纲五常，阐自唐虞，盛帝明王，兢兢保守，实为数千年相传之国粹，立国之大本。今寰海大通，国际每多交涉，固不宜墨守故常，致失通变宜民之意；但祗可采彼所长，益我所短，凡我旧律义关伦常诸条，不可率行变革，庶以维天理民彝于不弊。"④ 其实，当这两道上谕下达的时候，许多法律草案已经成形，反对的声浪也渐趋汹涌，清廷于此时下达这样的上谕固有"表明维护纲常礼教"态度的一面。但说"坚持"⑤，就未免言过其实了。如果真是那样，为什么当新刑律草案被广泛视为违背礼教伦常时，不仅没有被推翻，居然只是在作了轻微的修改以后就被通过了呢？⑥有人评论说："其刑法则聘用日本博士冈田，举历代旧律大清条例一概废除，全依日本法修订，名曰新刑法。不惟文义、名词尽仿外洋，并举历代之服制、名分、礼教一扫而空。草案一出，举国哗然。内则九卿、科道，外则各省督抚群相诟病，纷纷奏参。朝廷迫于公论，虑其窒碍难行，复饬法律大臣另修见行律以备新

---

 ① 参见高潮、刘斌文，同注2引书第37—47页。
 ② 参见注7引书第427页。
 ③ 《光绪朝东华录》，总第5911页。
 ④ 同注57引书第858页。
 ⑤ 黄源盛先生语，同前注3引书第27页。
 ⑥ 按：新刑律分则草案未及议决，清廷决定先予公布"俟明年资政院开会，仍可提议修正"。参见劳乃宣《新刑律修正草案汇录》，宣统三年印本，劳氏跋。

旧过渡之用。"①

众所周知，新刑律草案的通过曾引起空前激烈的大辩论。最初保举沈氏修律的张之洞甚至想以勾结革命党的罪名指控沈氏，足见两派斗争之尖锐已到了白热化的地步。据说如果没有宗室保熙的保护，沈氏几乎在劫难逃②。难道有如此强大的反对力量还不足以否决此草案吗？难道资政院的多数票真的威力无比吗？有人说"这场大辩论战，胜利仍属旧的礼教一派"。依据是沈氏的去职和新刑律正文后所附的《暂行章程》五条。难道最高当局真的昏聩到会相信这区区五条"暂行章程"足以确保"数千年相传之国粹，立国之大本"不会在"暂行"一段时间以后被废止吗？真令人不可思议。以上这些提法恐难经得住仔细推敲。至于沈氏的去职，不过是清廷顽弄丢卒保车的小把戏而已，最终并未妨碍新刑律的通过。沈氏充其量只是做了清廷的替罪羊。比较清廷与沈氏修律指导思想的形成过程，我以为二者不仅没有什么根本的出入，而且是在相互推动下逐渐成形的。新刑律的出台可以说正是二者思路一致的结果。

人们往往根据慈禧镇压戊戌变法认定其政治态度是顽固保守的，这实在是一种误解。此人并没有什么明确的政治倾向，她所热衷的不过是权力罢了。维新人氏王照曾说："戊戌之变，外人或误会慈禧反对变法。其实慈禧但知权力，绝无政见，纯为家务之争。故以余个人之见，若奉之以主张变法之名，使得公然出头，则皇上之志可由屈而得伸，久而顽固大臣皆无能为也。"③ 大概正如皮锡瑞所说："大约权在己，则不阻挠。"④

客观地说，由慈禧主持的清末"新政"，较之康、梁发动的戊戌变法要广泛深入得多。清廷最早宣示变法的意图是光绪二十六年十二月十日（1901年1月29日）发布的上谕。该谕总结了以往的西学不过是学其

---

① 《清朝续文献通考·刑考一》卷242，第9859页。

② 据汉奸董康记述："（新刑律）内乱罪无纯一死刑。时张文襄兼任学部大臣，其签注奏稿语涉弹劾且指为勾结革命党。副大臣宗师宝熙例须联署，阅之大惊，谓文襄曰：'公与沈某有仇隙耶？此折朝上，沈某及馆员夕诏狱矣'。文襄曰'绝无此意。沈某学问道德素所钦佩，且属葭莩戚也'。宝曰'然则此稿宜论立法之当否不宜对起草者加以指摘。'遂由宝改定入奏。则此点获安全过去者，宝之力也。"见董康著《中国法律修订之经过》，同前注38引书第160页。

③ 《方家园杂咏记事》，见荣孟源、章伯锋编《近代稗海》（一），四川人民出版社1985年版。

④ 转据《中国近代警察制度》第35页。

"皮毛",而未注意到"西学的本源":"晚近之学西法者,语言、文字、制造、器械而已。此西艺之皮毛而非西学之本源也。居上宽,临下简,言必信,行必果,服往圣之遗训,即西人富强之始基。中国不此之务,徒学其一言一话一技一能,而佐以瞻循情面,肥利身家之积习。舍其本源而不学,学其皮毛而又不精,天下安得富强耶?总之法令不更,锢习不破,欲求振作,须议更张。著军机大臣、大学士、六部、九卿、出使各国大臣、各省督抚,各就现在情弊,参酌中西政治,举凡朝章、国政、吏治、民生、学校、科举、军制、财政,当因当革,当省当并,如何而国势始兴,如何而人才始盛,如何而度支始裕,如何而武备始终精,各举所知,各抒己见,通限两个月内悉条陈以闻,再行上禀慈谟,斟酌尽善,切实施行。至西幸太原,下诏求言,封章屡见。而今之言者,率出两途:一则袭报馆之文章;一则拘书生之浅见,指其病而未究其根,尚囿于偏私不化。睹其利未睹其害,悉归于窒碍难行。新进讲富强,往往自迷始末;愚儒谈正学,又往往不达事情……"①。

何谓"西学之皮毛",上谕说得很明白,"语言、文字、制造、器械",即一些具体的技艺而已;但何谓"西学之本源",上谕中说得比较含蓄,结合下文要求大臣建言的事项及以后事态的发展看,显然是指西方的国家体制和政治法律制度。可以说"新政"的一切举措都肇始于这个上谕定下的基调。80年代,史学界批评当年洋务派"船坚炮利"思想的肤浅,实不知最早提出这种批评的竟是清廷自己。

1902(光绪二十八)年3(二)月11(二)日和5(四)月13(六)日清廷又两次下谕表示要参酌西方法律对《大清律例》作大幅度的变革②。这个时候,沈氏的思想还远远落在清廷的后边:"律例自同治九年大修以后,久未修改,迄今三十二年矣。其中应修之处甚多。近奉明谕,删繁就简,自应乘此整顿庶务之时,详细考究,大加修改。兹将应修并、应修改、应移改、应删除各条,逐一录出,……将来修例时即以此作蓝本可也。"③

按:所谓"近奉明谕,删繁就简",当指上述两道上谕;又,从同治

---

① 《光绪朝东华录》,总第4601页。
② 文见第11页,出处分见注40、41。
③ 《律例校勘记》,见《沈家本未刻书集纂》,中国社会科学出版社1996年版,第3页。

九年推算，此文当作于 1901（如含同治九年在内）或 1902 年。

可见，沈氏当时对修律的理解还停留在以往的十年一大修，五年一小修的地步。前引光绪二十八年四（5）月二十一（28）日刑部奏折①及光绪三十一年三月十三日《奏请先将律例内应删各条分次开单进呈折》所汇报的就是这种思想指导下的产物。

如前所述，清廷最初提出修律的几道上谕，微言大义，致令沈氏感到无所适从。伍氏到任以后，修律工作有了很大进展，特别是《删除律例内重法折》确定了"分两步走"和"以日为师"的宏观策略得到清廷首肯后，法律改革有了明确而又具体可行的宗旨，修律工作得以步入正轨。所谓"分两步走"，即先删改旧律作为过渡性法律然后再制定新法。《大清现行刑律》和《大清新刑律》可分别为这两步的标志。至于"以日为师"前引奏折中已有叙及。盖在当时，朝野上下，主张效法日本者不在少数。早在光绪三十一（1905）年正（2）月廿（23）日，杨枢也上奏提出过类似的建议："中国与日本地属同洲，政体民情最为相近。若议变法大纲，似宜仿效日本"。"盖日本所变者，治法而非常经，与圣训正相符合。即中国舆论，亦以日本之变法参酌得宜，最可仿效。"② 曾与沈氏发生部院权限之争的刘仁黼，在上书批评沈氏的修律工作时也认为："惟日本为东亚之先驱，为足以备圣明采择。"可见他所争执的并非伍、沈的修律方案，不过是修律之权而已。

光绪三十三年九月五日，清廷在任命沈氏为修订法律大臣的上谕中要求"参考各国成法，体察中国礼教民情，会通参酌，妥善修订"。有学者认为"'体察中国礼教民情'一句，明显地修改了光绪二十八（1902）年四（5）月六（13）日任命沈家本修订法律的宗旨"③。其实不然，早在二十六年十二月十日（1901 年 1 月 29 日）发布的"新政"上谕中就开宗明义地指出："世有万古不易之常经，无一成不变之治法。""常经"是什么呢？首要的就是三纲五常。沈氏所谓"保守经常，革除弊俗"中的"经常"是名词而非副词，与上谕中的"常经"同指，也包含三纲五常。前引杨枢奏折中所说的"盖日本所变者，治法而非常经，与圣训正相符

---

① 同前注 34。
② 《光绪朝东华录》，总第 4601 页。
③ 李贵连：《沈家本与清末立法》见《法学论文集》，光明日报出版社 1987 年版，第 271 页。

合"也是同指。可见在这一点上双方并无分歧。这里须辨别的是光绪二十八年四（5）月六（13）日谕中"现在通商交涉，……按照交涉情形，参酌各国法律"，频频提到的"交涉"是何含义呢？从今人来看这个词汇的意思并不费解。但是在晚清，由于列强的入侵，事无大小皆受外人掣肘，"交涉"一词就有了特定的意义。郑观应说"中外通商日久，交涉之案层见叠出，卒未有办理公平，能折彼族之心而申吾民之气者"[1]。又"至于通商交涉之件，则宜全依西例。今海禁大开，外国人无处不至，凡属口岸无不通商，交涉之案无日无之。若仍执中国律例，则中外异法，必致龃龉。不如改用外国刑律，俾外国人亦归我管辖，一视同仁，无分域。且日本东瀛一小国，改用西法，西人亦归其审理，此时和约已有成言，非其明验耶[2]？"根据"交涉"一词在当时的语言背景，可知上谕中所谓"按照交涉情形"一句正是要求沈氏制定的新法当以应付外国人为首要目标，所以后面才有"参酌各国法律"一句。

综合以上的分析，笔者以为，在清廷和沈氏之间不存在什么两种对立的指导思想。根本的修律宗旨——参酌西法变革旧律，早在沈氏主持修律之前即已确定，沈氏只有遵从的义务而没有讨价还价的余地。至于修律的具体方案、步骤，是在伍、沈等人实际执行清廷确定的宗旨过程中逐步定形、完善的，这就是前面总结的"仿效日本"和"分两步走"。新刑律的通过最终还靠着日本的榜样力量和清廷的认可，而不单是沈氏的"据理力争"。

结　论

清末法律改革如以 1901 年的"变法"上谕起算迄今已经整整 97 年了。百来年后的今天，联想到我国当前正在进行的法制改革和法制现代化建设，回顾本世纪初发生的这次重大事件及其相关人物，其意义也许就不只局限于历史研究本身。

必须申明的是，笔者无意贬低沈先生的历史功绩，也无意否定清末的法律改革。沈家本主持清末法律改革的时候，正值中国创巨痛

---

[1]　夏东元编《郑观应集》，上海人民出版社 1982 年版，上册第 418 页。
[2]　《郑观应集》第 502 页。

深，面临亡国灭种的危难之秋。古老的中华大帝国在西洋文明的冲击下显得脆弱不堪。有识之士没有理由不怀疑我们的传统已病入膏肓。情急之际，延请洋医，频用猛药也是可以理解的。薛福成1890年途经香港、新加坡时看到两地不过五六十年间即由荒岛变为巨埠，曾慨叹说"此其理为从前四海之内所未知，六经之内所未讲；而外洋创此规模，实有可操之券"[①]。沈家本冀以西洋新法挽救国运，也是百般无奈的不得已选择。加之中国已固闭数千年之久，从无学习外来制度的经验，作为最初的尝试，沈氏所主持的法律改革无论成败，均有不可磨灭的意义。重评沈家本与清末法律改革并非是要唤醒人们对于传统法制的情感或兴趣。也许正像林语堂先生说的那样，"现在面临的问题，不是我们能否拯救旧文化，而是旧文化能否拯救我们。我们在遭受外界侵略时，只有保存自身，才谈得上保存自己的旧文化。""事实上，我们愿意保护自己的旧文化，而我们的旧文化却不可能保护我们。只有现代化才能救中国。"[②]这是当时人恐怕也是当代人的共同心理。然而我们所期望的"现代化"是否真的拯救了我们嘛？现代化是否就等同于西化呢？沈氏所主持的清末法律改革究竟造就了中国法律的现代化呢还是西化？这次改革是否将"封建"的旧中国带入"资本主义"的新体制呢？诸多问题不得不细加推究。清末法律改革的方案是中西融合还是全盘西化或基本西化是个事实问题，至于沈家本的主观愿望与实际作为乃至最终达成的后果是否一致当然也是事实问题，但评论者却免不了带有或多或少的感情色彩。

不存偏见地说，自晚清"新政"以来，我国历届政府无不表示要在学习西方时"采彼所长，益我所短"，在"参考"外国经验的同时也要"体察"国情，但结果却总是事与愿违。关键问题是没有认清彼之所长，我之所短究竟是什么，以及落实彼我长短的具体而又有效的办法。论者谓沈家本主持的法律改革开启了我国法制现代化的先河。然而直到今天，法制现代化仍然是我们的美好憧憬。沈家本式的法律改革方案并未创造出人们所期望的那种"博稽中西"、"参考古今"，和谐共生的新体制；所造就的不过是一种外观西化内里保守的二元冲突格局。不仅舶自远洋的先进制

---

① 同前注56引书第83页。

② 林语堂：《中国人》，浙江人民出版社1992年版，第317、320页。

度未能发挥出应有的效力，中国固有法律中许多行之有效的因素也被一股脑抛弃了。古语道"前事不忘后事之师"，我们在制定当今的法律现代化方案时会否重蹈沈氏主持的清末法律改革所造成的法律西化的覆辙呢？这正是笔者所担忧的所在。

三 清末修刑律与世界相关国家刑事立法的比较

王宏治[*]

目次

一、犯罪法与侵权行为法对刑法产生作用的比较
二、表说清末修刑律与世界相关国家刑事立法的比较
三、对清末修刑律的再认识

一 犯罪法与侵权行为法对刑法产生作用的比较

从传统的学术观念出发,一般认为中国古代法律是以刑法为基础,而西方法律则是以民法为基础。这正是传统说法的所谓中华法系与西方罗马法系的重要区别所在（普遍认为罗马法系是以民法为基础）。如何看待这个问题,实际上在19世纪,英国法学家亨利·梅因在其名著《古代法》中早有十分精辟的论述：

> 古代社会的刑法不是"犯罪"法；这（宏按：原文如此,恐当作"而"字）是"不法行为"法,或用英国的术语,就是"侵权行为"法。被害人用一个普通民事诉讼对不法行为人提起诉讼,如果他胜诉,就可以取得金钱形式的损害补偿。
>
> 如果一种侵权行为或不法行为的标准是：被认为受到损害的是被损害的个人而不是"国家",则可断言,在法律学的幼年时代,公民赖以保护使不受强暴或欺诈的,不是"犯罪法",而是"侵权行为法"。[①]

所谓"侵权行为"是指因作为或不作为而不法侵害他人财产或人身

---

[*] 中国政法大学教授。
[①] [英]梅因：《古代法》,商务印书馆1959年版,第208—209页。

权利的行为，法律对侵权行为的制裁是采用民事手段，即经济赔偿的方式，让致害人补偿受害人的损失，借以保护受害人，制裁致害人。梅因所说的是世界普遍的现象，在中国也不例外。如据历史传说在夏代就出现了"金作赎刑"，即用财产或金钱赎罪以代刑罚。持这一观点的学者主要是蔡枢衡先生，他认为：

> 三皇时代只有扑挞和放逐，没有死刑和肉刑。《路史·前纪》卷八，祝诵氏："刑罚未施而民化"；《路史·后纪》卷五，神农氏："刑罚不施于人而俗善。"《商君书·画策》："神农之世，刑政不用而治"（政，疑为罚之误），都是这一实际的反映。桓谭《新论》："无刑罚谓之皇。"可见没有刑罚，正是三皇所以被称为皇的缘故。①

蔡先生还认为："原始社会的制裁是教导，而不是惩罚。"对于人身及财产损害的补偿，大多是以"赎"的方式来赔付。夏有赎刑已有定论，但大多被后世学者曲解为"罪疑惟赎"。实际上是古人以类似"侵权行为"的方式来对待"犯罪行为"，这可从后世少数民族的史料来解析。如唐代西南少数民族地区其法："劫盗者二倍还赃，杀人者出牛马三十头，乃得赎死，以纳死家。"② 金之始祖定约："凡有杀伤人者，征其家人口一，马十偶，牸牛十，黄金六两，与所杀伤之家，即两解，不得私斗。""女真之俗，杀人偿马牛三十自此始。"③ 这可以看出，在各民族早期的历史中，对本部族成员的保护，正如梅因所说，不是以"犯罪法"，而是"侵权行为法"。法律对致害人的制裁大多是采用经济赔偿的方式，借以保护受害人的利益。罗马法将这种侵害行为定性为"私犯"，是因为其认定受侵害的仅仅是个人利益，而不是国家公权。

但中国较早地将许多侵权行为的损害对象确定为是"国家"而不是个人，认为任何侵害他人的行为都会使国家秩序受到侵犯，较早地使用刑罚手段来打击各种损害国家及个人的犯罪行为，是以"犯罪法"来治理国家、社会及个人，故其刑事立法亦较早，甚至可以追溯到传说中的黄帝

---

① 蔡枢衡：《中国刑法史》，广西人民出版社1983年版，第56页。
② （后晋）刘昫：《旧唐书》卷一九七，《南蛮西南蛮·牂牁传》，中华书局1975年版，第5276页。
③ （元）脱脱：《金史》卷一，《世纪》，中华书局1975年版，第2页。

时代。西方的刑事立法用梅因的话来说，"真正的犯罪法要到纪元前 149 年才开始产生"①。这一年是古罗马根据"坎布尔尼法"设立刑事审判委员会，开始进行刑事审判，是为西方刑事立法的开始，根据此法所定的罪名为"索贿罪"②。中国据《左传》记载："昏、墨、贼、杀，皋陶之刑也。"其中"贪以败官为墨"③，可说是早已有了相当于贪污受贿的罪名。《法经》中有"金禁"："丞相受金，左右伏诛；犀首以下受金，则诛。金自镒以下，罚不诛也，曰金禁。"④ 公元前 149 年是西汉景帝时期，距离文帝的刑制改革已晚了 18 年（公元前 167 年文帝废除肉刑）。这样看，所谓罗马法是以民法为基础，只是说明其一直在以"侵权行为法"作为解决刑事犯罪的手段，而中国则早已使用刑法手段处理所谓"民事侵权"了。所以中国古代的刑事法律一直非常发达，以《唐律》为代表的中华法律文明，在近代以前始终名列世界之前茅。

二 表说清末修刑律与世界相关国家刑事立法的比较

西方国家进入近代史时期始于公元 1640 年的英国资产阶级革命，四年后，中国的明王朝即灭亡，清朝建立。清政府刚一建立，就于顺治三年（公元 1646 年）修订《大清律》，并在第二年"命颁行中外"，是为《大清律集解附例》。这是清王朝颁布实施的第一部刑法典。乾隆五年（公元 1740 年），对旧清律进行了较大的修订，采取律、例合编的体例，更名为《大清律例》，此律的法律效力一直保持到清朝末年，引入"西法"，修订"新刑律"后才废止。在清前期，《大清律例》在包括西方在内的世界范围，都享有极高的声誉，如法国启蒙学者伏尔泰（公元 1694—1778 年）曾这样评价中国法律："关于中国，只要听到这种法律，我不得不主张中国是世界上最公正、最仁爱的民族了。"⑤

---

① ［英］梅因：《古代法》，商务印书馆 1959 年版，第 217 页。
② 参见 ［意］朱塞佩·格罗索著《罗马法史》，中国政法大学出版社 1994 年版，第 268 页。
③ 《左转·昭公十四年》，参见《春秋左传集解》上海人民出版社 1977 年版，第 1397 页。
④ 〔明〕董说：《七国考·秦刑法考》。
⑤ 原引朱谦之《中国哲学对的欧洲影响》，转引自王涛《中国近代法律的变迁》法律出版社 1995 年版，第 28 页。王涛在同书同页中还引用了巴尔夫《一个哲学家的旅行》说："若是中国的法律变成各民族的法律，地球上就成为光辉灿烂的世界。"

但英国在革命后，其刑法仍以"普通法"为基础，变化不大，至今仍未制定刑法典，只限于制定单行的刑事法规来对旧的刑事法律制度进行某些改革。作为普通法系的美国，也同样在刑事立法方面直到20世纪才有所动作。

法国在1789年的大革命之后即开始着手制定资产阶级的刑法典，拿破仑在主持立法时，除吸收了17—18世纪进步的思想家和法学家，如孟德思鸠、伏尔泰、贝卡利亚等人的先进思想外，特别参考了当时世界上仅有的仍在行用的刑法典《大清律例》，其立法参考附件为《十二表法》、《查士丁尼法典》和《大清律例》等法律文本，其中只有《大清律例》是仍在行用中的、活的刑法典。当时尚未发生"鸦片战争"，西方人眼中的中国还是一个相当先进的国家，学习大清帝国的法律也是再自然不过的事了。1810年，《法兰西刑法典》正式完成公布实施，这是整个资本主义世界的第一部刑法典。法典由总则和四卷组成，共484条，其总则规定了犯罪的分类和处刑的原则等，与中国传统刑律的《名例律》部分相当。我们还可从其"刑罚"部分看出《大清律例》的影子，如死刑规定为斩首，恢复了在大革命后已被废除的无期徒刑、终身苦役、终身流刑等，还保留了示众、刺字、烙印、枷颈和戴镣链等刑罚，这些都与清代的刑罚制度有着相似之处，如枷示等。这部刑法典的刑罚部分后来经过多次修改，去除了其野蛮残酷的内容，如1832年修改时，废除了死刑前砍手的酷刑等，至今仍是法国现行的刑法典。1810年可以说是西方世界制定刑法典的开始，欧洲许多国家的刑事立法都以法国《刑法典》为楷模。

以下我们用列表的方式说明19世纪以来较先进的一些国家刑事立法的概况，并与中国清末修订刑律及后来的刑事立法加以对照。

  1810年 法国制定《刑法典》。
  1813年 德国制定《巴伐利亚法典》。
  1825年 英国颁布《犯罪法》，但其始终没有一个统一的犯罪概念，至今未制定刑法典。
  1835年 俄国颁布《俄罗斯帝国法律全书》，其第15卷为刑法。
  1851年 德国统一前颁布《普鲁士刑法典》，大量承袭法国《1810年刑法典》。

1860 年	印度颁布《刑法典》，是印度传统法、伊斯兰法与英国普通法、判例法融合的产物。
1868 年	日本开始制定《暂行刑律》，又称"假刑律"，是明治政府制定的第一部刑法典，仍仿中国明清律。
1870 年	日本颁布《新律纲领》，仍以清律为基础，如刑罚为五刑体制，律目也与前律相当。
1871 年	德国颁布《德意志联邦刑法典》，贯穿了资产阶级的刑法原则。
1874 年	日本颁布《改定律例》，取消"五刑"制度，将刑罚定为惩役和死刑，是向资产阶级刑法的过渡。
1878 年	匈牙利颁布《刑法典》。
1880 年	日本公布旧《刑法典》，以法国《刑法典》为蓝本。
1886 年	澳门颁布《澳门刑法典》。
1902 年	挪威颁布《刑法典》。
	中国清政府派沈家本、伍廷芳为修订法律大臣。
1903 年	俄国《刑法典》实施。
1904 年	中国修订律例馆成立。
1905 年	中国开始修订新刑律草案。
1906 年	中国设立法律学堂，并派员出国考察；清政府发布"仿行宪政令"；《大清刑事民事诉讼法》编成。
1907 年	日本颁布新《刑法典》，参考德国《刑法典》。
	中国《大清新刑律草案》完成，引起"礼法之争"。
1908 年	沈家本上《奏请编定现行刑律以利推行新律基础折》。
	瑞士颁布《刑法典》。
1909 年	美国颁布《联邦刑法典》，至今仍有效。
	奥地利颁布《刑法典》。
1910 年	清政府于 5 月颁布《大清现行刑律》。
1911 年	清政府于 12 月颁布《大清新刑律》。
1912 年	北洋政府颁行《中华民国暂行新刑律》。
1928 年	国民党政府颁布《中华民国刑法》（旧）。
1935 年	国民党政府颁布《中华民国刑法》（新）。

1940 年	巴西颁布《刑法典》。
1960 年	苏联颁布《刑法典》。
1961 年	蒙古、捷克斯洛伐克颁布《刑法典》。
1971 年	美国法学会制定《模范刑法典》，又译作《标准刑法典》，各州依此为蓝本，结合本州情况制定新的州刑法。
1979 年	中国颁布《中华人民共和国刑法》（1979 年刑法）。
1997 年	中国颁布《中华人民共和国刑法》（1997 年刑法）。

从此对照表看，清末中国政府开始修订新刑律，是合乎世界范围的刑事立法潮流的。在清政府修订新刑律之前，全世界只有法国、德国、印度、日本、匈牙利、挪威等少数几个国颁布了刑法典。法国情况如前所述。

德国于 1813 年颁布的《巴伐利亚法典》和 1851 年颁布的《普鲁士刑法典》是大量承袭法国的《1810 年刑法典》。德国统一后，于 1871 年在此基础上略加修订，成为《德意志联邦刑法典》，是德国统一的刑法典，对日本及清政府的修律活动有着重大的直接影响。20 世纪 30 年代后，德国法西斯化，在 1935 年对 1871 年的刑法典作了修正，抛弃了"罪刑法定主义原则"，用"意思刑法"代替了"结果刑法"，甚至恢复了中世纪的野蛮刑罚——宫刑，即去势，可以说是开了历史的倒车。战后根据《波茨坦协议》，德国废除了法西斯的刑法，恢复使用 1871 年刑法典，并开始对其进行修正，1975 才正式完成新刑法典的修订。这标志着德国进入刑法现代化，以后又陆续做了许多修订工作，其刑法改革至今仍在进行中。

1860 年印度颁布《刑法典》，印度是东方国家中最早颁布现代刑法典的国家之一，该法融合了印度传统法、伊斯兰法与英国的普通法、判例法，是传统印度法与外来法有机结合的产物，对东南亚、东非等原属英国殖民地国家的刑事立法具有重大影响。现被公认为是东方国家将传统法律文化与西方法律成功结合的典范。

1868 年，日本进行"明治维新"，废除旧律，制定新的《暂行刑律》，该律分为 12 律，121 条，分别为：名例、贼盗、斗殴、人命、诉讼、捕亡、犯奸、受赃、诈伪、断狱、婚姻和杂犯等，都与中国刑律篇目相吻合,可以隐隐看出明、清刑律的影子,在日本称之为"假刑律"。这是明治政府制定的第一部刑法典,该法的主刑为笞、徒、流、死,并保留有相当于中国"十恶"的"八虐"与相当于"八议"的"六议",因其封建性显而易见,遭到反对,未能实施。1870年,在《假刑律》的基础上,修订了《新律纲领》,共14律,380条,律目为名例、职制、户婚、贼盗、人命、斗殴、詈言、诉讼、受赃、诈伪、犯奸、杂律、捕亡、断狱,比前者更接近清律,主刑仍为笞、杖、徒、流、死,又对世族和官僚另设了闰刑,对他们犯罪的处罚适用谨慎、闭门、禁锢、戍边、自尽,以代五刑。该法虽然废除了"八虐""六议"制,却仍未摆脱封建思想的影响。但此后日本政府开始建立法政学堂和研究机构,翻译西方法律,培养法律人材,并聘请西方法学专家讲学,为按资本主义模式编纂刑法典做准备。1874年颁布了《改定律例》,废除了笞刑、杖刑、徒刑和流刑,刑罚为惩役和死刑二种,但缩小了死刑的适用范围,明显带有资本主义的影响。1880年,日本颁布了第一部资本主义性质的刑法典,该法由法国巴黎大学教授保阿索那特起草,仿照《法兰西刑法典》体例,共4编,430条,将犯罪分为重罪、轻罪、违警罪三种,引入"法无明文规定不为罪"、和"法不溯及既往"的原则。在刑制上也采用西方主刑与附加刑结合的方式,排斥了依身份等级不同而处罚有差异的封建旧律的影响。在进入20世纪后,日本又开始参照德国刑法典,吸收新派刑法理论修改刑法,于1907年颁布《日本刑法典》。为区别起见,将前者称为"旧刑法",后者即为"新刑法"。新刑法分总则与分则两编,总则取消了"法无明文规定不为罪,不处罚"的条款,刑罚由主刑:死刑、惩役、监禁、罚金、拘留、罚款,附加刑为没收。这部刑法典对清政府修改刑法具有直接的影响。第二次世界大战后,日本开始对此刑法典进行反思,1956年成立修改刑法预备会议,1974年法制审议会提出《刑法修正草案》,1980年议会通过了《关于修改部分刑法的法律》。至此,历时百年,日本终于完成刑法现代化的改革历程。

美国在1909年制定的《联邦刑法典》,共14章,536条,没有总则部分,章与章之间有许多空白条文,犯罪种类繁多,概念不明确,条文杂乱琐碎,内容也比较陈旧,实际上是经过整理的法规汇编,但至今仍然有效。直到1962年,美国法学会编制了一部《模范刑法典》,让各州结合本州具体情况,制定各州的新刑法典。1971年联邦刑法改革委员会提出了《联邦刑法典草案》，虽经参议院通过，众议院却没获通过。所有可说美国与英国一样，至今还没有真正意义上的刑法典。

三 对清末修刑律的再认识

  清末修订刑律，是在帝国主义的压力之下被动地进行的。西方制定刑法典是从无到有，属创新；中国则早有二千年之久的修律传统，每朝每代，不断完善，到鸦片战争时仍堪称世界上最完善、最先进的刑法典。参与清末修律的大臣之一，刑部官员吉同钧曾说："大清之律非大清所创造也，中华数千年之国粹，经历代圣君贤相参合法理，以辑为成书。"① 当代法史学家杨鸿烈先生曾论到：

>   中国法律虽说从现代法学眼光来看并不算完美，而其自身却是很有条例统系，绝无混乱矛盾的规定，就现存的法典而言，唐代《永徽律》（即《唐律疏议》）为《宋刑统》所根据，《大元通制》影响明太祖洪武三十年更定的《大明律》，又为《大清律》所本，《唐律》和《大明律》如此的领袖两种形式的法典，经我几年重新爬梳整理之后，更觉得中国法律在全人类的文化里实有它相当的——历史上的位置，不能说它不适用于近日个人主义民权主义的世界，便毫无价值；英国《爱丁堡评论》（*The Edinburgh Review*）也极称赞《大清律》说："这部法典最引我们注意事便是其规定的极近情理，明白而一致——条款简洁，意义显霍，文字平易。全不像别的使的人嫌怨的东方好自炫的专制君主那样文饰夸张，但每一规定都极冷静、简洁、清晰、层次分明，故浸贯充满极能使用的判断，并饶有西欧法律的精神……"（Vol. XVI［1820］P. 476 English edition）这样就可见中国法律是为世界上过去数千年人类的一大部分极贵重的心力造诣的结晶。②

---

  ① 吉同钧：《刑法为治国之一端若偏重刑法反致国乱议》，转引自俞江《倾听保守者的声音—清末修律中的吉同钧》，原载《读书》2002年第4期。宏按：本文写成后，近日又见俞江之文，受益非浅，转引其文中所引材料二件，不敢略美，在此申明，并表示感谢。
  ② 杨鸿烈：《中国法律发达史》（上）上海书店出版社1990年版，第6页。

如果说中国人是出于对本土文化的迷恋，盛赞自己的法典，那么一些真正研究过中国法律的西方学者的评介，可能更加客观一些。《辛丑条约》后，英国又与清政府签订了《中英追加通商航海条约》，其第十二条规定："中国深欲整顿律例，期与各国改同一律，英国允愿尽力协助，以成此举，一俟查悉中国律例情形及其案断办法，及一切相关事宜，皆臻妥善，英国允弃其领事裁判权。"① 英国以放弃领事裁判权作为条件，诱使清廷修律。沈家本、伍廷芳等也是冀望于此，力主修律。光绪二十八年（公元1902年），上谕："现在通商交涉事益繁多，著派沈家本、伍廷芳将一切现行律例，按照交涉情形，参酌各国法律，悉心考订，妥为拟议，务期中外通行，自裨治理。"② 就在中国的大臣们忙于修订新刑律时，一位德国的法学教授赫善心，当时正在青岛的特别高等学堂任教，教授法学，对此曾发出不同声音，他说：

  余到中国日浅，于中国立法一事，不敢妄生末议。惟余见今日中国，自置其本国古先哲良法美意弗顾，而专求之于外国，窃为惜之。夫学与时新，法随世易、余非谓外国之不可求也，要在以本国为主，必于本国有益，而后舍己以从人；以本国国民之道德为主，必与本国国民之道德不悖，而后可趋时而应变。

  ……且《大清律例》向为法学名家推为地球上法律之巨擘。昔英人司韬顿君，曾将此律翻译英文，于西历1811年印刷成书，并谓其中有许多规则，他国亟应仿效者。余虽于此所得不深，然已有确证。缘近今最新之瑞士（西历1908年）、奥地利（西历1909年）、德意志（西历1909年）诸国刑律草案，其主意亦见于大清律各条也。惟《大清律例》只须特加发达，以便中国得一极新而合乎时宜之律耳。

  余意以为，中国修订法律，须以《大清律例》为本。他国之律，不过用以参考而已。倘正修订法律不以《大清律例》为本。则真可为不知自爱者也。盖中国纵将《大清律例》废弛，不久必有势不得不再行启用之一日。

---

① 转引自杨鸿烈《中国法律发达史》（下）上海书店出版社1990年版，第872页。
② 《大清法规大全》卷三，《法律部·修订法律大臣奏请便通现行律例内重法数端折》。

……

千八百十年时（距今百年），有法学大家谓人曰："汝等笑大清律，不知中有极精处，将来泰西尚有当改而从之者。"云云。中国此时宜就大清律改订，与泰西不甚相违。泰西今年改律，亦有与中律相近者将来必有合龙之日，若全改，甚非所宜。①

吉同钧从中国的角度讲的与赫善心极为相似，他说："不知外国法律，行之外国则尽善，行之中国难尽通。夫以中国政教统一之邦，而直奉川陕各省犹有专条，蒙古有蒙古之例，回民有回民之例，苗蛮有苗蛮之例，彼此犹难强同，况中外风俗不同，宗教各异，而欲屈我之法就彼之范，岂非削足适履乎？"②现在回顾清末修律的历史，首先应当对《大清律例》有个客观公正的评价。所谓"客观公正"就是要在历史发展的长河中，对照同时期世界各国刑事立法的步骤，予以考察，得出结论。根据上表，我们可以得出当时中国的刑法在体例方面并不比世界上的所谓"先进国家"落后多少，只是在刑法理念方面，有许多值得引进的东西。

1906年，中国聘请日本法学博士冈田朝太郎帮同修订新刑律，当时日本也在制定新刑律。1907年，中国和日本几乎同时完成新刑律的起草工作，日本及时颁行，从此走上刑法资本主义化的道路。中国的《新刑律草案》刚一提出，即由此引起一场"礼法之争"，只得先搞个《现行刑律》，再修改草案，结果却在1910年一年内搞出两部刑法典，却都没有来得及实行，清政府自己在颁布新刑律后仅仅一年就垮台了。客观说清朝覆灭与修订新律并没有直接的关系。清亡后，北洋政府将《大清新刑律》稍加修改，于1912年颁布了《中华民国暂行新刑律》。1928年和1935年国民党政府又先后颁布了两部《中华民国刑法》，其第二部刑法一直用到1949年国民党政府垮台，现在台湾当局仍在使用。

综上所述，我们可以得出清末修律时，从世界范围讲，中国的刑律并不比西方落后多少，起码与日本的刑律改革是同步进行的，真正的落伍是

---

① ［德］赫善心：《中国新刑律论》，转引自王健编《西法东渐——外国人与中国法的近代化》，中国政法大学出版社2001年版，第141—151页。

② 吉同钧：《大清律讲义序》，转引自俞江《倾听保守者的声音—清末修律中的吉同钧》，原载《读书》2002年第4期。

在1949年之后的停滞。在中华人民共和国建立后，并没有将刑事立法作为当务之急的工作，仅以"阶级斗争"、"无产阶级专政"等观念取代法学理论，30年没有制定出一部基本的刑法。我们不仅在刑法思想、理论方面倒退，而且在司法实践中处处碰壁，教训惨重。十一届三中全会后，我们又重新开始从西方国家大量引进现代刑法理念，进行恶补，但在引进的同时，却又把忽视法制建设的责任归于自己的老祖宗，对祖国的法律文明传统一概抹杀，没有认真的总结，也没有将批判与继承相结合。1979年颁布了《中华人民共和国刑法》，1997年又修改重颁，这两部刑法典的共同特点是虽然一再强调"中国特色"，却体会不出什么中国味。可以说从清末到当前，我国先后颁布了七部较为重要的刑法典。这七部刑法典都是以借鉴西方的法学成就为主，很少顾及自己的历史传统，甚至对此不屑一顾。今天我们重新审视清末修订新刑律历史，回顾百年来的刑事立法史，应该有所反省，对这段历史进行再认识。面对当前的社会现状，重读赫善心当年的忠告，难道没有值得我们重新认识的东西吗？

四 必使国民直接于国家：家族主义和国家主义之争

梁治平[*]

清末礼法之争，在抽象的学理的层面，表现为道德与法律之争，而在实质的价值的层面，涉及的则是礼教的存废。而无论是礼教还是道德，在社会制度层面，最后都落实于家族制度。因此之故，礼法之争日炽，家族制度必不能免。而家族制度地位的动摇，势必引起更大波澜，激发更激烈的论争，并迫使人们直面中国当时所面临的重大而迫切的问题。

如前所见，被视为家族主义的替代物而与之同时提出的，是所谓国家主义。而国家主义，在当时输入于中国的新思潮中，不啻是对知识人群最具号召力和影响力的观念之一。在资政院审议新刑律的议场上，以家族主义为旧律精神、国家主义为新律鹄的，进而抨击家族主义不遗余力的杨度本人，正是服膺于国家主义的中国知识群体中的重要一员。

1907年，尚在日本的杨度在《中国新报》连载十数万字的长文《金铁主义说》，以所谓世界的国家主义或经济的军国主义相号召，系统阐发其国家理论。在他看来，中国要求富强，自立于世界民族之林，就必须顺应时势，成就经济的军国主义。其基本公式为：对内的——富民——工商立国——扩张民权——有自由人民；对外的——强国——军事立国——巩固国权——有责任政府。[①] 在这个公式里，享有权利的自由人民和独立而强盛的国家，分立于内外，相互为表里。因此，国民之程度与国家之程度，亦成为一事之两面。国民之程度须视其军事、经济、政治的能力以及责任心而定，其中，国民之责任心尤为关键。事实上，依杨度的看法，中国人之军事、经济和政治的能力，"其本质优于世界各民族，至现形则优

---

[*] 中国艺术研究院中国文化研究所研究员。

[①] 杨度：《金铁主义说》，刘晴波主编：《杨度集》，第226页。

于东洋,而劣于西洋"。① 造成【比较西方】此种"本质优而现形劣"之情形的根由,"则能力虽发达而责任心不发达故也"。② 而责任心的不足,根源又在社会制度。杨度根据英儒甄克斯的论著,将人类社会进化分作三个阶段,即蛮夷社会、宗法社会、国家社会。而中国社会的演进,在他看来,自秦汉以后即在宗法社会与国家社会之间,而近于后者。宗法社会仍有一分之留余物,这留余物即为社会上之家族制度。③ 这样,在国民与国家的二元架构之间,我们看到了第三维:家族制度。只不过,在杨度的社会和国家理论中,这一维是应当被抑制乃至消除的。

杨度承认,家族制度在历史上有其必然性和必要性,然而以当日世界情形论之,中国社会之所以落败,乃在于未能进于完全的国家社会,就是因为家族制度太过强固,以至于窒灭个人的缘故。在他看来,中国社会,举国之人无非两种:家长和家人。前者为有能力而负一家之责任者,后者为无能力而不负一家之责任者。家人之不能有责任自不待言,即便是家长,因为人人有身家之累,亦"不计及于国家社会之公益,更无暇思及国家之责任矣"。④ 总之,无论为少数之家长,抑或是多数之家人,无一能负起国家之责任。而这都是以家族为本位,而非以个人为本位所造成的。放眼人类进化历程,杨度作出这样的总结:

> 故封建制度和家族制度,皆宗法社会之物,非二者尽破之,则国家社会之不能发达。西洋家族先破而封建后破,且家族破后封建反盛,至今而二者俱破,故国以强盛。中国封建先破而家族未破,故国已萎败。此二者之所以异,而亦世界得失之林也。⑤

如何改变此种状况,使中国由弱而强?杨度以为,"宜于国家制定法律时采个人为单位,以为权利、义务之主体",⑥ 再辅之以教育,使人人

---

① 杨度:《金铁主义说》,刘晴波主编:《杨度集》,第259页。
② 同上书。
③ 同上书,第255页。这种对中国社会的认识基本上来自严复。参见严复《〈社会通诠〉按语》,王栻主编《严复集》第四册,中华书局1986年版,第923页。
④ 杨度:《金铁主义说》,刘晴波主编:《杨度集》,第256—257页。
⑤ 同上书,第257—258页。
⑥ 同上书,第258页。

皆成为有能力之家长,"人人有一家之责任,即人人有一国之责任,则家族制度自然破矣"。① 换言之,破除家族主义,造就新国民,建设新国家,进而挽救中国,变革法律实为其枢纽。杨度在修订刑律最后阶段参与其事,并扮演重要角色,固然有机遇成分,然而自其理论及信念观之,亦非出于偶然。也正是通过他,他们可以看到围绕修律的若干论辩与当时更具一般影响力的社会思潮之间,以及法律变革与社会变迁之间更为广泛、深刻的联系。

1895年,严复连续发文,论世变及存亡之道,振聋发聩。他祖述达尔之义,认为"民民物物,各争有以自存",种与种争,群与群争,国与国争,"而弱者当为强肉,愚者当为智役焉"。② 他更指出,强弱存亡之端有三,曰民力、民智、民德。"是以西洋观化言治之家,莫不以民力、民智、民德三者断民种植高下,未有三者备而民生不优,亦未有三者备而国威不奋者也。"③ 在他看来,西洋政教要旨所归,一以其民之力、智、德为准的,故其民富而国强,而中国羸弱亦在此。因此,振兴中国之本,就在鼓民力、开民智、新民德三端。④ 这一主张的提出,表明中国人对于世界及自我之认识的一个重要变化,救亡之道的重点,从此便由器物的和制度的层面,转移到思想的、观念的、文化的层面。对人的改造因此而被提上议程,成为清末以降一系列改革运动的指导原则。

最早的国民改造运动,是1902年由蔡锷首倡并得到梁启超、蒋百里、杨度、张謇、蔡元培等人积极响应的所谓军国民运动。⑤ 也是在这一年,梁启超创办《新民丛报》,并以新民为主题发表系列文章,系统阐明其新民说。这组以后以新民说为题的文字风靡中国,不但为当时国民改造运动提供了理论上的支持和指引,其本身,作为中国近代国民改造理论的经典,对于此后中国社会、政治与文化的发展也具有深远影响。实际上,表面上似乎距此遥远的清末修律运动,也是这场意义深远的改造运动不可缺少的重要一环,其历史意义只有放在当时更加广阔的文化思潮和社会运动

---

① 杨度:《金铁主义说》,刘晴波主编:《杨度集》,第258页。
② 严复:《原强》,王栻主编:《严复集》第一册,第5页。
③ 严复:《原强修订稿》,王栻主编:《严复集》第一册,第18页。
④ 同上书,第27页。
⑤ 详参黄金麟《历史、身体、国家:近代中国的身体形成1985—1937》,新星出版社2006年版,第45—57页。

的脉络中才能得到真切的理解。

杨度在围绕新刑律展开的礼法之争中的立场以及他关于国民与国家、国家主义与家族主义的论述，舞步揭示出大变动时代法律和社会、制度与文化、个人与国家之间微妙而隐蔽的内在联系。在涉及无夫奸的论战中，杨度与其法理派同道一道，极力排拒礼教派的主张，坚执道德、法律两分之说，将道德归诸教育，而排出于法律之外。这种法律的去道德化立场直接针对的，固然是传统的德刑论，但是同时，也未尝不是包括新民说在内的各种流行新思潮中某种非道德化取向的反映。这种所谓非道德化取向在两个层面上展开。

一方面，它所针对的是以礼教为中心的传统道德。严复以"德行仁义"为民德之义，① 但他实际所想的，似乎并不是传统儒家奉行的伦理道德。"西之教平等，故以公治众而贵自由。自由，故贵信果。东之教立纲，故以孝治天下而首尊亲。尊亲，故薄信果。然其流弊之极，至于怀诈相欺，上下相遁，则忠孝之所存，转不若贵信果之多也"。② 他既认为，西人之所以无往而不胜，"推求其故，盖彼以自由为体，以民主为用"，③ 则欲新民德，必不能舍自由、民主而他求。正惟如此，他坦承，"新民德之事，尤为三者之最难"。④ 当然，这并不意味着严复是一个反传统主义者。毋宁说，他是一个根据目标来选择手段的理性主义者。在一个物竞天择、弱肉强食的世界里，争以自存是最终目标，一切道德和价值都要根据其达成此目标的效用来评判和取舍。⑤ 梁启超的立场与之类似。因此，尽管"新民"一词取自大学，而且它实际上也并不天然地排斥儒家伦理，但梁启超最后所提出的，还是一套有别于传统"新民"概念的"新的人格理想和社会价值观"。⑥ 传统道德之不足取，活在其无用，或因其有害。比如在梁启超看来，对于至关重要的权利思想而言，"仁"的道德理想和"仁政"的政治理想就是有害的。⑦

---

① 参见王拭主编《严复集》第一册，第18页。
② 同上书，第31页。
③ 同上书，第11页。
④ 同上书，第30页。
⑤ 参见史华兹《寻求富强：严复与西方》，江苏人民出版社1989年版，第43—47页。
⑥ 张灏：《梁启超与中国思想的过渡（1980—1907）》，江苏人民出版社，第107页。
⑦ 同上书，第140页。

另一方面，在一个达尔文式的世界里谋自存，中国传统道德体系所能提供的手段严重不足。中国社会里"公德"缺乏就是一例。

严复就以为，中国所"最病者，则通国之民不知公德为底物，爱国为何语"。① 梁启超作新民说，更是把公德问题置于其中心。因为在他看来，中国传统道德的贡献几乎不出"私德"之外，而中国要自强自立于世界，最急需的还是公德。② 公德之所指，"是那些促进群体凝聚力的道德价值观"。③ 而这甚。至被梁氏视为道德的本质。据张灏的研究，公德的核心乃是"群"的概念，而当时的梁启超来说，"群"所代表的，就是民族国家。因此，民族主义和国家主义势必在其新民思想中占据重要地位。同样重要的，是基于力本论理想的竞争、进步思想和进取、冒险精神，以及自由思想、权利观念、功利主义和经济增长的理念。对于这些构成公德的重要价值，传统道德很少提供有益的资源。尽管在论及比如西方文明的冒险进取精神的时候，梁氏提到孟子的浩然之气，认为那是中国文化唯一与之相当的概念，然而正如研究者所指出的那样，在梁氏极力赞许的冒险精神的若干要素中，完全没有孟子的浩然之气所禀有的道德属性。相反，他引为例证的西方近代英雄人物如纳尔逊和拿破仑，其冒险精神及胆力，正是孟子所批评的那种缺乏道德品质的粗暴之物。④ 实际上，梁启超所勾画的新民人格理想与儒家传统的人格理想大不相同。如果说，后者的特点在于其最终以道德为取向的话，那么，前者更近于西方的所谓"美德"，这些品质不仅是儒家伦理所缺乏的，而且根本上是非道德的。⑤

儒家伦理、传统道德之不足用，固不待言，甚至古典意义上的道德本身，也日益被作为美德的各种品质所取代。在这种情形下，在刑律维持旧道德的想法，就不只是不合时宜，甚至是有害的了。相反，以个人为本，

---

① 严复：《〈法意〉按语》，王拭主编：《严复集》第四册，第985页。公心可能是严复更常使用的一个词。参见史华兹《寻求富强：严复与西方》，第64—67页。

② 张灏：《梁启超与中国思想的过渡（1980—1907）》，第107—110页。关于梁启超的新民思想，详参该书第106—155页。

③ 同上书，第107页。

④ 同上书，第131—135页。

⑤ 同上书，第153—154页。严复述及西方文明在进化中的成功时，看到的几乎是同样的东西，"关键项是活力、精力、斗争、坚持自己的权利，以及……发挥所有的人类潜力"。史华兹：《寻求富强：严复与西方》，第50页。实际上，对力的崇拜，导致对儒家伦理摒弃，以及对历史上的法、墨诸子的重新评价，这在当时也蔚为成风。

以自由为纲，以权利、义务为经纬，重新塑造新国民，这才是法律所当为。事实上，诚如我们所见，这也是清末修律运动的大方向。

可以注意的是，与杨度不同，在家族主义问题上，严复和梁启超并没有表现出同样决绝的批判态度。不过，在大方向上面，对西方社会"公心"的赞美，是贯穿于严复所有著作的一个主题。而在这样做时，他总是以之与儒家中国的狭隘自私作比较。在严复看来，中国的个人社会感总是表现在各种有限的特殊关系中，而没有同比如作为整体的社会或国家联系在一起，以至于他们在追求个人的或家庭的利益时，必定导致损害国家的结果。[①]"是故居今之日，欲进吾民之德，于以同力合志，联一气而御外仇，则非有道焉使各私中国不可也"。[②] 显然，梁启超也有同样的观察和看法。他指出："政权外观似统一，而国中实分无量数之小团体，或以地分，或以血统分，或以职业分"，[③] 在这种情形下，中国是否为一国家亦可怀疑。在参访美国旧金山的华人社区时，梁启超也注意到，即使在远离本土的华人社会，家族主义观念依然强大，这种观念，连同一样顽固的"村落思想"，造成自私对公共事业的冷漠，以及缺乏高尚目标和自治能力。中国之所以没有发展出公民社会，与此有很大关系。[④] 此类看法的出现并不奇怪，因为无论严复、梁启超，还是杨度，他们视为自强的关键，乃是忠实于国家的国民和独立富强的国家。家族、家族主义或者家族制度，若有益于造就新国民、建设新国家，就值得保存和维护，否则就应予削弱甚至破除。因此，问题的核心乃在于，当时这些知识界、思想界的领袖们，如何构想个人、国家及其关系，以及这种构想如何影响和塑造了社会现实。

严复、梁启超、杨度等人均甚注重个人自由、自立、自治，并因此而强调个人德行的培养、能力的建设。然而这并不意味着他们主张个人主义。相反，用集体主义、国家主义以及（有时是）民族主义来概括其基本立场肯定更合适。

---

① 史华兹：《寻求富强：严复与西方》，第 65 页。这让我们想到杨度关于贪官污吏尽是孝子之类的说话。

② 严复：《原强修订稿》，王栻主编：《严复集》第一册，第 31 页。严复在这两处都提到开议院等举措，似乎表明了他在此问题上的制度主义取向。

③ 转引张灏《梁启超与中国思想的过渡（1980—1907）》，第 110 页。

④ 同上书，第 171—172 页。

严复仔细探究西方文明得以在进化中居于领先地位的奥秘，他的结论是："使得西方社会有机体最终达到富强的能力是蕴藏于个人中的能力，这些能力可以说是通过驾驭文明的利己来加强的，自由、平等、民主创造了使文明的利己得以实现的环境，在这样的环境中，人的体智德的潜在能力将得到充分的展现。"① 显然，这个看法的重点，最终不是落在作为"己"的个人上面，而是作为"群"的社会和国家。换言之，尽管严复（和其他许多人）使用了大量西方近代自由主义的词汇，如个人、自由、平等、权利等，他所关注的重点，却不是如何通过国家（或者限制国家）保障个人自由，而是如何通过改造个人达至国家富强。

梁启超和杨度所抱持的也是这种工具主义的个人观。他们之所以重视个人的独立、自主能力和诸如责任心这样的公德，也是因为这些能力和德性为国民所必备，而国民又为国家富强所必需。梁启超云："国者积民而成，舍民之外，则无有国。以一国之民，治一国之事，定一国之法，谋一国之利，捍一国之患，其民不可得而侮，其国不可得而亡，是之谓国民。"② 在论述国家主义与家族主义区别的时候，杨度为国民与国家这种休戚与共的关系提供了一种更具工具主义的解释："今欲转弱为强，则必自去其家人之累始；欲去其家人之累，则必自使有独立之生计能力始；欲使有独立之生计能力，则必自与之以营业、居住、言论各种自由权利，及迫之以纳税、当兵之义务始；欲与之此种权利，迫之以此种义务，则必自使之出于家人登于国民始。"③ 这里，法律为完成国民与国家之间的这种直接联系，提供了一种不可缺少的制度支持。如果说，公心和公德的植入和培养，能让个人在情感、情操和认同等方面超越诸如家族这类介乎个人和国家之间的小团体，那么，法律以正规和强制的方式介入，解除族权、父权和夫权对个人的支配，则为实现这种超越奠定了制度基础。

五四青年相信，礼教的本质是吃人，传统旧家族是个人自由的羁绊。

---

① 史华兹：《寻求富强：严复与西方》，第 55 页。

② 转引张灏《梁启超与中国思想的过渡（1980—1907）》，第 116—117 页。关于梁启超的集体主义的新民观、权利观、道德观，该书有详细的叙述，主要参见第六章和第八章。也有研究者把这种以国家为出发点的个人权利观称为"国家权力观的个体化"，并认为这是"二十世纪初[中国人]接受权利观念的主流"。金观涛、刘青峰：《观念史研究中国现代重要政治术语的形成》，第 137 页。

③ 杨度：《论国家主义与家族主义之区别》，刘晴波主编：《杨度集》，第 532 页。

据此，则严复、梁启超、杨度诸人所创发的新民思想即是启蒙，军民国运动及修律运动等均可被视为个人解放的事业。但是按照上文所揭示的逻辑，这种论说是否揭示出了真实的历史值得怀疑。的确，在传统社会，家庭制度及礼教对个人的影响是支配性的，而使个人摆脱这种影响，似乎理由被视为个人解放，事实上，这一过程也常常是在诸如个性解放之类口号下进行和被正当化的。然而，这种被归于个人的解放一旦被放入更为复杂、真实和完整的历史图景中观察，其含义就会变得暧昧不清。正如围绕领事裁判权展开的为承认而进行的斗争，其主体是国家而非个人一样，在当年的历史变革中，展开角力的双方与其说是家庭和个人，不如说是家庭/礼教与国家/法律。杨度"必使国民直接于国家"一语，揭示了这场变革的真谛，这是场以争夺个人所属为目标而展开的战斗，而将"个人"从家族和礼教的支配下"解放"出来，不过是国家为达富强所采取的必要步骤。换言之，这一个人挣脱传统父权、夫权和族权以及礼教这些旧时束缚的解放事业，不过是一个新的国家事业的开端。而这一事业，正如研究者所指出的那样，并非一种对身体的解放或自由化，"因为不论是就梁启超的议论内涵，或是就刑律与民律的修订方向来说，我们所看到的都不是一个将身体归属于个人的倡议，而是一个将身体推向于国家管控，由国家来经营和管理的努力"[①]。

  民族国家的兴起，是席卷全球的现代化进程的一个重要方面。不过，不同社会与国家涉入这一进程的时间点不同、方式不同，带入的文化传统和思想资源不同，它们所面对的问题也不尽相同。在最先实现这一转型的欧美诸国，近代政治哲学的奠基者们曾围绕国家的性质、特征、权力来源和正当性，以及国家与社会、国家与个人的关系等问题，展开持久而深入的思考、论证和辩论。近代政治哲学由此而兴，并随着近代国家一起成长，发展出各种不同的论述传统。比如在国家理论方面，就有绝对主义国家理论、宪政主义国家理论、伦理的国家理论，还有阶级国家理论、多元主义国家理论等。[②] 与这些论述的丰富性和复杂性相比，清末的国家理论显得相当的简单，其重点也大为不同。尽管这些理论无不是源自西方社

  [①] 黄金麟：《历史、身体、国家：近代中国的身体形成1985—1937》，第65页。关于清末修律对于个人身体的影响，详见该书第三章。

  [②] 参见 Andrew Vincent, Theories of the State. Blackwell Publishers, 1994.

会，但在被引入中国的过程中，因为对救亡和保国的压倒性关注，它们被选择性地引用和创造性地"误读"，①从而形成一种支配性的单面向国家主义论述。这种论述的核心，乃是国家富强以及建立在此基础之上的独立国家主权、个人价值如自由、民主、权利，政制安排如宪政、法治、代议制，社会思潮如民族主义、社会主义等，很大程度上都根据其是否有利于达成这一目标，被在一种工具主义的意义上来理解和证成。

传统的家族制度和礼教，正是因为被认为有碍于社会进步、国家富强，而成为清末以降从思想启蒙到社会运动、制度变革乃至政治革命意欲革除的对象。历史趋势如此，家族主义对国家主义的抵抗，即使是在清末，也无法维持一个势均力敌的局面。面对法理派釜底抽薪的攻势，礼教派只是申言家族制度无碍于国家富强，甚至有助于实现国家主义的目标。其所争者，仅仅是家族制度及礼教在国家主义之下能否以及如何维续，而非国家主义的正当性和妥当性。基于同样的原因，具有自足性的个人权利保障议题，在当日的论争中实际上付诸阙如。论战双方对构想中、成长中的现代国家均少警惕。法理派的国家主义论说甚为简单，其一味推重国家的立场固不待言。至于礼教派，其立场源于儒家传统，自然注重政治秩序，维护政治权威。惟儒学一向反对法家强调刑政、偏重国家介入的做法，其立场兼重社会之维，因而实际上含有平衡国家与社会之意。只是，随着礼教乃至儒学被迅速边缘化甚至妖魔化，来自传统的声音很快就被各种激进思潮的合奏齐鸣声所淹没。

清末礼法之争中国家主义论说的绝对化，也反映在法理派关于国家主义同家族主义不能两立、非此即彼的主张上。尽管身为政府特派员的杨度并不赞同那种骤然攻破家族的家庭革命之说，而主张通过法权途径，自上而下地赋权于个人，最终破除家族和礼教加于个人的束缚，但他关于两种主义截然对立、不容妥协的严格立场仍具革命色彩："今馆中宜先讨论宗

---

① 类似事例甚多，如史华兹在讲到严复对达尔文进化论的理解时指出："在严复的眼中，达尔文的理论不止是描述了现实，而且还规定了价值观念和行动准则。……严复在对达尔文主义的主要原理的初步解说中，用语就已经是社会达尔文主义的了。"史华兹《寻求富强：严复与西方》，第41页。就国家理论而言，当时较有影响的德国政治学家伯伦知理的国家主义学说，经由梁启超译介推广而广为流行，梁氏的译介，参阅梁启超《政治学大家伯伦知理之学说》，范忠信选编：《梁启超法学文选》，北京中国政法大学出版社2000年版。更深入的研究，参见张灏《梁启超与中国思想的过渡（1980—1907）》第八章"新民与国家主义"。

旨，若认为家族主义不可废，国家主义不可行，则宁废新律而用旧律。且不惟新律当废，宪政中所应废者甚多。若以为应采用国家主义，则家族主义绝无并行之道。而今之新刑律，实以国家主义为其精神，即宪政之精神也。必宜从原稿所订，而不得以反对宪制之精神加入之，一言可以定之，无须多辩也。"[1] 这意味着，传统与现代之间，存在一种绝对界分，传统的政治思想制度资源，不可为现代所用，须彻底弃置，而代之以全新的现代思想和制度。比较之下，礼教派的立场更具妥协性。如前所述，他们并不反对国家主义，只是同时希望保持固有的家族主义，并通过将家族主义扩而大之，修而明之，实现现代的国家主义。这种沟通新旧、兼收并用的态度表明，他们不认为新学和旧学、传统和现代之间有如冰炭，水火不能相容。这种立场在今日看来，或者能够获得更多理解和认可吧。

---

[1] 杨度：《论国家主义与家族主义之区别》，刘晴波主编：《杨度集》，第533页。时任大学堂总监督的刘廷琛有相反但是同样极端说法："臣今请定国是者，不论新律可行不可行，先论礼教可废不可废，礼教可废则新律可行，礼教不可废则新律必不可尽行，兴废之理一言可决"，《大学堂总监督刘廷琛奏新刑律不合礼教条文请严饬删尽折》，故宫博物馆院明清档案部编：《清末筹备立宪档案史料》（下），第888页。

五 "礼教派"的忧虑并非多余
——由劳乃宣的争辩到董康的检讨

张仁善[*]

目次
一、劳乃宣的争辩：风俗为法律之母
二、董康的检讨：法律当随社会而转移
三、民国法律对社会的迁就
四、新时代的"礼法之争"
结语：法律文化的建设基础——民族自觉

一 劳乃宣的争辩：风俗为法律之母

孟德斯鸠在论法的精神时谈道："为某一国人民而制定的法律，应该是非常适合于该国的人民的"，"法律应该和政治所能容忍的自由程度有关系；和居民的宗教、性癖、财富、人口、贸易、风俗、习惯相适应"。[①] 一句话，法律应该与政治、社会、风俗相和谐。涂尔干及亨利·希律尔等著名法学家或法律社会学家也都指出：法律如同社会群体一样是可变的、多样的，它或多或少完善地表现了社会群体的意志；它像语言、艺术、宗教等一样，是社会生活的反映，不能把它与另外那些与它关系甚密的社会现象割裂开来。[②] 他们都把法律看成是社会的反映，认为法律应该"适合"人们的社会生活。

伏尔泰论法律也说："法律就像我们的习俗。比如人们在君士坦丁堡

---

[*] 南京大学法学院教授。
[①] [法] 孟德斯鸠：《论法的精神》第1章，张雁深译，商务印书馆1994年版，第6—7页。
[②] 参见 [法] 亨利·莱维·布律尔《法律社会学》，许钧译，上海人民出版社1987年版，第98页。

必须穿着土耳其长袍,而在巴黎却得穿膝的紧身外衣"。(伏尔泰:《哲学辞典》,续建国编译,北京出版社2008年版。第141—142页。)他又说:"法律和习俗并不矛盾,习俗如果好,法律也就没有什么用处了。(同上书,第143页)

从未出过西洋、一生在传统文化中浸淫的劳乃宣,在清末刑律创制讨论中,也明确提出了风俗为法律之母的命题:

> 法律何自生乎?生于政体。政体何自生乎?生于礼教。礼教何自生乎?生于风俗。风俗何自生乎?生于生计。宇内人民生计,其大类有三:曰农桑,曰猎牧,曰工商……
>
> 是故风俗者,法律之母也,立法而不因其俗,其凿枘也必矣。中国,农桑之国也,故政治从家法;朔方,猎牧之国也,故政治从兵法;欧美,工商之国也,故政治从商法。若以中国家法政治治朔方,以朔方兵法政治治欧美,不待智者而知其不可行也。今欲以欧美之商法政治治中国,抑独可行之无弊乎?……法律之不能与风俗相违,非数千年来实地试验确有成绩,不容以空言理想凭虚臆断者哉。
>
> 今之所谓新法,其法理之原,固我国之所固有也。修其废坠,进以变通,不待外求而道在是矣。何必震于他人之赫赫,而皇皇焉弃其所学而学之哉!
>
> 然则居今日而谈变法,将何适之从哉?曰:本乎我国固有之家族主义修而明之,扩而充之,以期渐进于国民主义,事半功倍,莫逾乎是。(《新刑律修正案汇录序》,宣统二年岁次庚戌季冬之月桐乡劳乃宣序)。[1]

劳乃宣的观点,与诸多西哲观点有暗合相似之处。这也成为他坚持的修律必须与本国风俗民情相适应主张的基本依据。

礼教派首先试图在修律宗旨与修订条文之间寻找法理派的漏洞。沈家本在《修正刑律草案》按语中称:"修订刑律所以为收回领事裁判权地步,刑律中有一二条为外国人所不遵奉,即无收回裁判权之实,故所修刑

---

[1] 《新刑律修正案汇录》,劳乃宣编:《桐乡劳先生遗稿》,桐乡卢氏校刻本。

律专以模仿外国为事。"① 对此，礼教派不以为然，指出西方各国凡是外国人居住他们国家，无不服从该国的法律，而各国法律互有异同，同一案件甲国法律有罪，乙国法律无罪，乙国人居住在甲国犯此案，则要受甲国治罪，而不因其本国法律无罪而不遵守。甲国法律罪轻，乙国法律罪重，甲国人居住在乙国犯罪，就应当治以重罪，不能因其本国罪轻而不遵从。例如，在死刑、弑逆、忤逆、犯奸等刑罚方面，法国、德国、荷兰、瑞士、俄国等国的处罚方式均不相同，荷兰、瑞士就无死刑；亲属相奸罪，除德国、俄国处罚外，其他国家法律都没有亲属相奸加重之条。既然这样，外国人遵奉所居国法律，不必与其本国法律相同。因此，我国修订刑律，也不必尽舍我国固有的礼教风俗，一味模仿外国。

  为了迁就礼教派，法理派在编订刑律草案及修正刑律草案时在礼教伦纪方面作出的种种让步，这时反倒成了手中甩不掉的"矛"和"盾"，被礼教派揪住不放。礼教派指出，所修刑律草案内容本身就有许多与各国法律不同。如第82条，对尊亲属范围的划定；第311条，凡杀尊亲属者处死刑；第316条，凡对尊亲属加暴行未至伤害者处三等至五等有期徒刑或五百元以下五十元以上罚金；第289条，凡和奸有夫之妇，处三等至五等有期徒刑，等等。诸条现订刑律与各国法律罪名的轻重有无"在在互有出入"，若一概与外国统一，则新刑律无法施行，"总之，一国之律必与各国之律处处相同，然后乃能令在国内居住之外国人遵奉，万万无此理，亦万万无此事。以此为收回领事裁判权之策，是终无收回之望也"。所谓整顿本国律例，以期与东西各国改同一律，只要大体相同，如操作程序和刑狱条件，不一定罪名条款一一相同，各国认为妥善，就可望收回裁判权。所以说舍弃礼教风俗是为了收回领事裁判权的论点是站不住脚的。②

  在法律与道德的关系上，法理派主张道德与法律分开，违犯道德的行为通过教化来解决，触犯刑律的则绳之以法。礼教派另持一说：刑以弼教，礼刑相辅，不可缺一。具体到刑律条款，在无夫奸和尊长卑幼关系上分歧尤大。法理派认为和奸禁无可禁，诛不胜诛，即使刑章具在，也只为具文。必须依靠"教育普及，家庭严正，舆论之力盛、廉耻之心生"，"然后淫靡之风可以少衰"；防遏此等丑行，在教育而不在法律。修正刑

---

  ① 劳乃宣：《修正刑律草案说》，《新刑律修正案汇录》。
  ② 参见劳乃宣《修正刑律草案说帖》，《新刑律修正案汇录》。

律草案内卑幼犯尊长列有加重之条，尊长之于卑幼则无只字，被法理派视同凡人。礼教派据"理"力争，将尊长于卑幼等同于凡人，以中国人心风俗衡量、未能允当；无夫和奸无罪，将引起"万众哗然，激为暴力，非特不能维伦纪，且将无以保治安"。草案未列子孙违犯教令，"殊非孝治天下之道"。有夫和奸与无夫和奸罪同一，却将前者诉诸法律，后者诉诸教化，等于"以子之矛攻子之盾"。法律与道德教化虽不是一回事，实际上互为表里，以为法律与道德教化竟不相关，"实谬妄之论也"。因此，旧律有关伦常各条如干名犯义，犯罪存留养亲，亲属相奸，亲属相盗，亲属相殴，夫妻相殴，发冢，犯奸，包括和奸有夫、无夫妇女和强奸，子孙违法等都应当列入正文。

礼教派提出新刑律的原则是"旧体新用"，即体例上用新律，指导思想上依旧律，即家族主义。理由是外国之俗重平等，中国之俗重伦常，周礼之教深入人心已数千年，久则难变。马上用外国的平等法则施行中国，凿枘不合。既然修订新刑律是为立宪作预备，立宪以顺民心为主，那么修订刑律不能不以合乎中国人情风俗为先务。违背人情风俗，则必失数万万人心，天下就会土崩瓦解，难保治安。修订刑律专摹外国，不以伦常为重，只是"囿于一时之偏见，未睹他日之害"，这种法律一旦实行，"则名教之大防一溃而不可复收，恐陵夷胥渐，人心世道日即于偷，迨患气既深，悔之晚矣"。[①]

劳乃宣从刑律适用的共性、中国风俗民情之个性，法律与道德的关系，法律对社会的影响诸方面对法理派及其《修正刑律草案》逐一批驳，一再强调刑律当与国家风俗民情相吻合，方不致人心涣散，天下大乱；收回领事裁判权，无须脱离中国风俗民情，效仿西法；中国风俗民情以礼教伦常为主，且相沿数千年，久则难变，所以刑律必须全面照顾到中国"国情"，有关礼教伦常的条款刑律不能缺，尤其是无夫奸和子孙违犯教令，而且要列入正文。一句话，刑律应当礼法合一。

礼教派其他成员重点在伦常条文上做文章，赞成礼法合一。如江苏金匮县拔贡生杨钟钰连呈《陈情变通新刑律以维风化》和《新刑律奸非罪拟请修改说》二文，力主无夫奸宜定罪名，得罪尊亲属不宜罚金，奸非各条不宜罚金。因无夫和奸看上去是儿女私事，于家庭社会无害，实际上

---

① 劳乃宣：《修正刑律草案说帖》。

和奸之事一旦暴露，势必常常会引起人命案件，损害家族名誉；个人为国家的一员，如果一国人民淫佚放恣，逾闲荡检，流弊必至，风纪日坏，人格日卑，而国家积弱亦将日甚；进一步讲，犯堕胎溺婴之罪的人必日多，卖淫者也必日众，从而危害社会。只责有夫之妇和奸之罪，不责有妇之夫外遇罪，保护夫权，摒弃妇权，不符合法律平等之意。荡弃礼教，希冀外人服从我国法律，不但得不偿失，还会贻笑全球。得罪尊亲属，悖伦伤教莫此为甚，与我国"秉礼之邦"的传统及清朝孝治天下的圣训都不相符。必须重加改订，加重处罚。①他把无夫奸只得罪尊亲属与家族、人心、风气、国家强弱结合在一起，把个人的独立人格淹没于家族、国家社会之中，用出身的不平等确定人格的不平等，没有摆脱传统家族主义的条框。

　　法理派从《刑事民事诉讼法》编纂以来，面对礼教派的强大攻势，加之统治者的行政干预，修律时不得不作有限的妥协退让，适当参考礼教派和当局的意见，对刑律条款作了部分调整，伦常罪行的处罚也有所加重。但是，这不但没有获得礼教派的认可，反而激起他们否定、推翻新刑律的强烈欲望。法理派对礼教伦常等条款的兼顾，本身就与他们的刑法"西化"宗旨相悖离，乃不得已之举，现在反倒成了新刑律的疮疤，被礼教派一揭就开。如和奸有夫之妇、和奸无夫之妇在《新刑律草案》中均无罪罚，《修正刑律草案》中加入了和奸有夫之妇罪，未列无夫和奸罪，礼教派则从中抓住把柄，穷追猛打：既然刑律有关条文与西方不同，就不应舍中摹西；既然刑律讲究平等，就不应人为制造男女间的不平等……与其这样，不如返新还旧，礼法合一。搞得法理派"左右不是人"。

　　为了增强自己立法理论的说服力，礼教派还注意翻译、引用个别外国人对《新刑律草案》的意见，为他们壮威助势，以便在"舌战"场上获得更多的胜筹。既然是礼教派着意访谈、介绍，必然与他们的观点异曲同工。德国法科进士、青岛特别高等学校教员赫善心氏（H·Gutherz）与侍卿蒋则先问答时，几乎把大清律说得完美无缺，大有取代西律之势。声称1810年时就有法学大家预言：大清律中有极精妙的地方，将来泰西法律还要修改，以从大清律。又说西律中律"将来必有合龙之日，若全改，甚非所宜"。中律对无妇和奸及子孙违犯教令行为定罪，合符中国礼法，

---

① 《杨氏陈请变通新刑律以维风化呈文》、《杨氏新刑律奸非罪拟请修改说》，见《新刑律修正案汇录》。

不能与泰西相齐并论。违背礼教则碍于社会，碍于社会亦即违背礼教。①张祖廉还把赫氏论中国新刑律的长文译成中文。赫氏文中仍强调"学与时新，法随世易"，制定法律主要以本国为主，必须于本国有益，而后可以舍己从人；必须以本国国民道德为主，与本国国民道德不相悖离，而后可以趋时，收回法权，主要在于诉讼法，而不是刑律内容。归根结底，赫氏认为：中国刑律应以《大清律例》为模本，不必过多地考虑收回领事裁判权。赫氏自称"到中国日浅，于中国立法之事不敢妄生末议"，对《新刑律草案》的意见主要参照了劳乃宣、陈宝琛等人的观点，再引用孔子的语录如"齐之以刑，不如齐之以礼"，却被礼教派视之为"他山之石"，用以攻击新刑律草案，吹嘘只要看了赫氏的文章，那些狃于成见、眩于殊俗，挠于一切涂附议论的人就会"涣然冰释"。为此，劳乃宣特将赫文付印200本，在资政院广为散发。②

对于礼教派的咄咄锋芒，法理派不甘再退，毅然出来捍卫精心编纂所修订的《修正刑律草案》。他们对礼教派的非议针锋相对，逐条回驳。针对劳乃宣所列的礼教伦常罪，沈家本一一作了说明，详细指出不能尽如礼教派之意编入新刑律的理由。

在双方争得不可开交之际，马上有人出来"主持公道"，如宪政编查馆一等资议员陈宝琛就连续著文发话，"仲裁评议"：关于犯奸的处理从劳乃宣所论为公允。欧洲之所以不实行此条，是因为欧洲社会是个人制度社会，事事以自由独立为主；男女婚龄也迟。中国实行家族制，重视妇女贞节，鄙视失贞是一种惯习。"法律不能与惯习相反者，立法上之原则也"。

所以这一条不行于欧洲而能行于中国，是民俗惯习使然。再说，社会的习惯均源于历史的沿袭，不以历史为引导就实行新理想，必定与社会不相符。与社会不相符的法律无益有害。从法理学上讲，刑法采取惯习为法意，强制法源于惯习，包含惯习；法律与道德的范围大小由时、地、事的变化决定的。制定法律必须斟酌国民程度以为损益。社会生活实践中，道德的见效慢，法律的见效快，在中国国民教育不普及、职业欠发达、娱乐场所稀疏的条件下，应扩大法律范围，缩小道德领域。此法一旦废除，恐

---

① 参见《德国法科进士赫善心氏与蒋员外楷问答》，《新刑律修正案汇录》。
② 参见《德儒赫氏中国新刑律论》，《新刑律修正案汇录》。

怕不出十年，女德堕落会"如水就下"，女界藩篱的崩溃将从这次草案开始。劳氏的保留无夫奸罪是对的，只是告诉人，即"尊亲属"的范围要加限制：有夫之妇只许本夫亲告，本夫不在，许本夫直系亲属告诉；无夫之妇，只许妇之直系尊亲属告诉；寡妇，只许夫之直系亲属告诉。劳氏的将子孙违犯教令范围定得太宽，教令内容也不明确，可改为"凡子孙违犯直系尊亲属正当之教令者，处拘役；因而触忤者，处四等至五等有期徒刑，但必得直系尊亲属之亲告始论其罪。①陈氏的"评议"没有做到公平议论，基本倾向于礼教派一边。

清末法理派提出的法律西化的构想是制度层次上变革的一次尝试，代表了一种要求学习先进的正常心态，也是在考察世界大势后得到的启发。远的不说，我国的近邻日本，在明治以前，法律抄自中国，明治以后，继抄法国，而后直抄德国，对于收回治外法权起了很大作用。②法理派在修律过程中，大量翻译日本法，并聘请日本法学专家直接参预新刑律的编纂，新刑律草案也基本以改革后的日本刑律为模本。

修律行动本身即已说明，法理派能从世界形势的变迁中重新审视中国传统法律，认识到它的落后性和改革的必要性。移植外来文化必须根据本国国情，这是多数学者的共识，迄今为止，这种观点依然长兴不衰。但是，如果无视"国情"的落后迟滞、保守等弱点，在人类社会急剧变化、新生事物层出不穷、处处呈现出"山雨欲来风满楼"景象，而国内已无法再生出改变本国现状的国家社会、文化机制，却囿于国情，泥古不化，那么，所谓"国情"也就成了抵御先进文明的一堵无形厚墙，把自己与外面的世界隔得远远的，局跼一座孤岛之上，陷于自生自灭的生物循环圈。一旦先进文明浪激潮涌，四面冲击孤岛，孤岛迟早会被汹涌澎拜的浪潮所吞噬。保住国情，首先要时刻具有改造国情的意识，其次要让"国情"走向世界，适应世界。清末礼教派所说的"国情"就是中国的"风俗民情"，"政教伦常"，就是传统礼法竭力维护的纲常伦理和等级制度。变革刑法与收回领事裁判权之间是否存在必然联系，法理派并未作出令人信服的解释。

---

① 参见《陈阁学读劳提学及沈大臣论刑律草案平议》，《陈阁学新刑律无夫奸罪名说》，《新刑律修正案汇录》。

② 参见《德国法科进士赫善心氏与蒋员外楷问答》，《新刑律修正案汇录》。

但是，不改变旧刑律内容，只在刑律操作上做些微调，是否就能收回治外法权，礼教派也无雄辩的论说。表面上看，两派在收回领事裁判权上花费笔墨颇多，礼法之争似乎是要不要收回领事裁判权之争，实际上争论的根本点不在于此，而在于中国应保持什么样的社会结构；是让中国适应世界，还是让中国与世隔绝。

礼教派对《新刑律草案》及《修正刑律草案》中删除的若干《大清律例》中包含的礼法内容置喙不多，唯独在纲常伦纪尤其是和奸与子孙违犯教令等问题上死磨硬缠，不肯让步。因为它们是传统中国家族结构两大支柱的象征，前者反映夫权，后者反映父权，将这两项完全废除，父子夫妻的身份地位将在同一水平线上，原本没有个性，受制于父权、夫权、从属于家庭（或家族）的家庭成员将会走向社会，追求人格独立和个性解放，这样下去，"圣人贤者"精心塑造的"君君、臣臣、父父、子子"，"君为臣纲，父为子纲，夫为妻纲"、"长幼有序尊卑有等，亲疏有别"等理想社会结构模式将被破坏，传统家族结构势必倒塌。

礼教派强调修订刑律依照中国"国情"，是想以法律作为维系传统社会结构的工具，以义务而不是以权利为中心调整社会，希望通过人的内心反省和抑制欲望，减少争端，避免狱令，获得社会秩序的和谐与稳定，造就修齐治平的安宁局面，使中国故步自封、隅守四壁圮败的"围城"。

习惯高于法律，法律源于习惯，是礼教派等笃信的法理学原则。无论是民法还是刑法都被他们视为惯习的产物，"民法揭从惯习为法文，刑法则采取惯习为法意；民法以一地方之惯习为惯习，故以明文揭之以杜争，而刑法则以一国之惯习为惯习，定为律文之后，凡受治此法律者，无不悉受制裁。"[①] 中国的风俗民情为习惯，在此基础上产生礼教伦常条款的习惯法，如子孙违犯教令，和奸有罪，均为我国传统法律，有明文记载，中国的新刑律也就不能违背这些条款。数千年来，家族制度一脉相承，民情风俗经久不衰，习惯法一成不变，刑法也无变化的理由。这只看到习惯静止的一面，没有看到它变化的一面，只看到习惯法的稳定性，没有看到它的保守性。

习惯本身处于不断变化之中，尽管这种变化的幅度有时不大，速度也不总是十分剧烈，但有一点是肯定的：它们的变化比习惯法的变化要快。

---

① 《陈阁学新刑律无夫奸罪说》，《新刑律修正案汇录》。

习惯法自从诞生的那天起，就已滞后于生活习惯。现在意义上的法典与习惯法的根本区别在于自发性的因素被完全排除在外，除个别现象外，几乎所有内容都是经过深思熟虑、自觉制定的，是一个适合于大部分民众利益的统一、系统的整体。相比之下，"习惯法非但不比法令灵活，非但不比法令更容易适应新的条件，而且相反，它更趋向于抱残守缺，因循守旧，难以变化。……差不多所有的现代国家都生存在法典的制度之下"，因为"较之习惯法，法典具有容易被公众迅速而准确地了解的优势"①。

如果把礼法合一的《大清律》当作中国的习惯法来看的话，那么它也只能算是一定阶段社会习惯的产物，并非如礼教派所夸张的五千年来一贯如此。许多习惯都有形成和发展变化的过程。如男女交往，婚嫁权利等生活习惯，先秦就没有后世那么多的清规戒律。《周礼》中就明确记载：政府每逢仲春之月，就命令男女相会，"奔者不禁"。②被后世统治者钦定为"五经"之一的《诗经》中所记的男女采兰赠芍、对歌伴舞、桑间濮上、恋情幽幽、君子好逑、风情万种等诸般情景跃然纸上。女子静处深闺、从一而终等现象的流行也多在宋元以后。被礼教派视为开山鼻祖的孔子及其创立的孔教也不过在汉代以后才确立了正统地位，汉以前只与诸子百家一样并存于世，难分轩轾。

再拿个人财产权来说，西方对个人财产权的肯定也不是一蹴而就的，它经历了一段相当漫长的过程。罗马国家早期，一切财产归家长支配，子女无个人财产可言。后来由于国家以土地或金钱等实物形式奖励于国有功的公民，这些财产就归所得者，并受国家保护，可以遗嘱继承。纯个人财产的出现，使家长对财产的绝对支配权受到冲击。"随着个人财产的增多和范围的扩大，家长的支配权逐渐减少，儿子越来越多地独立从事经济活动，签订契约，买卖财产，国家随之制定出相应法律，竭力保护财产获得者的利益，并防止他人对这种财产的侵害，从而形成了最高裁判所有权"。③罗马社会创造出的个人财产权后来经过文艺复兴、宗教改革、工业革命等一系列社会变革，从而成为不可动摇的公认准则。④可见，习惯也好，习惯法也好，法典也好，都处在绝对的变化之中。

---

① 《法律社会学》，第57页。
② 《周礼·地官》。
③ 《外国法制史》，北京大学出版社1982年版，第61页。
④ 参见刘再复、林岗《传统与中国人》，三联书店1988年版，第162—163页。

礼教派执着于中国传统的"风俗民情"、"礼教伦常",却忽视了它们也在不断变化,习惯法或法典也要相应加以改变,以适应新的习惯。正如时人所论述的那样,"法律与世代相变迁,凡有宜古而不宜今之律当废之而不援为法……律因时而制,时已迭更则因之者,亦与之递变,盖时势为之也。"[①] 时代变了,俗尚会随之变化;法律因时而变,就是因俗尚而变。换句话说,就是因社会生活而变。礼教派用习惯的不变性来抵制新刑律,是在以静止的眼光看待社会,从片面的角度看待法律。认为以前的习惯如妇女贞节、家长统治家庭就是如此,以前的法律是为了维护它们,现在的习惯法律还应该是这样,不能变,一变就违背了风俗民情,离开了法律根基。

事实上,习惯与法律不能完全画等号,新习惯可以适应新法律,旧习惯则可能与新法律相抵触,不能以旧习惯来否定新法律。例如,一些传统中国哲学家"尽管主张男尊女卑,尽管称之为坤道,可是和别的地方一样,说部里头和通俗画本里头的怕老婆故事仍然屡见不鲜。反观美国,妇女参与选举,有当选州长的资格,在社会上和男子完全平等,然而有时候仍然不免要受丈夫的老拳"[②]。不能因为前一种习惯现象就肯定传统中国法律是讲究男女平等的法律,也不能因为后种习惯而肯定美国法律是男女不平等的法律。检测新法律是否合适,只能用最新的社会生活进行试套,而不能用过时废弃的"陈年古董"。

法理派以收回治外法权作为修律的支撑点,理论依据并不牢固,因而对礼教派的指责回击无力。难能可贵的是法理派已开始注意考察社会习惯的变化,习惯与社会秩序的关系及旧刑律的弊端,为自己所修的新刑律作注解,这就明显高出礼教派一筹。如子女犯罪存留养亲的产生、发展及弊端,亲属相奸与社会的关系,故杀子孙的刑罚历史,杀有服卑幼风俗的不良,夫妻相殴与夫妻相齐的本意,无夫奸及子孙违犯教令的道德属性等等,法理派都一一进行了纵向爬梳和横向比较,字里行间流露出进化论者的意思。

其实,法理派注意社会生活的变迁已非止一日,在刑律付资政院讨论前,沈家本等对社会生活的变化就留意颇多,并就法律与社会的关系作过

---

① 佚名:《废律》,《皇朝经世文新编续集》卷4,《法律》。
② 《文明与野蛮》,第134页。

阐述。如他设想删除同姓为婚的律文时，就预感到会遭人非议，理由是"男女，礼之大司也，峻为之防，民犹逾之，而可先自坏其防哉"。但沈家本又认为，这种观点不是"循名以责实"。因为"法无虚设，而事在实行"，他特意引用了他对乡间情况的了解来说明这一问题。一个直隶人告诉他：同姓为婚，乡里不以为非。乡里人异姓间有时因门户难得相当，有时因性情难得融洽。同姓凭媒作合，即成婚媾。这种风气，"禁约有所不禁"。沈家本推断：直隶如此，那么他省可想而知。因此，此律不能实行，人人皆知。既然不能实行，仍保留在刑律只为具文。况且同姓之意，古说今说本不相同，异议颇多，旧例中也有不论之条，此律早已形同虚设，不如删除。① 类似的考证议论在沈家本著述中比比皆是，抓住了法律必须适应时势这一根本。

但是，在清末修律伊始，法理派没有把中国传统社会生活习惯的变迁作为修律的主要依据，反而过分强调了修律对收回治外法权的重要性。收回治外法权又不是法律本身能解决的问题，因而轻易地被礼教派抓住弱点，猛烈抨击。而当礼教派摆出中国一成不变的风俗民情、生活习惯时，法理派又未能及时地列出社会生活变迁的种种现象，驳斥礼教派生活习惯古已如此，法律仍要维持原貌的观点。从《刑事民事诉讼法草案》到《大清新刑律草案》的旷日争辩中，很少看到法理派从社会生活的角度为自己的修律之举辩护。直到礼教派抛出《修正刑律草案说帖》，法理派才在《酌拟办法说帖》中约略引证了社会生活变迁的资料，在整个社会生活内容中分量也微乎其微。

二　董康的检讨：法律当随社会而转移

（一）法愈密则愈扰民：《大清律例》与新法之比较

户律各条，本吾国之民事法规。然在从前判前判断民事案件，亦足适用。盖钱债田土等事，债权人以清偿为目的，审讯之时，不于如何清偿，而徒完成法律上应得之处分。于债权人之心理无涉也。对于此类案件，一面责令债务人之履行，一面敦劝债权人就债务人之能力予以让步，无非本

---

① 参见沈家本《删除同姓为婚律议》，《寄簃文存》卷1，《奏议》，《历代刑法考》，第2052页。

强制和解之手续行之。迨和解成立，双方具结完案，虽不能悉数返还，尚可得若干分之几。以故民事案件，依法判结者，百无一二也。

今则民事法规完密。进行伊始。法院讼费须贽。律师之公费须贽，债务人利用审级。以达拖延之目的。幸而终审胜诉。动须三年以上。发回执行。复有若干条抵抗之余地。至此而法官之责任尽。人民之痛苦深矣。言念及此。不禁感慨系之也。

（二）法律随社会而转移

前清团匪事变。国家锐意修订法律。愚承归安沈寄簃知遇。今提调其事。尔时实为沉浸欧制最力之一人。亦为排斥礼教最烈之一人。改革后忝厕政府者十余年。服役社会者又十余年。觉曩日之主张。无非自掘藩篱。自溃堤防。悔之无地也。

欧战告竣。一切法律。悉随社会为转移。而社会基于各本国之惯习。自不待言。则新旧定向，已经改易，前之所谓新者，视同土饭尘羹；所谓旧者，等于金科玉律。

民国十二年（1923年），漫游英伦，调查其司法系统。知治安裁判。与前清之行政官兼理司法无甚区异。而英政简刑清。司法一项。实造神圣不可侵犯之限域。然法今简略。不逮欧陆之繁重。且判例法之效力。优于制定法。俨然周士师八成之云礽也。

本年因事至东京研究大审院之制度。如民事之厉行准备程叙，第三审之刑事上告事件。于量刑不当（刑诉四一二）再审。（又四一三）重大错误。（又四一四）征求检事之意见。宣告审理事实。无非趋重职权主义。亦即吾国从前之注重覆核也。

又意大利本废死刑之国。自墨索里尼秉国。于西历一九三一年七月一日施行之刑法。不惟恢复死列。关于政治犯展转适用死刑之法条。不可枚举。直超于民可拿由不可使知之境界矣。推吾国之法律进行。当然亦有回复故步之一日。但滔滔汩汩。更不知轻过若干改革之时期也。

（康）释褐官秋曹。以审看秋谳。见赏于左侍长安薛公。谆谆以律设大法礼顺人情相勖。秉其规诫。幸无陨越。不意光复之初。司法当局。执除旧布新之策。逐今亭平事业。失其师承。曾于所著审拟庸谭。略述绪余。殆亦等于以筳扣钟耳。

总之出乎礼者入乎刑。刑为最后之制裁。不敌礼平时之陶育。此后吾国欲养成司法人材。宜调剂于情法之间。必使无讼。以为考成。若视此秩为梯荣之阶。谋生之具。殊失吾人希望提倡司法独立之本旨矣。①

(三) 检讨的理由分析

近世中国，法学大师辈出，早先的沈家本、伍廷芳、董康、王宠惠等，稍晚些的吴经熊、王世杰、周鲠生、钱端升、杨兆龙、张君劢等，除沈家本先生外，大多为学贯中西、享誉世界法坛的精英人物。在引进、创制近代化的法律体系过程中，他们居功至伟，至于如何让先进的法律体系适应中国本土社会，他们却没有做出相应的成就。在法律实践中，一旦移植的法律文本在本土水土不服，则提不出具体解决方略。只有少数法学大师在经历了法学界大张旗鼓地引进西方法律制度的过程后，头脑冷静下来，开始反思单纯依赖移植外来法律、抛弃本土法律传统带来的弊端。堪称近代"法学元老"的董康先生就多次检讨近代中国法制变革中过于蔑视法律传统、罔顾社会实际的教训，痛定思痛地说，"论吾国法系，基于东方之种族，暨历代之因革，除涉及国际诸端，应采大同外，余未可强我从人"，当年修律时，"关于改革诸点，阳为征引载籍，其实隐寓破坏宗旨，当时引起新旧两党之争……至今思之，当年激烈争议，为无谓也"，"从前改良司法，采用大陆，久蒙削趾就履之诮，改弦易辙，已逮其时"，还说民国十多年以来，"适用新制之后，案牍留滞，什佰曩昔，始悟当年误采大陆制之非，盖于手续愈密，进行愈钝，良以法律与习惯背驰也。往岁漫游英美，实地考察，益征此说之非诬。"董康又说：他以前也是排斥礼教"最烈之一人"，经历 30 余年后，觉得"曩昔之主张，无非自抉藩篱，自决堤防，颇忏悔之无地也"，这种感觉是在他经过数十年的修律实践、游历东西、考察比较各国司法状况后得出的，指出中国在修律时，对传统的东西弃之如敝屣，反而"失其师承……"。经过反省，董康似乎回归到"调剂情法、必使无讼"、毋失"提倡司法独立之本旨"的司法理念上。②

这并不是董康法学理念的倒退，而是基于对法律制度与社会实际的对照比较，目睹司法制度与社会实际产生隔阂后，对忽视法律与社会相适应者的谆谆告诫。可惜董康只是有限的少数派，与当时一味热衷效仿西法的

---

① 董康：《前清司法制度》，《法学杂志》第 8 卷第 4 期，1935 年 8 月 1 日出版。
② 参见董康《民国十三年司法之回顾》，《法学季刊》第 2 卷第 3 期，1925 年 1 月印行；董康：《前清司法概要》，《法学季刊》第 2 卷第 2 期，1924 年印行；董康：《前清司法制度》，《法学杂志》第 8 卷第 4 期，1935 年 8 月 1 日出版。

滚滚潮流节拍不符，绝大多数人还在为机械地移植西方法律制度而乐此不疲。

三　民国法律对社会的迁就

传统中国，素重伦理法律化，法律伦理化，道德与法律无明显界限。而传统伦理中，多以家庭、家族、孝道、伦常为主干，于是男女、尊卑、长幼等，均成为身份等级的重要标志。法律对于伦理身份等级，备设礼法，予以维系。中国家族制度之所以特别巩固，延续数千年不变，主要取决于物质生活方式。中国自古以来就是以农业为主的社会组织，聚族而居，男耕女作，守望相助，疾病相扶，自给自足。只有这种生活方式发生根本性变革，家族存在的基础发生动摇，家族制度才将不复存在。

近代中国传统政治、道德、法律等均面临新的挑战，"法制有名无实，官吏腐败，民生痛苦万分，道德已部分的失其维系力。我们一面须接受新的文化，一面又须设法振兴旧的政教。我民族在近代所遇到的难关是双层的"。[1] 新、旧嬗变之际，因为列强在华领事裁判权的获得，国人对撤废领事裁判权、收回司法主权的渴望与日俱增，自由、平等、民主观点不断蔓延，身份等级之制屡遭社会诟病，法律变革自然被推到制度变革的前台。人们期望通过法律变革尤其是在民事法律创制上，着意追求男女平等，消除身份等级差异，符合时代大潮流。

法律与社会结构、社会生活、风俗习惯并不完全排斥。民国民法虽然基本否定传统家族制度，但在采用世界先进立法原则基础上，兼顾了中国传统的家庭或家族因素；这种兼顾，对传统家族制度不是一味因袭，而是基于近代私权法意，通过司法主体的自由裁量等渠道，实行对传统家族的改造。南京国民政府时期，改革传统家族制度，已由大声疾呼转而进入立法保障阶段。涉及家族制度的法律变革，尽管障碍重重，其在政治、社会及法律上的合理性不应否认。正如著名法律学人吴学义先生指出的那样：

> 吾国今日，既采用革命的立法政策，旁顾时代环境之进步要求，复咄咄逼人，断不能阻挠一部分之长足进步，而强使驻足相待，以近

---

[1] 蒋廷黻：《中国近代史》，上海世纪出版集团、上海古籍出版社2004年版，第62页。

合于他部分之墨守成规者；再由国家政策着眼，又不能因城市与乡村，而为各异之立法与判决，则舍彼就此，亦属不得以之事。何况革命的立法，足以促进社会的改善。若必各方兼顾，迁就旧习，则女子继承财产权，自由离婚权，亦非吾国就有之习惯，迄今犹仅都会城市之女子享有之，多数乡民，则仍鲜有主张实行之者，何竟三令五申，严厉施行？①

社会经济的发展也推进了男女地位接近平等，如"夫妇财产制确立及女子继承财产权的获得"，就是打破男女财产不平等的必然产物，②说明法律文本与现实社会之间具有一定适应性，适当超前的法律，可以引导社会向更加文明、进步、秩序、和谐的方向发展，其积极的导向作用不容忽视，所谓"法律纵不能制造社会，而改良习惯，指示方向，确有效力"。③

然而，法律过于超前，则会与社会脱节，沦为纸面"死法"。近代中国，社会结构并未发生根本性改变，生产方式的工业化，主要集中在一些都市。国家公权力对社会的控制作用，也主要体现在都市及沿海发达地区；要么就是革命力量对一些地区基层社会结构的暴动式改革，如革命根据地一带。绝大多数乡村社会的宗族势力依然强大，许多民间纠纷还需在家族内部协调解决，家族力量是维系乡土社会正常运转的重要力量。成文法的作用对乡土秩序的改造效果甚微，有时反倒破坏乡土社会的稳定，影响熟人社会的和谐。这一点，早在20世纪40年代费孝通先生在《乡土中国》中即已有过精辟阐述。④考虑到中国实际，当局不得不在民法亲属、继承两编中适当保存部分家族传统，因为：

  法律能规范社会，不能产生社会。西洋各国至今日已完全脱离家族制而行个人制，日本尚在脱离家族制而如个人制之进行中，是皆由

---

① 吴学义："夫妻财产之立法问题"（3），载《法律评论》1930年第7卷第44期（总第356期）。

② 参阅蔡枢衡《修正新刑法通奸规定反覆修改之社会的意义》，《法律评论》1935年第12卷第23期（总第595期）。

③ "民法亲属编先决各点意见书"，载《法律评论》1930年第7卷第38期（总第350期）。

④ 参见费孝通《乡土中国》中的"差序格局"、"家族"、"礼治秩序"诸节，北京大学出版社1998年版。

于国情不同,不能强之使同也。我国此次制定亲属法,立法原则,业经决定,已设专章,规定家制,一则因我国家族制为数千年社会组织之基础,一旦根本推翻,影响甚大,在事实上既已保留此种组织为宜,在法律上即应承认家族制之存在;而他之一因,则在我国之家长权,本与各国不同……家长之权利义务,逐一皆由规定,究其内容,亦与各国不同,况立法原则,已注重家长之义务,当不难补偏而救敝。故在今日之中国,家族制尚应存在,至将来应否继续,则一任社会之推迁,顺其自然之趋势可也。否则徒以某国有此制度,遂漫然移植中国,或以某国无此条文,既不惜一笔删去,削足适履,置我国数千年之国情不顾。①

立法者本意在于贯彻国民党之政纲及三民主义原则,但又不能即刻与传统决裂,难免陷于两难境地,"凡涉及社会组织,均以废弃封建制度,而代之以民治平等之规则为鹄的。如于民法继承编废除宗祧继承,并承认男女平等享有财产继承权,皆其显著之例;惟于亲属编中,又欲保持我国固有之习,如家制之类,则立法本身即自陷于矛盾地位,纵欲力求其折中,颇难得以适当之办法。无怪乎激进之士嫌其维新而不足,保守辈责其为忘本之立法"。究其原因,在于革命发生与社会变迁之间,难以同步,革命易于突变,社会趋于渐进,先后、缓急无法一致,存在时空错位:

  国民政府之立法,在乎北伐完成以后,革命高潮未退之时,论其趋势,自然站在一般社会意态之先。但中国社会上激进组织及中下层之风俗习惯,于革命后并未有根本或急剧之变更,革命时代之法律,在社会上未必能立时发生偌大之效果,必待社会环境改造以后,此项立法方能充分适用。②

不少社会纠纷不能完全通过"革命时代"的法律加以规制,只能通过司法居间缓冲,充当传统法律与近代法律、法律与社会之间的润滑剂。

---

① 民隐:"家族制沿革之概略",载三五法学社编《法学季刊》1936第1卷第1号。
② 赵凤喈:"再版序言:中国妇女在法律上之地位",赵凤喈:《民法亲属法编》,国立编译馆出版,正中书局出版,1945年11月初版,1974年7月修订第4版。

这从男女、夫妇性别差异的逐步废除上可窥见一斑。

由于历史及社会原因，实现夫妇权利的绝对平等尚有难度，民国以来，倡议男女平等的呼声此起彼伏，夫权实际处于强势地位，司法一定程度上也偏向夫权保护。如关于夫妇的正当防卫权问题，北京政府时期，大理院五年上字第 51 号判例说："……当时既为防卫其夫权起见，纵有伤害之认识，自不能认为超过必要程度。"事实是，妻和人正在行奸时，被丈夫瞧见，用石击去，正中奸夫致伤。判例称：凡在侵害夫权时，夫对于其伤害行为，无论认识不认识，都不超过必要程度，不能因奸夫受伤而辩罪。反之，对于妻子，则无此项豁免权，此乃保护夫权的表现。①

南京国民政府时期，实现男女权利平等呼声日高，通过立法废除男女不平等陋习的力度逐渐加大。1928 年至 1930 年，无论在刑法，还是民法的创制中，都力求体现男女平等原则。不过，由于男女平等问题过于敏感，相关法律条文甫一颁布，有关存在偏袒夫权倾向的规定就受到社会质疑。最受争议的莫过于 1928 年"旧刑法"第 256 条和刑诉法第 215 条。第十六章妨害婚姻家庭罪第 256 条规定："有夫之妇与人通奸者，处二年以下有期徒刑，其相奸亦同"。刑诉第 215 条规定，"犯刑法第 256 条之妨害婚姻家庭罪，非本夫不得告诉"。有学者认为：前者失之遗漏，违背男女平等之原则；后者失之过偏。究其原因：第一，与立法本旨相反。立法旨在保护家庭和谐，维护夫妻感情，而此条设计，有夫之妇与人通奸，会妨害家庭，有妇之夫与人通奸，一样能破坏家庭，本法不能维护家庭幸福，反妨害家庭幸福；第二，与男女平等原则不符合，刑法通奸规定，对妻子采取严格主义，对丈夫采取放任主义，有背男女平等真谛；第三，奖励男子之非行。自古宗法社会道德伦理，对女子言行举止、贞操节守要求甚高，对男子则多网开一面，对其不端行为即使有法律限制，也无法限制，况且采放任主义，男子更可肆无忌惮。至于刑诉法关于和奸罪的告诉权，仅赋予丈夫，与立法保护婚姻家庭宗旨也不符合。②《亲属法》草案第 27 条第二项"犯奸者得提起离婚之诉"弥补了这一空缺，但未能解决刑法上的男女不平等问题。最高法院第 110 号解释，意指凡把有丈夫的妇

---

① 崔澍萍："夫权和妻权的问题"，载《法律评论》1930 年第 7 卷第 50 期。
② 参阅马明銮《对于刑法和奸罪及刑诉法第 215 条之商榷》，载《法律评论》1930 年第 7 卷第 28 期（总 340 期）。

女,诱拐离开她的丈夫,就是侵害夫权,即应成立诱拐罪,也是保障夫权的体现。① 知识女性对于1928年刑法关于"通奸罪"的处罚规定反应尤为强烈。鉴于此,国民政府在1935年修订颁布的"新刑法"中,将"有夫之妇"改成"有配偶之人与人通奸者,处二等有期徒刑",总算平息了通奸罪上的男女差异争议,而实际生活中,纠纷依然不少。

司法主体在处理现实男女纠纷中所面临的难题多多,它们不是仅凭套用几则法条辄可轻易化解的,实现夫妻、男女地位的实质平等,还存在诸多困难。例如,夫妻贞操义务实质上的平等就难以实现:就血统上论,妻子与人通奸,可能导致怀孕,产下私生子,可能混乱其夫方血统,造成家庭混乱,丈夫的通奸行为则不会导致如此后果;就男女生理结构论,女人每月有生理周期,中年以后,身体早衰,男人精力尚健,纳妾者,中年男人居多,男女性欲之异,出乎天然,法律强制平等,自由未当;自立法沿革上看,夫妻贞操义务,罗马法、日耳曼法均无,它肇始于教会法,源于宗教戒淫观念,中国则源于礼教和舆论,并非刑法制裁所能收效;从保障女权上看,立法者此意在保障女权,实际上,我国现状,妻仍以依赖夫为主,年届迟暮,夫有外遇,如法不为罪,妻尚能安之,如能处刑,则妻子恃为要挟之具,甚至告至法院,夫妻感情破裂,家庭秩序紊乱,作为丈夫,情不能堪,必致虐待遗弃,使其离绝,法律保障女权之意义当然不不存;从立法效果上看,我国男子在法律上素不负贞操义务,纳妾之风由来已久,于今尤烈,卒然变革,公信未立,实效难起,如一般蓄妾者,如果允许其继续同居,则何以解释于有配偶之人与人通奸之禁例,处以刑法,"则今之拥威势、据权要者,类皆有妾,安能就范;且藏娇之地,触处均是,执法相绳,亦罚不胜罚"。② 可见,法律创制是一回事,法律实施又是另一回事;法条可以周详,具体案件的处理则无法整齐划一。女性获得与男性实质上的平等,还有诸多障碍,还受社会环境的制约,尚有许多处于弱势的女性权利需要实质上的救济:

> 我国妇女在法律上已获得与男子平等之地位,自政府机构以至民意机构,无不有妇女参加之事实与机会,女权运动可谓已达圆满之目

---

① 崔澍萍:"夫权和妻权的问题",载《法律评论》1930年第7卷第50期。
② 参阅郁嶷《夫妻贞操义务与和奸罪》,载《法律评论》1934年第11卷第12期。

的，得扬眉而吐气矣。然环顾社会犹多可怜妇女，反受平等法律之害。盖由于社会环境及经济地位之关系，非平等所能维持，有赖乎超法律方能救济者：（1）被男子始乱终弃之妇女；（2）被丈夫故意弃置之妇女；（3）与男子同居而不受法律保障之妇女。①

司法主体在具体案情审理中，根据实际情形，发挥司法智慧，灵活运作，一定程度上保护了以女性为代表的弱势群体利益，力图找到法律与社会的契合点，取得积极的法律效果和社会效果，缓解了法律与社会的张力。

四　新时代的"礼法之争"

"礼法之争"是清末修律过程中，"法理派"与"礼教派"之间就修律原则展开的争论，焦点是：模仿世界先进法律文明，如何兼顾中国传统的礼教民情，实质就是如何处理引进先进法律制度与本土社会、文化传统的关系之争。当下中国在立法、司法等方面依然存在着学习西方制度与保持中国特色的矛盾，从这个意义上说，百年前出现的"礼法之争"难题至今尚未被完全破解。

1978年以来，中国法学枯木逢春，重新焕发生命活力，中国法制现代化也开始新的旅程。二十余年的历史，在人的一生中并不算短，但在一种文明的诞生、发展、成熟的历史长河中，不过弹指一挥。百年的历史（或一两代人的历史）尚可勉强窥见一种文明的周期轮回，或可借用人们常说的"盖棺论定"，法律文明也不例外。

百年前，学界通称的所谓"法理派"和"礼教派"，就围绕中国法学、法律向何处去展开激烈辩论。百年来，无数法学精英寻寻觅觅，殚精竭虑，探寻中国法学、法律的发展趋向。时至今日，法学的西化，抑或本土化，何尝不是现时代的"礼法之争"！如何解决这一难题，争论势必还将继续下去。

清末以沈家本等为代表，以收回治外法权作为修律的主要支撑点，着

---

① 郭卫：《法治庸言·为可怜妇女谋法律上之救济》，载《法令周刊》1947年第10卷第10期。

力打破中国法学传统，实现传统律学向近代法学的转型。清末法理派提出的法律西化的构想是制度层面上的一次变革尝试，反映了法律人学习先进的正常心态。法理派从世界形势的变迁中重新审视中国传统法律，认识到它的落后性和改革的必要性，并着手修律。在打破传统法律模式后，法理派选择了"西化"之路，努力创制全新的法律体系，《大清新刑律》就是其标志性的成果之一。

收回治外法权与近代中国"救亡图存"主旋律完全相符，具有鲜明的政治感和时代性，法理派修律的充要条件十分成熟，但收回治外法权不是法律本身所能解决的问题。废除列强在华领事裁判权，与其说是法律问题，不如说是国家实力强弱的问题，是以"救亡图存"为中心的民族革命运动的一部分，修律只是迎合列强"答应"放弃在华领事裁判权的需要，与法律自身的运行规律似乎没有必然联系。1943年英、美等列强宣布放弃在华领事裁判权，并非出于中国的立法及司法完全"与国际接轨"就足以证明这一点。法理派不得不面对礼教派对中国法律全盘西化可行性的质疑乃至诘难，法律必须与礼教民情相适应，就是其重要理由之一。

礼教派认为，修律可以，但不能与中国传统"礼教民情"、"政教伦常"（即国情）相悖，违背了国情，放弃了中国特色，法律就失去了根基。礼教派的观点看似符合"法律发展的重心在于社会本身"的定律，殊不知，社会处在绝对的变化之中，礼教派执着于中国传统的"风俗民情"、"礼教伦常"，却忽视了它们也在不断变化，习惯法或法典也要相应加以改变，以适应新的社会生活，正如时人所论述的那样，"法律与世代相变迁，凡有宜古而不宜今之律当废之而不援为法……律因时而制，时已迭更则因之者，亦与之递变，盖时势为之也"①。时代变了，俗尚会随之变化；法律因时而变，就是因俗尚而变，因社会生活而变。法理派主张全方位修律，符合社会发展规律。只是当礼教派摆出中国一成不变的政教伦常、风俗民情，法理派只守住"收回治外法权"的底线，没有及时地列出社会生活变迁的种种迹象，驳斥礼教派观点，因而未能给出令人信服的修律理由，轻易地被礼教派抓住弱点，横遭抨击。

北京政府时期，中国法律西化的步伐反而放慢了：一来因为政局不稳，"城头大王旗"频换，没有足够的人力、物力支持立法；二来各地畛

---

① 佚名：《废律》，《皇朝经世文新编续集》卷4，《法律》。

域分明，政出多门，无法在短期内用整齐划一的法律制度规范全国，因而始终没有形成统一的法律体系。没有统一的成文法典，却导致中国进入了中国历史上一种特殊的司法模式时段——判例法时期。司法界推事及律师，均以大理院的判例作为司法裁判的主要依据，在当事人中也很少发生歧义。大理院判例的权威性与司法主体的学识操守有很大关系，司法官因受贿之事"实不多觏"，"历年以贿闻者，较行政官一与百之比例也，亦舆论所公认。"① 大理院的民事判例、解释例，尽量融中国传统法律、风俗习惯及现代民法精神于一体，兼顾了情理法的统一，因而容易为当事人接受，判例法的辉煌时代因而形成。

这段时期，成文法典的制定虽无建树，但肇始于清末、滥觞于民初的全国民商事习惯调查、整理、编纂的活动却如火如荼地开展起来，其中以1917年至1927年的成效最为显著。这项运动的兴起，折射出当时中国法学研究及创制法律的价值取向：注重本土社会结构、社会生活、社会心理，考察法律的现实社会基础。用当下的话说，就是充分尊重了"本土法律资源"。正因为这样，民初政局虽然动荡不靖，司法界却以其比较良好的声誉受到社会尊重。

南京国民政府时期，我国成文法典的创制进入了跨跃式发展时期，从1928年到1936年，以"六法全书"为标志，全新的、近代意义的法律体系基本形成，中国法典的"近代化"（或西化）任务基本完成。新式"法统"的建立，也是南京国民政府引以为豪的政绩之一。照理，法律近代化必然与社会近代化同步，在新法统的导引之下，中国应该顺利步上民主、宪政、法治之路。事实并未如此，在健全的近代化法系之下，中国依然是专制主义、法西斯主义、资本主义并存，民主、宪政、法治还处于闻雷不见雨的缥缈云层中。原因何在？中国社会还没有完全进入"近代"：一边是非常近代的法律体系，一边却是根深蒂固的传统社会结构、社会生活及社会观念。法律的变革很大程度上还是以收回治外法权为主要动因，超然社会生活规则之上，难免与社会相脱节。这也是近代中国社会法治现代化无法顺利实现的根本症结所在。

法律是否有用，取决于法律是否与社会相适应；移植外来法律文化，

---

① 曹汝霖：《曹汝霖一生之回忆录》，台北《传记文学》社1980年6月版，第77页；江庸：《民国十三年司法之回顾》，《法学季刊》第2卷第3期，1925年1月印行。

也要有能使其植根的社会土壤，包括社会结构、社会生活和社会心态。社会生活本身，就是生活规则的源头；社会生活的规则，就是法律规则的母体。离开社会生活的法律，不过是无根之木，无源之水，是一堆中看不中用的文本而已。清末以来，中国社会面临了"数千年未有之变局"，为法律转型提供了很好的契机，也取得显著成效。然而，从清末到辛亥，从北洋到北伐，从南京国民政府到新中国政权的建立和巩固，革命浪潮一浪高过一浪，革命的理想和目标不断实现，法律制度模式不断被刷新，但承载法制近代化重任的法学精英基本都在法律文本制度层面做文章，缺少对社会实际全面、深入的考察分析，寻找法律与政治、经济、文化、社会之间的最佳切合点，引进的法律制度在实践中处处滞碍，无法与社会保持较好的适应度。

1949年新中国建立前夕，中国共产党就宣布废除以"六法全书"为核心的"伪法统"。1949年开始，我们就把好不容易从西方学到的一种法律体系（以"六法全书"为代表）一夜之间扫进了历史的垃圾堆，但是，破坏一个法律传统容易，树立一个法律传统则很困难。我们在打破六法体系之后，并没有及时造就一套新型法律体系。1957年出现的反右斗争扩大化、1966年开始的十年"文化大革命"期间，法学领域面临的问题不是创制什么法律模式的问题，而是根本不要法律的问题，法律处于真空或虚无状态，法律精英被集体逐出法律行列，丧失了生存空间，剥夺了法律话语权，法学研究偃旗息鼓，司法体系实际已被破坏。国家对传统法律文化采取了极度鄙视、武断废弃的态度，既没有继承传统中国或整个东亚的法律传统，清末以来引进的西方法律体系又抛弃殆尽，所谓"法律"，既不是传统东方的，又不是近代西方的，国家无序治理，个人崇拜盛行，一切无法无天。

1978年以后，我国开始迈进新时代，中国法学逐步走上正轨，也是1978年以来的事。① 新时代也面临了许多新问题，这些问题仍然是产生在我们生于斯、长于斯的国土，故而解决问题的答案还要从本土里寻找，还要从传统法律文化中探究经验和教训。本土有哪些优良传统值得我们不遗余力地继承、弘扬？哪些需要毫不犹豫地批判、抛弃？都是新一代法律精英应该重点思考的问题。

---

① 参见邓正来《中国法学向何处去》（上、中、下），《政法论坛》2005年第1、2、3期。

再好的法律，终究还是为了适应社会，服务社会，引导社会，法律与社会须臾难分。当下的中国在创制新型法律体系条件没有完全成熟之前，法律精英们不妨发扬一下清末民初，一大批法律精英们不畏艰辛、开展全国规模的民商事习惯调查的精神，把更多的精力放到了解国情、考察民风民俗上，进而恰当地评估现阶段中国的法治状况，通过大规模的"田野调查"，准确把握中国社会的发展走势，吸收世界最新法学成果，在中国法律与中国特色社会之间找出最好的链接点，在法律移植与法律本土化之间架构最坚实的桥梁，也许才是当下法学界最迫切需要关注的问题。从这个意义上说，清末出现"礼法之争"的谜底还有待于进一步破解。

结语　法律文化的建设基础——民族自觉

近代学者曾经提出，中国近代法学文化"大半为翻译文化，移植文化。自然科学可以移植，法学则不可抄袭。法为国家社会组织之一形式，与本国现实社会有不可分离关系。法学不出于翻译抄袭之境地，是谓法学亡国，所谓法学文化亦即殖民地文化之别名。今后中国真正的法学文化之建设，似应以法学之国家的民族的自觉或觉醒为起点"。[①] 中国近代的司法制度也以移植为主，移植后如何使其适应中国本土社会并发生积极效应，国人却缺乏深入的研究和思考，司法改革多以制订计划为主，实际运作成效不佳，导致制度构建与操作实践的脱节。

---

① 蔡枢衡：《中国法律之批判·写在前面》，正中书局1947年版。

六 《大清刑律》的编纂：国家立法工程的力量和弱点

张 生[*]

清政府于1911年1月颁行的《大清新刑律》，是中国第一部近代意义上的法典，它是政府与法学家合作立法的产物，充分体现了中国近代"国家立法工程"的力量和弱点。自《大清新刑律》开始，"政府与法学家合作立法"的立法工程，成为中国近代以来普遍的法制化模式，其力量在于"富有效率"，可以迅速聚集人力、财力，按照预定计划完成立法任务；其弱点是自上而下的立法，符合外国的法学理论、符合世界上通行的法制标准，却未必符合司法适用的需要，社会文化与法制相脱离，法制的预设目的往往落空。接下来我们就来看看中国近代第一个"国家立法工程"——《大清新刑律》是如何编纂的。

一 《大清新刑律》的起草：政府与法学家的合作

自1904年开始，清政府成立了修订法律馆，专门负责编纂各项法律典（宪法除外，由宪政编查馆负责）。主持修订法律馆工作的沈家本，奉命主持修律工作之后，一方面着手修订旧法律，删除枭首、腰斩、凌迟等酷刑；另一方面翻译和学习外国刑事法律，先后翻译了《德国刑法》、《日本刑法》及最新改进草案、《俄罗斯刑法》、《法国刑法》，并聘请日本法学家讲授外国刑事法律。到1905年，修订法律馆完成了一个初步的刑律草案，但该草案与政府"会通中西，中外通行"的立法要求还有较大差距。于是，在财政拮据的条件下，清政府不惜重金聘请日本法学家冈田朝太郎"协助"起草刑律。当时清政府背负《辛丑条约》本息达九亿八千万两的巨额赔款，财政极为困难，修订法律馆一年的经费仅10万两

---

[*] 中国社会科学院法学研究所研究员。

白银，而给冈田朝太郎开出的薪俸却相当优厚，月薪达850银圆，是薪酬最高的外国顾问。

冈田朝太郎名义上是"协助"起草刑律，实际上由其主笔起草。清政府高薪聘请外国法学家起草刑律，实为不得已。一方面是因为当时中国还没有既精通外语，又专门从事法律研究的人才，只好求助于外人。另一方面，冈田朝太郎为日本第一流的刑事法学专家，他毕业于东京帝国大学法科，曾赴德国、法国和意大利留学，回国后不到三十岁即被聘为东京大学法科教授，并获得法学博士学位。正是借助冈田朝太郎的学术力量，在1907年迅速地完成了一部全新的《大清刑律草案》，该草案大体仿效德国、日本刑法。

二 刑律起草的修订与迅速通过：政府的强力保障

按照立法程序，由修订法律馆将刑律草案呈交给宪政编查馆审查，再交付京内各部院、京外各省督抚广泛征求意见，最后由资政院表决通过。

在刑律草案征求意见过程中，先后有学部、都察院、度支部等部院以及二十余位总督、巡抚向清政府提出一千多项意见。大多数中央部院长官和地方督抚对《大清刑律草案》提出了尖锐的批评。兼管学部的军机大臣张之洞、江宁提学使、资政院议员劳乃宣，京师大学堂总监督刘廷琛等均反对全面仿效外国刑法，形成了主张坚持传统的礼教派。综合起来，礼教派所提出的批评意见主要包括以下几个方面：

（一）刑法根源于礼教，中外各国礼教不同，刑法也因而不同；中国自汉代以来逐渐形成"礼法合一"的法律传统，以三纲五常为核心的礼教，为数千年相传之国粹、立国根本，但《新刑律草案》背弃礼教，未规定"无夫奸"、"子孙违反教令"等违反礼教之犯罪；（二）采用太多日语的新名词、新术语，如犹豫行刑、假出狱等，语义难懂，而刑律作为全国通行法律，不应过度抄袭外国语词文法；（三）刑罚幅度太大，一个重罪的法定刑往往跨越死刑、无期徒刑、两等有期徒刑，法官裁量权过大，裁判标准难以统一；（四）刑罚太轻，为求与外国相一致，却难以有效维护国内治安。

修订法律馆在接到中央部院长官和地方督抚的意见后，在刑律草案的总体框架之内进行了有限的修订，除了语言文字的修订外，对四十多个条文进行了删修。至 1910 年 2 月，修订法律馆完成了《修正刑律草案》。在第一次草案的基础上，最大修正之处在于：总则与分则之后，增加《附则》五条；条文总数由三百八十七条增加到四百零九条，一些日语名词采用中国传统用语或通俗易懂的表达方式，例如日语表达方式"犹豫执行"、"假出狱"等改为"缓刑"、"假释"；有关侵犯皇室罪、内乱罪、外患罪、杀伤尊亲属等礼教犯罪的罪名均加重一等处刑。

至 1910 年底，经过修订法律的多次修订，《修正刑律草案》得以交付资政院讨论议决。宪政编查馆大臣奕劻为保证刑律草案的顺利通过，任命沈家本为资政院副总裁，主持讨论议决《刑律草案》；宪政编查馆委派杨度对《刑律草案》进行立法说明；宪政编查馆任命汪荣宝主持资政院法典股的审议工作。杨度、汪荣宝当时都任职宪政编查馆，他们都曾留学日本，在清末法律改革过程中都主张参照日本模式实现法律改革。在审议《大清刑律草案》之前，奕劻已在资政院做好了充分准备，无论礼教派如何反对，都要保证《大清刑律草案》的通过，因为按照立法计划：1911 年是颁行刑法的最后期限。

在资政院讨论《刑律草案》过程中，礼教派仍对刑律强烈不满，甚至刘廷琛提出对沈家本和杨度的弹劾；劳乃宣串联资政院一百〇五名议员，联名向资政院提出修订议案，要求增修有关礼教伦理条款十三条。但礼教派的修订议案送到资政院法典股，主持法律草案审议事务的汪荣宝对劳乃宣的修正全然不予采纳。

在资政院仅议决通过了《刑律总则》的情况下，宪政编查馆大臣奕劻为避免迁延不决，以资政院会期届满为理由，将未讨论通过的《大清新刑律分则》与《暂行章程》一并交清政府颁布。清政府同意了奕劻的奏请，在分则部分没有经过讨论、礼教派意犹未尽的情况下，于 1911 年 1 月 25 日颁布了《大清新刑律》。

三 《大清新刑律》的制度优越性

沈家本将修订刑律的指导思想阐述为："折衷各国大同之良规，兼采近世最新之学说，而仍不戾乎我国历世相沿之礼教民情"，简而言之就是"会通中西"。《大清新刑律》基本采纳西方法学原理，对于传统的中国而言，是一个创新的制度体系。《大清新刑律》可以说是一部高效率的法典，一次性地完成了中国刑法与西方的接轨。

《大清新刑律》采人道主义，明确体现了"罪刑法定"、"人格平等"、"罪刑相适应"三大原则，充分体现了人道主义的轻刑化制度体系。《大清新刑律》总则中对死刑的限制即已十分明确，其第38条规定：死刑用绞刑；第40条规定：死刑非经法部复奏回报，不得执行；第50条规定有：徒刑不得加至死刑。分则之中只有二十九个条文规定了死刑，加上《暂行章程》三个死刑条文，仅三十二条文规定了死刑；较《大清律例》的八百多个死刑条款减少十倍。在总则中以专章规定了"不为罪"、"缓刑"、"假释"；在刑罚中广泛适用罚金，将徒刑最低期限降为二月，拘役最低期限为一日，比传统徒刑大为轻缓。《新刑律》总体上仿照日本刑法，在具体制度方面却比较参考了西方各主要国家的刑法。例如对死刑的规定，是在比较了德、法、英、西班牙等十四国的死刑制度，得出结论：世界各国死刑的执行方式有斩、绞、枪毙三种，用枪毙的国家主要是沿袭殖民地时期宗主国的传统，此法并不可取；斩与绞相比较，绞刑较为人道，并为多数国家所采用，故我国刑律应专采绞刑。

四　　国家立法工程的弱点：文化断裂与脱离现实

《大清新刑律》高效率地成就了政府的政治目的和法学家的理想，但法律最终的成败是以社会效果来衡量的。编纂法典的一般社会标准在于"守成"、"统一"、"更新"的有机协调。守成，以维护固有法律传统，保持法律的连续性和有效性；统一，在于整合各种法律，建立一个完整的法律体系；更新，革除旧法弊端，创制新的制度以适应社会发展的需要。以此标准来衡量《大清新刑律》，以"更新"（西方化）来实现"统一"，没有延续传统的"守成"，造成了传统文化与近代文化的断裂。

近代文化价值体系的转化、重建是一个漫长的过程，不是一次性立法就可以完成的。《大清新刑律》作为近代法律的代表，其中传统礼教之旧价值，与新刑律之个人主义新价值不相容；而辅衬新刑律之新价值，不可能在短时间内由国家培育生成，因此新刑律作为内国法，仅为一具法律躯壳，躯壳之内没有统一的价值灵魂，却充满了中西的纠结、求新与守成的拮抗。

在社会经济尚未发达、国民未能普及初等教育、犯罪率较高、监狱设施不健全的条件下,轻刑体系既不能保障人权,也无法维护社会治安。刑罚幅度过宽和采用不定期刑,要求有一支高素质的法官来适用刑法,还需要建立相应的判例制度、法律监督制度。以至于在民国北京政府时期,为实施《大清新刑律》(删改为《暂行刑律》),先后公布了一系列配套的法律法规:1912年12月《暂行新刑律补充条例》,增加强奸罪死刑;1914年7月《徒刑改遣条例》,十三种徒刑改为发遣;1914年11月《易笞条例》,将三月以下有期徒刑、拘役和一百元以下罚金改换为笞刑;同月《惩治盗匪法》及其施行法,对强盗、匪徒增加死刑适用,并以枪毙方式执行;1914年12月《私盐治罪法》,增设"私盐罪",增加两个死刑条文,并以枪毙方式执行死刑。《大清新刑律》中人道主义的轻刑化,在现实适用中又渐渐重刑化。

七 倾听"保守者"的声音

俞 江[*]

清末修律，吉同钧没有功劳也有苦劳。然而，人们已经忘记他了。

我一直知道他写有《大清律讲义》，很多图书馆都有，宣统二年法部核定本，以为是大路货，也没想过提阅一下。终于引起注意，是因为很偶然地翻到他的《审判要略》，总结古代刑官问案技巧的，也是宣统二年法部核定本。书后附有一些论文，当看完名为"上修律大臣酌除重法说贴"一文后，不由吃了一惊。哪怕不核对原文，也能发现，它太像收在《寄簃文存》中的那篇《删除律例内重法折》。但后者是光绪三十一年（1905）的事，前者却注明光绪三十年五月。这本书面世时，事件亲历者皆在，又是法部核定，颁发全国，作伪可能性不大。那么，是否可以说，是吉同钧，而不是沈家本、伍廷芳首倡了删除重法一事呢？

关于《删除律例内重法折》，那就大大的有名了。正是通过删除重法，打开了修律的缺口。这一"删除"，实际上也废除了乾隆六年（1741）的律文不准变动的定制。祖宗成法，本来不敢妄议的，一旦可改可删，取而代之的时候也就不远了。顺便说一下，清末修律，"礼、法"之间争得很凶，惟在重法删除上态度却一致。其故或在于，新派人物认为，删除凌迟、枭首、戮尸、刺字等，当然都是与"国际接轨"的重大举措。而旧派人物看来，这一切又都是"仁政"的切实体现，是歌功颂德的绝佳题材。

在《审判要略》后的跋文里，还了解到吉同钧的其他一些情况："石笙（吉同钧字石笙）先生本文章钜手。其治律也，直登其乡先生薛云阶尚书之堂而蔵其醖。西曹中久推老宿，比年名益隆，以法部正郎承政厅会办兼充法律馆总纂，并分主吾律学馆及法律、法政两学堂、大理院讲习所四处讲习，一时执弟子礼者千数百人……所著法律书稿綦富，而《大清

---

[*] 华中科技大学法学院教授。

律讲义》一种乃至风行半天下。"这又让我吃惊不小。律学馆是沈家本为培养法律人才奏开的,辖于修订法律馆;京师法律学堂为法部所属;京师法政学堂则属学部;大理院相当于今天的最高法院,大理院讲习所则是专门培养法官的,能身兼清末这四大法政专门学校的律学教习,是对治律之人的一种极高的荣誉。于是找来一本京师法律学堂同学录核对,确载其间。而查《大清现行刑律》卷首的衔名,"总纂官"五名,吉同钧列第一。

从此就极欲了解他的生平、下落和更多的文章。然而,宣统三年以后,吉同钧的名字仿佛石沉大海,从此杳无音信。那是一个离我们并不遥远的时代。但不光是吉同钧,我发现,连民国间的人物,只要没有一官半职,又特别是研究法政的,哪怕学问很好,也从此在历史中失踪了。

当然,吉同钧的失踪并非后一种原因。他的失踪乃是因在修律中持保守的立场,这些则是在找到他的晚年诗文集后才发现的。现在看来,吉同钧的踪迹并非难以寻觅,但辛亥以来,民族思潮,狂飚猛进,日新月异,"保守"一词几与"落后"同义。谁还会去注意一个以遗老自居的家伙?而舆论渐为激进人物把持,保守者之湮没无闻,也就在情理之中了。然而,为什么不能倾听一个保守者的声音呢?

清末修律,不可能以一二人之力毕克其功。参与其中者,自然是激进与保守混杂,且无保守亦无所谓激进。关于修律之评价,后世有谓之中缀者,有谓之功成者,无论谓之中缀或功成,皆激进与保守之合力所致。杨度、董康、江庸诸人,史家类能道之,然杨、董、江等人,激进者也。至于沈家本,则浓墨重彩,大张旗鼓,然沈家本乃持厥中而总其成者也。保守者谁?前此学者,言必称张之洞、劳乃宣。张、劳诸氏,皆非学律之人,于修律一事,不过观其成而发其议,至删并旧律之轻重、博参西律之缓急,终难深察,故其所发之议,恐难免道听途说,以此二人视保守一方,亦终致隔膜。惟吉同钧,乃深谙律法之士,用现在的话来说,他是一个懂得制度的保守者。

事实上,吉同钧从不反对修律。尚在光绪二十九年(1903),他就于刑部内首倡删除重法。1903 年,对于中国法学来说是一个重要的年份。就在前一年,国内还只有一些零星的国际公法、宪法、商法等书籍,但从这一年起,人们突然发现,书坊中冒出大量从日本翻译过来的法政书籍,且门类齐全,几乎涵盖了今天所知道的所有现代法学中的分科。或许可以说,尽管西方法学传入中国已经很久了,但只是到了 1903 年,一般国人才真正有了认识西方法学的完整面目的机会。然而,书籍翻译到知识的吸收,还有一个较长的过程。这一年,在刑部里突然提出"现今中国之法网密矣,刑罚重矣"的观点("上刑部长官减轻刑法书",吉同钧:《乐善堂文集》卷七,1932 年刻本,以后不注明出处者,皆自该文集),当然不是基于什么人权学说,但即使是从"仁政"的角度出发,在谨守法度的刑部一班人物眼里,也算是很激进了。因此,他在一段时间里遭到"遏抑",也是很正常的了。然而,那个时代就是这样奇怪,没过几年,一个激进者就成了守旧者。才 6 年时间,到了 1909 年,几乎按他的意见在原来《大清律例》的基础上删除改并而成的《大清现行刑律》已经出台。但是,对同时期出台的另一部按近代刑法原理修订的《大清新刑律》,吉同钧却已坚定地站在了反对立场上。

激进诸子,每有言及修律期间与"守旧者"争。故关于《新刑律》之争,张之洞、劳乃宣等尚在其后。事实上,草案未出炉,争论已经开始。据吉同钧回忆:"当时馆员十余人列座公议,鄙人首以不适实用,面相争论,并上书斥驳,无如口众我寡,势力不敌。随即刷印散布,外而各省督抚,内而六部九卿,群相攻击,举国哗然。"可见,尽管参与修律诸公在以后总是说修律时他们处于劣势,但是,或许在修律的圈子里,真正处于劣势的恰恰是守旧一方。否则,《大清新刑律》的草案就很难出台。另外,虽然吉本人没说,但我仍然怀疑,以吉同钧为首的法部"守旧者"对"礼法之争"的发起,有着某种重要的作用。因为,律例乃专门之学,非治律出生根本无从置喙。各省各部能立生反应,言之凿凿,群猜汹汹,其中必有所恃,而所恃者,要么律学专家,要么法政留学生耳。

而且他接着说:"复交法部会议,尚书廷杰亦极反对,即派鄙人总司修改之事。鄙人调和其间,以为逐条改正不惟势有不能,亦且时有不给,因另拟章程五条附于律后,藉为抵制弥缝之计,从此定局,奏准定于宣统六年宪政成立之日颁行。"所谓"调和"其间,按现在的话说,无非是听取各家之意见,平衡众仙之利益。"礼法之争"终于因"礼派"人多势众而取胜,战果即《新刑律》后所附之《暂行章程》。此五条章程,历来被史家冠以倒退、落后、"封建"等辞。吉同钧欣然自承,不由不让人相信。

但,更关键的是,在"口众我寡"的形势下,是什么支撑他坚持新律"不适实用"的观点？是什么样的知识背景或信仰使他如此自信？这个问题的意义只要换个角度就清楚了，即，像吉同钧这样一生浸润于律例之学的旧式法学家的心目中，法律是并且应该是一种什么样的制度呢？要坚持己见，并不是光有勇气就足够的，更重要的还得有底气。读完文集中的《法律门》后，隐约发现，吉同钧的底气就在于他对律例有着深刻的把握。在他的眼里，好的法律系统总是需要具备一些条件。这些条件，归纳起来，大致有三项。

第一，是有一批具备一定"道德器识"的"法律人"。他坚信，一个好的"法律人"，是不能"舍道德器识而专求法律文艺之间"的。因此，这里所说的"道德"，就是个人道德修养，而这在今天已有很多讨论，不多说了。倒是"器识"二字，现在不大听人谈起。所谓"器识"，是与"文艺"对立的。这使我想到"通达"、"练达"这类词。古人评价读书之人常用"通达"二字；评价办事之人常用"练达"二字。我觉得，无论"通达"、"练达"，皆落在一个"达"字上。读书不能通的，是书蠹，但"通"是否就"达"，似乎未必。办事尚未"练"，那只能算跑腿的，但"练"是否就"达"，似乎也未必。吉同钧所说的"器识"，通达、练达之"达"乎？

第二，"言法者"须深得"法外之意"。这似乎也是老生常谈，但依然重要。法律不可能穷尽宇宙。文字中不可得者，斯乃"法外之意"。其实，吉同钧说的"法外之意"很复杂，不光是"纲常"一类，还有"人情风俗"以及法律固有之"理"等等。这里不去展开了。就说这个"纲常"吧，对于旧律来说，它虽不能涵括一切律文，但总算是一个明确的纲领。那么，对任何一个成文法，是否都需要一个能够体会的、作为达成某种共识基础的"法外之意"呢？当然，还可以把这个词换成法的精神、纲领、本位、目的、理念或其他什么的——反正，如果不作名实之辨，不过都是时髦与否的区别。总之，一种制度之于某个社会和时代，是否终需观念层面上的某种共识呢？尽管现在很多法学家都拒斥和嘲笑这个东西，但我总觉得，那些否定态度也颇值得怀疑。道理或许就像吉同钧的那些话一样直白而朴实。而且，只要想想没有共识的情况就清楚了：如果我们都还承认"律有未尽"之时的话，那么，在没有共识的情况下，于律文有所穷之时，司法之士以何待之？总不能让他像一个站在抽象表现主义绘画面前的观众，只能抒发一通个体主观感受罢。所以，需要询问的是，今天我们的法律体系的"法外之意"究竟是什么？换言之，我们最起码的共识是什么？阶级斗争？国家主义？自由主义？全球伦理？经济成本？效率？稳定？或者根本没有共识。如果我们连"是"什么都说不清楚，却偏要大谈特谈"应该是"什么？那就难怪执法者可以"高下其手"，也就难怪"民无措手足"了。

关于第三种条件，本来想叫它"经验思维"，但又怕人们马上联想"经验哲学"或"归纳逻辑"等，没办法，干脆以来源而直呼为"例学思维"。

先来看这样一段话："新订之律，表面仅四百余条，初阅似觉简捷，而不知一条之中，实蕴含数条或数十条，将来判决例成，仍当取现行律之一千余条，而一一分寄与各条之内，不过体裁名词稍有不同耳。"（《律学馆第四集课艺序》）这话是吉同钧在《新刑律》出台不久后的评论。其意不是要恢复旧律，但却相信不光是旧律之精义，而且旧律的内容，都是新律所不能废的。旧律的内容，最终仍会通过一种叫"判决例"的东西得到恢复。我想，不但是对旧律精神的信仰，而且因为对"判决例"的功能的深刻把握，才使吉同钧有了一种抵拒新律的勇气。然而，这种对例的认识，还得从知识背景谈起。

吉同钧曾向律学馆的学生讲起他的治律经历：

"通籍后果分刑部，适值乡先前辈薛、赵二司寇先后迭长西曹，因得日诣门墙，质疑问难。从此律学稍有门径。然于办法之法尚茫然也。后充奉天、四川等司正主稿六年，任秋审坐办三年，任提牢一年，又兼充京师内外工巡局审判官三年，阅历既多，情伪尽知。然后案件到手，办理稍有把握。但仅折狱于京师，尚未周知京外情形也。嗣经裕寿中堂奏派随往哲里木盟审判案件，周历奉天、蒙古各地，又知关外土俗与内地不同，而蒙古人情又与关外有别，始恍然于大清律例止可治内地，不可治外藩。从此研究理藩院、蒙古律例与大清律不同之故，知律之为道，因地制宜，因人立法。而以胶柱鼓瑟之见，求之则左矣。上年并充修例馆提调、法律馆总纂，博览英、美、德、法、俄、奥、和（按：指荷兰）、比、日本各国刑法，更觉法律一道，广大精微，变动不居。"（《律学馆第一集课艺序》）

这段文字，或许也可看成律学家所需要的条件罢。那就是：有名师指点、有丰富的办案经验以及广博阅历。所谓"薛、赵二司寇"，乃清末先后任刑部尚书的律学名家薛允升、赵舒翘。得此二师指点，吉同钧还说他对律学仅"稍有门径",绝非谦辞。

律例之学,未有不经办案能自通者。清代通律例者有三种,一种所谓的"刑名幕友",俗称"刑名师爷",是专门帮地方官处理案子的;一种所谓的"讼师",专在民间帮人打官司,但常为朝廷所不许。《刑案汇览三编》中还记载有讼师因"教唆词讼"而被流放边疆,年满仍不准回藉的案子,那已是清中期的事;另一种就是所谓的"刑官",即刑部司员。他们一般是科举出身,素质较高,且在刑部办案多年,并能接触到最完整的刑案资料。故律学大家往往出自西曹。总之,要精通律学,出身尚非首要,重要的是须办案有年。

律例之学非读律即能掌握。既称律例,则律不能脱离例而独行。律文修纂事关重大,修订之后,各朝皆有不得妄议律条的规定。清代乾隆六年定制,律文再不得改动,例则五年一小修,十年一大修。彻底堵死了律文随时损益的可能性,律不能随时代变迁而调整,这就导致例在司法实践中的地位日趋显要。刑官判案,于是每每援例而不引律,甚有所谓"律自为律,例自为例"的现象。实际上,经过清末修律前的最后一次即同治九年(1870)的修例,例文已经从乾隆五年的1409条增加到了1782条,130年间例文增加了373条。而条文增加还不能说明变化之巨大。修例还包括删除、修改、修并、移并、续纂等情况。加上这些情况,可以说,乾隆年间的例到了吉同钧看到的时候,早已面目全非。这样的结果,即使是熟悉律例的刑名幕友,也往往因为资料有限,或不熟悉新例而在判案中误引错引。其中,特别是将已经废除的条例援引在案,是时常发生的。

而这还只是例的情况,如果出现例所不备,则可援引所谓的"成案"。就现在掌握的情况看,成案的变迁是很快的。每种律目下可援为成案的二三十年就有一种更替,或严或宽则视具体情况,并无准据。大约50年以上的成案,已经被称为"远年成案",除非近期的成案中实在找不到类似情节,方能援用。这样,如果对成案不熟悉,要在清代办理案件简直是不可能的。又由于刑部总汇天下刑名,所以,律学名家大率出于刑部也就不足怪了。有学者认为,研究中国传统法律不应仅限于"律学",还应该有一个"例学"方臻完善,这是很有道理的,而研究"例学"的关键,恐怕更在于把握成案的变迁罢。

然而,为什么迟迟不能建立起一个像样的"例学"?一方面,固然资料缺乏整理。另一方面,与长期以来误解"例学"中的方法论有极大的关系。援例断罪常用的是什么方法呢？无疑是"比附"。但一直传说着这样一种观点，"比附"就是"类推定罪"，就是罪刑非法定，于是，也就是野蛮时代的刑法原则的代名词。其实，"比附"和类推是两回事。"比"者，比对、类比、比较也；"附"者，附丽、附着也。和什么"比"？当然是和已有的先例比。"附"于什么之上？附于成例和成案之上。"比"什么呢？主要是事实和情节。一般来说，根据律文能够确定的只是案件的性质。但是，仅仅知道了是故杀、误杀还是戏杀，或者区分了强盗还是贼盗，是远远不够的。"刑官"们被要求对案件情节作非常细致的分析。未遂的，是临时畏法退缩，还是害病不往；放风的，是否接过赃物或上前帮手、威吓等。仅一个杀人，就有30余种在经验中被区分出来的较明确的情节，如火器杀人、一死数伤、致毙老人、致毙小孩、致毙妇女等。只有根据这些情节，找出相同或相近的例或成案，才能真正做到不但定罪，并且量刑。可以说，成例或成案是判断本案刑罚轻重的上下浮动的根据。

因此，"比附"这种方法，更多地是运用在例的选择过程中的，它指的是在已经找出性质相近的例或成案的基础上，拿本案和这些先例比对，并找出与本案情节最相近似的例或成案，作为审判结果的最终依据。举一个例子，比如，犯擅杀（杀人，但所杀之人如经审判亦为死刑）的罪犯在秋审时究竟入实还是缓决？在清代，一般来说是，杀死一二人就入缓决；杀死三人以上，则入实。按现代法学的逻辑是无法理解的，我们会问：一人也是人命，三人也是人命，区分的理由是什么？但因为有成案作为依据，则不需要讲什么理由，刑官的任务，在有例和成案的情况时，只需把相类似的情节作细致和准确的比对。例和成案就是权威的本身。

例和成案成为办案的基础，但围绕二者的争论仍是广泛存在的，沈家本编订的《刑案汇览三编》中的大量详文原稿显示，刑部与督抚——实际上是与他们的幕友——之间所争论的大多数问题，就是哪一个例或成案更适合本案。总之，清代的治律之士，必须能迅速准确地找出最适合本案的例或成案，否则就是无法胜任刑名重任的外行。当然，并不否认有"破例"的情况，而能"破例"之人，皆是例案早已融贯于胸，又于例案之外旁征博引，确能让世人心服。这已非有"道德器识"之律学家所不能为了。而一旦"破例"，所破之例案往往就在今后的十数年里成为处理同类案件的新的依据。

这样的事实可能与人们的想象完全相反。今天，一想到中国古代司法，就是类推判案，就是草菅人命。实际上，各种传世的刑案汇编却显示，律、例结合的审判方式，使得案件经验地但又必然地深深镶嵌在相类案件之间。可以说，审判中无论是方法还是结论都是相对严格的（那种经过反复争论导致"破例"的情况，则是这种严格性的另一种表现）。而能做到这种严格性就是因为"比附"。

"比附"和"类推"在逻辑上是区别很大的思维方式，如果说通过抽象的律文定罪是一种定性分析，那么通过与例或成案中的情节进行比对的工作，即"比附"，就是一种定量分析。前者如果说是以概念和语句为依据，以三段论为方法，后者则以情节和事实为依据，以经验归纳为方法，二者本是司法实践中不可或缺的两个面向。没有律文的总结，例就失去纲领，变得鸡零狗碎，可能像原始部落的法一样，一个伤害要区分伤的是胳膊、大腿，还是眼睛、牙齿。反过来，没有例的经验，律则是枯槁皮囊，无血无肉。须知，所谓律文的推演，只有概念的类的推演，无所谓情节上的"类"的比较。概念与概念之间的推演，或许在字面上讲得通，在司法实践中，却往往因为太大的空间需要填补，从而使类推往往流于有"推"无"类"。

没有例的制度，不懂得"例学"，没有那种对例的感觉，很难真正理解吉同钧这种多年浸润于"旧律"中人的言说，因此，也终于将他的经验之谈与他的关于"纲常"之说一起当作迂腐之论而抛弃。旧式"刑官"，在大量的案例辨别和比对过程中，一种"例学"思维已经深入骨髓。这种思维表现为，一方面，先例是神圣的，例的比对工作也是相当严格的，案件的审理工作，首先被简化为先例的寻找工作，只要找到了类似先例，案件审断就只能按先例来，一般没有更改的余地。正是在大量的遵循先例工作中，一种对法律权威的尊重之情内化了。同时，由于事物变幻万千，一种事情总是有多种处理方法，因此，也就总是有多种选择。前人的选择究竟是偶然还是一种聪慧的表现呢？往往不得而知，但有一条却很重要，前人的选择，因为国家权威的支撑，选择结果已成规则，这些规则，很难说每一种都有大道理，但也难免有一定道理。而在承认这些规则和理由的同时，一种尊重前人经验的意识也牢固地树立起来。

另一方面，例的形成是经验的，案件与例的比较是具体的。大量的案例使治律之人看到的纷繁复杂、无穷无尽的生活在涌来，这不是通过一个条文的推理，甚至也不是靠已经积累起来的那些成例与成案可以处理的。且不用说大千世界"情伪万端"，总是有新鲜事物、手段不断涌现，情节的比对，总会"有时而穷"。也不用说即使非常类似的案例，尚不可能在每一个情节上都完全同一。只要想想，即使能找到情节上完全同一的案件，只要时间、地点、当事人等任一要素有所不同，都仍然可能影响判案的结果，那么，就可以理解吉同钧所言的："知律之为道，因地制宜，因人立法。而以胶柱鼓瑟之见，求之则左矣。"这段话，本来是讲不同地方的立法，但又何尝不是因多年亲炙案件而发的经验之谈？

总之，这种例学思维就是，一方面是对前人的智慧及所创建的先例的权威保持尊重，另一方面又知道规则应该具体而论。规则，没有最好，只有适合。这是极为经验的认识。而这种经验认识，是几乎内化在每一个象吉同钧这样的旧律专家身上的。只有理解了这一知识背景，才容易理解为什么吉同钧会反感废除《大清律例》。他始终认为，"大清之律非大清所创造也，中华数千年之国粹，经历代圣君贤相参合理法，以辑为成书"。(《刑法为治国之一端若偏重刑法反致乱国议》)，是想抛弃也抛弃不了的，这或许又要被人指为迂腐之言，但如果暂时忽略他所强调的律例中的"经义大旨"，只从律例里面有前人的经验累积和规则选择来看，则是无可非议的。而在此基础上，得出旧律乃最适合中国人的法律也就很自然了。他说："不知外国法律，行之外国则尽善，行之中国难尽通。夫以中国政教统一之邦，而直奉川陕各省犹有专条，蒙古有蒙古之例，回民有回民之例，苗蛮有苗蛮之例，彼此犹难强同，况中外风俗不同，宗教各异，而欲屈我之法就彼之范，岂非削足适履乎？"(《大清律讲义序》) 真的，如果不考虑吉同钧的知识背景，看到这些话，或许会以为仅仅是一个守旧老人的固执，但对他来说，一生所受的专业训练，却只能得出这样的结论，这不过是一个深谙制度之人的大实话。

但或许吉同钧错了，或许法律体系只要有观念上的正确指引，不靠经验积累也能运作。事实上，今天的法律系统——如果说残缺的"系"和"统"加起来也算系统的话——就是这样。但这是怎样一种运作？同一类案件，此地立案，他处驳回；同一情节，南省判刑，北省无罪。古人常恨"高下其手"，然而"高下其手"毕竟还有一个可高下的准绳。想象一下，连这条准绳都没有，对法律条文的理解可以天马行空，那是一种什么感觉？但有些事实就是千真万确地发生在号称迈入法治昌明的21世纪的今天。更可怕的是，那些相互抵触从而也是不公正的判决，被号称公正化身的裁量者炮制出来，昭示于光天化日之下，其结果，只是摧毁了大众最后一丝期许。它不但昭示着一种恶，而且本身就作为恶的化身，从而将社会风气搅动得烦躁起来。它的实质，是要让大众在绝望的氛围中生存，是喝令那些对公正失望后的百姓再次匍匐在权势的面前。

面对这样的情形，不得不问，为什么没有先例可循？哪怕一个恶的先例，如果每个人都必须遵从，尽管让所有人都忍受恶例之苦，但至少让人感到平等是真实的。而事实上，我们的法律连这一点都不敢承诺。总之，不仅仅是中国传统法律研究中缺乏"例学"，而且，今天的各个部门法学都应该反省，为什么只有"律学"而缺乏一种应该被称为"例学"的知识系统。这样的局面，意味着我们在关于法的方法和法的制度的把握上有着某种缺陷。可以说，一种重视经验的、实用的、系统的、长成的传统法律方法论丢失了。由于这一知识系统直接影响着民生与民命，因此，它的丢失也就显得更加不可原谅。我们都说法制不完善，或许，法制最大的不完善，不是条文的多少，而是已有的条文不能有权威，未有的条文不能形成惯例；我们都说法官素质不高，既然法官的素质不高，又何必强求他在抽象条文中苦苦推演。其实，法官素质高又能如何？没有先例可遵循，或有先例没有权威，就算法官都是法学博士，难道不一样只能以己意定高下？总之，这一状况是真的，没有参照系，连经验积累也不系统；没有思想渊源，连方法论传统也被丢弃，法律和法学在虚假繁荣里高歌猛进。

八 冈田朝太郎与晚清废除比附援引
——兼论法律进化论在近代中国的影响

李启成[*]

内容摘要：冈田朝太郎对晚清废除比附援引、确立罪刑法定的法制变革起了决定性作用，但他本人服膺于法律进化理论，视西式罪刑法定为文明之制，简单将"比附援引"与"不应得为"画等号，归于落后、被废除之列。他对比附援引的认识实属"误会"，没能看到比附援引与皇权专制之关系，更不可能注意到它经长期运用所发展出来的在维持罪情均衡、限制审判官滥用权力方面的技术优势。在强大的法律进化时代思潮影响下，深通旧学的沈家本为其"拾遗补阙"，吉同钧保持了沉默，晚清法政人多接受了冈田之观点，促成了制度变革。但法律进化理论所带来的对历史和国情的过度忽视，亦对制度变革产生了不利影响。

中国近代法不同于传统法，是域外法开始产生决定性影响，中西、古今得以在时、空两个层面正式聚焦。正是在这个意义上，"整个一部近代中国的法律史，其实就是一部中国法与外国法、中国政府与外国法学家之间冲突又调适的历史"[①]。故学者对来华的外国法学家，尤其是政府正式聘请来协助变法的，展开研究，是中国近代法研究中的重要内容。冈田朝太郎（以下简称"冈田"）就是其中特别重要的一位。学界对他的研究，多为泛泛而谈，肯定其对中国法律，尤其是刑事法近代化所做的巨大贡献。迄今为止，研究最深入者当推黄源盛教授所撰写的专文《清末民初近代刑法的启蒙者——冈田朝太郎》。该文从传记法学的角度，利用了很多中日原始文献，较为详尽地追述了冈田的学术生涯和主要著述，总结了

---

[*] 北京大学法学院教授。

[①] 王健：《代序》，载《西法东渐：外国人与中国法的近代变革》，中国政法大学出版社2001年版。

他对清末民初中国刑事法制的贡献,即"近代刑法的启蒙者",黄教授并用诗化的语言有这样的描述:"而我们依稀见得,在二十世纪初期,那位殚精竭虑,为清末民初刑事法近代化而白了中年头的智者身影,冈田有情来下种,中国刑事法因地果还生。"[①]

我大体同意黄教授这种宏观层面上的判断,更从该文受益良多,但我以为,要进一步深入研究冈田这个重要人物与中国近代法演进之关系,还需转换视角,进行微观层面上的研究,以与宏观研究之结论相印证或补充。这种微观研究,可从冈田的一段经历、一篇论文或专著、一个具体的学术观点等多方面展开。鉴于学界此类研究尚少,我这里即以一重要的具体法律制度的变革为中心,来探讨冈田的知识结构对中国法律近代化的影响。这个制度变革就是在晚清引起极大争议的废除比附援引、确立西式罪刑法定。

本文的大致思路为:首先探讨晚清法政人是基于什么样的理由强烈要求废除行之已达数百年之久的比附援引制度,接着评述冈田所接受的法律进化论直接导致他对中国传统比附援引制度缺乏起码的认知。在此基础上以沈家本和吉同钧为例来勾勒冈田对晚清法政人废除比附援引、确立罪刑法定这一制度变革的决定性作用,进而分析法律进化论对刑事法制变革在近代中国的影响及其得失。

一 自主而非被迫:晚清废除比附援引

晚清法律改革的主要动因是朝廷在与列强的外交中一再失败,不变法不足以求存。变法是要求存,求存必须尽可能消除内忧外患。内忧多因外患而加剧,故需从消弭外患入手。具体到法律改革,最主要同时也是最直接的动机就是要废除领事裁判权。以武力收回的方式在庚子国变中已充分证明其行不通,朝廷遂转趋和平一途。"和平"即意味着与列强接轨,外人的观感基本上决定了中国具体法制的存废。这是晚清变法修律以"西化"为导向的原因所在。

具体到比附援引制度,是否亦循此途径呢?也就是说,是不是因为西

[①] 黄源盛:《清末民初近代刑法的启蒙者——冈田朝太郎》,载《黄宗乐教授六秩祝贺——基础法学篇》,学林文化事业有限公司2002年版,第155—188页。

方人对中国的比附援引直接提出批评，认为它的存在与国际通行做法相悖而要求清朝廷废除呢？答案是否定的。

在中西法文化最初接触之际，西方人对中国法律的关注，主要聚焦于司法审理的一些关键程序；最后集中到一点，那就是管辖权问题。① 即便他们中的某些人想深入关注中国传统法的具体运作，也因语言文化之间的隔阂，不能做细致入微的考察。随着中西法文化交流的展开，西方人对中国法制的认识，由粗线条的观感到深入其中来理解，本是顺理成章的事，但鸦片战争后列强在华领事裁判权得以确立，西方人失去了关注传统中国法具体内容之实用动力，尤其是像比附援引这个以实现情罪均衡为主要功能的法律规则补充手段和法律运用技术。盖领事裁判权制度赋予了在华外国人司法特权：他们作为被告涉案，由该国领事（也包括外国后来所设立的各类司法机构）根据其本国的实体法来裁断，中国固有法主要是一些实体方面的规定，故从此与外国人没有直接关系，从实用角度而言，他们不需要深入了解。因此之故，尽管多方查阅，我终未找到在晚清变法修律之前外国人关注比附援引制度的相关资料。进而可以断定，将比附援引视同于类推，并与来自于西方的罪刑法定原则置于矛盾地位，处于被废除之列，是中国人主动引入西政西法之后，返观固有法律制度的认知结果。在这个意义上来说，是自主自发，而非外力逼迫出来的。黄源盛教授对比附制度沿革的一个侧面进行了梳理，即指出，"到了大清现行刑律，又加上了'若辄断决，致罪有出入，以故失论．'这样，擅断成了犯罪。再进一步，变成大清新刑律第十条，丝毫不觉得不自然。至于刑罚的形式由多元的命令，变成一元的法律，那是三权分立的理论必然的结果，无可避免的历史宿命"②。如果是外力逼迫下的产物，定会有明显的断裂，不可能是"丝毫不觉得不自然"。

在中国人当中，最早注意到西方式罪刑法定原则的是黄遵宪，其时他担任驻日公使，在《日本国志·刑法志四》将日本《旧刑法》第二条翻译如下："法律无正条，虽所为有不合者，不得遽行其罚。"接着解释：

---

① 参考［美］马士《中华帝国对外关系史》，上海书店出版社 2000 年版，第一册，第 106—134 页。

② 黄源盛：《传统中国"罪刑法定"的历史发展》，《东海法学研究》，第十一期，第 40 页。按：黄教授在这段论述中用词有点疏忽，即"若辄断决，致罪有出入，以故失论"乃《大清律例》固有律文，而非《大清现行刑律》的新变化，但这细节不影响黄教授的结论。

"刑法为一国公法，官民所共守，未有正条而处罚之，似为非理。然而旧法条例未备，不得不别设不应为一律，以备临时拟议。新法既删除此条，并明示此语，所以防滥纵也。"① 黄氏之翻译和解说一则有郢书燕说之嫌，且该书在很长时间内影响有限，② 纵有影响后，也多限于经济、行政和军事方面，③ 故其关于罪刑法定的论述未能引起多少关注。

1905年正月印行的中外法制调查局译稿《修订法律大臣鉴定日本刑法》（章宗祥、董康合译，严谷孙藏订正），这是日本旧刑法的官方译本，其第二条的译文为"法律上无正条者，无论何种行为，不得处罚"④。这为译者随后拟定《刑律草案》提供了部分知识来源。1905—1906年有章宗祥和董康联合纂拟的《刑律草案》，按照孙家红博士的归纳，它是近代中国首部由国人自己主持起草的刑律草案，试图引进近代欧陆法系的刑事立法体例，舍弃以往律例合编、六曹分职的旧律格局，采取"总则"与"分则"并列的立法技术。⑤ 该草案第五条即规定删除比附援引，确立罪刑法定：

> 凡律无正条者，不论何种行为，不得处罚。
> 案语：谨案比附加减，起自有隋，唐赵冬曦力陈其非，未能刊改。窃思科条愈简，而所赅愈广，愈详而致用愈疏。今律倍于《唐律》四分之三，比附之案，日出不穷。欧洲德、法、意、比等国刑法，不过数百条，未闻豪猾遁于纪纲之外；俄刑法一千七百余条，繁密等于中国，每有例无明文，援引他条，呈诸议院凭众评决之事，此其证也。夫法期于信，能信斯责民以能守，若决生死于堪拟之抑扬，判重轻于司谳之憎爱，周内之害，实难罄述，既为各国所诟病，又为

---

① 黄遵宪：《日本国志》，吴振清等点校，天津人民出版社2005年版，下卷，第721页。

② 按照吴振清先生的考证，该书于1882年大约已成草稿，1887年夏书成，随即分别向李鸿章、张之洞和总理衙门赠送，但因书稿为正书付样，也没引起总署的注意，直到甲午一役，该书才正式出版。（吴振清："前言"，载黄遵宪：《日本国志》，上卷。）

③ 吴天任：《黄公度（遵宪）先生传稿》，近代中国史料丛刊续编第67辑，文海出版社1979年版，第371页。

④ 《修订法律大臣鉴定日本刑法》，修订法律馆1905年版，第1页。

⑤ 孙家红：《清末章董氏〈刑律草案〉稿本的发现和初步研究》，《华中科技大学学报》2010年第3期；孙家红：《〈光绪三十二年章董氏〈刑律草案〉（稿本）所附签注之研究》，《华东政法大学学报》2010年第4期。

前哲所非议，亟应乘此时机，首予废止。兹拟准泰西文明之制，不论何种行为，概不得以未定之法律治之。法网稍阔，容有失出之弊，然失出就愈于失入，权衡弊之轻重，亦应尔也。①

通观该条文及其案语，即可证明是近代中国法政人获得法政新知后，主动要求进行这种法制变革的。其理由大致是以下两点：从比较各国的立法技术来看，抽象条款较之具体条款所适用的范围要广，其流弊较具体立法再进行比附援引为小；罪刑法定乃文明制度。

接着，晚清立法引进罪刑法定的是1906年出台的《刑事民事诉讼法草案》。②该草案第76条规定："凡裁判均须遵照定律，若律无正条，不论何项行为，不得判为有罪。（此条系指新定刑律。若新律未颁行以前，仍照旧律办理）。"③该草案之制定，学界多认为出于伍廷芳之手。④一则《刑事民事诉讼法》草案，因部院督抚大臣的反对而未能生效；二则伍廷芳旋即退出法律修订工作；三则这种来自英美法的观念在当时中国缺乏市场且与主流的继受欧陆的日本新法学有较大差距，⑤未能产生重要影响。

---

① 黄源盛纂辑：《晚清民国刑法史料辑注》，元照出版有限公司2010年版，第7页。该草案藏于社科院法学所图书馆，孙家红博士最先发现予以介绍，后收入本书。

② 由于该法最后并未实施，所以从实际效果而言，民国时期的学者一般把直接渊源于《大清新刑律》的《暂行新刑律》视为最早规定罪刑法定原则的法典。如张芝振云："罪刑法定主义，《暂行新刑律》始列为刑法上原则之一"；蔡枢衡云："我国刑法之采罪刑法定主义，始于暂行刑律。"（何勤华等主编：《民国法学论文精萃·刑事法律卷》，法律出版社2004年版，第170、183页。）

③ 上海商务印书馆编译所编纂：《大清新法令（1901—1911）》，商务印书馆2010年版，第一卷，第431页。

④ 冈田认为是由伍廷芳英文起草，由陆军部丁某翻译而成；(冈田朝太郎：〈清国ノ刑法草案 二付テ〉，日本《法学志林》第12卷第2号，明治43年，第119页。）董康则断定是伍廷芳与美国顾问林某所草。（《董康法学文集》，中国政法大学出版社2005年版，第464页。）这方面的研究参考李欣荣《清季的刑律修订及其思想论争》，博士学位论文，北京大学历史系，2009年。

⑤ 《清朝续文献通考》评价得非常中肯："废旧律改用日本法，名曰新刑律。此复另设诉讼法，以与新刑律相辅而行，闻此册系修律大臣伍廷芳所草……此章全系翻译美法，匪但与中国习惯不合，且刑法既抄袭日本，而诉讼又袭美法。狐裘羔袖，亦非一色。"（刘锦藻：《清续文献通考》卷二百五十五，刑考十四。）

由留日法政学生翻译，上海商务印书馆1907年出版的《新译日本法规大全》中的日本《旧刑法》第二条为"法律无正条者，无论何等行为，不得罚之"，①乃近代西方罪刑法定条文的较早且影响甚大的文本。

在传统社会，虽也有人对比附援引的做法提出激烈批评，甚至要求彻底废除，②所谓"为前哲所非议"，但该制度与"断罪引律令"一起，是帝制君主兼治臣民的必要法律手段，共同构成了"帝制法治"的一体两面，因此主流思想是将该制度进行以限制其运用为主要内容的改进，而不是将之彻底废除。及至上个世纪之交，开始有大批中国人出国留学习法政，得知欧美日本诸先进国家皆实行了罪刑法定，尽管他们中的大多数人还没有清晰意识到此种新式罪刑法定与传统"断罪引律令"之间的本质差别，但还是将这种罪刑法定与文明制度画上了等号，从而将比附援引制度作为其对立面的落后制度而要求废除之。

二 冈田的误会：不应得为＝比附援引

冈田（1868—1936）曾在东大法学部专攻刑法并留校任教，30岁时游学法、德、意等国，归国后继续在东大任教。正当其在"国内学术声望达于高峰之际"，③来华出任钦命修订法律馆调查员兼法律学堂教习，襄助中国修律事业。从此在中国一待就是十年（1906—1915）之久，为中国法律近代化付出了最盛的年华和巨大的心血，实堪景仰。

1906年，日本法政大学校长梅谦次郎赴华访问，清朝廷希望能礼聘其来华赞助修律，梅氏正有他事，转而推荐了冈田。冈田虽与其前任严谷孙藏一样，都是以客卿的身份担任"调查员"，参与实际的修律工作，④

---

① 《新译日本法规大全》，李秀清点校，商务印书馆2007年版，第二卷，第469页。

② 自沈家本以降的学者多引赵冬曦为例，赵氏鉴于法吏在司法中滥用比附、擅作威福，主张"律令格式复更刊定其科条，言罪直书其事，无假饰文，其以准加减比附原情及举轻以明重、不应为而为之类，皆勿用之"。（杜佑：《通典》，卷167。）

③ 本节有关冈田的论述，参考了黄源盛《清末民初近代刑法的启蒙者——冈田朝太郎》，载《黄宗乐教授六秩祝贺——基础法学篇》，第153—188页。

④ 其背后的原因主要是沈家本认为这样可以减少一些不必要的争议。较为翔实和前沿的相关研究可参考李欣荣《清季的刑律修订及其思想论争》，第68—70页。

但冈田在修律主持者心目中的实际地位和所起的作用要大得多。① 据章宗祥回忆，"新刑律总则草案最初由严谷起草，后馆务扩张，聘请冈田博士来华，乃由冈田重新整理，拟成新刑律全部草案。"② 章宗祥的回忆是否准确很难说，到今天限于资料的缺失，我们没能发现严谷草案稿本，但根据章宗祥、董康所拟的《刑律草案》，基本可以断定，是中国人接受了西方法学，尤其是日本法学之后，先提出了废除比附援引、确立罪刑法定之建议。这一建议更得到了冈田的认可，在其《刑律草案》中继续坚决主张废除比附援引、确立罪刑法定。此一条款最终得以确立在新刑律草案中，冈田起了决定性作用。最直接的证据是由沈家本进呈的刑律草案第十条立法理由中所讲的比附援引弊端三条，即与冈田在京师法律学堂讲授刑法总则的课堂笔记内容基本相同，些微的差异只在几处遣词造句方面。③

尽管冈田在确立西式罪刑法定、废除比附援引过程中起了决定性作用，但他对比附援引制度的认知实属"误会"。他于1904年开始即在日本法政大学兼任刑法课程。鉴于"对在政治、法律、经济等学问上几无成就的中国四亿人民而言，普及此类学问之学理实为必要"，法政速成科讲义录创刊，其中冈田的《刑法总论》由江庸笔译，④ 湖北法政编辑社将

---

① 沈家本即非常推重冈田，曾云：在设立京师法律学堂之时，"而教习无其人，则讲学仍托空言也。乃赴东瀛，访求知名之士，群推冈田博士朝太郎为巨擘，重聘来华……日本之讲求法律，著书立说者非一家，而冈田博士之书，最鸣于时。"（沈家本：《法学通论讲义序》，载《历代刑法考》，中华书局1985年版，第四册，页2233。）

② 章宗祥：《新刑律颁布之经过》，全国政协文史委员会编：《文史资料存稿选编》（晚清·北洋上），中国文史出版社2002年版，第35页。

③ 笔记相关内容为："擅断主义，古时往往行之，而其中有三大弊：第一，审判官乃司法之官，苟于律无正条之行为，得凭己意而科人罪，是非司法官，直立法官矣。司法、立法，混无界限，立宪国之所必无也。第二，法者，与民共信之物。惟律有明文，人民乃知应为与不应为，不致越于范围之外。苟于明文以外，而参以裁判官之意见，凭擅断而致人于罪，是何异设机穽以陷人也。第三，人心不同，亦如其面。若许裁判官凭己意以为擅断，则此裁判官以为无罪者，而彼裁判官可断为有罪；前裁判官以为有罪者，而后裁判官以为无罪。裁判既难期统一，而危险与不公平之事亦日多也。因此三弊故，今惟英国视习惯法与成文法为有同等效力。此外欧美及日本各国，并无有采用擅断主义者。"（京师法律学堂学员讲义研究所编辑：《法律学堂讲义·刑法总则》，冈田朝太郎讲述，金华汪庚年署端，1908年油印本，第11页。）

④ 法政大学大学史资料委员编：《法政大学清国留学生法政速成科关系数据》，《法政大学史数据集》第十一集，法政大学出版社1988年版，第91—93页。感谢厦门大学法学院朱腾博士提供该数据。观察此等话语，甫脱亚入欧的日本学界之骄横态度真实显露出来。

之列为法政丛编第六种上,于 1905 年 7 月在日本东京印刷出版,1906 年 9 月再版。该讲义第三章"刑罚法令"第一节为"罪刑法定主义",冈田指出中国当时属于擅断主义,而文明各国皆推行法定主义。为什么是擅断主义呢?比附解释难辞其咎:

> 规定犯罪与刑罚之主义,其下有三:(一)擅断主义。不以法律为凭,全凭官吏之意思以为判决。古时各国皆如此,中国至今犹然……(三)全部法定主义。一切犯罪之行为,及应科之刑罚,法律定有明文,裁判官只有适用之职权而已。日本现行刑法,纯采用此主义。世界文明各国,立法与司法分而为二,裁判官不过司法之人,所行毫不能溢于法律范围之外,虽心以为此事应罚,而法律之明文所缺漏不及载者,即属其行为之无罪,而不敢臆断……刑法但能自然解释,不能比附解释也……何谓不能比附解释。例如刑法上禁未成年者吸烟,为其伤体也。以此类推,则酒亦当禁。然法无正条,不能援禁烟之律以相比附。①

冈田在帮助中国修律期间,还在京师法律学堂等学校兼课,保存下来的笔记亦记录了他对比附援引之看法:

> 比附援引者,如有一定事件,为法令所未规定,而准用相似之规定于其事件之谓也。故普通虽又称为类推解释,然不若称为类推运用之较为得当耳……刑罚法令,其应用时不许比附援引,此欧美各国及日本所同采用之原则,无所谓例外者也。(《大清律》之杂犯中不应为律则有例此)盖刑法上若许其比附援引时,其危险较之以律无正条不得为罪之行为认为无罪者尤甚耳。刑法中有律无正条不得为罪之明文,为各国所通行,但古时不必尽然,如《大清律》之杂犯中不应为律,亦有例外。然近时各国所取之主义,绝无其例。(大清刑律草案亦主张律无正条不得为罪之主义)……其所以不许比附援引之理由,果安在乎?缘刑法而可比附,则此裁判官认为有罪者,彼裁判官可认为无罪,于法律上不能统一;况法律既不能统一,裁判官又可

---

① 冈田朝太郎:《刑法总论》,湖北法政编辑社 1906 年版,第 13—15 页。

罗织锻炼,易无罪之事实为有罪之事实,而以己意枉为出入矣。夫律无正条,虽非完善之规定,而其弊较比附援引之弊为轻。得一言以断之曰:刑法中不许比附援引……除刑罚法令及私法、诉讼法以外之法令,须各究其性质,始能决其可以比附援引与否。例如行政法规,虽大概许其比附援引,而行政罚则不许之。盖行政罚则,虽在行政法规之中,而不法行为处以过料之罚则,他法律不得比附援引,以其性质与刑事同。①

于国法上决罪之有无,有二主义,一擅断主义,一法定主义。擅断主义者,谓裁判官以其职权,凭己意酌定罪之有无之制度是也……中国《大清律例》,可称为法定主义,但杂律不应为律,轻微之事,一任裁判官以意断之,是法定主义仍兼擅断主义矣。现刑律草案,已将大清律之无正条者,或删或改,详定明文,乃可称为纯粹法定主义。盖古时事简民稀,不妨采用擅断主义。今则生齿日繁,社会之现象亦日复杂,故不得不主张法定之主义。②

从上段材料可知,冈田先在西方式罪刑法定的语境中给比附援引下了定义,即"如有一定事件,为法令所未规定,而准用相似之规定于其事件之谓也。"按照这个定义,比附援引主要是在法外入人罪。该定义未能将这个中华法系独有制度的"独有性"揭示出来,即比附援引是在具体立法这个前提下,主要解决如何在情罪之间保持妥当性的问题,该制度在运用时,虽也有出入人罪之结果,但毕竟不是该制度的核心功能。既然在冈田的认识中,比附援引是法外入人罪,当然就属于擅断主义的范畴了。他接下来在论述作为擅断主义比附的流弊时,又主要以"不应得为"的流弊为例证。在这个逻辑推论中,"比附援引"与"不应得为"就成为一而二、二而一的东西了。

为什么冈田会有这种对传统法制如此误会的认知呢?直接原因是日本刑法近代化历史在冈田身上的片面折射,根本原因是冈田所接受的法律进化观。

---

① 京师法律学堂学员讲义研究所编辑:《法律学堂讲义·法学通论总卷》,冈田朝太郎讲述,第九章"法之解释及其比附援引"。

② 京师法律学堂学员讲义研究所编辑:《法律学堂讲义·刑法总则》,冈田朝太郎讲述,第10—11页。

先来看直接原因。日本在制定西化的《旧刑法》之前，颁布了两部过渡性法典：明治3年（1870）日本模仿中国传统律例，颁布了《新律纲领》；明治6年（1873）颁布了《改定律例》。其中《新律纲领》基本移植了清律的"断罪无正条"和"不应得为"律文；《改定律例》则大致删除了比附援引律条，将其吸收到"不应得为"律条中，第99条是这样规定的："凡律例无罪名，令有禁制，或无禁制，各所犯轻重，以不应为、违令、违式论，情罪重者，问拟违制。"① 至此，也就是冈田7岁以后，日本刑法中再也见不到制度上的比附援引了，而经改造后的"不应得为"则继续沿用了数年。在1876—1880年间，元老院对于不应为律是否废止，仍多所争议，直到1882年的《旧刑法》才最终废除此条。② 冈田15岁时，被称为日本第一部近代刑法典的《旧刑法》生效，该法第二条即规定了罪刑法定。之后冈田即开始了求学、任教、留学、来华生涯。可以说，在冈田早年的法思想成长、定型的过程中，对比附援引制度没有什么印象，而不应得为条款在日本法中的运用及其存废的争议则给冈田对不应得为留下了负面印象。对本国法史的认识都是如此薄弱，更遑论中国传统法了。

再来看法律进化观对冈田的影响。作为新派刑法学者，不论是早年在东大的求学任教，还是随后的出国游学，冈田都是在法律进化思潮的巨大影响下成长起来的，自然他也就接受了此一思潮，且此一思潮对其法制主张影响至为深远。在其影响甚大的《刑法总论》讲义中，冈田开篇在"刑法沿革"中即阐述了他的刑法进化论观点：

> 时日既日变，刑法亦宜变；旧者不便，宜取新者；己所不便，宜取诸人，以人有已成之基础也。③

既然法是与时推移演进的，世界各个国家民族的法律都是在这条相同的轨道上赛跑，在任何一个具体时间点上，有的国家民族的法律跑到了前面，有的在后面，也就是说有先进、落后之别。落后者学习先进者，乃事

---

① [日]内阁记录局编：《法规分类大全》54，刑法门（1），原书房发行1980年；转引自陈新宇《比附问题研究》（未刊稿），国家社科基金结项报告，第52页。

② 黄源盛：《唐律不应得为罪的当代思考》，台湾《法制史研究》2004年第5期。

③ 冈田朝太郎：《刑法总论》，第2—4页。

理之当然。这同时也意味着，落后国家要改革法律，必须以外面的先进者为师，真理在外不在内，在先进者而不在落后者。因此，落后国家的历史和国情对于法制改革就不再具有重要地位了。冈田之专文——被董康等人于1906年收录在《考察日本裁判监狱报告书》中——稍微透露了个中消息，云："现今之国家，非复昔日孤立之态，故凡事不可专赖己国之习惯历史，而置列国之风潮于不顾。苟其反是，则意外之障害以生，而莫可如何矣。"① 这句话易言之，就是当本国习惯历史与列国风潮发生矛盾时，当舍己从人为是。他在京师法律学堂讲"刑法总则"课程时涉及各国刑法沿革，欧洲部分较详细，内容还算精当，日本和中国部分，甚为简略，远远谈不上精当和准确。就篇幅而论，欧洲将近3页，日本与中国不到1页，介绍中国只一行多，云："支那刑法法典，始于法经六篇，至隋唐始集大成，明清诸律祖述之，而无甚变化。"②

因此，在这种法律进化视角下，冈田最多只能对传统法进行"外在"审视，远谈不到深入其中作"同情的理解"。即便后来因为在学术研究中，尤其在帮助中国修律期间对传统法有所接触，但这时思想观念已基本定型，中西法文化的差异只不过为其肯认法律进化提供了异域的素材而已。这样就有了他在讲义中对中国传统法的这个整体判断：

> 日本维新前之法律，多取材于中国，故有支那法系之称。至今独中国法系几不可立于世，非仅刑法之弊，其缺点之大者，尤在无刑事裁判所构成法及刑事诉讼法。故今日言法律，三者宜兼备也。
> 古之法律既简，故无所谓民法商法，一切皆在刑法之中。中国之在今日，犹各国之古时，故亦仅有刑法。③

在这个整体判断之下，不管是比附援引，还是不应得为，都是与先进制度背道而驰的落后事物，按冈田的说法，是"古之法律"，详细区分、辨析其异同除了发学术考古之幽情外，对于当时紧锣密鼓正在进行的法律

---

① 冈田朝太郎：《死刑宜止一种论》，载刘雨珍等编：《日本政法考察记》，上海古籍出版社2002年版，第194页。
② 京师法律学堂学员讲义研究所编辑：《法律学堂讲义·刑法总则》，冈田朝太郎讲述，第5—8页。
③ 冈田朝太郎：《刑法总论》，第3—4页。

变革实在无太大之意义和价值。受法律进化论思维模式之影响，加之日本刑法近代化历程以"不应得为"吸收"比附援引"的特定做法，冈田通常将二者混在一起、甚而将二者等同起来谈，就不再是一件难以理解的事了。

三　冈田对确立罪刑法定、废除比附援引的决定性作用

李贵连教授曾这样一般性评价包括冈田在内日本专家对晚清变法修律的作用："受聘来华的日本专家，为法律馆起草法律草案，立说著书，教授学生，在中国近代法律的变革中，起了重要的作用。以致当时的一些人（包括某些西方人），认定法律馆制定的法律草案为'日本律'，此说非完全无因。"[①] 这段话用在冈田身上也是很恰当的。我在前面已经提及冈田对晚清确立西式罪刑法定、废除传统比附援引制度起了决定性作用。这种作用之所以发生，这里将略作申论。

冈田在来华担任顾问之前，其学术观点即对中国留日法政学生产生了重大影响。下面略举两例，以见一斑：

于1905年拟定刑法草案、要求废除比附援引确立罪刑法定的章宗祥，其刑法思想即受到冈田的巨大影响。章宗祥曾于1900年前后到东大修习法政，虽冈田已于前一年到欧洲游学，但他是东大刑法讲座的首任讲师，且已出版了影响甚大的刑法学教科书《日本刑法论》（"总则之部"与"各论之部"），冈田于1900年回国，此时距章宗祥回国尚有一年，说章宗祥的刑法知识受到冈田的直接影响，当为合理推断。因此，可以说，是中国人接受了西方法学，尤其是日本法学后，即有了废除比附援引、确立罪刑法定的想法。该草案随后经冈田朝太郎审阅后，认为主要参考的是日本旧刑法，而冈田本人"深知日本《旧刑法》的不够完善，怀有重新修正的殷切期望"，乃建议由自己担纲重新起草。[②]

冈田曾较长时期担任日本法政大学清国留学生法政速成科的刑法学讲

---

① 李贵连：《沈家本传》，法律出版社2000年版，第268页。
② 黄源盛：《清末民初近代刑法的启蒙者——冈田朝太郎》，载《黄宗乐教授六秩祝贺——基础法学篇》，第158页。

席，直接影响了大批留学生；其讲义的大量出版印行，间接影响的人更多。1906年9月其《刑法总论》再版时，编辑社总经理樊树勋有"法政丛编（订正增补）再版禀告"一文，可见其讲义受欢迎之程度：

> 惟是改良法律、变革政体，非多读东西法政之书，取长舍短，不能行其改革之实。敝社同人留学法政大学，该大学各讲师皆法学泰斗，其学说丰富，足以风靡一世。同人卒业后，深慨祖国前途，欲表供献之忱，用就所闻于讲师之讲义，并参考本讲师及诸名家之著述，悉心结构，以成此编……未成之先，预约购买者，已达初刊之部数（五千部），故全部告成之日，即全书售尽之日。本编价值，可谓为学界所共认，顷者接奉直隶总督袁宫保电谕，订购再版一千部。此不徒法学昌明，当从此始，且祖国前途，良可预贺。①

冈田通过他在日本法政大学的讲学及其讲义的广泛传播，直接影响了大批留日法政科学生，间接影响了国内广大的法政爱好者。这些法政科学生回国后，通过教学、参与立法司法过程、演讲等活动，更大大扩散了这一"新"观念。在修订法律馆，曾游学日本的法政新精英处于优势地位，冈田的影响更直接。② 冈田来华担任修律顾问，更扩大了其影响。

在冈田那里，比附援引和不应得为并无任何实质性的差别，都可被视为类推解释（有时又将之视为"类推适用"）③，而为罪刑法定所绝对禁止。这种刑法学观点在修订法律馆占了上风，因此有了新刑律草案第十条之规定，为中国传统法近代化跨出了重要一步。故冈田于事后回忆，非常自豪，认为《大清新刑律草案》废除比附援引，"可谓中国刑律上之一大

---

① 冈田朝太郎：《刑法总论》，封面。

② 参考陈煜：《清末新政中的修订法律馆——中国法律近代化的一段往事》，中国政法大学出版社2009年版，第224—244页。

③ 关于二者的区别，黄源盛教授进行了较为清晰的界说，"'类推适用'系就法律未规定的事项，比附援引与其性质相类似的规定，以为适用，乃基于'相类似的案件，应为相同之处理'的法理，依逻辑的三段论法推演而成。而'类推解释'系属狭义的法律解释之一种，仅在文义的可能范围内阐述法律的含义，无须透过三段论法加以推演，"因此，罪刑法定原则所衍生的，只不过是"类推适用之禁止"。（黄源盛：《传统中国"罪刑法定"的历史发展》，《东海法学研究》，第十一期，第31页。）

革命"。①

这是冈田关于确立罪刑法定、废除比附援引观点在晚清法政人中产生巨大影响的一般论述。为了凸显此种影响之巨大，下面将以晚清变法修律的实际主持者沈家本和保守派代表吉同钧为例来加以说明。

(一) 沈家本的"拾遗补阙"

作为晚清变法修律的主持者，沈家本对传统律学造诣精深，在关于确立罪刑法定废除比附援引之争议激烈之时，他与冈田紧密站在一起，撰写了《论断罪无正条》一文，援古证今，剖析援引比附的产生和弊害，批驳了保留这一制度的论据，阐述了采用西方罪刑法定的必要性和可行性。这是一篇采用西方罪刑法定的宣言书。这篇文章，最早发表在《法学会杂志》上，后收入《历代刑法考·明律目笺》中，成为历代学者研究传统比附援引制度的基础文献。

与冈田关系之密切（主宾兼战友），沈氏肯定了解冈田对中国传统律学，尤其是冈田对比附援引制度之"无知"，那为什么他就"贸然"接受了冈田的废除主张？抑或是他仅仅想借冈田这个外来和尚"权威"之口说出了自己的心声呢？沈氏注意到比附援引被滥用的恶果，但任何一种制度日久生弊，在所难免，是不是一定就要废除而不能改良呢？如是这个逻辑，世界上根本不能有任何制度存在的余地。姑不论别的批驳，就是张之洞代表学部所提出的反对意见——裁判官行使自由裁量"范围太广，流弊甚大"，②沈氏就并没有正面回答这个问题，只是强调比附滥用之弊端。个中原因，值得玩味！是张氏批驳击中了沈的软肋抑或其他？

还是要从沈氏的法律救国论出发来分析。沈氏经保定北关教案，自身

---

① 冈田朝太郎：《论中国之改正刑律草案》，载王健编《西法东渐——外国人与中国法的近代变革》，中国政法大学出版社2001年版，第161页。

② 刘锦藻：《清续文献通考》，卷二百四十七，《刑考六》。朱寿朋《东华续录（光绪朝）》《光绪二百十六》的记载与之完全相同。李细珠在社科院近代史研究所图书馆藏的《张之洞奏稿附录各件》发现《会奏改正刑律草案折并清单》，高汉成在国家图书馆藏的《刑律草案笺注》（宪政编查馆编，宣统二年油印本）中也发现该折，名为《大学士管理学部事务大臣张之洞等跪奏为新定刑律草案多与中国礼教有妨谨分条声明拟请饬下修律大臣将中国旧律与新律草案详慎互校斟酌修改删并以维伦纪而保治安恭折仰祈圣鉴事》。（参考李细珠《张之洞与清末新政研究》，上海书店出版社2003年版，第274页；高汉成：《笺注视野下的大清刑律草案研究》，中国社会科学出版社2007年版，第66页。）根据二位学者的研究，可以肯定，该学部奏折出自张之洞之手，完全代表了张之洞的意思。

遭遇加之时代的救亡主题，决定了他担任修律大臣的主要使命就是法律救国。① 既然是通过修律来实现法律救国，法制取决于政制，那就说明传统政制、法制皆不能承担救国之任务，因此要采纳先进，以敌为师。经过对西政、西法的艰苦探索，沈氏认识到必须君主立宪，实行彻底的三权分立，推行真正的立法近代化和司法独立。这些建设性的制度，远自西洋，近则效仿东瀛。尽管他也花了很大力气写过像《历代刑官考》这样的大著，阐释司法独立是我固有之良规，但这主要是他为了减少改革阻力而采取的"托古改制"手法。在这里，"托古"是手段，"改制"才是真正之目的。论证方式和内容基本服务于论证之目标。如有利于论证目标之实现，"托古"可，"非古"亦可，其本身并无一定之规。② 既然立法要适应未来的君主立宪，那就必须采用西法，将立法、行政和司法方面的界限划分清楚，实现真正的权力分立。故为保障人权、防止擅断主义的西方罪刑法定就理所当然成为刑事法的基本原则。在"托古"的论证方式上，那就是传统的"断罪引律令"。既然涉及"断罪引律令"，那与之同属法令适用系统的"比附援引"和"不应得为"该如何处理呢？

我以为，这三条规定实际上为君主兼治臣民编织了一个无所不在的法网，在这个意义上属于一个系统，所以在传统法制里面，谈到其中的任何一个制度都没法绕开另外两个制度；但它们在这个系统内的表现又是截然相反的，强调"断罪引律令"的时候往往会批评另两个制度的被滥用，反之亦然。到这里，逻辑就很清晰了：沈家本希望救国强国，故要求君宪；要求君宪，必然主张三权分立；主张三权分立，就要把罪刑法定写入新刑律；要肯定罪刑法定，就要强调传统的断罪无正条；要强调断罪无正条，就必须否定比附援引和不应得为。所以，尽管冈田对中国传统法制的比附援引完全"外行"，但在结论上与沈家本是一致的，因此能获得沈家本的同意和支持。因这种"外行"只是无关紧要的论证方式上的瑕疵，沈家本完全可以通过自己渊深的传统律学知识为冈田补正，从而堵住反对派之口，这就有了沈氏那篇在确立罪刑法定原则这一事件上的重头文章《论断罪无正条》。

---

① 参考李贵连《保定教案与沈家本被拘考》，《比较法研究》2000年第1期。
② 参考李启成《司法独立在近代中国何以如此曲折——以沈家本为例》，中国法制史学会、中央研究院历史语言研究所主编：《法制史研究》，第六期，第324—326页。

沈氏花重金请来洋顾问，本就是要借"新"权威来堵住反对者之口。洋顾问的表态本身就是一种强有力的论证。这一点，是20世纪初时代风潮影响下的产物。我曾指出，"传统中国越到后来，皇权专制愈登峰造极，是非实际上越来越出于一尊，强化了中国人一元化的真理观，成为根深蒂固的思维定式。近代西学东渐，中国人虽逐渐接受西学，但这种一元化的真理观并没有发生变化，只不过真理从中学移至西学而已。到20世纪初，以进化论为实质内容的天演论风靡中国思想界，而进化论是以肯定发现了从自然界到人类社会的普遍发展规律为前提的。"① 这个规律总括成一句话，那就是要无条件地向先进者学习。当时的先进者是欧美日本，日本又与我同文同种，学习起来当能事半功倍。在法律进化之时代思潮中，冈田即成为中国当时要引进的法律文明的承载者和导师。既然进化本身即意味着"真理"，冈田对中国传统法制缺乏了解的事实，也就是无关紧要的枝节问题，甚至可被视为冈田能免予传统束缚果于追求"真理"的优势所在呢！根据现有材料，可以发现沈家本也部分接受了这一法律进化逻辑。之所以说是部分，是因为沈氏的论证更曲折一些，但在实际效果上与进化论者殊途同归：理想的法律是公允的，而西方法律发展至今，在实现公允这一目标上暂时走到了中国的前面，因此中国现今要向西方学习法律文明。② 对部分进化论的接受，是沈家本能全力互相配合冈田废除比附援引、确立罪刑法定的另一原因。连修律主持人沈家本在看到了冈田知识上的缺陷时都在为其撰文"拾遗补阙"，尽力支持，足见冈田建立在法律进化论基础上的这一废除比附援引、确立罪刑法定之刑法学观点的巨大影响。

（二）耐人寻味——传统律学专家吉同钧的"妥协"

吉同钧（1854—1936），陕西韩城人，字石生，号顽石、顽固山人，1890年中进士，分发刑部行走，后长期任职刑部，经常参与朝审、秋审，先后在秋审处、四川司及其他各司任职，后来充任律例馆纂修。后经沈家本奏派，吉同钧充任新开修订法律馆的总纂兼编修，同时充任京师法律、

---

① 李启成：《君主立宪的一曲挽歌——晚清资政院第一次常年会百年祭》，《中外法学》2011年第5期。

② 沈家本对法律之学的理想追求集中体现在这段话中："法律为专门之学，非俗吏之所能通晓，必有专门之人，斯其析理也精而密，其创制也公而允。以至公至允之法律，而运以至精至密之心思，则法安有不善者?！及其施行也，仍以至精至密之心思，用此至公至允之法律，则其论决，又安有不善者?！"（沈家本：《设律博士议》，载氏著《历代刑法考》，第四册，第2060页）。

法政两学堂及法部律学馆、大理院讲习所各处教习,其著述《现行律讲义》、《秋审条款讲义》、《审判要略》、《法闱拟墨》各种,均经法部核定颁行各省,学生毕业入仕者有二千余人,可算桃李满天下,乃陕派律学大家,晚清变法修律中的保守者。① 他对比附援引制度在修律中是否应当保留之表态,首先出现在他对章宗祥、董康起草的《刑律总则》第五条所写的签注条中,认为比附援引"关系甚重,恐难骤废",其理由大致为该制度在中国传统法制中历史悠久,地位重要,"若遽然废止,恐办理诸多窒碍,似宜详加审度"。为增加说服力,他举了几个例子:吴樾炸五大臣之案,"此即律无正条,不治其罪可乎?"俄罗斯刑法中人兽相奸、父女为婚之类的案件,在律皆无治罪明文,"亦将不论其罪,可乎?"在大清律,子与继母通奸,向来依照奸伯母律斩决,若按照本条规定,"亦将不治罪乎?"②

在修订法律馆中,法政新青年占多数,吉同钧的相对保守意见难以得到采纳。新刑律"草案甫成,交修律大臣讨论,当时馆员十余人,列座公议。鄙人首以不适实用,面相争论,并上书斥驳,无如口众我寡,势力不敌。"③ 故他回忆自己参与晚清修律有诸多苦涩:"未升半级之阶,徒积一身之病……三载空劳……始知食肉无缘,自悔挂冠不早。"④ 与其过从甚密的晚清法部副大臣定成⑤曾云:"近年变法,新学几欲尽铲旧律,君先之以苦口,继之以笔墨,几经争论,卒不可得,不但视为一己毕生之遗

---

① 参考杨楠楠"浅析《乐素堂文集》中吉同钧的保守主义法律思想",载陈煜编《新路集——第二届张晋藩法律史学基金会征文大赛获奖作品集》,中国政法大学出版社2013年版,第125—128页。)。

② 转引自孙家红《光绪三十二年章董氏〈刑律草案〉(稿本)所附签注之研究》,《华东政法大学学报》2010年第4期。

③ 吉同钧:"论新刑律之颠末流弊并始终维持旧律之意",《乐素堂文集》,中华印书局1932年铅印本,卷七。

④ 吉同钧:"乐素堂主人自叙赋",载氏著《乐素堂文集》,卷三。

⑤ 定成,号镇平,满洲正黄旗人。1883年进士,奉旨分发刑部行走。1887年任刑部主事,两年后升刑部员外郎,次年兼任总理衙门章京。1891年会同查办京仓事件。1892年任秋审处坐办。1893年随刑部尚书薛允升查办顺天府事件。1894年任律例馆提调,次年升任刑部郎中。1898年外放山东沂州知府,次年署武定知府。1903年任太常寺卿。1906年任法部左丞,次年任大理寺卿。1911年,署法部副大臣。与吉同钧长期在刑部共事,交谊颇深。(参考《中国第一历史档案馆藏清代官员履历档案全编》,华东师范大学出版社1997年版,第六册,第422—423页。)

憾，亦即天下后世民生之隐忧。"① 由修订法律馆，尤其是冈田朝太郎所起草的《新刑律》草案第十条彻底废除了比附援引制度，当然吉同钧的意见没能得到充分尊重。但吉同钧却通过他在京师各法科学堂的教学以及撰写法官考试辅导书籍，较广泛传播了他的观点。在《考试法官拟作》一书中，吉同钧出了这道题："名例，断罪无正条，援引他律比附加减定拟，各国则不得为罪，其得失若何？"他给的参考答案是：

> 断罪无正条一项，中律比附定罪，日本刑法不治其罪，此为中外法律一大歧异之点，亦为现在研究法律者一大问题……刑法因地而异，亦因时而变。日本与法国，地狭人少，兼之教育有法，员警完备，人民犯罪日少，故可不用比附。中国地大物博，人民程度不齐，教养难以普遍，犯罪种类既多，不能不用此比附。此限于地之所宜，而不妨各行其法也。惟现在时会所趋，各国均讲改良刑法。中国亦设宪政筹备，将来各级审判厅成立，检察机关完备，新律草案实行，此条自尽无用。特现在不能骤除也。是以现行刑法仍留此条，以备当前引用。而又删除比附律条一门，以为沟通新律地步。虽不拘守旧说，亦未遽用新法。所谓与时变通者，之此谓欤！②

在这里，吉同钧发展了他以前的观点，阐述了施行比附援引制度的限制性条件问题，也即是说，该制度只是在特定时空范围内才有效。换言之，突破了这个特定时空内的这类条件，废除比附援引也不是不可行。

随着签注者们对废除比附援引反对声大起，朝廷要求宪政编查馆将陆续汇集到馆的签注，连同《新刑律》草案，发回给修订法律馆和法部进行修改。法部尚书廷杰就派深谙旧律学的法部郎中吉同钧负责修改工作。有学者比照《汪荣宝日记》和吉同钧的回忆文字，推断《修正刑律草案》"附则"出于吉同钧之手。③ 我完全认同这个结论，作为废除比附援引、确立罪刑法定之后的补救措施之"附则"第一条即由吉同钧所拟。附则第一条为：

---

① 吉同钧："论旧律与新刑律草案中律与外律可并行不悖·前法部大臣愚弟定成书后"，载《乐素堂文集》卷七。
② 吉同钧纂：《考试法官拟作》，此书藏于日本大木文库，宣统二年铅印本。
③ 参见陈新宇《〈钦定大清刑律〉新研究》，《法学研究》2011 年第 2 期，页 198。

本律因犯罪之情节轻重不同，故每条仿照各国兼举数刑，以求适合之审判。但实行之前，仍酌照旧律，略分详细等差，另辑判决例，以资援引而免歧误。①

在之后废除比附援引已成定局的情况下，作为法部郎中的吉同钧还撰写了一份"论大清律与新刑律并行不悖"的说帖，呈请法部堂官代奏。在该说帖中，他更将其法制变革理论抽象化，即变革要与法制所规范的时、地、人三要素相关，既不可盲动致卤莽灭裂，又不可固执而因循守旧，盖"刑法之用，因地而异，因人而异，兼之因时而异。时未至而强变，与时既至而不变，其失均也"。② 吉同钧作为传统律学大家，时会所趋，逼迫他必须深入观察外面的法政世界，各种条件因缘际会，他提出了类似于其后辈留学生吴经熊那样站在世界法理论前沿的"法律三度论"。③ 正是吉同钧的这种看法建立在丰富的阅历、开阔的眼光和长期冷静思考基础上，正所谓"惟其足恃，终必不孤"，④ 随着比附援引存废之争进入民国后慢慢缓和下来，其价值开始有人正面表彰："平情断论，苦心调停，议论确有见地，初非骑墙之说可比。"⑤

结语　法律进化论与近代中国的法制变革

由于冈田的巨大推动作用，废除比附援引、确立西式罪刑法定在清末成为现实，且为后来的民国政府所继承。中国法从传统步入近代，在刑事法领域确立罪刑法定原则完全必要，这个大方向已为近百年来的法律演进所证明，没有什么根本性的大问题，但在这个问题上起了重大作用的冈田，对作为废除对象的比附援引制度却缺乏起码的认知，是一个值得思考的问题。

---

① 《修正刑律草案按语》，修订法律馆 1910 年铅印本，第二册，第 127 页。
② 刘锦藻：《清续文献通考》，卷二百四十八，"刑考七"。
③ 按照吴经熊的说法，每一个别特殊的法律，均具有三度，即时间度、空间度和事实度，"无时间、无效力范围和无事实争点的法律是不存在的。"（吴经熊：《法律哲学研究》，清华大学出版社 2005 年版，第 17 页。）
④ 张荫麟语，载氏著《素痴集》，百花文艺出版社 2005 年版，第 169 页。
⑤ 此乃刘锦藻的案语，载《清续文献通考》，卷二百四十八，"刑考七"。

按照一般的变法改制逻辑,既主张确立罪刑法定废除比附援引,那理当先对作为变革对象的罪刑法定与比附援引作深入了解。在对罪刑法定的认知上,冈田确是专家;但他对比附援引,可说是相当外行了。在讲义中,他根本没有提到《大清律》中比附条款,而是多次把"不应为"当作评论比附的依据,从而将比附援引归入擅断主义之列,立于罪刑法定的对立面。冈田之所以这么重视不应为条,根本不是基于他对中国律例体系及其实际运作的考察,而是日本变法过程留给他的记忆。

而在传统中国,不应得为条是针对"杂犯轻罪"。这里需要辨析的是"罪"字,原为"皋",犯法也,言皋人蹙鼻苦心之忧。秦时以其外观易跟"皇"字相混,改为"罪"。① 中国传统法中的"犯法",同时包括了严重的犯禁和轻微的犯令。作为口袋条款的"不应得为"罪的存在,保证了犯罪概念与违法概念大致相同。到罪刑法定主义确立后的《新刑律》,罪的范围缩小了,一以法定罪名为准。② 如撇开二者之间在根本观念上的差异不谈,就不能简单以近代法中的"罪"的概念来代替传统"罪"概念,尤其是"不应得为"条所指向的"杂犯轻罪";如定要界说,在晚清,"杂犯轻罪"倒更类似于《违警律》中的违警行为了。③ 因此,黄源盛教授的这段论述即可以回答冈田将"不应得为"视为"比附援引",乃至擅断主义的错误所在了,"平情而论,我们可以抨击'不应得为'条法意深刻,立法苛严,混淆了'罪'与'非罪'的界限,但却不见得单据此条就足以全盘否定'罪刑法定'倾向的存在。如果想要在传统中国法制中,探寻阻碍刑法罪刑法定原则出现的因子,与其归咎于'不应得为'条,不如责之于比附援引方法的不当使用。"④ 既然冈田连《大清律》中的比附条款都如此陌生,更遑论该条款在传统中国的实际运作情形了。对废除对象缺乏基本的认知,又将之视为"落后"而要彻底

---

① 《辞源》(合订本),商务印书馆1988年版,第1653页。

② 参考蔡枢衡《中国刑法史》,广西人民出版社1983年版,第183页。

③ 光绪三十四年四月初十日奉旨依议的《违警律》第二条规定:"凡本律所未载者,不得比附援引。其施行办法第二条有这样的解释:不得比附援引应否准用类推解释?查比附援引与类推解释,名异实同,故凡本律所不载者,不得率以类推解释定罪。"(上海商务印书馆编译所编纂:《大清新法令(1901—1911)》,第三卷,商务印书馆2010年版,第10、19页。)

④ 黄源盛:《唐律不应得为罪的当代思考》,台湾《法制史研究》2004年第5期。

废除,按照正常的变法改制逻辑来看,当然失之于武断。

吊诡的是,冈田对历史和国情的疏略乃至误解却因法律进化论的巨大力量而没有受到任何正面的质疑,那些精通旧律的人士,如沈家本、吉同钧,要么为其拾遗补阙,要么折中或妥协。在这个看似吊诡的现象背后实有其不得不然之势。晚清之所以要变法改制,实际上已承认了自己的法政不如人。为什么自己的法政不如人?传统的"治人"、"治法"框架不能充分解释这个困境。顺理成章,法律进化观则可以较为圆满地回答:因为人家的政法制度先进于我。既然人家的制度先进于我,只管学习先进就是了,又何必汲汲注目于"我",在对"我"的认识上较真呢?如真要在这个方面寻求一是非曲直,那即是将力用错了方向。关于法律进化论在晚清法政人中所产生的最大影响,除了杨度广为人知的由家族主义法律向国家主义法律进化的主张外,[①] 我这里再补充几条证据:

(1) 明治大学法政毕业生崔云松[②]曾公开撰文云:

> 社会学大家 Dorte 氏谓人类意识分三大变迁,即神话时代、哲学时代、科学时代……新律仿自世界各文明国之法例,就形式论,似乎东施效颦,全非故我,然其中所据之原理、原则,多源于近世科学应用之法理,而非出于各国遗传之事物。公例发明,推之人类社会而皆准……盖十九世纪为科学灿烂之期,生物学上所建设之进化论,尤为人事科学开一新纪元。新律中所规定之条文,多自此学而发生。故欲据所据之理由,当知进化论为第一前提……进化论出后,十八世纪以前之遗传学说,无不风驶电驰,为将曙之颓波卷之而去,谁以此问题遍询世界,皆以达尔文种源论相答,亦可知其价值已。[③]

在崔云松的论证中,由生物学上进化论即可充分证明人类社会进化变迁的普遍规律,即由神话时代进至哲学时代到今日之科学时代,包括比附

---

① 参见《资政院议场会议速记录——晚清预备国会论辩实录》,第301—306页。
② 崔云松,陕西咸宁人,1880年出生,1905年以附生身份官派留学日本,先入早稻田大学普通科学习,后入明治大学法科,获法学士学位,1911年被清朝廷授予法政科举人。入民国后历任陕西财政司司长、都督府参事、法制局局长、西北大学堂文科学长、陕北观察使、榆林道道尹等职。(《最近官绅履历汇录》,北京敷文社1920年初版,第127页。)
③ 崔云松:"新刑律争论之感言",《国风报》,第一年第三十号,页45—50。

援引在内的所有旧律乃哲学时代之过去物，新律乃科学时代之新事物，以新代旧之正当，不言而喻。

（2）历史学家孟森在当时发表了很多政论文章，其中1911年5月在《法政杂志》发表了"新刑律修正案汇录书后"一文，尽管他是以旁观者的身份对争议有洞若观火之见，但其论证则有鲜明进化论色彩，云：

> 右新律者矣进化为根据，而主修正者则以耳目所及之是非为是非。夫进化之旨，深邃不易言，而耳目所及之是非，则触处皆可援正……劳君（案：指劳乃宣）见解之歧出，其本原在无进化之思想……故以猎牧、农桑、工商为一成不变之生计，其原理与进化相反。以生计辗转而生法律，与扶翼进化之责任，亦不相得。①

在整个礼法之争中，法派最核心的理论基础就是法律进化论，在废除比附援引、确立罪刑法定这一点上也不例外。但问题在于，作为法文化重要部分的具体法制之变革，不像在白纸上画新图，可以随心所欲地描绘。先进制度能否学得到，尚需取决于此时此地的水土环境。这也就是说，历史传统和国情，在制度变革中是不能被虚化的。具体到比附援引制度，尽管在政治上与要求权力分立的宪政太对立，罪刑法定无法将其吸收进来，只能废除。但比附援引制度之所以能长期存在，是君主兼治臣民有效的法律工具，与皇权专制制度紧密相关。在法律进化观的影响下，改革者将复杂的问题看得过于简单，以为仅从纸面上废除这个落后制度，以先进的罪刑法定取而代之，即基本达到既定的目标。但实际上，如不能将比附援引制度与君主专制制度之间的关系进行有效的厘清，努力消除君主专制制度及其背后的土壤，比附援引制度亦不能真正废除，其在君主专制制度下所发挥的功能决定了它定会以新的方式复活，甚而至于变本加厉，如此，新的罪刑法定原则更难以真正生根此其一。另外，尽管比附援引制度在政治上与君主专制联系在一起，与立宪相矛盾，处于废除之列，但它毕竟在传统中国运作了数百上千年的时间，作为主要保持罪情相当、限制司法官员权力的法律运用技术，亦有前辈的智慧、乃至血的教训凝聚其中，断不应一概废弃之。

---

① 孙家红：《孟森政论文集刊》，中华书局2008年版，中册，第701—705页。

冈田秉持法律进化逻辑，在对比附援引缺乏精确认知的情况下，坚决要求确立罪刑法定、废除比附援引的观点，对当时中国的法政人产生了巨大影响。比附援引制度得以废除，新式罪刑法定原则被写入近代化的刑法典，无疑代表了中国刑事法近代化的方向。但在这种法律进化逻辑下，所有的法思想、法制度就有了先进、落后之别，以定性为主要内容的价值判断取代了经验基础上的事实判断。其直接后果是一方面将制度变革这类复杂问题简单化，将关注点过于集中于文本或者字面的表达；另一方面忽略了那些能相对独立于性质判断之外的技术之传承。

深入局中，才能体会到改革之艰难。冈田及受其影响的晚清法政人，他们都曾努力推进中国法的近代化。改革者如不接受法律进化论，则不能为当时全方位的变法改制开道；过于迷信它，则难以避免前述问题，从而又对中国法近代化增加阻碍。当时国族危亡于累卵，时不我待，故我等今人不可苛责于这些先辈。

但不应苛责不等于不能反思。自晚清以降的多数时间，我们都服膺于法律进化观，并将之作为制度变革的重要理论工具。但今日所处之时局，当与晚清时刻受亡国灭种之威胁大不一样，故我们能多几分从容，可更深思熟虑一些。本文以冈田在废除比附援引、确立罪刑法定中所起作用所进行的个案研究，并不是着眼于冈田对中国法律近代化所起作用之评判，而是揭示法律进化观在具体法制变革过程中亦有其缺失，尽管它对中国法近代化起了开路作用。如何在变革过程中避免这种缺失？也许，作为法史学者，需要破除"某一种思想可以指导整体社会发展的盲目信仰"，[①] 同时深入于国情与历史之中，对具体的制度及其背后的思想做同情的理解，在此基础上增加知识的积累，充分认识到其复杂性和系统性，为制度变革做力所能及的知识储备工作，盖任何改革必须以可靠的知识为起点。

[①] 张伟仁：《中国法文化的起源、发展和特点（下）》，《中外法学》2011 年第 1 期。

九 比附与类推之辨
——从"比引律条"出发

陈新宇[*]

【摘要】传统律典以情理作为判断犯罪的标准，对去罪化的行为立法上予以明确标明，比附无须在罪与非罪的判断上面临过多压力。比附包括名分的比附、类推式的比附与特别的比附三种类型，既包括类推，亦有独特的面相。从名分的比附中，可以看到古代法中"正名"之重要性，古人的"无正条"，包含无适当名分规范之意，与近代的"法无明文规定"在理解上不能完全等同。从特别的比附中，可以看到比附超越构成要件的相似性，"不受严格形式主义拘束"的一面。如果说类推的目的在于入罪，比附的主要功能则在于寻求适当的量刑。比附中相似性判断的不同，可能会使量刑出现很大的差异；这种判断，主要取决于比附者对罪刑均衡关系的把握，因此比附的主要危险是在量刑方面。建立在个人平衡感基础上的比附，可能很难确保援引规则之可预期性。

【关键词】关键词；比附；类推；比引律条

一 问题的提出

比附是古代中国独特的法律推理方法，它以相似性问题为思考重心，与近代刑法所反对的类推[①]有着某种家族类似性。清末时期，伴随《大清刑律》（通称为《大清新刑律》）的制定，确立了近代西方意义上的罪刑法定主义，"删除比附"正是该法着重彰显变革的要点之一，[②] 修

---

[*] 陈新宇，清华大学法学院教授。

[①] 有必要指出，传统律典、律学著作和刑案中亦有"类推"一词，关于其具体运用，笔者将另撰文讨论。

[②] 《修订法律大臣沈家本等奏进呈刑律草案折》，收入《大清光绪新法令》第19册，商务印书馆，宣统元年二月初版。

订法律大臣沈家本更有《断罪无正条》①长文,为此改革张本。他以托古改制的手法,论证传统中国本有罪刑法定的传统,并抨击比附之弊。因为沈氏巨大的影响力,比附作为罪刑法定的对立面被定型下来,传统中国的司法特质,也陷入了所谓法定与非法定这种似是而非的争论窠臼之中。

笔者以为,中国法律史的研究,应告别"西方有,中国是否也有"这样的命题预设,而进入"是否不同"、"如何不同"、"为何不同"这样更中性、更心平气和,亦可能更有学术意义的层面进行探讨。本文试图在比附与类推的比较、辨析上作出这样的努力。

正如学者指出,类推的原理是一个宽广且难以界定的概念,②在本文中,笔者将其界定为"因入罪之需要,为使规则涵摄当前之事实,依据'相类似之案件应为相同处理'之法理,超越规则中特定概念的文义之法律解释行为"。其经典的例子有:日本刑法第129条过失导致交通危险罪中的火车是否应包含汽车,盐酸是否属于德国刑法第250条加重强盗罪意义下的武器,电气是否属于盗窃罪意义上的物等。

在比附与类推的比较研究领域,代表性的先行著述,有如日本学者中村茂夫的《比附偛机能》③、滋贺秀三的《比附偲类推》④、德国学者陶安（Arnd Helmut Hafner）的《比附与类推：超越沈家本的时代约束》⑤、中国台湾地区学者张富美（Fu-mei Chang Chen）的《清代法律中的类推》以及拙著⑥。在本文中,笔者将利用上述研究没有系统利用的史料：《大清律例》卷四十七所收的"比引律条"——代表性的比附立法——作为分析的基础。"比引律条"源于明代的"比附律条",其很可能是经刑部的判例而成之立法,数目处于变化之中,雍正朝更名为"比引律条",删

---

① 沈家本:《明律目笺一？断罪无正条》,收于氏:《历代刑法考》(附《寄簃文存》),邓经元、骈宇骞点校,中华书局1985年版,第4册。

② See Fu-mei Chang Chen（张富美）, On Analogy in Ch'ing Law, Harvard Journal of Asiatic Studies, Vol. 3, 1970.

③ [日]中村茂夫,收入氏:《清代刑法研究》,东京大学出版会,1973年版。

④ 载《东洋法制史研究会通信》第15号,2006年8月21日。

⑤ "沈家本与中国法律文化国际学术研讨会"论文,2003。

⑥ 陈新宇:《从比附援引到罪刑法定——以规则的分析与案例的论证为中心》,北京大学出版社2007年版。

修而成三十条，直至清末。① 这 30 条存续时间较长，具有相当的稳定性，其中更有成为律典正文中律条的小注②或条例者③，可以推定其代表着官方的认可态度，具有示范性，以其为分析蓝本，可以避免或减少如一般刑案中关于比附正确与否的争议。

本文将以比附为主线，兼与类推比较中进行论述，主要在三个维度上展开：首先，从传统律典与近代刑法内在逻辑的不同入手，说明比附并不需要在罪与非罪的判断上面临压力；其次，"比引律条"所见的比附，依行为相似程度的高低，可分为名分的比附、类推式的比附与特别的比附三种类型，可以看出，比附与类推有部分相同之处，但在名分的比附与特别的比附这两种类型中，比附有其特殊的面相；最后，从司法判例和律学家对"比引律条"的批评等角度入手，分析、反思比附在量刑及援引规则的可预期性上存在的问题。

在论证策略上，笔者试图以法律的内在视角，而不是诉诸外缘性的义理大道展开分析，原因在于深感后者常常会陷入某种"道理越'深刻'，离事实真相越远"的窠臼。当然，前者亦非就是唯一或最优的方法，唯"千里之行，始于足下"，建立在坚实史料基础上的"分析法学"进路，更应该成为法史学研究的起点。

二　古今刑法的不同逻辑

本文所指的比附，出自于传统律典的"断罪无正条"，《大明律》规定："凡律令该载不尽事理，若断罪而无正条者，引律比附。应加应减，定拟罪名，转达刑部，议定奏闻。若辄断决，致罪有出入者，以故

---

① 黄彰健：《明代律例刊本所附"比附律条"考》，收入氏编著：《明代律例汇编》（下册），台湾商务印书馆1994年版，第1035—1037页。

② 如第15条"奸妻之亲母"，成为"亲属相奸"条之律注，《大清律例》，卷三十三，郑秦、田涛点校，法律出版社1998年版，第524页。（"比引律条"的序号为笔者所加）。

③ 如第1条"强窃盗犯，捕役带同投首"成为"自首"条之条例的一部分。《大清律例》，卷五，第115页；第11条"考职贡生假冒顶替"成为"贡举非其人"条之条例的一部分。《大清律例》，卷六，第147页；第20条"拖累平人致死"，成为"诬告"条之条例的一部分。《大清律例》，卷三十，第483页。

失论。"① 《大清律例》该条除个别措辞上稍加增修外，基本沿袭明律②。关于此条，明代律学者张楷的解释，是笔者见过的诸多律学著作中最为详细的，其曰：

谓如有人犯罪，律令条款，或有其事而不曾细开，是为"该载不尽"；或迹其所犯，无有正当条目以断，是为"无正条"。凡若此，必当推察情理，援引他律以相比附。如京城锁钥，守门者失之，于律只有误不下锁钥，别无遗失之罪，是该载不尽也，则当以理推之，城门锁钥与印信、夜巡铜牌俱为关防之物，今既遗失，则比附遗失印信巡牌之律拟断。又如诈他人名字附水牌进入内府，出时故不勾销，及军官将带操军人，非理虐害，以致在逃，律无其款，是无正条也，则必援引别条以比附之。诈附水牌者，比依投匿名文书告言人罪律。虐害军人者，比依牧民官非理行事激变良民者律。③

依据其释义，第一个"若"字应作"或者"解，④可见明律的比附，

---

① 《大明律》，卷一，怀效锋点校，法律出版社1999年版，第23页。根据笔者目前掌握的史料，《周礼·秋官·大司寇》注疏"若今律，其有断事皆依旧事断之，其无条取比类以决之，故云决事比也"（《周礼注疏》，卷第三十四，北京大学出版社1999年版，第909页），可谓古典文献中阐明"无（正）条"与"比附"关系之最早记载。传统立法中两者明确地建立联系，最早出现在唐朝。《宋刑统》"断狱律"所收的唐长兴二年八月十一日敕节文规定："律、格及后敕内，并无正条，即比附定刑。"（《宋刑统》，卷三十，薛梅卿点校，法律出版社1999年版，第551页），黄彰健认为其乃明律断罪无正条者，可"引律比附"所本。（黄彰健：《明代律例刊本所附"比附律条"考》，第1027页）。宋代的《庆元条法事类》"断狱敕"有："诸断罪无正条者，比附定刑，虑不中者，奏裁。"（《庆元条法事类》，卷七十三，戴建国点校，收入《中国珍稀法律典籍续编》第1册，黑龙江人民出版社2002年版，第741页）。从明代起，比附开始进入律典名例律的"断罪无正条"中。

② "凡律令该载不尽事理，若断罪而无正条者，（援）引（他）律比附。应加、应减，定拟罪名，（申该上司）议定奏闻。若辄断决，致罪有出入者，以故失论"。《大清律例》，卷五，第127页。

③ 张楷：《律条疏议》，卷一，收入《中国律学文献》第1辑第2册，黑龙江人民出版社2004年版，第245、246页。

④ "若"字是传统律学的"律母"，依"例分八字之义"：若者，文虽殊而会上意。谓如犯罪未老疾，事发时老疾，以老疾论，若在徒年限内老疾者，亦如之之类。《大清律例》，卷一，第41页。但"断罪无正条"的第一个"若"字显然不是此意。传统律典中"若"字作"或者"解释的例子有如"亲属相为容隐"：凡同居，（同谓同财共居亲属，不限籍之同异，虽无服者亦是。）若大功以上亲，（谓另居大功以上亲属，系服重。）及外祖父母、外孙、妻之父母、女婿，若孙之妇、夫之兄弟及兄弟妻，（系恩重。）有罪，（彼此得）相为容隐……《大清律例》，卷五，第120、121页。

适用于两种情况：法律的"该载不尽"与"无正条"。前者接近于唐律的"举轻以明重"①，即某一行为，法律明确规定其有罪，那么与之相似、但性质更为严重的行为自然更应该入罪。但明律比唐律有更明确的指示，其操作的全过程为：《大明律》"门禁锁钥"条对误不下京城门锁钥设有专款，与误不下锁相比，遗失锁钥行为的危害性显然更重，通过"举轻以明重"，经比较衡量决定入罪后，又以锁钥与印信、铜牌等同为关防之物，《大明律》"弃毁制书印信"条对遗失印信、铜牌的行为设有专款，遗失印信、铜牌与遗失锁钥事理相同，故可比照该款适用。

从关防之物的角度，将锁钥等同于印信、铜牌，与日本判例认为火车与汽车"因系行驶于轨道上，且俱为迅速、安全、并能运输多量客货之陆上交通工具"②，颇为相似，具有类推之性质，"无正条"时所举的诈附水牌、虐害军人者的比附之例，其相似性问题，也颇值商榷，但我们或许不应混淆时空的差别，简单地以其违反罪刑法定主义来"以今非古"。

如果比附的载体——传统律典——因其以规范犯罪与刑罚为主，可视为刑法的话，我们需审慎地看到古今刑法内在逻辑（inner logic）的不同。

首先，是罪的标准问题。在何谓犯罪的问题上，传统律典的"不应得为"堪称底线条款，"凡不应得为而为之者，笞四十；事理重者，杖八十。（律无罪名，所犯事有轻重，各量情而坐之）"，即以"常识性的平衡感"——情理——作为衡量"罪"之标准，这使得其不免混同于一般的社会道德感，起点甚低，与近代刑法认为犯罪具有严重社会危害性，以法定类型为准有所不同。

其次，是去罪化的问题。在传统律典中，常可见"不坐"、"勿论"等标明行为（者）的非罪化的字样，以《大清律例》为例，有如"犯

---

① 诸断罪而无正条，其应出罪者，则举重以明轻。[疏]议曰：断罪无正条者，一部律内，犯无罪名。"其应出罪者"，依贼盗律："夜无故入人家，主人登时杀者，勿论。"假有折伤、灼然不坐。又条："盗缌麻以上财物，节级减犯盗之罪。"若犯诈欺及坐赃之类，在律虽无减文，盗罪尚得减科，余犯明从减法。此并"举重明轻"之类。其应入罪者，则举轻以明重。[疏]议曰：案贼盗律："谋杀期亲尊长，皆斩。"无已杀、已伤之文，如有杀、伤者，举始谋是轻，尚得死罪，杀及谋而已伤是重，明从皆斩之坐。又例云："殴告大功尊长、小功尊属，不得以荫论。"若有殴告期亲尊长，举大功是轻，期亲是重，亦不得荫。是"举轻明重"之类。《唐律疏议》，卷六，刘俊文点校，法律出版社1999年版，第145、146页。

② 《日本刑法判例评释选集》，洪福增译，汉林出版社1977年版，第26页。

奸"中"强奸者，妇女不坐"①；"略人略卖人"中"凡设方略而诱取良人（为奴婢），及略卖良人（与人）为奴婢者，皆（不分首从，未卖）杖一百，流三千里……被略之人不坐，给亲完聚"②；"收留迷失子女"中"若得迷失奴婢而卖者，各减良人罪一等。被卖之人不坐，给亲完聚"③；"娶部民妇女为妻妾"中"凡府、州、县亲民官，任内娶部民妇女为妻妾者，杖八十……（恃势）强娶者，各加二等，女家不坐，（妇归前夫，女给亲）……"④。

  上述条款中，强奸、拐卖等各种犯罪类型中的被害人，需要特别标明其"不坐"，以近代刑法的视角来看，这种提示式的"注意规定"似乎不可思议，但笔者认为，其存在并非毫无意义。以《唐律疏议》"违律为婚恐喝娶"条为例，"诸违律为婚，虽有媒娉，而恐喝娶者，加本罪一等；强娶者，又加一等。被强者，止依未成法"⑤，按律疏解释，所谓"未成法"，是指"各减已成五等"，也就是按违律为婚已成减五等处罚，所以女方即便是被胁迫，只要是违背婚姻基本原则，诸如同姓通婚、亲属通婚、良贱通婚等情况下，也不能全身而退。其背后的立法考量可能是认为违律为婚的大错已经铸成，女方虽然是被胁迫，却非毫无反抗之机会，所以只能减轻刑罚，却无法去罪化。所以，古代刑律中的被害人（或无过错方），亦非全无责任。

  或许正是因为古典"罪"的宽泛性，故立法者对于非罪之行为（者），需以"不坐"、"不论"之类之立法方式提醒审判官员，体现了一种"法有明文规定去罪化者不为罪"的思维。我们也可以窥得，传统律典的"断罪引律令"要求司法者具引律例，⑥主要旨趣是要求其展示法律依据，它可以反映出传统司法"万事皆有法式"的法治倾向，却不能简单地等同近代的罪刑法定，进而纠缠其与"断罪无正条"中比附的吊诡并存。

---

① 《大清律例》，卷三十三，第 522 页。
② 《大清律例》，卷二十五，第 405 页。
③ 《大清律例》，卷八，第 80 页。
④ 《大清律例》，卷十，第 210 页。
⑤ 《唐律疏议》，卷十四，第 295 页。
⑥ 凡（官司）断罪，皆须具引律例，违者，（如不具引）笞三十……《大清律例》，卷三十七，第 595 页。

古今刑法都面临着罪与非罪的判断与斟酌，在近代刑法中，因为罪刑法定之存在，类推的正当性颇受质疑，即便少数主张其合理性的学者，如认为"严格的禁止类推，结果正与禁止解释一样，历史经验已告诉我们，它完全没有作用"①的考夫曼氏，也不得不辩解道"有些批评者认为我根本怀疑刑法上的禁止类推，这对我是一种误解"②，在惩治犯罪的驱动下，法学上的努力，无非是试图在其与保障人权的平衡中提出一定之标准，例如以类型来取代概念，作为可容许类推的界限，③或者以扩张"解释"之名，与类推划清界限。

而就比附而言，无论是传统律典的罪之标准，还是其去罪化的立法方式，皆使得其无须在罪与非罪的判断上承受过多的压力，"断罪无正条"与"断罪引律令"之间并没有实质的紧张关系。前提既然不同，比附的运用自然要比类推灵活得多。

三　比附的类型

先行研究中，中村茂夫从刑案出发，敏锐地指出："类推是论理地分析法律规定，确定其意义，立足于为了推论某件事案是否包含在构成法律规范的语言里所进行的抽象化之思考过程……而比附似乎可以说是通过更大的视角捕捉事案的共同的本质部分，寻求其类似性。"④管见以为这是相当独到的见解，但仍可进一步深入，例如：比附是在怎样的视角内展开？追求何种相似性？笔者以《大清律例》卷四十七所收的"比引律条"为基础，依据行为的相似性程度之高低，将其分为名分的比附、类推式的比附与特别的比附三种类型。

---

① ［德］亚图·考夫曼：《类推与"事物本质"——兼论类型理论》，吴从周译，学林文化事业有限公司1999年版，第13页。

② ［德］亚图·考夫曼：《类推与"事物本质"——兼论类型理论》"后记"，第143—145页。

③ 考夫曼指出"当我们把盐酸视为武器时，这并非从武器的概念得出，而是从加重强盗罪的类型得出的"。(《类推与"事物本质"——兼论类型理论》，第119页) 但他后来似乎推翻了自己的某些主张，认为盐酸可视为武器，电气可视为物是错误的。(《类推与"事物本质"——兼论类型理论》"后记"，第159—161页)。

④ ［日］中村茂夫：《比附の机能》，收入氏：《清代刑法研究》，第177、178页。

(一) 名分的比附

"比引律条"中，关于名分的比附有 15 条，占了 50%。包括：

(第一条) 僧道徒弟与师共犯罪，徒弟比依家人共犯律，免科。(第九条) 妻之子打庶母伤者，比依弟妹殴兄姊律，杖九十，徒二年半。(第十条) 杀义子，比依杀兄弟之子律，杖一百、徒三年；故杀者，杖一百、流二千里。(第十二条) 奸义子妇，比依奸缌麻以下亲之妻律，杖一百、徒三年；强者，斩。(第十三条) 奸乞养子妇，比依奸妻前夫之女律，其子与妇断归本宗；强者，斩。(第十四条) 奸义妹，比依奸同母异父姊妹律，杖一百，徒三年；强者，斩。(第十五条) 奸妻之亲生母者，比依母之姊妹论。(第十六条) 奸义女，比依奸妻前夫之女律，杖一百，徒三年；强者，斩。(第十八条) 夫弃妻之尸，比依尊长弃毁缌麻以下卑幼之尸律，杖一百，流三千里。(第二十二条) 弓兵奸职官妻，比依奴及雇工人奸家长期亲之妻律，绞。(第二十三条) 伴当奸舍人妻，比依奴及雇工人奸家长期亲之妻律，绞。(第二十七条) 义子骂义父母，比依子孙骂祖父母律，立绞。(第二十八条) 骂亲王，比依骂祖父母律，立绞。(第二十九条) 义子奸义母，比依雇工人奸家长妻律，立斩。(第三十条) 谋杀义父之期服兄弟，比依雇工人谋杀家长之期亲律，已行者，立斩；已杀者，凌迟。

传统社会是个身份社会，法律对家族中的尊卑、长幼、亲疏、远近关系，社会上的贵贱、良贱范畴，结合特定的案件类型，予以区别对待，并不厌烦琐、持续不断地制定细则规定。就司法官员而言，辨析、确定涉案当事人之间的名分关系，乃审判之要务。这 15 则"比引律条"，正反映出司法中面对某一类型案件中立法尚未规范的关系，如何通过比附来确定合适之名分之过程。比如关于亲属乱伦的上述第 (15) 条，发生于明代，律学家王肯堂在《律例笺释》中指出："奸妻之亲母，律无文，宜比附确当上请，盖论服则缌麻以上亲，以义则亦伯叔母与母之姊妹比也。[①]"(笔者按：依《大明律》"亲属相奸"条，与伯叔母通奸是斩，母之姊妹是绞)。从明代的"比附律条"可窥得该案的处理结果："女婿奸妻母，系

[①] 薛允升：《唐明律合编》，卷二十六，怀效锋、李鸣点校，法律出版社 1999 年版，第 708 页。

败坏人伦，有伤风化，比依本条事例，各斩。"①与明律相比，《大清律例》的"比引律条"在将名分关系明晰化的同时，更在律典正文的"亲属相奸"条中用律注标明："若奸妻之亲生母者，以缌麻亲论之太轻。"②（笔者按：依《大清律例》"亲属相奸"条，与缌麻亲通奸，杖一百，徒三年)，还比依母之姊妹论。

有必要指出，上述的比附类型，即便以当代视角观之，也不能说是为了入罪之需要，比如上述第（1）条在共同犯罪的场合，将僧道与徒弟的关系比附为家长和卑幼关系，即可依据"共犯罪分首从"条："若一家人共犯，止坐尊长"，③比附之目的在于使徒弟出罪。在其他例子中，如伤害、通奸、杀人、弃尸、骂詈等本来即法有明文惩罚之行为，依据不涉及名分之普通条款（比如"凡和奸，杖八十"）便可入罪。可见，古人的"无正条"与近代的"法无明文规定"在理解上存在着一定差距，在名分的比附类型中，其毋宁为"法律没有适当名分之规范"，近代对比附之批判，不无偏颇之处。当然，不可否认比附与直接适用普通条款相比，在量刑上显然不同。

（二）类推式的比附

"比引律条"中如下五例，可谓类推式的比附：

（第三条）米麦等搀和沙土货卖者，④比依客商将官盐搀和沙土货卖律，杖八十。（第五条）打破信牌，比依毁官文书律，杖一百；（第八条）遗失京城门锁钥，比依遗失印信律，杖九十，徒二年半。（第二十四条）奴婢诽谤家长，比依奴婢骂家长律，绞。（第二十六条）弃毁祖宗神主，比依弃毁父母死尸律，斩。

上述五例中，米麦与盐同为食物；信牌，作为置立于州县，拘提人犯，催督公事之物⑤，与官文书同为记载官府事务之信物凭证；京城门锁钥与印信同为关防之物；"以不实之词毁人"的诽谤与"骂"这种"以恶言加人"之行为（两词解释见《汉语大词典》），性质相似（侵犯名誉罪）；祖宗神主可以视为祖宗之化身。此类型之比附，似与类推并无

---

① 黄彰健：《明代律例刊本所附"比附律条"考》，第1043页。
② 《大清律例》，卷三十三，第524页。
③ 《大清律例》，卷五，第118页。
④ 该条尚有另一种情况："发卖猪、羊肉灌水"，笔者将其归入特别的比附之类型。
⑤ 参见《大清律例》"信牌"条，卷六，第145页。

二致。

(三）特别的比附

其余数条，似乎可以说已经超越了类推之界限，不妨称之为特别的比附。如果说上述第（3）条中的另一种情况，发卖猪、羊肉灌水比附客商将官盐搀和沙土律，以现代的视角，尚可说是属于同一犯罪类型（生产、销售伪劣产品罪）的话，下列诸条可以说超出了当代法律人的想象力，如：

（第二条）强、窃盗犯，捕役带同投首，有教令及贿求故捏情弊，比照受贿故纵律治罪。（第四条）男女订婚未曾过门，私下通奸，比依子孙违犯教令律，杖一百。（第六条）运粮一半在逃，比依凡奉制书有所施行而违者律，杖一百；（第七条）既聘未娶子孙之妇，骂舅姑，比依子孙违犯教令律，杖一百；（第十一条）考职贡监生假冒顶替者，比照诈假官律治罪。（第十七条）偷盗所挂犯人首级，丢弃水中，比依拆毁申明亭板榜律，杖一百，流三千里。（第十九条）兄调戏弟妇，比依强奸未成律，杖一百，流三千里。（第二十条）拖累平人致死，比依诬告人因而致死一人律，绞。（第二十一条）官吏打死监候犯人，比依狱卒非理凌虐罪囚致死律，各绞。（第二十五条）奴婢放火烧家长房屋，比依奴婢骂家长律，绞。

笔者试图洞悉其些条款背后古人之独特的思维：如上述第（2）条，自首减免罪责是传统律典的基本准则，捕役本有缉盗之责，反带盗犯投首，使罪犯得以脱罪，难保其间无舞弊之嫌，与受贿故纵，似有异曲同工之效。如第（11）条，贡监生在国子监监满，经考职得任州同、州判、县丞，考职中假冒顶替者有成为官员之可能，其与被替代者之关系，正如假与人官者与知情受假官者。如第（17）条，古代将罪犯首级示众的酷刑，有威慑警诫世人之用，与申明亭中所立板榜之惩戒、教化功能有某种相似之处，故偷盗首级和拆毁申明亭的板榜，皆可被看成反抗教化之行为。

应该说，特别的比附很难说有构成要件的相似性，其毋宁是某种"意义"上的相似性。这种特殊的思维，给笔者留下深刻印象、忍俊不禁的是明代"比附律条"所收的鸡奸条款"将肾茎放入人粪门内淫贼，比依秽物灌入人口律,杖一百",① 此条所涉的鸡奸行为是双方合意(即后来清例所谓的和同鸡奸),"秽物灌入人口"律则无疑为胁迫,主观方面差距甚大,客观方面的行为更是风马牛不相及,该条不免带有"造法者极富想象力的直觉色彩"。一言以蔽之,特别的比附之性质,不妨借用深谙德国概念法学的徐道邻对礼教法律观的看法予以概括,即"法律条文的引用及解释,可以不受严格形式主义的拘束"②。

四 比附的目标

与类推相比,比附在寻找相似规则之同时,因为传统立法的绝对确定法定刑之因素,亦基本决定了最终之刑罚(除了比附而加、减一等的情况),亦可以说,与近代的刑法采用相对确定的法定刑,定罪与量刑分为两个阶段进行不同,比附这种"找法",同时包含了定罪和量刑两个方面,仿照恩吉斯(Engisch 的话来说,这一过程是在定罪和量刑之间"目光往返流盼"的"不断交互作用"的过程。援引适当的规则予以定罪并非不重要,正如学人指出,其有宣示犯人的罪行内容、予以非难之意义,③清代的刑案中亦可见如"罪名虽无出入,引断殊未允协"——判决的刑罚/刑名虽然是适宜的,但引用裁断的法条并不适合④——中央刑部批评地方的审拟意见的行文,皆可证对规则合理性的重视。此类行文语气相对平和,也不妨可以看成传递着另外一个重要信息,即比起"情罪相符"的罪刑均衡来说,规则选择便成了相对次要的事务,这应该也是特别的比附出现的重要原因之一。相似性判断的不同,可能会使量刑出现很

---

① 黄彰健:《明代律例刊本所附"比附律条"考》,第 1068 页。清代有关于鸡奸罪非常具体的条例,其中"和同鸡奸者,照军民相奸例,枷号一个月,杖一百"。《大清律例》,卷三十三,第 522、523 页。薛允升则对其比附定罪不以为然:"即如威逼人致死,男子和同鸡奸,有犯即令照不应为科断。可知后来增添之例,皆不应也。"薛允升:《唐明律合编》,第 731 页。

② 徐道邻:《中国法律制度》,收入氏:《中国法制史论集》,台北志文出版社 1975 年版,第 160 页。

③ 庄以馨:《情罪平允的法律世界——以清代"威逼人致死"案件为中心》,台湾政治大学法律学研究所硕士论文 2008 年版。

④ 对此段古文理解的关键在于"罪名"一词应作"刑罚/刑名"解,具体的分析,参见拙著《从比附援引到罪刑法定——以规则的分析与案例的论证为中心》,北京大学出版社 2007 年版,第 40—42 页。

大的差异，而这种判断，很大程度上取决于比附者对罪刑均衡关系的把握，量刑的不妥当，亦会反过来引发对援引规则的合理性之质疑。下举司法中的代表性案例观之。

例一，《比照案件》"戏杀误杀过失杀"条下所收一案①，李俸儿为救助被蛇咬的魏勋钊，忙乱中不慎用刀误伤其囟门致死，四川总督将李俸儿比照民人向城市及有人居止宅舍施放枪箭杀伤人，仍依弓箭伤人致死律杖一百、流三千里，②刑部则改照庸医为人针刺因而致死，如无故害之情者，以过失杀论，收赎。

例二，《刑案汇览》所收"踏毁伊父灵牌故杀苟合继母"一案③，案犯高名槐与继母戴氏因琐事争吵，戴氏捧其父灵牌欲控官，高名槐用刀砍死继母，并踏毁父亲灵牌。在其"踏毁灵牌"的问题上，地方对依"比引律条"第（26）条弃毁祖宗神主，比依弃毁父母死尸律拟斩候④，还是比照"发冢"条例之"子发掘父母坟冢，见棺椁者斩立决"，抑或"开棺见尸并弃毁尸骸者凌迟处死"⑤ 之间踌躇不决，其倾向第二种，并以"例无明文"，请刑部核示，刑部认为应按"比引律条"第（26）条定罪。

第一个案件中，在相似性的判断上，四川总督考虑的是"戏杀误杀过失杀伤人"条例八"打射禽兽，不期杀伤人"这一字眼与案件事实的相似，关注的是用刀和施放枪剑皆具有同等的危险性，刑部比照的规则是

---

① 收入《历代判例判牍》第 8 册，中国社会科学出版社 2005 年版，第 531、532 页。该案亦可见《刑案汇览》（三编），卷三十一，北京古籍出版社 2003 年版，第 1139、1140 页。

② 该处规则出自"戏杀误杀过失杀伤人"的条例八，完整的表达应为"若向城市及有人居止宅舍，施放枪剑，打射禽兽，不期杀伤人者，仍依弓箭杀人本律科断"，薛允升著述、黄静嘉编校：《读例存疑重刊本》，台北成文出版社 1970 年版，卷三十四，第 4 册，第 852 页。不管是《比照案件》还是《刑案汇览》，对该处法条都有所省略。

③ 《刑案汇览》（三编），卷四十四，第 1608、1609 页。2005 年笔者博士论文答辩时，杨一凡先生曾提问比引律条的实效性问题，当时只能从学理上回应，该案例之发现，正可以作为实证资料的例证。

④ 需要指出，"比引律条"该条源自明代，刑罚为斩刑。清代斩刑细分为斩立决和斩监候，弃毁父母死尸律为斩监候，所以依据《大清律例》，比引律条第（26）条的刑罚实际应为斩监候。

⑤ 该条是"发冢"条例二，比较完整的表达为"凡子孙发掘祖父母、父母坟墓……见棺椁者，皆斩立决；开棺见尸并毁弃尸骸者，皆凌迟处死"，薛允升著述、黄静嘉编校：《读例存疑重刊本》，卷三十一，第 4 册，第 740 页。

"庸医杀伤人"律,关注的是当事人主观具有救人之心态,或可谓,地方关注"形似",刑部则更重视"神似",后者的意境无疑更高。抛开合理性问题不表,我们更要看到,前者的获刑是三等流刑中的最重者,后者则可以赎刑,轻重差距之大,令人感叹。

在第二个案件中,尽管地方认为"例无明文,咨部核示",实际上是在法有明文的情况下,试图比附的问题。这种情况在传统司法中并不鲜见,甚至曾经立法化予以认可,关键性的原因仍然是在罪刑均衡的把握上,而之所以不直接在引用正条的基础上修改刑罚,乃是因为从传统法理上讲,刑罚的变更需由皇权掌握,臣属只能议罪,具有"守法"之职的臣属最佳之方案就是通过比附列举法条进行论证[1]。在本案中,刑部的意见虽是用比引律条的正条定罪,但对地方有意规避正条的行为,并非特别反感,原因恐怕也是在此。而地方的踌躇不决,恐怕不是行为本身的定性问题,而是引用的正条和比附的规则所指向的刑罚:究竟是斩监候、还是斩立决,抑或凌迟处死,哪个才是符合"罪刑相符"这一实质正义目标的问题。在其内心世界的衡量中,"监候"稍轻,"凌迟"太重,所以才有"立决"的倾向。

司法中存在问题如斯,更令人惊讶的是,即便已经立法化且存续时间甚长的"比引律条"自身,亦非毫无争议,此点也出乎笔者以"比引律条"为研究基础时的预设。

例如第(2)条,律学家指出:"原奏云:'盗犯自首,律得减罪者,因该犯悔过,予以自新之路也。若准捕役带同投首,其中不无教令供词等弊。云云。'是以定有此例,所以防贿纵也……本犯无自首之心,因听旁人教令,始行投首,未闻将旁人治以重罪。因系捕役教令,始定此例,究嫌过重,亦与律意不符。"[2]

例如第(11)条,律学家指出:"乡会试外以考职为重,是以特立专

---

[1] 陈新宇:《法有正条与罪刑不符——〈大清律例〉"审拟罪名不得擅拟加等"条例考论》,载《清华法治论衡》第12辑,清华大学出版社2009年版,第341—351页。

[2] 薛允升著述、黄静嘉编校:《读例存疑重刊本》,卷四,第2册,第109、110页。吴坛指出:"此条系仍雍正七年原例改定。乾隆五年馆修,以原议将捕役照知人犯罪事发藏匿家律治罪(笔者按:减罪人所犯罪一等),殊未允协,故改为受财故纵律治罪(笔者按:与囚之最重者同罪),纂如前例。"吴坛:《大清律例通考校注》,马建石、杨育裳编注,中国政法大学出版社1991年版,第281页。

条，而未及别项。顶名代考中式，不问死罪，此一经假冒顶替，即拟斩罪，似属参差，与处分则例参看。诈假官，假与人官者斩，知情受假者满流。贡监与官不同，转卖顶替，即照假官律治罪，似嫌太重。"①

例如第（17）条，《据会》（笔者按：《刑书据会》）云："羞见父兄枭示而窃弃之者，引此毁板律，不可作弃尸论，凡人亦然，于义似合而实非。盖窃弃枭示，乃发于羞恶之心，且有不忍其观之意，岂得坐以流罪哉？即凡人亦不应若是之重也。"②

至于第（15）条，尽管从目前笔者所掌握的资料上看尚无争议，但明、清律实际比附不同的名分关系，前者比附伯叔母③而为斩刑，后者比附母之姊妹而为绞。即便说两者的刑罚同为死罪，但执行方式的不同（身首异处与得保全尸），在古人的观念中，差别不可谓不大。

"究嫌过重"、"似嫌太重"、"不应若是之重"，讲的无非仍是量刑问题。因此，如果说类推面临的问题是罪与非罪的抉择，其被人诟病的原因是其使法律原本无法涵摄的行为入罪的话，比附的主要问题乃在量刑方面，极端的例子，正如前述"踏毁伊父灵牌故杀苟合继母"一案，试图规避正条，比附定罪。

古人并非没有意识到比附带来的量刑危险之存在，除了通过覆审制度以及追究擅断者的责任来保障外，学理上也不乏总结。例如沈家本比较明、清律，对清律"（援）引（他）律比附"所增加的律注"他"字作出法理上的判断："盖既为他律，其事未必相类，其义即不相通，牵就依违，狱多周内，重轻任意，冤滥难伸。此一字之误，其流弊正有不可胜言者矣。"④司法中亦有这样的总结："审理案件遇有例无明文原可比附他律定拟，然必所引之条与本案事理切合，即或事理不一而彼此情罪实无二致方可援照定谳，庶不失为平允。"⑤皆可证古人试图将相似性问题限定在一

---

① 薛允升著述、黄静嘉编校：《读例存疑重刊本》，卷四第 2 册，第 193 页。
② 沈之奇：《大清律辑注》，怀效锋、李俊点校，法律出版社 2000 年版，第 934 页。
③ 尽管明代的"比附律条"只是说"比附本条事例"，但结合王肯堂的意见不难得出其比附的名分关系。
④ 沈家本：《明律目笺一？断罪无正条》，第 1816 页。有必要指出，明代的律学作品已经出现了"他"字，沈氏对史实的判断不无问题。
⑤ 沈家本编：《刑案汇览三编》，卷四十三（下）"刑律？杂犯？不应为"所收光绪十年"儒师引诱学徒为非"之案。

个合理的范围内。但正如"比引律条"第（15）条，无论比附伯叔母，还是比附母之姊妹，皆属于王肯堂所谓"义"之范畴，事理切合亦好、情罪一致也罢，仍然存在甚至并不缺乏复数之选择。

其实即便在当代，为了量刑标准的统一，有诸如《量刑指南》，甚至电脑量刑的出台，但"每个人心中都有一个哈姆雷特"，立法再细则化，科技再发达，似乎也无法（或许亦无必要）保证不同的司法者会对同一个案件的同一罪犯给出完全一致的刑罚，从这个角度出发，我们或许会对古人比附时的援引规则之差异性有某种"同情的理解"，在绝对确定法定刑的传统法时代，这种建立在个人衡平感基础上的比附，可能很难确保援引规则之可预期性。

五 结语

相似问题应相同处理，类推乃出自人类朴素的正义感。在西方刑法领域，其与经历启蒙运动洗礼，为社会契约、权力分立、人权保障等理论、观念所正当化论证的罪刑法定之间形成紧张关系。就传统中国而言，权力的高度统一性，"以法为教"、"明刑弼教"之法律/刑罚功能，"法者，盖绳墨之断例，非穷理尽性之书也"这种早熟的观念，"律例有限，情伪无穷"这类法律从业者的共识，法律在社会规范中的低层位阶[①]等种种因素，皆使得古代中国虽不乏"守法"之传统与实践，却不会有近代罪刑法定的土壤。"断罪无正条"与"断罪引律令"之间亦没有实质的矛盾，甚至极端地讲，比附时要列明其援引之律例，无非是"断罪引律令"在逻辑上可以推导出来的要求。在传统律典中，以"不应得为"作为判断犯罪的底线条款，以情理作为衡量标准。因此，当类推需要与扩张解释辨析之时，比附则得以自由灵活地运用。

以"比引律条"为蓝本，根据行为相似性程度的高低，我们发现比附（至少）有名分的比附、类推式的比附与特别的比附三种类型，比附

[①] 如学者指出：中国人心中有一整体规范的概念，道、德、礼、法、习俗、乡约等，均为规范概念，但存在上下阶层。道是最宽广的顶层，法是最狭隘的基层，德、礼、习俗、乡约等分别构成了中间的层次。而司法者在作判决时先看法律，因为那是最低的准则，倘若这个准则不能妥适地适用案情，便逐步探究较高层次的规则以谋求解决。参见张伟仁《中国传统的司法与法学》，《法制史研究》2006年第9期。

既包括类推，亦有其特殊的面相。从名分的比附中，我们可以看到古代法中"正名"之重要性，而即便以当代视角观之，其也不能说是为了入罪之需要。从此角度讲，古人的"无正条"，包含无适当名分的规范之意，与近代的"法无明文规定"在理解上存在着一定差距。从特别的比附中，我们则可以看到比附超越构成要件的相似性，"不受严格形式主义拘束"的一面。

因为传统司法"情罪相符"之要求以及立法上绝对确定法定刑之设置，与类推的寻找最相似规则予以入罪相比，比附这种"找法"，同时包含了定罪和量刑两个方面。规则的适当性固然重要，但量刑上的妥当才是最终目标，这也是特别的比附出现的重要原因之一。相似性判断的不同，可能会使量刑出现很大的差异，而这种判断，很大程度上取决于比附者对罪刑均衡关系的把握，因此比附的主要问题是在量刑方面。同时，建立在个人衡平感基础上的比附，可能很难确保援引规则之可预期性。

十 修律的节奏及其调适
——《钦定大清刑律》立法中的几个关键节点[*]

陈 煜[**]

庚子之乱后,迫于国际大势和国内严重的危机,清政府开始了最后十年的"新政"[①]。"新政"千头万绪,法律是其中重要的一端,早在1902年新政之初,朝廷就已下旨要改定新约,先与各国商定新的通商章程。继而因中国旧律之残酷饱受国内外的诟病,以及"收回领事裁判权"愿望的驱动,立法拟从删减旧律中酷刑条款着手。至1904年修订法律馆的开办(设在刑部,官制改革后改法部),终于草创出一个修订法律的框架。其后修订法律大臣伍廷芳、沈家本两人合奏上系列奏折[②],其中就有制定

---

[*] 本文为行文方便,所用的时间,如为大写数字,一律为旧历(农历)时间,读者如欲知道相应的公历时间,可自行查照《中西近代史日对照表》,本文不再加注。

[**] 中国政法大学法律史学研究院副教授。

[①] 关于清末新政的种种专著和论文可谓汗牛充栋,结论也林林总总。大体而言,上个世纪九十年代之前,限于"阶级斗争"的历史观,学界对清末行政的总体态度趋向于负面,认为此不过是腐败的清王朝为了维持自己的腐朽统治,而假"新政"为名搞的一出欺骗人民的把戏;但90年代之后,这类极端的观点慢慢地退出研究领域。取而代之的一种复杂深刻的反思,基本上的倾向是,"新政"至少在观念层面是很积极的,客观上也确有较大的创新和进步。笔者认为,不能将清朝的灭亡归结于"新政"的开展。清朝灭亡的原因很复杂,仅新政而言,其在中国的近代化过程中起了至为重要的作用,而法律的革命,是其中一个比较明显的成果。具体情形可参见萧功秦《危机中的变革》(上海三联书店1999年版)及拙作《清末新政中的修订法律馆》(中国政法大学出版社2009年版)。

[②] 自1905年4月至1906年5月,一年多的时间内,伍廷芳、沈家本两人联名奏上了一系列法律改革的折子,重要者为"删除律例内重法折"、"奏核议恤刑狱各条"、"奏酌拟变通刑法"、"奏变通盗窃条款"、"奏停止刑讯请加详慎"、"奏订新律"、"奏流徒禁刑讯、笞杖改罚金"、"奏诉讼法请先试办"、"奏伪造外国银币设立专条"、"奏虚拟死罪改为流徒"、"奏议订商律续拟破产律",见政学社印行《大清法规大全》之"法律部"。其中,除了对《大清律例》进行细枝末节修改的奏折被批准外,全新的"诉讼法"、"刑法"等奏最后都因遭到中央高官和地方督抚的抵制而暂停。

新律的建议。但是除奏定《大清刑事民事诉讼律》草案属于较为完备的法典草案之外，其余均系对《大清律例》的细微修补。然而未几，随着诉讼律遭到中央大僚和地方督抚几乎一致的反对以及伍廷芳的离去，修订法律馆的制定新律的计划也告一段落。此后，"预备立宪"成为新政的主流，应预备立宪的需要，1906 年开始进行的丙午"官制改革"，不想引发了各官僚机构争权夺利的热潮，次年更是激起所谓的"丁未政潮"①，作为此次"政潮"的一环，由刑部更名而来的"法部"与由大理寺更名而来"大理院"之间的斗争也颇为激烈。在这种情形下，所有的修律活动未见很好地开展。直到 1907 年秋天，"丁未政潮"平定，朝廷将法部和大理院主管官员来了一个对调，且将"修订法律馆"离部（即法部）独立，修律活动方才走上正轨，新刑律也就在这种情形下，才真正开始从

---

① 所谓"丁未政潮"是清廷上层的一次激烈的权力争夺，因为发生在光绪三十三年，农历丁未年，故称之为"丁未政潮"，以军机大臣瞿鸿机、林绍年并联合岑春煊为一方，向奕劻父子及直隶总督袁世凯发动攻击，起初颇具声势，但由于奕劻与袁世凯在朝廷势力盘根错节，党羽众多，终于反败为胜，岑春煊被排斥出京，瞿鸿机则被罢斥归里。清末官员陈夔龙在其《梦蕉亭杂记》中就记载有"丁未政潮"一条，叙此次政争原委："辛丑公约签字后，两宫回銮。维时李文忠公（李鸿章）积劳病逝。项城（袁世凯）继任北洋。荣文忠（荣禄）居首辅，项城夙蒙恩遇，尚受节制。迨文忠逝世，遂以疆吏遥执政权。一意结纳近侍，津署电话房可直达京师大内总管太监处，凡宫中一言一动，顷刻传于津沽。朝廷之喜怒威福，悉为所揣测迎合，流弊不可胜言。癸卯，张文襄（张之洞）内召，两宫拟令入辅，卒为项城所挤，竟以私交某协揆代之。文襄郁郁，仍回鄂督任。继复推举某某入直枢廷，辇下号称三君，均为其所亲昵。厥后议改官制，北洋所练大镇，应归陆军部直辖。不得已拨出第一、第三、第五、第六四镇归部。以直隶地方紧要，暂留二、四两镇自为督率。朝廷姑允之。以粮饷处赢余关系，与某尚书意见相违，竟尔凶终隙末。荣文忠殁后，善化（瞿鸿玑）主持枢政。项城初颇纳之，嗣因商定中日和约，善化以外务部大臣资格先与日使交际一次，项城不悦，凡事阳推让，而阴把持，善化几无发言权。迨和约告成，两方遂成水火。善化得君最专，一意孤行。适内阁官制成，力排项城援引之某某等，一律退出军机；嗣以枢廷乏人，复召桂抚林赞虞（绍年）中丞为助。项城暨某某等闻之哗然，思有以报复。善化恃慈眷优隆，复拟将首辅庆邸一并排去。两宫意尚游移，讵诡言已传到英国，伦敦官报公然载中国政变，某邸被黜之说。适值慈圣宴各国公使夫人于颐和园，某使夫人突以相询。慈圣愕然。嗣以此事仅于善化独对曾经说过，并无他人得知，何以载在伦敦新闻纸中？必系善化有意露泄。天颜震怒。项城探知原委，利嗾言官奏劾。善化薄有清名，言路不屑为北洋作鹰犬，一概谢绝。重贿讲官某，上疏指参。善化竟不安其位而去。枢府乏人主笔，特旨召张文襄入辅，项城亦夤缘同时奉诏。时庆邸年老多病，屡经请假，复诏令醇邸在军机大臣上学习行走。然事无巨细，均由慈圣主持，诸臣但唯唯承旨而已。"见《梦蕉亭杂记》，北京古籍出版社 1985 年版，"丁未政潮"条。

"酝酿"阶段走上前台,然而也正是从此时开始,直到清朝覆灭,新刑律所引发的争议从未消停过,其制定通过的节奏一再被打乱,故而新刑律立法始末成为清末修律中最为戏剧性的一幕,此间的种种情形,百余年后尤值得我们反思。

一 新刑律草案的初阶:冈田入华

早在新政伊始的光绪二十八年四月初六日,朝廷即下谕:

"现在通商交涉,事益繁多,着派沈家本,伍廷芳将一切现行律例,按照交涉情形,参酌各国法律,悉心考订,妥为拟议,务期中外通行,有裨治理,俟修订呈览,侯旨颁行,钦此。"[①]

这个诏书在修律的目标上比较明确,唯独在修律的方式上较为含糊。后来经过了一番波折,最终在1904年开办修订法律馆专门负责修律事宜。至于当修何律,伍廷芳和沈家本两修订法律大臣的主张倾向并不一致,前者主仿欧西修全新之律,后者主在传统律例的基础上进行真增、改、废。两人之间的争执今已不可考,但是从后来系列上奏中,我们可以知道当时删定旧律和草拟新律这两者是同步进行的,新刑律的酝酿,即在此时。

但是对于全新的刑法,大多数修订法律馆馆员(包括沈本人)开始并无多少概念,因为最初的馆员来自旧式司法衙门,缺乏必要的现代法学知识和起草法律的经验。无奈之下,只好借助三种途径来加以解决:第一,通过翻译西方法律文本,研读之后,依样画葫芦;第二,直接聘请外国新法人才,借助其西方近代法知识与其在本国修订法律的经验,来起草中国新法;第三,通过进行国外游历和国内调查,参酌世界最新法理,结合本国国情民俗,制定新法。

事实上一开始修订法律馆在起草新刑律时,的确想广译外国刑法,然后比较选择,依样画瓢。正如沈家本在光绪三十三年八月二十六日奏上的奏折中所说的那样:"初则专力翻译,继则派员调查,而各法之中,尤以刑法为切要,乃先从事编辑。"[②]

[①] (清)朱寿朋编:《光绪朝东华录》,中华书局1958年版,第4864页。

[②] 《修订法律大臣沈家本奏进刑律草案并陈明编辑总之缘由折》(光绪三十三年八月二十六日),载怀效锋主编:《清末法制变革史料》(下卷),中国政法大学出版社2010年版,第447页。

光绪三十一年三月二十日，伍廷芳、沈家本在《修订法律大臣奏请变通现行律例内重法数端》一折中就提到了其翻译刑法的成果："各国法律之译成者，德意志曰刑法，曰裁判法，俄罗斯曰刑法，日本曰现行刑法，曰改正刑法，曰陆军刑法，曰海军刑法，曰刑事诉讼法，曰监狱法，曰裁判所构成法，曰刑法讲义解。校正者，曰法兰西刑法，至英美各国刑法。"① 此后，光绪三十三年五月十八日，沈在《奏修订法律情形并请归并法部大理院会同办理》一折中，也有：

"……先后译成法兰西刑法、德意志刑法、俄罗斯刑法、和兰刑法、意大利刑法、法兰西印刷律、德国民事诉讼法、日本刑法、日本改正刑法、日本海军刑法、日本陆军刑法、日本刑法论、普鲁士司法制度、日本裁判构成法、日本监狱访问录、日本新刑法草案、法典论、日本刑法义解、日本监狱法、监狱学、狱事谭、日本刑事诉讼法、日本裁判所编制立法论，共二十六种……"②

于是，修订法律馆在光绪三十二年（1906）春，已经起草出了一个新刑律草案，这个草案被有关专家称为"预备案"③。虽然笔者并未看到这一草案，但是此草案属于拼凑翻译的外国刑法当无疑问，当然，因其创者多为原刑部司官，故而必定会照顾到国内的现实情形。

不想这一起草节奏因为该年秋天一人的到来而发生改变。先是，为了储备新的法律人才，可能也为了修律之需，1905 年，伍、沈两位大臣奏请专设法律学堂，朝廷允准。1906 年 10 月，法律学堂开课，延聘日本法学博士冈田朝太郎主讲刑法，并请他兼任修订法律馆调查员，帮同考订刑法。于是在清末最早的现代刑法的起草上，带上了深深的"冈田印迹"。冈田甫一入馆，即将修订法律馆原来起草的"预备案"废除，另纂新案。任达先生也云："冈到任后，马上改弦易辙，坦率地也完全不恰当地否定了该馆已经完成了七八成的刑法初稿，在沈家本和伍廷芳的同意下，重新草拟新的刑法。"④

---

① 《光绪朝东华录》（五），第五三二四页。
② 《修订法律大臣沈家本奏修订法律情形并请归并法部大理院会同办理折》，载故宫博物院明清档案馆编《清末筹备立宪档案史料汇编》，中华书局1979 年版，第八三八页。
③ 李贵连：《沈家本传》，法律出版社 2000 年版，第 284 页。
④ ［美］任达著、李仲贤译：《新政革命与日本 中国，1898—1912》，江苏人民出版社 2006 年版，第 182 页。

冈田来华前为法学博士，东京帝国大学教授，日本刑法学权威。之所以会聘请冈田，是因为此前其《刑法各论》、《刑法总论》已译介至国内，产生很大影响，是以法律馆不惜以 850 银圆的高薪（超过修订法律大臣的薪水）聘任到馆。此后的十年间，冈田除了在修订法律馆以及袁世凯政府法律编查会任顾问外，还担任京师法律学堂、京师法政学堂等处教习，主讲"刑法"、"法院编制法"、"刑事诉讼法"等课程，著有《法学通论》、《日本刑法改正案评论》、《死刑宜止一种论》等讲义和专著，对我国清末修律和法律教育出力甚多。

这样一个权威的到来，另起炉灶，废止原案，自然不用感到奇怪。当然，修订法律馆同人与冈田必然有一个磨合的过程，据《汪荣宝日记》及其他资料可以显示出，似乎最后他们配合的不错，且最后递交的草案事实上是贯彻冈田的意志的。冈田来了之后，似乎未见其广泛调查中国的国情民俗，而是按照他熟悉的日本刑律，不到一年，即四易其稿，前后编定总则十七章、分则三十六章，共三百八十七条。后来新刑律的出台虽然颇多周折，且法部、修订法律馆以及各地官员通过签注提出了很多意见，但是都是在冈田案的基础上进行的修改。① 换言之，草案的底本始终是冈田起草的那份。

至光绪三十三年八月，冈田的新刑律草案即已纂成。于是旧历该月的二十六日，也是修订法律馆刚刚离部独立之时，沈家本就向朝廷奏进了此刑律草案的总则部分。过了两个多月，在十一月二十六日时，又奏上分则部分。不想引起了巨大的争议，甚至一度扭转了该馆修订法律的重心。

---

① 根据上引李贵连先生《沈家本传》中所作的研究，大清新刑律草案主要经过了这么几个预备案：由修订法律馆起草，光绪三十二年春脱稿，是年秋，因冈田朝太郎入馆，遂废此案，另纂新案。第一案：冈田主纂，三十三年八月脱稿，由修订法律馆奏进。第二案：宣统元年十二月，法部、修订法律馆在根据地方督抚的签注，修订而成，名《修正刑律草案》。第三案：宣统二年，宪政编查馆核订第二案时，以第一案为基础修正而成。第四案：宣统二年冬，宪政编查馆将第三案提交资政院，资政院法典股对第三案加以修改而成。第五案：资政院三读会通过第四案总则，分则未及议毕而资政院闭会，分则暂从第四案。第六案：宣统二年十二月，朝廷以上谕裁定第五案之分歧而予以颁布，这一案就为最后钦定大清刑律的定本，予以颁行。可见其底本始终是冈田朝太郎的那版。

二 节奏的打乱：帝后驾崩与预备立宪筹备事宜清单的改变

修订法律馆起草新刑律，一开始其节奏和朝廷的意旨是合拍的。光绪三十二年七月十三日，朝廷发出了上谕，宣示"预备立宪"。里面即提到了要"更定法制"、"并将各项法律详慎厘……以预备立宪基础"[①] 故而制定全新的刑法，乃预备立宪的要求。[②] 所以两个月后，冈田即来华，与此亦可能有直接的关系。

虽然冈田来华即废止原预备案，但是对于修订法律馆整体计划而言，只是起草人改变而已，修律的节奏尚且掌控在自己手中。冈田案总则分则分别上奏之后，朝廷的批复都是"宪政编查馆知道，并单发，钦此。"于是该案由预备立宪核心机构宪政编查馆来核定。因宪政编查馆"有统一全国法制之责"、"法典草案应由法律观奏交本馆考核"[③]。

宪政编查馆拿到了冈田案后，遂分咨内外各衙门讨论参考，以期至当。随后的一年多时间内，学部及直隶、两广、安徽各督抚先后提出修订意见。

沈家本对于内外衙门可能会有的意见是估计到了的，在光绪三十三年十一月二十六日奏上的分则一折中，沈就提到了可能的反对理由及他对此的申辩：

"顾或有以国民审判官之程度未足者，窃以为颛蒙之品汇不齐而作育，大权实操自上，化从之效，如草偃风，陶铸之功，犹泉受范，奚得执一时之风习，而制限将来之涂辙，此不足虑者一。各省法政学堂渐次推

---

① 《宣誓预备立宪先行厘定官制谕》，载《清末筹备立宪档案史料汇编》，第四三页。
② 林乾教授认为："清廷宣布实行宪政之后，颁布了《钦定宪法大纲》，由于刑律与宪政关系密切，因此制定新刑律就成为'宪政重要之端'。"此话诚然，但他继又认为："光绪三十三年八月，新刑律草案初稿完成，由于新刑律是在正式立宪后使用，而正式立宪是在九年以后，这就使得新旧律之间的衔接成为必要，为此，编纂一部现行刑律，就显得十分迫切"此话则与事实不符。后来的预备立宪清单所载关于新刑律的进程：一年修改，二年核定，三年颁布。这只给修订法律馆和相关机构准备了三年时间，而不是九年之后。这一点估计沈家本在奏请修订现行刑律之初都始料未及。林的观点见林乾、王丽娟点校《大清新法令》（第八卷），商务印书馆2010年版，"点校前言"，第5页。
③ 《宪政编查馆大臣奕匡等拟呈宪政编查馆办事章程折》（附清单），载上书，第50页。

广,审判人才渐已储备,即使骤乏良选,正可因试行新法之故,而尽力于培养之方,不宜惩羹止沸,遂咎新法之难期实行,此不足虑者又一。"①

沈谙于官场之道,他知道中国的改革,往往自上而下方能渐次落实。事实上,清自同治以后,虽然地方督抚汉人实权逐渐增大,但是实际而全面的国家权力,仍旧牢牢地攥在慈禧皇太后手中,从未旁落。1898年镇压变法者是她,1902年启动新政的是她,1906年宣布预备立宪的也是她,所以沈认为如果自最高皇权开始推行新刑律,就如草偃风,如泉受范,即便内外臣工有各种意见,也无法改变这一进程。

预备立宪的节奏事实上也是一直掌握在慈禧皇太后手中的,在宣布预备立宪一年后,光绪三十四年六月二十四日,朝廷又发一道上谕,要求"宪政编查馆、资政院王大臣督同馆院谙习法政人员,甄采列邦之良规,折衷本国之成宪……并将议院未开以前,逐年应行筹备各事,分期拟议,胪列具奏呈览"②。

于是八月初一日,宪政编查馆即拟定了一个预备立宪的时间表,即《逐年筹备事宜清单》,里面对议院开设之前的筹备工作做了系统的交待,共分九年来办。涉及新刑律的地方,主要有这么几项:

"第一年(光绪三十四年),修改新刑律,修订法律大臣、法部同办。

第二年(光绪三十五年),核定新刑律,宪政编查馆、修订法律馆同办。

第三年(光绪三十六年),颁布新刑律,宪政编查馆、修订法律大臣同办。"③

按照这一计划,光绪三十四年应该由修订法律大臣和法部来修改新刑律。而当初沈家本在奏上冈田案后,预计这部新刑律的出台会很费波折,于是两个月后的光绪三十四年正月二十九日,他紧接着奏上"奏请编定现行刑律以立推新律基础"一折,内中提道:

"是以臣甲本上年进呈刑律,专以折冲樽俎、模范列强为宗旨。惟是刑罚与教育互为盈朒,如教育未能普及,骤行轻典,似难受弼教之功。且审判人才,警察之规程,监狱之制度,在在与刑法相维系,虽经渐次培养

---

① 《修订法律大臣沈家本奏为刑律分则草案告成缮单呈览折》,载前揭《清末法制变革史料》(下卷),第450页。

② 《光绪朝东华录》,第五九七六页。

③ 同上。

设立，究未悉臻完善。论嬗递之理。新律固为后日所必行，而实施之期，殊非急迫可以从事"。①

在该折的最后，沈又提出："一俟新律颁布之时，此项刑律再行作废，持之以恒，行之以渐，则他日推暨刑律，不致有扞格之虞也矣。"②

沈家本属于作风稳健，做事低调的那种官员。宦海沉浮数十年，他知道他已处在一个变革的年代，新刑律乃大势所趋；但是西曹供职和外任知府的经历，又使其深知新刑律不可操切制定施行。此时立宪时刻表尚未出台，估计沈本人肯定没有料到新刑律制定颁布所定的计划会这么早。他心目中新刑律制定颁布的节奏应该是一边审慎精细地制定和颁布新律，一边用现行刑律来维持，最终实现"无缝对接"。但预备立宪时间表的出台，还是打乱了这种节奏。更令人意想不到的是，该年的十月二十一，十月二十二日，光绪皇帝、慈禧太后相继驾崩，慈禧遗命声望资历皆不够高的载沣为监国摄政王。这种变故，使得后来新刑律的出台，更是具备了一个戏剧性的变化。

虽然，载沣监国之初，在光绪三十四年十一月初十日，即下谕重申仍以宣统八年为限实行宪政，表示恪遵大行皇太后、皇帝的遗命。但是国内风起云涌的革命形势、立宪党人的陈情呼吁以及满汉官僚的争权夺利的白热化，使得这个九年预备清单难以照常执行，从而也影响到新刑律的修改和颁布。

监国摄政王载沣老实懦弱，缺乏政治经验和应变机谋。上台之初，仍按九年预备立宪清单中的事项去进行。宣统元年二月十五日，他重申实行预备立宪谕，并且按清单逐年清查各机构筹备未尽事宜。可是，随着另一位中流砥柱的元老张之洞在该年夏秋之际去世，这种"稳步推进"的作法再难继续。整个朝廷和社会都陷入一种急躁和激烈的气氛当中，于是原来的九年预备期，如今改成了五年的预备。虽然新刑律的颁布仍在原来的时间界限内，但是这种急躁的气氛，事实上也影响到了新刑律的修正。

因为预备清单中第一年的任务有一项为修改新刑律，由修订法律大臣、法部同办。而此时修订法律馆工作的重心正在修订现行刑律，而冈田

---

① 《修订法律大臣沈家本等奏请编定现行刑律以立推行新律基础折》，《清末法制变革史料》（下卷），第57页。

② 同上书，第58页。

案则正由内外衙门讨论参考当中。就笔者目前所看到的签注当中，似乎仅有署邮传部右丞李稷勋、浙江巡抚增韫等为数不多的官员在光绪三十四年就给出了回应，其余似乎仍在观望。故而法部尚书戴鸿慈见此情形异常着急，遂上奏摄政王请饬催京外各衙门签注新订刑律草案。于是宣统元年正月二十六日，朝廷下旨，着京外各衙门签注新订刑律草案谕。其后陆陆续续至宣统二年，各衙门签注纷纷送至宪政编查馆。总的看法是新刑律因时而制，是必要的。但是更多的是其不切合国情，尤其是不符合礼教传统，这几乎成为了致命伤，这在视礼教为朝廷之生命的大臣看来，几乎有叛国之嫌，据说某些重臣一度想拿修订法律大臣开刀。①

所以1908年是新刑律的一个关键的节点，帝后驾崩一度打乱了新刑律修订的节奏，预备立宪求"新"，而法律施行求"用"，在帝后在世之期，各方是很注重这两者均衡调适，所以沈一方面注意起草新律，另一方面又审慎地修订现行刑律，两者似乎毫无窒碍。而当帝后驾崩后，尽管"趋新"风潮犹在，但实权似乎掌握在实力派官僚手中，尤其以张之洞为最。加之众多督抚都对新刑律提出了各种各样的反对意见，主要理由违反了传统且在实践中难以推行，新刑律似乎会重蹈1906年《大清刑事民事诉讼法》的覆辙。不过戏剧性的一幕又出现了，稳重的实力派官僚张之洞于宣统元年九月去世，此时中央朝廷中缺乏实力派官僚（另一名最重要的实力派官僚袁世凯此时被开缺回籍养病），权力掌握在皇族官僚手中，这些皇族官僚大都政治经验薄弱，容易操切从事。于是我们看到，新刑律又重新推到前台，在种种的反对声中，依然要按照立宪时间表于宣统二年颁布。而此时的新刑律，是否真的修改完备？它做好准备了吗？

三 资政院的表决时刻：不免于意气之争

事后，我们知道，这个新刑律是很不充分的，即便有法部、修订法律馆乃至宪政编查馆都做了修改和核定，但是在宣统二年提交到资政院表决

---

① 据董康回忆："时张文襄兼任学部大臣，其签注奏稿，语涉弹劾，且指为勾结革党。副大臣宗室宝熙，例须连署，阅之大惊，谓文襄曰：'公与沈某有仇隙耶？此折朝上，沈某暨馆员夕诏狱矣！'文襄曰：'绝无此意，沈某学问道德，素所钦佩，且属葭莩戚也。'宝曰：'然则此稿宜论立法之当否，不宜对于起草者加以指摘。'遂由宝改定入奏，则此点获安全过去者，宝之力也。"见董康《中国修订法律之经过》，载何勤华、魏琼点校：《董康法学文集》，第461页。

的新刑律草案,依然是贯彻冈田意志的"拿来"的新刑律案。于是在资政院开院前后,我们看到了很多的纷争,学界将之归入在"礼法之争"内,其实,除此之外,还带有各资政院议员的意气之争在内。资政院在预备立宪中,形式上类似于议院,其职责最初不过是"庶政公诸舆论"的一个"舆论"发表机构。不过因为帝后驾崩和大臣薨逝之后,皇族亲贵表面上加强了集权,但是其对全局的掌控能力大大下降。故而此时法律的通过,实际上只需要资政院通过就行,监国摄政王载沣不过事后画诺而已。所以新刑律的通过,最终端赖资政院的表决。设想帝后仍在,那么即便资政院议员通过,太后如果不想让该律通过,依然会有办法阻止其生效。因此,资政院表决时刻,乃新刑律立法过程中最为重要的节点。

故而,我们可以看到在资政院关于新刑律的辩论中,即便相关的学理讨论并不够充分,只要谁更激进、声势更大、嗓门更高,谁就拥有了更大的话语权。所以辩才更好的杨度、汪荣宝等激进政法青年,慢慢地就在资政院辩论中占了上风,这连后来升任资政院副院长的沈家本也难以预料。对此我们无须展开,唯独需注意其对新刑律出台的重要意义。

修订法律馆和法部在参考签注对新刑律草案加以修正之后,于宣统元年十二月奏进《修正刑律草案》,但于义关伦常诸条并未按照旧律修入正文,仅在附则中有所体现。该《修正刑律草案》交付宪政编查馆核复后,遭到该馆参议劳乃宣的强烈抵制,继而纠集同人,发起维护礼教的运动,最终制定出一个《新刑律修正案》交付资政院讨论。先是在宪政馆,后争至资政院①,将自光绪三十二年《大清刑事民事诉讼法》草案颁发始引发的"礼法之争"推到顶峰。这场争论引起了社会的广泛关注,各大报纸纷纷予以曝光,许多人士都被卷进了争论,法律馆作为新刑律草案的起草者,自然被置于礼教派的对立面。

关于礼法论争的主要内容与经过,李贵连先生《沈家本传》专辟一

---

① 资政院是清末"预备立宪"时期清政府设立的中央咨询机构。光绪三十二年官制改革时,曾出台资政院官制,其后开始筹建,筹建始于光绪三十三年,光绪三十四年以后陆续完成《资政院院章》,宣统二年九月初一日第一届资政院大会召开。资政院与近现代社会的国家议会有根本性的不同,它可以"议决"国家年度预决算、税法与公债,以及其余奉"特旨"交议事项等,新刑律草案就作为一个重要议案为资政院议决通过部分条文。但一切决议须报请皇帝定夺,皇帝还有权谕令资政院停会或解散及指定钦选议员。光绪三年,资政院第二次会议召开,但因辛亥革命事起,议员到者人数逐渐减少,故而草草收场。

章，言之甚详，无烦笔者赘述。① 我们仅简要看看资政院中发生的纷争，其具体辩论此处也从略。

张之洞于宣统元年九月辞世，使礼教派遭受重创，因张无论在权力上还是在学识、资望上，都为礼教派其他人所不及。但正所谓"沧海横流方显英雄本色"，劳乃宣的出现，使得法律馆又遭遇一强大的对手。劳乃宣，字季瑄，号玉初，自号矩斋，在礼法之争中遭受非议之后，又自号韧叟，隐寓为维护名教坚韧不拔之意。浙江桐乡人，同治十年进士，先后任外官多年，光绪三十四年奉召进京，充宪政编查馆参议、政务处提调，钦选资政院硕学通儒议员，后简授江宁提学使，故又称劳提学。

劳乃宣品秩虽不高，但学识与资望素为人钦佩，且能始终不渝维护名教，赫然成为礼派领袖，当时人名劳党。新刑律终因其坚持，而加入无夫奸有罪条文，法律馆对其颇为忌惮，观其宪政馆同僚、法律馆馆员汪荣宝的日记，可知其在这次争论中的地位："（宣统二年六月二十三日）余往宪政编查馆，劳玉初出示所撰新刑律驳论，均关涉礼教者，措辞甚厉。"②"（宣统二年七月六日）二时顷，到宪政编查馆，世相、吴侍郎在坐，论新刑律草案，劳玉初竭力反对，舌战良久，不得要领。"③ "（宣统二年十二月二十七日）未刻，到宪政馆，礼部具奏以为法律与礼教相为表里，修订法律大臣宜与礼学馆相接洽，嗣后民律草成，须与礼部会奏，本馆又拟奏饬劳玉初赴任，请俟明年核复民律时饬该员来京参预，不禁为法典前途惧。"④ 以劳乃宣为首的礼教派重要成员除其本人外，尚有内阁学士陈宝琛、京师大学堂总监刘廷琛、德国人赫善心等，而法理派则有以修订法律大臣沈家本为首的法律馆绝大多数馆员和宪政编查馆杨度、吴廷燮、日本人冈田朝太郎等人。

从整个礼法争议过程看来，争论的焦点集中在以下几个方面：第一，新刑律立法宗旨应以西方法律原则为主，还是以纲常伦理为主？第二，新刑律的精神究竟应该采国家主义，还是采固有家族主义？第三，《大清律例》中的"干名犯义"、"犯罪存留养亲"、"亲属相奸"、"亲属相盗"、"亲属相殴"、"故杀子孙"、"杀有服卑幼"、"妻殴夫、夫殴妻"、"犯

---

① 参见李贵连著《沈家本传》，第257—356页。
② 《汪荣宝日记》，宣统二年六月二十三日。
③ 《汪荣宝日记》，宣统二年七月六日。
④ 《汪荣宝日记》，宣统二年十二月二十七日。

奸"、"子孙违反教令"等维护礼教传统的法条，是否要全部列入新刑律，如何列入？

我们仅来看第三个问题，因为这些法律条文体现名教之精华，礼教派引用种种法学原理，最终都要回到这些制度上来，所以劳乃宣《修正刑律草案说帖》在阐明了礼教原理后，对这些制度如何规定都一一予以列举并说明理由。法理派可以不顾及礼教派的理论分析，但对这些具体条文的归宿，则无法回避。于是沈家本在回复劳乃宣时，仅仅就这些条文做事实阐述，何者该列何者该删，并不做理论分析。对于劳乃宣的新刑律的说帖中开列的条文，就"干名犯义"条，指出于诬告罪中详叙办法，不必另立专条；就"犯罪存留养亲条"，即使不编入草案，也不违反礼教，所以不列入；就"亲属相奸"、"亲属相盗、亲属相殴"、"杀有服卑幼"、"妻殴夫夫殴妻"，认为应在判决录中定刑罚等差，不列专条；就"犯奸"、"子孙违反教令"两条，沈认为欧洲没有法律明文，且更多关乎教育，不必规定于刑律之中。①

对沈的答复，其余条文礼教派未再坚持，唯独对"子孙违反教令"和"无夫奸"两条，则坚决不肯妥协，其理由不外以此两条严重悖逆礼教，且于社会实情有窒碍，一旦施行，当造成社会道德沦丧，自决藩篱，是视此两者为洪水猛兽，其具体争辩过程兹不赘录。② 此两条文最后只能交付表决（子孙违反教令因资政院闭会，未及与议），又因为表决，造成更大的"党争"，因赞成此两者定罪入律的投白票，而反对者投蓝票，又称之为白票党与蓝票党。关于"无夫奸"条文的表决于宣统二年十二月初八日进行，此时距离第一届资政院大会闭会仅有三天。当天的议决过程

---

① 参见沈家本《沈大臣酌拟办法说帖》，载《桐乡劳先生乃宣遗稿·新刑律修正案汇录》，第929—935页。

② 董康回忆礼法之争时针对无夫奸条时说："新旧之争，关于此点，较前尤烈，所谓甚嚣尘上也。反对之领袖，为劳乃宣，被选为资政院议员。康因兼职宪政编查馆科员，政府遣派出席被咨询。无夫奸应否科罪，在个人意见，无所可否，惟负法律修订责任，不能不有所主张。资政院本借法律学堂作议场，与法律馆比邻，以政府员资格，时邀至法律股辩论，几于舌敝唇焦，幸股长汪荣宝为编查法律二馆同僚，曲予维护，勉强提出大会，届时逐条讨论，已逾办公时暮。至奸非罪章，先有政府员汪有龄，本馆总纂，剀切陈述本章之应趋向大同之宗旨，最后投票表决，以赞成者投蓝票，反对者投白票，议员多为文襄所招致，因之旧派从而操纵，结果白票居多数，政府员复有声明，议场闹散，秩序大乱。适值武昌起义，警信叠至，资政院自此辍议，故刑律仅是章而止，以后系用命令颁行也。"载《董康法学文集》，第461页。

极其漫长，达五小时之久，法律馆馆员在议席内者都反对无夫奸入罪，其中汪荣宝即与礼教派人士发生了激烈的冲突。据当日报载：

"……高凌霄谓，请将无夫奸有罪付表决，汪荣宝谓此系道德上罪过，不应以刑律制裁。康咏反对之，万慎乱乎乱叫不已。全场哗然，秩序又大乱。蒋鸿宾又反对汪荣宝之说，文和痛驳之。高凌霄又喧闹，陈敬第谓当平心静气讨论，并说明无夫奸万万不能有罪理由。康咏谓当列为报告罪。陈树楷谓此条立意甚佳，但中国人民程度不足，不适用。汪荣宝谓，程度既不足，何必需资政院。陈懋鼎谓，国会亦可不要。雷奋谓，刑法是一种公法，一方维持国家治安，一方保护个人自由，因其为公法，必须公诉后有罪，试问无夫妇女和奸，以何人为原告？其言极中肯。陈树楷、陈善同、李经畲、高凌霄、万慎皆反对之。汪荣宝继登台演说，约数十分钟之久。陈树楷、陶毓瑞、王绍勋等纷纷阻其发言。胡礽泰欲登台发言，反对者又纷纷止住，胡谓本员今日尚未说话，随至台前谓，本员赞成礼教，然不可与法律混合，后面高凌霄、万慎等大哗，杂以笑声、呼号声、骂詈声，于是秩序愈乱，全场骚然，良久，秩序始定。"①

最后，议长宣布分两次表决无夫奸罪条文。第一次，主张有罪的用白票，获得七十七票，主张无罪者用蓝票，获四十二票，白票党获胜。第二次，主张将此条文纳入"暂行章程"者起立，结果起立者多数。于是白票党在这一问题上全胜。此时礼教法理两派斗争达到白热化程度，多年以后，当事人董康在拜会其时已任驻日公使的汪荣宝时，还回忆道：

"十时偕番头浅野赴下落合访汪衮甫公使，留午餐。衮甫昔年任法律馆总裁（纂），余任提调，今颁行之刑法，即余二人所改定提交资政院。时伊为议员，余为政府员，南皮方柄政，昧于大同趋势，屡事指摘，和之者众，余以一人鏖战其间，笔舌俱枯，议长以蓝白二票投甌，赞成者蓝票，衮甫为蓝票中勇将也。追话旧事，不胜慨然。"②

由此可见，礼教处于新政背景下，在新刑律议决过程中，坚持为礼教而斗争的行为，几乎属于"逆时"而动，但卒能引发这么一场激烈的争论，最后迫使新律做一定的修改。这很能说明一个问题：即在法律移植过程中，固有的民族性因素一定程度上总会使得它改变移植的方向和形态。

---

① 《时报》，宣统二年十二月十六日，第一版。

② 见董康：《书舶庸谈》，第34页。

最后，在多次冲突后，新刑律草案最终改变原来附则五条，而成为《暂行章程》附录于草案正文以后：

"第一条 凡犯第八十九条、第一百〇一条、第三百十二条、第三百十四条，处以死刑者仍用斩。

第二条 凡犯第三百五十二条第二项、第三百五十三条、第三百五十五条至三百五十七条之罪，应处三等以上徒刑者，得因其情节仍处死刑。

第三条 凡犯第三百七十条应处一等有期徒刑及第三百七十一条至第三百七十五条之刑者，得因其情节，仍处死刑。

第四条 凡犯第二百八十九条之罪为无夫妇女者，处五等有期徒刑、拘役或一百元以下罚金。其相奸者同。前项之犯罪须待直系尊亲属告诉乃论其罪。若尊亲属事前纵容或事后得私行和解者，虽告诉，不为审理。

第五条 凡对尊亲属有犯，不得适用正当防卫之例。"①

即便如此，也不能说礼教派就获得了胜利，因为礼教的加入并没有改变新刑律是近代新型法典的事实。实际上争论谁胜谁负没有任何意义，每个争论者身上并没有贴着一成不变的"礼派"或者"法派"的标签，其所争者，以某一角度看来是此是而彼非，但以另一个角度则此非而彼是。在当时受欧风美雨侵袭下的激进分子，急切希望中国富强，希望中国迈进现代国家之列，故主张推倒重建，模范列强，法律不免粗疏，但毕竟竖立起近代法律体系的框架。而礼教派主张，虽然长久看，其坚持的许多制度最后都退出了历史舞台，但在其关注的当下，的确有此必要，尤其是在修律理念上，其主张法律当以民族固有文明为基础，主张文化的自主性，则即使放之现在，依然有其深远意义。当时的激进青年董康后来在反省变法修律的得失时，曾说过两段话，颇堪玩味：

"前清团匪事变，国家锐意修订法律，愚承归安沈寄簃知遇，令提调其事，尔时实为沈浸欧制最力之一人，亦为排斥礼教最烈之一人。改革后忝厕政府者十余年，服役社会者又十余年，觉曩时之主张，无非自抉藩篱，自溃堤防，颇忏悔之无地也。"②

"自欧风东渐，关于刑法之编纂，谓法律论与礼教论不宜混合。鄙人

---

① 《清朝续文献通考》，卷二百四十六，"刑五"，"法部奏准附暂行章程五条"，第九九一七—九九一八页。

② 董康：《前清司法制度》，载《董康法学文集》，第360页。

在前清从事修订，亦坚执此旨。革易后服务法曹者十年，退居海上，服务社会又若干年，觉有一种行为，旧时所谓纵欲败度者，今于法律，不受制裁，因之青年之放任，奸宄之鸱张，几有狂澜莫挽之势。始信吾东方以礼教立国，决不容无端废弃，致令削足适履，叠承谆谆垂询，姑就下列两端，与诸公作法律案之商榷焉。"[1]

是法律馆此前身陷礼法之争时，自然容易偏执一端，且时间也不容许法律馆通盘考虑，仔细斟酌。等到昔日馆中人重新审视时，只可留作怅然之叹矣！

四 小结：修律的节奏及其调适

本文并不打算对新刑律的制定始末做一个全面的叙述，也不打算评论新刑律的思想内容。只是择此次立法过程中的几个关键性节点进行思考。意在表明，大清新刑律的立法中，原本有一种节奏。这个节奏最初自然是法律馆和宪政编查馆掌握着，其实这两个机构是同质机构，都是拜"新政"所赐而新立的衙门，后者更是新政的中枢。修订法律馆设立之初，对起草新律和修订旧律有一个总体的规划，其后按照着某种节奏在运行，起草新律和修订旧律并行不悖。即便冈田入华，废除了原新刑法草案，也只是内部机构的"微调"，就其整体运行未有大的影响。

其后，事逢预备立宪，丙午官制改革和丁未政潮，修订法律馆自身的修订刑法节奏被打乱，不得不参与到这些运动中去。待到政潮平定，修订法律馆离部独立，奏上冈田案后，修订法律馆似乎又重新开始掌握好修订新刑律的节奏，不想又逢帝后驾崩，紧接着签注不断，批评不断，一度使得新刑律的修订陷入崩溃的边缘，一如1906年的诉讼律一样的命运。但此时的栋梁薨逝，又使得这部法律起死回生。然而，此后的时代变化太过迅猛，大概在沈家本等还没有准备好的时间段上，新刑律草案即急匆匆地交资政院议决，终于引发了大规模的冲突和争论，即红白票党之争。可见在这部法律起草过程中，修订法律馆的修律节奏一再被打乱，导致要想从容镇定、充分自然，水到渠成地完成大清新刑律，在这样的历史条件下，是不可能实现的。

---

[1] 董康：《刑法宜注重礼教论》，载《董康法学文集》，第626页。

实际上，要说"礼派"就很充分，也不尽然，兹举一例来说明：在争论"亲属相奸"、"无夫奸"等条款要不要废时，我们发现实际上两派的着眼点并不相同，法派沈家本的观点是：

"旧律重至立决，未免过严，究之此等事何处无之？而从无人举发，法太重也，间有因他事牵连而发觉者，办案者亦多曲为声叙，由立决改监候，使非见为过重，何若是之不惮烦哉！大抵立法太重，则势难行。定律转同虚设……"①

而礼派陈宝琛则这样说："中国于无夫奸之为罪，深入人心，虽非纯藉法律之力，而究因律有明文，乡曲细民益知此事之不可犯，是于道德之外，多一法律以为后盾，未始非无形之补助也。"② 可见法派主张废除条文是站在司法实践的立法上，因为定律太重，转致多成虚文，与其一纸具文，不如废除之。而礼派则是站在法律宣教的基础上，强调正因为有重法，所以可以明刑以弼教，实际上双方解除到的都是片面真理，最终的结果，必定是在斗争中求得妥协。

诚如许倬云先生所论的那样："可知时间的进展可以使事物与制度的正面功能老化而成为负性功能，也可使社会关系由特定的畏威与功利的形态转变为稳定的名分关系。各种事物与制度的老化速度不属同步，各种不同的社会关系也未必同时转变。变化步调的参差遂可以造成大体系中原本已经适调的各个部分之间，发生抗拒或推移，以求获得新的均衡与适应。"③

事实上，不独在考察大清新刑律节点时，会发现修律的节奏容易被打乱。其他法律的修订，又何尝不是如此？修订法律不可能仅按照法律修订机构的逻辑和节奏开展，时势才是最大的决定因素，它要求在掌握节奏的同时，要因时因势随时调适，达到一个整体的均衡。如果想到这一点，那么大清新刑律纵然有很多不完美，纵然此后也经过了一系列反弹，又何足憾哉！

---

① 沈家本：《沈大臣酌拟办法说贴》，载劳乃宣辑《新刑律修正案汇录》，收录于沈云龙编《近代中国史料丛刊》第36辑，（台北）文海出版社1967年版，第930页。

② 陈宝琛：《陈阁学新刑案无夫奸罪说》，载劳乃宣辑：《新刑律修正案汇录》，收录于沈云龙编《近代中国史料丛刊》第36辑，（台北）文海出版社1967年版，第953页。

③ 许倬云：《传统中国社会经济史的若干特征》，载氏著《求古编》，新星出版社2006年版，第4页。

十一 "申韩坠绪"
——对清末西方"法学"知识传播的一个观察

成富磊[*]

摘要：中国思想内部变法思想古已有之，所谓礼法之争即其核心，这一变法思想所指向的是秦制。也正由于此，晚清读书人对西法多以合于先贤礼教赞美之。而在礼教思想观察西法之外的，是晚清译介西书中反映的拿来主义，在中西两种思想脉络之间自觉地做了一种对接工作。传统知识体系中处于边缘地位，"流于苛刻"的申韩之学得到发掘，并与西方成文法系统法学相对接，使其在现代学术体系与知识体系中占有一席之地。由此导致在传统学问中处于中枢位置的礼学研究之地位日益尴尬。沈家本的《法学盛衰说》以呼吁传统"法家"申韩之学"由衰而盛，庶几天下之士群知讨论，将人人有法学之思想，一法立而天下共守之，而世局亦随法学为转移"正是道出了传统"法家"在转型时代争夺自身话语权的要求。在这一背景中，礼学已经无法以传统时代兼括言说道德与制度的方式容身。换言之，基于经典的礼学研究再也无法为"出礼入刑"的全面治理模式提供无可置疑的学术基础。

关键词：法律移植 清末修律 知识对接

一 援西法入礼教：廓清秦制

不少研究者注意到，晚清变法思想的勃兴，是由于遭受西法的冲击；但是，西法在何种意义上构成对华夏制度的冲击，却鲜有论述。在讨论这一问题之前，首先应该明确的是，中国思想内部亦有变法思想，所谓礼法之争即其核心，这一变法思想所指向的，就是秦制。最有名的呼吁是谭嗣同的《仁学》，"故常以为二千年来之政，秦政也，皆大盗也；二千年来之学，荀学也，皆乡愿也。惟大盗利用乡愿，惟乡愿工媚大盗，二者交相

---

[*] 上海立信会计学院副教授，历史学博士。

资,而罔不讬之于孔,被讬者之大盗乡愿,而责所讬之孔,又乌能知孔哉?"① 严复亦言,中国自"秦以来之为君,正所谓大盗窃国者耳。"② 诸此种种言论,典型反映了传统思想界关于政治理想的主流。这一主流思想即以传统严礼法之辨的思路理解中西交通。

惯常的看法是将这一思路以"复古"或"保守"视之。实则这一从传统儒法争论出发的变法思想,其关键不在复古,而在于合于礼教,也即合于民情。正是在这一意义上,儒者接触西方政教,即以其能沟通民情而赞美之。今人常摄于梁任公先生先器物、后制度再文化的近代思想史脉络,殊不知,自传统思想观之,器物制度文化岂可以如此截然而分?其实早在大力引进西学之前,一些对西方社会有过实际观察的儒者即首先注意到西方的政教之美,这一西方社会"不得以古旧夷狄视之"。

魏源编《海国图志》中收入的论文《外国史略》:"凡欧罗巴各国民有缺乏,即迁居花旗国,如有受害者亦迁此地,故开辟日广。其国律例合民意则设,否则废之。"③ 也是肯定西方政教之美。虽然《海国图志》的大旨,仍不脱以夷狄视西方的传统思想,"英吉利恃其船炮,渐横海上,识者每以为忧。顾其人素贪,无远略。所并海外诸国,遣官镇守,取其货税而已,非有纲纪制度为保世滋大之计。《汉书》谓匈奴贪,尚乐关市、嗜汉财物,英吉利正其伦比"④。但其作者仍注意到,"国人以律例为重,不徒以统领为尊。(此外则各文武自立例款,以约束其民。但不得以部例犯国例)……所有条例,统领必先自遵行,如例所禁,统领亦断不敢犯之,无异于庶民,而后能为庶民所服"⑤。

先行者郭嵩焘以"其民平等"总括西方政俗之美,徐继畬亦注意到

---

① 谭嗣同:《仁学》之二十九,华夏出版社,第96页。
② 严复《辟韩》,收入王栻主编《严复集》,册1,北京中华书局1986年版,第35—36页。
③ 《魏源全集》第六册之《海国图志》卷六十一收录,岳麓书社,第1652页。
④ 《记英吉利》,道光十二年清河萧令裕。《魏源全集》第六册之《海国图志》卷五十三收录,岳麓书社2005年版,第1429页。又见同书《玛吉士地理备考叙》,通篇是传统人禽之别的话语。
⑤ 《美利哥国志略》,《魏源全集》第六册之《海国图志》卷五十九收录,岳麓书社,第1614页。

西方"推举之法，几于天下为公"。① 王韬亦认为，"英国之所恃者，在上下之情通，君民之分亲，本固邦宁，虽久不变。观其国中平日间政治，实有三代以上之遗意焉……狱制之善，三代以来所未有也。国中所定死罪，岁不过二三人，刑止于绞而从无枭示，叛逆重罪止及一身，父子兄弟妻孥皆不相类。民间因事涉讼，不费一钱，从未有因讼事株连而倾家失业，旷日废时者，虽贱至吏役，亦不敢受贿也"②。大约同时的梁廷枏亦关注于西政，"予观于美利坚之合众为国，行之久而不变，然后知古者可畏非民之未为虚语也。彼自立国以来，凡一国之赏罚禁令，咸于民定其议，而后择人以守之。未有统领，先有国法，法也者，民心之公也。统领限年而易，殆如中国之命吏，虽有善者，终未尝以人变法，既不能据而不退，又不能举以自代。其举其退，一公之民。持乡举里选之意，择无可争夺、无可拥戴之人，置之不能作威，不能久据之地，而君听命焉。盖取所谓视听自民之茫无可据者，至是乃彰明较著而行之，实事求是而证之。为统领者，既知党非我树，私非我济，则亦惟有力守其法，于瞬息四年之中，殚精竭神，求足以生去后之思，而无使覆当前之疏斯已耳。又安有贪侈凶暴，以必不可固之位，必不可再之时，而徒贻其民以口实者哉？"③ 以美利坚的政治形式，反证"古者可畏非民之未为虚语"，并不是关注其具体的制度形式。

踵武郭嵩焘而来的薛福成，亦为严守传统礼法之辨的儒者，"自唐虞迄夏商周，最称治平。洎乎秦始皇帝，吞灭六国，废诸侯，坏井田，大泯先王之法。其去尧舜也，盖两千年，于是封建之天下，一变为郡县之天下"④。在日记中详细描绘了自己耳闻目睹西方社会之后的思想变迁。"（光绪十六年三月十三日记）昔郭筠仙侍郎每叹羡西洋国政民风之美，

---

① 关于这一思想脉络，可参秦晖：《西儒会通解构儒法互补》，收入氏著《传统十论》，复旦大学出版社，第229页。

② 《纪英国政治》，见《近代文献丛刊》之《弢园文录外编》，上海书店出版社2002年1月版，页89。

③ 梁廷枏：《合省国说序》，道光二十四年刻本，见民国二四年四月岭南学报第四卷第一期，页142至149，冼玉清著梁廷枏著述录要。中央研究院近代史所编《近代中国对西方及列强认识资料汇编》第一辑第一分册，页853。

④ 薛福成：《筹洋刍议》，见《薛福成集》辽宁人民出版社1994年版，第88—90页。《吕海寰往来译稿》收《筹海刍论十四篇》，署叔耘薛福成辑，见《近代史料丛刊第三编》第五十八辑，第254页，文字微异。

至为清议之士所牴排。余亦稍讶其言之过当，以询之陈荔秋中丞、黎莼斋观察，皆谓其说不诬。此次来游欧洲，由巴黎至伦敦，始信侍郎之说……同人有谈美国风俗之纯厚者，余谓泰西之国，在今日正为极盛之时。"正是在合于三代之治的意义上，薛福成赞叹，"（光绪十六年十二月初十日记）西洋各国经理学堂、医院、监狱、街道，无不法良意美，绰有三代以前遗风"。

所以薛福成并不是关注于其政教之美的实质内涵，而在于其治理精神。所以，他仍认同讲究等级的中国礼教为最合适于中国的治理体系，"国家定律，庶民不得相殴。子殴父者，坐狱三月，父殴子者，亦坐狱三月。盖本乎墨氏爱无差等之义，所以舛戾如此。此其父子一伦，未尽协圣人之道也"。其对中西政教原则不同带来的制度之异亦认为各有长处。他观察西律"最重奸盗拐骗之罪。凡犯此者，虽平日密友，皆绝不与往来，恐被浼也；而惩治之法，虽不抵死，亦必与以终身监禁、苦工之罚。盖犹中国所谓私罪也"。而轻于对君主有犯，"隐图弑逆篡夺，或谋为君主，或要结众心谋为大伯理玺天德，虽未成，发觉，亦只驱之禁之而已，不甚予以重辟；而舆论非惟不贬绝之，转有钦佩其为英雄者。盖犹中国所谓公罪也"。

对此，薛氏的礼教立场凸显出来，"夫大逆不道，不能不重其辟者，所以定一尊而禁邪谋也。故胜则为王，败则为寇，古今通义。今西人则于其败者，并不指为寇焉，人孰不思侥幸以希神器哉？即如法前兵部尚书布朗热，谋为法国君主，事败出奔，而法人之讴思者至今未衰，并不斥其觊觎之罪。欧美诸国若此类者，不胜枚举，此不知《春秋》大义之故也"。对于信奉礼教的学者来说，法条上面永远有更高的东西，所以，中西之法"生于义"这点上是一致的，不同的仅仅在于"中律尚理，西律原情。尚理则恐失理，故不免用刑；原情则惟求通情，故不敢用刑。然理可遁饰，情难弥缝；故中律似严而实宽，西律似宽而实严，亦各行其是而已"。所以，中律西律并不存在绝对的高下，如果有高下，也只在于是否达到了自己民族的"义"。

在薛福成的思路下，即以礼教与西政合而观之以反对秦制：

中国唐虞以前，皆民主也。观于舜之所居，一年成聚，二年成邑，三年成都，故曰都君。是则匹夫有德者，民皆可戴之为君，则为诸侯矣。诸侯之尤有德者，则诸侯咸尊之为天子。此皆今之民主规模也。迨秦始皇以力征经营而得天下，由是君权益重。秦汉以后，则全乎为君主矣。若夫夏商周之世，虽君位皆世及，而孟子"民为贵、社稷次之，君为轻"之说，犹行于其间，其犹今之英、义诸国君民共主政乎？夫君民共主，无君主、民主偏重之弊，最为斟酌得中，所以三代之隆，几及三千年之久，为旷古所未有也。①

这样援西法以释中的思路，已经不是所谓"西学中源说"的思路所能赅括，薛福成这一对西方政教良俗引介之由，一言以蔽之，合于三代君民一体的礼治精神，西法对于中国的真正意义在于他们找到了合于自己民情的制度形式。

在这一沟通中西的思路之下，另一以礼学立场对西法的态度更近于原教旨。较早关注西政的小儒蒋敦复显然比醉心洋务的诸人更为恐惧西法，"天下有道，礼乐征伐自天子出，天下有道，庶人不议。英之议会（小字：即巴力门上下两院），如使行于中国，大乱之道也。惟辟作福，惟辟作威，未闻王者不得操予夺生杀之柄。民可使由之，不可使知之。未有草野细民得曰：立君由我"。在传统礼教君亲为大的思想看来，这一君自民出的政治是不可想象的。如果有，也是乱臣贼子，"历观英史，至查尔斯第一位格朗瓦所杀，举朝宴然，无所谓戴天之仇与讨贼之义，不觉发指。既而叹曰：诚哉，春秋之作，孔氏之刑书也。后世虽乱臣贼子不敢遽萌篡弑之念。一有不轨，人人得而诛之。何者？春秋大义明于中国，君臣之分甚严也"。而规定这些名分的首要原则，就是礼，"春秋，天子之事，其治天下也，礼先于法。礼辨上下、定民志。英巴力门知有法不知有礼。尝谓人主在上帝及律法下，在上帝下固也（小字：彼称天主为上帝，亦则其说亦谬）。法谁出乎？必百姓与一人公为之，民志嚣然，悖且乱矣，何法之有？惜乎，未有以为国以礼之说告之也"②。"吾为此惧，作英志。"③对英国的认知尚处于"巴力门"（parliament）是"知有法不知有礼"的层次，故而为之惧，其仿孔子作春秋之义非常明显。但其立论基点仍是严

---

① 以上分别见蔡少卿整理《薛福成日记》，2004年12月第1版，第696、779、712页。

② 与潘光哲先生一篇讨论晚清"政体分类"未刊论文的认识不同，本文认为蒋的问题，恐怕只是反映了其实尚自信礼乃普天下之大经，非所谓政体抉择，盖其时无所谓择矣。后世的保守派则多以中国民情论说中西之异以保中华文物制度。

③ 《英志自序》咸丰十年，见《啸古堂文集》卷七，页2至5。中央研究院近代史所编：《近代中国对西方及列强认识资料汇编》第一辑第二分册，页1086。

礼法之分，也即作为传统中国思想主流的"廓清秦制"。

二　对接：法学与申韩坠绪

在礼教思想观察西法之外的，是晚清译介西书中反映的拿来主义。自清末士人争言自强以来，即以引入西学为职志之一，"清光绪中叶，海内明达，惩于甲午之衅，发愤图强，竞言新学，而译籍始渐萌芽"①。法律书籍亦在这一大潮中。近代西方宪政原则下的法律思想，最重要的代表人物为洛克（1632—1704）、孟德斯鸠（1689—1755）、边沁（1748—1832）与卢梭（1712—1778）等诸人。在近代中国，一批西方传教士（主要是基督教新教）将这些观念传播到中国，其中的重要人物有马礼逊（Robert Marrison 1782—1834）、丁韪良（A. P. William Martin 1827—1916）、林乐知（Young John Aller 1836—1907）、傅兰雅（John Fryer 1839—1928）与李提摩太（R. Timothy 1845—1919）。他们对西方法律观的译介影响到了中国一批知识分子。

据何勤华先生的研究，迟至1868年，在神田孝平所著《日本国当今急务五条之事》（载1868年4月10日《中外新闻》）和津田真道编译的《泰西国法论》中，首次使用了"法学"一词。②黄遵宪的《日本国志·刑法志》则是第一个翻译和研究日本近代法的中国人，也很可能是第一个输入日本法的中国人。黄氏于光绪三年（1877）到达日本，担任清朝驻日公使馆参赞。其时，日本明治维新已进行了十年。他在光绪十三年（1887）写成50余万言的《日本国志》，分12志40卷。《刑法志》即为其中之一"志"。日本明治十三年（1881）颁布《治罪法》和《刑法》（一般称其为旧刑法，以与1907年刑法相区别），正式脱离我国古代法传统，转而采用西方法。正在日本任内的黄遵宪，立刻抓住这两部仿照法国法而制定的新法，将其诸条译成汉文，并加上自己的注释，以《刑法志》之名列入《日本国志》。③

---

① 顾燮光《译书经眼录》自序，页219—220有对这段话的进一步论述。此书以"法政"为一类，细分为"首政治、次宪法、次财政、、次经济、次警察、次法制、次法学、次法律"。
② 何勤华：《中国法学史》（第一卷），法律出版社2000年10月第1版，页5。
③ 参见李贵连著《中国近现代法学的百年历程（1840——1949）》，载苏力、贺卫方主编《20世纪的中国：学术与社会·法学卷》山东人民出版社2001年1月第1版，第221—222页。

近代中国修律的基本特点为国家主导的立法活动，这也是由中国律典君权主导的传统决定的，所以近代中国法学知识引入活动中，译介者主动对西方法理学中强调立法者主导法典编纂思想的引入具有特殊意义。就西方法理学来说，边沁是近代法理学中立法理论的鼻祖，而大力将边沁法理思想译介给中国的首推梁启超。

首先应该指出的是，梁氏这一引进工作与修律正式开始可能有极大关系。从人事联系上说，梁本人与法部人士多有联系，尤其是长期执掌刑部（官制改革后为法部）的戴鸿慈。光绪三十二年（1906）七月，经营刺杀西太后事件之梁铁君遇难。梁铁为康梁密友。梁启超光绪三十二年（1906）十一月《与夫子大人书》云："此事少怀（按：即法部尚书戴鸿慈字）抗言保之，甚可感。"又光绪三十三年（1907）二月三十日，清廷法部尚书戴鸿慈为法部与大理院权限事，亦曾致书请教于梁启超："本日托汇丰银行转致一电，请教司法省行政事宜，与大理院审判之权限……自去年七月宣布预备立宪之旨，其后组织内阁，以各部为行政大臣，拟以察院改为立法部，以刑部改为司法省，嗣因察院御史不肯听裁，遂罢议立法一部，而刑部遂为司法衙署。"梁致书以责沈家本为旨。

翻检梁启超年谱长编，"弟日来作《中国法理学发达史论》（约五六万字）一篇，又作《中国成文法编制之沿革得失》（约三四万言）一篇。（本以为前文之末一章，因其文太繁，故拟改别题）。《法理史》已刊于第五第六号（第五号明日出版，第六号已付印）。惟弟于法律上知识极幼稚，其中比多不中肯綮之言，甚或伪谬，亦所不免。彼文将来欲以印单行本。（因用力颇勤，近于著书之体，不纯为报章文字，故欲存之）。不愿草率以贻误学人。于乞公于阅报时加批评于眉端，或赐纠正，或赐发明。（所搜集材料颇富，苦法学上之学力幼稚，不能尽发明）。俾单行时改正，感且不朽。弟与公虽至今未相见，然彼此每发一言未尝不契，其交谊实非由寻常，想我公必不以客套相拒也。（光绪三十二年（1906）三月《与佛苏我兄书》）"[1]。可见，梁启超对这一文章用力甚深，联系他为五大臣代笔宪政考察报告事，此时梁氏写作这一长文很可能与戴鸿慈多次试图在清

---

[1] 丁文江 赵丰田编：《梁启超年谱长编》，上海人民出版社2009年4月第1版，以上分见该书第236、241、250页。

末修律中争夺法律起草权有关。①

其实晚清言论界与政局的实质关联并非鲜见，传统士人文以载道，新知识新传媒进入以后，新一代知识分子即以载道之具待之也是当然。清人魏元旷《蕉盫随笔》卷一曾言，"自张之洞推重时务报，决横议之防，庚子以后报馆林立，专以言论攻刺为主，袁世凯既怀德宗之忌，欲亟收天下之权益，阴纵而结之，谓为机关部，于是督抚皆有报馆以为之机关，凡所主张，朝廷一有不从，则诋谤沸腾，毁其专制，必从之而后已。破坏成法迫逐旧臣，促行立宪进用乱党皆以其言论劫制而然。朝廷明知其包藏祸心而不敢禁极之，革命党首报馆持论为不可杀即不敢杀，小大百职将有所授，先由报馆宣示其意不贿不得"。

政治考虑之外，单从思想脉络来看，大约从1902年前后开始，梁启超配合以"新民"的大旗，大力引介西人文章，重要者如《亚里士多德之政治学说》、《进化论革命者颉德之学说》、《天演学初祖达尔文之学说及其传略》、《近世文明初祖二大家之学说》和《论泰西学术思想变迁之大势》。引进边沁的学说也是其中一部分。1901年梁启超在《清议报》连载《霍布斯学案》，首次使用"功利主义"一词，他说："英国哲学学风，皆趋实质主义、功利主义。"② 这一年，梁启超写作《政治学理撼言》一文，介绍了欧美两条最新的政治学说原理，一条以"君主无责任义"为题，另一条就以"最大多数最大幸福义"为题。"若最通行之政治学说，所谓'最大多数最大之幸福'者，亦其一端也。"而全面介绍边沁的则是《乐利主义泰斗边沁之学说》一文。

梁启超首先注意到的是边沁的法理学。这段介绍性文字写得很精彩。"为近世道德学、法理学开一新国土，其最初所著书，即驳击英国法律之谬误。当时英民久蜷伏于专制国王、诡谀议院之下，骤闻边沁之论，咸目为狂，或且讎视之，将构陷以兴文字狱。而边氏不屈不挠，主张己说，始终如一，久之一世舆论，遂为所动。卒能以三寸之舌，七寸之管，举数百

---

① 比如在1907年修订法律馆重开之际，戴鸿慈曾草一修律蓝图以与沈家本对峙。但由于没有直接史料支撑，此处暂存疑。

② 此说从欧德良：《从梁启超看晚清功利主义学说》，《五邑大学学报》2010年11月第12卷第4期。

年之弊法而廓清之,使循次改良,以演成今日之治。"① 而边沁学说的核心就是"乐利主义"。他认为这一主义可以医治中国长久以来侈言利的弊端。其矛头直指儒家的"劝让""止争"导致幸福范围不能扩大。

汉宋以后,学者讳言乐,讳言利:乐利果为道德之累乎? 其讳之也,毋亦以人人谋独乐,人人谋私利,而群治将混乱而不成立也。虽然,因噎固不可以废食,惩羹固不可以吹齑。谓人道以苦为目的,世界以害为究竟,虽愚悖者犹知其不可也。人既生而有求乐求利之性质,则虽极力克之窒之,终不可得避。而贤智者,既吐弃不屑道,则愚不肖者益自弃焉,自放焉,而流弊益以无穷。则何如因而利导之,发明乐利之真相,使人毋狃小乐而陷大苦,毋见小利而致大害,则其于世之进化,岂浅鲜也,于是乎乐利主义(Utilitarianism)遂为近世欧美开一新天地(此派之学说,日本或译为快乐派,或译为功利派,或译为利用派。西文原意则利益之义也。吾今隐括本派之梗概定为今名)。

可见,梁启超将边沁学说定名为乐利主义并大加引进,其用意很明确,就是将其接榫于传统的义利之辩,借以掊击传统重义不重利的政治与伦理观念。就像梁启超的很多著作一样,有学者指出,梁启超的这一绍介有日本来源,"《边沁学说》是对几本日文书进行剪贴,而且附以案语。该'案语'实际上有不少含混暧昧之处,象征着梁启超对边沁理解的'迷惑'。在这个'案语'中也大量引用了加藤弘之的学说"。其实,梁启超原文中也提到了自己的参考书,十二本参考书只有一本是边沁本人的著作,其他都是日本人的论著。② 梁启超有云:"近世哲学家,谓人类皆有二种爱己心,一、本来之爱己心,二、变相之爱己心。"有研究者指出,这个"近世的哲学家"就是加藤弘之。③ 可见梁启超确实有通过加藤认识到边沁,他也明确说过:"加藤之学说,实可以为边氏一大声援。"

但真正值得注意的首先不是梁启超的抄书,而是看他究竟关注什么。加藤弘之在《道德法律进化之理》一书中提出的关于"利他"与"利

---

① 需要说明的是,边沁的法律思想对 19 世纪以来的法典编纂潮流起到了明显的推动作用。他本人就受邀参编过多部法典。

② 川尻文彦:《自由与功利——以梁启超的功利主义为中心》,《中山大学学报》2009 年第 5 期。

③ 见欧德良《从梁启超看晚清功利主义学说》,《五邑大学学报》2010 年 11 月第 12 卷第 4 期。

己"的思想被梁启超提出来表彰,原因还是,不论利己还是利他,总与汉宋诸儒侈言利的脉络不通,故梁氏云:"今日不独发明墨翟之学足以救中国,即发明杨朱之学亦足以救中国。"1900 年,梁启超在《十种德性相反相成义》一文中就探讨了利己与利他的关系。在此文中,梁氏为"利己"说正名,认同墨子与杨朱之学,但他强调利己主要还是认为利己则利群,可以救国。①

从法律出发言功利,其对立面就是礼治。在后来的《中国法理学发达史论》一文中,梁启超认为,中国历史上"礼治主义与夫其他各主义久已深入人心,而群与法治主义为敌。法治主义,虽一时偶占势力,摧灭封建制度、阶级制度,然以吾国崇古念重,法治主义之学说,终为礼治主义之学说所征服"。而在当今世界,若要"壹其力以对外",则国家内部必须有"整齐严肃之治",所以,"法治主义为今日救时唯一之主义,立法事业,为今日存国最急之事业","自今以往,实我国法系一大革新之时代也"。为了给这个新时代做准备,就要博采众家之长,且"深察吾国民之心理"研究我国历史上的各种法律学说。而其中尤以商鞅韩非之学为最值得重视,"我国自三代以来,纯以礼治为尚,及春秋战国之间,社会之变迁极剧烈,然后法治思想乃始萌芽","后此退化复退化,驯至今日,而固有之法系,几成僵石"。而法治在春秋之萌生,盖春秋战国时代之大政治家,无不渴求富国强兵,而"欲举富国强兵之实,惟法治为能致之"②。这是梁氏发明法家之法的原因,也是梁启超写作《中国成文法编制之沿革得失》一文的动因。

值得注意的是,作为梁启超对礼治主义贬斥重要论据的,是法家对于国家与法治的起源甚同于"今世欧西鸿哲论国家起源者"。相比之下,儒家的叙述则"兹义茫漠,不足以以为事实也"。比如梁启超征引"日本第一

---

① 张灏认为:"在一个现代化发展尚浅的社会,功利思想常常以集体主义的形式出现。由于时势环境所逼,这些社会所最迫切需要的是群体自利,以求民族独立或国家富强。但在一个高度现代化的社会,功利思想主要是以个人主义的面貌出现的。"按:张灏先生此说不确,可能是张先生过于执着于发掘晚清政论中的自由被压迫的一面,其实,英国古典自由主义的独特之处在于,找到了勾连个人与社会利益的新的连接点,并非中国义利之辩这种寻求对立的思维。见氏著《幽暗意识与民主传统》,新星出版社 2006 年版,第 128 页。

② 梁启超:《中国法理学发达史论》,见氏著《饮冰室文集》,云南教育出版社 2001 年版,第 371 页。

流之学者"小野冢博士论述法治的起源云："洎（ji）夫内部之膨胀日增，对外之竞争日剧，于是社会之组织，分科变更，而强制的法规起焉。"这一对欧西国家起源理论的认肯不容小视。

中国早期国家治理方式有一整套历史叙述作为基础。从思想史上看，以梁启超为代表的近代知识引进工作的政治意涵是消解了中国礼法秩序所赖以奠基的历史基础。这一历史叙述非常常见，今以《清史稿·刑法志》之论述为例，"中国自书契以来，以礼教治天下。劳之来之而政出焉，匡之直之而刑生焉。政也，刑也，凡皆以维持礼教于勿替"[①]。在这一序列中，礼居主导，《仪礼·丧服》孔疏："三王以降，浇伪渐起，故制丧服以表哀情。"刑为后用，"迨及战国，道德衰微而法律乃为专门之学"。老子"失道而后德失德而后仁失仁而后义失义而后礼"及"法令滋章，盗贼多有"之论，犹存当时人对这一段历史认识之古意。其政治理想，"是知先王立法定制将以明示朝野，俾官习之而能断，民知之而不犯，所由息争化俗而致于刑措也"[②]。可见，这一礼法理想首重礼教，刑为应对人性之伪而后起，其最高理想为"无讼"。而清末以来在富强论话语推动下，一束改革话语充斥舆论界，"中国不欲自强以持国体则已，如欲持国体，则变通律法不可缓矣"[③]。由此带来的思想后果就是批评礼治主义并进而消解其赖以奠基的历史叙述。

在讨论死刑宜斩绞合一时，日本人冈田朝太郎针对中国每事必引历史的做法表示不解："现今之国家，非复昔日孤立之态，故凡事不可专赖己国之习惯历史，而置列国之风潮于不顾，苟其反是，则意外之障害以生而莫可如何矣。各国之中，废止死刑者多矣，即不废而存置之，亦皆采用一种之执法方法。今中国欲改良刑法，而于死刑犹认斩绞二种，以抗世界之大势，使他日刑法告成，外人读此律见此条者，必仍目为野蛮。如是则于收回利权、改正条约之事生大阻碍也，必矣！""此次中国之改正刑法草案，其他部分均有进步足征，独于死刑之规定，仍不免固持旧习，致使人人注目。及局外者最易会得之问题犹存缺点，诚可惜之甚，而于此亦足知历史之能盲人也矣。今也圣明在上，言正必行。际此盛时膺斯任者，曷可

---

① 国史馆：《清史稿校注》第五册，台北商务印书馆1999年发行，第3967页。
② "雍正御制大清律例序"，见《钦定大清律例》卷首，（清）李宗昉等修，故宫珍本丛刊第331册钦定《大清律例》，海南出版社2000年6月版。
③ 淮阴西学室主尹彦鉌：《论刑律》，见《万国公报》1900年第139期。

不静思熟考，勇往迈进，质之于学理，征之于实例，以直言死刑当止一种，而求贯其目的耶？"① 这一充满现代精神的论述显然很难体会历史基础更深厚的古典精神。

本来，西方法学知识传入后，中国学者首先遇到的即是如何认知的问题。"书目厘类最难，西书尤甚，派别门分未易画一。"② 传统中国学术分类方法是目录学。沈兆祎《新学书目提要》即云此书"所以辨章学术，其于群籍之中旨趣离合、纪载详略，既存甄表之微，间有异同之议"③。袭章学诚"辨章学术考镜源流"之义。其中又以中国思想中学与政紧密联系的问题为最先。梁启超《西学书目表》序例即云，"西学各书，分类最难，凡一切政皆出于学，则政与学不能分，非通群学，不能成一学，非合庶政，不能举一政，则某学某政之各门不能分"。最终其关于西书"门类之先后"下认为，"西政之属，以通知四国为第一义，故史志居首；官制学校，政所自出，故次之；法律所以治天下，故次之；能富而后能强，故农矿工商次之；而兵居末焉"④。徐维则则更为自谦，"自《七略》以下门类分合、部居异同，前人犹多訾议，东西学书分类更难，言政之书皆出于学，言学之书皆关乎政，政学不分则部次奚定？今强为区别，取便购读，通人之诮，知难免焉……部勒书目于别出、互见之法，古人断断，东西学书凡一书可归两类者或一书旁及他事者比比多多，大费参量，今因其所重依类强入，于古人目录之成法相去远甚，等于薄录而已……学者骤涉诸书，不揭门径，不别先后，不审缓急，不派源流，每苦繁琐，辄难下手，不揣梼昧，于书目下间附识语，聊辟途径，不足云提要也"⑤。中国学人惯于将学与政相联系，原因是坚信学的实际效验，"民权自由诸说乃矫枉过正之言，不足为学者训也，盖法人当路易第三暴虐之后，卢骚氏出倡为此说，举欧洲之人从之，讵知作法于凉，其弊犹贪，泰西近来弑总

---

① 冈田朝太郎：《死刑宜止一种论》，载何勤华等编《董康法学文集》，中国政法大学出版社2005年版，第708—712页。按：冈田氏的这一论断与边沁对普通法的批评何其相似。

② 赵惟熙：《西学书目答问》略例，页570。此段提及晚清所辑西学书目诸书，均来自熊月之教授：《晚清新学书目提要》一书，上海书店出版社2007年12月版。

③ 沈兆祎：《新学书目提要》凡例，第379页。

④ 《饮冰室文集》第一册，云南教育出版社2001年版，第141页。原刊1896年10月17日，《时务报》第8册。

⑤ 徐维则：《增版东西学书录》叙例，页5。不同于顾燮光书，此书以"政治法律"为一类，细分为"首政治、次制度、次律例、次刑法"。

统、杀君后之事屡有所见，无君父之党所在跧伏，伺隙而动，岂非卢骚、斯宾塞尔诸人阶之厉乎？"①

但作为这一大规模知识引进运动的主导者，他仍是重在中西两种思想脉络之间做一种对接。中国古代只有律家、律学、律治而无法家、法学、法治。②信奉礼教的儒生，严礼法之辩，以礼治无刑为盛世理想，"士人束发入学，即读四书五经，志在圣贤；谈及刑律，薄为申韩之学，辄鄙夷而不屑为"③。而这一知识引进活动则使传统"流于苛刻"的申韩之学得到发掘。④时人对此亦多有体认，"清之季年，朝野上下鉴于环球法学日进精微，瞿然知墨守故步之不可为治，于是申韩坠绪渐有发明，而泰东西之成宪英美大陆之学说，益复竞相纂述粲然著于国内"⑤。后来梁启超弟子杨鸿烈作《中国法律发达史》继续这一寻求中国"成文法"的学术进程，至今仍是中国法学研究的奠基之作。其基本思想即为对照西方法典编纂史发明中国历史上的成文法。中国学者如此关注成文法的沿革，或许可以在更深一层上看作对边沁立法理性思路的承续。

这一知识引进活动的后果之一，是使得在传统学问中处于中枢位置的礼学研究之地位日益尴尬。在梁氏《西学书目表》后序中，他曾说道，"吾不忍言西学……今日非西学不兴之为患，而中学将亡之为患……方今四彝交侵，中国危矣，数万万之种族，有为奴之痌；三千年之宗教，有坠地之惧。存亡绝续，在此数年，学者不以此自任，则颠覆惨毒，宁有幸

---

① 顾燮光：《增版东西学书录》叙例，第6页。
② 参见怀效锋主编《中国律学丛刊》总序，法律出版社1999年1月第1版，第9页。
③ 吉同钧：《刑法为治国之一端若偏重刑法反致国乱议》，见《乐素堂文集》卷七，第15页，国家图书馆藏1932年铅印本。沈家本对此状况有强烈的批评："举凡法家言，非名隶秋曹者，无人问津。名公巨卿方且以为无足轻重之书，屏弃勿录，甚至有目为不祥之物，远而避之者，大可怪也。"见其《法学会杂志序》，《历代刑法考·寄簃文存》，第2244页。
④ 当然，必须指出的是，这一肯定法家申韩之术的思路，并非仅由知识引进活动而来，比如传统中人汪士铎层言，"管商申韩孙吴，后人所唾骂，而儒者尤不屑置齿颊。要而论之，百世不能废，儒者亦阴用其术而阳斥其人尔。盖二叔之时已不能纯用道德，而谓方今之世，欲以儒林道学两传中人，遂能登三咸五，拨乱世而反之治也，不亦梦寐之呓言乎！"见萧穆《汪梅村先生别传》，见沈云龙主编《近代中国史资料丛刊》第四十三辑，文海出版社，第581页。
⑤ 王树荣撰：《考察各国司法制度报告书提要》，中华民国三年（1914）十二月，上海图书馆古籍部藏太原监狱石印本。

乎？"① 米歇尔·福柯曾对西方现代知识体系的产生有一个颇具启发性的论述。在中世纪和古代希腊罗马社会，大量著作的主题是以"给君主的忠告"，其中讨论的是君主如何恰当地行使权力以有所作为；但是一个引人注目的事实是，从16世纪中期到18世纪末，一系列具有显著特点的政治著述发展并盛行起来，"这些著述不再是'对君主的忠告'，也不再是关于政治科学的论著，而是关于'治理的艺术'（art of government）的著作"②。

伴随着近代中国知识引进活动的一步步展开，福柯意义上的"治理术"被移植进中国。一系列有关国家治理的著作如《国民经济原理》、《法学概论》等被引介到中国。后来对中国引入西法起过重要作用的东京大学法学部教授冈田朝太郎亦著有《法学通论》，按照其中论述的观念，"法学者，乃国家的科学之一部分。国家的科学者，乃心的科学之一部分"③。"心的科学"指现代学科体系中的"人文科学"。法学已经是伴随西方现代国家兴起而来的国家治理技术之一种，并且在中华大地上以奇异的方式实现了与法家治理体系的对接，使其在现代学术体系与知识体系中占有一席之地。沈家本的《法学盛衰说》以呼吁传统"法家"申韩之学"由衰而盛，庶几天下之士群知讨论，将人人有法学之思想，一法立而天下共守之，而世局亦随法学为转移"正是道出了传统"法家"在转型时代争夺自身话语权的要求。④ 在这一背景中，礼学已经无法以传统时代兼括言说道德与制度的方式容身。⑤ 换言之，基于经典的礼学研究再也无法为"出礼入刑"的全面治理模式提供无可置疑的学术基础。

---

① 《饮冰室文集》第一册，云南教育出版社2001年版，第144—146页。据点校本云此文写作于1896年10月。

② 福柯：《治理术》，赵晓力译，李猛校，《社会理论论坛》总第4期。

③ 冈田朝太郎：《法学通论》，汪庚年编：京师法律学堂讲义《法学汇编》第1册，1911年北京顺天时报馆印排。

④ 沈家本：《法学盛衰说》，载氏著：《寄簃文存》，见《历代刑法考》，第四册，第2143—2144页。

⑤ 发表于《四川官报》上的一篇文章可以说明当时人心目中礼教对于道德问题的乏力。对于中国的道德失效，"今日欲补救道德，厥惟法律"。《论宗教、道德、法律为立国三大要素》，《四川官报》第二十一册（乙巳八月），页2，录自《北洋官报》。

十二　宪政编查馆与刑律修订

彭　剑[①]

实体法的修订，在晚清最引人注目的是刑律。第一次开馆修订法律之后，沈家本就主持起草好了一份刑律草案，这就是时人和学者们所熟悉的《新刑律草案》，总则17章，分则36章，共387条。沈家本于1907年10月3日将总则上奏，[②] 同年12月30日又将分则上奏[③]，均奉旨宪政编查馆知道。鉴于当时尚无国会，宪政馆在1908年通咨京内各部和各省督抚，要求在6个月内将《新刑律草案》加以签注，并咨送该馆，"以凭会择核定"，为该馆的核定做准备。[④] 但是，响应者聊聊。到1909年2月，只有学部、邮传部、农工商部等数部和安徽、直隶、四川、广东、云南、贵州、浙江等数省将签注情况咨报宪政馆。[⑤] 并且，签注者多认为草案有与中国礼教不合之处，要求将"中国旧律与新律详慎互校，再行妥订，以维伦纪而保治安"。[⑥] 受其影响，朝廷谕令修订法律大臣对草案大加修改，且规定修改时"凡我旧律义关伦常诸条，不可率行变革"[⑦]。1910年2月2日，法律馆会同法部将修正完毕的《新刑律草案》上奏，奉旨"著宪政编查馆查核复奏"。[⑧]

[①] 华中师范大学副教授，历史学博士。
[②] 《修订法律大臣沈家本奏刑律草案告成分期缮单呈览并陈修订大旨折》（光绪三十三年八月二十六日），《清末筹备立宪档案史料》（下），第845—849页。
[③] 劳乃宣：《新刑律修正案汇录》，《桐乡劳先生（乃宣）遗稿》，第879—880页。
[④] 《理藩部咨复宪政编查馆蒙古案件仍照蒙例办理文》，光绪三十四年六月初八日《政治官报》（总第248号），第17页。
[⑤] 《法部会奏请饬催京外各衙门签注新订刑律草案折》，宣统元年正月二十九日《政治官报》（总第469号），第6—7页。
[⑥] 《修改新刑律不可变革义关伦常各条谕》（宣统元年正月二十七日），《清末筹备立宪档案史料》（下），第858页。
[⑦] 同上书。
[⑧] 《宣统政纪》卷28，宣统元年十二月戊戌，《清实录》第60册，第512—513页。

在核改的过程中，宪政馆内部发生过严重分歧，"分新旧两派，各持一说，争议不已"。① 新派包括参议杨度、编制局局长吴廷燮、编制局正科员汪荣宝等人，旧派以参议劳乃宣为首，得到一等咨议官陈宝琛等人的支持。旧派对草案中关于伦常的规定颇为不满，劳乃宣作说帖，提出对草案中关于伦常的各条大加修改，由于遭到新派的抵制，结果是"见采一二，未克全从"②。1910 年 11 月 5 日具奏的核改结果基本上是站在维护《新刑律草案》的立场说话的③，可见在核改期间新旧两派的较量中，还是新派占了优势。

宪政馆核改后的《新刑律草案》奉旨交资政院议决。劳乃宣不满在宪政馆的失败，于是作为资政院议员在资政院再次掀起风波，要求将有关伦常的规定全盘修改，而杨度、汪荣宝等则针锋相对，加以抵制，形成"白票党"（"劳党"）与"蓝票党"的对立④，结果是"否决一条，可决一条，余者未暇议及，而已闭会"。⑤ 鄙意以为，宪政馆关于《新刑律草案》的争论从本馆延续到资政院，不惟反映了该馆在刑法方面的严重分歧，也反映了该馆官员对待法典的认真态度。

资政院 1910 年只将《新刑律草案》的总则讨论完毕，分则尚未讨论。但是，按照九年筹备清单，《新刑律》当在宣统二年颁布实施，这样，宪政馆只好具折上奏，请示办法。不过，虽然说是请示办法，但其所言则全是应该将刑律颁布的理由。⑥ 受其影响，上谕命令将总则和分则一起颁布。⑦ 但是，这么做就违背了法典必须经过国会讨论通过才能颁布的原则。作为"宪政总汇之区"的宪政编查馆，自己的行为就违背了宪政原则。

值得注意的是，除上述《新刑律草案》外，在晚清改革刑律的过程中，尚有《现行刑律》的问世，并有《重订现行律》的筹议。沈家本等

---

① 《汪荣宝日记》，第 638 页。

② 劳乃宣：《新刑律修正案汇录·序》，《桐乡劳先生（乃宣）遗稿》，第 874 页。

③ 《宪政编查馆奏核订新刑律告竣缮单呈览折》，宣统二年十月十六日《政治官报》（总第 1098 号），第 6—10 页。

④ 劳乃宣：《新刑律修正案汇录·跋》，《桐乡劳先生（乃宣）遗稿》，第 1058 页。

⑤ 劳乃宣：《新刑律修正案汇录·序》，《桐乡劳先生（乃宣）遗稿》，第 874 页。

⑥ 《宪政编查馆会奏新刑律分则并暂行章程未及议决应否遵限颁布请旨办理折》，宣统三年正月十八日《政治官报》（总第 1182 号），第 5—6 页。

⑦ 《宣统政纪》卷 47，宣统二年十二月乙未，《清实录》第 60 册，第 847—848 页。

考虑到要从旧律一下子转入新律，社会一时难以接受，于是仿照日本在推行新刑律前先以过渡性刑律推行于社会的做法，在 1908 年 3 月 1 日奏请编订《现行刑律》，① 奉旨"宪政编查馆会同法部议奏"②。宪政馆和法部在 6 月 26 日将议复结果上奏，同意修订《现行刑律》，但对沈家本原拟方针做了一些修改和补充，奉旨"如所议行"。③ 1909 年 10 月 12 日，沈家本奏报编订《现行刑律》告竣，奉旨交宪政编查馆核议具奏。1910 年 2 月 3 日，宪政馆将核议结果具奏，奉旨已录。宪政馆的核议，对草案从 7 个方面进行了修改，以使《现行刑律》能够更好地承担从旧《刑律》向《新刑律》的过渡。④ 同时，宪政馆鉴于《现行刑律》"删移归并为多，于新律少所印证"，奏请饬修订法律馆编订一部《重订现行律》，作为从《现行刑律》向《新刑律》的过渡。⑤《重订现行律》的编纂后来似乎没有付诸实施，但提议编订《重订现行律》一事本身就反映了宪政馆对逐步从旧刑律过渡到《新刑律》的重视。不过，用意虽然没错，但《现行刑律》尚未颁布就奏请另定《重订现行律》，还是显得太急了些。《现行刑律》在缮写的过程中又经过了一些修改，吸收了这一期间颁布的《法院编制法》和变通秋朝审制度方法中的有关规定，于 1910 年 5 月 15 日由宪政馆、修订法律馆联衔具奏，正式颁行天下。⑥

---

① 《修订法律大臣沈家本等奏请编定现行刑律以立推行新律基础折》（光绪三十四年正月二十九日），《清末筹备立宪档案史料》（下），第 851—854 页。

② 光绪三十四年正月三十日《政治官报》，总第 122 号，交旨，第 2 页。

③ 《光绪朝东华录》（五），总第 5932 页。

④ 《宪政编查馆奏核议沈家本等奏编订现行刑律折》，宣统元年十二月二十八日《政治官报》（总第 822 号），第 5—7 页。

⑤ 《（宪政编查馆）又奏请饬修订法律大臣另编重订现行律片》，宣统元年十二月二十八日《政治官报》（总第 822 号），第 8 页。关于《重订现行律》的名称，《宣统政纪》记为"现行律"，见《宣统政纪》卷 28，宣统元年十二月己亥，《清实录》第 60 册，第 514 页。

⑥ 《宪政编查馆会奏呈进现行刑律黄册定本请旨颁行折》（单另登），宣统二年四月十七日《政治官报》（总第 922 号），第 7—8 页；《宪政编查馆大臣奕劻等奏现行刑律刊印告竣装潢呈览折》（宣统二年九月初二日），《清末筹备立宪档案史料》（下），第 879—880 页。

十三　光绪三十二年章董氏《刑律草案》（稿本）所附签注之研究

孙家红[*]

【摘要】 保存于社科院法学所图书馆的《刑律草案》（稿本），由章宗祥和董康纂拟于光绪三十二年，虽然只有总则部分，却是中国近代刑法编纂史上的开篇之作，而且是近代中国第一部由中国人主持起草的刑律草案。与该草案同时保存下来的，还有吉同钧和沈家本先后所作的亲笔签注共72条。在签注中，吉、沈二人对这部刑律草案的条文和案语部分做了精彩的评注。吉同钧反对删除比附，思想相对保守，但其点评议论之处，皆持之有故，不为无妄之谈。沈家本思想则较为开明，对采取新的法律内容、法律名词却十分谨慎。二人以深厚的学养，在社会转型、新旧交替之际，从不同角度，对新刑律的修订提出了很多宝贵的法律意见，值得珍视和玩味。

在中国社科院法学所图书馆保存的清末由章宗祥和董康联合纂拟的《刑律草案》（稿本），[①] 脱稿于光绪三十二年春，在时间上早于由冈田朝太郎主持完成的新刑律草案，是中国近代法史上第一部由国人自己主持起草的刑法草案。该草案开始采用现代刑法体例，打破了以往律例合编、六曹分职的旧律格局。在纂拟过程中，坚持属人与属地主义并重，力图借此宣示并恢复中国的司法主权；借鉴对比古今中外立法经验和司法实例，模范日本，折中中西；删除比附，率先引入了罪刑法定主义，以及惩治教育的立法宗旨。

这部光绪三十二年《刑律草案》的难能可贵之处，不仅在于它是长

---

[*] 中国社会科学院法学研究所副研究员。
[①] 关于本草案的发现和认证过程，以及体例和内容特征，参见拙文《清末章董氏〈刑律草案〉（稿本）的发现和初步研究》（《华中科技大学学报（人文社科版）》2010年7月）。

期淹没不见的、中国近代刑法改革史上第一个官方的刑律草案（总则），更在于伴随这部草案一同保存下来的，还有十分罕见的吉同钧和沈家本的亲笔签注。由于日久年深，有的签注已经残损，或者脱落——甚至个别脱落的签注被夹放在错误的位置。经过统计，目前现存签注共72条，[①] 其中属于吉同钧所作签注共17条，属于沈家本者共55条。[②] 这72条签注被粘贴在不同的页眉之处，有的二三条相连，但大多数属于独立粘贴。签条中注明了所指示的刑律草案章节标题、条文或案语的具体位置，并记写了签注人具体的法律意见。现将目前所见全部签条的分布情况作如下列表：

编号	位置	签注者	签条数	备注	编号	位置	签注者	签条数	备注
1	总则	沈家本	2		34	第三十四条案语	沈家本		
2	第一章第一节	沈家本	1		35	第三十六条案语	吉同钧	1	
3	第一节案语	沈家本	1		36	第四十条案语	沈家本	1	
4	第二条	沈家本	1		37	第四十一条	沈家本	1	
5	第四条及案语	沈家本	1		38	第四十二条	沈家本		
6	第五条	沈家本	1		39	第四十二条案语	沈家本	1	
7	第五条案语	吉同钧	1		40	第四十三条	沈家本	1	
8	第六条	沈家本	1		41	第四十八条案语	沈家本	1	残
9	第六条案语	沈家本	1		42	第四十九条案语	沈家本	1	
10	第七条	沈家本	1		43	第五十一条案语	沈家本	1	
11	第七条	吉同钧	1		44	第五十二条	沈家本	1	
12	第十条	沈家本	1		45	第五十三条	沈家本	1	
13	第十条	吉同钧			46	第五十三条案语	沈家本	3	
14	第十四条案语	沈家本			47	第五十五条	沈家本	1	
15	第十五条	沈家本	1		48	第五十七条	吉同钧	1	

---

① 包括残损两条，皆仅余一角，笔迹可辨。
② 残损两条，包括在内。

续表

编号	位置	签注者	签条数	备注	编号	位置	签注者	签条数	备注
16	第十六条案语	沈家本	1		49	第五十七条	沈家本	2	
17	第十七条案语	吉同钧	1		50	第五十七条案语	吉同钧	1	
18	第十八条	吉同钧	1		51	第六十条案语	沈家本	1	
19	第十八条	沈家本	2		52	第六十一条	吉同钧	1	
20	第二十一条	吉同钧	1		53	第六十一条	沈家本	1	
21	第二十一条	沈家本	1		54	第六十三条	吉同钧	1	
22	第二十一条案语	吉同钧	1		55	第六十四条案语	沈家本	2	
23	第二十一条案语	沈家本	1		56	第六十五条案语	沈家本	1	
24	第二十二条	沈家本	1	残	57	第六十六条案语	沈家本	1	
25	第二十二条案语	吉同钧	1		58	第六十七条	沈家本	1	
26	第二十六条	吉同钧	1		59	第六十九条案语	沈家本	2	
27	第二十八条案语	沈家本	1		60	第七十条	吉同钧	1	
28	第二十九条案语	沈家本	1		61	第七十一条	沈家本	1	
29	第三十条案语	沈家本	1		62	第七十一条案语	沈家本	2	
30	第三十一条	沈家本	1		63	第七十二条	沈家本	1	
31	第三十二条	吉同钧	1		64	第七十三条	沈家本	1	
32	第三十三条	沈家本	1		65	第七十六条案语	沈家本	1	
33	第三十三条案语	吉同钧	1		—	—	—	—	

依笔者之见，现存这72条签注，或许不是当年吉同钧、沈家本二人所作签注的全部，但应该保留了绝大部分。这些签注少则四五字，多则几十字、二三百字，针对刑律草案（总则）正文条款和案语部分，吉同钧和沈家本高屋建瓴地提出了很多独到的法律见解，对于研究沈家本和吉同钧在清末新刑律修订过程中的法律观点、思想主张有十分重要的学术价值。根据本草案卷前沈承烈的"题记"所述，当年在章宗祥和董康纂拟

完这部草案后，应是先经吉同钧的签注，再经沈家本"详定"，而成今日之面貌。本文即遵照此一顺序，先概括探究吉同钧签注与草案（及案语）之间的关系、内容特点，再来关注沈家本的签注，最后将吉、沈二人的签注特点作一比较。

一　吉同钧的签注

作为"陕派律学"的传人和清末律学大家薛允升的高足，吉同钧凭借其精深的律学（法学）素养，在当时法律界享有盛名。就连清末修律大臣沈家本，对其也"心折之久矣"。[①] 相较而论，以其在刑部（法部）任职的资历和关于旧律的学识造诣，吉同钧自然都在章宗祥和董康二人之上。因此，由吉同钧给章宗祥和董康二人纂拟的刑律草案作签注，自然再正常不过。可惜的是，似乎吉同钧有点"惜墨如金"，现今留下的签注只有17条。从这些签注来看，吉同钧对于本刑律草案的意见，主要有以下三个方面：

第一，单纯对于法律用语的修改意见。如草案第五十七条载："凡犯罪于未发以前，于官署或有告诉权自首者，得减轻本刑二等。"吉同钧在一条签注中同时注明：（1）"于"字似可去；（2）"轻"字去。意即此句应该为："凡犯罪未发以前，于官署或有告诉权自首者，得减本刑二等。"如此一改，使语句一扫繁冗，更为简洁，而意思不变。又如草案第七十条载："凡犯违警罪，二罪以上俱发者，各科其刑。"吉同钧注云："'各'字似可改为'并'。"意即此句可改为："凡犯违警罪，二罪以上俱发者，并科其刑。"参考本条案语，其中有云："违警罪为至轻之刑，纵使并科，未为严刻。况此罪出于轻忽，各项规则为多，如从一重者论，恐有习知其刑之轻，故为尝试者，故采酌并科主义，以示惩儆。"由此可见，吉同钧之所以建议将原条文中的"各"字改为"并"字，其直接根据或许是要使之与案语中的"并科主义"保持一致。

第二，基于法律观点之分歧或认识水平之不同，认为有必要改变文词

---

① 沈家本：《大清律例讲义序》，《历代刑法考》附《寄簃文存》卷六，中华书局1985年版，第2233页。而在《寄簃文存》卷二所收录的另外一篇文章《论故杀》之后，沈家本特为附录了"吉郎中说帖"一份。在该说帖之后，沈家本又特别标注"甚是！"（第2083页），可见吉同钧之律学成就在沈家本心中的评价是很高的。

语句。法律语言以简洁精准为基本要求，往往改换一句、一词、一字，其文字背后的法律观点也随之发生变化。换句话说，对于法律文本中一句、一词、一字的不同意见，也就意味着不同的法律观点。例如草案第七条关于"军人犯罪"的规定，云："凡隶军籍应以军律论者，除军律无正条外，不用此律。"吉同钧于此特出签注一条，认为："隶军籍"三字似可改为"军人犯罪"。因为在当时中国所谓"隶军籍"者，向来是指那些"充军罪人所隶之籍"而言；现役军人，皆系从民籍募充，并非"充军之罪人"。所以"隶军籍"的说法不够准确，易与民籍相混，不如直接改成"军人犯罪"。再如草案第十八条规定："凡流刑分无期、有期、发边省监禁，令服定役。"吉同钧认为条文中"监禁"二字不够准确，似可改为"安置"。签注条举两条理由：（1）从法律习惯来说，"向来遣军流犯到配，并不入监拘禁"；（2）从现行刑制来看，"今既责令服役，只可拨入习艺所，令其工作"。参观古今，皆与"监禁"之义不符，是以应行酌改。"安置"一语比较混括，也比较中性，似乎可以成为改易的选择。又如草案第五十七条关于自首之规定云："凡犯罪于未发以前，于官署或有告诉权自首者，得减轻本刑二等。闻拿投首者，减一等。"其后"但书"云："但谋故杀，或于物不能赔偿者，不在此限。"吉同钧认为"但书"中"谋故杀"的说法不够赅括，出签注一条。理由是：当时现行之《大清律例》中规定，斗杀、拒杀、误杀、戏杀、擅杀等"五杀"，即便自首，亦不得减免罪责。本句中仅言故杀和谋杀，而未将斗杀、拒杀、误杀包括在内，有所遗漏，因此似可将"谋故杀"三字改为"杀伤人"。此外，吉同钧对于草案中的错误表达，也进行了正式批评。如第三十二条案语中有云，中国旧律对于"寻常伤害，及毁损名誉，并无其例，似不及各国之赅备"。吉同钧特加一条签注，谓："伤害身体，律有追偿药医之法；毁损官私物，亦有赔偿之例，不得谓'并无其例'也。"因此，"此句似宜酌改"。诸如此类，由于吉同钧和草案的起草者在某些具体法律问题上，因为认识的前提不同，对于传统和现行法律的把握存在分歧，所以导致不同的法律见解。比较言之，吉同钧对旧律的把握更为精准，签注中的批评和建议并非无的放矢。

第三，对于法律问题有不同看法，或予以否定，或仅是献疑和提出讨论。例如，草案第十七条，关于死刑的最高决定权，规定："凡死刑，非经刑部覆奏回报，不得处决。"其后案语中，对于"就地正法"等问题提出严厉批评，认为不仅不合司法旧制，而且以行政权侵轶司法之权，显与"司法独立"之旨背道而驰，是以定立本条。吉同钧对此十分认可，认为"此段议论甚确"。但是，鉴于清末"外重内轻"的政治权力格局，吉同钧表示忧虑，认为"诚恐仿办不到。近年督抚权重，即强盗就地正法一项，累经部议革除，尚且屡次顶驳，至今未能恢复旧制。今欲举例内王命各项，一并使候部覆，恐启反对之端"。此一签注，本着讨论的态度，提出执行中的疑问，并非反对条文和案语中的法律观点。与此不同的是，对于"删除比附"的做法，吉同钧则坚持反对意见。草案第五条规定："凡律无正条者，不论何种行为，不得处罚。"同时，该条案语对于删除比附、确立罪行法定原则也进行了诸般解释，大致云："比附加减，起自有隋。唐赵冬曦力陈其非，未能刊改。窃思科条愈简而所赅愈广，愈详而致用愈疏，今律倍于唐律四分之三，比附之案日出不穷。欧洲德、法、意、比等国刑法，不过数百条，未闻豪猾遁于纲纪之外。俄刑法一千七百余条，繁密等于中国，每有例无明文，援引他条，呈诸议院，凭众评决之事，此其证也。夫法期于信，能信斯责民以能守，若决生死于勘拟之抑扬，判重轻于司谳之憎爱，周内之害，实难罄述，既为各国所诟病，又为前哲所非议，亟应乘此时机，首予废止。兹拟准泰西文明之制，不论何种行为，概不得以未定之法律治之。法网稍阔，容有失出之弊，然失出究愈于失入，权衡弊之轻重，亦应尔也。"尽管在今人看来，案语中的解释似乎明晰透彻，但在吉同钧的眼里，却满是漏洞，驳不胜驳。他坚持认为，比附援引"此项关系甚重，恐难骤废"，并从以下三个逐级递进的层次进行了驳论。首先，从知识上否定了"比附加减，起自有隋"的错误判断。在中国法史历程中，"上下比罪，自《吕刑》已有此法，汉亦有'决事比'，并非起自有隋"。其次，从法律习惯上说，比附加减的做法相沿已久，"若遽然废止，恐办理诸多窒碍，似宜详加审度"。再次，从打击犯罪的角度，列举三例：（1）吴樾炸药谋轰出洋五大臣案，"此即律无正条者，不治其罪可乎？"（2）因为本条案语中提到俄国刑法的例子，吉同钧即"以其人之道还治其人之身"，也举俄罗斯刑法中父女为婚的规定，以及法律所载人兽相奸之类的案件，在中国法律皆无治罪明文，反问道："亦将不论其罪，可乎？"（3）子与继母通奸，例无治罪明文，向来比照奸伯母律斩决，若援本条律文，"亦将不治罪乎？"如此这般，可知吉同钧反对删除比附的态度是比较坚决的。考虑到吉同钧在刑部的任职资历，几乎可以肯定，他应该就是章宗祥所言刑部旧派律学家中强烈反对"法无明文不为罪"的一个中坚代表。对于其中的争议和是非，百年之后，似乎我们也没必要多做评论，以今非古。吉同钧身受传统律学教育，学识渊深，司法经验丰富，身处那样一个变动不居的末季衰世，从法律专业角度提出自己的不同看法，即使可能有些"不合时宜"，也是值得尊敬和思考的。

行文至此，笔者发现，沈家本在 1905 年春季所上的《删除律例内重法折》中，曾经直接谈到过本次修订刑律的宗旨。该折首先言道："现在各国法律既已得其大凡，即应分类编纂，以期克日成书，而该馆员等谓宗旨不定，则编纂无从措手。"言外之意，删除律例内重法之部分功能，即将编纂新律之宗旨予以揭示。随后，沈家本明确提出"刑法之当改重为轻，固今日仁政之要务，而即修订之宗旨也"。① 不仅如此，沈家本在给本草案第六十四条案语所作的两条签注中，又两次重申本次修律的宗旨：(1)"此次修订，本以减轻为宗旨"；(2)"此次修律，以改轻为宗旨"。② 对于上述沈家本"轻刑主义"或"改轻"（减轻）的修律宗旨，吉同钧十分服膺。本草案第三十三条规定："凡应追赃物，及应偿损害，犯人虽遇减免，犹征如律。若身死，仍对其遗产执行。"其后案语，先是引证唐律"名例"，"会赦及降者，盗诈、枉法犹征正赃"；继而举《大清律例》"给没赃物门"的规定，仍应断付死者财产，遇赦不得免追；再又认为"仍于相续人追征"，乃为泰西多数之国通例。"证彼前规，既不能援赦降而同之减免，衡以通则，自难藉死亡而逭其追征"，因此"自不妨仍责于相续之人也"。对于这样的解释，吉同钧一方面认为，"会赦"与"身死"不同，似难相提并论。"会赦，其人尚在，似难免追。若其人已死，累及子孙，似涉刻薄"。另一方面，特别申明修订新刑律之宗旨，"新律诸从宽典"。所以，即使现行律中有犯人身死之后仍于其相续人（即继承人）

---

① 沈家本：《删除律例内重法折》，《历代刑法考》附《寄簃文存》卷一，第 2024 页。
② 这样的修律宗旨，在光绪三十二年四月初二日沈家本所上《虚拟死罪改为流徒折》中又被提及，其言曰："总期由重就轻，与各国无大悬绝。"但是，这与后来流传广泛的"折衷各国大同之良规，兼采近世之最新之学说，而仍不戾乎我国历世相沿之礼教民情"修律大旨（光绪三十三年十一月二十六日，1907 年 12 月 30 日），二者并不一致。作为修订法律大臣的沈家本，前后修律宗旨的转换，其内因外因如何？又是如何实现这种转换的？诸如此类的问题，值得进一步地思考和探究。

追征赃物或损害赔偿的规定，但是，根据新律从宽从轻的宗旨，此处也不宜较旧律加严。

然在认可"轻刑主义"的大前提下，吉同钧的法律思想上仍处于相当保守的状态。言其"保守"，因为根据他的一些签注内容，我们很能发现他的法律思想倾向——大致包含以下三点：

其一，讲究名分。如草案第十条规定官吏犯罪，有云："凡称官吏者，在任各官并从事公务之议员、委员及其余职员均是。"不再将职官分为监临主守、风宪官、制使本管官等，而是笼统以"在任各官、议员、委员及其余职员"称之。吉同钧则认为，"中律官吏犯罪及对于官吏犯罪，虽分别过细，涉于繁杂。惟制使与本管官两项究较泛泛无统属之官，名分较重。若一概抹杀，如殴本管官，亦与寻常凡人一并拟罪，似无上下统属之分。再如殴伤一品大员，亦与凡人一体治罪，亦嫌名分不等"。是以，此条应该再加酌拟。此种频频以"名分"为言，并无权利平等之义，俨然以卫道自居，不想破坏身份等级森严的封建壁垒。

其二，严于治吏。草案第二十一条案语中言："拟请凡官吏犯流刑、徒役等罪，即照原拟年限，分别监禁，免其执役。"吉同钧认为，这样的建议并不合适。因为，根据现行法律，"在官员更犯流徒者，发新疆、军台，较平民为严"。新刑律若"一概免其发往，分别监禁，反较平民从宽矣"。言外之意，对于官员犯流徒之罪，应较平民更为严格，而不可轻重倒置。因此，吉同钧建议："似宜将官员犯流罪者仍发新疆，分年效力，不必监禁；犯徒罪者，免发军台，俱按年限监禁。"

其三，律贵诛心。草案第六十三条规定："凡欲谋犯罪，于未行事以前，自行中止者，免其处刑。"吉同钧则坚持"律贵诛心"："谋杀人者，身虽不行，仍以首论，拟斩。即为从不行，亦不免罪。此既谋犯罪矣，身虽不行，心实可诛，似难遽免。"在中国传统司法实践中，特别强调犯罪的主观动机，不计犯罪行为和结果是否真正发生，并以之作为判定是否犯罪处刑的刚性标准，在一定程度上忽视了犯罪行为的主客观统一，属于一种犯罪学上的"过度主观主义"。

以上三点，从某个侧面反映了吉同钧的部分法律主张。他作为一位旧法律体制熏陶下成长起来的法学家（律学家），对于旧律的保守和坚持，我们且不要简单草率地予以抹杀。或许，恰恰因为他（或他们）对于旧律具有深入了解，不仅对旧律的精髓和长处有纯熟的把握，而且日久生情，将个人对于当时国家和民族的热爱，具体化为对旧律传统难以割舍的眷恋，国家——民族——法律，法律——民族——国家，早已成为一时之间难以撇清、难以解开的心结。①

二　沈家本的签注

光绪二十八年（1902）四月初六日，清廷发布谕旨，"著派沈家本、伍廷芳将一切现行律例，按照交涉情形，参酌各国法律，悉心考订，务期中外通行，有裨治理"。② 虽然谕旨中将沈家本和伍廷芳一同委派修订法律，但因二人知识背景不同，各有所长，所以在修订法律过程中自然存在一定的事务分工。据章宗祥回忆："伍固为新派，惟刑律非其专门，因自担编订公司律事，而以刑律事归沈总揽。沈深于旧律，在刑部当家十余年，居官清俭，好学不倦，关于汉唐律考证极精，而于新律尤能融会贯通。馆中每星期会议两次，旧派对于新派意见有所争执，得沈一言，往往即解决。"③ 在修订新律过程中，"以刑律事归沈总揽"，殆非虚语。

从本草案所附的签注来看，沈家本的"总揽"痕迹也十分明显。首先，从现存签注的数量上看，仅有吉同钧和沈家本二人的签注，根本不见——也几乎不可能有——伍廷芳的签注④。而且，虽然吉同钧先于沈家本对本草案进行了签注，但是签条数量较少，内容也不算多；相反，沈家本的签注数量较多，约占签注总数的3/4强。其次，从签注的条目数量和内容来看，沈家本对本草案进行过全面细致的审阅详定。⑤ 在本草案卷首粘有沈家本签注一条，特别注明"各条眉上无红记者，再讨论之"。其中所谓"红记"，乃是沈家本在一些条文眉首所作的红色圆形图记。经过统

---

① 草案第三十六条关于假释（假出狱）之规定，其案语中云"国民程度，未逮文明，不能骤行犹豫之制"。吉同钧认为"不能骤行犹豫之制"的理由不妥，签注谓："'国民程度，未逮文明'八字似可删去。"可见，这样有伤民族自尊心的语句，在吉同钧那里简直是无法接受的。

② 《大清德宗景皇帝实录》卷四九八，光绪二十八年四月丙申。

③ 章宗祥：《新刑律颁布之经过》，《文史资料存稿选编》第一册，中国文史出版社2006年版，第34页。

④ 沈承烈的"题记"中，也根本没有提及伍廷芳与本刑律草案的关系。

⑤ 包括对于草案正文中若干处错讹的校正。其中可辨识为沈家本笔迹者，就有第十六条案语、第四十六条案语、第四十八条案语、第五十八条案语中各1处，第五十七条案语中3处，共计7处。

计，在眉首上有红记的条文共62条，占草案全部条文（77条）的81%；此外无红记的条文，仅余15条而已。结合签注所言，可知经过沈家本的审阅详定，出具签注，对于其中大部分条文已经基本达成一致；还有小部分条文，需要作进一步的讨论。下面谨据签注的具体内容，探讨一下沈家本对于修订新刑律的基本态度，以及对于本草案的若干意见。

第一，对于修订新律的开明之见。江庸曾言："前清修订法律大臣沈公家本，实清季达官中，最为爱士之人。凡当时东西洋学生之习政治、法律，归国稍有声誉者，几无不入其彀中。"① 能使无数清末政法毕业生"入其彀中"，可见沈家本是一个十分开明之人。然则，沈家本对于新学、新政的开明态度，不仅表现在对新学之士的延揽上面，还在于他对很多法律问题、法律观念能够从善如流，推陈出新。② 即如对于"删除比附"的做法，很多旧派法律专家（包括吉同钧）持强烈反对意见，据前引章宗祥的说法，"沈则毅力主持，始得通过"。③ 沈家本的这种态度，在签注中也有充分体现。草案第五条，即关于"法无明文不为罪"的规定，沈家本出具签注一条，然仅寥寥数字——"不得处罚"，"罚"字不赅括，拟改此句为"俱勿论"。与吉同钧相较，沈家本签注所涉及的内容，仅涉及法律条文的措辞问题，而其对于删除比附的支持态度跃然而出。

此外，沈家本对修订新律的开明态度，还体现在其主张以新的法律宗旨为指导，采用最新的法律内容。关于本次修订新刑律的宗旨，前面已经有所讨论，"轻刑主义"是其本质内容，为此沈家本还在签注和其他奏折中几次三番地申明此旨，本处毋庸复述。在采用新的法律内容为方面，沈家本主张因时立法，抛弃陈腐过时之见。例如，草案第二条规定："凡中国人在外国，对中国犯谋大逆，与有关内乱外患及伪造货币、证券、御宝、官印、官文书等重罪轻罪者，虽于外国已受确定裁判，仍依本律处断。"沈家本对于其中"重罪轻罪"的表述颇有意见，签注言道："重罪、轻罪之区别，日本改正案内已删除矣。此编似当酌改。"又如草案第二章第一节关于"刑名"之规定，分为重罪主刑、轻罪主刑、违警罪主刑三类，其中后二者均涉及"罚金"。原案语云："至罚金名称，轻罪与违警

---

① 江庸：《趋庭随笔》卷一，民国二十三年铅印本，第30页。
② 江庸在《趋庭随笔》中继言："当时王大臣中，亦多喜延揽新进……其余类皆叶公好龙，非沈公比也。"（卷一，第30页）
③ 章宗祥：《新刑律颁布之经过》，《文史资料存稿选编》第一册，第35页。

罪虽属并用，然罪之性质，则各自不同也。"沈家本签注则认为："同为罚金，不过多寡异耳。日本改正草案已不分别。此两行可商。"此中所蕴含的逻辑是，既然上述两条案语中皆已明言以日本刑法为参照，即应采其最新之规定，趋时更新。

在"趋新"的同时，另外，沈家本对于"超前立法"持有相当保留态度。即如草案第十条关于官员犯罪的规定，有云："凡称官吏者，在任各官并从事公务之议员、委员及其余职员均是。"沈家本特出一条签注，其中言："现在尚无议员之名，此处以混括为妥。"再如草案第三十三条，涉及附带民事赔偿问题，规定："凡应追赃物，及应偿损害，犯人虽遇减免，犹征如律。若身死，仍对其遗产执行。"沈家本在签注中对此条持反对意见，理由有二：一则在于"身死勿征，乃中律宽典"；二则在于"此事与民法有关系，民法未定，自应缓议"。由此可见，沈家本对于新法的采用还是有一定原则和限度的，并非盲目地追求新颖；换句话说，就是趋时更新、适时更新。

第二，沈家本对于修订新律的审慎态度。这一方面，在其所作签注中具有充分体现。本草案卷首第一条签注即云："各条眉上无红记者，再讨论之。律法一字一句，皆有关系，不厌再四推求也。"具体而言，沈家本对于草案中"一字一句"的"再四推求"，着重体现在对于法律语词的选择和修改上。除明显的正误外，[①] 修改的理由，又不外乎以下两种：

（1）法律用语不够准确。例如，草案第一条案语中"西历一千八百九十四年巴黎国际公法协会决议第六条"云云，沈家本签注认为，其中"西历"拟改为"西国"；第四条"凡犯罪在新律颁布以前未判决者，比较新旧各律，从其轻者拟断"，沈家本认为可将"比较新旧"二句，改为"以新旧律相比，从其轻者论"；第五条"凡律无正条者，不论何种行为，不得处罚"，沈家本则认为"罚"字不赅括，拟改此句为"俱勿论"；第六条"凡他项法律定有刑名者，仍依此总则办理。但本法有特别明文者，不在此限"，沈家本拟将其中"有特别"三字改为"别有"。诸如此类的字词修改，还有草案第七条、第十五条、第十九条、第二十八条案语、第四十条案语、第四十一条、第四十二条及案语、第五十三条案语、第五十

[①] 如第二十九条案语中有云："至重罪之刑，固应附加，然亦宜权其情节之重罪。"沈家本的签注云："'重罪'似是'轻重'之错。"所见甚确。

七条、第六十条案语、第六十一条、第六十六条案语、第六十七条、第七十一条、第七十二条等处。此外，在草案第五十一条关于"危难防卫"的规定之下，沈家本通过签注虽没有对条文和案语中的字词提出直接的修改意见，但是，他对斟采法律用语的两难困境慨乎言之——"语太落遏则不能混括，太混括又无界限。定法之难如此！"

（2）新名词易起分歧，内容陌生。沈家本对于法律新名词的使用特别注意，可以说是格外地小心。例如草案第一章第一节的标题为"法律效力"，沈家本特出签注一条，希望将"效力"二字酌改，理由是"恐华人不能尽解，必致误会"。他坚持认为，"律法关系甚大，因字义不明而增疑惑，为害不小"，因此，"新名词以少用为是"，并且预言"将来冲突，必在此等处"，须进行预防。再如，草案第六条案语中有云"其间执行并加减各法，均宜适用刑律总则"，沈家本签注认为其中"执"、"适"字义不甚明了，"似不若改用中文字义，俾读者一看了然"。又如第四十九条关于职务犯罪，案语中有云："例如执达吏遵民事诉讼法而强制执行，豫审判事遵刑事诉讼法而搜索家宅，司狱官受司法大臣之命令而执行刑法是也。"沈家本认为，这些内容"皆西法，恐华人未能尽喻，似宜酌改，或点明西法"。很明显，一方面，沈家本用以修改本刑律草案正文的语言素材（如"从其轻者论"、"俱勿论"、"别有"等），大都属于旧律传统下的通行法律用语，属于那个时代的产物。另一方面，沈家本对于外域法律名词、法律内容的引入，持有相当慎重的态度，唯恐国人不够熟悉，不能理解，易起冲突；即使作为案语，也力求使读者一看了然。由此可见，作为一个思想趋新的法律改革家，沈家本对于法律语言的选择，不可能断然与旧律传统割裂，摆脱他身处的时代背景；法律语言的更新换代，必然要经历一个新陈代谢的时间过程，而不能一蹴而就。

再有，从部分签注来看，沈家本对于法律字词的斟酌详慎，可以说到了小心翼翼、谨小慎微的程度。例如本草案第三节关于刑期的规定，第三十四条案语中解释"计年之法"，云"至计年之法，各国俱系从历，然中外置闰不同，盈朒之间，易生偏倚，是以仍从旧律"。其中，"历"字的繁体当时应为"曆"，沈家本为此出具一条签注，特别注明应将该字最末一笔去掉，出于避讳，认为"此字终以敬避为是"；并且附带言道"此等处最易起冲突，不可不留神也"。沈家本的担心和忧虑溢于言表。与此同时，我们还看到，沈家本在与冈田朝太郎讨论死刑的名篇《死刑惟一说》

中高倡"复古"的修律宗旨,① 以及他在奏折中相当频繁地引证古代事例作为变革法制的论据。这些都足以说明,沈家本——作为中国近代化之父——与以往很多著名的改革家(如王安石、张居正等)不同的是,他既没有"大刀",也没有"阔斧",有的仅是小心翼翼、谨小慎微。为什么他会如此地小心翼翼、谨小慎微?个中原因,或许在于:(1)以沈家本的官场经历看,长期的蹉跎困顿,在刑部三十年,年过五旬方才补授天津知府;年逾花甲,方才被任命为修律大臣,位列朝班,曾经的少年锐气,早已被磨折殆尽。(2)从清末乃至中国历代的官场生态来看,立法和司法皆匍匐于行政权力之下,起灭兴革,皆以行政为主导,难有独立的作为。因此,沈家本虽然以刑部左侍郎(从二品)的身份派充修律大臣,一来权势并不"位极人臣",不可能有"大刀阔斧"的机会和空间;二来修订新律的需要固然迫切,但仍然要以最高行政当局的旨意为依归;否则,不仅法律改革难以进行下去,就连自己的官帽也可能丢掉。是以,沈家本在主持修律过程中,仿佛走钢索的杂耍艺人,需要尽可能地做好平衡,在高危的状态下徐图进取。

　　第三,从沈家本的很多条签注来看,他严格遵循了《删除律例内重法折》中所宣示的"改轻"宗旨,对于本草案汲汲以采"轻刑主义"为期许。例如,草案第六十九条规定:"凡犯重罪轻罪,未经判决,二罪以上俱发者,从其重者论。相等者,从一科断。"在签注中,沈家本明确反对"并科主义"。其谓:"法重不足以禁奸","并科主义,中国乾隆以后条例,颇有用此意者,乃行之数十年,而犯者如故,则成效可睹矣。教育普则犯法者自少,日本改正草案采用并科主义,正见其教育未至耳"。因此,对于本条正文之规定,沈家本深以为然——"此编不用此法,甚是!甚是!"。再如,第六十四条规定:"凡二人以上共同实行犯罪者,皆为正犯"。沈家本签注认为,如此规定,则会"忽添出无数死罪","此次修律,以改轻为宗旨……似与所定宗旨不符",因此提议再行讨论酌改。又如,草案第十八条规定"有期流刑为六年以上,二十年以下",沈家本签注拟将"二十年"改为"十五年",因为在沈看来,"刑期似乎过长,只

---

① 沈家本在为草案第十条案语所作签注中,曾经言及"窃盗衙署,本非古法,在应删之列",也有很明显的"以今非古"的复古倾向。然其思想实质,究为复古,还是趋新,还是二者兼而有之?可能只有在对其所主张的具体法律内容,进行充分的法史学的比较研究之后,才能做出判断;武断偏执或笼统草率地做出评论,皆不足以服人。

可于此缩短"。第三十三条规定"凡应追赃物,及应偿损害",犯人身死后,仍对于其遗产执行,沈家本则认为"身死勿征,乃中律宽典",是以此处应再行商酌。第五十五条规定:"凡未满十二岁者之行为,不论其罪。但七岁以上,得于十年以下留置于惩治场。"沈家本签注认为:"中律七岁以下不加刑,十岁以下奏裁。此条既改'十岁以下'为'十二岁以下',较旧为宽。若云'七岁以上',则转严矣,似应改为'八岁以上'。"以上这些签注内容,鲜明地体现了沈家本欲将刑罚改轻或从轻的理念;或可以用以下十二字概括——参酌古今,比较中西,均从轻典。

第四,沈家本在对新律编纂采取趋时更新、改从轻典的基本态度外,对于传统旧律(现行律)仍抱有相当程度的认可和保留。自小处观之,对于旧律和现行律的评价,沈家本力求名实相副,恰如其分。例如草案第四十二条案语论及中国死刑之制,其中有云:"中国死刑,向有斩、绞之殊,然其绝人生命则一,同为一减,尚称平允。"沈家本认为其中"尚称平允"的评价实在不够高,因此在签注中极为肯定地提出——"尚称"应改为"最为"。自大处观之,沈家本对于法律问题的描述力求详略得当。即如第二十一条案语中云:"迨至本朝,职官犯流,改发新疆当差,犯徒改发军台效力,虽系从重,究止当差效力,并非安置拘役,已寓矜全之至意。"沈家本认为其中所言过于简略,读者很难明了流徒旧制的演变过程,也就无法领会制度的深层含义,因而特出签注一条,拟将上述文句改为:"国初官犯之情重者多流徙尚阳堡、宁古塔等处,情轻者与常犯一体发配,无甚区别。乾隆年间,开辟新疆地方,始将情重官犯发往效力,又将犯赃私者发往军台,责令呈缴台费,以示惩儆。相沿日久,犯军流者多发新疆,犯徒者多发军台,名为从重,究止当差效力,并非安置拘役,与寻常军流徒犯办法遂不同矣。"

沈家本更不能接受对于中国旧律的一些错误说法。草案第四条案语中言道:"犯罪依新颁律,中外从同。惟新律重而旧律轻者作何拟断,中律并未议及。"沈家本认为"中律并未议及"的说法不够准确,并粘贴一大条签注,申说个中理由,如下:"查《笺释》云:'新例严者,若犯在例前,议在例后,自不得引新例从严;新例宽者,虽犯在新例未颁之先,自依新例从宽'。又道光四年刑部说帖云:'详绎律义,谓定律定例,先后不同。如一事律轻例重,或律重例轻,而犯在未经定例以前,尚未拟结之案,皆得从轻定谳,系属钦恤之意。观律注云:若例应轻者,照新例遵行，甚属明晰.'各等语。向来部中均照此办理。此意似应于注中增入，庶可见中律意本如是，非尽各国之法也。"沈家本希望借此纠正该条案语之失，申明中律本意，具见良苦用心。

　　以上所举，大略可见沈家本对旧律的部分认可态度。既然对旧律有所认可，则就会希望有所保留。在本草案卷首，有一条暗红色签条，①沈家本墨笔签注云："犯罪得累减，无官犯罪，犯罪时未老疾，犯罪共逃，公事失错，事发在逃，称与同罪。以上各条，应否酌留，再酌。"据此签注，"犯罪得累减"、"无官犯罪"、"犯罪时未老疾"等七条，在沈家本看来，似乎应该保留在新刑律之内。而从沈家本为草案第五十三条所作签注来看，有些旧律条款的保留也着实出于现实的司法需要。该条规定："凡因精神障碍之行为，不论其罪，但酌量情节，得处以五年以下之禁锢。精神耗弱者之行为，得减轻本刑一等或二等。"沈家本在签注中，首先举法国和日本刑法为例，"法国刑法有七十以上其刑改轻之条，日本无之"，进而推测，此编不言"七十以上"得减轻刑罚等级，似已赅于"精神耗弱"之内。但是，与法国和日本相比，中国旧律的规定更为细密，"年老犯罪，分七十、八十、九十三期，与年幼之分三期，一敬老，一慈幼，皆仁政也"。本草案既然将年幼者"仿日本之法，酌改年期，定为专条"（第五十五条和第五十六条），而年老者却没有明文，显得不够完备。所以，沈家本建议，"仍照中律纂定专条为是，否则将来办法无所依据，恐致参差也"。除年老犯罪之外，上述七条，沈家本皆希望在新律中有所保留。但是，这七条旧律条款能否与新律的精神兼容？究竟以何种形式保留在新刑律内？放在哪个位置？诸如此类，都是十分复杂的立法技术问题。然而，沈家本在签注中并未说明具体的变通保留办法，我们也就无从得知、不好悬揣了。

三　吉、沈二人签注之比较

　　我们再将吉同钧和沈家本的签注进行对比，看看他们二人的法律观点有何异同。在现存的签注中，先后有第五条、第七条、第十条、第十八

---

① 其余签条皆为白色宣纸，唯有此条独异，似乎是在对整个草案详阅并加具签条后，最后粘上去的。

条、第二十一条及案语、第三十三条及案语、第五十七条、第六十一条共十处，皆由吉同钧和沈家本做了签注。但是，据签注书写之内容，所指示的具体位置大多不同，因此吉、沈二人这部分签注的侧重点多半不同。例如第七条规定："凡隶军籍应以军律论者，除军律无正条外，不用此律。"吉同钧的签注指出，"隶军籍"应改为"军人犯罪"。沈家本的签注则指出两点：（1）"者除"拟改"其"；（2）"外不用此律"拟改"者依常律"。很明显，吉同钧的签注意见，乃是根基于具体法律情况，提出应作法律语词的修改；沈家本的签注意见，实际上并未对具体规定提出异议，乃是在语义不变的情况下，提出更为明白晓畅的表述句式。再如前引第十条，关于职官犯罪，吉同钧的签注将重点放在"名分"二字之上，认为官、民之界限不能"一概抹杀"，"若一概抹杀，如殴本管官，亦与寻常凡人一并拟罪，似无上下统属之分。再如殴伤一品大员，亦与凡人一体治罪，亦嫌名分不等"。沈家本的签注则只字不涉及"名分"，主要包括两项意见：（1）"现在尚无议员之名，此处以混括为妥"。（2）"向来办法，居所不尽以衙署论。例内惟强盗一条为重，宜酌改。窃盗衙署一条，本非古法，在应删之列"。因此，建议将此条"称公署"以下内容删去。

　　虽然在上列十处签注中，吉同钧和沈家本的签注侧重点不同，但因为是对于同一条款或其案语的法律意见，往往会涉及同样的法律问题，所以，有时也可看出二人法律观点的差异。例如，前引第五条关于"法无明文不为罪"的规定，吉同钧针对该条案语部分——实际也是针对该条正文，在案语中"长篇大论"[①]地阐述其反对删除比附的各种理由。沈家本在签注中则仅言——"不得处罚"，"罚"字不赅括，拟改此句为"俱勿论"，仍属对于文词语法的修改，并不改变条文原意。由此可见，沈家本与吉同钧明显不同，他是支持"法无明文不为罪"的。再如，第十八条规定："凡流刑分无期、有期、发边省监禁，令服定役。"吉同钧的签注认为，"向来遣军流犯到配，并不入监拘禁。今既责令服役，只可拨入习艺所，令其工作"，因此，建议将原文中的"监禁"改为"安置"。沈家本的签注则认为，"现在遣军流重者发配监禁，轻者在本地发所做工，似可本此意，将无期者发配，有期在本地做工，或竟仿照日本，改其名曰

[①] 吉同钧和沈家本的签注内容，少则四五字、十几字，多则几十字，过百字者甚少。本条签注内容过百字，在所有签注中属于较长者。

惩役。"又曰："现在监禁之事日多，或添监禁一法，一并记商。"虽然吉、沈二人签注同属于文词之类的修改意见，但是建议并不相同：前者提议，改"监禁"为"安置"；后者提议，或改名为"惩役"，或添置"监禁"一法。然而，本例的情况，与前例相比，仅属些微分歧、"小巫"；前例因为"法无明文不为罪"条款之于现代刑法的重要性，针对草案第五条出现的不同意见，二者分歧却是十分严重的，才属于"大巫"。

除上列十处签注外，吉同钧和沈家本的签注皆分布在草案不同的位置。虽然签注的位置不同，但是根据签注的内容，以及我们前面的比较，大致还是可以总结出二人对于本刑律草案的基本态度。笼统而言，吉同钧的法律见解深刻，对于采用新的法律内容，态度趋于保守。沈家本考察细密，思想开明，对于新的法律内容，广收博取，但又极为谨慎。然则，尽管吉同钧与沈家本的签注位置、关注侧重点，甚或法律观点、对于新律的基本态度，存在诸多不同，仍有两点值得注意：第一，吉、沈二人的共同点；第二，二人签注的顺序。

先言前者。在清朝末年，吉同钧虽然不如沈家本那样声名显赫，但作为律学大家薛允升的高足，其律学成就、司法经验俨然是法界翘楚，备受推崇。吉、沈二人同受传统律学熏陶，对于中国传统旧律皆具有浓厚深沉的感情。尤其对于传统旧律或司法中的成熟经验，都不忍割舍。因而，我们在签注中屡屡看到，二人动辄以传统或当时现行律与东西各国法律相比照，或径采西法，以救中律之失，或保留旧法，以适现时之用，或比较折衷，择善而从。所出签注，皆有的放矢，绝非空谈。沈家本在《删除律例内重法折》内明确宣示，修订新律，必以"轻刑"为宗旨。在沈氏的签注中，又不断重申此一宗旨，可见他对该宗旨一以贯之，相当重视。而在吉同钧的签注中，我们也可看到，他对"轻刑"的宗旨十分赞同，在坚持名分和阶级之外，几次三番以"轻刑"为要求，建议减少或减轻若干刑罚规定。

次言签注的顺序。粗略统计，在全部72条签注中，吉同钧和沈家本共同粘有签注的条款及案语共有10处，而从签注内容看，关注点、法律意见具有可比性者，实不过二三条；其余则因关注点缺乏交叉范围，根本不具可比性。在上述10处签注之外，吉同钧还有7条，沈家本还有45条，彼此签注间的关联性很小。根据沈承烈的"题记"，可知吉同钧签注在先，沈家本签注在后。当沈家本进行详定签注之时，面对吉同钧已经粘具的签注，不知作何感想？持何种意见？是认同，还是反对？如今，我们除了对于其中个别几处可以通过比较的方法，管窥二人观点之异同外，还有相当多的签注，因为缺乏内容上的关联，我们着实很难确定沈家本对于吉同钧签注的意见。

不过，尽管我们通过这有限的 72 条签注内容，很难对沈家本和吉同钧的法律观点作全面的比较，但是我们还是有其他可为之处。比如将本刑律草案（包括案语）以及所有签注，与光绪三十三年的冈田氏刑律草案（总则）进行对比，揭示前后两个草案的内容关联，以及吉同钧和沈家本的签注意见对后案的影响。或许，待我们将本草案与冈田氏刑律草案（总则）进行逐条对比后，将会有更多有价值的发现。

十四　论签注在《大清刑律》制定过程中的影响和作用

高汉成[*]

　　《大清刑律》是中国法律史第一部具有独立意义的现代刑法典，同时也是清末各种新法中制定时间最长、争议最大的一部法律。自1907年10月3日（光绪三十三年八月二十六日）和12月30日（光绪三十三年十一月二十六日），修订法律大臣、法部右侍郎沈家本分别上奏大清刑律草案总则和分则以后，对刑律草案的各种反馈意见便纷至沓来，其中以中央各部院、地方各督抚的签注意见最为重要。大清刑律草案签注是在晚清法律近代化的背景下，作为制定《大清刑律》必经的立法程序之一而出现的，同时构成清末礼法之争的一部分。签注既是在大清刑律草案——修正刑律草案——《钦定大清刑律》流变中的主要推动力量，同时又是考察、研究清末礼法之争的重要视角和切入点。

一　对最高统治者（朝廷）的影响

　　由张之洞主稿的学部签注首先上奏不久，光绪三十四年五月初七日军机大臣面奉谕旨："学部奏请将中国旧律与新律草案详慎互校、斟酌修改删并以维伦纪而保治安一折，著修订法律大臣会同法部按照所陈各节，再行详慎斟酌修改删并奏明办理。"[①] 随后两广、安徽、直隶、东三省、浙江签注陆续上奏，但更多的地方督抚则观望不前，这直接影响了对刑律草案的修改。于是宣统元年正月二十六日，法部尚书戴鸿慈上奏，请求催收签注。当日朝廷即下达《著京外各衙门签注新刑律草案谕》，"法律为宪政始基，亟应修改以备颁布。所有新定刑律草案，著京外各衙门照章签

---

[*] 中国社会科学院法学研究所副研究员。
[①] 《刑律草案签注》学部奏折。

注，分别咨送，毋稍延缓，以凭核定而昭画一"①。第二天，朝廷又下达《修改新刑律不可变革义关伦常各条谕》，"前据修订法律大臣奏呈刑律草案，当经宪政编查馆分咨内外各衙门讨论参考，以期至当。嗣据学部及直隶、两广、安徽各督抚先后奏，请将中国旧律与新律详慎互校，再行妥定，以维伦纪而保治安。复经谕命修订法律大臣会同法部详慎斟酌，修改删并，奏明办理。上年所颁立宪筹备事宜，新刑律限本年核定，来年颁布，事关宪政，不容稍事缓图，著修订法律大臣会同法部迅遵前旨，修改删并，剋日进呈，以期不误核定颁布之限。

惟是刑法之源，本乎礼教，中外各国礼教不同。故刑法亦因之而异，中国素重纲常，故于干犯名义之条，立法特为严重。良以三纲五常，阐自唐虞，圣帝明王，兢兢保守，实为数千年相传之国粹，立国之大本。今寰海大通，国际每多交涉，固不宜墨守故常，致失通变宜民之意，但只可采彼所长，益我所短，凡我旧律义关伦常诸条，不可率行变革，庶以维天理民彝于不敝，该大臣务本此意，以为修改宗旨，是为至要。

至该大臣前奏，请编订现行刑律，已由宪政编查馆核议，著一并从速编订，请旨颁行，以示朝廷变通法律循序渐进之至意"②。

有人认为，这道谕旨的颁布意味着清廷修律的宗旨发生了由开明向守旧的转变③。其实不然，就清末修律的大原则而言，从来都是有两端：一是参考各国成法，二是维护传统礼教纲常。两者合在一起，就是"会通中西"的原则。关于这一点，早在光绪二十六年十二月十日（1901年1月29日）清廷宣布变法的上谕中就曾开宗明义地指出了，"世有万古不变之常经，无一成不变之治法"。④"常经"是什么，当然首先就是中国传统的三纲五常。光绪二十八年二月二日（1902年3月11日）清廷决定修律的上谕中指出，"我朝《大清律例》一书，折衷至当，备极精详。惟是

---

① 《清末筹备立宪档案史料》（下册），第857页。

② 《清末筹备立宪档案史料》（下册），第858页。

③ "由于晚清法律改革是清朝廷慈禧集团摆脱统治危机的自救行为，且以收回列强在华领事裁判权为契机，故清朝廷之改革宗旨，初期强调'参酌各国法律'，'务期中外通行'，重在取西法之长补中法之短，偏于西法之采用，颇有开明之面。迨统治危机稍逝，其封建守旧之面目立显。故改革中期以后，强调法律本源'本乎礼教'，三纲五常'为数千年相传之国粹，立国之大本'，'旧律义关伦常诸条，不可率行变革，庶以维天理民彝之不敝'。并以此作为改革之'至要'宗旨"——李贵连《近代中国法制与法学》第522—523页。

④ 张国华、李贵连：《沈家本年谱初编》，北京大学出版社1989年版，第65页。

为治之道，尤贵因时制宜，今昔情势不同，非参酌适中，不能推行尽善。况近来地利日兴，商务日广，如矿律、路律、商律等类，皆应妥议专条。著各出使大臣，查取各国通行律例，咨送外务部，并著责成袁世凯、刘坤一、张之洞，慎选熟悉中西律例者，保送数员来京，听候简派，开馆编纂，请旨审定颁行。总期切实平允，中外通行，用示通变宜民之至意"①。同年四月六日（5月13日），清廷在任命沈家本等为修订法律大臣的上谕中又说："现在通商交涉，事益繁多，著派沈家本、伍廷芳，将一切现行律例，按照交涉情形，参酌各国法律，悉心考订，妥为拟议。务期中外通行，有裨治理。俟修定呈览，候旨颁行。"② 正如苏亦工所言"所谓'参酌各国法律'，'务期中外通行'之类措词，微言大义，不过是个总体目标，并未提出一个明确的宗旨，令人不知底里"③。由于修律的最高指示非常的原则化，所以修律之初沈家本感到无从下手，修订法律馆的工作也进展缓慢。1905年伍廷芳、沈家本上《删除律例内重法折》所谓的"现在各国法律既已得其大凡，即应分类编纂，以期剋日成书。而该馆员等佥谓宗旨不定，则编纂无从措手"，说的就是这个意思。这表明，欲对《大清律例》作大规模的删削，是要冒很大政治风险的，没有最高统治者更进一步的指示，谁也不愿承担更张祖宗成宪的罪名。尽管沈家本一再要求朝廷"明降谕旨，宣示中外，俾天下晓然于朝廷宗旨之所在"④，但朝廷曾不见更明确的指示。只是1906年清廷决定"预备立宪"后，政治制度的重大变革使得这些障碍不复存在，才有了一部部全新法律的颁布。但同时，随着改革的深入，西方文化开始侵蚀到了中国传统文化最核心的部分——思想道德文化层次的三纲五常，一些原先支持和主张向西方学习的人士，出于保守中国文化"魂魄"的目的，开始对改革措施有所保留和批评。1907年湖广总督张之洞以《刑事民事诉讼法》草案"大率采用西法，与中法本源似有乖违、中国情形亦未尽合，诚恐难挽法权转滋狱讼"⑤ 为由予以"枪毙"就是典型的一例。但1907年张之洞可以以湖广

---

① 《德宗景皇帝实录》，中华书局1987年版，第536—537页。
② 同上书，第577页。
③ 《明清律典与条例》，第354页。
④ 《删除律例内重法折》，见《沈家本年谱初编》第87—90页。
⑤ 苑书义、孙华峰、李秉新编：《张之洞全集》，河北人民出版社1998年版，第1772页。

总督的身份让《刑事民事诉讼法》草案"遂寝"①。转年间,已经是大学士、军机大臣的张之洞,却无法按照自己的意愿将新刑律草案"降服"。这表明清末最后几年的改革,趋势是速度越来越快,已经处于失控状态。就政治而言,面对着一波又一波"速开国会"的请愿风潮,朝廷一再表示"宪政必立,议院必开,所慎筹者,缓急先后之序耳。夫行远者必求稳步,图大者不争近功"②;就法律而言,面对着新法全面西化或基本西化的局面,光绪三十三年九月初六(1907年10月11日)朝廷在重新任命修律大臣的谕旨中首次把"参考各国成法,体察中国礼教民情"放在了一起。宣统元年正月的这道谕旨不过是再次强调了改革的底线罢了。这只表明清廷试图稍稍"刹车"的愿望,并不是修律宗旨的改变和倒退。而且正如后面我们分析的那样,这种"刹车"愿望和努力的效果是有限的。

但不管怎么说,京内名列朝班之人、京外督抚大员的意见,显然给最高统治者留下了深刻的印象。就目前材料来看,最高统治者至少先后在学部、两广、安徽、直隶、东三省、浙江、江苏、湖广、山东、江西、山西、闽浙、都察院、河南、陕西等十五份奏折上作过批示(即所谓的硃批)。虽然硃批仅仅是"修订法律大臣、法部汇议具奏,单并发。钦此"或"著修订法律大臣、法部汇同京外各衙门条奏,详慎斟酌,另订具奏。钦此"这样程式化的语言③,但也足以显示朝廷对签注意见的重视。而除东三省、山东赞成草案的宗旨外,其余二十余份签注都认为草案在专用日本的文词、明刑弼教、罪刑等级、量刑过轻等方面有这样那样的问题,有的签注对草案的反对意见还很强烈,类似"此条非删除不可"的语句屡屡出现。考虑到签注奏折都是呈递给皇帝阅读的,仅仅是供皇帝参考的意见,最后定夺是皇帝分内的事,因此奏折语气应该是和缓的,而类似强烈的语气显然是不同寻常的。这就迫使最高统治者不得不表态,即修律的宗旨是既要参考各国成法,又要体察中国礼教民情。而一旦两者发生了不可

---

① 《清史稿·刑法志》,载高潮、马建石主编《中国历代刑法志注释》,吉林人民出版社1994年版。

② 《清末筹备立宪档案史料》(下册)第641页。

③ 涉及刑律草案签注的硃折中,只有上述学部奏折和都察院奏折的硃批与众不同,显示出最高统治者对奏者的殊遇。都察院奏折的硃批是"都察院奏刑律草案未尽完善请饬下法律大臣复加核订一折,著修订法律大臣、法部汇同京外各衙门条奏,详慎斟酌,另订具奏,钦此"。

调和的矛盾，应该如何取舍？因此，我们说宣统元年的谕旨是在签注的压力下，最高统治者不得不做的表态，尽管朝廷更愿意在这两者之间模棱两可。李老师认为"这道谕旨，不但明确指令沈家本等，对新刑律的修改应遵此宗旨；实际上，也明确告诉各地督抚，对新刑律的签注，（亦）应遵此宗旨"①。我们暂且不论沈家本等是否完全遵从了这一谕旨。但仅从各地督抚来看，山东巡抚就没有遵从这一谕旨，他在谕旨下达后仍然上奏，明确赞成新刑律草案，主张博爱主义而求从根本上解决，甚至比沈家本他们走的还远。但从他很快被擢升为两广总督来看，似乎朝廷自己也没把这道谕旨太当回事。事实上，在速开国会与成立内阁这些政治制度问题上让朝廷"焦头烂额"之时，朝廷更愿意拿法律上的更大"进步"来换取人们对宪政事业的信心。所以苏亦工说，"清廷于此时下达这样的上谕固有'表明维护纲常礼教'态度的一面。但说'坚持'，就未免言过其实了。如果真是这样，为什么当新刑律草案被广泛视为违背礼教伦常时，不仅没有被推翻，居然只是在做了轻微的修改以后就被通过了呢？"1909年朝廷下令编订现行刑律，1910年《大清现行刑律》颁布，但按照筹备立宪清单，新刑律即将于1912年实施。且不论如今人所说，"就内容而言，《大清现行刑律》并不能起到衔接传统旧律《大清律例》与新法典《大清刑律》之间的过渡性作用"②；就时间而言，短短的两年也不可能会让《大清现行刑律》起到这种作用，就当时的朝廷来说，也断不会"昏聩"到真的认为两年就可以算是"循序渐进"了。所以编订现行刑律所谓"沟通新旧"的过渡作用，其目的就是为《大清刑律》的颁布施行起到一种心理上和舆论上的缓冲作用，并不具有实际上的价值。

二　修订法律馆和法部对签注的反馈

修订法律馆作为大清刑律的起草单位，自然负有对签注进行反馈的义务。但由于草案上奏后不久，朝廷即谕命法部会同办理草案的修改问题，因此至少在名义上，修正刑律草案的工作是由法部和修订法律馆共同完成的。宣统元年十二月二十三日（1910年2月2日）法部尚书廷杰等上奏

---

① 《沈家本年谱初编》第204页。

② 朱勇主编：《中国法制史》，法律出版社1999年版，第482页。

《为修正刑律草案告成敬缮具清单折》，同时修订法律馆刷印《修正刑律案语》。《修正刑律案语》包含两部分内容，一是修正刑律草案条文本身，二是修正草案逐条之下对各中央部院、地方督抚签注的反馈意见。

1910年的修正草案与1907年的初草相比，第一编总则十六章、第二编分则三十六章的总体格局没有变化，但条文却由原来的387条变为409条并且增加了《附则》五条。其更具体的变化是：

1907年大清刑律草案条文修正情况表

			初草	修正案
文词和内容没有变化的条款。但条文的序数大多有所变化，以下同。		第10、12、14、15、21、22、26、28、30、32、35、38、39、40、50、51、52、54、59、62、68、71、73、74、75、76、77、79、81、82、83、84、85、86、87、88、90、92、96、97、99、100、103、105、106、110、111、113、114、117、120、122、123、124、125、126、128、137、138、153、156、163、175、176、177、178、180、182、195、197、199、200、207、208、211、215、220、221、224、229、233、237、244、260、262、269、277、283、284、299、300、303、304、317、323、331、337、339、342、356、358、363、366、375、377、386条共106条。	106	106
文词酌加修正但实质内容没有变化的		第1、2、4、5、6、7、8、9、13、16、18、19、23、24、25、29、31、36、41、47、55、60、63、66、69、70、72、78、91、101、102、104、115、118、130、132、135、136、141、142、145、146、147、148、149、150、151、155、158、159、161、162、165、167、172、173、174、179、181、183、186、187、188、189、190、191、193、196、198、201、202、205、209、213、214、217、218、222、225、227、231、230、236、243、247、248、249、250、254、255、256、258、261、263、264、265、270、271、272、273、274、275、276、281、282、285、287、289、291、288、292、294、295、296、297、298、301、307、313、316、322、327、334、336、338、343、345、346、347、348、349、351、352、353、357、359、360、361、362、364、367、368、369、370、371、372、373、374、376、378、379、382、383、384、385、387条共157条。	156	156
文词有重要修正且内容有所变化的	加重量刑	第89、93、98、112、121、154、164、170、266、278、279、280、290、302、305、306、311、333、335、354条共21条。		
	减轻量刑	第94、95、131、139、140、144、157、160、171、184、185、210、212、216、219、226、228、245、246、257、259、267、268、286、293、310、312、318、319、321、320、325、341、340、344条共35条。		
	其他内容改变的	第3、11、17、20、27、33、34、37、42、43、45、46、53、56、57、64、65、67、80、143、152、166、168、169、194、192、203、204、206、210、223、232、240、315、326、330、332、381条共39条。	92	92

续表

		初草	修正案
初草被合并的条文	第116和119条、第127和129条、第134和133条、第234和235、第238和239条，在修正案中分别被合并为第123、133、138、241、244条，文词酌加修正，实质内容无变化。	10	5
初草被拆分的条文	第48（修正案第48、49条）、58（修正案第58、59条）、107（修正案第107、108、109、110条）、108（修正案第111、112条）、109（修正案第113、114、115、116条）、241（修正案第246、247条）、242（修正案第248、249条）、251（修正案第258、259条）、252（修正案第260、261条）、253（修正案第262、263条）、308（修正案第319、320条）、309（修正案第321、322条）、314（修正案第327、328条）、324（修正案第338、339条）、328（修正案第343、344条）、329（修正案第345、346条）、350（修正案第367、368条）、355（修正案第373、374条）、365（修正案第384、385条）、380（修正案第400、401、402条）共20条，在修正案中被析分为45条。除文词均酌加修正外，第241条减轻量刑，第242、314、324、328、329条加重量刑，而第251、252、253、308、309、380条则在量刑上有加有减。	20	45
初草被删除的条文	第44、49、61条。	3	
修正案新增条文	第41、177、178、221、270条共五条，另增附则五条。		5
合计		387	409

注：除明确指出为修正案条文外，其余条文序数均为1907年初草条文年序数。

法律修订馆在《为修正刑律草案告成敬缮具清单折》中指出，"臣等督饬派出各员会及中外签注，分类编辑、折衷甄采并懔遵谕旨，将关于伦常各款加重一等，其余文词亦酌加修改，务归雅训以期明晰，仍厘为总则分则两编，共四十三章凡四百零九条。为中外礼教不同，为收回治外法权起见，自应采取各国通行常例，其有施之外国不能再为加严致背修订本旨，然揆诸中国名教必宜永远奉行勿替者，亦不宜因此致令纲纪荡然。均拟别辑单行法藉示保存，是以增入附则五条，庶几沟通新旧，彼此遵守不致有扞格之虞也。每条仍加具按语，而于各签注质疑之处分别答复"①。由此看来，修正案最主要的变化主要有两点：一是"将关于伦常各款加重一等"，二是"增入附则五条"。这两点变化具体是：

---

① 《钦定大清刑律》卷前所收奏折。

一、加重量刑的具体内容：

初草序数	初草内容	修正案的量刑
第一章关于帝室之罪第 89 条	凡因过失致生前条所揭危害者，处二等或三等有期徒刑或三千元以下三百元以上罚金。	删除罚金。
第一章关于帝室之罪第 93 条	凡对于帝室缌麻以上之亲不敬之行为者，处四等以下有期徒刑拘留或一千元以下罚金。	改为"处三等至五等有期徒刑"而删除拘留罚金。
第一章关于帝室之罪第 98 条	凡预备或阴谋犯第 90 条之罪者，处四等以下有期徒刑拘留或一千元以下罚金。	删除罚金。
第三章关于国交之罪第 112 条	凡中国臣民聚众以暴力潜窃外国领域者照左例处断：一、首魁无期或一等有期徒刑；二、执重要之事务者二等或三等有期徒刑；三、余人三等以下有期徒刑或一千元以下一百元以上罚金。	第二项改为"执重要之事务者一等或二等有期徒刑"。
第四章关于外患之罪第 121 条	凡中国之臣民欲使藩地及其余领域属于外国与外国开始商议者处无期徒刑或二等以上有期徒刑。	改为"处死刑无期徒刑或一等有期徒刑"。
第七章关于妨害公务之罪第 154 条	凡值吏员施行职务时当场为侮辱或虽非当场而公然对其职务为侮辱者，不分有无事实，处五等有期徒刑拘留或一百元以下罚金；其对公署公然为侮辱者亦同。	改为"处四等以下有期徒刑拘役或三百元以下罚金"。
第九章关于骚扰之罪第 164 条	凡聚众为暴或胁迫者，从下列分别处断：一、首魁无期徒刑或二等以上有期徒刑；二、执重要之事务者二等至四等有期徒刑或一千元以下一百元以上罚金；三、附和随行者而助势者五等有期徒刑拘留或一百元以下罚金。	第二项改为"执重要之事务者一等至三等有期徒刑或一千元以下一百元以上罚金"。第三项改为"四等有期徒刑拘役或三百元以下罚金"。
第十章关于监禁者脱逃罪第 170 条	凡欲使按律监禁人脱逃而为易使脱逃之各种行为者，处四等以下有期徒刑；因而致监禁人脱逃者处三等或四等有期徒刑；以前项之宗旨而加暴行胁迫者，处三等或四等有期徒刑；因而致监禁人脱逃者处二等或三等有期徒刑。	凡为便利脱逃之行为因而致既决未决之囚及其余逮捕监禁之人脱逃者处三等至五等有期徒刑。其有损坏情形或以暴行胁迫者依第 172 条分别处断。
第十八章关于伪造文书及印文之罪第 242 条	凡以不正行使之宗旨而制作公印或私印者处四等以下有期徒刑拘留或三百元以下罚金，与未行使前能自破坏或自首者免除其刑。	第 248 条：凡伪造公印者处三等至五等有期徒刑。第 249 条：凡伪造私印者处四等以下有期徒刑拘役或三百元以下罚金，若于未行使前能自破坏或自首者免除其刑。
第二十章关于祀典及坟墓罪第 251 条	凡损坏、遗弃或盗取死体、遗骨、遗发或棺内所藏之物者处三等以下有期徒刑；若损坏、遗弃或盗取尊亲属之死体遗骨、遗发或棺内所藏之物者处二等以上有期徒刑。	损坏、遗弃或盗取死体改为"处二等致四等有期徒刑"；损坏、遗弃或盗取尊亲属之死体改为"处无期徒刑或二等以上有期徒刑"。

续表

初草序数	初草内容	修正案的量刑
第二十章关于祀典及坟墓罪第252条	凡发掘坟墓者处四等以下有期徒刑；若发掘尊亲属之坟墓者处三等或四等有期徒刑。	发掘尊亲属之坟墓者改为"二等至四等有期徒刑"。
第二十章关于祀典及坟墓罪第253条	凡发掘坟墓而损坏、遗弃或盗取死体遗骨、遗发或棺内所藏之物者处二等或三等有期徒刑；凡发掘尊亲属坟墓而损坏、遗弃或盗取死体遗骨、遗发或棺内所藏之物者处无期徒刑或二等以上有期徒刑。	凡发掘坟墓而损坏、遗弃或盗取死体改为"处一等至三等有期徒刑"；凡发掘尊亲属坟墓而损坏、遗弃或盗取死体改为"处死刑无期徒刑或一等有期徒刑"。
第二十二章关于赌博彩票之罪第266条	凡以赌博为常业者处四等以下有期徒刑。	改为"处三等至五等有期徒刑"。
第二十三章关于奸非及重婚之罪第278条	凡和奸有夫之妇处四等以下有期徒刑，其相奸者亦同。	改为"处三等至五等有期徒刑"。
第二十三章关于奸非及重婚之罪第279条	凡成婚之人重为婚姻者，处四等以下有期徒刑，其知为成婚之人而与婚姻者亦同。	改为"处三等至五等有期徒刑"。
第二十三章关于奸非及重婚之罪第280条	凡贩卖猥亵之图书或物品或因欲贩卖而持有及公然陈列之者，处五十元以下罚金；因而得利者处其债额二倍以下债额以上罚金，若二倍之数未达五十元时，处五十元以下债额以上罚金。	第一项增加拘役。
第二十四章关于饮料水之罪第290条	凡同谋杜绝供给公众饮料之净水至二日以上者，首谋处四等以下有期徒刑拘留或三百元以下罚金，余人处十元以下罚金。	余人改处拘役或三十元以下罚金。
第二十六章关于杀伤之罪第302条	凡伤害尊亲属之身体者从下列分别处断：一、因而致死或成笃疾者死刑无期徒刑或一等有期徒刑；二、因而致废疾者无期徒刑或二等以上有期徒刑；三、因而致单纯伤害者二等至四等有期徒刑。	第一项删除一等有期徒刑；第二项改为"死刑无期徒刑或一等有期徒刑"；第三项改为"一等至三等有期徒刑"。
第二十六章关于杀伤之罪第305条	凡对尊亲属加暴行未至伤害者处四等以下有期徒刑。	改为"处三等至五等有期徒刑或五百元以下五十元以上罚金"。
第二十六章关于杀伤之罪第306条	凡决斗者处四等以下有期徒刑拘留或一百元以下罚金；因决斗致人死伤者照第299条及第301条之例处断；若聚众预谋决斗者以骚扰罪论。	罚金增为三百元以下。
第二十六章关于杀伤之罪第308条	凡教唆或帮助他人使之自杀或受人之嘱托、承诺而杀之者处三等或四等有期徒刑；若对于尊亲属者处三等以上有期徒刑；前二项之犯人若系谋为同死者得免除其刑。	教唆他人使之自杀或受人之承诺而杀之者改处二等至四等有期徒刑；教唆尊亲属使之自杀或受尊亲属之承诺而杀之者改处无期徒刑或二等以上有期徒刑，剔除与尊亲属谋为同死免刑的规定。

续表

初草序数	初草内容	修正案的量刑
第二十六章关于杀伤之罪第309条	凡受本人嘱托或承诺而伤害人者处五等有期徒刑拘留或一百元以下罚金；其对于尊亲属者处三等以下有期徒刑；因而致死者处四等有期徒刑，若系尊亲属时处二等至四等有期徒刑。	以对他人和尊亲属的不同而独立为两条，每条又细分为两大项六种量刑，致死笃疾、致废疾者均加重一等处罚。
第二十六章关于杀伤之罪第311条	凡因过失致尊亲属于死或笃疾者处三等以下有期徒刑或一千元以下一百元以上罚金；致其余伤害者处五等有期徒刑拘留或五百元以下罚金。	第二项析出"致废疾者"并改处四等以下有期徒刑拘役或五百元以下罚金。
第二十六章关于杀伤之罪第314条	为第299条及第300条之预备或阴谋者处五等有期徒刑拘留或一百元以下罚金；为第306条之预备或阴谋或其帮助者处拘留或五十元以下罚金；前二项之罪得按其情节免除其刑。	预备或阴谋犯第300条（此项为杀尊亲属之罪，修正案为第311条）之罪者独立析出为一条并改处"三等至五等有期徒刑"。
第二十八章关于遗弃之罪第324条	凡因律例或契约应扶助、养育、保护老幼不具或病者义务之人而遗弃者处三等以下有期徒刑；若对尊亲属犯前项之罪者处三等以上有期徒刑。	遗弃尊亲属之罪独立成条并改处"无期徒刑或二等以上有期徒刑"。
第二十九章关于逮捕监禁之罪第328条	凡私擅逮捕或监禁人者处三等以下有期徒刑；对尊亲属有犯者处二等或三等有期徒刑；知为私擅之逮捕或监禁应释放而不释放者亦以前二项之例论。	对尊亲属之罪独立成条并改处"一等至三等有期徒刑"。
第二十九章关于逮捕监禁之罪第329条	凡行审判或检察、警察、司狱其他行政之职务或其辅助之人滥用其职权而逮捕或监禁人者处二等或三等有期徒刑；对尊亲属有犯者处二等以上有期徒刑；知为滥用职权之逮捕或监禁应释放而不释放者亦以前二项之例论。	对尊亲属之罪独立成条并改处"无期徒刑或二等以上有期徒刑"。
第三十章关于略诱及和诱之罪第333条	凡移送自己所略诱之未满二十岁男女者于外国者处无期徒刑或二等以上有期徒刑；若系和诱者处二等或三等以下有期徒刑。	若系和诱者改处二等或三等有期徒刑。
第三十章关于略诱及和诱之罪第335条	凡以营利为宗旨移送自己略取之未满二十岁男女于外国者处无期徒刑或一等有期徒刑；若系和诱者处无期徒刑或二等以上有期徒刑。	第一项增入死刑。
第三十二章关于窃盗及强盗之罪第354条	凡犯强盗之罪，关于下列各款之一以上者，处无期徒刑或二等以上有期徒刑：一、侵入现有人居住或看守之邸宅、营造物、矿坑、船舰内者；二、结夥三人以上者；三、于盗所强奸妇女者；四、伤害人而未致死及笃疾者。	第三项移入下条并改处死刑无期徒刑或一等有期徒刑。

二、增入《附则》五条

第一条：本律因犯罪之情节轻重不同，故每条仿照各国兼举数刑以求适合之审判。但实行之前仍酌照旧律略分详细等差，另辑判决例以资援引而免歧误。

第二条：中国宗教尊孔，向以纲常礼教为重，况奉上谕再三告诫，自应恪为遵守。如大清律中十恶、亲属容隐、干名犯义、存留养亲以及亲属相奸、相盗、相殴并发冢、犯奸各条均有关于伦纪礼教，未便蔑弃。如中国人有犯以上各罪，应仍照旧律办法，另辑单行法以昭惩创。

第三条：应处死刑，如系危害乘舆、内乱、外患及对尊亲属有犯者，仍照臣馆第一次原奏，代以斩刑，俾昭炯戒。

第四条：强盗之罪，于警察及监狱未普设以前，仍照臣馆第一次原奏，另辑单行法，酌量从重办理。

第五条：中国人，卑幼对于尊亲属不得援用正当防卫之例。

综上所述，从初草到修正案的变化，缘于签注的意见并明确得到修订法律馆承认和采纳的内容有：

初草序数	签注者	初草内容	修正内容
总则第一章法例第 3 条	湖南		增入初草第 154 条对吏员或公署当场侮辱之罪。
第四章累犯罪第 20 条	云贵		增入三犯亦以五年为限的规定。
第五章俱发罪第 27 条	云贵、浙江、河南等省	最重刑同等据最轻者定之。	最重刑同等者比较最轻主刑之重者定之。
第七章刑名第 42 条	两广	不令服劳役。	令服劳役。
第八章宥恕减轻第 49 条	学部及热河、邮传部、直隶、安徽、两广、两江、山西、湖广等省	凡十六岁以上、二十岁未满之犯罪者，得减本刑一等。	删除。
第十一章加减刑第 56 条	河南	不得加入死刑及无期徒刑，但一等有期徒刑应加一等者为二十年以下十年以上，应加二等者为二十年以下十五年以上；不得减徒刑或拘留入罚金。	徒刑不得加入死刑；拘役不得减入罚金及免除之；罚金不得加入拘役及徒刑。
分则第一章关于帝室之罪第 89 条	学部、湖广、两广	处二等或三等有期徒刑或三千元以下三百元以上罚金。	删除"或三千元以下三百元以上罚金"。

第七部分　附录

(续表)

初草序数	签注者	初草内容	修正内容
第一章关于帝室之罪第98条	江苏、两广	处四等以下有期徒刑拘留或一千元以下罚金。	删除"或一千元以下罚金"。
第四章关于外患之罪第121条	安徽、两广等省	处无期徒刑或二等以上有期徒刑。	处死刑无期徒刑或一等以上有期徒刑。
第七章关于妨害公务之罪第152条	两江、湖南		增加第三款"犯本条之罪因而致人死伤者援用伤害人身各条依第23条处断"。
第十三章关于放火决水及水利罪第192条	两江	凡犯放火炸裂或溢水罪因而致人于死伤者比较第301条及第302条从重处断。	犯放火炸裂或决水罪因而致人死伤者，援用伤害人身罪各条依第23条处断；其因过失致生火灾炸裂水害因而致人死伤者，援用过失死伤各条依第23条处断。
第十六章关于秩序罪第223条	两广		增入犯第228条之罪。
第十八章关于伪造文书及印文之罪第242条	两江、两广	凡以不正行使之宗旨而制作公印或私印者处四等以下有期徒刑拘留或三百元以下罚金，与未行使前能自破坏或自首者免除其刑。	原案制作二字改为伪造；伪造公印之罪与伪造私印析分为两条并加重伪造公印之罪的处罚。
第十九章关于伪造度量衡罪第246条	两广	处五等有期徒刑拘留或一百元以下罚金。	删去五等有期徒刑。
第二十章关于祀典及坟墓罪第251、252、253条	学部、热河、山东、两江、河南、江西、湖南、两广		将死体与遗骨等类析为两项，对于死体及尊亲属之罪处刑从重，用示区分。而于第263条加入死刑一层，以重大伦而惩不孝，无期徒刑及一等有期徒刑仍行存留。
第二十一章关于鸦片烟之罪第270条（修正案）	两江	原案无。	增入第270条：凡意图制造鸦片烟而播种罂粟者处四等以下有期徒刑、拘役或三百元以下罚金。
第二十三章关于奸非及重婚之罪第274条	学部、两湖、两广、浙江、两江、江西、湖南	处二等以上有期徒刑。	处一等或二等有期徒刑（《修正刑律案语》谓"更加重一等"，如何加重一等不明，待查。)
第二十三章关于奸非及重婚之罪第280条	两广、两江	第一项"处五十元以下罚金"。	第一项增入拘役。

(续表)

初草序数	签注者	初草内容	修正内容
第二十六章关于杀伤之罪第302、305、306、308、309、311条	学部、直隶、两湖、两广、山东、山西、浙江、两江、江西、湖南		将原案加重一等。
第二十六章关于杀伤之罪第310条	邮传部、两广、两江、湖南	凡因过失致人于死伤或笃疾者处一千元以下罚金；致其余伤害者处五百元以下罚金。	凡因过失致人死伤者，依下列分别处断：一、因而致死笃疾者，五百元以下罚金；二、因而致废疾者，三百元以下罚金；三、因而致轻微伤害者，一百元以下罚金。
第二十六章关于杀伤之罪第312条	邮传部、两广、两江	处四等以下有期徒刑拘留或三千元以下罚金。	罚金改为两千元以下。
第二十八章关于遗弃之罪第324条	湖南	处三等以上有期徒刑。	处无期徒刑或二等以上有期徒刑。
第二十九章关于逮捕监禁之罪第328条	两广	列第二项，系二、三等有期徒刑。	析为专条并加重其刑一等。
第三十二章关于窃盗及强盗之罪第354条	学部、邮传部、直隶、两广、两江、湖南、山东、江西	第三款"于盗所强奸妇女者"。	第三款移入下条，从重处罚。
第三十六章关于毁弃损坏罪第380条	两广、两江、湖南	若毁弃制书或公署或吏员所持有之公文书者，处二等至四等有期徒刑。	毁弃制书者之罪另列专条，较原案第380条第二项加重一等。

综合《修正刑律案语》的内容来看，总共有471位次的签注意见被提及，其中有85位次的意见被采纳或赏识，导致了刑律草案32处被修正。主要涉及总则中的宥恕减轻、分则中的发掘坟墓罪、杀伤罪、强盗罪等，对尊亲属的犯罪被加重处罚是草案最突出的变化。

回顾各中央部院、各省督抚的签注，我们看到，尽管签注形成了一股强大的压力，但对刑律草案的影响仍然是有限的。且不论签注的意见远不止《修正刑律案语》所提及的471位次，即使这些，被采纳的也不到五分之一。对草案总则的修改，更加有限，总共只有六处，这和签注的意见之大是极不相称的。签注的大量意见，被汇集在了附则之中，另案处理。这表明了法律修订馆对签注的两种态度，一是对反对意见尽量的轻描淡写，"如农工商部、奉天、山东、两江、热河均在赞成之列，其余可否参半，亦间有持论稍偏未尽允协者"①。而是反对意见尽量不进入正文，以避免对刑律草案形成整体性冲击。所以修正案尽管对初草做了不少修改，但并没有危及初草所确立的宗旨、基本原则和总体方向。一个明显的例子是，在签注的压力下，修正案不得不对三十处条文予以加重量刑，但同是即有46处条文被减轻量刑来予以平衡。由于大量的签注意见被集中到了附则中作了另案处理，也引起了礼教派的不满，后期的礼法之争就是围绕着附则内容是否应该移入正文而展开的。

签注对修正案的影响有限，与法部没有能够发挥应有作用直接相关。本来，第一个签注上奏伊始，朝廷即谕命法部会同修订法律馆负责对草案的修改，这其中未尝不包含朝廷平衡修订法律馆"激进"的用意。而从1907年发生的部院之争和法典编纂权之争来看，当时的法部尚书戴鸿慈和修订法律馆大臣沈家本之间，无论是就法律的理解，还是法律制定的过程和方式来看，二者都有着很大的差异。如对法典的编纂机关，戴鸿慈主张特开修订法律馆，除由法部、大理院主持日常工作外，"应请钦派王大臣为总裁，其各部院堂官，应如原奏请旨特派会订法律大臣。至各督抚、将军，有推行法律之责，亦应一律请旨特派参订法律大臣"。对法典的审议过程，戴鸿慈主张"每草案成，由会订大臣逐条议之，其余督抚，将军有参订之责，亦应随时特派司道大员，来京会议，参照议院法，分议决为认可及否决两种，皆从多数为断。其否决者，必须声明正当理由，修订大臣应令纂修员改正再议，议决后，由修订大臣奏请钦派军机大臣审定，再行请旨颁布"②。由此可见，戴鸿慈对各中央部院堂官、地方各督抚、将军在修订法律中的地位和作用是极为重视的，戴鸿慈的方案使得中央部院、地方督抚能够直接控制法律的修订。可以想见，如果戴鸿慈的方案得以实施，那沈家本主持起草的刑律草案恐怕"走"不出修订法律馆，就被中央部院、地方督抚"枪毙"了。

1907年法典编纂权之争中，戴鸿慈"输给"了沈家本之后，1908年刑律草案的修订，朝廷又给了他染指法律编纂权的机会。虽然没有历史材料予以证实，但相信戴鸿慈不会"无动于衷"，宣统元年正月，他领衔奏请饬催签注就是一例。但宣统元年八月二十三日（1909年10月6日），

---

① 《为修正刑律草案告成敬缮具清单折》，见《钦定大清刑律》卷前所收奏折。
② 《清末筹备立宪档案史料》（下册），第841—842页。

清廷命法部尚书戴鸿慈在军机大臣上学习行走,以热河都统廷杰为法部尚书。而这个时间,恰恰是各地签注到齐,开始对草案进行修改的时间①。继任者廷杰虽曾任刑部主事、郎中,但之后十多年历任承德知府、奉天府尹、直隶布政使、盛京户部侍郎、热河都统等职,一直在京外为官。其"新来乍到"显然制约了他会同办理修正刑律草案之责。所以修正刑律草案名义上是法部和修订法律馆共同完成并由法部尚书领衔上奏的,但从修订草案本身,到会奏的折子,显然都是沈家本主持的修订法律馆秉笔完成的②。所谓"法部尚书廷杰力持正义,惟迫于枢臣压力并因修律大臣回护牵制,未能逐条修改。因另辑章程五条附于篇末以为补救之计"③。关键时刻戴鸿慈的被调离以及很快病逝④,以及奕劻对沈家本的支持,使得法部制衡法律修订馆的作用没能发挥出来。

当然,签注影响有限,还与签注主体中的核心人物——张之洞在关键时刻的病逝有关。张之洞死于1909年10月4日,恰恰是与戴鸿慈的被调离前后相接。笔者作一个大胆的推测,也许正是军机大臣张之洞的病逝,才使得清廷命戴鸿慈在军机大臣上学习行走。正如对于清末的政局来说,慈禧太后在关键时刻的病逝可能加快了清朝灭亡的速度一样,也许张之洞这位礼教派中坚人物的缺失,也命中注定了礼教派的下场。

三 对宪政编查馆和资政院的影响

法部和法律修订馆会奏修正刑律草案的当天,清廷即下宪政编查馆作提交资政院审议前的最后核定。为此宪政编查馆将签注汇编成册⑤,与修订法律馆送交的《修正刑律案语》相互对照比较审定。宣统二年十月初四日宪政编查馆大臣、和硕庆亲王奕劻等上奏《为核订新刑律告竣敬谨

---

① "八月间臣馆先将修辑现行刑律赶缮黄册进呈,维时京外各签注陆续到齐",见《为修正刑律草案告成敬缮具清单折》。
② 《为修正刑律草案告成敬缮具清单折》里有这样的话"再法部:此次修律大臣所改草案,既据折内声明,中国名教必宜永远奉行勿替者,不宜因此致令纲纪荡然等语。臣部权衡律法,只期与礼教无违,该大臣等所拟尚语臣部意见相同……又此折系法律馆主稿,会同法部办理,合并声明"。
③ 《清朝续文献通考》刑五卷246,第9918页。
④ 戴鸿慈的被调离法部不到半年,宣统二年正月即病逝。
⑤ 即《刑律草案签注》。

分别缮具清单请旨交议折》，请求"敕下资政院归入议案，于议决后奏请钦定，遵照筹备清单年限颁布施行"①。核定后的刑律草案总分则及章节的总体框架均无变化，但条文数由修正案409条减为405条，《附则》改为《暂行章程》。随后资政院审议的时候，条文数和内容又有一些变化，直到宣统二年十二月二十五日（1911年1月25日）正式颁布时，《大清刑律》才被钦定为总则、分则两编共411条，另附《暂行章程》五条的格局。

下列没有被修正刑律草案所接受的签注意见，宪政编查馆在核定过程中和资政院审议的过程中予以采纳：

一、关于五服图问题。1907年的刑律草案删除了《大清律例》名例律前六赃图、纳赎诸例图、五刑图、丧服图等诸图。学部签注认为"五服图，实法律之根本，必当保存，不应删去"。但修正案并没有对此回应。《大清刑律》则于总则编前完整保留了《大清律例》中的八个丧服图和斩衰、齐衰、缌麻等服制的规定。

二、刑事责任年龄的问题。草案第十一条"凡未满十六岁之行为不为罪"的规定，曾招致了学部、安徽、两广、云南、湖广、湖南、江西、山东、直隶、两江等签注的强烈异议，认为全不为罪的年龄过宽。但对签注提出的四条理由：教唆之事日出、感化主义尚早、幼年犯重大之最不可不罚、户口清查不易适启规避之阶，修正案均一一予以驳斥。惟压力之下，修正案才改未满十六岁为未满十五岁。宪政编查馆核定时认为，修正案"总则于不论罪推及十五岁年龄，过长恐滋流弊"。遂改未满十五岁为未满十二岁，并于宥减章第五十条中增入"或未满十六岁人"得减本刑一等或二等的规定。这就与《大清律例》所规定的七岁、十岁、十五岁三等差的刑事责任年龄更接近了。

三、死刑孕妇非更受法部命令不得执行的问题。草案第四十条规定"凡孕妇受死刑之宣告者，产后经一百日，非更受法部之命令不得执行"。两广、浙江签注均以更受法部命令虑其稽诛，反对再更受法部命才予执行。此意见修正案未予采纳，《大清刑律》则将此条删除，显然是受了签注的影响。

四、关于侵入的问题。对于草案第九十四条，"凡侵入太庙、皇陵、

---

① 《为核订新刑律告竣敬谨分别缮具清单请旨交议折》，见《钦定大清刑律》卷前奏折。

宫殿、离宫、行在所或受命令而不退出者处二等至四等有期徒刑或三千元以下三百元以上罚金"。湖南、学部签注提出异议，认为应改"侵入"为"擅入"，两者性质上完全不同。但修正案却认为"侵之与擅在法理上意义大略相同，应毋庸改"。宪政编查馆核定时则改"侵入"为"阑入"，基本接受了签注的意见。

五、关于国交罪的问题。两广、江苏、湖南等众多签注提出异议，如外国君主不能等同于本国君主，外国代表不能等同于尊亲属；滥用红十字记号作为商标不应入刑律、中国臣民聚众以暴力潜窃外国领域不应入律定罪。但修正案全未采纳，相反对本章予以了扩充加以更详尽的规定。宪政编查馆核定时认为"国交之罪，凡对外国君主、大统领有犯，用相互担保主义，与侵犯皇帝之罪从同，此泰西最近学说，各国刑法尚无成例，中国未便独异，此章应与第四章互易，依次修正"，修正基本采纳了签注的意见，删除了修正案之第 109 条加危害于外国皇族、第 110 条过失致生危害外国皇族、第 112 条对外国皇族不敬的规定。修正案第 113 条杀外国代表者处唯一死刑被改为"杀外国使节者处死刑或无期徒刑"，删除了修正案第 118 条滥用红十字入罪和第 119 条中国臣民僭窃外国领域入罪的规定。

六、关于外患之罪的规定。草案第 122 条，"凡通谋于外国使对中国开战端或与敌国抗敌中国者，处死刑或无期徒刑或一等有期徒刑"。对此，陆军部、两广、湖南等签注均认为"刑分三等，范围太广，应专处死刑"。但修正案未予采纳，《大清刑律》改处唯一死刑。

七、关于对尊亲属犯罪的规定。对于草案关于对尊亲属犯罪的规定，众多签注认为量刑过轻，有违中国的礼教伦常，修正案加重了对尊亲属犯罪处罚的规定。宪政编查馆核定时认为还不够完密，"原案于卑幼对尊亲属有犯，如杀伤、暴行、遗弃、逮捕、监禁及残毁尸体等项，均有专条，而犯威逼、触忤、误告者并无治罪明文，盖原案加暴行未至伤害一语已包括威逼、触忤在内，而诬告之罪则就本条最重之刑处断。惟暴行指直接于身体者而言，若威逼则应以胁迫论，触忤则与侮辱相近，均非暴行二字所能赅括。至误告有告轻告重之殊，盖科本条最重之刑未为允洽"。核定案于第三十一章妨害安全信用名誉及秘密罪增入一条对尊亲属有犯胁迫、侮辱并损害信用加等处罚的规定，于第十二章伪证及诬告罪下增入一条诬告尊亲属加等治罪的规定，"庶体例较为完密，且与旧律干名犯义之意相符"，这显然也是受了签注的影响。但签注关于子孙违反教令入罪的意见仍未被采纳。

八、关于奸非之罪的规定。草案第278条关于和奸罪的规定，仅及有夫之妇。各部省签注，如学部、直隶、湖广、两广、两江、江苏、热河、河南、闽浙、江西、广西、湖南、山东、山西等均认为和奸孀妇处女概宜科刑以维风化，并且亲属相奸宜设专条。但修正案未予采纳并予以驳斥，在《附则》中也没有明确体现。宪政编查馆核定时理论虽与修正案大体相同，但考虑到签注意见之多且强烈，将和奸无夫妇女之罪入于《暂行章程》之中。将《附则》中明确提及的亲属相奸移入正文之中，独立成条并定有二等至四等有期徒刑之重罚。同时为了平衡，相应减轻了一般和奸罪的量刑。使签注的要求在一定程度上得到了实现。

九、关于发行彩票之罪的规定。草案第268、269条涉及彩票问题，其基本规定是"未得公署之许可而发行彩票者处四等以下有期徒刑并科三千元以下罚金"，并没有一概禁止发行、买卖彩票。安徽签注认为"彩票性质与赌博相同"，要求"将本条内'未得公署许可'及下条公许等字样一律删除"。两广签注对于公署许可而发行的彩票应否存在表示了质疑。但修正案则对此不以为然，"两广、安徽签注谓彩票似不宜公许。然以上两条，不拘彩票之属于公许与否，揭宜规定。如政府禁止一切彩票，则凡发行彩票者皆可按此处断。若分别情形许可，则未得许可而发行彩票者当按此处断。况彩票目前并未概行禁止，将来禁止与否，尚不可知。仍照原案规定为是"。《大清刑律》最后则接受了签注意见，第279条规定"发行彩票者处四等以下有期徒刑拘役并科二千元以下罚金"，相应的第280条则规定"购买彩票者处一百元以下罚金"。

综上所述，尽管我们看到，在从1907年大清刑律草案到1911年大清刑律的流变过程中，签注始终是一股主要的推动力量，也的确在一定程度上扭转了刑律草案在某些方面的偏差和错误。但由于草案是一个全新的体系，有自己内在的比较强烈的逻辑关系，本身已经定型。加上1909—1910年立宪运动的风起云涌，清廷需要这样一部全新的法典来充"预备立宪"的门面，所以在对1907年草案作了"修修补补"之后，不等资政院审议完毕，朝廷就匆匆颁布出台了。这样就使得最终颁布的《大清刑律》，并没有很好地消化签注意见。草案所确立的基本精神、原则和体系，仍然得以完整保留，这当是历史事实。

十五 《大清新刑律》相关主题研究论著概览

一、论文

1. 李贵连：《清末修订法律中的礼法之争》，《法学研究资料》（武汉大学主办）1982年第1期。

2. 黄源盛：《大清新刑律礼法争议的历史及时代意义》，（台湾）中国法制史学会编：《中国法制现代化之回顾与前瞻——纪念沈家本诞辰152周年》，台湾大学法学院出版社1993年版。

3. 李秀清：《法律移植与中国刑法的近代化——以〈大清新刑律〉为中心》，《法制与社会发展》2002年第3期。

4. 范忠信：《沈家本与新刑律草案的伦理革命》，《政法论坛》2004年第1期。

5. 高汉成：《晚清法律改革动因再探——以张之洞与领事裁判权问题的关系为视角》，《清史研究》2004年第4期。

6. 郑赫南：《〈大清新刑律〉中共同犯罪人分类之研究》，《国家检察官学院学报》2004年第3期。

7. 彭凤莲：《罪刑法定原则引入中国历程考》，《法学杂志》2007年第4期。

8. 于建胜：《劳乃宣与清末修律述论》，《历史教学问题》2007年第5期。

9. 李欣荣：《如何实践"中体西用"：张之洞与清末新刑律的修订》，《学术研究》2009年第9期。

10. 李欣荣：《吉同钧与清末修律》，《社会科学战线》2009年第6期。

11. 陈兴良：《〈大清新刑律〉颁布暨罪刑法定原则引入中国百年祭》，《法学》2010年第1期。

12. 陈兴良：《罪刑法定原则的本土转换》，《法学》2010年第1期。

13. 秦化真：《清末刑名体系改革考》，《刑事法评论》2011年第1期。

14. 陈新宇：《〈钦定大清刑律〉新研究》，《法学研究》2011年第1期。

15. 张生：《〈大清刑律〉百年回眸：国家主义立法的力量与困难》，《比较法研究》2011年第1期。

16. 赵秉志：《中国刑法的百年变革——纪念辛亥革命一百周年》，《政法论坛》2012年第1期。

17. 蒋铁初：《中国传统量刑制度的近代化——以〈大清新刑律〉为对象》，《政法论丛》2012年第2期。

18. 成富磊：《父子之伦尊卑之义——清末修律中的沈劳之争管窥》，《兰州学刊》2013年第1期。

19. 池建华：《晚清法律改革中的外国人——以〈大清新刑律〉为例》，《法制与社会》2013年第4期。

二、专书

1. 李贵连：《沈家本传》，法律出版社2000年版；《沈家本评传》，南京大学出版社2011年版。

2. 李贵连编著：《沈家本年谱长编》，台湾成文出版社1992年版；山东人民出版社2010年版。

3. 张晋藩总主编：《中国法制通史》（十卷本，其中朱勇主编第九卷第八章《清末刑法》，撰稿人田小梅），法律出版社1999年版。

4. 苏亦工：《明清律典与条例》，中国政法大学出版社2000年版。

5. 朱勇：《中国法律的艰辛历程》，黑龙江人民出版社2002年版。

6. 李贵连：《近代中国法制与法学》，北京大学出版社2002年版。

7. 张生主编：《中国法律近代化论集》，2002年版（总第一卷）；中国政法大学出版社2009年版（总第二卷）。

8. 张德美：《探索与抉择——晚清法律移植研究》，清华大学出版社2003年版。

9. 何勤华、李秀清：《外国法与中国法——20世纪中国移植外国法反思》，中国政法大学出版社2003年版。

10. 黄源盛：《法律继受与近代中国法》，元照出版有限公司2007年版。

11. 陈新宇：《从比附援引到罪刑法定——以规则的分析与案例的论证为中心》，北京大学出版社 2007 年版。

12. 高汉成：《签注视野下的大清刑律草案研究》，中国社会科学出版社 2007 年版。

13. 俞江：《近代中国的法律与学术》，北京大学出版社 2008 年版。

14. 陈煜：《清末新政中的修订法律馆：中国法律近代化的一段往事》，中国政法大学出版社 2009 年版。

15. 赵晓耕主编，王平原、聂鑫副主编：《中国近代法制史专题研究》，中国人民大学出版社 2009 年版。

16. 彭剑：《清季宪政编查馆研究》，北京大学出版社 2011 年版。

17. 梁治平：《礼教与法律：法律移植时代的文化冲突》，上海书店出版社 2013 年版。

18. 张仁善：《礼·法·社会——清代法律转型与社会变迁》，天津古籍出版社 2002 年版；商务印书馆 2013 年修订版。

19. 高汉成主编：《大清新刑律立法资料汇编》，社会科学文献出版社 2013 年版。

《〈大清新刑律〉立法资料汇编》目录

第一部分　1907年刑律草案

一　上谕
1. 决定修订律例谕
2. 著派沈家本、伍廷芳修订律例谕
3. 永远删除凌迟、枭首、戮尸等重刑谕

二　奏折
1. 伍廷芳、沈家本等奏删除律例内重法折
2. 奏订新刑律折
3. 大理院正卿张仁黼奏修订法律请派大臣会订折
4. 大理院正卿张仁黼奏修订法律宜妥慎进行不能操之过急折
5. 修订法律大臣沈家本奏修订法律情形并请归并法部大理院会同办理折
6. 法部尚书戴鸿慈等奏拟修订法律办法折
7. 宪政编查馆大臣奕劻等奏议覆修订法律办法折
8. 修订法律馆奏刑律草案告成分期缮单呈览并陈修订大旨折
9. 修订法律馆为刑律分则草案告成缮具清单折

三　草案
大清刑律草案（附总说、沿革、理由及注意）

第二部分 1907年刑律草案签注

一 上谕
1. 著京外各衙门签注新刑律草案谕

二 签注原奏
1. 学部原奏
2. 两广总督原奏
3. 安徽巡抚原奏
4. 直隶总督原奏
5. 东三省总督原奏
6. 浙江巡抚原奏
7. 江苏巡抚原奏
8. 湖广总督原奏
9. 山东巡抚原奏
10. 江西巡抚原奏
11. 山西巡抚原奏
12. 都察院原奏
13. 闽浙总督原奏
14. 河南巡抚原奏
15. 湖南巡抚原奏
16. 贵州巡抚原奏
17. 陕西巡抚原奏

三 签注清单
1. 学部签注清单
2. 两广签注清单
3. 安徽签注清单
4. 直隶签注清单
5. 浙江签注清单
6. 两江签注清单
7. 湖广签注清单
8. 山东签注清单

9. 江西签注清单

10. 山西签注清单

11. 闽浙签注清单

12. 都察院签注清单

13. 河南签注清单

14. 湖南签注清单

15. 云贵签注清单

16. 广西签注清单

17. 四川签注清单

18. 邮传部签注清单

19. 热河签注清单

20. 度支部签注清单

21. 陆军部签注清单

22. 甘肃新疆签注清单

23. 东三省签注清单

24. 陕西签注清单

第三部分 1910年修正刑律草案

一 上谕

1. 凡旧律义关伦常诸条不可率行变革谕

二 奏折

1. 法部、修订法律馆为修正刑律草案告成敬缮具清单折

三 修正刑律草案（附按语）

第四部分 资政院审议

一 奏折

1. 宪政编查馆核订新刑律告竣敬谨分别缮具清单请旨交议折

二 初读

三 再读

四 三读

第五部分　钦定大清刑律

一　上谕

1. 著将新刑律总则、分则暨暂行章程先为颁布以备实行谕

二　奏折

1. 宪政编查馆为议决新刑律会陈请旨裁夺折
2. 宪政编查馆为新刑律分则并暂行章程未经资政院议决应否遵限颁布缮具清单请旨办理折

三　钦定大清刑律

1. 目录
2. 服制图
3. 服制
4. 正文
5. 暂行章程

第六部分　其他

一　奏新纂刑律草案流弊滋大应详加厘订折（李稷勋）

二　《中国新刑律论》（赫善心）

三　《论国家主义与家族主义之区别》（杨度）

四　《沈大臣酌拟办法说帖》（沈家本）

五　《奏新刑律不合礼教条文请严饬删尽折》（刘廷琛）

六　《奏将新律持平覆议折》（胡思敬）

七　《陈阁学读劳提学及沈大臣论刑律草案平议》（陈宝箴）

八　倡议修正新刑律案说帖（劳乃宣）

参考文献

后记

参考文献

1. 劳乃宣：《桐乡劳先生遗稿》，卢学溥1927年校刊。收入沈云龙主编"近代中国史料丛刊"第36辑《桐乡劳先生（乃宣）遗稿》，文海出版社印行。

2. 刘锦藻撰：《清朝续文献通考》，浙江古籍出版社1988年影印版。

3. 吉同钧撰《乐素堂文集》，中华印书局1932年版。另参见闫晓君整理《乐素堂文集》，法律出版社2014年版。

4. 韩策、崔学森整理：《汪荣宝日记》，中华书局2014年版。

5. 许恪儒整理：《许宝蘅日记》，中华书局2014年版。

6. 何勤华、魏琼编：《董康法学文集》，中国政法大学出版社2005年版。

7. 石玉新、杨小波主编：《文史资料存稿选编》（晚清·北洋，上），中国文史出版社2002年版。

8. 《申报》（1897—1911年）。

9. 《中华民国暂行新刑律补笺》，法政学社1912年印行。

10. 高汉成主编：《〈大清新刑律〉立法资料汇编》，社会科学文献出版社2013年版。

后　记

2013年10月，《〈大清新刑律〉立法资料汇编》由社会科学文献出版社出版，记得当时我在《后记》里说，"经历了和当年写博士论文差不多一样的煎熬和腰酸背疼以后，我终于明白了在国内为什么甚少人做学术资料的整理工作。我知道，以后也大概不会再做资料汇编这类'出力而很可能不讨好'的苦差事了"。

当时的话言犹在耳，可现在又"鼓捣"出了一本《〈大清新刑律〉立法资料补编》，对于自己的"食言"和"重操旧业"，有必要解释两句。

第一，圈内人士的鼓励和肯定。《〈大清新刑律〉立法资料汇编》出版不久，以法学所法制研究室和刑法研究室的联合名义，我曾经组织召开了以"大清新刑律与中国近代法律继受"为主题的学术研讨会，会议期间及会后，不仅法律史学界同人对《〈大清新刑律〉立法资料汇编》的出版表达了肯定，即使刑法学界的一些"先进"，也因此书的出版而激起了对中国近现代刑法史的兴趣。他们一方面认为这种专题性的资料汇编有利于更好地展开《大清新刑律》的立法研究，另一方面又认为资料汇编范围还可以进一步扩大，比如劳乃宣的《新刑律修正案汇录》等就应该得到点校整理而不是仅零星的体现在"其他"部分，对此我"心有戚戚焉"。

第二，圈内"小环境"的改变。经过20世纪90年代以来二十年的发展，中国近代法律史研究已经有了相当的深度和广度，但同时也越来越进入了"瓶颈期"，法律史学界的共识是：挖掘、整理新的司法文献资料是新突破的前提。由此最近几年来，晚清民国时期的司法档案、期刊杂志、图书资料开的点校、整理工作如火如荼地展开，如浙江龙泉司法档案的整理选编、黄源盛教授的《晚清民国刑法史料辑注》、《大理院民事判决例辑存》和《大理院刑事判决例辑存》系列、华东政法大学"清末民国法律史料丛刊"系列和"中华民国法规大全"系列以及苏州大学法学院的"东吴法学先贤文丛（录）"和中国人民大学法学院的"朝阳大学先贤文集"系列。这就在一定程度上改变了学术界重视专著写作而轻视学术资料整理的局面，虽然制度层面的"大环境"依然如故，但"非正式化"层面的同行评议已经越来越重视学术资料的编辑整理工作。有相熟的同行甚至直言不讳的说，"个人现在图书采购，大量的是资料类图书，专著类书籍已经基本不买了"。简体横排式的古籍整理仍然"出力而很可能不讨好"，但只要出于公心，就权当"抛砖引玉"了吧。

本书算是2013年社会科学文献出版社的《〈大清新刑律〉立法资料汇编》的姊妹篇。如果说，《〈大清新刑律〉立法资料汇编》所汇集的官方立法文献反映了《大清新刑律》立法的主流过程，本补编则汇集了立法参与者在场外的争论和博弈、私人的日记和回忆、媒体的报道以及民国初年对《大清新刑律》的继受理解，再加上附录当代《大清新刑律》的研究成果选萃，可以说基本反映了《大清新刑律》立法的潜流和支流过程。两者一起构成了一个完整的体系，使我们对这第一部中国近现代刑法典的认识更加全面、更加立体。

我一直觉得，晚清法律改革虽然仅有短短十年，却在中国法律史上有着承上启下的重要地位，甚至对于学术界研究政治与法律的互动、当代部门法的立法和学术，都是极好的标本和材料。在这里，我们能够看到各种详尽的草案文本，不仅包括总的立法说明，还包括逐条的严格、理由和注意等文字说明，不仅能看到草案公布后一般的社会舆论看法，还能看到中央各部院、地方各大员上呈给最高统治者的签注意见，甚至还包括一些"言辞激烈"、"留中不发"的密折，这些都让我们清楚地看到了统治集团内部在法典立法中的意见分歧以及背后的东西。甚至立法机关审议法典草案的《议场速记录》，让我们看过之后会有"身临其境"的感觉。当然了，还有那些立法参与人的日记和回忆录，让我们看到了"思想、表达和实践"的不一致，为有些人的"人品"和其立法质量担忧……所有这些，可能都是研究当代法学的学者所不具备的条件，对立法过程的广度和深度研究不足，自然会影响法学研究成果的质量和水准。受限于时代，固不应有苛责。但一百年前的中国立法，却给了我们展现一部法典从最初草案到最终颁布的全景式、全息式影像的机会。天下没有新鲜事,《红楼梦》第十六回有云:"偏你又怕他不在行了。谁都是在行的?孩子们这么大了,没吃过猪肉,也见过猪跑。"德国人马克思、恩格斯说,"我们仅仅知道一门唯一的科学,即历史科学",意大利人克罗齐说,"一切历史都是当代史",说的也都是这个意思。"治史如断狱","治狱者,一毫不得其情,则失入失出,而天下有冤民;作史者,一事不核其实,则溢美溢恶,而万世无信史"。明清以来,学者每每以断狱之法治经、治史[①],今天,当代法曹们心中是不是也应该存有那么一点点历史眼光和历史意识,"断狱如治史",说不准当代立法质量和法学研究就会提高那么一点点。

本书资料的收集、整理工作,主要是由编者本人完成的,同时中国政法大学的宗恒老师和我的学生姚舜、马子政同学,均作了大量文稿初期录入工作。另外,清华大学吴杰博士也为2013年12月召开的《大清新刑律与中国近代法律继受》学术研讨会做了大量筹备工作,其为原拟出版的论文集撰写的导言,正契合本书的主题,故一并收入。

最后,要特别感谢中国社会科学院创新工程。没有这个学术出版资助项目,不仅80余万字的《〈大清新刑律〉立法资料汇编》不会在2013年顺利出版,而且今天约70万字的《〈大清新刑律〉立法资料补编汇要》也没有成型的可能。

特此感怀、鸣谢与说明!

初稿2016年9月9日凌晨于昌平·南邵,终稿于2017年1月2日雾霾橙色预警中。

[①] 张世明:《治史如断狱》,载2015年3月25日《光明日报》第14版。